역주 일본판 삼강행실도 2

- 충신 -

이 저서는 인하대학교의 지원에 의하여 연구되었음.
This work was supported by INHA UNIVERSITY Research Grant.

역주 일본판 삼강행실도 2

- 충신 -

도서출판 시간의물레

머리말

이 책은 출간된 시기를 단정하기는 어렵지만 일본인 아사이 료이(浅井了意, 1612-1691)가 일본어로 번역한 『삼강행실도(三綱行實圖)』 가운데 충신(忠臣) 上·中·下를 한국어로 옮기고 그 원문 텍스트를 일본어 고전문법의 틀 속에서 상세히 풀이한 전문도서다.

현재 한국에서 이루어지고 있는 일본어 교육은 현대일본어의 의사소통능력 배양에 초점을 맞추고 있으며 '일본어문법' '일본어강독' '일본어작문' 등 각종 학습서에 등장하는 '일본어'는 당연히 모두 현대일본어를 가리키는 것으로 이해하고 학습한다. 또한 '일본문화'가 관심의 대상이 되는 경우에도 여기에서의 '일본' 역시 '지금의 일본'을 뜻하는 경우가 대부분인데, 한편으로는 일본의 전통문화나 역사에 대한 관심 역시 적잖이 존재하는 것으로 보인다.

요사이 서점에 나가보면 가히 일본도서의 홍수라고 할 만하다. 베스트셀러 서가에는 일본인 저자의 책들이 즐비하다. 모두 한국어로 번역된 책이기는 하지만. 사실 이건 영미도서의 경우도 마찬가지다.

일본어 학습자라면, 소위 중급 이상의 능력을 갖춘 학습자라면 일본어 원서에 도전해보기 마련이다. 사전을 옆에 끼고, 아니 스마트폰으로 단어를 검색하며 나름의 방식으로 원서를 읽어나간다. 이때 미리 갖추어야 할 능력이 바로 현대일본어에 대한 문법 지식이다. 어디에서 끊어야 하는지 정도는 알아야 할 테니. 시간과 수고는 들지만 이만한 학습법도 없을 듯싶다.

고전(古典)문법이 한국에서나 일본에서나 대학 수험생들에게 기피대상인 것은 매한가지인 모양이다. 분명 자국어인데 생소하고 복잡하고 귀찮고 쓸데없는 것 같고, 해서 다가가지 않는다. 수능 끝 고전 끝이다. '홍길동전'을 옛글로 모두 읽어본 사람이 몇이나 되겠는가. 그럼에도 이러한 문헌 하나를 골라서 처음부터 끝까지 완독하는 것만큼 '옛글'에 대한 지식을 향상시킬 수 있는 방법은 흔치 않을 것이다.

사실 한국인 학습자를 대상으로 저술된 일본어 고전문법 교재는 많지 않다. 또 있다 해도 면대면 강의 없이 교재만으로 독학하기란 불가능에 가깝다. 그만큼 문법에 관한 또는 그 주변 사항에 대한 다양한 기초지식이 전제가 되기 때문이다. 현대일본어 학습 과정이 그러하듯이 일본어 옛글 역시 '원서'와 직접 마주하고 앉아서 한걸음씩 나아가는 것이 지름길일 터라고 적잖은 시간 동안 일본어고전문법을 강의해온 필자는 생각해왔다.

그렇다면 무엇을 읽을 것인가? 사실 일본에서 옛글은 언문일치 여부를 기준으로 둘 수도 있겠지만, 1946년 즉 일제강점 종료 직후 현대가나표기법(現代かなづかい)이 일본 내각(内閣)훈령(訓令)으로 제정되기 이전 역사적가나표기법(歷史的仮名遣)에 준하여 작성된 글들을 가리키는 것으로 보는 것이 간단하다. 그렇다면 대략 천 년에 이르고 선택지도 물론 다양하다. 필자는 그 가운데 비록 이것을 정독한 사람이 얼마나 될지는 모르겠지만 그래도 왠지 우리에게 친숙한 『삼강행실도』를 선택했다.

주지하는 바와 같이 세종대왕의 명으로 1434년 처음 간행된 『삼강행실도』는 〈한문본〉과 〈언해본〉이 있고 이후 여러 차례 모습을 달리하여 간행되었다. 그런데 이 책이 경로는 확실치 않지만 일본인에 의해 같은 제목으로 17세기에 일본어로 옮겨져 간행되었고, 이를 순수하게 언어자료 그것도 일본어 고전문법 학습서로 활용하기에 적절하겠다는 판단을 필자는 내렸다.

이 책에서는 료이(了意)의 『三綱行實圖』의 '효자(孝子)', '충신(忠臣)', '열녀(烈女)' 가운데 두 번째로 '충신'편을 골라서 한국어로 옮기고 풀이하고자 하는데, 이를 통해 일본 고전에 흥미를 갖고 있는 학습자에게 조금이나마 보탬이 되기를 바란다.

2018년 9월
민병찬 씀

목 차

일러두기

1. 본서는 에도(江戸)시대 승려로서 가나조시(仮名草子;무로마치[室町]시대에서 에도시대 전기에 걸쳐 일본 仮名로 작성된 이야기나 소설)의 작가로 알려진 아사이 료이(浅井了意, 1612-1691)가 일본어로 번역 출간한 『三綱行實圖』를 다시 한국어로 옮기고 주석을 붙인 책이다.
2. 기본 텍스트는 朝倉治彦編(1980) 『假名草子集成』 第32巻에 실려 있는 『三綱行實図』이다. 이하 '원문'이라 함은 이를 가리킨다.
3. 가나표기법이나 한자는 모두 원문에 따른다.
4. 원문에는 読点(、)은 있으나 句点(。)이 찍혀있지 않은데, 読点은 원문에 따르고 句点은 적의 기입한다.
5. 한자 읽기는 원문에 있는 경우에는 ( ) 안에 넣어 표시하고, 원문에 없는 경우 적의 [ ]에 기입한다.
6. 본문중의 회화문은 원문과 같이 줄을 바꾸지 않고 「 」 안에 넣어 표시한다.
7. 일본어를 한국어로 번역할 때는 가급적 모든 문법형식을 반영하며, 다소 어색한 부분이 있어도 축어역을 지향한다.
8. 주석에서는 단어의 뜻을 사전적 방식으로 기술하며 조동사 등 문법형식을 상세히 분석하여 제시한다.
9. 단어의 뜻풀이는 주로 『広辞苑』(제6판)과 『日本国語大辞典』(제2판)을 참조한다.
10. 단어의 품사는 [名] [副]와 같이 [ ] 안에 넣어 제시한다.
11. 일본어에서 助詞로 분류되는 「て」는 이를 [助詞]로 명기하지 않고 단지 「て」로만 기술한다.
12. 일본어의 활용형은 학교문법의 용어를 차용하여 「未然形·連用形·終止形·連体形·已然形·命令形」으로 기술한다.
13. 본래 濁点이 있는 말인데 이를 표시하지 않은 경우 「無濁点표기」로 기술한다.
14. 「歴史的仮名遣」에 위배되는 표기의 경우 「정서법에 어긋남」으로 기술한다. 다만 그것이 「現代仮名づかい」에는 부합하는 경우 「歴史的仮名遣에 어긋남」으로 기술한다.
15. 『三綱行實圖』의 한문 원문을 언급할 때는 〈김정수 역주(2010) 『역주 삼강행실도』 세종대왕기념사업회〉를 가리키며 〈한문본〉으로 기술한다. 또한 〈언해본〉도 이에 따른다.

1. 龍(りゆう)逢[1](ほう)諫(かん)死(し)
용봉간사

❑夏(か)の桀王(けつわう)は、きハめたる[2]無道(むだう)の人[ひと]なり[3]。

➪ 하나라 걸왕은 지극히 무도한 사람이다.

❑その性(しやう)[4]、はなハだ、おごりて[5]、民(たミ)のうれへを、しらず[6]。

➪ 그 성질이 몹시 거만하여 인민의 근심을 모른다.

❑まつりごと[7]、をこたりて[8]、徳(とく)をほどこす事[こと]を[9]、いた

---

1) 〈한문본〉과 〈언해본〉에는 「逄(방)」으로 되어 있다.

2) 「きはむ[下2]→きわめる【極める·窮める·究める】[下1]극한에 도달시키다. 끝내다」의 連用形「きはめ」+「たり[助動]완료·존속」의 連体形「たる」.

3) 「むだう→むどう【無道】무도. 도리에 벗어난 것. 도덕에 위배된 것」+「の[助詞]」+「ひと【人】사람」+「なり[助動]단정·지정」.

4) 「その【其の】[連体]그」+「しやう→しょう【性】성. 선천적인 성질. 천성」.

5) 「はなはだ【甚だ】[副]매우. 몹시. 대단히. 현저히」+「おごる【驕る·傲る】[4]잘난 척하다. 제멋대로 굴다. 건방지다. 사치하다. 교만(방자)하다」의 連用形「おごり」+「て」.

6) 「たみ【民】통치 받고 있는 사람. 신민. 인민」+「の[助詞]」+「うれへ→うれえ【憂え·愁え】[名]슬픔. 우려. 근심」+「を[助詞]」+「しる【知る】[4]알다. 이해하다. 깨닫다. 식별하다. 인식하다」의 未然形「しら」+「ず[助動]부정」.

7) 「まつりごと【政】①제사(祭祀) ②정치. 통치. 정사」.

8) 「おこたる【怠る·惰る】[4]해야 할 일을 하지 않다. 게을리 하다」의 連用形「おこたり」(〈を-〉는 정서법에 어긋남)+「て」.

9) 「とく【徳】덕. 은혜. 자비」+「を[助詞]」+「ほどこす【施す】[4]베풀다. 펼치다」의 連体

さず10)。

➪ 정사를 게을리 하여 덕을 펼치는 일을 힘쓰지 않는다.

❑ 妹喜(まいき)と云[いう]女[おんな]に、たハれて11)、夜宮(やきう)の臺(たい)とて12)、夜(よ)もすがら13)、あそぶところの14)、うてなを、つくり15)、

➪ 매희라고 하는 여자에게 빠져서 '야궁의 대'라고 해서 밤새도록 유흥하는 곳인 대를 만들고,

❑ この中(うち)に16)、男女(なんによ)の、へだてなく17)、まじハり座(ざ)し18)、

➪ 그 안에 남녀의 구별 없이 뒤섞여 앉아서,

❑ 長夜(ぢやうや)19)の宴(ゑん)20)とて21)、六十[ろくじゅう]日[にち]をも

形「ほどこす」+「こと【事】것. 일」+「を[助詞]」.

10) 「いたす【致す】[4]하다. 혼신을 다 바치다. 온힘을 쏟다」의 未然形「いたさ」+「ず[助動]부정」.

11) 「と[助詞]~라고」+「いふ[4]→いう【言う·云う·謂う】[5]말하다. 부르다」의 連体形「いふ」+「をんな→おんな【女】여자」+「に[助詞]」+「たはる【戯る·狂る】[下2]장난치다. 요염부리다. 음란한 짓거리를 하다. 색에 빠지다」의 連用形「たはれ」+「て」.

12) 「や【夜】야」+「きゅう【宮】궁」+「の[助詞]」+「たい【台】대」(〈だい〉는 呉音, 〈たい〉는 漢音)+「とて[助詞]인용. ~라 해서. ~라는 것으로. ~라는 이름으로」.

13) 「よもすがら【終夜】[副]날이 저물 때부터 날이 샐 때까지. 밤새도록」.

14) 「あそぶ【遊ぶ】[4]놀다. 유흥하다. 주색이나 도박에 빠지다」의 連体形「あそぶ」+「ところ【所·処】곳」+「の[助詞]~인」.

15) 「うてな【台】대. 사방을 관망할 수 있도록 만든 높은 곳」+「を[助詞]」+「つくる【作る·造る】[4]만들다. 짓다」의 連用形「つくり」.

16) 「この【此の·斯の】[連体]이」+「うち【内·中】안. 내부」+「に[助詞]」.

17) 「なんによ【男女】남녀」+「の[助詞]」+「へだて【隔て】칸막이. 간격. 구별」+「なし【無し】[形ク]없다」의 連用形「なく」.

18) 「まじはる[4]→まじわる【交わる】[5]뒤섞이다. 접촉하다. 남녀가 교접하다」의 連用形「まじはり」+「ざす【座す·坐す】[サ変]앉다. 있다. 관계하다」의 連用形「ざし」.

19) 『広辞苑』에 의하면『日葡辞書』(1603)에「長夜」를「チヤウヤ」로 읽은 용례가 있다

つて[22]、一日[いちにち]一[いち]夜(や)とさだめ[23]、さかもりを初[はじ]め[24]、歌(うた)をうたひ[25]、舞(まひ)をまハしめ[26]、

➪ '장야의 연'이라 하여 육십일로써 하루 하룻밤으로 정하여 술판을 시작하여 노래를 부르며 춤을 추게 하고,

❑ 上下[かみしも]いりミたれて[27]、礼(れい)をわすれ[28]、みだりがハしき事[こと][29]いふはかりなし[30]。

➪ 위아래가 뒤섞여서 예를 잊고 난잡하기가 말할 수 없다.

고 하는데, 이는 「ちやうや→ちょうや」로 읽는 것이 일반적인 모양이다.

20) 「宴(えん)」은 술과 음식을 마련하여 노래와 춤 따위를 하며 즐기는 것이다. 한편 『広辞苑』에는 「ちょうやのいん【長夜の飲】」이라는 표제어가 있는데, 이는 '날이 샌 후에도 문을 닫아놓은 채로 등불을 켜고 연(宴)을 계속하는 것'의 뜻이다. 「宴」과 「飲」으로 한자는 다르지만 같은 뜻으로 볼 수 있겠다.

21) 「とて[助詞]인용. ~라 해서. ~라는 것으로. ~라는 이름으로」.

22) 「ろくじゅうにち【六十日】60일」+「を[助詞]」+「もって【以て】(〈を[助詞]〉에 이어져서)수단이나 원인 등을 나타냄. ~로써. ~때문에」.

23) 「いちにち【一日】하루」+「いちや【一夜】하룻밤」+「と[助詞]」+「さだむ[下2]→さだめる【定める】[下1]결정하다. 제정하다. 판정하다」의 連用形「さだめ」.

24) 「さかもり【酒盛り】[名]사람들이 모여서 술을 주고받으며 서로 즐기는 것」+「を[助詞]」+「はじむ[下2]→はじめる【始める・創める】[下1]개시하다. 최초로 하다」의 連用形「はじめ」(통상적으로 〈初〉는 사용하지 않는다).

25) 「うた【歌】노래」+「を[助詞]」+「うたふ[4]→うたう【歌う・謡う・唄う・謳う】[5]노래하다. 읊다」의 連用形「うたひ」.

26) 「まひ→まい【舞・儛】[名]춤」+「を[助詞]」+「まふ[4]→まう【舞う】[5]춤추다」의 未然形「まは」+「しむ[助動]사역. ~시키다」의 連用形「しめ」.

27) 「かみしも【上下】위와 아래. 상위와 하위」+「いりみだる[下2]→いりみだれる【入り乱れる】[下1]뒤섞여 혼란하다」의 連用形「いりみだれ」(〈-た-〉는 無濁点표기)+「て」.

28) 「れい【礼】예. 사회의 질서를 지키기 위한 생활규범의 총칭」+「を[助詞]」+「わする[下2]→わすれる【忘れる】[下1]잊다. 떠올리지 않다」의 連用形「わすれ」.

29) 「みだりがはし[形シク]→みだりがわしい【濫りがわしい・猥りがわしい】[形]난잡하다. 문란하다. 호색하다」의 連体形「みだりがはしき」+「こと【事】것. 일」.

30) 「いふばかりなし【言ふ許り無し】[形ク]①말로는 다할 수 없을 정도다 ②하찮다」(〈-は-〉는 無濁点표기).

❑ 爰[ここ]に31)、竜逢(りうほう)といふ臣下(しんか)あり32)。

➪ 그런데 용봉이라는 신하가 있다.

❑ 大[おおい]に33)、これを、なげきて34)、桀王(けつわう)を、いさめて、いハく35)、

➪ 크게 이를 한탄하여 걸왕을 간언하여 이르길,

❑「をよそ36)、人[ひと]の君(きみ)として37)、天下[てんか]に王(わう)たらん、と、欲(ほつ)せば38)、ミづから39)信(しん)ありて40)、礼(れい)を、ミだらず41)、

➪ "무릇 사람의 주군으로서 천하에 왕이고자 바란다면 스스로 신(信)이 있고 예(禮)를 어지럽히지 않는다.

---

31) 「ここに【此に・是に・爰に・茲に】[接続]이야기를 시작하거나 화제 전환에 쓰이는 말. 그런데. 그래서. 이에. 그건 그렇고」.

32) 「と[助詞]~라고」+「いふ[4]→いう【言う・云う・謂う】[5]말하다. 부르다」의 連体形「いふ」+「しんか【臣下】신하」+「あり【有り】[ラ変]있다」.

33) 「おおいに【大いに】[副]매우. 몹시. 많이」.

34) 「これ【此・是】[代]이것」+「を[助詞]」+「なげく【嘆く・歎く】[4]한숨짓다. 탄식하다. 슬퍼하다. 절망하다. 애원하다. 분노하다. 호소하다」의 連用形「なげき」+「て」.

35) 「を[助詞]」+「いさむ[下2]→いさめる【禁める・諫める】[下1]억지하다. 금지하다. 충고하다. 간언하다」의 連用形「いさめ」+「て」+「いはく【曰く】말하길. 이르길」.

36) 「およそ【凡そ】[副]대개. 대략. 대저. 완전히. 우선」(〈を-〉는 정서법에 어긋남).

37) 「ひと【人】사람」+「の[助詞]」+「きみ【君・公】군. 원수. 제왕. 군주. 주인. 주군」+「として[助詞]①~라고 생각하여 ②~의 자격으로 ③~인 상태로 ④~로」.

38) 「てんか【天下】천하」+「に[助詞]」+「わう→おう【王】왕」+「たり[助動](체언에 접속하여)단정・지정. ~이다」의 未然形「たら」+「む[助動]추량・의지」→「ん」+「と[助詞]」+「ほつす【欲す】[サ変]원하다. 바라다」의 未然形「ほつせ」+「ば[助詞]가정조건」.

39) 「みづから→みずから【自ら】[名]자기 자신. 나. [副]스스로. 친히」.

40) 「しん【信】신. 속이지 않는 것. 믿는 것. 종교에 귀의하는 것」+「あり【有り】[ラ変]있다」의 連用形「あり」+「て」.

41) 「れい【礼】예」+「を[助詞]」+「みだる【乱る・紊る】[4]질서를 어지럽히다. 혼란시키다. 소동을 일으키다」의 未然形「みだら」+「ず[助動]부정」.

❑ まつりこと、をこたる事[こと]なく[42]、民(たミ)のうれへを、おそれ[43]、

➪ 정사를 게을리 하는 적이 없고, 인민의 근심을 두려워하며,

❑ しかも[44]、欲(よく)をすくなふして[45]、徳(とく)をほどこすときは[46]、めぐみ[47]四[し]かい[48]に、をよびて[49]、諸侯(しよこう)[50]をのづから[51]、したがひ[52]、

➪ 게다가 욕심을 적게 하여 덕을 펼칠 때에는 은혜가 온 세상에 닿아 제후들이 스스로 따르며,

---

42) 「まつりごと【政】 정사」(〈-こ-〉는 無濁点표기)」+「おこたる【怠る·惰る】[4]게을리 하다」의 連体形「おこたる」(〈を-〉는 정서법에 어긋남)+「こと【事】 것. 일」+「なし【無し】[形ク]없다」의 連用形「なく」.

43) 「たみ【民】 인민」+「の[助詞]」+「うれへ【憂へ·愁へ】[名]근심」+「を[助詞]」+「おそる[下2]→おそれる【恐れる·畏れる·怖れる·懼れる】[下1]두려워하다. 무서워하다. 우려하다」의 連用形「おそれ」.

44) 「しかも【然も·而も】[接続]게다가. 그래도. 하지만」.

45) 「よく【欲·慾】 욕. 갖고자 원하는 마음. 욕심」+「を[助詞]」+「すくなし[形ク]→すくない【少ない·尠い·寡い】[形]적다. 심하지 않다」의 連用形「すくなく」의 音便「すくなふ」(〈スクノー〉로 읽음)+「す[サ変]하다」의 連用形「し」+「て」.「して」는 接続助詞로 볼 수도 있는데 이 경우「~인 상태로」의 뜻.

46) 「とく【徳】 덕」+「を[助詞]」+「ほどこす【施す】[4]베풀다. 펼치다」의 連体形「ほどこす」+「とき【時】 때」+「は[助詞]」.

47) 「めぐみ【恵み】[名]은혜. 자비. 동정」.

48) 「しかい」는「しかい【四海】①사방의 바다 ②천하. 세계」또는「しかい【四界】천(天)계·지(地)계·수(水)계·양(陽)계의 총칭」. 여기에서는 전자를 취한다.

49) 「に[助詞]」+「およぶ【及ぶ】[4]어떤 때나 장소 등에 다다르다. 도달하다. 영향을 미치다」의 連用形「およびて」(〈を-〉는 정서법에 어긋남)+「て」.

50) 「しょこう【諸侯】①옛날 중국에서 천자로부터 받은 봉토(封土) 내에 있는 인민을 지배한 사람. 제후. ②에도(江戸)시대 大名(だいみょう)를 가리킴」.

51) おのづから→おのずから【自ずから】[名·副]저절로. 스스로」(〈を-〉는 정서법에 어긋남).

52) 「したがふ[4]→したがう【従う·随う·順う】[5]따르다. 거스르지 않다. 맡기다」의 連用形「したがひ」.

❑ 天[てん]これを、かんずるときハ[53]、慶雲(けいうん)[54]属(じよく)し[55]、甘露(かんろ)くだり[56]、

➪ 하늘이 이를 감동할 때에는 상서로운 구름이 이어지고 감로가 내리며,

❑ 地[ち]これを、かんずるときハ[57]、五[ご]こくミのりて[58]、山川(さんせん)ゆたかなり[59]。

➪ 땅이 이를 감동할 때에는 오곡이 열매 맺고 산천이 풍요롭다.

❑ 社稷(しやしく)[60]をたやかに[61]、宗庿(そうべう)[62]かたし[63]、国[く

---

53) 「てん【天】 하늘」+「これ【此·是】[代]이것」+「を[助詞]」+「かんず【感ず】[サ変]①자극을 받다. 느끼다 ②마음에 생각하다 ③마음이 움직이다. 감동하다」의 連体形「かんずる」+「とき【時】 때」+「は[助詞]」.

54) 「けいうん【景雲·卿雲·慶雲】 경운. 상서로운 일의 전조가 되는 구름. 서운(瑞雲)」.

55) 「属す」는 「しよくす」나 「ぞくす」로 읽는다. 양쪽 모두 サ変동사로서 '속한다'의 뜻이 주가 되며 「しよくす」가 타동사로 쓰일 경우 '계속하다'나 '줄곧 비슷한 동작이나 상태를 이어가다'의 뜻으로도 풀이된다. 「じよくす」는 미상.

56) 「かんろ【甘露】 감로. 중국 전설에서 왕이 어진 정치를 행하면 하늘이 그 상서(祥瑞)로서 뿌린다고 하는 단맛이 나는 액체」+「くだる【下る·降る】[4]내리다. 뿌리다」의 連用形「くだり」.

57) 「ち【地】 땅」+「これ【此·是】[代]이것」+「を[助詞]」+「かんず【感ず】[サ変]감동하다」의 連体形「かんずる」+「とき【時】 때」+「は[助詞]」.

58) 「ごこく【五穀】 오곡(쌀, 보리, 수수, 조, 콩)」+「みのる【実る】[4]열매 맺다」의 連用形「みのり」+「て」.

59) 「さんせん【さんせん】 산천. 산과 강」+「ゆたか【豊か】[形動ナリ]풍부하다. 풍족하다. 부유하다」의 終止形「ゆたかなり」.

60) 「しやしよく【社稷】 사직. ①옛날 중국에서 건국할 때 천자가 단을 만들어 제사한 땅의 신(社)과 오곡의 신(稷) ②국가. 조정」(이를 〈しやしく〉로 읽는 것은 잘못임. 『假名草子集成』에도 이 부분에 원문에 잘못이 있으나 그대로 옮긴다는 표시인 'ママ'가 붙어있다).

61) 「おだやか【穏やか】[形動ナリ]조용하다. 평온하다. 평안하다」의 連用形「おだやかに」(〈を-〉는 정서법에 어긋남. 〈た-〉는 無濁点 표기).

62) 「そうべう→そうびょう【宗廟】 종묘. ①선조(先祖)의 사당 ②천자(天子)의 선조를 제사하는 곳」(본문의 〈庿〉는 〈廟〉의 옛글자).

63) 「かたし[形ク]→かたい【堅い·固い·硬い】[形]굳다. 튼튼하다. 견고하다. 세다」.

に]とみ64)民(たミ)さかへて65)、

➩ 사직이 평안하고 종묘가 굳건하다. 나라가 부유하고 인민이 번성하며,

❑ 百姓(はくせい)ミな66)、宝祚(ほうそ)の67)長久(ちやうきう)にして68)、天年(てんねん)と69)、ひとしからん事[こと]を70)、いのる71)。

➩ 백성이 모두 왕위(王位)가 장구하여 천명과 한가지일 것을 기원한다.

❑ しかるに72)、今[いま]73)、わが君[きみ]74)、くらゐに居(ゐ)て75)、徳(とく)すくなく76)、まつりごとを、わすれて77)、をごり、はなはだし78)。

---

64) 「くに【国】 나라」+「とむ【富む】 [4]재산이 늘다. 풍요로워지다」의 連用形 「とみ」.

65) 「たみ【民】 인민」+「さかゆ[下2]→さかえる【栄える】 [下1]번영하다. 번창하다」의 連用形 「さかえ」(〈-へ〉는 정서법에 어긋남)+「て」.

66) 「はくせい【百姓】 백성. 일반 인민. 농민. 시골뜨기」(일반적으로 〈ひゃくしょう〉로 읽는다)+「みな【皆】 모두」.

67) 「ほうそ【宝祚】 보조. 천자의 지위. 황위(皇位)」+「の[助詞]현대일본어 〈が〉의 쓰임」.

68) 「ちやうきう→ちょうきゅう【長久】 [形動ナリ]장구. 오래 계속되는 것. 영구함」의 連用形 「ちやうきうに」+「して[助詞](連用形에 접속)상태를 나타냄. ~으로. ~의 상태로」.

69) 「てんねん【天年】 천년. 천연(天然)의 수명. 천명(天命). 천수(天寿)」+「と[助詞]~와」.

70) 「ひとし[形シク]→ひとしい【等しい·均しい·斉しい】 [形]같다. 들쭉날쭉하지 않다. 공평하다」의 未然形 「ひとしから」+「む[助動]추량·의지」의 連体形 「む」→「ん」+「こと【事】 것. 일」+「を[助詞]」.

71) 「いのる【祈る·祷る】 [4]기도하다. 기원하다. 바라다」.

72) 「しかるに【然るに】 [接続]그런데. 하지만. 그건 그렇고」.

73) 「いま【今】 현재. 지금. 이 국면에. 가까운 과거 또는 미래. 이제」.

74) 「わが【我が·吾が】 [連体]나의. 자신의」+「きみ【君·公】 군. 주군. 임금」.

75) 「くらゐ→くらい【位】 자리. 지위. 위치」+「に[助詞]~에」+「ゐる→いる【居る】 [上1]있다. 머물다. 앉다」의 連用形 「ゐ」+「て」.

76) 「とく【徳】 덕」+「すくなし【少なし·尠し·寡し】 [形ク]적다」의 連用形 「すくなく」.

77) 「まつりごと【政】 정사」+「を[助詞]」+「わする【忘る】 [下2]잊다」의 連用形 「わすれ」+「て」.

78) 「おごり【驕り·傲り】 [名]교만. 거만」(〈を-〉는 정서법에 어긋남)+「はなはだし【甚だ

➪ 그런데 지금 우리 주군은 자리에 있으면서 덕이 적으며 정사를 잊고 거만이 도를 넘는다.

❑ 人[ひと]を、ころして79)、あはれミなく80)、民(たミ)を、むさぼりて81)、うれへを、しらず82)、たからを、うばひて83)、さらに84)、あく事[こと]なし85)、

➪ 사람을 죽이는데 자비가 없고, 인민을 탐하여 근심을 모르며, 재물을 빼앗는데 전혀 싫증내는 적이 없다.

❑ 荒乱(くわうらん)86)無道(むだう)にして87)、ほしゐまゝ也[なり]88)。

し】[形シク]보통 정도를 넘다. 심하다」.

79) 「ひと【人】사람. 남」+「を[助詞]」+「ころす【殺す】[4]죽이다」의 連用形「ころし」+「て」.

80) 「あはれみ→あわれみ【哀れみ·憐れみ·憫れみ】[名]불쌍해함. 동정함. 자비를 베풂」+「なし【無し】[形ク]없다」의 連用形「なく」.

81) 「たみ【民】인민. 백성」+「を[助詞]」+「むさぼる【貪る】[4]탐내다. 끝없이 갖고 싶어하다」의 連用形「むさぼり」+「て」.

82) 「うれへ【憂へ·愁へ】[名]슬픔. 근심」+「を[助詞]」+「しる【知る】[4]알다」의 未然形「しら」+「ず[助動]부정」의 連用形「ず」.

83) 「たから【宝·財·貨·幣】보물. 재산. 금전」+「を[助詞]」+「うばふ[4]→うばう【奪う】[5]빼앗다. 탈취하다」의 連用形「うばひ」+「て」.

84) 「さらに【更に】[副]①또한. 거듭. 더욱 ②새로이 ③강한 부정. 절대로 ~가 아니다. 전혀 ~지 않다」.

85) 「あく【飽く·厭く·倦く】[4]싫어지다. 질리다. 지긋지긋해하다」의 連体形「あく」+「こと【事】것. 일」+「なし【無し】[形ク]없다」.

86) 「荒乱」은 한국과 일본 측 사전 모두 등재되지 않은 말이다. 본문의「くわうらん」즉「こうらん」으로 찾아보면「こうらん【攪乱】교란, 어지럽히는 것」이 가까워 보이고, 비슷한 한자로 찾아보면「慌亂(황란) : 정신이 얼떨떨하고 뒤숭숭함」〈네이버한자사전〉이 있다. 다만「황란」은〈표준국어대사전〉에 등재되지 않은 말이며「慌乱」역시『日本国語大辞典』에서 찾을 수 없다.「荒」은 형용사로는「あらい : 거칠다」이고「乱」은 동사로 쓰일 때「乱(みだ)れる : 흐트러지다」이므로, 이러한 사항들을 종합하여 여기에서는「난폭」으로 풀이하기로 하겠다.

87) 「むだう→むどう【無道】[形動ナリ]무도. 생각이나 행동 따위가 도리에 벗어난 것」의 連用形「むだうに」+「して[助詞](連用形에 접속)상태를 나타냄. ~으로. ~의 상태로」.

88) 「ほしいまま【擅·恣·縦】[形動ナリ]자신의 생각대로 행동하는 모양」의 終止形「ほし

➪ 난폭 무도하며 제멋대로다.

❑ この故[ゆえ]に89)、諸侯(しよこう)は命(めい)に、そむきて90)朝(てう)せず91)、

➪ 이 때문에 제후들은 명에 거슬러 조정에 들지 않으며,

❑ 万民(ばんミん)ハ、うれへに、しづミて92)、したがハず93)、うとみすてゝ94)にくむ事[こと]95)はなハだし96)。

➪ 만민은 근심에 잠겨 따르지 않고 꺼려 멀리하며 미워하는 것이 막심하다.

❑ 只[ただ]97)、おそらくハ98)、この君[きみ]の99)、天下[てんか]を、うしなハん事[こと]100)をそし、とのミ101)、人[ひと]ミな102)、おもひ侍(は

いままなり」(〈-ゐ-〉는 정서법에 어긋남).

89) 「この【此の·斯の】[連体]이」+「ゆゑ→ゆえ【故】~때문」+「に[助詞]」(〈ゆえに〉의 꼴로 '~이므로·~인고로').

90) 「しょこう【諸侯】제후」+「は[助詞]」+「めい【命】명. 명령」+「に[助詞]」+「そむく【背く·叛く】[4]등지다. 위반하다. 모반하다. 대들다」의 連用形「そむき」+「て」.

91) 「てうす[サ変]→ちょうする【朝する】[サ変]①조정에 들어가다. 조정에 출사하여 배알하다 ②조공하다 ③향해가다」의 未然形「てうせ」+「ず[助動]부정」의 連用形「ず」.

92) 「ばんみん【万民】만민」+「は[助詞]」+「うれへ【憂へ·愁へ】[名]슬픔. 근심」+「に[助詞]」+「しづむ[4]→しずむ【沈む】[5]가라앉다. 잠기다」의 連用形「しづみ」+「て」.

93) 「したがふ[4]→したがう【従う·随う·順う】[5]따르다. 거스르지 않다. 맡기다」의 未然形「したがは」+「ず[助動]부정」의 連用形「ず」.

94) 「うとむ【疎む】[4]꺼려 멀리하다. 기피하다. 소원하다. 서먹서먹하다」의 連用形「うとみ」+「すつ[下2]→すてる【捨てる·棄てる】[下1]버리다. 멀리하다. 싫어하다」의 連用形「すて」+「て」.

95) 「にくむ【憎む·悪む】[4]미워하다. 증오하다. 옳지 않은 것을 싫어하여 멀리하다. 비난하다」의 連体形「にくむ」+「こと【事】것. 일」.

96) 「はなはだし【甚だし】[形シク]보통 정도를 넘다. 심하다. 막심하다」.

97) 「ただ【只·唯】[副]단지. 오직. 그저」.

98) 「おそらくは【恐らくは】[副]죄송합니다만. 아마. 분명. 필시. 십중팔구. 생각건대」.

99) 「この【此の·斯の】[連体]이」+「きみ【君】주군. 임금」+「の[助詞]현대일본어〈が〉의 쓰임」.

べ)るなり[103]。

➪ 그 저 송구스럽지만 이 주군이 천하를 잃을 일이 늦구나, 라고만 사람들이 모두 생각하는 겁니다.

❑ ねがハくは[104]、君[きみ]、まことのミちを[105]、つとめて[106]、天下[てんか]を、おさめ給[たま]ふべし[107]。

➪ 바라옵건대 주군께서는 지켜야할 도리를 힘써 천하를 다스리셔야 할 것이다.

❑ しからずハ[108]、君[きみ]の天下[てんか][109]久[ひさ]しからじ[110]、

➪ 그렇지 않으면 주군의 천하는 오래가지 않을 것이다.

---

100) 「てんか【天下】 천하」+「を[助詞]」+「うしなふ[4] → うしなう【失う】[5]잃다. 지위를 빼앗기다」의 未然形 「うしなは」+「む[助動]추량·의지」의 連体形 「む」→「ん」+「こと【事】것. 일」.

101) 「おそし[形ク] → おそい【遅い】[形]늦다. 시간이 걸리다」(〈を-〉는 정서법에 어긋남)+「と[助詞]~라고」+「のみ[助詞]만. 뿐」.

102) 「ひと【人】사람. 사람들」+「みな【皆】모두」.

103) 「おもふ[4] → おもう【思う】[5]생각하다」의 連用形 「おもひ」+「侍(はべ)り[助動]격식·정중」의 連体形 「はべる」+「なり[助動]단정·지정」.

104) 「ねがはくは → ねがわくは【願わくは】[副]바라기는. 원하기는」.

105) 「きみ【君】주군. 임금」+「まこと【真·実·誠】[名]진짜. 진정. 거짓 없음」+「の[助詞]」+「みち【道】길. 도리」+「を[助詞]」. 「真(まこと)の道(みち)」의 형태로 '①진리의 길. 불도(佛道) ②본래 있어야 할 도리. 지켜야 할 도리'의 뜻.

106) 「つとむ[下2] → つとめる【勤める·努める·務める·力める·勉める】[下1]힘쓰다. 노력하다. 섬기다. 근행하다」의 連用形 「つとめ」+「て」.

107) 「をさむ[下2] → おさめる【治める】[下1]다스리다. 통치하다. 평정하다」의 連用形 「をさめ」(〈お-〉는 歴史的仮名遣에 어긋남)+「たまふ【給ふ】[助動]존경」의 終止形 「たまふ」+「べし[助動]의무·당연·추량·가능 등」.

108) 「しからずば【然らずば】[接続]그렇지 않으면」(〈-ば〉는 옛날에는 清音. 혹은 無濁点표기). 「しからずは」는 「しかり【然り】[ラ変]그렇다」의 未然形 「しから」+「ずは：(助動詞〈ず〉+〈は〉의 형태)①~하지 않고 ②가정조건. 만일 ~가 아니라면」로 분석할 수도 있다.

109) 「きみ【君】주군. 임금」+「の[助詞]」+「てんか【天下】천하」.

110) 「ひさし[形シク] → ひさしい【久しい】[形]길다. 오래 경과하다」의 未然形 「ひさしから」+「じ[助動]추량·의지의 부정. ~이 아닐 것이다. ~하지 않을 것이다.」

❑ 諸侯(しよこう)のために111)、国[くに]を、うバゝれん事[こと]112)、おそらくハ113)、ちかきに、あるべし114)。」と、いさめたりしに115)、

⇨ 제후들로 인해 나라를 빼앗길 때가 십중팔구 가까이에 있을 것이다."라고 간언하였더니,

❑ 桀王(けつわう)、大[おおい]に、いかりて116)、竜逢(りうほう)を、ころさしめけり117)。

⇨ 걸왕이 크게 노하여서 용봉을 죽이게 했다.

❑ はたして118)、殷(いん)の湯王(たうわう)のために119)、天下[てんか]を、うバゝれ120)、鳴條(めいでう)と、いふところに行[ゆき]て121)、

---

111) 「しよこう【諸侯】 제후」+「の[助詞]」+「ため【為】」+「に[助詞]」(<ため>는 助詞인 <の・が> 또는 用言의 連体形에 접속하여 '이익・이유・목적'의 뜻. ~때문에. ~위해).

112) 「くに【国】 나라」+「を[助詞]」+「うばふ[4]→うばう【奪う】[5]빼앗다. 탈취하다」의 未然形「うばは」+「る[助動]수동」의 未然形「れ」+「む[助動]추량・의지」의 連体形「む」→「ん」+「こと【事】 것. 일」.

113) 「おそらくは【恐らくは】[副]아마. 십중팔구. 생각건대」.

114) 「ちかし[形ク]→ちかい【近い】[形]가깝다. 머지않다」의 連体形「ちかき」+「に[助詞]」+「あり【有り】[ラ変]있다」의 連体形「ある」+「べし[助動]의무・당연・추량・가능 등」.

115) 「と[助詞]~라고」+「いさむ[下2]→いさめる【禁める・諫める】[下1]억지하다. 금지하다. 충고하다. 간언하다」의 連用形「いさめ」+「たり[助動]완료・존속」의 連用形「たり」+「き[助動]회상・과거」의 連体形「し」+「に[助詞]~하니. ~하는데」.

116) 「おおいに【大いに】[副]매우. 몹시. 많이」+「いかる【怒る】[4]화내다. 노하다」의 連用形「いかり」+「て」.

117) 「を[助詞]」+「ころす【殺す】[4]죽이다」의 未然形「ころさ」+「しむ[助動]사역. ~시키다」의 連用形「しめ」+「けり[助動]회상・과거」.

118) 「はたして【果して】[副]생각대로. 정말로. 과연」.

119) 「いん【殷】 은나라」+「の[助詞]」+「たうわう→とうおう【湯王】 탕왕. 은(殷)왕조의 창시자」+「の[助詞]」+「ため【為】」+「に[助詞]」(<~の(が)ために>의 꼴로 '이익・이유・목적'의 뜻. ~때문에. ~위해).

120) 「てんか【天下】 천하」+「を[助詞]」+「うばふ【奪ふ】[4]빼앗다」의 未然形「うばは」+「る[助動]수동」의 未然形「れ」.

121) 「と[助詞]~라고」+「いふ【言ふ・云ふ】[4]말하다」의 連体形「いふ」+「ところ【所・処】 곳」+「に[助詞]」+「ゆく【行く】[4]가다」의 連用形「ゆき」+「て」.

むなしくなれり122)。

➪ 과연 은나라 탕왕으로 인하여 천하를 빼앗기고 명조라고 하는 곳에 가서 죽었다.

❑ されば123)、竜逢(りうほう)は、君[きみ]に忠節(ちうせつ)の名臣(めいしん)にて124)、

➪ 그러하니 용봉은 주군에게 충절 있는 명신으로서,

❑ かねて125)、天下[てんか]の126)みだれんことを、しりて127)、命(めい)をすてゝ128)、諫(いさめ)ける所[ところ]に129)、

➪ 일찍이 천하가 소란해질 것을 알고 목숨을 버리며 간언했는데,

❑ 桀王(けつわう)これを、もちゐずして130)、竜逢(りうほう)を、ころされたりしハ131)、殷(いん)の世[よ]の132)、おこらんとする133)天[てん]

---

122) 「むなし[形シク]→むなしい【空しい·虚しい】[形]덧없다. 무상하다. 죽었다」의 連用形「むなしく」+「なる【成る·為る】[4]되다」의 命令形「なれ」+「り[助動]완료·존속」.

123) 「されば【然れば】[接続]그렇기 때문에. 따라서. 그건 그렇고」.

124) 「きみ【君】주군. 임금」+「に[助詞]」+「ちゅうせつ【忠節】충절. 충의(忠義)를 다하는 것」+「の[助詞]」+「めいしん【名臣】명신. 이름난 신하. 훌륭한 신하」+「にて[助詞]현대일본어의 〈で〉와 같은 쓰임」.

125) 「かねて【予て】[副]미리. 사전에. 전부터 내내」.

126) 「てんか【天下】천하」+「の[助詞]현대일본어 〈が〉의 쓰임」.

127) 「みだる[下2]→みだれる【乱れる·紊れる】[下1]흐트러지다. 혼란하다. 소동이 일어나다. 산란(散亂)하다」의 連用形「みだれ」+「む[助動]추량·의지」의 連体形「む」→「ん」+「こと【事】것. 일」+「を[助詞]」+「しる【知る】[4]알다」의 連用形「しり」+「て」.

128) 「めい【命】①명령 ②목숨 ③천명」+「を[助詞]」+「すつ【捨つ·棄つ】[下2]버리다」의 連用形「すて」+「て」.

129) 「いさむ【諫む】[下2]충고하다. 간언하다」의 連用形「いさめ」+「けり[助動]회상·과거」의 連体形「ける」+「ところに【所に】[助詞]①~하자. ~했더니 ②~했지만」.

130) 「これ【此·是】[代]이것」+「を[助詞]」+「もちゐる[上1]→もちいる【用いる】[上1]채용하다. 사용하다」(본래는 〈持(も)ち率(ゐ)る〉에서 온 말로 예로부터 〈もちふ〉〈もちゆ〉 등과 같이 혼동이 있었다고 함)의 未然形「もちゐ」+「ず[助動]부정」의 連用形「ず」+「して[助詞](連用形에 접속)~인 상태로」.

131) 「ころす【殺す】[4]죽이다」의 未然形「ころさ」+「る[助動]수동·존경」의 連用形「れ」+「たり[助動]완료·존속」의 連用形「たり」+「き[助動]회상·과거」의 連体形「し」+「は

運(うん)なり[134]。

⇨ 걸왕이 이를 쓰지 않고 용봉을 죽이셨던 것은 은나라 세상이 시작되려 하는 천운이다.

[助詞]」.

132) 「いん【殷】 은나라」+「の[助詞]」+「よ【世·代】 세상. 시대. 국가. 기간」+「の[助詞] 현대일본어 〈が〉의 쓰임」.

133) 「おこる【起こる·興る】 [4]일어나다. 시작되다. 번성하다」의 未然形 「おこら」+「む[助動]추량·의지」→「ん」+「と[助詞]」+「す[サ変]하다」의 連体形 「する」.

134) 「てんうん【天運】 천운. 하늘이 내린 운명」+「なり[助動]단정·지정」.

2. 欒(れん)[1]成(せい)鬪(たゝかひ)死(しす)
난성이 싸우다 죽다

❑ 晋[しん]の欒共子(らんけうし)ハ、字(あざな)[2]は成(せい)と、いふ。

⇨ 진나라 난공자는 자는 성이라고 한다.

❑ 翼(よく)と云[いう]国(くに)のあるじ[3]哀侯(あいこう)と云[いう]人[ひと]の臣下(しんか)として[4]、忠節(ちうせつ)を、つくしけり[5]。

⇨ 익이라고 하는 나라의 주군인 애후라 하는 사람의 신하로서 충절을 다했다.

❑ そのころ[6]、曲沃(きよくよく)と云[いう]ところの、あるじに[7]武公(ぶこう)といふ人[ひと][8]、いくさを、おこして[9]、翼(よく)に、をし

---

1) 여기에서는 「欒」을 「れん」으로 읽고 있다. 그런데 본문에서 「欒」이 세 차례 쓰이는데 그 가운데 두 차례는 「らん」으로 읽고 있다. 『假名草子集成』에는 제목의 「れん」에 'ママ' 표시가 붙어있는데다가 우리 독음이 「란」이고 일본의 독음 역시 「らん」(呉・漢音)이므로 「れん」은 읽기 오류로 봐야겠다.

2) 「あざな【字】 자. 중국에서 남자가 성인이 된 후에 붙이는 이름」.

3) 「と[助詞]~라고」+「いふ【言ふ・云ふ】[4]말하다」의 連体形 「いふ」+「くに【国】 나라. 지역」+「の[助詞]」+「あるじ【主】 한 나라의 최고책임자. 주군(主君). 가장(家長). 주인」.

4) 「と[助詞]~라고」+「いふ【言ふ・云ふ】[4]말하다」의 連体形 「いふ」+「ひと【人】 사람」+「の[助詞]」+「しんか【臣下】 신하」+「として[助詞]①~라고 생각하여 ②~의 자격으로 ③~인 상태로 ④~로」.

5) 「ちうせつ→ちゅうせつ【忠節】 충절」+「を[助詞]」+「つくす【尽くす】[4]노력하다. 힘쓰다」의 連用形 「つくし」+「けり[助動]회상・과거」.

6) 「その【其の】[連体]그」+「ころ【頃・比】 때. 즈음. 무렵」.

7) 「と[助詞]~라고」+「いふ【言ふ・云ふ】[4]말하다」의 連体形 「いふ」+「ところ【所・処】 곳」+「の[助詞]」+「あるじ【主】 주군」+「に[助詞]~에. ~으로」.

8) 「と[助詞]~라고」+「いふ【言ふ・云ふ】[4]말하다」의 連体形 「いふ」+「ひと【人】 사람」.

よせたり[10]。

➪ 그 무렵 곡옥이라 하는 곳의 주군으로 무공이라 하는 사람이 전쟁을 일으켜 익나라로 밀려들었다.

❑ 哀侯(あいこう)、ふせぎたゝかふ、と、いへども[11]、つゐに[12]、いくさに、うちまけて[13]、ころされたり[14]。

➪ 애후가 막아 싸운다고 하지만 끝내 싸움에 져서 죽임 당했다.

❑ しかるに[15]、武公(ぶこう)、かねてより[16]、欒成(れんせい)が忠節(ちうせつ)[17]、わたくしなく[18]、しかも[19]、大[だい]こう[20]の、つハもの

---

9) 「いくさ【軍・戦】병사. 군대. 전쟁」+「を[助詞]」+「おこす【起こす】[4]일으키다. 발생시키다」의 連用形「おこし」+「て」.

10) 「に[助詞]」+「おしよす[下2]→おしよせる【押し寄せる】[下1]수많은 것들이 힘차게 다가오다. 밀려들다」의 連用形「おしよせ」(〈を-〉는 정서법에 어긋남)+「たり[助動]완료・존속」.

11) 「ふせぐ【防ぐ・禦ぐ・拒ぐ】[4]막다. 가로막다. 방어하다」의 連用形「ふせぎ」+「たたかふ[4]→たたかう【戦う・闘う】[5]싸우다. 전쟁하다」의 終止形「たたかふ」+「と[助詞]~라고」+「いへども→いえども【雖も】[連語]~하지만. ~해도」.「いへども」는「いふ【言ふ・云ふ】[4]말하다」의 已然形「いへ」+「ども[助詞]역접」로 분석할 수도 있다.

12) 「つひに→ついに【終に・遂に】[副]결국. 마침내」(〈-ゐ-〉는 정서법에 어긋남).

13) 「いくさ【軍・戦】전쟁」+「に[助詞]」+「うちまく[下2]→うちまける【打ち負ける】[下1]지다. 패하다」의 連用形「うちまけ」+「て」.

14) 「ころす【殺す】[4]죽이다」의 未然形「ころさ」+「る[助動]수동」의 連用形「れ」+「たり[助動]완료・존속」.

15) 「しかるに【然るに】[接続]그런데. 하지만. 그건 그렇고」.

16) 「かねて【予て】[副]이전에. 미리」+「より[助詞]①동작・장소・시간의 起點. ~부터 ②동작이 이루어지는 경유지. ~을 지나 ③비교의 기준. ~보다」.

17) 「が[助詞]현대일본어〈の〉의 쓰임」+「ちうせつ→ちゅうせつ【忠節】충절」.

18) 「わたくし【私】[名]공(公)에 대한 사(私)」+「なし【無し】[形ク]없다」의 連用形「なく」.

19) 「しかも【然も・而も】[接続]게다가. 그래도. 하지만」.

20) 「こう」가 한자로 표기되지 않아서 판단하기가 쉽지 않으나「だいがう→だいごう【大剛】(〈たいごう〉나〈だいこう〉로도 쓰임)빼어나게(극히) 강한 것(사람)」로 볼 수 있겠다.

なる事[こと]を、しりて21)、つかひをもつて22)、いはせけるハ23)、

➩ 그런데 무공이 이전부터 난성의 충절이 사사로움이 없고 게다가 지극히 강한 무사라는 것을 알아서 사자(使者)로써 말하도록 한 것은,

❑「かまへて24)、いのちをすつる事[こと]なかれ25)、我[われ]にしたがふて26)忠節(ちうせつ)を、つくすべし27)。

➩ "결코 목숨을 버리는 일이 없도록 하라. 나에게 복종하여 충절을 다해야 마땅할 것이다.

❑ われ、汝(なんぢ)をもつて28)上卿(しやうけい)となし29)、高官(かうくわん)をあたへて30)、国[くに]のまつりごとを31)、まかすべし32)。」と。

---

21) 「つはもの → つわもの【兵】 무기. 병사. 용사. 무인」+「なり[助動]단정·지정」의 連体形「なる」+「こと【事】 것. 일」+「を[助詞]」+「しる【知る】[4]알다」의 連用形「しり」+「て」.

22) 「つかひ → つかい【使い·遣い】[名]심부름꾼. 사자(使者)」+「を[助詞]」+「もって【以て】(〈を[助詞]〉에 이어져서)수단이나 원인 등을 나타냄. ~로써. ~때문에」.

23) 「いふ【言う·云ふ】[4]말하다」의 未然形「いは」+「す[助動]사역. ~시키다」의 連用形「せ」+「けり[助動]회상·과거」의 連体形「ける」+「は[助詞]」.

24) 「かまへて → かまえて【構へて】[副]①준비하여 ②필시. 분명 ③(뒤에 금지가 이어짐. 여기에서는 〈なかれ〉)결코. 절대로」.

25) 「いのち【命】 목숨」+「を[助詞]」+「すつ[下2] → すてる【捨てる·棄てる】[下1]버리다」의 連体形「すつる」+「こと【事】 것. 일」+「なし【無し】[形ク]없다」의 命令形「なかれ」(금지의 뜻).

26) 「われ【我·吾】[代]나」+「に[助詞]」+「したがふ【従ふ·随ふ·順ふ】[4]따르다」+「て」. 「ふ」로 끝나는 동사의 경우「て」앞에서 連用形이 아닌 終止形이 쓰이는 경우가 있다.「シタゴーテ」와 같이 읽는다.

27) 「ちうせつ【忠節】 충절」+「を[助詞]」+「つくす【尽くす】[4]노력하다. 힘쓰다」의 終止形「つくす」+「べし[助動]의무·당연·추량·가능 등」.

28) 「われ【我·吾】[代]나」+「なんぢ→なんじ【汝·爾】[代]아랫사람을 가리키는 말. 너」+「を[助詞]」+「もって【以て】(〈を[助詞]〉에 이어져서)~로써. ~때문에」.

29) 「しやうけい → しょうけい【上卿】①중국 주(周) 시절 상위 벼슬아치 ②平安(へいあん)·鎌倉(かまくら)시대 조정에서의 정무나 의식을 지휘하는 벼슬아치」+「と[助詞]~로」+「なす【生す·成す·為す】[4]만들어내다. 행하다. 달리 쓰다」의 連用形「なし」.

30) 「かうくわん → こうかん【高官】 고관」+「を[助詞]」+「あたふ[下2] → あたえる【与える】[下1]주다. 수여하다」의 連用形「あたへ」+「て」.

➪ 나는 너로써 상경으로 삼아 고관을 주어 국정을 맡길 것이다."라고.

❑ 其[その]時[とき][33]、欒成(らんせい)こたへて、いはく[34]、「われ、日[ひ]ごろより[35]聞(きく)事(こと)あり[36]。

➪ 그때에 난성이 대답하여 이르길 "내가 평소부터 듣는 것이 있다.

❑ それ[37]、民(たミ)は三(ミつ)によりて[38]生(しやう)ず[39]、しかうじて[40]、これに、つかふるの道(ミち)ハ[41]、一(ひとつ)にして[42]、へだてなし[43]。

➪ 무릇 인민은 셋에 의해 산다. 그리고 이에 받드는 길은 하나로서 구별이 없다.

---

31) 「くに【国】 나라. 지역」+「の[助詞]」+「まつりごと【政】 정사」+「を[助詞]」.

32) 「まかす[下2]→まかせる【任せる·委せる】[下1]맡기다. 위임하다」의 終止形「まかす」+「べし[助動]의무·당연·추량·가능·의지 등」.

33) 「その【其の】[連体]그」+「とき【時】 때」.

34) 「こたふ[下2]→こたえる【答える·応える】[下1]대답하다. 반응하다」의 連用形「こたへ」+「て」+「いはく→いわく【曰く】 말하길. 이르길」.

35) 「われ【我·吾】[代]나」+「ひごろ【日頃】 여러 날. 평소. 늘」+「より[助詞]~로부터」.

36) 「きく【聞く】[4]듣다」의 連体形「きく」+「こと【事】 것. 일」+「あり【有り】[ラ変]있다」.

37) 「それ【其·夫】[感](한문의 〈夫〉에 대한 訓読에서)격식을 차린 자세로 글을 시작할 때 쓰는 말. 대저」.

38) 「たみ【民】 인민」+「は[助詞]」+「みつ【三つ】 세 개. 세 가지」+「に[助詞]」+「よる【因る·由る·拠る·依る】[4]기인하다. 의거하다. ~에 따르다」의 連用形「より」+「て」.

39) 「しやうず[サ変]→しょうずる【生ずる】[サ変]자라다. 태어나다. 낳다. 일어나다. 발생하다」.

40) 「しかうして→しこうして【而して】[接続](옛날에는 〈しこうじて〉로도 쓰임)그리고. 또한」.

41) 「これ【此】[代]이것」+「に[助詞]」+「つかふ[下2]→つかえる【仕える】[下1]①윗사람 가까이에서 섬기다. 모시다 ②관직을 수행하다」의 連体形「つかふる」+「の[助詞]」+「みち【道】 길. 도리」+「は[助詞]」.

42) 「ひとつ【一つ】 하나. 한 개」+「なり[助動]단정」의 連用形「に」+「して[助詞](連用形에 접속)상태를 나타냄. ~으로. ~의 상태로」(〈~にして[連語]〉는 현대일본어 〈~で〉의 쓰임).

43) 「へだて【隔て】 칸막이. 간격. 구별」+「なし【無し】[形ク]없다」.

❏ いはゆる44)父(ちゝ)ハ、われを生(しやう)じ45)、師(し)ハ、われにをしへ46)、君(きミ)ハ、我[われ]をやしなふ47)。

⇨ 이른바 아버지는 나를 낳고, 스승은 나에게 가르치고, 주군은 나를 키운다.

❏ しかるに48)、父[ちち]にあらざれば49)生(むま)れず50)、食(しよく)にあらざれば51)長(ひとゝ)ならず52)、師(し)をしへざるときハ53)、ものしらず54)。

⇨ 그런데 아버지가 아니었다면 태어나지 않고, 음식이 아니었다면 장성하지 않고, 스승이 가르치지 않을 때에는 물정을 모른다.

❏ この三(ミつ)55)、ひとへに56)、我身[わがみ]のたぐひなり57)。

---

44) 「いはゆる→いわゆる【所謂】[連体]세상이 말하는. 소위」.

45) 「ちち【父】아버지」+「は[助詞]」+「われ【我·吾】[代]나」+「を[助詞]」+「しやうず【生ず】[サ変]낳다」의 連用形「しやうじ」.

46) 「し【師】스승」+「は[助詞]」+「われ【我·吾】[代]나」+「に[助詞]」+「をしふ[下2]→おしえる【教える】[下1]가르치다. 알려주다」의 連用形「をしへ」.

47) 「きみ【君】주군. 임금」+「は[助詞]」+「われ【我·吾】[代]나」+「を[助詞]」+「やしなふ[4]→やしなう【養う】[5]양육하다. 부양하다. 키우다」.

48) 「しかるに【然るに】[接続]그런데. 하지만. 그건 그렇고」.

49) 「ちち【父】아버지」+「に[助詞]」+「あり【有り】[ラ変]있다」(〈~にあり〉의 형태로 현대 일본어의 〈~である〉와 같은 쓰임)의 未然形「あら」+「ざり[助動]부정」의 已然形「ざれ」+「ば[助詞]확정조건. 원인·이유」.

50) 「むまる【生る】[下2]〈うまる[下2]→うまれる【生まれる·産まれる】[下1]태어나다〉와 같은 말」의 未然形「むまれ」+「ず[助動]부정」의 連用形「ず」.

51) 「しよく【食】음식」+「に[助詞]」+「あり【有り】[ラ変]있다」(〈~にあり〉의 형태로 현대일본어의 〈~である〉와 같은 쓰임)의 未然形「あら」+「ざり[助動]부정」의 已然形「ざれ」+「ば[助詞]확정조건. 원인·이유」.

52) 「ひととなる」는 「人(ひと)と成(な)る」로 보이며 「성인이 되다. 성장하다」의 뜻. 이에 대해 「長」을 쓴 것은 한자의 뜻을 고려한 결과로 보인다. 여기에 「ず[助動]부정」가 접속하여 「-ならず」로 활용.

53) 「し【師】스승」+「をしふ【教ふ】[下2]가르치다」의 未然形「をしへ」+「ざり[助動]부정」의 連体形「ざる」+「とき【時】때」+「は[助詞]」.

54) 「もの【物】사물. 세상사」+「しる【知る】알다」의 未然形「しら」+「ず[助動]부정」. 한편 「ものしらず【物知らず】」는 '무지한 것. 도리를 깨우치지 못한 것(사람)'의 뜻.

➪ 이 세 가지는 오직 내 몸과 같은 것이다.

❑ この故[ゆえ]に58)、これに、つかふる事[こと]は59)、たゞ一(ひとつ)なり60)。

➪ 이런고로 이에 받드는 것은 오직 하나다.

❑ われ、いま61)、そのむかふところに、したがふて62)死(し)すべし63)、

➪ 나는 이제 그 향하는 곳에 따라서 죽을 것이다.

❑ わが生(しやう)を64)、たすけ給[たま]ひし65)、その恩(をん)を報(ほう)

---

55) 「この【此の·斯の】[連体]이」+「みつ【三つ】세 개. 세 가지」.

56) 「ひとへに→ひとえに【偏に】[副]오로지. 한결같이」.

57) 「わがみ【我が身】자신의 몸. 나」+「の[助詞]」+「たぐひ→たぐい【類·比】[名]동등한 것. 쌍. 동료. 같은 종류」+「なり[助動]단정·지정」.

58) 「この【此の·斯の】[連体]이」+「ゆゑ→ゆえ【故】~때문」+「に[助詞]」(〈ゆえに〉의 꼴로 '~이므로·~인고로').

59) 「これ【此·是】[代]이것」+「に[助詞]」+「つかふ【仕ふ】[下2]섬기다. 모시다」의 連体形「つかふる」+「こと【事】것. 일」+「は[助詞]」.

60) 「ただ【只·唯】[副]단지. 오직. 그저」+「ひとつ【一つ】하나」+「なり[助動]단정·지정」.

61) 「われ【我·吾】[代]나」+「いま【今】현재. 지금. 이 국면에. 가까운 과거 또는 미래. 이제」.

62) 「その【其の】[連体]그」+「むかふ[4]→むかう【向かう·対う】[5]마주하다. 향하다. 나아가다. 상대하다. 저항하다」+「ところ【所·処】곳. 상황. 찰나」+「に[助詞]」+「したがふ【従ふ·随ふ·順ふ】[4]따르다. 거스르지 않다. 맡기다」+「て」(〈シタゴーテ〉와 같이 읽는다). 결국「その」가 무엇을 가리키는가에 따라 뜻이 결정될 텐데, 이를 앞서 죽임을 당한 '애후'로 본다면 〈애후가 향한 곳 즉 그의 죽음에 따라〉가 될 것이고, 이것이 자신의 행동을 가리키는 것이라면 〈그것이 어디가 되었든〉의 뜻으로 풀이할 수 있겠다. 다만 전자라면 예컨대「むかひしところ」와 같이「き[助動]회상·과거」가 개입됐을 것이다.

63) 「しす[サ変]→しする【死する】[サ変]죽다」의 終止形「しす」+「べし[助動]의무·당연·추량·가능·의지 등」.

64) 「わが【我が·吾が】[連体]나의. 자신의」+「しやう→しょう【生】생. 생명. 목숨. 삶」+「を[助詞]」.

65) 「たすく[下2]→たすける【助ける·輔ける·扶ける】[下1]보호하다. 돕다. 구조하다. 살리다. 이끌다」의 連用形「たすけ」+「たまふ【給ふ】[助動]존경」의 連用形「たまひ」

ずるにハ66)、死(し)をもつて67)、すべし68)。

➪ 내 생을 이끄셨던 그 은혜를 갚기 위해서는 죽음으로써 해야 마땅할 것이다.

❑ 力(ちから)をつくして69)、忠臣(ちうしん)を存(ぞん)ずるは70)、これ人[ひと]の道[みち]なり71)。

➪ 힘을 다하여 충신을 생각하는 것은 이는 사람의 도리다.

❑ それがし72)、さらに73)、わたくしの74)利徳(りとく)をもつて75)、人[ひと]の人[ひと]たる道[みち]を76)、うしなハんや77)。」と云[いい]て、

➪ 내가 새로이 사사로운 이득으로써 사람의 사람으로서의 도리를 잃겠는가?"라고 하고,

+「き[助動]회상·과거」의 連体形「し」.

66)「その【其の】[連体]그」+「おん【恩】은혜」(〈を-〉는 정서법에 어긋남)+「を[助詞]」+「ほうず【報ず】[サ変]보답하다. 갚다」의 連体形「ほうずる」+「に[助詞]~하는데」+「は[助詞]」.

67)「し【死】[名]죽음」+「を[助詞]」+「もって【以て】(〈を〉에 이어져서)~로써. ~때문에」.

68)「す[サ変]하다」의 終止形「す」+「べし[助動]의무·당연·추량·가능·의지 등」.

69)「ちから【力】힘」+「を[助詞]」+「つくす【尽くす】[4]노력하다. 힘쓰다」의 連用形「つくし」+「て」.

70)「ちうしん→ちゅうしん【忠臣】충신」+「を[助詞]」+「ぞんず【存ず】[サ変]'생각하다·알다'의 겸양어」의 連体形「ぞんずる」+「は[助詞]」.

71)「これ【此·是·之·惟】[代]이것」+「ひと【人】사람」+「の[助詞]」+「みち【道】길. 도. 도리」+「なり[助動]단정·지정」.

72)「それがし【某】[代]①아무개 ②저」.

73)「さらに【更に】[副]①또한. 거듭. 더욱 ②새로이 ③강한 부정. 절대로 ~가 아니다. 전혀 ~지 않다」.

74)「わたくし【私】[名]공(公)에 대한 사(私)」+「の[助詞]」.

75)「りとく【利得·利徳】이득」+「を[助詞]」+「もって【以て】~로써. ~때문에」.

76)「ひと【人】사람」+「の[助詞]」+「ひと【人】사람」+「たり[助動](체언에 접속하여)단정·지정. ~이다」의 連体形「たる」+「みち【道】길. 도. 도리」+「を[助詞]」.

77)「うしなふ[4]→うしなう【失う】[5]잃다. 없애다」의 未然形「うしなは」+「む[助動]추량·의지」→「ん」+「や[係助詞]의문·질문」.

❑ つゐに[78]、軍中(ぐんちう)かけいりて[79]、たゝかひ死(し)したり[80]。

➪ 끝내 군진 사이로 뛰어들어 싸우다 죽었다.

78) 「つひに→ついに【終に·遂に】[副]결국. 마침내」(〈-ゐ-〉는 정서법에 어긋남).

79) 「ぐんちう→ぐんちゅう【軍中】군대 안. 진영 안」+「かけいる【駆け入る】[4]말을 내달려 들어가다. 힘차게 뛰어들다」의 連用形「かけいり」+「て」.

80) 「たたかふ[4]→たたかう【戦う·闘う】[5]싸우다. 전쟁하다」의 連用形「たたかひ」+「しす【死す】[サ変]죽다」의 連用形「しし」+「たり[助動]완료·존속」.

3. 石(せき)碏(しやく)純(じゆん)臣(しん)
석작순신

❑ 州吁(しうう)と、いふもの[1]、桓公(くわんこう)をころして[2]、国[くに]をうばひ[3]、ミづから立(たち)て[4]、王(わう)たらんとするに[5]、いまた[6]国民(くにたミ)を[7]、やすくすることを、えず[8]。

➪ 주우라고 하는 자가 환공을 죽이고 나라를 빼앗아 스스로 자리를 차지하여 왕이 고자 하는데 아직 나라의 인민을 안심하게 만드는 일을 못한다.

❑ 爰[ここ]に[9]、桓公(くわんこう)の臣[おみ]に[10]、石碏(せきしやく)と

---

1) 「と[助詞]~라고」+「いふ【言ふ·云ふ】[4]말하다」의 連体形「いふ」+「もの【者】자. 사람」.

2) 「くわんこう→かんこう【桓公】환공. 춘추시대 제(斉)나라 15대 군주」+「を[助詞]」+「ころす【殺す】[4]죽이다」의 連用形「ころし」+「て」.

3) 「くに【国】나라. 지역」+「を[助詞]」+「うばふ[4]→うばう【奪う】[5]빼앗다. 탈취하다」의 連用形「うばひ」.

4) 「みづから→みずから【自ら】[名]자기 자신. 나. [副]스스로. 친히」+「たつ【立つ】[4]서다. 일어나다. 지위를 점하다. 즉위하다」의 連用形「たち」+「て」.

5) 「わう→おう【王】왕」+「たり[助動](체언에 접속하여)단정·지정. ~이다」의 未然形「たら」+「む[助動]추량·의지」→「ん」+「と[助詞]」+「す[サ変]하다」의 連体形「する」+「に[助詞]~하니. ~하는데」.

6) 「いまだ【未だ】[副]아직. 여전히」(〈-た〉는 無濁点표기).

7) 「くにたみ【国人·国民】한 나라의 인민. 국민」+「を[助詞]」.

8) 「やすし[形ク]→やすい【安い·易い】[形]걱정이 없다. 안심이다」의 連用形「やすく」+「す[サ変]하다」의 連体形「する」+「こと【事】것. 일」+「を[助詞]」+「う【得】[下2]얻다. 가능하다」의 未然形「え」+「ず[助動]부정」.

9) 「ここに【此に·是に·爰に·玆に】[接続]이야기를 시작하거나 또는 화제를 전환할 때 쓰는 말. 그런데. 그건 그렇고. 그래서」.

10) 「くわんこう【桓公】환공」+「の[助詞]」+「おみ【臣】신. 신하. 벼슬아치」+「に[助詞]」.

云[いう]もの、あり11)。

➪ 그런데 환공의 신하에 석작이라고 하는 사람이 있다.

❑ 其[その]子[こ]12)石厚(せきかう)、父(ちゝ)にとふて、いはく13)、「いかにして14)、君[きみ]を、さだめたてゝ15)、民(たミ)を和(くわ)すべき16)。」と。

➪ 그 아들인 석후가 아버지에게 물어 이르길 "어떻게 하여 임금을 정하여 세워서 인민을 화평하게 할 수 있겠는가?"라고.

❑ 石碏(せきしやく)、こたへて、いはく17)、「王(わう)にまみえん事[こと]18)しかるべし19)。

---

11) 「と[助詞]~라고」+「いふ【言ふ·云ふ】[4]말하다」의 連体形「いふ」+「もの【者】자. 사람」+「あり【有り】[ラ変]있다」.

12) 「その【其の】[連体]그」+「こ【子】아이. 자식. 아들」.

13) 「ちち【父】아버지」+「に[助詞]」+「とふ[4]→とう【問う】[5]묻다. 질문하다」+「て」+「いはく【曰く】말하길. 이르길」.

14) 「いかに【如何に】[副]어떻게. 어찌. 어째서. 얼마나」+「す[サ変]하다」의 連用形「し」+「て」. 한편『広辞苑』에는「いかにして【如何にして】①(의문)어떻게 하여 ②(바람)부디」도 표제어로 등재되어 있다.

15) 「きみ【君·公】주군. 임금」+「を[助詞]」+「さだむ[下2]→さだめる【定める】[下1]결정하다. 제정하다. 평정하다. 안정시키다」의 連用形「さだめ」+「たつ[下2]→たてる【立てる】[下1]드러내다. 세우다. 자리에 앉게 하다」의 連用形「たて」+「て」.

16) 「たみ【民】인민」+「を[助詞]」+「くわす[サ変]→かする【和する】[サ変]화목하다. 친하다. 정답다. 어울리다. 죽이 맞다」의 終止形「くわす」+「べし[助動]의무·당연·추량·가능 등」의 連体形「べき」. 문말에 連体形이 쓰이는 것은 앞에 호응하는 係助詞가 있는 경우가 대부분인데 본문에서는 이를 확인할 수 없다. 다만 글의 내용상 〈질문〉이므로 이를 고려한 형태로 볼 수도 있겠다.

17) 「こたふ【答ふ·応ふ】[下2]대답하다. 반응하다」의 連用形「こたへ」+「て」+「いはく【曰く】말하길」.

18) 「わう→おう【王】왕」+「に[助詞]」+「まみゆ[下2]→まみえる【見える】[下1]①뵙다. 알현하다 ②대면하다. 만나다 ③아내로서 남편에게 섬기다」의 未然形「まみえ」+「む[助動]추량·의지」의 連体形「む」→「ん」+「こと【事】것. 일」.

19) 「しかるべし【然る可し】[形ク]①그렇게 될 운명이다 ②적당하다. 어울리다 ③그렇게 할 수 있다 ④훌륭하다」.

➩ 석작이 대답하여 이르길 "왕에게 알현하고자 하는 것은 지당하다.

❑ 陳(ちん)の桓公(くわんこう)ハ[20]、王(わう)に寵(てう)ある人[ひと]なり[21]。

➩ 진(陳)나라의 환공은 왕에게 총애가 있는 사람이다.

❑ 陳(ちん)と衛(ゑい)と[22]、まさに今[いま][23]、和(わ)ぼくせり[24]。

➩ 진나라와 위(衛)나라와는 바로 지금 화목하다.

❑ 若(もし)[25]、陳(ちん)に朝(てう)して[26]請(こハ)しめば[27]、かならす[28]、心[こころ]のごとくなる事[こと]を[29]得[う]べし[30]。」と。

➩ 만일 진나라에 들어가서 청하게 하면 필시 생각과 같이 되는 일을 얻을 것이다." 라고.

❑ 石厚(せきかう)、すなハち[31]、州吁(しうう)にしたがひて[32]陳(ちん)

---

20) 「ちん【陳】 진나라」+「の[助詞]」+「くわんこう【桓公】 환공」+「は[助詞]」.

21) 「わう→おう【王】 왕」+「に[助詞]」+「ちょう【寵】 [名]특별히 귀여워하는 것. 마음에 들어 하는 것. 총애」+「あり【有り】 [ラ変]있다」의 連体形 「ある」+「ひと【人】 사람」+「なり[助動]단정·지정」.

22) 「ちん【陳】 진나라」+「と[助詞]~와」+「えい【衛】 위나라」+「と[助詞]~와」.

23) 「まさに【正に】 [副]틀림없이. 바로 지금. 이제라도」+「いま【今】 지금」.

24) 「わぼく【和睦】 화목. 화합. 화해. 강화(講和)」+「す[サ変]하다」의 命令形 「せ」+「り[助動]완료·존속」.

25) 「もし【若し】 [副]①만일 ②어쩌면」.

26) 「ちん【陳】 진나라」+「に[助詞]」+「てうす[サ変]→ちょうする【朝する】 [サ変]①조정에 들어가다. 조정에 출사하여 배알하다 ②조공하다 ③향해가다」의 連用形 「てうし」+「て」.

27) 「こふ[4]→こう【請う·乞う】 [5]기원하다. 바라다. 요구하다. 소망하다」의 未然形 「こは」+「しむ[助動]사역·존경. ~시키다. ~하시다」의 未然形 「しめ」+「ば[助詞]가정조건. ~하면」.

28) 「かならず【必ず】 [副]꼭. 반드시. 분명. 필시」(〈-す〉는 無濁点표기).

29) 「こころ【心】 마음. 뜻. 생각」+「の[助詞]」+「ごとし【如し】 [助動]~와 같다」의 連用形 「ごとく」+「なる【成る·為る】 [4]되다」의 連体形 「なる」+「こと【事】 것. 일」+「を[助詞]」.

30) 「う【得】 [下2]얻다. 가능하다」의 終止形 「う」+「べし[助動]의무·당연·추량·가능 등」.

にゆく33)。

➪ 석후는 곧 주우를 수행하여 진나라로 간다.

❑ 石碏(せきしやく)、やがて34)陳(ちん)につかハして35)、さきだちて36)、つげやりけるやうハ37)、

➪ 석작이 곧바로 진나라로 사람을 보내 앞서서 알렸던 것은,

❑「今[いま]、わがすむところ38)衛(ゑい)の国[くに]ハ39)、いたりて、ちいさく40)、われ又[また]41)、としかたふきて42)、すべきみちなし43)。

➪ "지금 내가 사는 곳인 위나라는 매우 작고 나는 또한 나이가 기울어 할 도리가 없다.

---

31)「すなはち→すなわち【即ち·則ち】[副]곧바로. 즉시. 그래서. 즉」.

32)「に[助詞]」+「したがふ【従ふ·随ふ·順ふ】[4]따르다. 수행하다. 거스르지 않다. 맡기다」의 連用形「したがひ」+「て」.

33)「ちん【陳】진나라」+「に[助詞]」+「ゆく【行く】[4]가다」.

34)「やがて【軈て】[副]곧. 그대로. 금세. 언젠가」.

35)「ちん【陳】진나라」+「に[助詞]」+「つかはす[4]→つかわす【使わす·遣わす】[5]심부름 보내시다. 파견하시다」의 連用形「つかはし」+「て」.

36)「さきだつ【先立つ】[4]앞에 서다. 앞이 되다. 앞서다. 먼저 하다」의 連用形「さきだち」+「て」.

37)「つげやる【告げ遣る】[4]알려주다」의 連用形「つげやり」+「けり[助動]회상·과거」의 連体形「ける」+「やう→よう【様】모습. 형상. 꼴. 이유. 방법」+「は[助詞]」.

38)「いま【今】현재. 지금」+「わが【我が·吾が】[連体]나의. 자신의」+「すむ【住む·棲む·栖む】[4]살다. 생활하다」의 連体形「すむ」+「ところ【所·処】곳」.

39)「えい【衛】위나라」+「の[助詞]」+「くに【国】나라」+「は[助詞]」.

40)「いたりて→いたって【至って】[副]매우. 대단히. 극히」+「ちひさし[形ク]→ちいさい【小さい】[形]작다」의 連用形「ちひさく」(〈-い-〉는 歴史的仮名遣에 어긋남).

41)「われ【我·吾】[代]나」+「また【又·亦·復】[副]다시. 같이. 달리. 또한. 게다가」.

42)「とし【年·歳】나이」+「かたぶく【傾く】[4]기울어지다. 왕성한 상태에서 쇠약한 상태가 되다」의 連用形「かたぶき」(〈-ぶ-〉는 無濁点표기)+「て」.

43)「す[サ変]하다」의 終止形「す」+「べし[助動]의무·당연·추량·가능 등」의 連体形「べき」+「みち【道】길. 도리. 방법」+「なし【無し】[形ク]없다」.

❑ しかるに[44]、州吁(しうう)、石厚(せきかう)、この二人[ふたり]は[45]、これ、まさしく[46]桓公(くわんこう)を、ころせしものなり[47]。

➪ 그런데 주우와 석후 이 두 사람은 이것이 틀림없이 환공을 죽인 자다.

❑ この故[ゆえ]に[48]、かくのことくに[49]、はかるものなり[50]。」と、云(い)はせけり[51]。

➪ 이런고로 이와 같이 꾀하는 자인 것이다."라고 말하도록 했다.

❑ 陳(ちん)人(ひと)、すなハち[52]、これを、とらへたり[53]。

➪ 진나라 사람들이 곧바로 이를 붙잡았다.

---

44) 「しかるに【然るに】[接続]그런데. 하지만. 그건 그렇고.」

45) 「この【此の・斯の】[連体]이」+「ふたり【二人】 두 사람」+「は[助詞]」.

46) 「これ【此・是】[代]이것. 이사람」(〈これ〉는 앞에 제시한 말을 재차 언급하는 용법도 있다)+「まさしく【正しく】[副]의심할 바 없이. 틀림없이. 확실히」.

47) 이 부분은 「ころす【殺す】[4]죽이다」의 連用形 「ころし」+「き[助動]회상·과거」의 連体形 「し」+「もの【者】 자. 사람」+「なり[助動]단정·지정」로 이해된다. 그런데 본문에는 「ころし」가 아니라 「ころせ」로 되어 있어서 추가 논의가 필요하다. 만일 下2단 활용을 하는 「ころす」가 있다면 그 連用形이 「ころせ」이므로 간단하게 해결되지만 그런 동사는 사전에서 확인되지 않는다. 그렇다면 「ころす」가 「き」 앞에서 「ころせ」가 되는 경우를 따져보면 「ころす」를 サ変동사와 같은 방식으로 활용시키는 것인데, 이렇게 보면 설명은 가능하지만 문법적으로는 오류라고 처리할 수밖에 없겠다.

48) 「この【此の・斯の】[連体]이」+「ゆゑ→ゆえ【故】~때문」+「に[助詞]」.

49) 「かくのごとく【斯くの如く】[連語]이처럼. 이와 같이」(〈-こ-〉는 無濁点표기)+「に[助詞]」.

50) 「はかる【計る・測る・量る・図る・謀る・諮る】[4]계산하다. 재다. 생각하다. 짐작하다. 기회를 엿보다. 기도하다. 꾀하다. 속이다」의 連体形 「はかる」+「もの【者】 자. 사람」+「なり[助動]단정·지정」.

51) 「と[助詞]~라고」+「いふ【言ふ・云ふ】[4]말하다」의 未然形 「いは」+「す[助動]사역. ~시키다」의 連用形 「せ」+「けり[助動]회상·과거」.

52) 「ちん【陳】 진나라」+「ひと【人】 사람」+「すなはち【即ち・則ち】[副]곧바로. 즉시」.

53) 「これ【此・是】[代]이것. 이사람」+「を[助詞]」+「とらふ[下2]→とらえる【捕らえる・捉える】[下1]손으로 꽉 붙들다. 붙잡다. 체포하다. 포박하다. 장악하다」의 連用形 「とらへ」+「たり[助動]완료·존속」.

❑ 衛(ゑい)人(ひと)、すなハち54)、右宰醜(うさいしう)と云[いう]ものに、おほせて55)、州吁(しうう)をば56)、濮(ぼく)と云[いう]ところにして57)、ころさしむ58)。

➪ 위나라 사람이 곧 우재추라고 하는 사람에게 명령하셔서 주우를 복이라 하는 곳에서 죽이게 한다.

❑ 石碏(せきしやく)、又[また]59)、獳羊肩(しゆやうけん)と云[いう]ものを、つかハして60)、石厚(せきかう)をバ61)、陳(ちん)に殺(ころ)さしめたり62)。

➪ 석작은 또한 누양견이라는 사람을 보내셔서 석후를 진나라에서 죽이게 했다.

❑ 時[とき]の君子(くんし)63)ミな曰(いはく)64)、「石碏(せきしやく)ハ、誠(まこと)に65)純臣(じゆんしん)たり66)。

---

54) 「えい【衛】 위나라」+「ひと【人】 사람」+「すなはち【即ち·則ち】 [副]곧바로. 즉시」.

55) 「と[助詞]~라고」+「いふ【言ふ·云ふ】 [4]말하다」의 連体形 「いふ」+「もの【者】 자. 사람」+「に[助詞]」+「おほす【負す·課す·仰す】 [下2]짊어지게 하다. 명령하다. 말씀하시다」의 連用形 「おほせ」+「て」.

56) 「をば : (格助詞 〈を〉에 係助詞 〈は〉가 붙어 濁音化한 것)〈を〉의 뜻을 강하게 함」.

57) 「と[助詞]~라고」+「いふ【言ふ·云ふ】 [4]말하다」의 連体形 「いふ」+「ところ【所·処】 곳」+「に[助詞]」+「して[助詞]」(〈~にして[連語]〉는 장소나 때를 나타냄. ~에서. ~에).

58) 「ころす【殺す】 [4]죽이다」의 未然形 「ころさ」+「しむ[助動]사역. ~시키다」.

59) 「また【又·亦·復】 [副]다시. 같이. 달리. 또한. 게다가」.

60) 「つかはす【使はす·遣はす】 [4]심부름 보내시다. 파견하시다」의 連用形 「つかはし」+「て」.

61) 「をば : 〈を〉의 뜻을 강하게 함」.

62) 「ちん【陳】 진나라」+「に[助詞]~에서. ~에게」+「ころす【殺す】 [4]죽이다」의 未然形 「ころさ」+「しむ[助動]사역. ~시키다」의 連用形 「しめ」+「たり[助動]완료·존속」.

63) 「とき【時】 때. 당대」+「の[助詞]」+「くんし【君子】 군자」.

64) 「みな【皆】 모두」+「いはく【曰く】 말하길. 이르길」.

65) 「まことに【真に·実に·誠に】 [副]정말로. 거짓 없이. 매우」.

66) 「じゅんしん【純臣】 순신. 충의(忠義)가 비할 바 없는 신하」+「たり[助動](체언에 접속하여)단정·지정. ~이다」.

➪ 당대 군자들이 모두 이르길 "석작은 정말로 순신이다.

❑ 州吁(しうう)を悪(にくミ)て67)、しかも68)、我[わが]子[こ]の69)、これに与(くミ)せし事[こと]を70)、うらミ71)、ミづから72)怨(あた)73)を報[ほう]ずるに74)由(よし)なし75)、

➪ 주우를 못마땅해 하고 게다가 자기 아들이 이에 편들었던 일을 언짢아하여 스스로 원수를 갚으니 이유가 없다.

❑ はかりて76)、これをうつ事[こと]を77)、えたり78)。

➪ 꾀하여 이를 치는 일을 할 수 있었다.

---

67) 「を[助詞]」+「にくむ【憎む·悪む】[4]미워하다. 증오하다. 옳지 않은 것을 싫어하여 멀리하다. 비난하다」의 連用形「にくみ」+「て」.

68) 「しかも【然も·而も】[接続]게다가. 그래도. 하지만」.

69) 「わが【我が·吾が】[連体]나의. 자신의」+「こ【子】자식. 아들」+「の[助詞]현대일본어〈が〉의 쓰임」.

70) 「これ【此·是】[代]이것. 이사람」+「に[助詞]」+「くみす【与す·組す】[サ変]한패가 되어 가세하다. 편들다. 협력하다. 찬성하다. 관여하다」의 未然形「くみせ」+「き[助動]회상·과거」(〈き[助動]〉는 본래 連用形에 접속하지만 サ変동사의 경우에는 未然形에 접속한다)의 連体形「し」+「こと【事】것. 일」+「を[助詞]」.

71) 「うらむ【恨む·怨む·憾む】[4]불쾌하게 생각하다. 유감스러워하다」의 連用形「うらみ」.

72) 「みづから→みずから【自ら】[名]자기 자신. 나. [副]스스로. 친히」.

73) 「怨」은「怨(うら)み」나「えん·おん」으로 읽는다. 본문의「あた」는「あた【仇·敵】(あだ)적군. 적. 원수」인 것으로 봐야겠다.

74) 「ほうず【報ず】[サ変]갚다. 보답하다. 원한을 풀다. 알리다」의 連体形「ほうずる」+「に[助詞]~하니. ~하는데」.

75) 「よし【由·因·縁】[名]유래. 이유. 사정. 내용. 방법. 구실」+「なし【無し】[形ク]없다」. 참고로『広辞苑』에는「よしなし【由無し】이유가 없는 모양」도 표제어로 등재되어 있다.

76) 「はかる【計る·測る·量る·図る·謀る·諮る】[4]계산하다. 기도하다. 도모하다. 꾀하다」의 連用形「はかり」+「て」.

77) 「これ【此·是】[代]이것. 이사람」+「を[助詞]」+「うつ【打つ·討つ·撃つ】[4]치다. 적을 쓰러뜨리다. 죽이다」의 連体形「うつ」+「こと【事】것. 일」+「を[助詞]」.

78) 「う【得】[下2]얻다. 가능하다」의 連用形「え」+「たり[助動]완료·존속」.

❑ 大[たい]義(ぎ)にハ[79]、親(しん)をほろぼすとハ[80]、これ、この謂乎(いひか)[81]。」

➪ 대의에는 부모를 없앤다는 것은 이것이 이 뜻인가?

---

79) 「たいぎ【大義】대의」+「に[助詞]」+「は[助詞]」.

80) 「しん【親】친. 부모. 친족」+「を[助詞]」+「ほろぼす【滅ぼす·亡ぼす】[4]멸망시키다. 멸하다. 없애다」+「と[助詞]인용」+「は[助詞]」.

81) 「これ【此·是】[代]이것. 이사람」+「この【此の·斯の】[連体]이」+「いひ→いい【謂】[名]말하는 것. 말하는 바. 의미. 이유」+「か[係助詞]의문·질문」.

4. 王(わう)蠋(しよく)絶(ぜつ)脰(とう)
왕촉절두

❑ 燕(ゑん)の樂毅(がくき)と、いふもの[1]、齊(せい)の国[くに]を、せめやぶる[2]。

➩ 연나라의 악의라고 하는 자가 제나라를 쳐부순다.

❑ しかるに[3]、齊(せい)の地(ち)に[4]、畫邑(くわくゆう)と、いふところ、あり[5]。

➩ 그런데 제나라 땅에 획읍이라 하는 곳이 있다.

❑ 王蠋(わうしよく)と、いふ賢人(けんじん)[6]、このところに、すまゐせり[7]。

---

1) 「えん【燕】 연나라」(〈ゑ-〉는 정서법에 어긋남)+「の[助詞]」+「がくき→がっき【楽毅】 악의. 중국 전국시대의 무장(武將). 위(魏)나라 사람」+「と[助詞]~라고」+「いふ【言ふ·云ふ】[4]말하다」의 連体形 「いふ」+「もの【者】 자. 사람」.

2) 「せい【斉】 제나라」+「の[助詞]」+「くに【国】 나라. 지역」+「を[助詞]」+「せむ[下2]→せめる【攻める】[下1]다가와 압박하다. 공격하다」의 連用形 「せめ」+「やぶる【破る·敗る】[4]부수다. 찢다. 상처 내다. 범하다. 돌파하다. 상대를 지게 하다. 무찌르다」.

3) 「しかるに【然るに】[接続]그런데. 하지만. 그건 그렇고」.

4) 「せい【斉】 제나라」+「の[助詞]」+「ち【地】 땅」+「に[助詞]」.

5) 「と[助詞]~라고」+「いふ【言ふ·云ふ】[4]말하다」의 連体形 「いふ」+「ところ【所·処】 곳」+「あり【有り】[ラ変]있다」.

6) 「と[助詞]~라고」+「いふ【言ふ·云ふ】[4]말하다」의 連体形 「いふ」+「けんじん【賢人】 현인. 지혜롭고 행실이 빼어난 사람」

7) 「この【此の·斯の】[連体]이」+「ところ【所·処】 곳」+「に[助詞]」+「すまひ→すまい【住·住居】[名]거처. 집. 거주. 생활」(〈-ゐ〉는 정서법에 어긋남)+「す[サ変]하다」의 命令形 「せ」+「り[助動]완료·존속」.

➪ 왕촉이라 하는 현인이 이곳에 거처했다.

❑ 樂毅(がくき)、これを聞[きき]をよびて8)、すなハち軍中(くんちう)に9)、法度(はつと)を出[だ]して10)、

➪ 악의가 이를 듣고서 곧 군대 안에 금령을 내서,

❑ 畫邑(くわくゆう)の地方(ちハう)11)三十[さんじゅう]里(り)の內(うち)は12)、さらに13)、つハものをも、いれず14)、いくさをも15)、いたさせざりけり16)。

➪ 획읍 지방 30리 안에는 절대로 병사조차도 들이지 않고 전쟁까지도 하게 하지 않았다.

❑ 樂毅(がくき)、すでに17)、いくさに、うちかちて18)、大[おおい]

---

8) 「これ【此·是】[代]이것. 이사람」+「を[助詞]」+「きく【聞く】[4]듣다」의 連用形 「きき」+「およぶ【及ぶ】[4]어떤 때나 장소 등에 다다르다. 도달하다. 영향을 미치다」의 連用形 「およびL(〈を-〉는 정서법에 어긋남)+「て」.

9) 「すなはち→すなわち【即ち·則ち】[副]곧바로. 즉시」+「ぐんちう→ぐんちゅう【軍中】군중. 군대 안. 진중(陣中)」+「に[助詞]」.

10) 「はっと【法度】법률. 금령(禁令). 금제(禁制)」+「を[助詞]」+「だす【出す】[4]내다. 보내다」의 連用形 「だし」+「て」.

11) 「の[助詞]」+「ちはう→ちほう【地方】지방」.

12) 「さんじゅう【三十】삼십」+「り【里】리」+「の[助詞]」+「うち【内】안」+「は[助詞]」.

13) 「さらに【更に】[副]①또한. 거듭. 더욱 ②새로이 ③강한 부정. 절대로 ~가 아니다. 전혀 ~지 않다」.

14) 「つはもの→つわもの【兵】무기. 병사. 용사」+「を[助詞]」+「も[助詞]」(〈をも〉는 '~까지도·~조차도'의 뜻)+「いる[下2]→いれる【入れる】[下1]넣다」의 未然形 「いれ」+「ず[助動]부정」의 連用形 「ず」.

15) 「いくさ【軍·戦】병사. 군대. 전쟁」+「を[助詞]」+「も[助詞]」.

16) 「いたす【致す】[4]하다. 혼신을 다 바치다. 온힘을 쏟다」의 未然形 「いたさ」+「す[助動]사역. ~시키다」의 未然形 「せ」+「ざり[助動]부정」의 連用形 「ざり」+「けり[助動]회상·과거」.

17) 「すでに【既に·已に】[副]①이미. 벌써 ②모두. 남김없이 ③이제 ④틀림없이」.

18) 「いくさ【軍·戦】전쟁」+「に[助詞]」+「うちかつ【打ち勝つ·打ち克つ】[4]〈勝(か)つ : 이기다〉를 강하게 이르는 말」의 連用形 「うちかち」+「て」.

に[19]、齊(せい)をやぶりて後(のち)[20]、

➪ 악의가 이제 전쟁에 승리하여 크게 제나라를 쳐부순 후에,

❑ つかひをもつて[21]、王蠋(わうしよく)をよぶに[22]、わうしよく、さらに辞(じ)して[23]、ゆかず[24]。

➪ 사자로써 왕촉을 부르는데 왕촉이 거듭 사양하여 가지 않는다.

❑ 燕(ゑん)のつかひ、かたりて、いはく[25]、「いま[26]、わがきみ[27]、齊(せい)の地(ち)を[28]、やぶる、と、いへども[29]、

➪ 연나라의 사자가 전하여 말하길 "이제 우리 주군이 제나라 땅을 쳐부순다고 하지만,

❑ 畫邑(くわくゆう)の地[ち]に[30]、つハものを、いれざる事[こと]ハ[31]、

---

19) 「おおいに【大いに】[副]매우. 크게. 몹시. 많이」.

20) 「せい【斉】 제나라」+「を[助詞]」+「やぶる【破る·敗る】[4]무찌르다. 승리하다」의 連用形「やぶり」+「て」+「のち【後】 후. 이후」.

21) 「つかひ→つかい【使い·遣い】[名]심부름꾼. 사자(使者)」+「を[助詞]」+「もって【以て】(〈を[助詞]〉에 이어져서)수단이나 원인 등을 나타냄. ~로써. ~때문에」.

22) 「を[助詞]」+「よぶ【呼ぶ·喚ぶ】[4]부르다. 초대하다」의 連体形「よぶ」+「に[助詞]~하니. ~하는데」.

23) 「さらに【更に】[副]또한. 거듭」+「じす[サ変]→じする【辞する】[サ変]사직하다. 사퇴하다. 거절하다」의 連用形「じし」+「て」.

24) 「ゆく【行く】[4]가다」의 未然形「ゆか」+「ず[助動]부정」.

25) 「えん【燕】 연나라」(〈ゑ-〉는 정서법에 어긋남)+「の[助詞]」+「つかひ【使ひ·遣ひ】[名]사자(使者)」+「かたる【語る】[4]상대에게 전하다. 자초지종을 이야기하다」의 連用形「かたり」+「て」+「いはく【曰く】 말하길. 이르길」.

26) 「いま【今】 현재. 지금. 이 국면에. 가까운 과거 또는 미래. 이제」.

27) 「わが【我が·吾が】[連体]나의. 자신의」+「きみ【君·公】 주군. 임금」.

28) 「せい【斉】 제나라」+「の[助詞]」+「ち【地】 땅」+「を[助詞]」.

29) 「やぶる【破る·敗る】[4]무찌르다. 돌파하다. 부수다」의 終止形「やぶる」+「と[助詞]~라고」+「いへども→いえども【雖も】[連語]~하지만. ~해도」(〈いへども〉는 〈いふ【言ふ·云ふ】[4]말하다〉의 已然形 〈いへ〉+〈ども[助詞]역접〉로 분석할 수도 있다).

30) 「の[助詞]」+「ち【地】 땅」+「に[助詞]」.

➪ 획읍 땅에 병사를 들이지 않은 것은,

❑ わうしよくの賢(けん)なる事[こと]を32)聞[きき]をよびて33)、燕[えん]にめして34)、臣下[しんか]とせんがためなり35)。

➪ 왕촉이 현명하다는 것을 듣기에 이르러서 연나라로 불러들이셔서 신하로 삼고자 하기 때문이다.

❑ もし、汝(なんぢ)きたらずハ36)、我[われ]ら37)、畫邑(くわくゆう)の地[ち]を、うつべし38)。」と云[いう]。

➪ 만일 네가 오지 않으면 우리들은 획읍 땅을 칠 것이다."라고 한다.

❑ そのとき39)、わうしよく、こたへて、いはく40)、「忠臣(ちうしん)ハ二君(じくん)につかへず41)、烈女(れつぢよ)ハ二夫(じふ)をあらため

---

31) 「つはもの【兵】 병사」＋「を[助詞]」＋「いる[下2]→いれる【入れる】[下1]넣다」의 未然形「いれ」＋「ざり[助動]부정」의 連体形「ざる」＋「こと【事】 것. 일」＋「は[助詞]」.

32) 「の[助詞]현대일본어 〈が〉의 쓰임」＋「けん【賢】[形動ナリ]학덕이 빼어난 것(사람). 현명한 것(사람)」의 連体形「けんなる」＋「こと【事】 것. 일」＋「を[助詞]」.

33) 「きく【聞く】[4]듣다」의 連用形「きき」＋「およぶ【及ぶ】[4]다다르다. 도달하다」의 連用形「および」(〈を-〉는 정서법에 어긋남)＋「て」.

34) 「えん【燕】 연나라」(〈ゑ-〉는 정서법에 어긋남)＋「に[助詞]」＋「めす【召す】[4]'불러들이다'의 존경어. 명(命)하시다」의 連用形「めし」＋「て」.

35) 「しんか【臣下】 신하」＋「と[助詞]」＋「す[サ変]하다」의 未然形「せ」＋「む[助動]추량·의지」→「ん」＋「が[助詞]」＋「ため【為】 위함」(助詞인 〈の·が〉 또는 用言의 連体形에 접속하여 '이익·이유·목적'의 뜻. ~때문에. ~위해)＋「なり[助動]단정·지정」.

36) 「もし【若し】[副]만일」＋「なんぢ→なんじ【汝·爾】[代]아랫사람을 가리키는 말. 너」＋「きたる【来る】[4]오다」의 未然形「きたら」＋「ず[助動]부정」의 終止形「ず」＋「は[助詞]」(〈ずは〉의 형태로 〈~하지 않고〉나 〈[만일]~가 아니라면·~하지 않는다면〉의 뜻을 나타냄).

37) 「われら【我等】[代]우리들. 나. 너희들」.

38) 「の[助詞]」＋「ち【地】 땅」＋「を[助詞]」＋「うつ【打つ·討つ·撃つ】[4]치다. 적을 쓰러뜨리다. 죽이다」의 終止形「うつ」＋「べし[助動]의무·당연·추량·가능 등」.

39) 「その【其の】[連体]그」＋「とき【時】 때」.

40) 「こたふ【答ふ·応ふ】[下2]대답하다. 반응하다」의 連用形「こたへ」＋「て」＋「いはく【曰く】 말하길. 이르길」.

ず[42]、と、いへり[43]。

➪ 그때 왕촉이 대답하여 이르길 "충신은 두 임금에 섬기지 않고, 열녀는 두 지아비를 바꾸지 않는다고 했다.

❑ 齊王(せいわう)、政事(まつりごと)をこたれり[44]、我[われ]しば╲╱[45]いさむ、と、いへども[46]、きかず[47]。

➪ 제나라 왕이 정사를 게을리 하여 내가 누차 간언한다 하지만 듣지 않는다.

❑ この故[ゆえ]に[48]、いまわれ、しりそきて[49]、野(や)にたがやす[50]。

➪ 이런고로 지금 나는 물러나서 야인으로 지낸다.

❑ しかるに[51]、すでに[52]、かくのごとく[53]国[くに]やぶれ[54]、君[きみ]

---

41) 「ちゅうしん【忠臣】충신」+「は[助詞]」+「じくん【二君】두 주인. 두 군주」+「に[助詞]」+「つかふ[下2]→つかえる【仕える】[下1]①윗사람 가까이에서 섬기다. 모시다 ②관직을 수행하다」의 未然形「つかへ」+「ず[助動]부정」의 連用形「ず」.

42) 「れつぢよ→れつじょ【烈女·列女】열녀」+「は[助詞]」+「じふ【二夫】두 남편」+「を[助詞]」+「あらたむ[下2]→あらためる【改める】[下1]새롭게 하다. 고치다. 교체하다」의 未然形「あらため」+「ず[助動]부정」의 終止形「ず」.

43) 「と[助詞]~라고」+「いふ【言ふ·云ふ】[4]말하다」의 命令形「いへ」+「り[助動]완료·존속」.

44) 「せい【斉】제나라」+「わう→おう【王】왕」+「まつりごと【政】제사(祭祀). 정치. 통치. 정사」+「おこたる【怠る·惰る】[4]해야 할 일을 하지 않다. 게을리 하다」의 命令形「おこたれ」(〈を-〉는 정서법에 어긋남)+「り[助動]완료·존속」. 「政事」는 통상「せいじ」로 읽는다.

45) 「われ【我·吾】[代]나」+「しばしば【屡·屡屡·数·数数】[副]계속. 자주. 몇 번이고」.

46) 「いさむ【諌む】[下2]충고하다. 간언하다」의 終止形「いさむ」+「と[助詞]~라고」+「いへども【雖も】[連語]~하지만. ~해도」.

47) 「きく【聞く】[4]듣다」의 未然形「きか」+「ず[助動]부정」.

48) 「この【此の·斯の】[連体]이」+「ゆゑ→ゆえ【故】~때문」+「に[助詞]」.

49) 「いま【今】지금」+「われ【我·吾】[代]나」+「しりぞく【退く】[4]물러서다. 사직하다」의 連用形「しりぞき」(〈-そ-〉는 無濁点표기)+「て」.

50) 「や【野】들판. 민간」+「に[助詞]」+「たがやす【耕す】[4]논밭을 일구다. 경작하다」. 이를 직역하자면 〈들판에서 일군다〉가 되겠지만, 예컨대「野(や)に下(くだ)る」가「관직을 물리고 민간 생활로 들어가다. 하야하다」의 뜻으로 쓰이므로 이를 고려하여 풀이한다.

ほろひたり[55]。我[われ]いま[56]、ながらへ[57]、すむに[58]由(よし)なし[59]。

➪ 그런데 이미 이처럼 나라가 무너지고 주군이 죽었다. 내가 이제 오래 살아 생활하기에 이유가 없다.

❏ しかるを[60]、又[また][61]、われを、おびやかすに[62]、つハものをもつて[63]、せん、と、いふ[64]。

➪ 그럼에도 다시 나를 위협하는데 무기로써 하겠다고 한다.

❏ 我[われ]、その不義(ふぎ)に、くミして[65]、つれなき、いのち[66]、い

---

51) 「しかるに【然るに】[接続]그런데. 하지만. 그건 그렇고」.

52) 「すでに【既に·已に】[副]①이미. 벌써 ②모두. 남김없이 ③이제 ④틀림없이」.

53) 「かくのごとく【斯くの如く】[連語]이처럼. 이와 같이」.

54) 「くに【国】나라. 지역」+「やぶる[下2]→やぶれる【破れる·敗れる】[下1]부서지다. 상하다. 못쓰게 되다. 패배하다」의 連用形「やぶれ」.

55) 「きみ【君】주군. 임금」+「ほろぶ[上2]→ほろびる【滅びる·亡びる】[上1]멸망하다. 죽다. 사라지다. 영락하다」의 連用形「ほろび」(〈-ひ〉는 無濁点표기)+「たり[助動]완료·존속」.

56) 「われ【我·吾】[代]나」+「いま【今】지금. 이제」.

57) 「ながらふ[下2]→ながらえる【存える·永らえる】[下1]오래 살다」의 連用形「ながらへ」.

58) 「すむ【住む·棲む·栖む】[4]살다. 생활하다」의 連体形「すむ」+「に[助詞]~하니. ~하는데」.

59) 「よし【由·因·縁】[名]유래. 이유. 사정. 내용. 방법. 구실」+「なし【無し】[形ク]없다」.

60) 「しかるを【然るを·而るを】[接続]그렇지만. 그럼에도 불구하고」.

61) 「また【又·亦·復】[副]다시. 같이. 달리. 또한. 게다가」.

62) 「われ【我·吾】[代]나」+「を[助詞]」+「おびやかす【脅かす】[4]위협하다」의 連体形「おびやかす」+「に[助詞]~하니. ~하는데」

63) 「つはもの【兵】무기. 병사」+「を[助詞]」+「もって【以て】(〈を〉에 이어짐)~로써」.

64) 「す[サ変]하다」의 未然形「せ」+「む[助動]추량·의지」→「ん」+「と[助詞]~라고」+「いふ【言ふ·云ふ】[4]말하다」.

65) 「その【其の】[連体]그」+「ふぎ【不義】불의」+「に[助詞]」+「くみす【与す·組す】[サ変]한패가 되어 가세하다. 편들다. 협력하다」의 連用形「くみし」+「て」.

きんよりは67)、しかじ死(し)せんにハ68)。」と、いふて69)、

➪ 내가 그 불의에 협력하여 하찮은 목숨을 사는 것보다는 차라리 죽고자 하는 것에는 미치지 못할 것이다."라고 하고,

❑ つゐに70)、木[き]の枝(えだ)に縄(なハ)を、をろして71)、ミづから72) 脰(くび)をたえて73)、かゝり死(し)す74)とぞ75)。

➪ 끝내 나뭇가지에 줄을 늘어뜨리고 스스로 목을 끊어서 매달려 죽었다고 한다.

---

66) 「つれなし[形ク]→つれない[形]무정하다. 하찮다. 특별치 않다. 덧없다」의 連体形「つれなき」+「いのち【命】목숨」.

67) 「いく[上2]→いきる【生きる·活きる】[上1]살다. 생존하다」의 未然形「いき」+「む[助動]추량·의지」→「ん」+「より[助詞]비교. ~보다」+「は[助詞]」.

68) 「しかじ【不如·不若·不及】①[連語]~에 미치지 않을 것이다. ~하는 편이 좋을 것이다 ②(부사적인 쓰임)오히려. 차라리」+「しす【死す】[サ変]죽다」의 未然形「しせ」+「む[助動]추량·의지」→「ん」+「に[助詞]」+「は[助詞]」. 여기에서는 連語로서의「しかじ」가 놓이는 자리가 도치된 것으로 봐야겠으며, 아울러 그 부사로서의 쓰임 역시 고려해야겠다.

69) 「と[助詞]~라고」+「いふ【言ふ·云ふ】[4]말하다」+「て」.

70) 「つひに→ついに【終に·遂に】[副]결국. 마침내」(〈-ゐ-〉는 정서법에 어긋남).

71) 「き【木】나무」+「の[助詞]」+「えだ【枝】가지」+「に[助詞]」+「なは→なわ【縄】줄. 끈」+「を[助詞]」+「おろす【下ろす·降ろす】[4]내리다. 늘어뜨리다」의 連用形「おろし」(〈を-〉는 정서법에 어긋남)+「て」.

72) 「みづから→みずから【自ら】[名]자기 자신. 나. [副]스스로. 친히」.

73) 이는「くび【首·頸】목」+「を」+「たゆ[下2]→たえる【絶える】[下1]끊어지다. 기절하다. 죽다」의 連用形「たえ」+「て」로 볼 수밖에 없겠다. 그런데「たゆ」는 사전에 自動詞로서의 용법밖에 없어서 확실치 않다. 또한 참고로 현재「脰」는「項」과 함께「うなじ」로 읽으며 이는 '뒷목'의 뜻이다.

74) 「かかる【掛かる·懸かる·架かる·繫かる】[4]걸리다. 매달리다」의 連用形「かかり」+「しす【死す】[サ変]죽다」.

75) 「とぞ」는 助詞「と」와 助詞「ぞ」가 결합한 형태로 문장 끝에 사용하여 〈전해 들었다〉는 뜻을 나타낸다. ~라고 한다. ~라는 것이다.

5. 紀(き)信(しん)誑(あさむく)レ楚(そを)
기신이 초를 기만하다

❑ 漢の高祖(かうそ)[1]、滎陽(えいやう)と、いふところに[2]城(じやう)をかまへて[3]、たてこもり給[たま]ふに[4]、

➪ 한나라의 고조가 영양이라 하는 곳에 성을 세우고 농성하시는데,

❑ 項羽(かうう)[5]、つハものを、もつて[6]十重(とえ)廿重(はたえ)に[7]、とりまきて[8]、せめけるほどに[9]、

➪ 항우가 병사로써 여러 겹으로 에워싸고 공격했기에,

---

1) 「かん【漢】 한나라」+「の[助詞]」+「かうそ→こうそ【高祖】 고조. 중국 한(漢)의 시조인 유방(劉邦;りゅうほう). BC206-195 재위」.

2) 「と[助詞]~라고」+「いふ【言ふ·云ふ】[4]말하다」의 連体形「いふ」+「ところ【所·処】 곳」+「に[助詞]」.

3) 「じやう→じょう【城】 성」+「を[助詞]」+「かまふ[下2]→かまえる【構える】[下1]세우다. 구축하다. 준비하다. 계획하다. 자세를 갖추다」의 連用形「かまへ」+「て」.

4) 「たてこもる【立て籠もる·楯籠る】[4]문을 걸어 잠그고 실내에 틀어박히다. 농성하다」의 連用形「たてこもり」+「たまふ【給ふ】[助動]존경」의 連体形「たまふ」+「に[助詞]~하니. ~하는데」.

5) 「かうう→こうう【項羽】 항우. 중국 진(秦) 말기의 무장(武將). BC232-202」.

6) 「つはもの→つわもの【兵】 무기. 병사」+「を[助詞]」+「もって【以て】(〈を〉에 이어짐)~로써. ~을 가지고」.

7) 「とへはたへ→とえはたえ【十重二十重】 몇 겹이나 겹쳐진 것. 몇 겹으로 포위한 모습」(〈-え-え-〉는 歴史的仮名遣에 어긋남)+「に[助詞]」.

8) 「とりまく【取り巻く】[4]둘러싸다. 포위하다」의 連用形「とりまき」+「て」.

9) 「せむ[下2]→せめる【攻める】[下1]다가와 압박하다. 공격하다」의 連用形「せめ」+「けり[助動]회상·과거」의 連体形「ける」+「ほどに【程に】①~하면. ~하는 사이에 ②원인·이유. ~이므로」(명사 〈ほど〉에 조사 〈に〉가 붙은 것으로 用言의 連体形에 접속한다).

❑ 漢王(かんわう)、かなハじ、と、おもひて[10]、和(わ)ぼくせんことを[11]請[こい]たまふに[12]、

➪ 한나라 왕이 당해내지 못할 것이라고 생각하여 강화(講和)할 것을 청하시는데,

❑ 項羽(かうう)の臣下[しんか][13]范増(はんそう)といふもの[14]、かう羽(う)を、すゝめて、いはく[15]、

➪ 항우의 신하인 범증이라 하는 자가 항우를 권하여 이르길,

❑「たとひ[16]、百(もゝ)たび[17]、わぼくすとも[18]、沛公(はいこう)つゐに[19]、天下[てんか]をうばふべし[20]。

➪ "설령 백 번 강화한다 해도 패공이 결국 천하를 빼앗을 것이다.

---

10) 「かんわう→かんのう【漢王】 한나라의 왕」+「かなふ[4]→かなう【適う·叶う】[5]적합하다. 바람대로 되다. 필적하다. 감당하다. 견뎌내다」의 未然形「かなは」+「じ[助動]추량·의지의 부정. ~아닐 것이다」+「と[助詞]~라고」+「おもふ【思ふ】[4]생각하다」의 連用形「おもひ」+「て」.

11) 「わぼく【和睦】 화목. 화해. 강화(講和)」+「す[サ変]하다」의 未然形「せ」+「む[助動]추량·의지」→「ん」+「こと【事】 것. 일」+「を[助詞]」.

12) 「こふ[4]→こう【乞う·請う】[5]청하다. 요청하다. 소망하다」의 連用形「こひ」+「たまふ【給ふ】[助動]존경」의 連体形「たまふ」+「に[助詞]~하니. ~하는데」.

13) 「かうう【項羽】 항우」+「の[助詞]」+「しんか【臣下】 신하」.

14) 「はんぞう【范増】 범증. 진(秦)나라 말기 사람. 초(楚)의 항우(項羽)를 섬겨 기계(奇計)로써 전공을 세우고 홍문(鴻門)의 회(会)에서 유방(劉邦)을 베려다 실패했다. 후에 항우와 불화가 생겨서 떠났다.(?-BC204)」+「と[助詞]~라고」+「いふ【言ふ·云ふ】[4]말하다」의 連体形「いふ」+「もの【者】 사람」.

15) 「すすむ[下2]→すすめる【勧める·奨める·薦める】[下1]권유하다. 장려하다. 추천하다」의 連用形「すすめ」+「て」+「いはく【曰く】 말하길. 이르길」.

16) 「たとひ→たとい【縦い·仮令·縦令】[副]①만일. 만약에 ②만일 그렇다 해도. 비록」.

17) 「もも【百】 백」+「たび【度】 횟수. 번」.

18) 「わぼく【和睦】 강화」+「す[サ変]하다」의 終止形「す」+「とも[助詞]역접의 가정조건. ~해도」.

19) 「つひに→ついに【終に·遂に】[副]결국. 마침내」(〈-ゐ-〉는 정서법에 어긋남).

20) 「てんか【天下】 천하」+「を[助詞]」+「うばふ[4]→うばう【奪う】[5]빼앗다. 훔치다. 쟁취하다」의 終止形「うばふ」+「べし[助動]의무·당연·추량·가능 등」.

❑ 只[ただ]このたび[21]、ころさずハ[22]、あるべからず[23]。」と、いふて[24]、つハものを、すゝめて[25]、急(きう)に、せめたりければ[26]、城(じやう)すでに、おちんとす[27]。

➪ 바로 이번에 죽이지 않으면 안 될 것이다."라고 하여 병사를 몰아서 급습했으므로 성이 이제 떨어지려 한다.

❑ 高祖(かうそ)の臣下(しんか)に[28]、紀信(きしん)と、いふもの[29]、将軍(しやうぐん)の官(くわん)に居(ゐ)て[30]、いくさの、はかりこと[31]、心[こころ]をつくすと、いへども[32]、

---

21) 「ただ【只·唯】[副]단지. 오직. 그저」+「このたび【此の度】이번」.

22) 「ころす【殺す】[4]죽이다」의 未然形「ころさ」+「ず[助動]부정」의 終止形「ず」+「は[助詞]」(〈ずは〉의 형태로 〈[만일]~가 아니라면·~하지 않는다면〉의 뜻).

23) 「あり[ラ変]→ある【有る·在る】[5]존재하다. 살고 있다. 거주하다. 생활하다. 돋보이다」의 連体形「ある」+「べかり[助動]추량·가능 등」의 未然形「べから」+「ず[助動]부정」.

24) 「と[助詞]~라고」+「いふ【言ふ·云ふ】[4]말하다」+「て」.

25) 「つはもの【兵】병사」+「を[助詞]」+「すすむ[下2]→すすめる【進める】[下1]나아가게 하다. 전진시키다」의 連用形「すすめ」+「て」.

26) 「きふ[形動ナリ]→きゅう【急】[形動]변화가 빠르다. 절박하다. 느닷없다. 갑작스럽다」의 連用形「きふに」(〈-う-〉는 歴史的仮名遣에 어긋남)+「せむ【攻む】[下2]공격하다」의 連用形「せめ」+「たり[助動]완료·존속」의 連用形「たり」+「けり[助動]회상·과거」의 已然形「けれ」+「ば[助詞]확정조건. 원인·이유」.

27) 「じやう→じょう【城】성」+「すでに【既に·已に】[副]이미. 벌써. 남김없이. 이제」+「おつ[上2]→おちる【落ちる·墜ちる·堕ちる】[上1]떨어지다. 함락당하다」의 未然形「おち」+「む[助動]추량·의지」→「ん」+「と[助詞]」+「す[サ変]하다」.

28) 「かうそ【高祖】고조」+「の[助詞]」+「しんか【臣下】신하」+「に[助詞]」.

29) 「きしん【紀信】기신. 한(漢)나라 초기 무장(武将). 초나라 군사가 한왕(漢王) 유방(劉邦)을 형양(滎陽)에 포위하여 위급이 닥쳤을 때 한왕이라 거짓 칭하여 초나라에 항복하여 한왕을 피하게 했다. 초나라 항우가 태워 죽였다」+「と[助詞]~라고」+「いふ【言ふ·云ふ】[4]말하다」의 連体形「いふ」+「もの【者】사람」.

30) 「しやうぐん→しょうぐん【将軍】장군」+「の[助詞]」+「くわん→かん【官】관. 관직」+「に[助詞]」+「ゐる[上1]→いる【居る】[上1]있다. 머물다. 앉다. 어떤 지위에 오르다」의 連用形「ゐ」+「て」.

31) 「いくさ【軍·戦】병사. 군대. 전쟁」+「の[助詞]」+「はかりごと【謀】(옛날에는 〈はかり

⇨ 고조의 신하에 기신이라 하는 자가 장군 벼슬에 있어서 전쟁의 계책에 혼신을 다 한다고 해도,

❑ つハもの、つかれたりけれバ[33]、又[また][34]、すべきやうなし[35]。

⇨ 병사가 지쳤기 때문에 달리 할 수 있는 방도가 없다.

❑ かくて[36]、かう祖(そ)のまへに行[ゆき]て[37]、申[もうし]て、いはく[38]、「今[いま]すでに[39]、こと急(きう)なり[40]、はかりことに、あらずしてハ[41]、かなふへからす[42]。

こと〉)계략. 계책. 능력. 기량. 걱정하는 것」.

32) 「こころ【心】 마음. 뜻. 생각」+「を[助詞]」+「つくす【尽くす】[4]노력하다. 힘쓰다. 다하다」의 終止形「つくす」+「と[助詞]~라고」+「いへども→いえども【雖も】[連語]~하지만. ~해도」.

33) 「つはもの【兵】 병사」+「つかる[下2]→つかれる【疲れる】[下1]지치다. 약해지다. 피폐하다. 굶다」의 連用形「つかれ」+「たり[助動]완료·존속」의 連用形「たり」+「けり[助動]회상·과거」의 已然形「けれ」+「ば[助詞]확정조건. 원인·이유」.

34) 「また【又·亦·復】[副]다시. 같이. 달리. 또한. 게다가」.

35) 「す[サ変]하다」의 終止形「す」+「べし[助動]의무·당연·추량·가능 등」의 連体形「べき」+「やう→よう【様】 꼴. 모습. 이유. 사정. 방법. 수단」+「なし【無し】[形ク]없다」.

36) 「かくて【斯くて】[副·接続]이러해서. 이렇게 해서. 그건 그렇고」.

37) 「かうそ【高祖】 고조」+「の[助詞]」+「まへ→まえ【前】 앞」+「に[助詞]」+「ゆく【行く】[4]가다」의 連用形「ゆき」+「て」.

38) 「まうす[4]→もうす【申す】[5]'말하다·고하다'의 겸양어. 부탁드리다」의 連用形「まうし」(읽을 때는 〈モーシ〉)+「て」+「いはく【曰く】 말하길. 이르길」.

39) 「いま【今】 지금. 이제」+「すでに【既に·已に】[副]이미. 벌써」.

40) 「こと【事】 것. 일」+「きふ[形動ナリ]→きゅう【急】[形動]절박하다. 급박하다」의 終止形「きふなり」(〈-う-〉는 歴史的仮名遣에 어긋남).

41) 「はかりごと【謀】(옛날에는 〈はかりこと〉)계략. 계책」+「に[助詞]」+「あり【有り】[ラ変]있다」(〈~にあり〉는 현대일본어의 〈~である〉)의 未然形「あら」+「ず[助動]부정」(〈あらず〉는 현대일본어의 〈ない〉)의 連用形「ず」+「して[助詞](連用形에 접속)~인 상태로」+「は[助詞]」.

42) 「かなふ【適ふ·叶ふ】[4]감당하다. 견뎌내다」의 終止形「かなふ」+「べかり[助動]추량·가능」의 未然形「べから」(〈へ-〉는 無濁点표기)+「ず[助動]부정」(〈す〉는 無濁点표기).

⇨ 이에 고조 앞에 나아가서 아뢰어 이르길 "이제 이미 급박하다. 계책이 아니고서는 당해낼 수 없을 것이다.

❑ ねがハくは43)、われ44)項羽(かうう)のつハものを45)、たふろかすべし46)。

⇨ 바라옵건대 내가 항우의 병사를 속일 것이다.

❑ 大[だい]王(わう)、このまぎれに47)、ひそかに48)、城(じやう)を出[いで]給[たま]ふべし49)。」と云[いい]て、日[ひ]のくるゝをそ50)、まち居(ゐ)たりける51)。

⇨ 대왕은 이 혼란 틈에 몰래 성을 나가셔야 할 것이다."라고 하고 날이 저무는 것을 기다리고 있었다.

❑ 日[ひ]すでに暮(くれ)ければ52)、陳平(ちんへい)といへる臣下(しん

---

43) 「ねがはくは→ねがわくは【願わくは】[副]바라기는. 원하기는」.

44) 「われ【我·吾】[代]나」.

45) 「かうう【項羽】항우」+「の[助詞]」+「つはもの【兵】병사」+「を[助詞]」.

46) 「たぶろかす【誑かす】[4]속이다. 기만하다」의 終止形「たぶろかす」(〈-ふ-〉는 無濁点표기)+「べし[助動]의무·당연·추량·가능 등」.

47) 「だいわう→だいおう【大王】대왕」+「この【此の·斯の】[連体]이」+「まぎれ【紛れ】[名]뒤섞이는 것. 어수선함」+「に[助詞]」.

48) 「ひそか【密か】[形動ナリ]남이 모르게 숨어서 하는 모양. 남의 눈을 피하는 모양」의 連用形「ひそかに」.

49) 「じやう→じょう【城】성」+「を[助詞]」+「いづ【出づ】[下2]나가다. 떠나다」의 連用形「いで」+「たまふ【給ふ】[助動]존경」의 終止形 「たまふ」+「べし[助動]의무·당연·추량·가능 등」.

50) 「ひ【日】날. 해」+「の[助詞]현대일본어 〈が〉의 쓰임」+「くる[下2]→くれる【暮れる】[下1]날이 저물다. 시기가 끝나다」의 連体形「くるる」+「を[助詞]」+「ぞ[係助詞]뜻을 세게 함. 문말에는 連体形」(〈そ〉는 無濁点표기).

51) 「まつ【待つ】[4]기다리다」의 連用形「まち」+「ゐる【居る】[上1]있다. 머물다」의 連用形「ゐ」+「たり[助動]완료·존속」의 連用形「たり」+「けり[助動]회상·과거」의 連体形「ける」(앞의 〈ぞ〉에 호응).

52) 「ひ【日】날. 해」+「すでに【既に·已に】[副]이미. 모두」+「くる【暮る】[下2]날이 저물다」의 連用形「くれ」+「けり[助動]회상·과거」의 已然形「けれ」+「ば[助詞]확정조

か)[53]、はかりことを、めぐらし[54]、みめよき女[にょう]バう[55]二千[にせん]余人(よにん)を、えらひつゝ[56]、

➪ 날이 이제 저무니 진평이라 했던 신하가 계책을 짜서 아름다운 여인 이 천 여 명을 골라놓고서,

❑ 城(じやう)の東(ひがし)の門(もん)より[57]出[いだ]しけるに[58]、項羽(かうう)のつハもの、四[し]はうより[59]、せめあつまりけり[60]。

➪ 성의 동쪽 문으로 내보냈는데 항우의 병사가 사방에서 공격해 모여들었다.

❑ 紀信(きしん)すなハち[61]、高祖(かうそ)の御意(ぎよい)を給[たま]ハりて[62]、王(わう)の車(くるま)にうちのり[63]、城(じやう)のひがしの門

건. 원인·이유」.

53) 「と[助詞]~라고」+「いふ【言ふ·云ふ】[4]말하다」의 命令形 「いへ」+「り[助動]완료·존속」의 連体形「る」+「しんか【臣下】 신하」.

54) 「はかりごと【謀】(옛날에는 〈はかりこと〉)계략. 계책」+「を[助詞]」+「めぐらす【回らす·廻らす·巡らす】[4]돌리다. 알리다. 이리저리 궁리하다」의 連用形「めぐらし」.

55) 「みめよし【見目好し】[形ク]얼굴 생김새가 빼어나다. 미인이다」의 連体形「みめよき」+「にょうばう→にょうぼう【女房】 부인. 여자」.

56) 「に【二】 2」+「せん【千】 천」+「よ【余】 여」+「にん【人】 사람」+「を[助詞]」+「えらぶ【選ぶ·択ぶ】[4]고르다. 선택하다. 발탁하다」의 連用形「えらび」(〈-ひ〉는 無濁点표기)+「つつ[助詞]같은 동작의 반복·계속 등. ~하면서. ~해 두고 나서」(連用形에 접속함).

57) 「じやう→じょう【城】 성」+「の[助詞]」+「ひがし【東】 동」+「の[助詞]」+「もん【門】 문」+「より[助詞]기점. 동작이 이루어지는 경유지. ~부터. ~을 지나」.

58) 「いだす【出す】[4]내보내다」의 連用形 「いだし」+「けり[助動]회상·과거」의 連体形「ける」+「に[助詞]~하니. ~하는데」.

59) 「かうう【項羽】 항우」+「の[助詞]」+「つはもの【兵】 병사」+「しはう→しほう【四方】 사방」+「より[助詞]~로부터」.

60) 「せむ【攻む】[下2]공격하다」의 連用形 「せめ」+「あつまる【集まる】[4]모이다. 집중하다」의 連用形「あつまり」+「けり[助動]회상·과거」.

61) 「すなはち→すなわち【即ち·則ち】[副]곧바로. 즉시. 그래서. 즉」.

62) 「かうそ【高祖】 고조」+「の[助詞]」+「ぎよい【御意】 생각. 명령. 어명」+「を[助詞]」+「たまはる[4]→たまわる【賜る·給わる】[5]①받다(겸양어) ②주시다(존경어)」의 連用形「たまはり」+「て」.

(もん)より64)出[いで]たり65)。

➪ 기신이 곧 고조의 어명을 받아서 왕의 수레에 올라타서 성의 동쪽 문으로 나갔다.

❑ すなハち、よバゝりて、いはく66)、「城中(じやうちう)に食(じき)ともしく67)、つハもの、すでに、つかれて68)、

➪ 곧바로 크게 소리쳐 이르길 "성 안에 음식이 모자라고 병사들이 모두 지쳐서,

❑ 漢(かん)わう69)、只(たゞ)いま70)、城(じやう)を出(いで)て71)、楚(そ)わうに、かうさんす72)。」とて73)、

➪ 한나라 왕이 지금 성을 나가서 초나라 왕에게 항복한다."라 하여,

❑ 車[くるま]をひきいだしければ74)、かう羽(う)のつハもの皆(みな)75)、

---

63) 「わう→おう【王】 왕」+「の[助詞]」+「くるま【車】 수레」+「に[助詞]」+「うち【打ち】[接頭]동사 앞에 써서 뜻을 강하게 함」+「のる【乗る】[4]타다」의 連用形「のり」.

64) 「じやう→じょう【城】 성」+「の[助詞]」+「ひがし【東】 동쪽」+「の[助詞]」+「もん【門】 문」+「より[助詞]~을 지나. ~으로」.

65) 「いづ【出づ】[下2]나가다」의 連用形「いで」+「たり[助動]완료·존속」.

66) 「すなはち【即ち·則ち】[副]곧바로. 즉시」+「よばはる[4]→よばわる【呼ばわる】[5]큰 소리로 외치다」의 連用形「よばはり」+「て」+「いはく【曰く】 말하길. 이르길」.

67) 「じやうちう→じょうちゅう【城中】 성 안」+「に[助詞]」+「じき【食】(呉音)음식」+「ともし【乏し·羨し】[形シク]①부럽다 ②만족스럽지 않다. 모자라다. 부족하다. 가난하다」의 連用形「ともしく」.

68) 「つはもの【兵】 병사」+「すでに【既に·已に】[副]이미. 모두」+「つかる【疲る】[下2]지치다. 굶다」의 連用形「つかれ」+「て」.

69) 「かんわう→かんのう【漢王】 한나라의 왕」.

70) 「ただいま【只今·唯今】 지금. 조금 전」.

71) 「じやう→じょう【城】 성」+「を[助詞]」+「いづ【出づ】[下2]나가다」의 連用形「いで」+「て」.

72) 「そわう【楚王】 초나라 왕」+「に[助詞]」+「かうさん→こうさん【降参】 항복」+「す[サ変]하다」.

73) 「とて[助詞]인용. ~라 해서. ~라는 것으로. ~라는 이름으로」.

74) 「くるま【車】 수레」+「を[助詞]」+「ひきいだす【引き出す】[4]끌어서 밖으로 내다. 꼬셔내다」의 連用形「ひきいだし」+「けり[助動]회상·과거」의 已然形「けれ」+「ば[助詞]확정조건. 원인·이유」.

万[ばん]歳(ざい)を、となふ76)。

➩ 수레를 끌어냈으므로, 항우의 병사들이 모두 만세를 크게 외친다.

❑ すでに、かこみを、ときければ77)、高祖(かうそ)78)のがるゝ事[こと]を79)、え給[たま]ひて80)、数(す)十[じゅう]騎(き)のつハものを81)、めしつれ82)、

➩ 이미 포위를 풀었기에 고조가 벗어나는 일을 얻으셔서 수십 기의 병사를 이끌고 가서,

❑ 城(じやう)の西(にし)の門(もん)より83)、ひそかに84)忍[しの]ひ出[いで]給[たま]ひ85)、成皐(せいかう)といふところまで86)、おちのび給

---

75) 「かうう【項羽】 항우」＋「の[助詞]」＋「つはもの【兵】 병사」＋「みな【皆】[名]모두. 전부」.

76) 「ばんざい【万歳】 만세」＋「を[助詞]」＋「となふ[下2]→となえる【唱える·称える】[下1] 큰 소리로 읽다. 크게 외치다」.

77) 「すでに【既に·已に】[副]이미. 모두」＋「かこみ【囲】[名]포위」＋「を[助詞]」＋「とく【解く】[4]풀다. 태세를 무너뜨리다」의 連用形「とき」＋「けり[助動]회상·과거」의 已然形「けれ」＋「ば[助詞]확정조건. 원인·이유」.

78) 『假名草子集成』에는 이 부분이 「高羽(かうう)」로 되어있으나 이는 문맥상 맞지 않으며, 일본 〈国文学研究資料館〉에 공개되어 있는 「三綱行實圖」에도 「高祖」로 되어있으므로, 이것은 번각 과정에서의 오류일 수 있다고 판단하여 「高祖(かうそ)」로 바로잡는다.

79) 「のがる[下2]→のがれる【逃れる·遁れる】[下1]벗어나다. 도망치다. 피하다」의 連体形「のがるる」＋「こと【事】 것. 일」＋「を[助詞]」.

80) 「う【得】[下2]얻다. 가능하다」의 連用形「え」＋「たまふ【給ふ】[助動]존경」의 連体形「たまふ」의 連用形「たまひ」＋「て」.

81) 「す【数】(慣用音으로 〈すう〉로 읽으며 〈す〉는 漢音)수」＋「じふ→じゅう【十】 십」＋「き【騎】 기. 말을 타는 것. 말을 탄 사람」＋「の[助詞]」＋「つはもの【兵】 병사」＋「を[助詞]」.

82) 「めしつる[下2]→めしつれる【召し連れる】[下1]아랫사람을 데리고 가다. 이끌고 가다」의 連用形「めしつれ」.

83) 「じやう→じょう【城】 성」＋「の[助詞]」＋「にし【西】 서쪽」＋「の[助詞]」＋「もん【門】 문」＋「より[助詞]~로부터. ~을 지나」.

84) 「ひそか【密か】[形動ナリ]남몰래. 눈을 피해」의 連用形「ひそかに」.

85) 「しのぶ【忍ぶ】[上2]참다. 눈에 띄지 않게 하다. 남의 눈을 피하다」의 連用形「し

[たま]ひにけり87)。

➪ 성의 서쪽 문으로 남모르게 눈을 피해 나가셔서 성고라고 하는 곳까지 무사히 피해내셨다.

❑ 夜(よ)すでに明(あけ)ければ88)、かう羽(う)、これに対面(たいめん)せんとて89)、車[くるま]より、いだして90)、ミれば91)、かうそにてハ、なかりけり92)、

➪ 밤이 이제 밝았으므로 항우가 이에 대면하겠다고 하여 수레에서 꺼내서 봤더니 고조가 아니었다.

❑ 将軍(しやうぐん)93)紀信(きしん)と云[いう]ものなり94)。

のび」(〈-ひ〉는 無濁点표기)+「いづ【出づ】[下2]나가다」의 連用形 「いで」+「たまふ【給ふ】[助動]존경」의 連用形「たまひ」.

86) 「と[助詞]~라고」+「いふ【言ふ・云ふ】[4]말하다」의 連体形 「いふ」+「ところ【所・処】곳」+「まで【迄】[助詞]~까지」.

87) 「おちのぶ[上2]→おちのびる【落ち延びる】[上1]멀리 도망쳐가다. 무사히 도망쳐내다」의 連用形 「おちのび」+「たまふ【給ふ】[助動]존경」의 連用形 「たまひ」+「ぬ[助動]완료・존속」의 連用形 「に」+「けり[助動]회상・과거」.

88) 「よ【夜】밤」+「すでに【既に・已に】[副]이미. 모두」+「あく[下2]→あける【明ける】[下1]밝아지다. 아침이 되다」의 連用形「あけ」+「けり[助動]회상・과거」의 已然形「けれ」+「ば[助詞]확정조건. 원인・이유」.

89) 「かうう【項羽】항우」+「これ【此・是】[代]이것. 이사람」+「に[助詞]」+「たいめん【対面】대면」+「す[サ変]하다」의 未然形 「せ」+「む[助動]추량・의지」→「ん」+「とて[助詞]~라 해서」.

90) 『假名草子集成』에는 이 부분이 「いだれて」로 되어있으나 이는 문법상 맞지 않으며, 일본 〈国文学研究資料館〉에 공개되어 있는 「三綱行實圖」에도 「いだして」로 되어 있으므로 이를 역시 번각 과정에서의 오류로 보고 바로잡는다.

91) 「くるま【車】수레」+「より[助詞]~로부터」+「いだす【出す】[4]꺼내다. 드러내다」의 連用形 「いだし」+「て」+「みる【見る・視る・観る】[上1]보다」의 已然形 「みれ」+「ば[助詞]확정조건. 원인・이유」.

92) 「かうそ【高祖】고조」+「にて[助詞]현대일본어의 〈で〉와 같은 쓰임」+「は[助詞]」+「なし【無し】[形ク]없다. 아니다」의 連用形「なかり」+「けり[助動]회상・과거」.

93) 「しやうぐん→しょうぐん【将軍】장군」.

94) 「と[助詞]~라고」+「いふ【言ふ・云ふ】[4]말하다」의 連体形「いふ」+「もの【者】사람」+「なり[助動]단정・지정」.

➪ 장군 기신이라 하는 사람이다.

❑ かう羽(う)、大[おおい]に、いかりて95)、紀信(きしん)をバ96)、やきころしけり97)。

➪ 항우가 크게 노하여 기신을 불태워 죽였다.

❑ かう祖(そ)ハ、からき命[めい]を、のがれて98)、重[かさ]ねて99)、つハものを、あつめ100)、いくさを、おこして101)、天下(か)を、したがへ給[たま]ひけり102)。

➪ 고조는 위태로운 운명을 벗어나서 다시 병사를 모아서 전쟁을 일으켜 천하를 거느리셨다.

❑ これ、ひとへに103)、紀信(きしん)、わが命[いのち]を104)君[きみ]に奉[たてまつ]りて105)、

➪ 이는 오로지 기신이 자신의 목숨을 주군에게 바쳐서,

---

95) 「おおいに【大いに】[副]매우. 몹시」+「いかる【怒る】[4]화내다. 노하다」의 連用形「いかり」+「て」.

96) 「をば : (格助詞 〈を〉에 係助詞 〈は〉가 붙어 濁音化한 것) 〈を〉의 뜻을 강하게 함」.

97) 「やきころす【焼き殺す】[4]태워 죽이다」의 連用形 「やきころし」+「けり[助動]회상·과거」.

98) 「からし[形ク]→からい【辛い】[形]맵다. 가혹하다. 고통스럽다. 위험하다」의 連体形「からき」+「めい【命】명. 운명」+「のがる【逃る·遁る】[下2]벗어나다. 도망치다. 피하다」의 連用形「のがれ」+「て」.

99) 「かさねて【重ねて】[副]다시. 재차」.

100) 「つはもの【兵】병사」+「を[助詞]」+「あつむ[下2]→あつめる【集める】[下1]모으다」의 連用形「あつめ」.

101) 「いくさ【軍·戦】병사. 군대. 전쟁」+「を[助詞]」+「おこす【起こす】[4]일으키다」의 連用形「おこし」+「て」.

102) 「てんか【天下】천하」+「を[助詞]」+「したがふ[下2]→したがえる【従える·随える】[下1]복종시키다. 인솔하다」의 連用形 「したがへ」+「たまふ【給ふ】[助動]존경」의 連用形「たまひ」+「けり[助動]회상·과거」.

103) 「これ【此·是·之·惟】[代]이것. 이사람. 발어사(發語辭)로도 쓰임」+「ひとへに→ひとえに【偏に】[副]오로지. 한결같이」.

104) 「わが【我が·吾が】[連体]나의. 자신의」+「いのち【命】목숨」+「を[助詞]」.

❑ 楚(そ)を、あさむきし忠節(ちうせつ)より[106)]漢朝(かんてう)の宝祚(ほうそ)と[107)]成[なり]にけり[108)]。

➪ 초나라를 기만했던 충절로 한나라 왕조의 임금 자리가 되었던 것이다.

---

105) 「きみ【君】주군. 임금」+「に[助詞]」+「たてまつる【奉る】[4]드리다. 바치다」의 連用形「たてまつり」+「て」.

106) 「そ【楚】초나라」+「を[助詞]」+「あざむく【欺く】[4]속이다. 놀리다. 업신여기다」의 連用形「あざむき」(〈-さ-〉는 無濁点표기)+「き[助動]회상·과거」의 連体形「し」+「ちうせつ→ちゅうせつ【忠節】충절」+「より[助詞]동작의 수단·방법. ~로」.

107) 「かんてう→かんちょう【漢朝】한나라 조정. 한나라 시대」+「の[助詞]」+「ほうそ【宝祚】보조(寶祚). 왕위. 보위」+「と[助詞]」.

108) 「なる【成る·為る】[4]되다」의 連用形「なり」+「ぬ[助動]완료·존속」의 連用形「に」+「けり[助動]회상·과거」.

6. 蘇(そ)武(ぶ)杖(ぢやう)節(せつ)
소무장절

❑ 中郎将(ちうらうしやう)[1]蘇武(そぶ)ハ[2]、二[ふた]心(こゝろ)なき忠臣(ちうしん)なり[3]。

➯ 중랑장 소무는 역심이 없는 충신이다.

❑ 漢王(かんわう)の命(めい)によりて[4]、凶奴(けうど)[5]に使(つか)ひして[6]、胡国(ここく)におもむきけり[7]。

➯ 한나라 왕의 명에 따라 흉노에 사자로서 오랑캐 땅으로 향했다.

---

1) 「ちうらうしやう→ちゅうろうしょう【中郎将】 중랑장. 중국의 벼슬 이름」.

2) 「そぶ【蘇武】 소무. 전한(前漢)의 명신(名臣)」+「は[助詞]」.

3) 「ふたごころ【二心】 두 마음. 배반하려는 마음. 역심(逆心)」+「なし【無し】[形ク]없다」의 連体形「なき」+「ちうしん→ちゅうしん【忠臣】 충신」+「なり[助動]단정·지정」.

4) 「かんわう→かんのう【漢王】 한나라의 왕」+「の[助詞]」+「めい【命】 명. 명령」+「に[助詞]」+「よる【因る·由る·拠る·依る】[4]기인하다. 의거하다. ~에 따르다」의 連用形「より」+「て」.

5) 〈国文学研究資料館〉의 「三綱行實圖」에는 「凶」의 俗字인 「㐫」이 쓰이고 있으며, 『假名草子集成』에서는 「凶」이 쓰이고 있는데, 「흉노」의 경우 「匈奴(きょうど)」이므로 한자 사용의 오류로 봐야겠다.

6) 「きょうど【匈奴】 흉노」+「に[助詞]」+「つかひ→つかい【使·遣】[名]심부름하는 것(사람). 사자(使者)」+「して[助詞]동작을 행하는 주체를 수단적으로 표현하는 말. ~로서」. 「して」는 문맥상으로는 「として」면 풀이가 용이하고 崩字(くずしじ)로도 애매할 수 있어서 〈国文学研究資料館〉의 「三綱行實圖」를 재차 찾아보았으나 「と」는 확인할 수 없었다.

7) 「ここく【胡国】 호국. 중국 북방의 오랑캐 나라. 야만국」+「に[助詞]」+「おもむく【赴く·趣く】[4]그 방향으로 가다. 향해 가다」의 連用形「おもむき」+「けり[助動]회상·과거」.

❑ しかるに[8)]、虞常(ぐじやう)といふもの[9)]、はかりことをもつて[10)]、衛律(ゑいりつ)といふものを、ころさん、と、する所[ところ]に[11)]、行[ゆき]かゝりたり[12)]。

➪ 그런데 우상이라 하는 자가 계략으로써 위률이라는 자를 죽이려 하는 차에 맞닥뜨렸다.

❑ 單于(せんう)[13)]、すなハち[14)]衛律(ゑいりつ)をして[15)]、これを、おさめしむ[16)]。

➪ 선우가 곧 위률로 하여금 이를 수습하게 한다.

❑ 爰[ここ]に[17)]、虞常(ぐじやう)、蘇武(そぶ)が副將(ふくしやう)の[18)]張

---

8) 「しかるに【然るに】[接続]그런데. 하지만. 그건 그렇고」.

9) 「と[助詞]~라고」+「いふ【言ふ·云ふ】[4]말하다」의 連体形 「いふ」+「もの【者】사람」.

10) 「はかりごと【謀】(옛날에는 〈はかりこと〉)계략. 계책」+「を[助詞]」+「もって【以て】(〈を[助詞]〉에 이어져서)수단이나 원인 등을 나타냄. ~로써. ~때문에」.

11) 「ころす【殺す】[4]죽이다」의 未然形 「ころさ」+「む[助動]추량·의지」→「ん」+「と[助詞]」+「す[サ変]하다」의 連体形 「する」+「ところ【所·処】곳. 바. 상황. 찰나」+「に[助詞]」.

12) 「ゆきかかる【行き掛かる】[4]가려고 하다. 가서 관계를 맺다. 가서 그 장소에 다다르다」의 連用形 「ゆきかかり」+「たり[助動]완료·존속」.

13) 「ぜんう【単于】선우. 흉노 군주의 칭호」(〈せ-〉는 無濁点표기). 참고로 〈표준국어대사전〉에는 「선우(單于)」에 대해 '흉노(匈奴)가 그들의 군주나 추장을 높여 이르던 이름'이라는 풀이가 있다.

14) 「すなはち→すなわち【即ち·則ち】[副]곧바로. 즉시. 그래서. 즉」.

15) 「~をして[連語]」는 수단·방법의 뜻. 어떤 동작을 행하는 수단으로서의 사역(使役)의 대상을 나타낸다. 대개 「~をして~しむ(사역)」의 형태를 취한다.

16) 「これ【此·是】[代]이것. 이사람」+「を[助詞]」+「をさむ[下2]→おさめる【治める·修める·納める·収める】[下1]안정시키다. 수습하다. 바로잡다. 다스리다. 끝내다」의 未然形 「をさめ」(〈お-〉는 歴史的仮名遣에 어긋남)+「しむ[助動]사역. ~시키다」.

17) 「ここに【此に·是に·爰に·玆に】[接続]이야기를 시작하거나 또는 화제를 전환할 때 쓰는 말. 그런데. 그건 그렇고. 그래서」.

18) 「が[助詞]현대일본어 〈の〉의 쓰임」+「ふくしやう→ふくしょう【副将】부장」+「の[助詞]~인」.

勝(ちやうせう)といふものを[19]、ちかづけて[20]、はかりことを、しらしむ[21]。

➪ 그런데 우상이 소무의 부장인 장승이라는 자를 가까이 들여서 계략을 알린다.

❑ 又[また][22]、蘇武(そぶ)をよびて[23]、辞(こと)うけせしむ[24]。

➪ 또한 소무를 불러서 승낙하게 만든다.

❑ 蘇武(そぶ)、かたなをもつて[25]、自害(じがい)せん、とす[26]。

➪ 소무는 칼로써 자해하려고 한다.

❑ 衛律(ゑいりつ)、大[おおい]に、おとろきて[27]、をしとゞめたり[28]。

➪ 위률이 몹시 놀라서 가로막았다.

❑ 衛律(ゑいりつ)、蘇武(そぶ)に、かたりて、いはく[29]、「汝(なんぢ)[30]

---

19) 「と[助詞]~라고」+「いふ【言ふ·云ふ】[4]말하다」의 連体形「いふ」+「もの【者】사람」+「を[助詞]」.

20) 「ちかづく[下2]→ちかづける【近付ける】[下1]가까이하다. 곁에 오게 하여 다정하게 하다」의 連用形「ちかづけ」+「て」.

21) 「はかりごと【謀】(옛날에는〈はかりこと〉)계략. 계책」+「を[助詞]」+「しる【知る】[4]알다」의 未然形「しら」+「しむ[助動]사역. ~시키다」.

22) 「また【又·亦·復】[副]다시. 같이. 달리. 또한. 게다가」.

23) 「を[助詞]」+「よぶ【呼ぶ·喚ぶ】[4]부르다. 초대하다」의 連用形「よび」+「て」.

24) 「ことうけ【言承け】[名]받아들이는 것. 승낙. 대답」+「す[サ変]하다」의 未然形「せ」+「しむ[助動]사역. ~시키다」.

25) 「かたな【刀】칼」+「を[助詞]」+「もって【以て】(〈を[助詞]〉에 이어져서)수단이나 원인 등을 나타냄. ~로써. ~때문에」.

26) 「じがい【自害】자해. 자살」+「す[サ変]하다」의 未然形「せ」+「む[助動]추량·의지」→「ん」+「と[助詞]~하려고」+「す[サ変]하다」.

27) 「おおいに【大いに】[副]매우. 몹시. 많이」+「おどろく【驚く·愕く·駭く】[4]놀라다」의 連用形「おどろき」(〈-と-〉는 無濁点표기)+「て」.

28) 「おしとどむ[下2]→おしとどめる【押し止める】[下1]제지하다. 가로막다」의 連用形「おしとどめ」(〈を-〉는 정서법에 어긋남)+「たり[助動]완료·존속」.

29) 「に[助詞]~에게」+「かたる【語る】[4]상대에게 전하다. 자초지종을 이야기하다」의 連用形「かたり」+「て」+「いはく【曰く】말하길. 이르길」.

の副将(ふくしやう)張勝(ちやうせう)に、つみあり31)、ころすべし32)。」といふ33)。

➪ 위률이 소무에게 밝혀 이르길 "너의 부장인 장승에게 죄가 있어서 죽여야 마땅하다."라고 한다.

❑ 蘇武(そぶ)、こたへていはく34)、「本(もと)、はかりことなし35)、又[また]36)、親(しん)にあらず37)、何(なん)ぞ38)、これを、つみすべきや39)。」と、いふ。

➪ 소무가 대답하여 이르길 "애당초 계략이 없다. 또한 부모가 아니다. 어찌 이를 벌하겠는가?"라고 한다.

❑ 衛律(ゑいりつ)、すなハち、劔(けん)をぬきて40)、ころさん、と、するに41)、蘇武(そぶ)、さらに、うごかず42)。

---

30) 「なんぢ→なんじ【汝・爾】[代]아랫사람을 가리키는 말. 너」+「の[助詞]」+「ふくしやう→ふくしょう【副将】 부장」.

31) 「に[助詞]~에게」+「つみ【罪】 죄」+「あり【有り】[ラ変]있다」의 連用形「あり」.

32) 「ころす【殺す】[4]죽이다」의 終止形「ころす」+「べし[助動]의무・당연・추량・가능 등」.

33) 「と[助詞]~라고」+「いふ【言ふ・云ふ】[4]말하다」.

34) 「こたふ【答ふ・応ふ】[下2]대답하다. 반응하다」의 連用形「こたへ」+「て」+「いはく【曰く】 말하길. 이르길」.

35) 「もと【本】 처음. 이전. 뿌리」+「はかりごと【謀】(옛날에는 〈はかりこと〉)계략. 계책」+「なし【無し】[形ク]없다」.

36) 「また【又・亦・復】[副]다시. 같이. 달리. 또한. 게다가」.

37) 「しん【親】 부모. 친척」+「に[助詞]」+「あり【有り】[ラ変]있다」(〈~にあり〉는 현대일본어의 〈~である〉)의 未然形「あら」+「ず[助動]부정」(〈あらず〉는 현대일본어의 〈ない〉).

38) 「なんぞ【何ぞ】[副]어찌. 어떤. 무언가」.

39) 「これ【此・是】[代]이것. 이사람」+「を」+「つみす【罪す】[サ変]벌하다」의 終止形「つみす」+「べし[助動]의무・당연・추량・가능 등」의 連体形「べき」+「や[係助詞]의문・질문」.

40) 「すなはち【即ち・則ち】[副]곧바로. 즉시」+「けん【剣】 검. 칼」+「を[助詞]」+「ぬく【抜く】[4]뽑다」의 連用形「ぬき」+「て」.

41) 「ころす【殺す】[4]죽이다」의 未然形「ころさ」+「む[助動]추량・의지」→「ん」+「と[助詞]」+「す[サ変]하다」의 連体形「する」+「に[助詞]~하니. ~하는데」.

➪ 위률이 곧 칼을 뽑아서 죽이려고 하는데 소무가 조금도 움직이지 않는다.

❑ やがて43)、蘇武(そぶ)をとらへて44)、大[だい]窖(かう)45)の内[うち]に、とりこめて46)、飲食(いんしゐ)47)を、あたへしめず48)。

➪ 곧바로 소무를 붙잡아서 큰 토굴 안에 처넣고 음식을 주게 하지 않는다.

❑ 蘇武(そぶ)、すなハち、雪[ゆき]と旃毛(せんもう)とを49)、くらひて50)命[いのち]を、つぐ51)。

➪ 소무는 이에 눈과 옷감의 털을 먹으며 목숨을 이어간다.

❑ それより又[また]52)、北海(ほつかい)53)のほとりに、うつして54)、羊

---

42) 「さらに【更に】[副]또한. 절대로. 전혀」+「うごく【動く】[4]움직이다」의 未然形「うごか」+「ず[助動]부정」.

43) 「やがて【軈て】[副]곧. 그대로. 금세. 언젠가」.

44) 「を[助詞]」+「とらふ[下2]→とらえる【捕らえる·捉える】[下1]손으로 꽉 붙들다. 꽉 쥐다. 동물을 붙잡다. 포박하다」의 連用形「とらへ」+「て」.

45) 「窖」는 音으로는「かう→こう」(漢音) 訓으로는「あなぐら」나「つちぐら」로 읽는다. 이는 '땅속에 구멍을 파서 물건을 저장하는 창고'의 뜻이다.

46) 「の[助詞]」+「うち【内】안」+「に[助詞]」+「とりこむ[下2]→とりこめる【取り籠める】[下1]안에 넣다. 처넣다. 포위하다」의 連用形「とりこめ」+「て」.

47) 「飲食」은 현재「いんしょく」나「おんじき」로 읽는다. 양쪽 모두 '마실 것과 먹을 것'이나 '마시는 것과 먹는 것'의 뜻이다. 이를「いんしゐ」로 읽는 것은 미상.

48) 「を[助詞]」+「あたふ[下2]→あたえる【与える】[下1]주다. 베풀다」의 未然形「あたへ」+「しむ[助動]사역. ~시키다」의 未然形「しめ」+「ず[助動]부정」.

49) 「すなはち【即ち·則ち】[副]곧바로. 그래서」+「ゆき【雪】눈」+「と[助詞]~와」+「せんもう【旃毛】전모. 모직물의 털」+「と[助詞]~와」+「を[助詞]」.

50) 「くらふ[4]→くらう【食らう·喰らう】[5]먹다」의 連用形「くらひ」+「て」.

51) 「いのち【命】목숨」+「を[助詞]」+「つぐ【継ぐ·接ぐ】[4]이어가다. 유지하다」.

52) 「それ【其·夫】[代]그. 그것」+「より[助詞]기점. ~로부터」+「また【又·亦·復】[副]다시. 같이. 달리. 또한. 게다가」.

53) 「北海(ほっかい)」는 단순히 '북방의 바다'나 또는 '중국 광서(広西) 장족(壯族) 자치구 남단, 통킹 만(北部湾)에 면한 항만도시인 北海(Beihai)'로 볼 수 있겠다.

54) 「の[助詞]」+「ほとり【辺】주변. 근처」+「に[助詞]」+「うつす【移す·遷す】[4]옮기다. 이동시키다」의 連用形「うつし」+「て」.

(ひつじ)をかハしむ[55]。

➪ 그러고 나서 또한 북해 언저리로 옮겨서 양을 키우게 한다.

❑ 食物(しよくぶつ)さらに[56]、あたへざりければ[57]、ミづから[58]野鼠(のねずミ)をほり[59]、草(くさ)の実(ミ)をとりて[60]食(しよく)とし[61]、

➪ 음식을 전혀 주지 않았으므로 스스로 들쥐를 파내고 풀의 열매를 채취해서 음식으로 삼고,

❑漢(かん)の節(せつ)を[62]杖(つえ)つきて[63]、羊(ひつじ)を、やしなひけり[64]、節旄(せつバう)[65]こと╲╱く落[おち]たり[66]。

➪ 한나라의 표적이 달린 막대기를 지팡이 짚고 양을 키웠다. 막대기의 털은 모두

---

55) 「ひつじ【羊】 양」+「を[助詞]」+「かふ[4]→かう【飼う】[5]키우다. 사육하다」의 未然形「かは」+「しむ[助動]사역. ~시키다」.

56) 「しょくぶつ【食物】 음식」+「さらに【更に】[副]또한. 전혀 ~지 않다」.

57) 「あたふ【与ふ】[下2]주다. 베풀다」의 未然形「あたへ」+「ざり[助動]부정」의 連用形「ざり」+「けり[助動]회상·과거」의 已然形「けれ」+「ば[助詞]확정조건. 원인·이유」.

58) 「みづから→みずから【自ら】[名]자기 자신. 나. [副]스스로. 친히」.

59) 「のねずみ【野鼠】 야생 쥐」+「を[助詞]」+「ほる【掘る】[4]파내다. 뚫다」의 連用形「ほり」.

60) 「くさ【草】 풀」+「の[助詞]」+「み【実】 열매」+「を[助詞]」+「とる【取る·採る】[4]취하다. 집다. 채집하다」의 連用形「とり」+「て」.

61) 「しょく【食】 먹는 것. 먹을 것」+「と[助詞]」+「す[サ変]하다」의 連用形「し」.

62) 「かん【漢】 한나라」+「の[助詞]」+「せつ【節】 ①마디 ②군명(君命)을 받은 사자(使者)가 갖고 있는 표적. 중국에서는 야크(yak)의 꼬리를 장식한 막대기」+「を[助詞]」.

63) 「つゑ→つえ【杖】 지팡이」(〈-え〉는 歴史的仮名遣에 어긋남)+「つく【突く】[4]짚다」의 連用形「つき」+「て」.

64) 「ひつじ【羊】 양」+「を[助詞]」+「やしなふ[4]→やしなう【養う】[5]키우다. 사육하다」의 連用形「やしなひ」+「けり[助動]회상·과거」.

65) 「せつぼう【節旄】 절모. 옛날 중국에서 천자로부터 임명의 표시로서 사절 등에 수여된 기(旗). 야크의 꼬리털을 막대 끝에 붙인 것」.

66) 「ことごとく【悉く·尽く】[副]모두. 남김없이」+「おつ[上2]→おちる【落ちる·堕ちる·墜ちる】[上1]떨어지다」의 連用形「おち」+「たり[助動]완료·존속」.

떨어졌다.

❑ 單于(せんう)すなハち[67]、李陵(りれう)を、つかひとして[68]、酒(さけ)さかなを、とゝのへて[69]、これを、すゝめて[70]、いはせけるやうハ[71]、

➪ 선우가 곧 이릉을 사자로 삼아서 술과 안주를 차려서 이를 권하며 말하게 했던 것은,

❑「汝(なんぢ)の故郷[ふるさと]にハ[72]、兄弟(きやうだい)ミな[73]、事[こと]につミせられて[74]、ころされたり[75]、母[はは]も又[また][76]、むなしくなれり[77]。

---

67) 「ぜんう【単于】 선우」+「すなはち【即ち·則ち】[副]곧바로. 즉시」.

68) 「を[助詞]」+「つかひ→つかい【使い·遣い】 심부름꾼. 사자(使者)」+「と[助詞]~로」+「す[サ変]하다」의 連用形「し」+「て」.

69) 「さけ【酒】 술」+「さかな【肴】 안주」+「を[助詞]」+「ととのふ[下2]→ととのえる【調える·整える·斉える】[下1]정돈하다. 맞추다. 갖추다. 준비하다」의 連用形「ととのへ」+「て」.

70) 「これ【此·是】[代]이것. 이사람」+「を[助詞]」+「すすむ[下2]→すすめる【勧める·奨める·薦める】[下1]권유하다. 장려하다. 추천하다」의 連用形「すすめ」+「て」.

71) 「いふ【言ふ·云ふ】[4]말하다」의 未然形「いは」+「す[助動]사역. ~시키다」의 連用形「せ」+「けり[助動]회상·과거」의 連体形「ける」+「やう→よう【様】 모습. 형상. 꼴. 이유. 방법」+「は[助詞]」.

72) 「なんぢ【汝·爾】[代]너」+「の[助詞]」+「故郷(こきょう/ふるさと)고향」+「に[助詞]」+「は[助詞].

73) 「きやうだい→きょうだい【兄弟】 형제」+「みな【皆】①[名]모든 사람. 전부 ②[副]남김없이. 모두」.

74) 「ことに【異に·殊に·事に·別に】[副]특히. 각별히. 게다가」+「つみす【罪す】[サ変]벌하다」의 未然形「つみせ」+「らる[助動]수동」의 連用形「られ」+「て」.

75) 「ころす【殺す】[4]죽이다」의 未然形「ころさ」+「る[助動]수동」의 連用形「れ」+「たり[助動]완료·존속」의 連用形「たり」.

76) 「はは【母】 어머니」+「も[助詞]」+「また【又·亦·復】[副]다시. 같이. 달리. 또한. 게다가」.

77) 「むなし【空し·虚し】[形シク]덧없다. 무상하다. 죽었다」의 連用形「むなしく」+「なる【成る·為る】[4]되다」의 命令形「なれ」+「り[助動]완료·존속」.

➪ "네 고향에는 형제가 모두 특히 벌 받아서 죽임 당했고, 어머니도 또한 운명했다.

❑ 妻(つま)ハ、二[ふた]たび[78]人[ひと]に嫁(か)して[79]、よその妻(つま)と、なりたり[80]。

➪ 아내는 다시 다른 이에게 시집가서 남의 아내가 되었다.

❑ まことに[81]、人[ひと]の一[いつ]生(しやう)ハ[82]、あしたの露[つゆ]よりも[83]、あだなり[84]。

➪ 참으로 사람의 일생은 아침 이슬보다도 덧없다.

❑ 今[いま]、何[なん]のためにか[85]、故郷[ふるさと]の君[きみ]に[86]、忠[ちゅう]を、おもふぞや[87]。

➪ 이제 무엇을 위해 고향에 있는 주군에게 충성을 생각하는 것인가?

❑ おなじくハ[88]、心[こころ]をあらためて[89]、胡国(ここく)の君[きみ]

---

78) 「つま【妻】 처」+「は[助詞]」+「ふたたび【二度·再び】 두 번. 다시. 거듭」.

79) 「ひと【人】 사람. 남」+「に[助詞]」+「かす[サ変]→かする【嫁する】[サ変]시집가다. 시집보내다」의 連用形 「かし」+「て」.

80) 「よそ【余所·他所】 다른 곳. 다른 집」+「の[助詞]」+「つま【妻】 아내」+「と[助詞]~이/가」+「なる【成る·為る】[4]되다」의 連用形 「なり」+「たり[助動]완료·존속」.

81) 「まことに【真に·実に·誠に】[副]정말로. 거짓 없이. 매우」.

82) 「ひと【人】 사람」+「の[助詞]」+「いつしやう→いっしょう【一生】 일생」+「は[助詞]」.

83) 「あした【朝·明日】 아침. 이튿날 아침. 내일」+「の[助詞]」+「つゆ【露】 이슬」+「より[助詞]비교의 기준. ~보다」+「も[助詞]」.

84) 「あだ【徒·空】[形動ナリ]공허한 모습. 덧없는 모습」의 終止形 「あだなり」.

85) 「いま【今】 지금. 이제」+「なん【何】[代]어떤」+「の[助詞]」+「ため【為】」+「に[助詞]」(<~の(が)ために>의 꼴로 '이익·이유·목적'의 뜻. ~때문에. ~위해)+「か[係助詞]의문·질문」(문말은 連体形).

86) 「故郷(こきょう/ふるさと)고향」+「の[助詞]~의. ~에 있는」+「きみ【君】 주군. 임금」+「に[助詞]~에게」.

87) 「ちゅう【忠】 충」+「を[助詞]」+「おもふ【思ふ】[4]생각하다」+「ぞや[助詞]~인 것인가?」.

88) 「おなじくは【同じくは】[副]마찬가지라면. 기왕이면」.

89) 「こころ【心】 마음. 뜻」+「を[助詞]」+「あらたむ[下2]→あらためる【改める·革める】[下1]

に、したかひて90)栄花(えいぐわ)をも、ひらけかし91)。」と、かたりけるに92)、蘇武(そぶ)、こたへて、いふやう93)、

➩ 이왕이면 마음을 고쳐먹고 호국의 임금에게 복종하여 영화를 누리지 그러냐?"라고 이야기했더니 소무가 대답하여 말하길,

❑「忠臣(ちうしん)の94)、君[きみ]につかふる事[こと]95)、なを96)孝子(かうし)の97)、父[ちち]に、つかふるがごとし98)。

➩ "충신이 주군에게 섬기는 것은 역시 효자가 아버지에게 섬기는 것과 같다.

❑ 其[その]子[こ]として99)、父(ちゝ)のために100)死(し)なんに101)、さら

고치다. 새로이 하다」의 連用形「あらため」+「て」.

90)「ここく【胡国】호국. 중국 북방의 오랑캐 나라」+「の[助詞]」+「きみ【君】주군. 임금」+「に[助詞]」+「したがふ【従ふ·随ふ·順ふ】[4]따르다. 수행하다. 거스르지 않다. 맡기다」의 連用形「したがひ」(〈-か-〉는 無濁点표기)+「て」.

91)「えいぐわ→えいが【栄華·栄花】영화」+「を[助詞]」+「も[助詞]」(〈をも〉는 '~까지도·~조차도'의 뜻)+「ひらく【開く】[4]열다. 열리다」의 命令形「ひらけ」+「かし[助詞]」(문말에 사용되는 〈かし〉는 終止形이나 命令形에 접속하며, 다짐을 받는 뜻을 강하게 한다).

92)「と[助詞]~라고」+「かたる【語る】[4]상대에게 전하다. 자초지종을 이야기하다」의 連用形「かたり」+「けり[助動]회상·과거」의 連体形「ける」+「に[助詞]~하니. ~하는데」.

93)「こたふ【答ふ·応ふ】[下2]대답하다. 반응하다」의 連用形「こたへ」+「て」+「いふ【言ふ·云ふ】말하다」의 連体形「いふ」+「やう→よう【様】모습. 형상. 꼴」.

94)「ちゅうしん【忠臣】충신」+「の[助詞]현대일본어 〈が〉의 쓰임」.

95)「きみ【君】주군」+「に[助詞]」+「つかふ[下2]→つかえる【仕える】[下1]①윗사람 가까이에서 섬기다. 모시다. ②관직을 수행하다」의 連体形「つかふる」+「こと【事】것. 일」.

96)「なお【猶·尚】[副]아직. 역시. 그래도. 다시. 원래대로」(歴史的仮名遣로는 〈なほ〉).

97)「かうし→こうし【孝子】효자」+「の[助詞]현대일본어 〈が〉의 쓰임」.

98)「ちち【父】아버지」+「に[助詞]」+「つかふ【仕ふ】[下2]섬기다. 모시다」의 連体形「つかふる」+「が[助詞]」+「ごとし【如し】[助動]~와 같다. ~와 닮았다」.

99)「その【其の】[連体]그」+「こ【子】아이. 자식」+「として[助詞]~의 자격으로. ~로서」.

100)「ちち【父】아버지」+「の[助詞]」+「ため【為】」+「に[助詞]」(〈~の(が)ために〉의 꼴로 '이익·이유·목적'의 뜻. ~때문에. ~위해).

101)「しぬ【死ぬ】[ナ変]죽다」의 未然形「しな」+「む[助動]추량·의지」의 連体形「む」→

に[102]、何[なん]のうらむる所[ところ][103]あらん[104]。

⇨ 그 아들로서 아버지를 위해 죽고자 함에 또한 어떤 원망하는 바가 있겠는가?

❑ ねがハくは[105]、重[かさ]ねて又[また][106]、いふ事[こと]なかれ[107]。」と、いふて[108]、もろともに[109]、酒(さけ)を、のミけり[110]。

⇨ 원컨대 거듭해서 다시 말하는 일이 없도록 하라."고 하고 함께 술을 마셨다.

❑ 李陵(りれう)、又[また]、しゐて、いはく[111]、「おなじくハ[112]、わがいふ事[こと]を聞[きき]て[113]、身[み]を、やすく、たのしむべし[114]。」と。

「ん」+「に[助詞]~하니. ~하는데」.

102) 「さらに【更に】[副]①또한. 거듭. 더욱 ②새로이 ③강한 부정. 절대로 ~가 아니다. 전혀 ~지 않다」.

103) 「なん【何】[代]어떤」+「の[助詞]」+「うらむ【恨む·怨む·憾む】[上2]원망하다. 불만스러워하다. 보복하다」의 連体形「うらむる」+「ところ【所·処】곳. 바. 상황. 찰나」.

104) 「あり【有り】[ラ変]있다」의 未然形「あら」+「む[助動]추량·의지」→「ん」.

105) 「ねがはくは→ねがわくは【願わくは】[副]바라기는. 원하기는」.

106) 「かさねて【重ねて】[副]다시. 재차」+「また【又·亦·復】[副]다시. 같이. 달리. 또한. 게다가」.

107) 「いふ【言ふ·云ふ】[4]말하다」의 連体形「いふ」+「こと【事】것. 일」+「なし【無し】[形ク]없다」의 命令形「なかれ」(금지의 뜻).

108) 「と[助詞]~라고」+「いふ【言ふ·云ふ】[4]말하다」+「て」.

109) 「もろとも【諸共】[形動ナリ]함께 하는 모양. 같이. 동시」의 連用形「もろともに」.

110) 「さけ【酒】술」+「を[助詞]」+「のむ【飲む】[4]마시다」의 連用形「のみ」+「けり[助動]회상·과거」.

111) 「また【又·亦·復】[副]다시」+「しふ[上2]→しいる【強いる】[上1]강제하다. 밀어붙이다」의 連用形「しひ」(〈-ゐ〉는 정서법에 어긋남)+「て」+「いはく【曰く】말하길. 이르길」. 『広辞苑』에는「しひて→しいて【強いて】[副]억지로. 굳이」도 표제어로 등재되어 있다.

112) 「おなじくは【同じくは】[副]마찬가지라면. 기왕이면」.

113) 「わが【我が·吾が】[連体]나의. 자신의」+「いふ【言ふ·云ふ】[4]말하다」의 連体形「いふ」+「こと【事】것. 일」+「を[助詞]」+「きく【聞く】[4]듣다」의 連用形「きき」+「て」.

114) 「み【身】몸. 자신. 자기」+「を[助詞]」+「やすし[形ク]→やすい【安い·易い】[形]걱

➪ 이릉이 다시 몰아붙여 이르길 "이왕이면 내가 하는 말을 들어서 자신을 편안하게 즐겨야 마땅할 것이다."라고.

❑ 蘇武(そぶ)が、いハく115)、「われ、君[きみ]のために116)命[いのち]をすてゝ117)、死(し)の数[すう]に118)、くハゝれる事[こと]119)すでに久[ひさ]し120)、

➪ 소무가 이르길 "나는 주군을 위해 목숨을 버리고 죽음의 운명에 다다랐던 적이 이미 오래다.

❑ いかでか121)、二[ふた]たび122)、よみがへる事[こと]を123)、うべきや124)。

➪ 어찌 재차 되살아나는 것을 얻을 수 있겠는가?

❑ もし125)我[われ]をして126)、しゐて127)胡国(ここく)の君[きみ]に、し

정이 없다. 안심이다. 편안하다」의 連用形 「やすく」+「たのしむ【楽しむ】[4]즐겁게 생각하다. 만족스럽다. 즐기다」의 終止形 「たのしむ」+「べし[助動]의무·당연·추량·가능 등」.

115) 「が[助詞]」+「いはく→いわく【曰く·言わく】 말하길. 이르길」.

116) 「われ【我·吾】[代]나」+「きみ【君】 주군」+「の[助詞]」+「ため【為】」+「に[助詞]」(<~の(が)ために>의 꼴로 '이익·이유·목적'의 뜻. ~때문에. ~위해).

117) 「いのち【命】 목숨」+「を[助詞]」+「すつ【捨つ·棄つ】[下2]버리다」의 連用形 「すて」+「て」.

118) 「し【死】[名]죽음」+「の[助詞]」+「すう【数】①수 ②운명. 천명. 천운」+「に[助詞]」.

119) 「くははる[4]→くわわる【加わる】[5]더해지다. 늘다. 참가하다. 다다르다」의 命令形 「くははれ」+「り[助動]완료·존속」의 連体形 「る」+「こと【事】 것. 일」.

120) 「すでに【既に·已に】[副]이미. 벌써」+「ひさし[形シク]→ひさしい【久しい·尚しい】[形]오래되다. 영원하다. 흔하다」의 終止形 「ひさし」.

121) 「いかでか【如何でか·争でか】[副]어찌. 문말에 호응하여 '어찌 ~하겠는가?'의 뜻. 문말에는 連体形이 쓰인다」.

122) 「ふたたび【二度·再び】 두 번. 다시. 거듭」.

123) 「よみがへる[4]→よみがえる【蘇る·甦る】[5]되살아나다. 소생하다」의 連体形 「よみがへる」+「こと【事】 것. 일」+「を[助詞]」.

124) 「う[下2]→える【得る】[下1]얻다. 가능하다」의 終止形 「う」+「べし[助動]의무·당연·추량·가능 등」의 連体形 「べき」+「や[係助詞]의문·질문」.

たがハしめん128)、と、ならハ129)、我[われ]を、ころして、あたへよ130)。」と、いふ。

⇨ 만일 나로 하여금 억지로 호국의 임금에게 복종시키려 하는 것이라면 나를 죽여서 건네라."라고 한다.

❑ 李陵(りれう)、ちからなく131)、帰[かえ]りぬ132)。

⇨ 이릉은 어쩔 수 없이 돌아갔다.

❑ そのゝち133)、凶奴(けうど)ミだるゝ事[こと]有[あり]て134)、蘇武(そぶ)つゝがなく135)都[みやこ]に、かへりぬ136)。

⇨ 그 후에 흉노에 혼란한 일이 있어서 소무는 무사히 도읍에 돌아왔다.

❑ 胡国(ここく)にありける事[こと]137)十九[じゅうきゅう]年[ねん]、かた

---

125) 「もし【若し】[副]①만일 ②어쩌면」.

126) 「われ【我·吾】[代]나」+「~をして[連語]~로 하여금. ~를 시켜서」.

127) 「しひて→しいて【強いて】[副]억지로. 무리하게. 굳이」(〈-ゐ-〉는 정서법에 어긋남).

128) 「ここく【胡国】호국」+「の[助詞]」+「きみ【君】임금」+「に[助詞]」+「したがふ【従ふ·随ふ·順ふ】[4]따르다」의 未然形「したがは」+「しむ[助動]사역. ~시키다」의 未然形「しめ」+「む[助動]추량·의지」→「ん」.

129) 「と[助詞]」+「なり[助動]단정·지정. 전문」의 未然形「なら」+「ば[助詞]가정조건」(〈は〉는 無濁点표기).

130) 「われ【我·吾】[代]나」+「を[助詞]」+「ころす【殺す】[4]죽이다」의 連用形「ころし」+「て」+「あたふ[下2]→あたえる【与える】[下1]주다. 수여하다」의 命令形「あたへよ」.

131) 「ちからなし[形ク]→ちからない【力無い】[形]어쩔 수 없다. 기운이 없다」의 連用形「ちからなく」.

132) 「かへる[4]→かえる【帰る】[5]돌아가다」의 連用形「かへり」+「ぬ[助動]완료·존속」.

133) 「その【其の】[連体]그」+「のち【後】후」.

134) 「みだる[下2]→みだれる【乱れる·紊れる】[下1]혼란하다. 흐트러지다. 동요하다. 수습이 되지 않다」의 連体形「みだるる」+「こと【事】것. 일」+「あり【有り】[ラ変]있다」의 連用形「あり」+「て」.

135) 「つつがなし[形ク]→つつがない【恙無い】[形]무탈하다. 무사하다」의 連用形「つつがなく」.

136) 「みやこ【都】도읍」+「に[助詞]」+「かへる【帰る·還る】[4]돌아가다(오다)」의 連用形「かへり」+「ぬ[助動]완료」.

ち、をとろへ138)、はだえ、かしけて139)、かしらのかみ140)、ミな、しろく、なれり141)。

➩ 호국에 있은 지 19년, 모습이 수척해지고 살갗이 까칠해지고 머리카락은 모두 하얗게 되었다.

❑ みかど142)、忠臣(ちうしん)の心[こころ]ざしを、かんじて143)、高位(かうゐ)をすゝめ給[たま]ひける144)、と也[なり]145)。

➩ 천자가 충신의 마음가짐을 감동하여 높은 자리를 권하셨다고 한다.

---

137) 「ここく【胡国】 호국」+「に[助詞]」+「あり【有り】[ラ変]있다」의 連用形 「あり」+「けり[助動]회상・과거」의 連体形 「ける」+「こと【事】 것. 일」.

138) 「かたち【形・容】 모양. 모습. 용모」+「おとろふ[下2] → おとろえる【衰える】[下1]약한 상태가 되다. 쇠약하다. 수척해지다」의 連用形 「おとろへ」(〈を-〉는 정서법에 어긋남).

139) 「はだへ → はだえ【肌・膚】 피부」(〈-え〉는 歴史的仮名遣에 어긋남)+「かじく[下2] → かじける【悴ける】[下1]수척해지다. 생기를 잃다」의 連用形 「かじけ」(〈-し-〉는 無濁点표기)+「て」.

140) 「かしら【頭】 머리. 우두머리」+「の[助詞]」+「かみ【髪】 털」.

141) 「みな【皆】 ①[名]모든 사람. 전부 ②[副]남김없이. 모두」+「しろし【白し】[形ク]희다」의 連用形 「しろく」+「なる【成る・為る】[4]되다」의 命令形 「なれ」+「り[助動]완료・존속」.

142) 「みかど【御門・帝】 황제. 천자. 조정. 덴노(天皇)」.

143) 「ちうしん → ちゅうしん【忠臣】 충신」+「の[助詞]」+「こころざし【志】 마음이 향하는 바. 뜻. 마음가짐」+「を[助詞]」+「かんず[サ変] → かんずる【感ずる】[サ変]느끼다. 감동하다. 감탄하다」의 連用形 「かんじ」+「て」.

144) 「かうゐ → こうい【高位】 고위」+「を[助詞]」+「すすむ[下2] → すすめる【勧める・奨める・薦める】[下1]권유하다. 장려하다. 추천하다」의 連用形 「すすめ」+「たまふ【給ふ】[助動]존경」의 連用形 「たまひ」+「けり[助動]회상・과거」의 連体形 「ける」(호응하는 係助詞 등이 없으므로 終止形이 아닌 連体形이 쓰인 이유는 확실치 않다).

145) 「と[助詞]인용」+「なり[助動]추량・전문(伝聞)」.

7. 朱(しゆ)雲(うん)折(せつ)檻(かん)
주운절함

❑ 漢(かん)の[1)]張禹(ちやうう)ハ、天子(てんし)の師(し)なり[2)]。

⇨ 한나라의 장우는 천자의 스승이다.

❑ 爰[ここ]をもつて[3)]、天下[てんか]のまつりこと[4)]、みな[5)]、この人[ひと]のをきてより出[いで]て[6)]、更(さら)に、かたをならぶる人[ひと]なし[7)]。

⇨ 이렇기 때문에 천하의 정사는 모두 이 사람의 심산으로부터 나와서 전혀 어깨를 나란히 할 사람이 없다.

---

1) 「かん【漢】 한나라」+「の[助詞]」.

2) 「てんし【天子】 천자」+「の[助詞]」+「し【師】 사. 스승」+「なり[助動]단정·지정」.

3) 「ここ【此処·此所·此·是·爰】[代]여기. 이것」+「を[助詞]」+「もって【以て】(〈を[助詞]〉에 이어져서)수단이나 원인 등을 나타냄. ~로써. ~때문에」. 한편 『日本国語大事典』에는 「ここをもって【是を以て】[接続]선행하는 사항의 결과로서 후행하는 사항이 일어난다는 것을 나타냄. 이 때문에. 이러하기 때문에. 그래서」도 표제어로 제시되어 있다.

4) 「てんか【天下】 천하」+「の[助詞]」+「まつりごと【政】 제사(祭祀). 정치. 통치. 정사」(〈-こ-〉는 無濁点표기).

5) 「みな【皆】 ①[名]모든 사람. 전부 ②[副]남김없이. 모두」.

6) 「この【此の·斯の】[連体]이」+「ひと【人】 사람」+「の[助詞]」+「おきて【掟】[名]심산. 예정. 계획. 방침. 규정. 법도. 처치. 운명」(〈を-〉는 정서법에 어긋남)+「より[助詞]기점. 비교의 기준. ~부터. ~보다」+「いづ【出づ】[下2]나오다. 드러나다. 생기다」의 連用形 「いで」+「て」.

7) 「さらに【更に】[副]또한. 전혀」+「かた【肩】 어깨」+「を[助詞]」+「ならぶ[下2]→ならべる【並べる】[下1]같은 줄에 늘어서다. 늘어놓다. 비교하다」의 連体形 「ならぶる」+「ひと【人】 사람」(비견[比肩]할 사람)+「なし【無し】[形ク]없다」.

❑ そのときに、あたりて8)、吏民(りミん)9)のたぐひ10)、おほく11)、とり沙汰(さた)しけるやうハ12)、

➩ 그때에 즈음하여 관리와 인민들이 많이 입에 올렸던 것은,

❑ 王氏(わうし)13)まつりごとを、とりおこなふ故[ゆえ]に14)、天下[てんか]まことに、おだやかならず15)、

➩ 왕 씨가 정사를 집행하기 때문에 천하가 참으로 평안하지 않다.

❑ いかにもして16)、この人[ひと]をだに17)、しりぞけたらバ18)、国[く

---

8) 「その【其の】[連体]그」+「とき【時】 때」+「に[助詞]」+「あたる【当たる·中る】[4]닿다. 직면하다. 해당하다」의 連用形「あたり」+「て」.

9) 「吏民」은 일본 사전에 등재되지 않은 말이다. 이는 「り【吏】 관리」와 「みん【民】 일반인」을 합쳐놓은 말로 이해할 수 있겠는데, 〈표준국어대사전〉에는 이것이 표제어로 있으며 「이민(吏民)[명사]지방의 아전과 백성」과 같이 풀이되어 있다.

10) 「の[助詞]」+「たぐひ→たぐい【比·類·属】[名]①동료. 한패 ②막연히 복수의 사람을 가리킴. 사람들」.

11) 「おほし【多し】[形ク]많다」의 連用形「おほく」. 한편 「おほく→おおく【多く】[副]많이. 대부분. 대개」도 사전에 표제어로 등재되어 있다.

12) 「とりざた【取沙汰】(옛날에는 〈とりさた〉)①취급하여 처리하는 것 ②세상의 평판. 세간의 소문」+「す[サ変]하다」의 連用形「し」+「けり[助動]회상·과거」의 連体形「ける」+「やう→よう【様】 모습. 형상. 꼴. 이유. 방법」+「は[助詞]」.

13) 「王氏」는 단순히 「わう→おう【王】 왕」+「し【氏】 씨」로 볼 수 있겠지만, 『広辞苑』에 「わうし→おうし【王氏】 天皇(てんのう)에서 5대까지의 자손으로 아직 칭호를 받지 않은 사람」도 있다는 점을 지적해둔다.

14) 「まつりごと【政】 정사」+「を[助詞]」+「とりおこなふ[4]→とりおこなう【執り行う】[5]집행하다. 거행하다」의 連体形「とりおこなふ」+「ゆゑ→ゆえ【故】 ~때문」+「に[助詞]」(〈ゆえに〉의 꼴로 '~이므로·~인고로').

15) 「てんか【天下】 천하」+「まことに【真に·実に·誠に】[副]정말로. 거짓 없이. 매우」+「おだやか【穏やか】[形動ナリ]조용한 모습. 평안하다」의 未然形「おだやかなら」+「ず[助動]부정」.

16) 「いかにもして【如何にもして】[連語]어떻게든 해서」.

17) 「この【此の·斯の】[連体]이」+「ひと【人】 사람」+「を[助詞]」+「だに[助詞]~조차. ~만. ~라도」.

18) 「しりぞく[下2]→しりぞける【退ける·斥ける】[下1]물리치다. 격퇴하다. 멀리하다」의 連

に]おだやかに[19]、民[たみ]もやすからん、と[20]申[もうし]あひけるを[21]、

➪ 어떻게든 이 사람만을 쫓아내면 나라가 평안하고 인민도 편안할 것이라고 입을 모아 이야기 나누었는데,

❑ 成帝(せいてい)、これを、きこしめして[22]、まことに、さもあるべし、と[23]、おぼしめしいれられたり[24]。

➪ 성제가 이를 들으시고 정말로 그렇기도 하겠다고 마음에 두셨다.

❑ これによりて[25]、みかど[26]張禹(ちやうう)をめして[27]、王氏(わうし)がことを[28]、かたり給[たま]ふ[29]。

用形「しりぞけ」+「たり[助動]완료·존속」의 未然形「たら」+「ば[助詞]가정조건」.

19) 「くに【国】나라」+「おだやか【穏やか】[形動ナリ]조용한 모습. 평안하다」의 連用形「おだやかに」.

20) 「たみ【民】인민. 백성」+「も[助詞]」+「やすし【安し·易し】[形ク]걱정이 없다. 편안하다」의 未然形「やすから」+「む[助動]추량·의지」→「ん」+「と[助詞]~라고」.

21) 「まうしあふ【申し合ふ】[4]신분이 높은 사람 앞에서 입을 모아 이야기를 나누다」의 連用形「まうしあひ」+「けり[助動]회상·과거」의 連体形「ける」+「を[助詞]~한 것을. ~하는데」.

22) 「これ【此·是】[代]이것. 이사람」+「を[助詞]」+「きこしめす【聞し召す】[4]들으시다. 허락하시다」의 連用形「きこしめし」+「て」.

23) 「まことに【真に·実に·誠に】[副]정말로. 매우」+「さも【然も】[副]그처럼. 그대로. 실로」+「あり【有り】[ラ変]있다」의 連体形「ある」+「べし[助動]의무·당연·추량·가능 등」+「と[助詞]~라고」.

24) 「おぼしめす【思し召す】[4]생각하시다(〈思(おも)う〉의 존경어인 〈おぼす〉에 〈めす〉가 붙어서 경의를 더욱 강하게 나타낸 말)」의 連用形「おぼしめし」+「いる[下2]→いれる【入れる】[下1]넣다」의 未然形「いれ」+「らる[助動]수동·존경」의 連用形「られ」+「たり[助動]완료·존속」. 한편「おもひいる[下2]→おもいいれる【思い入れる】[下1]마음에 깊이 넣다. 마음에 담아두다」가 있으므로 이를 높인 말로 봐야겠다.

25) 「これ【此·是】[代]이것」+「に[助詞]」+「よる【因る·由る·拠る·依る】[4]기인하다. 의거하다. ~에 따르다」의 連用形「より」+「て」.

26) 「みかど【御門·帝】황제. 천자」.

27) 「を[助詞]」+「めす【召す】[4]'불러들이다'의 존경어. 명(命)하시다」의 連用形「めし」+「て」.

➪ 이로 인해 천자가 장우를 불러들여서 왕 씨에 관한 일을 말씀하신다.

❑ 張禹(ちやうう)、心[こころ]におもひけるやうハ[30]、われ年[とし]すでに老(おひ)て[31]、子孫(しそん)、又[また]、いとけなし[32]、

➪ 장우가 마음에 생각했던 것은 '나는 나이가 이미 늙었고 자손이 또한 어리다.

❑ しかるを[33]、いま[34]、王根(わうこん)と中(なか)あしくならバ[35]、おそらくハ[36]、王根(わうこん)がために[37]、うらみらるべし[38]、

➪ 그런데 지금 왕근과 사이가 나빠지면 아마도 왕근 때문에 원망 살 것이다.

❑ しからバ[39]、わがするゑ[40]久[ひさ]しかるべからず[41]、と、おもひ

---

28) 「わう→おう【王】 왕」+「し【氏】 씨」+「が[助詞]현대일본어 〈の〉의 쓰임」+「こと【事】 것. 일」+「を[助詞]」.

29) 「かたる【語る】[4]상대에게 전하다. 자초지종을 이야기하다」의 連用形 「かたり」+「たまふ【給ふ】[助動]존경」.

30) 「こころ【心】 마음」+「に[助詞]」+「おもふ【思ふ】[4]생각하다」의 連用形 「おもひ」+「けり[助動]회상·과거」의 連体形 「ける」+「やう→よう【様】 모습. 형상」+「は[助詞]」.

31) 「われ【我·吾】[代]나」+「とし【年·歳】 나이」+「すでに【既に·已に】[副]이미. 벌써」+「おゆ[上2]→おいる【老いる】[上1]나이 들다. 늙다」의 連用形 「おい」(〈-ひ〉는 정서법에 어긋남)+「て」.

32) 「しそん【子孫】 자손」+「また【又·亦·復】[副]다시. 같이. 달리. 또한. 게다가」+「いとけなし[形ク]→いとけない【幼い·稚い】[形]나이 어리다. 철없다」.

33) 「しかるを【然るを·而るを】[接続]그렇지만. 하지만. 그런데. 그럼에도 불구하고」.

34) 「いま【今】 현재. 지금. 이 국면에. 가까운 과거 또는 미래. 이제」.

35) 「と[助詞]~와」+「なか【中·仲】 내부. 사이. 관계」+「あし【悪し】[形シク]불쾌하다. 나쁘다. 흉하다」의 連用形 「あしく」+「なる【成る·為る】[4]되다」의 未然形 「なら」+「ば[助詞]가정조건」.

36) 「おそらくは【恐らくは】[副]죄송합니다만. 아마. 분명. 필시. 십중팔구. 생각건대」.

37) 「が[助詞]」+「ため【為】 위함. 때문」(助詞인 〈の·が〉 또는 用言의 連体形에 접속하여 '이익·이유·목적'의 뜻을 나타냄. ~때문에. ~위해)+「に[助詞]」.

38) 「うらむ【恨む·怨む·憾む】[上2]불쾌하게 생각하다. 원망하다. 분노를 표시하다. 유감스러워하다. 복수하다」의 未然形 「うらみ」+「らる[助動]수동」의 終止形 「らる」+「べし[助動]의무·당연·추량·가능 등」.

39) 「しからば【然らば】[接続]그렇다면. 그러면」. 이는 「しかり【然り】[ラ変]그러하다」의

て[42]、張禹(ちやうう)みかどに、かたりて、いはく[43]、

➪ 그렇다면 내 끝이 오래가지 못할 것이다.'라고 생각해서 장우가 천자에게 밝혀 이르길,

❑ 「天下[てんか]おだやかならざる故[ゆえ]を[44]、かんがふるに[45]、其[その]ゆへ[46]、さらに、しりがたし[47]。

➪ "천하가 평안하지 않은 까닭을 생각하니 그 이유는 전혀 알기 어렵다.

❑ ねがハくは[48]、君[きみ]よく徳(とく)を、おさめて[49]、まつりごとを、つゝしむべし[50]。

未然形 「しから」+「ば[助詞]가정조건」로 분석할 수도 있다.

40) 「わが【我が・吾が】[連体]나의. 자신의」+「すゑ→すえ【末】말. 끝. 결말. 미래. 자손」.

41) 「ひさし[形シク]→ひさしい【久しい・尚しい】[形]오래되다. 영원하다. 흔하다」의 連体形 「ひさしかる」+「べかり[助動]추량・가능 등」의 未然形 「べから」+「ず[助動]부정」.

42) 「と[助詞]~라고」+「おもふ【思ふ】[4]생각하다」의 連用形 「おもひ」+「て」.

43) 「みかど【御門・帝】황제. 천자」+「に[助詞]」+「かたる【語る】[4]상대에게 전하다. 설명하다. 이야기하다」의 連用形 「かたり」+「て」+「いはく【曰く】말하길. 이르길」.

44) 「てんか【天下】천하」+「おだやか【穏やか】[形動ナリ]조용한 모습. 평안하다」의 未然形 「おだやかなら」+「ざり[助動]부정」의 連体形 「ざる」+「ゆゑ→ゆえ【故】이유. 원인. 유래」+「を[助詞]」.

45) 「かんがふ[下2]→かんがえる【考える】[下1]생각하다」의 連体形 「かんがふる」+「に[助詞]~하니. ~하는데」.

46) 「その【其の】[連体]그」+「ゆゑ→ゆえ【故】이유」(〈-へ〉는 정서법에 어긋남).

47) 「さらに【更に】[副]또한. 전혀」+「しる【知る】[4]알다」의 連用形 「しり」+「かたし[形ク]→かたい【難い】[形]어렵다」(〈が〉는 濁音化). 「難い」는 동사의 連用形에 접속하여 그 동작을 하거나 그 상태인 것이 곤란하다는 뜻을 나타내는 접미어로 쓰인다.

48) 「ねがはくは→ねがわくは【願わくは】[副]바라기는. 원하기는」.

49) 「きみ【君】주군. 임금」+「よく【善く・良く・能く】[副]충분히. 잘」+「とく【徳】덕」+「を[助詞]」+「をさむ[下2]→おさめる【治める・修める・納める・収める】[下1]①통치하다 ②바로잡다. 언동을 바르게 하다. 몸에 익히다 ③넣다」의 連用形 「をさめ」(〈お-〉는 歴史的仮名遣에 어긋남)+「て」.

50) 「まつりごと【政】제사(祭祀). 정사」+「を[助詞]」+「つつしむ【慎む・謹む】[4]삼가다. 조심하다. 자중하다. 근신하다」의 終止形 「つつしむ」+「べし[助動]의무・당연・추량・가

➪ 바라옵건대 주군은 충분히 덕을 닦고 정사를 자중해야 할 것이다.

❑ 人[ひと]の51)、とかく沙汰(さた)する事[こと]をバ52)信(しん)じ給[たま]ふべからず53)。」と、王根(わうこん)か事[こと]を54)、よきさまに55)、申[もうし]なをしけり56)。

➪ 남들이 이러쿵저러쿵 숙덕이는 것을 믿어서는 안 될 것이다."라고 왕근에 대한 일을 좋은 쪽으로 꾸며서 아뢰었다.

❑ みかど、けにも、と57)、おぼしめしけるところに58)、朱雲(しゆうん)といふ臣下(しんか)59)、みかどに、まみえて、いはく60)、

능 등」.

51) 「ひと【人】사람. 남」+「の[助詞]현대일본어 〈が〉의 쓰임」.

52) 「とかく[副]이러쿵저러쿵. 여러 가지. 걸핏하면」+「さた【沙汰】처치. 취급. 알림. 평판. 소문」+「す[サ変]하다」의 連体形 「する」+「こと【事】것. 일」+「をば(格助詞 〈を〉에 係助詞 〈は〉가 붙어 濁音化한 것)〈を〉의 뜻을 강하게 함」.

53) 「しんず[サ変]→しんずる【信ずる】[サ変]믿다. 신뢰하다」의 連用形 「しんじ」+「たまふ【給ふ】[助動]존경」의 連体形 「たまふ」+「べかり[助動]추량·가능 등」의 未然形 「べから」+「ず[助動]부정」.

54) 「が[助詞]현대일본어 〈の〉의 쓰임」(〈か〉는 無濁点표기)+「こと【事】것. 일」+「を[助詞]」.

55) 「よし【良し】[形ク]좋다」의 連体形 「よき」+「さま【様·状·方】[名]방법. 형식. 모습. 모양」. 「さま」는 접미어로도 쓰이는데 '그 방향' '그 방면'의 뜻이다. 이 경우 「ざま」와 같이 濁音이 되기도 한다.

56) 「まうす[4]→もうす【申す】[5]아뢰다」의 連用形 「まうし」(읽을 때는 〈モーシ〉)+「なほす[4]→なおす【直す】[5]고치다. 바로잡다. 꾸미다. 첨삭하다」의 連用形 「なほし」(〈-を-〉는 정서법에 어긋남)+「けり[助動]회상·과거」.

57) 「みかど【御門·帝】황제. 천자」+「げにも【実にも】[副]들은 대로. 말한 대로. 정말로」+「と[助詞]~라고」. 「げにも」의 형태로 「지당하다. 당연하다. 그대로다」의 뜻.

58) 「おぼしめす【思し召す】[4]생각하시다」의 連用形 「おぼしめし」+「けり[助動]회상·과거」의 連体形 「ける」+「ところに【所に】[助詞]~하고 있는데. ~하고 있었지만」.

59) 「と[助詞]~라고」+「いふ【言ふ·云ふ】[4]말하다」의 連体形 「いふ」+「しんか【臣下】신하」.

60) 「みかど【御門·帝】황제. 천자」+「に[助詞]」+「まみゆ[下2]→まみえる【見える】[下1] ①뵙다. 알현하다 ②대면하다. 만나다 ③아내로서 남편에게 섬기다」의 連用形 「ま

➪ 천자가 지당하다고 생각하셨던 차에 주운이라는 신하가 천자에 알현하여 이르길,

❑「いま[61]朝廷(てうてい)の大[だい]臣(じん)たる輩(ともがら)[62]ミな、こびへつらひて[63]、すぐなる、まつりごとを[64]、おこなふ事[こと]なし[65]。

➪ "지금 조정의 대신인 패거리들은 모두 아첨하여 올바른 정사를 행하는 적이 없다.

❑ わたくしを、もとゝして[66]、民(たミ)のうれへを[67]、あはれまず[68]、この故[ゆえ]に[69]、天下[てんか]さらに、おだやかならず[70]。

➪ 사사로움을 뿌리로 하여 인민의 근심을 가여워하지 않는다. 이런고로 천하가 전

みえ」+「て」+「いはく【曰く】 말하길. 이르길」.

61)「いま【今】 현재. 지금. 이 국면에. 가까운 과거 또는 미래. 이제」.

62)「てうてい→ちょうてい【朝廷】 조정」+「の[助詞]」+「だいじん【大臣】 대신」+「たり[助動](체언에 접속하여)단정·지정. ~이다」의 連体形「たる」+「ともがら【輩·儕】 동료. 한패」.

63)「みな【皆】 ①[名]모든 사람. 전부 ②[副]남김없이. 모두」+「こぶ[上2]→こびる【媚びる】[上1]다른 사람의 환심을 사기 위해 요염한 태도를 취하다. 상대에게 영합하여 알랑거리다」의 連用形「こび」+「へつらふ【諂う】[4]비위 맞추다. 아부하다. 추종하다」의 連用形「へつらひ」+「て」. 한편「こびへつらふ【媚び諂ふ】[4]다른 사람의 마음에 들도록 비위를 맞추다. 아첨하다」 역시 표제어로 등재되어 있다.

64)「すぐ【直ぐ】[形動ナリ]곧다. 올곧다. 똑바르다. 올바르다」의 連体形「すぐなる」+「まつりごと【政】 정사」+「を[助詞]」.

65)「おこなふ【行ふ】[4]행하다」의 連体形「おこなふ」+「こと【事】 것. 일」+「なし【無し】[形ク]없다」.

66)「わたくし【私】[名]공(公)에 대한 사(私)」+「を[助詞]」+「もと【本·元·原·基】 근간. 기초. 뿌리」+「と[助詞]~로」+「す[サ変]하다」의 連用形「し」+「て」.

67)「たみ【民】 통치 받고 있는 사람. 신민. 인민」+「の[助詞]」+「うれへ→うれえ【憂え·愁え】[名]슬픔. 우려. 근심」+「を[助詞]」.

68)「あはれむ[4]→あわれむ【哀れむ·憐れむ】[5]동정하다. 불쌍히 여기다」의 未然形「あはれま」+「ず[助動]부정」.

69)「この【此の·斯の】[連体]이」+「ゆゑ→ゆえ【故】~때문」+「に[助詞]」(〈ゆえに〉의 꼴로 〈~이므로〉〈~인고로〉).

70)「てんか【天下】 천하」+「さらに【更に】[副]또한. 전혀」+「おだやか【穏やか】[形動ナリ]조용한 모습. 평안하다」의 未然形「おだやかなら」+「ず[助動]부정」.

혀 평안하지 않다.

❑ ねがハくは71)、か丶る、へつらひものをバ72)、人[ひと]をきる刀(かたな)も73)、けがる丶ぞかし74)。

➪ 바라옵건대 이러한 아첨꾼을, 사람을 베는 칼도 더러워지는 일인 것이다.

❑ 斬馬(さんば)の劔(けん)75)とて76)、馬[うま]をころす、かたなにて77)、見[み]せしめのために78)御[お]ゆるされを、かうふりて79)、

➪ 참마의 검이라 하여 말을 죽이는 칼로 본보기를 위해 윤허를 받잡아서,

❑ へつらひもの80)一人[ひとり]がくびを、はねて81)、その外[ほか]の人

---

71) 「ねがはくは→ねがわくは【願わくは】[副]바라기는. 원하기는」.

72) 「かかる【斯かる】[連体]이러한. 이런」+「へつらふ【諂ふ】[4]비위 맞추다. 아부하다. 추종하다」의 連用形(복합명사를 만드는 형태) 「へつらひ」+「もの【者】자. 사람」+「をば(格助詞 〈を〉에 係助詞 〈は〉가 붙어 濁音化한 것)〈を〉의 뜻을 강하게 함」.

73) 「ひと【人】사람」+「を[助詞]」+「きる【切る·斬る】[4]베다」의 連体形 「きる」+「かたな【刀】칼」+「も[助詞]」.

74) 「けがる[下2]→けがれる【穢れる·汚れる】[下1]더러워지다. 불결해지다」의 連体形 「けがるる」+「ぞかし(〈ゾ〉 〈カシ〉모두 강조의 뜻을 나타내는 조사. 문말에 쓰임)~인 것이다」.

75) 『広辞苑』에는 「ざんばけん【斬馬剣】전한(前漢) 때 명검(名剣)의 이름. 말을 단칼에 절단할 수 있을 정도로 매우 예리한 검」이 표제어로 등재되어 있다. 또한 〈표준국어대사전〉에도 「참마검(斬馬劍)[명사]중국 전한(前漢) 때의 명검의 이름으로, 한칼에 말을 베어 쓰러뜨릴 수 있을 만큼 예리한 칼을 이르는 말」로 등재되어 있다.

76) 「とて[助詞]인용. ~라 해서. ~라는 것으로. ~라는 이름으로」.

77) 「うま【馬】말」+「を[助詞]」+「ころす【殺す】[4]죽이다」의 連体形 「ころす」+「かたな【刀】칼」+「にて[助詞]현대일본어의 〈で〉와 같은 쓰임. 수단. ~로」.

78) 「みせしめ【見せしめ】[名]다른 이에 대한 이후의 경계로 삼기 위해 어떤 자를 벌주어 보이는 것」+「の[助詞]」+「ため【為】」+「に[助詞]」(〈~の(が)ために〉의 꼴로 '이익·이유·목적'의 뜻. ~때문에. ~위해).

79) 「お【御】[接頭]존경의 뜻을 보탬」+「ゆるされ【許され】[名]허가. 면허. 사면. 용서」+「を[助詞]」+「かうぶる[4]→こうぶる【被る·蒙る】[5](〈こうむる〉의 옛 형태)윗사람이나 강자의 동작을 받다」의 連用形 「かうぶり」(〈-ふ-〉는 無濁点표기)+「て」.

80) 「へつらふ【諂ふ】[4]아첨하다」의 連用形 「へつらひ」+「もの【者】자」.

[ひと]の心[こころ]を82)、なをさバや83)。」と、いふ。

➡ 아첨꾼 하나의 목을 날려서 그 밖의 사람의 마음을 바로잡았으면 한다."라고 한다.

❑ みかど聞[きこ]しめして84)、「たれを、きりてか85)、見[み]せしめに、すべきや86)。」と。

➡ 천자가 들으시고 "누구를 베어서 본보기로 삼아야겠는가?"라고.

❑ 朱雲(しゆうん)、こたへて、いはく87)、「禁中(きんちう)第(だい)一[いち]の諂(へつらひ)もの88)、張禹(ちやうう)が事[こと]也[なり]89)。」と。

➡ 주운이 대답하여 말하길 "궁궐에서 제일가는 아첨꾼인 장우의 일이다."라고.

❑ みかど、大[おおい]に、いかり給[たま]ひて90)、の給[たま]ハく91)、

---

81) 「ひとり【一人】 한 사람」+「が[助詞]현대일본어 〈の〉의 쓰임」+「くび【首】 목」+「を[助詞]」+「はぬ[下2]→はねる【撥ねる】[下1]날리다. 베다」의 連用形 「はね」+「て」.

82) 「その【其の】[連体]그」+「ほか【外·他】 외. 밖」+「の[助詞]」+「ひと【人】 사람」+「の[助詞]」+「こころ【心】 마음」+「を[助詞]」.

83) 「なほす【直す】[4]고치다. 바로잡다」의 未然形 「なほさ」(〈-を-〉는 정서법에 어긋남)+「ばや[助詞](未然形에 접속)①자신의 행동 등에 대한 바람을 나타냄. ~하고 싶구나 ②본인의 의지를 완곡하게 표현함. ~해야지」.

84) 「みかど【御門·帝】 황제. 천자」+「きこしめす【聞し召す】[4]들으시다」의 連用形 「きこしめし」+「て」.

85) 「たれ【誰】[代]누구」+「を[助詞]」+「きる【切る·斬る】[4]베다」의 連用形 「きり」+「て」+「か[係助詞]의문·질문」(문말은 連体形).

86) 「みせしめ【見せしめ】[名]본보기」+「に[助詞]」+「す[サ変]하다」의 終止形 「す」+「べし[助動]의무·당연·추량·가능 등」의 連体形 「べき」+「や[係助詞]의문·질문」.

87) 「こたふ【答ふ·応ふ】[下2]대답하다. 반응하다」의 連用形 「こたへ」+「て」+「いはく【曰く】 말하길. 이르길」.

88) 「きんちゅう【禁中】 금중. 궁중」+「だいいち【第一】 제일. 최고」+「の[助詞]」+「へつらふ【諂ふ】[4]아첨하다」의 連用形 「へつらひ」+「もの【者】 자」.

89) 「が[助詞]현대일본어 〈の〉의 쓰임」+「こと【事】 것. 일」+「なり[助動]단정·지정」.

90) 「みかど【御門·帝】 황제. 천자」+「おおいに【大いに】[副]매우. 몹시. 많이」+「いかる【怒る】[4]분노하다」의 連用形 「いかり」+「たまふ【給ふ】[助動]존경」의 連用形 「たまひ」+「て」.

91) 「のたまふ【宣ふ】[4]①윗사람이 아랫사람에게 말하여 들려주다 ②'말하다'의 尊敬

➪ 천자가 크게 노하셔서 말씀하시길,

❑「汝(なんぢ)がごときの[92]小臣(せうしん)の身[み]として[93]、かたじけなくも[94]、天[てん]子(し)の師傅(しふ)を[95]、はづかしむる[96]、

➪ "너와 같은 낮은 신하의 신분으로서 황공하게도 천자의 사부를 욕보인다,

❑まことに[97]、しもとして[98]、上(かミ)を、あなどる[99]科人(とがにん)なり[100]、罪(つミ)すでに死刑(しけい)に、あたれり[101]。」と、逆鱗(げきりん)まし／＼けり[102]。

➪ 참으로 아랫사람으로서 윗사람을 업신여기는 죄인이다. 죄는 틀림없이 사형에 해당한다."라며 역린이 계셨다.

❑御史(ぎよし)[103]の官人(くわんにん)[104]、朱雲(しゆうん)を引(ひき)た

語」.「のたまはく」는「いはく(曰く)」의 존경어로서 '말씀하시길'의 뜻. 본문과 같이「の給ふ」로 표기하는 경우도 많다.

92)「なんぢ【汝・爾】[代]너」+「が[助詞]」+「ごとし【如し】[助動]~와 같다. ~와 닮았다」의 連体形「ごとき」+「の[助詞]」.

93)「せうしん→しょうしん【小臣】신분이 낮은 신하」+「の[助詞]」+「み【身】[名]몸. 신분. 처지」+「として[助詞]①~라고 생각하여 ②~의 자격으로 ③~인 상태로 ④~로」.

94)「かたじけなし[形ク]→かたじけない【忝い・辱い】[形]부끄럽다. 과분하다. 황송하다」의 連用形「かたじけなく」+「も[助詞]」.

95)「てんし【天子】천자」+「の[助詞]」+「しふ【師傅】사부」+「を[助詞]」.

96)「はづかしむ[下2]→はずかしめる【辱める】[下1]창피주다. 명예 따위를 상처 내다」의 連体形「はづかしむる」(終止形이 놓일 자리에 이처럼 連体形이 쓰인 이유는 미상).

97)「まことに【真に・実に・誠に】[副]정말로. 거짓 없이. 매우」.

98)「しも【下】[名]아래. 아랫사람. 신하. 인민」+「として[助詞]~의 자격으로. ~로서」.

99)「かみ【上】[名]위. 윗사람. 주군. 주인」+「を[助詞]」+「あなどる【侮る】[4]얕잡아보다. 업신여기다」의 連体形「あなどる」.

100)「とがにん【咎人・科人】죄과가 있는 사람. 죄인」+「なり[助動]단정・지정」.

101)「つみ【罪】죄」+「すでに【既に・已に】[副]이미. 모두. 틀림없이」+「しけい【死刑】사형」+「に[助詞]」+「あたる【当たる・中る】[4]도달하다. 해당하다. 대응하다」의 命令形「あたれ」+「り[助動]완료・존속」.

102)「と[助詞]~라고」+「げきりん【逆鱗】역린. 천자의 분노」+「まします【在す・坐す】[4]계시다」의 連用形「ましまし」+「けり[助動]회상・과거」.

てゝ[105]、御殿(こてん)より下(しも)に[106]、をろしけり[107]。

➩ 어사인 관리가 주운을 일으켜 세워서 어전에서 아래로 끌어내렸다.

❑ 朱雲(しゆうん)、御殿(こてん)の欄檻(らんかん)に、とりつきて[108]引[ひき]をりつ[109]、声(こゑ)をあけて[110]、よバゝりて、いはく[111]、

➩ 주운이 어전의 난간에 매달려 끌려 내려가며 목청껏 크게 외쳐서 말하길,

❑「それがし[112]、いま、君[きみ]のために[113]、すぐなる、いさめを、も

---

103) 『假名草子集成』에는 「御吏(ぎよし)」로 되어 있으나 이는 사전에 등재되어있지 않을 뿐만 아니라 「吏」는 「り」로 읽으므로 오류로 보인다. 그런데 〈国文学研究資料館〉의 「三綱行實圖」를 살펴보니 「御史」로 되어 있고 『広辞苑』에 「ぎよし【御史】 중국의 관직명. 주로 비서와 감찰 역할」가 등재되어 있으므로 이를 고쳐 제시하고 풀이한다.

104) 「の[助詞]~인」+「くわんにん→かんにん【官人】 관인. 관리」.

105) 「を[助詞]」+「ひきたつ[下2]→ひきたてる【引き立てる】[下1]일으켜 세우다. 억지로 끌고 가다」의 連用形 「ひきたて」+「て」.

106) 「ごてん【御殿】 어전」(〈こ-〉는 無濁点표기)+「より[助詞]기점. 비교의 기준. ~부터. ~보다」+「しも【下】[名]아래. 밑」+「に[助詞]」.

107) 「おろす【下ろす·降ろす】[4]내리다. 물러나게 하다」의 連用形 「おろし」(〈を-〉는 정서법에 어긋남)+「けり[助動]회상·과거」.

108) 「ごてん【御殿】 어전」(〈こ-〉는 無濁点표기)+「の[助詞]」+「らんかん【欄干·欄檻·闌干】 난간」+「に[助詞]」+「とりつく【取り付く】[4]매달리다. 붙잡다」의 連用形 「とりつき」+「て」.

109) 「ひく【引く】[4]당기다. 끌다」의 連用形 「ひき」+「おる[上2]→おりる【下りる·降りる】[上1]내려가다」의 連用形 「おり」(〈を-〉는 정서법에 어긋남)+「つ[助詞]~하면서」(『日本国語大辞典』에서는 이러한 용법의 〈つ〉를 助動詞로 분류한다). 한편 『広辞苑』에는 「ひきをる→ひきおる【引き折る】[4]두 겹으로 접다. 부러질 정도로 세게 당기다」가 있어서 문맥상 통할 수 있으며 「-を-」도 정서법에 맞으므로 이렇게 풀이할 수도 있겠으나, 이는 타동사로서 앞선 「とりつく」가 자동사인 점 등을 고려하면 「ひく」와 「おる」가 결합한 형태로 보는 편이 타당하겠다.

110) 「こゑ→こえ【声】 목소리」+「を[助詞]」+「あぐ[下2]→あげる【上げる·挙げる·揚げる】[下1]올리다. 높이다」의 連用形 「あげ」(〈-け〉는 無濁点표기)+「て」. 「声を上げる」의 형태로 '큰 목소리를 내다'의 뜻.

111) 「よばはる[4]→よばわる【呼ばわる】[5]큰 소리로 외치다」의 連用形 「よばはり」+「て」+「いはく【曰く】 말하길. 이르길」.

つて114)、みかどに、そうせんせり115)。

⇨ "저는 지금 주군을 위해 올곧은 간언으로써 천자에게 아뢰었다.

❑ しかるを116)、かへつて117)、死罪(しざい)に、おこなはれん事[こと]ハ118)何(なん)ぞや119)。

⇨ 그런데 오히려 사형으로 집행하시려 하는 것은 무슨 일인가?

❑ われ、すミやかに120)龍逢(りうほう)121)比干(ひかん)122)がごとく123)、君[きみ]をいさむるの124)忠節(ちうせつ)に死(し)して125)、

---

112) 「それがし【某】[代]①아무개 ②저」.

113) 「いま【今】지금. 이제」+「きみ【君】주군」+「の[助詞]」+「ため【為】」+「に[助詞]」(<~の(が)ために>의 꼴로 '이익·이유·목적'의 뜻. ~때문에. ~위해).

114) 「すぐ【直ぐ】[形動ナリ]곧고 휘어지지 않은 모양」의 連体形「すぐなる」+「いさめ【諫め】[名]간언(諫言). 충고」+「を[助詞]」+「もって【以て】(助詞「を」에 이어져서) 수단이나 원인 등을 나타냄. ~로써. ~때문에」.

115) 「みかど【御門·帝】황제. 천자」+「に[助詞]」+「そうせん【奏宣】[名]천자에게 아뢰는 것」+「す[サ変]하다」의 命令形「せ」+「り[助動]완료·존속」. 한편「そうせん」은「奏薦[名]주천. 천자에게 아뢰어 추천하는 것」의 가능성도 있다.

116) 「しかるを【然るを·而るを】[接続]그렇지만. 그럼에도 불구하고」.

117) 「かへつて→かえって【却って·反って】[副]오히려. 반대로」.

118) 「しざい【死罪】사죄. 죄인의 생명을 끊는 형벌. 사형」+「に[助詞]」+「おこなふ【行ふ】[4]처리하다. 집행하다」의 未然形「おこなは」+「る[助動]수동·존경」의 未然形「れ」+「む[助動]추량·의지」→「ん」+「こと【事】것. 일」+「は[助詞]」.

119) 「なん【何】[名]무엇」+「ぞや[助詞]~인 것인가?」.

120) 「われ【我·吾】[代]나」+「すみやか【速やか】[形動ナリ]빠른 모양. 시간이 걸리지 않는 모양」의 連用形「すみやかに」.

121) 「龍逢」은 본서 1장「龍逢諫死」에 등장한 인물로서, 하(夏)나라 걸왕(桀王)에게 간언하다가 죽임을 당한다.

122) 「비간(比干)」에 대해『広辞苑』에서는 다음과 같이 기술한다.「은(殷)나라 주왕(紂王)의 제부(諸父;아버지의 형제). 주왕의 학정을 강하게 간(諫)했기 때문에 노여움을 사서, 주왕이 성인(聖人)의 가슴에는 칠규(七竅[しちきょう]사람의 얼굴에 있는 일곱 개의 구멍)가 있다 하는데 이를 시험한다며 비간을 죽여서 그 가슴을 갈랐다고 한다」.

123) 「が[助詞]」+「ごとし【如し】[助動]~와 같다. ~와 닮았다」의 連用形「ごとく」.

➪ 나는 어서 용봉 비간과 같이 주군을 간언한 충절로 인해 죽어서,

❑ これに、ともなひて126)、あそバんに、たれり127)。」と、いふ。

➪ 이와 더불어서 지낸다면 족하다."라고 한다.

❑ そのとき将軍(しやうぐん)128)辛慶忌(しんけいき)といふ人[ひと]129)、かうべを、たゝきて130)、血(ち)をながし131)、みかどに申[もうし]て、いハく132)、

➪ 그때 장군인 신경기라 하는 사람이 머리를 연신 쳐서 피를 흘리며 황제에게 아뢰어 이르길,

❑「朱雲(しゆうん)ハ、まことに小臣(せうしん)なり、と、いへども133)、今[いま]すぐなる、いさめを134)、いたせり135)。

---

124) 「きみ【君】주군」+「を[助詞]」+「いさむ【諫む】[下2]충고하다. 간언하다」의 連体形「いさむる」+「の[助詞]」.

125) 「ちゅうせつ【忠節】충절」+「に[助詞]원인. ~때문에. ~로」+「しす【死す】[サ変]죽다」의 連用形「しし」+「て」.

126) 「これ【此·是】[代]이것. 이사람」+「に[助詞]」+「ともなふ【伴ふ】[4]데리고 가다. 함께 가다. 동반하다」의 連用形「ともなひ」+「て」.

127) 「あそぶ【遊ぶ】[4]일상적인 생활에서 심신을 해방하여 별천지에 몸을 맡긴다는 뜻. 놀다. 즐기다」의 未然形「あそば」+「む[助動]추량·의지·가정(가상)」→「ん」+「に[助詞]」+「たる【足る】[4]충분하다. 만족하다」의 命令形「たれ」+「り[助動]완료·존속」

128) 「その【其の】[連体]그」+「とき【時】때」+「しやうぐん→しょうぐん【将軍】장군」.

129) 「と[助詞]~라고」+「いふ【言ふ·云ふ】[4]말하다」의 連体形「いふ」+「ひと【人】사람」.

130) 「かうべ→こうべ【首·頭】머리. 목」+「を[助詞]」+「たたく【叩く·敲く】[4]거듭해서 치다. 때리다」의 連用形「たたき」+「て」.

131) 「ち【血】피」+「を[助詞]」+「ながす【流す】[4]흘리다」의 連用形「ながし」.

132) 「みかど【御門·帝】황제. 천자」+「に[助詞]」+「まうす【申す】[4]아뢰다. 부탁드리다」의 連用形「まうし」+「て」+「いはく【曰く】말하길. 이르길」.

133) 「まことに【真に·実に·誠に】[副]정말로. 참으로」+「せうしん【小臣】신분이 낮은 신하」+「なり[助動]단정·지정」+「と[助詞]~라고」+「いへども【雖も】[連語]~하지만. ~해도」.

134) 「いま【今】지금. 이제」+「すぐ【直ぐ】[形動ナリ]올바른 모양」의 連体形「すぐなる」

➩ "주운은 정말로 낮은 신하라고 해도 지금 올곧은 간언을 했다.

❑ 君[きみ]、これを、きこしめさず136)、かへつて137)死罪(しざい)に、おこなハれん事[こと]138)しかるべからず139)。

➩ 주군이 이를 들으시지 않고 오히려 사형으로 집행하시려는 것은 온당하지 않다.

❑ 忠臣(ちうしん)を、ころし給[たま]ハゞ140)、天[てん]のせめも141)、いかなるべからん142)。」と申[もうし]けるにこそ143)、

➩ 충신을 죽이시면 하늘의 꾸짖음도 어떠할 것인가."라고 아뢰었기에,

❑ みかどの御心[みこころ]144)とけさせ給[たま]ひて145)、ゆるし給[たま]

+「いさめ【諫め】[名]간언(諫言). 충고」+「を[助詞]」.

135) 「いたす【致す】[4]하다. 혼신을 다 바치다. 온힘을 쏟다」의 命令形「いたせ」+「り[助動]완료·존속」.

136) 「きみ【君】주군」+「これ【此·是】[代]이것. 이사람」+「を[助詞]」+「きこしめす【聞し召す】[4]들으시다」의 未然形「きこしめさ」+「ず[助動]부정」.

137) 「かへつて→かえって【却って·反って】[副]오히려. 반대로」.

138) 「しざい【死罪】사죄. 사형」+「に[助詞]」+「おこなふ【行ふ】[4]집행하다」의 未然形「おこなは」+「る[助動]수동·존경」의 未然形「れ」+「む[助動]추량·의지」→「ん」+「こと【事】것. 일」.

139) 「しかるべし【然る可し】[形ク]그렇게 될 운명이다. 적절하다. 훌륭하다」의 未然形「しかるべから」+「ず[助動]부정」.

140) 「ちうしん→ちゅうしん【忠臣】충신」+「を[助詞]」+「ころす【殺す】[4]죽이다」의 連用形「ころし」+「たまふ【給ふ】[助動]존경」의 未然形「たまは」+「ば[助詞]가정조건」.

141) 「てん【天】하늘」+「の[助詞]」+「せめ【責め】[名]책망. 비난. 책임」+「も[助詞]」.

142) 「いかなり【如何なり】[ラ変](의문을 나타냄)어떠하다. 어떻게 되다」의 連体形「いかなる」+「べかり[助動]추량·가능 등」의 未然形「べから」+「む[助動]추량·의지」→「ん」.

143) 「と[助詞]~라고」+「まうす【申す】[4]아뢰다」의 連用形「まうし」+「けり[助動]회상·과거」의 連体形「ける」+「に[助詞]~하니. ~하는데」+「こそ[係助詞]뜻을 강하게 함」(문말은 已然形).

144) 「みかど【御門·帝】황제. 천자」+「の[助詞]현대일본어〈が〉의 쓰임」+「みこころ【御心】상대방을 높여서 그 마음을 가리키는 말」.

145) 「とく[下2]→とける【解ける】[下1]풀다」의 未然形「とけ」+「さす[助動]사역·존경」의 連用形「させ」+「たまふ【給ふ】[助動]존경」의 連用形「たまひ」+「て」.

ひにけれ146)。

➪ 황제가 어심을 푸시고 사하셨다.

❑ 後(のち)に147)、欄干(らんかん)を、なをさん、と、しけるを148)、みかど勅(ちよく)ありて149)、の給[たま]ハく150)、

➪ 후에 난간을 고치려고 했는데 천자의 칙명이 있어서 말씀하시길,

❑「これを、なをす事[こと]なかれ151)、すぐなる忠臣(ちうしん)の152)、君[きみ]をいさめし、しるし也[なり]153)。」とて154)、

➪ "이것을 고치는 일이 없도록 하라. 올곧은 충신이 주군을 간언했던 교훈이다."라고 하여,

❑ 折(をれ)ながら155)、とゞめて156)、すなハち、そのまゝ157)、をかれ

---

146) 「ゆるす【許す・赦す】[4]느슨하게 하다. 풀어주다. 사면하다. 면제하다」의 連用形「ゆるし」+「たまふ【給ふ】[助動]존경」의 連用形 「たまひ」+「ぬ[助動]완료・존속」의 連用形「に」+「けり[助動]회상・과거」의 已然形「けれ」(앞의 〈こそ〉에 호응).

147) 「のち【後】후. 이후」+「に[助詞]」.

148) 「らんかん【欄干】난간」+「を[助詞]」+「なほす[4]→なおす【直す】[5]고치다. 바로잡다」의 未然形「なほさ」(〈-を-〉는 정서법에 어긋남)+「む[助動]추량・의지」→「ん」+「と[助詞]」+「す[サ変]하다」의 連用形「し」+「けり[助動]회상・과거」의 連体形「ける」+「を[助詞]~한 것을. ~하는데」.

149) 「みかど【御門・帝】황제. 천자」+「ちょく【勅】칙. 천자의 명령(말씀)」+「あり【有り】[ラ変]있다」의 連用形「あり」+「て」.

150) 「のたまはく【宣はく・曰はく】말씀하시길」. 「の給はく」로 표기하는 경우도 많다.

151) 「これ【此・是】[代]이것」+「を[助詞]」+「なほす【直す】[4]고치다」의 連体形「なほす」(〈-を-〉는 정서법에 어긋남)+「こと【事】것. 일」+「なし【無し】[形ク]없다」의 命令形「なかれ」(금지의 뜻).

152) 「すぐ【直ぐ】[形動ナリ]올바른 모양」의 連体形「すぐなる」+「ちゅうしん【忠臣】충신」+「の[助詞]현대일본어 〈が〉의 쓰임」.

153) 「きみ【君】주군」+「を[助詞]」+「いさむ【禁む・諫む】[下2]충고하다. 간언하다」의 連用形「いさめ」+「き[助動]회상・과거」의 連体形「し」+「しめし【示し】[名]본보기. 시사. 깨우침」+「なり[助動]단정・지정」.

154) 「とて[助詞]인용. ~라 해서. ~라는 것으로. ~라는 이름으로」.

155) 「おる[下2]→おれる【折れる】[下1]부러지다. 접히다」의 連用形「おれ」(〈-を-〉는 정

けるとぞ158)。

➪ 끊어진 채로 남겨서 당시 그대로 두셨다고 한다.

서법에 어긋남)+「ながら【乍ら】[助詞]앞선 상태가 이어지는 모습」.

156) 「とどむ[下2]→とどめる【止める·留める·停める】[下1]멈추게 하다. 남기다」의 連用形「とどめ」+「て」.

157) 「すなはち【即ち·則ち】[名]그때. 그 무렵. 당시」+「そのまま【其の儘】상태에 변화가 없는 것. 있는 그대로」.

158) 「おく【置く·措く】[4]두다. 내버려두다」의 未然形「おか」(〈を-〉는 정서법에 어긋남)+「る[助動]수동·존경」의 連用形「れ」+「けり[助動]회상·과거」의 連体形「ける」+「とぞ(助詞〈と〉와 助詞〈ぞ〉가 결합한 형태)문장 끝에 사용하여 '전해 들었다'는 뜻을 나타냄. ~라고 한다. ~라는 것이다」.

8. 龔(けう)勝(せう)推(ゆづる)レ印(ゐんを)
공승이 인을 마다하다

❑漢(かん)の光禄(くわうろく)大夫(たいふ)[1)]龔勝(けうせう)ハ、後漢(ごかん)の王莽(わうまう)が[2)]、天下[てんか]を、かすめ、うバふて[3)]、まつりごとを、とるに、をよびて[4)]、

➩ 한나라의 광록대부 공승은 후한의 왕망이 천하를 훔쳐 빼앗아 정사를 차지하기에 이르러서,

❑いとまを、こふて[5)]、故郷[こきょう]に、かへりけり[6)]。

➩ 사직을 청하고 고향으로 돌아갔다.

❑わうまう、すでに[7)]、けうせうが名[な]をしり[8)]、徳(とく)をしたひ

---

1) 「かん【漢】 한나라」＋「の[助詞]」＋「くわうろく→こうろく【光禄】 광록. 한 대(漢代) 황제(皇帝) 시위(侍衛) 벼슬」＋「たいふ【大夫】 대부. 중국에서 벼슬 호칭」.

2) 「ごかん【後漢】 후한(947~950)」＋「の[助詞]」＋「わうまう→おうもう【王莽】 왕망. 전한(前漢) 말기 찬립자(簒立者)」＋「が[助詞]」.

3) 「てんか【天下】 천하」＋「を[助詞]」＋「かすむ[下2]→かすめる【掠める】[下1]훔치다. 몰래 빼앗다. 남의 눈을 속이다」의 連用形「かすめ」＋「うばふ【奪ふ】[4]빼앗다. 훔치다」＋「て」. 참고로 「ふ」로 끝나는 동사는 「て」 앞에서 連用形「-ひ」가 아니라 「-ふ」가 그대로 쓰이는 경우가 있다.

4) 「まつりごと【政】 제사(祭祀). 정치. 통치. 정사」＋「を[助詞]」＋「とる【取る·採る·捕る·執る·撮る】[4]손에 쥐다. 손에 넣다. 빼앗다」의 連体形「とる」＋「に[助詞]」＋「およぶ【及ぶ】[4]어떤 때나 장소 등에 다다르다. 도달하다」의 連用形「および」(〈を-〉는 정서법에 어긋남)＋「て」.

5) 「いとま【暇·遑】 휴가. 사직. 이별. 면제하여 떠나게 하는 일. 해고」＋「を[助詞]」＋「こふ[4]→こう【乞う·請う】[5]구하다. 부탁하다. 바라다」＋「て」.

6) 「こきやう→こきょう【故郷】 고향」＋「に[助詞]」＋「かへる[4]→かえる【帰る·還る】[5]돌아가다(오다)」의 連用形「かへり」＋「けり[助動]회상·과거」.

て[9]、使(つかひ)をつかハして[10]、都[みやこ]にむかへん、とす[11]。

➪ 왕망은 일찍이 공승의 명성을 알아 덕을 사모하여 사자를 보내 도읍으로 맞아들이려 한다.

❑璽書(ししよ)[12]ならびに[13]太子(たいし)の師友(しゆう)[14]、祭酒(さいしゆ)の官(くわん)の[15]印綬(ゐんじゆ)[16]その外[ほか][17]、馬車(むまくるま)を[18]、をくり侍[はべり][19]。

➪ 새서 및 태자의 사우 제주 관직의 인수와 그밖에 마차를 보냈습니다.

❑使者(ししや)と郡(こほり)の奉行(ぶぎやう)と[20]、龔勝(けうせう)が里

---

7) 「すでに【既に·已に】[副]①이미. 벌써 ②모두. 남김없이 ③이제 ④틀림없이」.

8) 「が[助詞]현대일본어 〈の〉의 쓰임」+「な【名】이름. 명성. 평판」+「を[助詞]」+「しる【知る】[4]알다」의 連用形「しり」.

9) 「とく【徳】덕」+「を[助詞]」+「したふ[4]→したう【慕う】[5]따르다. 그리워하다. 사모하다. 본보기로 삼다」의 連用形「したひ」+「て」.

10) 「つかひ【使ひ·遣ひ】[名]심부름꾼. 사자(使者)」+「を[助詞]」+「つかはす【使はす·遣はす】[4]심부름 보내시다. 파견하시다」의 連用形「つかはし」+「て」.

11) 「みやこ【都】도읍. 수도」+「に[助詞]」+「むかふ[下2]→むかえる【迎える】[下1]마중하다. 불러들이다. 받아들이다」의 未然形「むかへ」+「む[助動]추량·의지」→「ん」+「と[助詞]」+「す[サ変]하다」.

12) 「じしょ【璽書】새서 ①중국 선진(先秦)시대 제후(諸侯)·대부(大夫)가 봉인(封印)한 문서 ②진(秦) 한(漢) 이후에는 천자의 옥새가 찍혀있는 문서」.

13) 「ならびに【並びに】[接続]두 가지 사항을 나열할 때 쓰는 말. 또한. 및」.

14) 「たいし【太子】태자」+「の[助詞]」+「しいう→しゆう【師友】①선생과 벗 ②스승으로 우러르는 벗」.

15) 「さいしゅ【祭酒】중국에서 국자감(国子監[こくしかん]수(隨)나라 시절 교육행정의 중앙관청)의 장관(長官)」+「の[助詞]」+「くわん→かん【官】관. 벼슬아치」+「の[助詞]」.

16) 「いんじゅ【印綬】인수. 신분이나 위계를 나타내는 관인(官印)을 몸에 지니기 위해 매단 끈」.

17) 「その【其の】[連体]그」+「ほか【外】외. 밖」.

18) 「うまぐるま【馬車】마차」(〈むま〉는 〈うま【馬】〉와 같은 말)+「を[助詞]」.

19) 「おくる【送る·贈る】[4]보내다. 증정하다」의 連用形「おくり」(〈を-〉는 정서법에 어긋남)+「侍(はべり)[助動]격식·정중」.

[さと]にいたりて[21]、久[ひさ]しく[22]門外(もんぐわい)に立[たち]て[23]、

➪ 사자와 고을의 담당관이 공승의 마을에 이르러 한동안 문밖에 서서,

❑けうせうが、出[いで]むかふを[24]、相[あい]まつところに[25]、けうせう、やまひにふして[26]、たつ事[こと]あたハず、と、いふ[27]。

➪ 공승이 맞이하는 것을 삼가 기다리는데, 공승은 병들어 드러누워서 일어설 수 없다고 한다.

❑使者(ししや)、内[うち]にいりて[28]、璽書(ししよ)を、さづけて、いはく[29]、「我[わが]君[きみ][30]、わう莽(まう)、汝(なんぢ)をまちて[31]、ま

---

20) 「ししゃ【使者】사자」+「と[助詞]~와」+「こほり→こおり【郡】지방구획으로 里(り)·郷(きょう)·町(ちょう)·村(そん) 등을 포괄하는 것」+「の[助詞]」+「ぶぎやう→ぶぎょう【奉行】①상명을 받아 공적인 일을 집행하는 것(사람) ②정무를 분장하여 한 부국을 담당하는 사람」+「と[助詞]~와」.

21) 「が[助詞]현대일본어 〈の〉의 쓰임」+「さと【里】동네. 마을」+「に[助詞]」+「いたる【至る·到る】[4]도착하다. 도달하다」의 連用形「いたり」+「て」.

22) 「ひさし[形シク]→ひさしい【久しい·尚しい】[形]시간이 오래 경과하다」의 連用形「ひさしく」.

23) 「もんぐわい→もんがい【門外】문밖」+「に[助詞]」+「たつ【立つ】[4]서다」의 連用形「たち」+「て」.

24) 「いでむかふ【出で向ふ】[4]나가다. 나와서 대면하다」의 連体形「いでむかふ」+「を[助詞]~을」.

25) 「あひ→あい【相】[接頭]동사의 앞에 쓰여서 어조를 갖추거나 격식을 차린다는 뜻을 보태는 말」+「まつ【待つ】[4]기다리다」의 連体形「まつ」+「ところに【所に】[助詞]~하고 있는데. ~하고 있었지만」.

26) 「やまひ→やまい【病】병」+「に[助詞]~으로. ~때문에」+「ふす【伏す·臥す】[4]눕다」의 連用形「ふし」+「て」.

27) 「たつ【立つ】[4]서다」+「こと【事】것. 일」+「あたふ[4]→あたう【能う·適う】[5]할 수 있다. 적합하다」의 未然形「あたは」+「ず[助動]부정」+「と[助詞]~라고」+「いふ【言ふ·云ふ】[4]말하다」.

28) 「ししゃ【使者】사자」+「うち【内】안」+「に[助詞]」+「いる【入る】[4]들어가다」의 連用形「いり」+「て」.

29) 「じしょ【璽書】새서」+「を[助詞]」+「さづく[下2]→さずける【授ける】[下1]수여하다.

つりことを、まかせん、とす32)。

➪ 사자가 안으로 들어가서 새서를 수여하며 이르길 "우리 주군인 왕망이 너를 기다려 정사를 맡기고자 한다.

❑はやく33)、都(ミやこ)に来(きた)り給[たま]へ34)。」と、いふ。

➪ 어서 도읍으로 오십시오."라고 한다.

❑龔勝(けうせう)、こたへて、いハく35)、「我[われ]もとより、をろかにして36)、又[また]、とし、かたふけり37)、しかも38)、やまひのために39)、くるしめり40)。

➪ 공승이 대답하여 이르길 "나는 애당초 어리석으며 또한 나이가 기울었다. 게다가 병 때문에 괴롭다.

주다」의 連用形 「さづけ」+「て」+「いはく【曰く】 말하길. 이르길」.

30) 「わが【我が・吾が】[連体]나의. 자신의」+「きみ【君】 주군. 임금」.

31) 「なんぢ【汝・爾】[代]너」+「を[助詞]」+「まつ【待つ】[4]기다리다」의 連用形 「まち」+「て」.

32) 「まつりごと【政】 정사」(〈-こ-〉는 無濁点표기)+「を[助詞]」+「まかす[下2]→まかせる【任せる・委せる】[下1]맡기다. 위임하다」의 未然形 「まかせ」+「む[助動]추량・의지」→「ん」+「と[助詞]」+「す[サ変]하다」.

33) 「はやし【早し・速し・疾し・捷し】[形ク]이르다. 빠르다」의 連用形 「はやく」(부사적인 쓰임).

34) 「みやこ【都】 도읍. 수도」+「に[助詞]」+「きたる【来る】[4]오다. 찾아오다」의 連用形 「きたり」+「たまふ【給ふ】[助動]존경」의 命令形 「たまへ」.

35) 「こたふ【答ふ・応ふ】[下2]대답하다. 반응하다」의 連用形 「こたへ」+「て」+「いはく【曰く】 말하길. 이르길」.

36) 「われ【我・吾】[代]나」+「もとより【元より・固より・素より】[副]처음부터. 이전부터. 원래. 본래」+「おろか【愚か】[形動ナリ]어리석다. 우둔하다」의 連用形 「おろかに」(〈を-〉는 정서법에 어긋남)+「して[接続助詞]상태를 나타냄. ~로서. ~인 상태로」.

37) 「また【又・亦・復】[副]또한. 게다가」+「とし【年・歳】 나이」+「かたぶく【傾く】[4]기울어지다. 왕성한 상태에서 쇠약한 상태가 되다」의 命令形 「かたぶけ」(〈-ふ-〉는 無濁点표기)+「り[助動]완료・존속」.

38) 「しかも【然も・而も】[接続]게다가. 그래도. 하지만」.

39) 「やまひ【病】 병」+「の[助詞]」+「ため【為】 ~때문」+「に[助詞]」.

40) 「くるしむ【苦しむ】[4]괴로워하다」의 命令形 「くるしめ」+「り[助動]완료・존속」.

❑いのち、すでに41)、あした、ゆふべのあひだに、あり42)。

➪ 목숨이 이제 아침저녁 사이에 있다.

❑使(つかひ)に、したがふて43)、都[みやこ]にのぼらバ44)、道[みち]にて45)、むなしくなるべし46)、ゆるさせ給[たま]ふべし47)。」と、いふ。

➪ 사자를 따라서 도읍으로 올라가면 길에서 죽을 것이다. 사하셔야 마땅하다."라고 한다.

❑使者(ししや)の、いはく48)、「官位(くわんゐ)たかく、すゝめられ49)、奉禄(ほうろく)50)あつく給[たま]ハるうへハ51)、まことに52)今生(こん

---

41) 「いのち【命】목숨」+「すでに【既に·已に】[副]이미. 이제. 마침내」.

42) 「あした【朝·明日】①아침. 어떤 일이 있은 다음날 아침 ②이튿날. 내일」+「ゆふべ→ゆうべ【夕べ】저녁. 밤. 어젯밤」+「の[助詞]」+「あひだ→あいだ【間】사이」+「に[助詞]」+「あり【有り】[ラ変]있다」.

43) 「つかひ【使ひ·遣ひ】[名]심부름꾼. 사자(使者)」+「に[助詞]」+「したがふ【従ふ·随ふ·順ふ】[4]따르다. 수행하다. 맡기다」+「て」.

44) 「みやこ【都】도읍. 수도」+「に[助詞]」+「のぼる【上る·登る·昇る】[4]올라가다」의 未然形「のぼら」+「ば[助詞]가정조건」.

45) 「みち【道】길」+「にて[助詞]현대일본어〈で〉와 같은 쓰임. ~에서」.

46) 「むなし【空し·虚し】[形シク]덧없다. 무상하다. 죽었다」의 連用形「むなしく」+「なる【成る·為る】[4]되다」의 終止形「なる」+「べし[助動]당연·추량」.

47) 「ゆるす【許す·赦す】[4]풀어주다. 사면하다. 면제하다」의 未然形「ゆるさ」+「す[助動]사역·방임·존경」의 連用形「せ」+「たまふ【給ふ】[助動]존경」의 終止形「たまふ」+「べし[助動]의무·당연·추량·가능 등」.

48) 「ししや【使者】사자」+「の[助詞]현대일본어 〈が〉의 쓰임」+「いはく【曰く】말하길. 이르길」.

49) 「くわんゐ→かんい【官位】관위. 관직과 위계」+「たかし【高し】[形ク]높다」의 連用形「たかく」+「すすむ[下2]→すすめる【勧める·奨める·薦める】[下1]권유하다. 장려하다. 추천하다」의 未然形「すすめ」+「らる[助動]수동·존경」의 連用形「られ」.

50) 『広辞苑』등에「奉禄」은 등재되어 있지 않다. 이는 다른 한자가 쓰인「ほうろく【俸禄】직무에 대한 보수. 봉록. 녹봉」로 봐야겠다.

51) 「あつし【厚し·篤し】[形ク]두텁다. 후하다. 풍부하다」의 連用形「あつく」+「たまはる[4]→たまわる【賜る·給わる】[5]①받다(겸양어) ②주시다(존경어)」의 連体形「たまはる」+「うへ→うえ【上】위」+「は[助詞]」(〈-うえは〉의 꼴로 '~한 이상에는'의 뜻).

じやう)のほんまうに、あらずや[53]。

➪ 사자가 말하길 "벼슬을 높게 권하시고 녹봉을 후하게 내리시는 이상 참으로 이 세상에서 바라던 기쁨이 아니겠는가?

❑たとひ[54]道(ミち)にて死(し)すとも[55]、先(まづ)[56]、宮古(ミやこ)[57]に、のぼり給[たま]へ[58]。」とて[59]、

➪ 설령 길에서 죽더라도 아무튼 도읍으로 올라가십시오."라며,

❑印綬(ゐんじゆ)をもつて[60]、龔勝(けうせう)が身[み]に、くハへければ[61]、けうせう、これを、をしのけて[62]、うけず[63]。

➪ 인수로써 공승의 몸에 걸쳤더니 공승이 이를 밀쳐내며 받지 않는다.

---

52) 「まことに【真に·実に·誠に】[副]정말로. 거짓 없이. 매우」.

53) 「こんじやう→こんじょう【今生】이 세상에 살아있는 동안. 이 세상」+「の[助詞]」+「ほんまう→ほんもう【本望】①본래의 바람 ②바람이 이루어져서 기쁨을 느끼는 것. 만족한 것」+「に[助詞]」+「あり【有り】[ラ変]있다」(〈-にあり〉는 현대일본어 〈-である〉의 쓰임)의 未然形「あら」+「ず[助動]부정」(〈あらず〉는 현대일본어의 〈ない〉에 해당)+「や[係助詞]의문·질문」.

54) 「たとひ→たとい【縦い·仮令·縦令】[副]①만일. 만약에 ②만일 그렇다 해도. 비록」.

55) 「みち【道】길」+「にて[助詞]현대일본어 〈で〉의 쓰임」+「しす【死す】[サ変]죽다」의 終止形「しす」+「とも[助詞]역접의 가정조건. ~해도」.

56) 「まづ→まず【先ず】[副]우선. 아무튼」.

57) 내용적으로「みやこ【都】도읍. 수도」로 봐야겠다. 이를「宮古」로 표기한 것은 이채롭다.「宮古(みやこ)」는 이와테(岩手)현(県) 동부에 위치한 도시 이름이다.

58) 「のぼる【上る·登る·昇る】[4]올라가다」의 連用形「のぼり」+「たまふ【給ふ】[助動]존경」의 命令形「たまへ」.

59) とて[助詞]인용. ~라 해서. ~라는 것으로. ~라는 이름으로.

60) 「いんじゅ【印綬】인수. 도장의 끈」+「を[助詞]」+「もって【以て】(〈を[助詞]〉에 이어져서)수단이나 원인 등을 나타냄」.

61) 「が[助詞]현대일본어 〈の〉의 쓰임」+「み【身】몸」+「に[助詞]」+「くはふ[下2]→くわえる【加える】[下1]가하다. 겹치다. 보태다. 더하다. 주다」의 連用形「くはへ」+「けり[助動]회상·과거」의 已然形「けれ」+「ば[助詞]확정조건. 원인·이유」.

62) 「これ【此·是】[代]이것」+「を[助詞]」+「おしのく[下2]→おしのける【押し退ける】[下1]밀어서 치우다. 배척하다」의 連用形「おしのけ」(〈を-〉는 정서법에 어긋남)+「て」.

63) 「うく[下2]→うける【受ける】[下1]받다」의 未然形「うけ」+「ず[助動]부정」.

❏使者(ししや)、すなハち[64]、けうせうが二人[ふたり]の子[こ][65]、そのほか門人(もんじん)[66]高暉(かうき)なと云[いう]人＼／[ひとびと]に[67]、いはしめて[68]、

➯ 사자가 곧바로 공승의 두 아들과 그밖에 제자인 고휘 등등이라고 하는 사람들에게 전하게 하여,

❏「かつうハ[69]、子孫(しそん)のためなり[70]、只[ただ]うけて[71]、都[みやこ]にのぼり給[たま]へ[72]。」と云[いう]。

➯ "한편으로는 자손을 위함이다. 그냥 받아서 도읍으로 오르십시오."라고 한다.

❏けうせうが、いはく[73]、「われ久[ひさ]しく[74]、漢帝(かんてい)の恩(おん)をうけて[75]、すでに一[いち]分(ぶん)とも[76]報(ほう)する事[こと]なし[77]。

---

64) 「ししゃ【使者】사자」+「すなはち【即ち・則ち】[副]곧바로. 즉시」.

65) 「が[助詞]현대일본어 〈の〉의 쓰임」+「ふたり【二人】두 사람」+「の[助詞]」+「こ【子】아이. 자식. 아들」.

66) 「その【其の】[連体]그」+「ほか【外・他】외. 밖」+「もんじん【門人】문인. 제자. 문하생」.

67) 「など【等】등」(〈-と〉는 無濁点표기)+「いふ【言ふ・云ふ】[4]말하다」의 連体形「いふ」+「ひとびと【人々】사람들」+「に[助詞]」.

68) 「いふ【言ふ・云ふ】[4]말하다」의 未然形「いは」+「しむ[助動]사역. ~시키다」의 連用形「しめ」+「て」.

69) 「かつうは【且つうは】[副]하나로는. 한편으로는. 또한」.

70) 「しそん【子孫】자손」+「の[助詞]」+「ため【為】위함. 때문」+「なり[助動]단정・지정」.

71) 「ただ【只・唯】[副]단지. 오직. 그저」+「うく【受く】[下2]받다」의 連用形「うけ」+「て」.

72) 「みやこ【都】도읍」+「に[助詞]」+「のぼる【上る・登る・昇る】[4]올라가다」의 連用形「のぼり」+「たまふ【給ふ】[助動]존경」의 命令形「たまへ」.

73) 「が[助詞]~이/가」+「いはく【曰く】말하길. 이르길」.

74) 「われ【我・吾】[代]나」+「ひさし【久し・尚し】[形シク]오래되다」의 連用形「ひさしく」.

75) 「かん【漢】한나라」+「てい【帝】제. 천자. 임금」+「の[助詞]」+「おん【恩】군주나 부모 등의 은혜」+「を[助詞]」+「うく【受く】[下2]받다」의 連用形「うけ」+「て」.

76) 「すでに【既に・已に】[副]이미. 벌써. 먼저. 마침내」+「いちぶん【一分】열로 나누었을 때의 하나」+「とも[助詞]~라도」.

⇨ 공승이 이르길, "나는 오랫동안 한나라 황제의 은혜를 입었는데 기어이 열에 하나라도 갚은 바가 없다.

❑いま、とし老(おひ)て78)、地[ち]にいらん、とする事[こと]79)、あしたゆふべの間[あいだ]にあり80)。

⇨ 이제 나이 늙어서 땅속에 들어가려 하는 일이 아침저녁 사이에 있다.

❑まさに81)、身[み]ひとつをもつて82)、二人[ふたり]の君[きみ]に、つかへん事[こと]83)ハ、忠臣(ちうしん)の、するところに、あらず84)、

⇨ 분명 몸 하나로써 두 임금에게 섬기고자 하는 일은 충신이 할 바가 아니다.

❑もし、いま85)、二君(じくん)につかへて86)、命[いのち]をハらんときに、いたりて87)、

---

77) 「ほうず[サ変]→ほうずる【報ずる】[サ変]보답하다. 갚다」의 連体形「ほうずる」(〈-す-〉는 無濁点표기)+「こと【事】것. 일」+「なし【無し】[形ク]없다」.

78) 「いま【今】현재. 지금」+「とし【年・歳】나이」+「おゆ[上2]→おいる【老いる】[上1]늙다」의 連用形「おい」(〈-ひ〉는 정서법에 어긋남)+「て」.

79) 「ち【地】땅」+「に[助詞]」+「いる【入る】[4]들어가다」의 未然形 「いら」+「む[助動]추량・의지」→「ん」+「と[助詞]」+「す[サ変]하다」의 連体形「する」+「こと【事】것. 일」.

80) 「あした【朝・明日】아침」+「ゆふべ【夕べ】저녁」+「の[助詞]」+「あひだ【間】사이」+「に[助詞]」+「あり【有り】[ラ変]있다」.

81) 「まさに【正に】[副]①틀림없이. 분명 ②바로 지금. 이제라도」.

82) 「み【身】몸」+「ひとつ【一つ】하나」+「を[助詞]」+「もって【以て】(〈を[助詞]〉에 이어져서)수단이나 원인 등을 나타냄. ~로써. ~때문에」.

83) 「ふたり【二人】두 사람」+「の[助詞]」+「きみ【君】주군」+「に[助詞]」+「つかふ[下2]→つかえる【仕える】[下1]①윗사람 가까이에서 섬기다. 모시다 ②관직을 수행하다」의 未然形「つかへ」+「む[助動]추량・의지」의 連体形「む」→「ん」+「こと【事】것. 일」.

84) 「ちうしん→ちゅうしん【忠臣】충신」+「の[助詞]현대일본어 〈が〉의 쓰임」+「す[サ変]하다」의 連体形「する」+「ところ【所・処】곳. 바. 상황. 찰나」+「に[助詞]」+「あり【有り】[ラ変]있다」의 未然形「あら」+「ず[助動]부정」(〈~にあらず〉는 현대일본어의 〈~でない〉에 해당).

85) 「もし【若し】[副]만일」+「いま【今】지금. 이제」.

86) 「じくん【二君】두 주인. 두 군주」+「に[助詞]」+「つかふ【仕ふ】[下2]섬기다」의 連用形「つかへ」+「て」.

➪ 만일 이제 두 임금에 섬겨서 목숨이 끝나려 할 때에 이르러서,

❑ 何(なに)のめんぼくありてか[88]、地下[ちか]に、うつまれて[89]、むかしの君[きみ]に、まミえんや[90]。」と云[いい]て、

➪ 무슨 면목이 있어서 땅속에 묻혀서 옛날 주군에게 알현하겠는가?"라고 하며,

❑ 喪(さう)礼[れい]の事[こと]を[91]、いとなましめて[92]、その日[ひ]より[93]断食(たんじき)して[94]、

➪ 상례에 관한 일을 준비하게 시키고, 그날부터 단식하여,

❑ 十四日[じゅうよっか]をへて[95]、むなしく、なれり[96]、年[とし]すでに[97]七十九[ななじゅうきゅう]。

➪ 열나흘 지나서 운명했다. 나이는 이제 일흔아홉.

---

87) 「いのち【命】 목숨」+「をはる[4]→おわる【終わる】[5]끝나다」의 未然形「をはら」+「む[助動]추량·완곡」의 連体形「む」→「ん」+「とき【時】 때」+「に[助詞]」+「いたる【至る·到る】[4]도착하다. 도달하다」의 連用形「いたり」+「て」.

88) 「なに【何】[代]어떤」+「の[助詞]」+「めんぼく【面目】 남에게 보이는 얼굴. 면목. 체면」+「あり【有り】[ラ変]있다」의 連用形「あり」+「て」+「か[係助詞]의문·질문」.

89) 「ちか【地下】 지하. 땅속」+「に[助詞]」+「うづむ【埋む】[4]파묻다. 매장하다」의 未然形「うづま」(〈-つ-〉는 無濁点표기)+「る[助動]수동」의 連用形「れ」+「て」.

90) 「むかし【昔】 옛날」+「の[助詞]」+「きみ【君】 주군. 임금」+「に[助詞]」+「まみゆ[下2]→まみえる【見える】[下1]①뵙다. 알현하다 ②대면하다. 만나다」의 未然形「まみえ」+「む[助動]추량·의지」→「ん」+「や[係助詞]의문·질문」.

91) 「さうれい→そうれい【喪礼】 상중의 예법. 상례」+「の[助詞]」+「こと【事】 것. 일」+「を[助詞]」.

92) 「いとなむ【営む】[4]일하다. 준비하다. 행하다」의 未然形「いとなま」+「しむ[助動]사역. ~시키다」의 連用形「しめ」+「て」.

93) 「その【其の】[連体]그」+「ひ【日】 날」+「より[助詞]기점. ~부터」.

94) 「だんじき【断食】 단식」(〈た-〉는 無濁点표기)+「す[サ変]하다」의 連用形「し」+「て」.

95) 「を[助詞]」+「ふ[下2]→へる【経る·歴る】[下1]시간이 지나다. 경과하다」의 連用形「へ」+「て」.

96) 「むなし【空し·虚し】[形シク]덧없다. 무상하다. 죽었다」의 連用形「むなしく」+「なる【成る·為る】[4]되다」의 命令形「なれ」+「り[助動]완료·존속」.

97) 「とし【年·年】 나이」+「すでに【既に·已に】[副]이미. 벌써. 이제」.

9. 李(り)業(げう)授(さづく)レ命(めいを)
이업이 목숨을 바치다

❑漢[かん]の[1)]李業(りげう)は、梓潼(しんとう)[2)]と云[いう]ところの人[ひと]なり[3)]。

⇨ 한나라의 이업은 재동이라고 하는 곳의 사람이다.

❑元始(げんし)[4)]年中(ねんぢう)に挙(きよ)せられて[5)]、郎(らう)となる[6)]。

⇨ 원시 연중에 추거(推擧)되어 랑이 된다.

❑王莽(わうまう)[7)]、まつりごとを、とりおこなふときに、をよびて[8)]、やまひあり、と、いふて[9)]、官(くわん)をすてゝ[10)]深山(しんざ

---

1) 「かん【漢】 한나라」+「の[助詞]」.

2) 「梓」는 한국한자음으로는 「재」나 「자」이며 일본어에서도 「し」로 音読한다. 이를 「しん」으로 읽은 것은 오류로 봐야겠다.

3) 「と[助詞]」+「いふ【言ふ·云ふ】[4]말하다」의 連体形 「いふ」+「ところ【所·処】 곳」+「の[助詞]」+「ひと【人】 사람」+「なり[助動]단정·지정」.

4) 「원시(元始)」는 한나라 시절 사용된 연호로 서기 1~5년에 해당함. 〈네이버지식백과〉참조.

5) 「ねんじゅう【年中】 연중. 1년 사이. 어떤 연대(年代)의 사이」+「に[助詞]」+「きょす【挙す】[サ変]사람을 추거하여 윗자리로 올리다」의 未然形 「きよせ」+「らる[助動]수동」의 連用形 「られ」+「て」.

6) 「らう→ろう【郎】 랑. 중국의 벼슬 이름」+「と[助詞]~로, ~이」+「なる【成る·為る】[4]되다」.

7) 「わうまう→おうもう【王莽】 왕망. 전한(前漢) 말기 찬립자(簒立者)」.

8) 「まつりごと【政】 통치. 정사」+「を[助詞]」+「とりおこなふ[4]→とりおこなう【執り行う】[5]집행하다」의 連体形 「とりおこなふ」+「とき【時】 때」+「に[助詞]」+「およぶ【及ぶ】[4]어떤 때나 장소 등에 다다르다」의 連用形 「および」(〈を-〉는 정서법에 어긋남)+「て」.

ん)に、かくれすめり11)。

➪ 왕망이 정사를 집행할 때에 이르러 병이 있다 하여 벼슬을 버리고 깊은 산속에 숨어 지냈다.

❑王莽(わうまう)、すでに、ころされてのち12)、公孫述(こうそんじゆつ)13)と云[いう]もの、ひそかに王位(わうゐ)をふミて14)、

➪ 왕망이 이미 죽임 당한 후에 공손술이라 하는 자가 슬그머니 왕위를 잇고서,

❑もとより15)李業(りげう)が賢(けん)なる事[こと]を聞[きき]て16)、めして17)博士(はくじ)18)とせん、と、すれども19)、かたく辭(じ)して20)来

---

9) 「やまひ【病】 병」+「あり【有り】[ラ変]있다」+「と[助詞]~라고」+「いふ【言ふ·云ふ】[4]말하다」+「て」.

10) 「くわん→かん【官】 관. 관직」+「を[助詞]」+「すつ【捨つ·棄つ】[下2]버리다」의 連用形「すて」+「て」.

11) 「しんざん【深山】 깊은 산」+「に[助詞]」+「かくる[下2]→かくれる【隠れる】[下1]숨다. 은둔하다」의 連用形「かくれ」+「すむ【住む·棲む·栖む】[4]살다. 거처하다」의 命令形「すめ」+「り[助動]완료·존속」.

12) 「すでに【既に·已に】[副]이미. 벌써」+「ころす【殺す】[4]죽이다」의 未然形「ころさ」+「る[助動]수동」의 連用形「れ」+「て」+「のち【後】 후」.

13) 「こうそんじゅつ【公孫述】 공손술. 중국 후한(後漢) 초기의 군웅(群雄)」.

14) 「ひそか【密か】[形動ナリ]남이 모르게 숨어서 하는 모양」의 連用形「ひそかに」+「わうゐ→おうい【王位】 왕위」+「を[助詞]」+「ふむ【踏む·履む·践む】[4]밟다. 지위에 오르다. 뒤를 잇다」의 連用形「ふみ」+「て」.

15) 「もとより【元より·固より·素より】[副]처음부터. 이전부터. 원래. 본래」.

16) 「が[助詞]」+「けん【賢】[形動ナリ]학덕이 빼어난 것(사람). 현명한 것(사람)」의 連体形「けんなる」+「こと【事】 것. 일」+「を[助詞]」+「きく【聞く】[4]듣다」의 連用形「きき」+「て」.

17) 「めす【召す】[4]'불러들이다'의 존경어. 명(命)하시다」의 連用形「めし」+「て」.

18) 「博士」는「はかせ」나「はくし」로 읽는다. 이를「はくじ」로 읽는 것은 미상.

19) 「はかせ【博士】 박사(일본에서도 관직명으로도 쓰임)」+「と[助詞]」+「す[サ変]하다」의 未然形「せ」+「む[助動]추량·의지」→「ん」+「と[助詞]」+「す[サ変]하다」의 已然形「すれ」+「ども[助詞]역접. ~하지만」

20) 「かたし[形ク]→かたい【堅い·固い·硬い·難い】[形]굳다. 확실하다. 완고하다. 융통성이 없다」의 連用形「かたく」+「じす[サ変]→じする【辞する】[サ変]사직하다. 거절하

(きた)らず[21]。

➪ 예부터 이업이 현명하다는 것을 듣고서 불러들이셔서 박사로 삼고자 했지만 완강히 거절하며 오지 않는다.

❑公孫述(こんそんじゆつ)、すなハち[22]、尹融(いんゆう)と、いふものを使(つかひ)として[23]、毒(どく)の酒(さけ)を、もたせて[24]、いはせけるハ[25]、

➪ 공손술이 곧 윤융이라 하는 자를 사자로 삼아서 독이 든 술을 들려 보내 말하게 했던 것은,

❑「もし命(めい)におうじて、きたらば[26]、公卿(くぎやう)[27]の位(くらゐ)を、すゝむべし[28]。

다」의 連用形 「じし」+「て」.

21) 「きたる【来る】[4]오다. 찾아오다」의 未然形 「きたら」+「ず[助動]부정」.

22) 「すなはち→すなわち【即ち·則ち】[副]곧바로. 즉시. 그래서. 즉」.

23) 「と[助詞]~라고」+「いふ【言ふ·云ふ】[4]말하다」의 連体形 「いふ」+「もの【者】 사람」+「を[助詞]」+「つかひ【使ひ·遣ひ】 심부름꾼. 사자(使者)」+「と[助詞]」+「す[サ変]하다」의 連用形 「し」+「て」(또는 〈として[助詞]①~라고 생각하여 ②~의 자격으로 ③~인 상태로 ④~로〉로 풀이할 수 있다).

24) 「どく【毒】 독」+「の[助詞]」+「さけ【酒】 술」+「を[助詞]」+「もたす[下2]→もたせる【持たせる】[下1]지키게 하다. 가지고 가게 시키다」의 連用形 「もたせ」(또는 〈持(も)つ〉의 未然形 〈もた〉+〈す[助動]사역〉의 連用形 〈せ〉로 풀이할 수도 있다)+「て」.

25) 「いふ【言ふ·云ふ】[4]말하다」의 未然形 「いは」+「す[助動]사역. ~시키다」의 連用形 「せ」+「けり[助動]회상·과거」의 連体形 「ける」+「は[助詞]」.

26) 「もし【若し】[副]만일」+「めい【命】 명. 명령」+「に[助詞]」+「おうず[サ変]→おうずる【応ずる】[サ変]응하다. 답하다」의 連用形 「おうじ」+「て」+「きたる【来る】[4]오다」의 未然形 「きたら」+「ば[助詞]가정조건」.

27) 「くぎやう→くぎょう【公卿】 공경」. 일본에서는 「公」과 「卿」의 총칭으로 쓰이는데, 「公」은 太政大臣(だいじょうだいじん), 左大臣(さだいじん), 右大臣(うだいじん)을 가리키며, 「卿」은 大納言(だいなごん), 中納言(ちゅうなごん), 参議(さんぎ) 및 삼위(三位;さんみ) 이상의 조정 관리를 가리킨다.

28) 「くらゐ→くらい【位】 자리. 지위」+「を[助詞]」+「すすむ[下2]→すすめる【勧める·奨める·薦める】[下1]권유하다. 격려하다. 추천하다. 추거(推擧)하다」의 終止形 「すすむ」+「べし[助動]의무·당연·추량·가능 등」.

⇨ "만약 명에 응하여 오면 공경 자리를 추거할 것이다.

❑若[もし]又[また]29)、きたらずハ30)、毒酒(どくしゆ)をもつて31)、ころすべし32)。」と。

⇨ 만일 또한 오지 않으면 독주로써 죽일 것이다."라고.

❑尹融(いんゆう)、かしこに行(ゆき)て33)、此[この]むねを、のぶ34)。

⇨ 윤융은 그쪽으로 가서 이 뜻을 고한다.

❑かさねて35)、又[また]、かたりて、いはく36)、「いま37)天下[てんか]わかれ、ミだれて38)、いづれか是非(ぜひ)を39)、はかりしらんや40)。

---

29) 「もし【若し】[副]만일」+「また【又·亦·復】[副]다시. 또한」.

30) 「きたる【来る】[4]오다. 찾아오다」의 未然形「きたら」+「ずは(〈ず[助動]〉+〈は[助詞]〉의 형태)①~하지 않고 ②가정조건. 만일 ~가 아니라면」.

31) 「どくしゅ【毒酒】독주. 독약을 탄 술」+「を[助詞]」+「もって【以て】(〈を[助詞]〉에 이어져서)~로써. ~때문에」.

32) 「ころす【殺す】[4]죽이다」의 終止形「ころす」+「べし[助動]의무·당연·추량·가능·의지 등」.

33) 「かしこ【彼処·彼所】[代]자신으로부터도 상대방으로부터도 멀리 떨어진 곳을 가리키는 말」+「に[助詞]」+「ゆく【行く】[4]가다」의 連用形「ゆき」+「て」.

34) 「この【此の·斯の】[連体]이」+「むね【宗·旨】주된 일. 일의 취지(내용)」+「を[助詞]」+「のぶ[下2]→のべる【述べる·陳べる】[下1]말하다. 고하다」.

35) 「かさねて【重ねて】[副]다시. 재차」.

36) 「また【又·亦·復】[副]다시. 같이. 달리. 또한」+「かたる【語る】[4]자초지종을 모두 이야기하다. 줄거리가 있는 일련의 이야기를 하다」의 連用形「かたり」+「て」+「いはく【曰く】말하길. 이르길」.

37) 「いま【今】현재. 지금. 이 국면에. 가까운 과거 또는 미래. 이제」.

38) 「てんか【天下】천하」+「わかる[下2]→わかれる【分かれる·別れる】[下1]따로 떨어지다. 나뉘다」의 連用形「わかれ」+「みだる[下2]→みだれる【乱れる·紊れる】[下1]혼란하다. 흐트러지다. 동요하다. 수습이 되지 않다」의 連用形「みだれ」+「て」.

39) 「いづれ→いずれ【何れ·孰れ】[代]어느 쪽. 어느 것」+「が[助詞]현대일본어〈の〉의 쓰임」(〈か〉는 無濁点표기)+「ぜひ【是非】[名]시비. 옳고 그름. 좋고 나쁨」+「を[助詞]」.

40) 「はかる【計る·測る·量る】[4]세다. 계산하다. 재다. 생각하다. 분별하다. 짐작하다」

➪ 거듭 또한 밝혀 이르길 "지금 천하가 나뉘어 어지러운데 어느 쪽의 잘잘못을 따져 알겠는가?

❑しかるに[41]、我[わが]君[きみ][42]、汝(なんぢ)の徳(とく)を、したひて[43]、官(くわん)をすゝめて[44]、めして[45]、まつりごとを、まかせん、と[46]、し給[たま]ふ[47]。

➪ 그런데 우리 주군이 너의 덕을 사모하여 벼슬을 권하여 불러들이셔서 정사를 맡기고자 하신다.

❑先(まづ)ハ[48]、身[み]のため、と、いひ[49]、かねてハ[50]子孫[しそん]のため、と、いひ[51]、又[また]、よろしからざらんや[52]。」と申[もうし]

의 連用形 「はかり」+「しる【知る】[4]알다」의 未然形 「しら」+「む[助動]추량·의지」→「ん」+「や[係助詞]의문·질문」.

41) 「しかるに【然るに】[接続]그런데. 하지만. 그건 그렇고」.

42) 「わが【我が·吾が】[連体]나의. 자신의」+「きみ【君】주군」.

43) 「なんぢ【汝·爾】[代]너」+「の[助詞]」+「とく【徳】덕」+「を[助詞]」+「したふ[4]→したう【慕う】[5]따르다. 그리워하다. 사모하다. 본보기로 삼다」의 連用形 「したひ」+「て」.

44) 「くわん→かん【官】관. 관직」+「を[助詞]」+「すすむ【勧む·奨む·薦む】[下2]권유하다. 추천하다」의 連用形 「すすめ」+「て」.

45) 「めす【召す】[4]'불러들이다'의 존경어. 명(命)하시다」의 連用形 「めし」+「て」.

46) 「まつりごと【政】정사」+「を[助詞]」+「まかす【任す·委す】[下2]맡기다. 위임하다」의 未然形 「まかせ」+「む[助動]추량·의지」→「ん」+「と[助詞]」.

47) 「す[サ変]하다」의 連用形 「し」+「たまふ【給ふ】[助動]존경」.

48) 「まづは→まずは【先ずは】[副]우선. 일단. 아무튼. 아마도」.

49) 「み【身】몸. 자신. 신상」+「の[助詞]」+「ため【為】이익이 되는 것. 행복. 목적. 위함」+「と[助詞]~라고」+「いふ【言ふ·云ふ】[4]말하다」의 連用形 「いひ」.

50) 「かねて【予て·兼ねて】[副]어느새. 사전에. 줄곧. 이전에. 한편. 겸하여. 더불어」+「は[助詞]」.

51) 「しそん【しそん】자손」+「の[助詞]」+「ため【為】이득. 행복. 위함」+「と[助詞]~라고」+「いふ【言ふ·云ふ】[4]말하다」의 連用形 「いひ」.

52) 「また【又·亦·復】[副]다시. 또한」+「よろし[形シク]→よろしい【宜しい】[形]좋다. 바람직하다. 적당하다. 알맞다」의 未然形 「よろしから」+「ざり[助動]부정」의 未然形 「ざら」+「む[助動]추량·의지」→「ん」+「や[係助詞]의문·질문」.

けるに[53)]、

➪ 우선은 자신을 위함이라고 하고 한편으로는 자손을 위함이라고 하여서 또한 좋지 않겠는가?"라고 했더니,

❑李業(りげう)なげきていはく[54)]、「あやうき国[くに]にハ[55)]入(いる)へからず[56)]、ミだれたる国[くに]にハ[57)]居(かへ)る[58)]べからず[59)]。

➪ 이 업이 탄식하여 말하길 "위태로운 나라에는 들어갈 수 없고, 어지러운 나라에는 돌아갈 수 없다.

❑ミづから其[その]身[み]に[60)]、悪(あく)をいたすものにハ[61)]、義(ぎ)として[62)]、したがふべからす[63)]。

---

53) 「と[助詞]~라고」+「まうす[4]→もうす【申す】[5]'말하다·고하다'의 겸양어. 부탁드리다」의 連用形「まうし」+「けり[助動]회상·과거」의 連体形「ける」+「に[助詞]~하니. ~하는데」.

54) 「なげく【嘆く·歎く】[4]한숨짓다. 탄식하다. 슬퍼하다. 절망하다. 애원하다. 호소하다」의 連用形「なげき」+「て」+「いはく【曰く】말하길. 이르길」.

55) 「あやふし[形ク]→あやうい【危うい】[形]걱정이다. 위험하다」의 連体形「あやふき」(〈-う-〉는 歷史的仮名遣에 어긋남)+「くに【国】나라. 지역」+「に[助詞]」+「は[助詞]」.

56) 「いる【入る】[4]들어가다」의 終止形「いる」+「べかり[助動]추량·가능 등」의 未然形「べから」(〈へ-〉는 無濁点표기)+「ず[助動]부정」.

57) 「みだる【乱る·紊る】[下2]혼란하다. 흐트러지다. 동요하다」의 連用形「みだれ」+「たり[助動]완료·존속」의 連体形「たる」+「くに【国】나라. 지역」+「に[助詞]」+「は[助詞]」.

58) 「居る」는「ゐる」나「をる」로 읽으며 '한 곳에 머무르다'의 뜻인데, 본문에서는 이를「かへる」로 읽고 있는 점이 특이하다. 한편「かへる」는「帰る·還る」로서 '돌아가다'의 뜻이다. 양쪽 모두 내용상 풀이가 가능한데 여기에서는 후자를 채택하겠다.

59) 「かへる【帰る·還る】[4]돌아가다(오다)」의 終止形「かへる」+「べかり[助動]추량·가능 등」의 未然形「べから」+「ず[助動]부정」.

60) 「みづから→みずから【自ら】[名]자기 자신. 나 [副]스스로. 친히」+「その【其の】[連体]그」+「み【身】몸. 자신. 신상」+「に[助詞]동작의 주체를 직접적으로 가리키는 것을 꺼려 제시하는 용법. ~이」.

61) 「あく【悪】악. 좋지 않은 일」+「を[助詞]」+「いたす【致す】[4]하다. 혼신을 다 바치다. 온힘을 쏟다」의 連体形「いたす」+「もの【者】자. 사람」+「に[助詞]」+「は[助詞]」.

62) 「ぎ【義】의. 도리」+「として[助詞]①~의 자격으로. ~의 입장으로 ②~인 상태로. ~로써. ~로」.

➪ 스스로 그 자신이 악을 힘쓰는 자에게는 의로써 따를 수 없다.

❑君子(くんし)ハ、事[こと]のあやうきに、のぞみて64)、命(めい)を授(さづ)くるものなり65)、と、せんや66)。

➪ 군자는 사태의 위태로움에 임하여서 목숨을 바치는 법이라고 하겠는가?

❑何[なん]ぞ、いま67)、われをあざむき68)、いざなふに69)、王位(わうゐ)と奉禄(ほうろく)とをもつて70)、するや71)。」と、いふて72)、

---

63) 「したがふ[4]→したがう【従う·随う·順う】[5]따르다. 거스르지 않다. 맡기다」의 終止形「したがふ」+「べかり[助動]추량·가능 등」의 未然形「べから」+「ず[助動]부정」(〈す〉는 無濁点표기).

64) 「くんし【君子】군자」+「は[助詞]」+「こと【事】사건. 사정. 사태」+「の[助詞]」+「あやふし【危し】[形ク]걱정이다. 위험하다」의 連体形「あやふき」(〈-う-〉는 歴史的仮名遣에 어긋남)+「に[助詞]」+「のぞむ【臨む】[4]목전에 두다. 면(面)하다. 임하다」의 連用形「のぞみ」+「て」.

65) 「めい【命】명. 목숨. 명령」+「を[助詞]」+「さづく[下2]→さずける【授ける】[下1]윗사람이 아랫사람에게 수여하다. 전수하다. 이성에게 맡기다」의 連体形「さづくる」+「もの【物】문말에서 단정하는 말을 수반하여 화자가 단정하는 뜻을 강하게 나타냄. ~하는 법이다. ~하기 마련이다」+「なり[助動]단정·지정」. 참고로 〈한문본〉에는「君子見危授命」으로 되어 있는데, 『논어』의「憲問」편에는「見危授命」이라는 구절이 있으며 이를 成百曉(2013, 『개정증보판 懸吐完譯 論語集註』)는「위태로움을 보고 목숨을 바치며」로 풀이하고 있으며, 또한 下村湖人(1884-1955, 『現代訳論語』, 青空文庫에 공개) 역시 이를「国家の危急にのぞんでは身命をなげうち」로 풀이하고 있다.

66) 「と[助詞]~라고」+「す[サ変]하다」의 未然形「せ」+「む[助動]추량·의지」→「ん」+「や[係助詞]의문·질문」. 결국 현대일본어의「と、しようか」로 풀이할 수 있겠는데 확실치 않다.

67) 「なんぞ【何ぞ】[副]어찌. 어떤. 무언가」+「いま【今】현재. 지금. 이 국면에. 가까운 과거 또는 미래. 이제」.

68) 「われ【我·吾】[代]나」+「を[助詞]」+「あざむく【欺く】[4]속이다. 놀리다. 업신여기다」의 連用形「あざむき」.

69) 「いざなふ[4]→いざなう【誘う】[5]꼬시다. 권유하다. 권하여 끌어내다」의 連体形「いざなふ」+「に[助詞]동작이나 작용의 목적을 지정함. ~하러」.

70) 「わうゐ【王位】왕위」+「と[助詞]~와」+「ほうろく【俸禄】직무에 대한 보수. 봉록. 녹봉」(『広辞苑』등에 〈奉禄〉은 등재되어 있지 않음)+「と[助詞]~와」+「を[助詞]」+「もって【以て】(〈を[助詞]〉에 이어져서)수단이나 원인 등을 나타냄. ~로써. ~때문에」.

➪ 어찌 이제 나를 속여 끌어들이고자 왕위와 녹봉으로써 하는가?"라고 하고,

❑さらに[73]、おもむくへき心[こころ]ざし[74]、これなし[75]。

➪ 전혀 향하고자 하는 뜻이, 이것이 없다.

❑尹融(いんゆう)、このよしを見[み]て[76]、李業(りげう)が妻(つま)を、かたらひて[77]、いはしむ[78]。

➪ 윤융이 이런 상황을 보고 이업의 아내를 끌어들여서 이야기하도록 한다.

❑李業(りげう)が、いはく[79]、「我[われ]ハ、これ[80]丈夫(ぢやうふ)也(なり)[81]、万事(ばんじ)ミな[82]、心[こころ]をもつて、ことハる[83]。

---

71) 「す[サ変]하다」의 連体形 「する」+「や[係助詞]의문・질문」.

72) 「と[助詞]~라고」+「いふ【言ふ・云ふ】[4]말하다」+「て」.

73) 「さらに【更に】[副]①또한. 거듭. 더욱 ②새로이 ③강한 부정. 절대로 ~가 아니다. 전혀 ~지 않다」.

74) 「おもむく【赴く・趣く】[4]그 방향으로 가다. 향해 가다」의 終止形 「おもむく」+「べし[助動]의무・당연・추량・가능 등」의 連体形 「べき」(〈へ〉는 無濁点표기)+「こころざし【志】[名]마음이 향하는 바. 뜻. 마음가짐」.

75) 「これ【是・之・維】[代](한문훈독에서)제시한 주제를 다시 지정함. 이것」+「なし【無し】[形ク]없다」.

76) 「この【此の・斯の】[連体]이」+「よし【由・因・縁】[名]유래. 이유. 사정. 내용. 상황」+「を[助詞]」+「みる【見る】[上1]보다」의 連用形 「み」+「て」.

77) 「が[助詞]현대일본어 〈の〉의 쓰임」+「つま【妻】처. 아내」+「を[助詞]」+「かたらふ[4]→かたらう【語らう】[5]서로 이야기 나누다. 친교하다. 설득하여 한패에 끌어들이다」의 連用形 「かたらひ」+「て」.

78) 「いふ【言ふ・云ふ】[4]말하다」의 未然形 「いは」+「しむ[助動]사역. ~시키다」.

79) 「が[助詞]」+「いはく【曰く】말하길. 이르길」.

80) 「われ【我・吾】[代]나」+「は[助詞]」+「これ【此・是】[代]앞에 제시한 말을 재차 언급할 때 사용하는 말」.

81) 「ぢやうふ→じょうふ【丈夫】장부. 제 몫을 하는 남자. 재능이 남보다 뛰어난 훌륭한 사내」+「なり[助動]단정・지정」.

82) 「ばんじ【万事】만사」+「みな【皆】①[名]모든 사람. 전부 ②[副]남김없이. 모두」.

83) 「こころ【心】마음. 뜻. 매사를 체계적으로 생각하고 행동을 결정하는 정신활동. 사려분별」+「を[助詞]」+「もって【以て】~로써. ~때문에」+「ことわる【断る・判る】[4]일

➪ 이업이 말하길 "나는 바로 장부다. 만사 모두 사려분별로써 판단한다.

❑何[なん]ぞ84)、妻子(さいし)のいふ事[こと]なればとて85)、心[こころ]を、あらためて86)、是(これ)にしたがふ、ミちや、ある87)。

➪ 어찌 아내가 하는 말이기 때문이라 하여 마음을 고쳐먹고 이에 따를 리가 있겠는가?

❑君[きみ]の徳(とく)88)すくなるときにハ89)、まねかざれとも90)、賢人(けんじん)あつまり91)、君[きみ]の徳(とく)まがるときハ92)、佞人(ねいじん)はらへども、さらず93)。

의 잘잘못, 우열 따위를 가리다. 판단하다. 이해하다. 설명하다. 변명하다. 거부하다」(〈-は-〉는 정서법에 어긋남).

84) 「なんぞ【何ぞ】[副]어찌. 어떤. 무언가」.

85) 「さいし【妻子】①아내와 자식 ②아내」+「の[助詞]현대일본어 〈が〉의 쓰임」+「いふ【言ふ·云ふ】[4]말하다」의 連体形 「いふ」+「こと【事】것. 일」+「なり[助動]단정·지정」의 已然形 「なれ」+「ば[助詞]확정조건. 원인·이유」+「とて[助詞]인용. ~라 해서. ~라는 것으로. ~라는 이름으로」.

86) 「こころ【心】마음. 뜻」+「を[助詞]」+「あらたむ[下2]→あらためる【改める·革める】[下1] 고치다. 새로이 하다」의 連用形 「あらため」+「て」.

87) 「これ【此·是】[代]이것. 이사람」+「に[助詞]」+「したがふ【従ふ·随ふ·順ふ】[4]따르다」의 連体形 「したがふ」+「みち【道·路·途·径】길. 조리. 이치. 수단. 방법」+「や[係助詞]의문·질문」(문말에는 連体形)+「あり【有り】[ラ変]있다」의 連体形 「ある」(앞의 〈や〉에 호응).

88) 「きみ【君】[名]주군. 임금」+「の[助詞]」+「とく【徳】덕」.

89) 「すぐ【直ぐ】[形動ナリ]곧다. 올곧다. 똑바르다. 올바르다」의 連体形 「すぐなる」(〈-く-〉는 無濁点표기)+「とき【時】때」+「に[助詞]」+「は[助詞]」.

90) 「まねく【招く】[4]부르다. 초대하다」의 未然形 「なねか」+「ざり[助動]부정」의 已然形 「ざれ」+「ども[助詞]역접의 확정조건」(〈と-〉는 無濁点표기).

91) 「けんじん【賢人】현인. 지혜롭고 행실이 빼어난 사람」+「あつまる【集まる】[4]모이다」의 連用形 「あつまり」.

92) 「きみ【君】[名]임금」+「の[助詞]」+「とく【徳】덕」+「まがる【曲がる】[4]휘어지다. 굽다. 비뚤어지다」의 連体形 「まがる」+「とき【時】때」+「は[助詞]」.

93) 「ねいじん【佞人】입에 발린 말을 잘하고 마음이 비뚤어진 사람. 아첨꾼. 영인」(본문에서는 〈佞人〉)+「はらふ[4]→はらう【払う·掃う】[5]치우다. 흔들어 떨어뜨리

➪ 임금의 덕이 올곧을 때에는 부르지 않더라도 현자가 모이며, 임금의 덕이 비뚤어질 때에는 아첨꾼을 쫓아내도 떠나지 않는다.

❏うべくして94)、えたる天下[てんか]に、あらず95)、

➪ 얻어야 마땅하기에 얻은 천하가 아니다.

❏わがごときの大丈夫(たいぢやうふ)96)、かれにしたがふて97)、媚(こび)んよりハ98)、義(ぎ)にしたがふて99)、死(し)なんにハ、しかじ100)。」と、いふて101)、

➪ 나와 같은 대장부가 그이에 따라서 아첨하려 하기 보다는, 의에 따라서 죽으려 하는 편이 나을 것이다."라고 하고,

---

다. 몰아내다」의 已然形 「はらへ」+「ども[助詞]역접의 확정조건」+「さる【去る】[4]가다. 떠나다」의 未然形 「さら」+「ず[助動]부정」.

94) 「う[下2]→える【得る】[下1]얻다. 가능하다」의 終止形 「う」+「べし[助動]의무·당연·추량·가능 등」의 連用形 「べく」+「して[助詞](〈す[サ変]하다〉의 連用形 〈し〉에 〈て〉가 접속한 형태)앞에 놓인 말이 뒤에 오는 말의 원인이나 이유일 때 연결하는 표현. ~때문에. ~해서」.

95) 「う【得】[下2]얻다」의 連用形 「え」+「たり[助動]완료·존속」의 連体形 「たる」+「てんか【天下】천하」+「に[助詞]」+「あり【有り】[ラ変]있다」(〈-にあり〉는 현대일본어 〈-である〉의 쓰임)의 未然形 「あら」+「ず[助動]부정」(〈あらず〉는 현대일본어의 〈ない〉에 해당).

96) 「わ【我·吾】[代]나. 자신」+「が[助詞]현대일본어 〈の〉의 쓰임」+「ごとし【如し】[助動]~와 같다. ~와 비슷하다」의 連体形 「ごとき」+「の[助詞]」+「だいぢやうぶ→だいじょうぶ【大丈夫】[名]훌륭한 남자. 대장부」(〈た-〉는 無濁点표기. 〈-ぶ〉는 〈-ふ〉로도 쓰임).

97) 「かれ【彼】[代]저것. 저 사람. 그 사람」+「に[助詞]」+「したがふ【従ふ·随ふ·順ふ】[4]따르다. 맡기다」+「て」.

98) 「こぶ[上2]→こびる【媚びる】[上1]상대방의 환심을 사기 위해 요염한 태도를 취하다. 아첨하다」의 未然形 「こび」+「む[助動]추량·의지」의 連体形 「む」→「ん」+「より[助詞]비교의 기준. ~보다」+「は[助詞]」.

99) 「ぎ【義】[名]의」+「に[助詞]」+「したがふ【従ふ·随ふ·順ふ】[4]따르다」+「て」.

100) 「しぬ【死ぬ】[ナ変]죽다」의 未然形 「しな」+「む[助動]추량·의지」의 連体形 「む」→「ん」+「に[助詞]」+「は[助詞]」+「しかじ【不如·不若·不及】[連語]~에 미치지 않을 것이다. ~보다 나은 것은 없을 것이다」.

101) 「と[助詞]~라고」+「いふ【言ふ·云ふ】[4]말하다」+「て」.

❏つゐに[102]毒酒(どくしゆ)をのミて死(し)せり[103]。

➪ 끝내 독주를 마시고 죽었다.

102) 「つひに→ついに【終に·遂に】[副]결국. 마침내. 「-ゐ-」는 정서법에 어긋남」.

103) 「どくしゅ【毒酒】 독주」+「を[助詞]」+「のむ【飲む】[4]마시다」의 連用形「のみ」+「て」+「しす【死す】[サ変]죽다」의 命令形「しせ」+「り[助動]완료·존속」.

10. 嵆(けい)紹(せう)衛(まもる)レ帝(ていを)
혜소가 천자를 지키다

❑太弟(たいてい)[1]頴(えい)、大[おお]きに[2]、おごりを、きハめ[3]、心[こころ]をほしゐまゝにして[4]、人[ひと]のおもひに、そむけり[5]。

➪ 태제인 영은 매우 교만을 지극하게 하고 뜻을 제멋대로 펼쳐 사람들의 생각에 거슬렀다.

❑司(し)空(う)東(とう)深[しん]海(かい)王(わう)等(とう)[6]、これを、にくみて[7]、はかりことを、もつて[8]、うたんとす[9]。

---

1) 「たいてい【太弟·大弟】 태제. 천자의 동생. 특히 황위(皇位)를 계승할 天皇(てんのう)의 아우를 가리킴」.

2) 「おほきに→おおきに【大きに】[副]매우. 대단히」.

3) 「おごり【驕り·傲り·奢り】[名]교만. 방자. 사치」+「を[助詞]」+「きはむ[下2]→きわめる【極める·窮める】[下1]극한에 도달하게 하다. 끝내다」의 連用形「きはめ」.

4) 「こころ【心】 마음. 바람. 뜻. 마음가짐」+「を[助詞]」+「ほしいまま【擅·恣·縦】[形動ナリ]자신의 생각대로 행동하는 모양」의 連用形「ほしいままに」(〈-ゐ-〉는 정서법에 어긋남)+「す[サ変]하다」의 連用形「し」+「て」.

5) 「ひと【人】 사람. 남」+「の[助詞]」+「おもひ→おもい【思い·念い·想い】[名]생각. 마음」+「に[助詞]」+「そむく【背く·叛く】[4]등지다. 어기다. 위반하다. 기대나 예상에 어긋나다」의 命令形「そむけ」+「り[助動]완료·존속」.

6) 이 부분은 〈한문본〉에는「司空東海王越等」으로 되어 있으며 이에 대한 언문 풀이는 없다.

7) 「これ【此·是】[代]이것. 이사람」+「を[助詞]」+「にくむ【憎む·悪む】[4]미워하다. 증오하다. 옳지 않은 것을 싫어하여 멀리하다. 비난하다」의 連用形「にくみ」+「て」.

8) 「はかりごと【謀】(옛날에는 〈はかりこと〉)계략. 계책」+「を[助詞]」+「もって【以て】(〈を[助詞]〉에 이어져서)수단이나 원인 등을 나타냄. ~로써. ~때문에」.

9) 「うつ【打つ·討つ·撃つ】[4]치다. 적을 쓰러뜨리다. 죽이다」의 未然形「うた」+「む[助動]추량·의지」→「ん」+「と[助詞]」+「す[サ変]하다」.

➪ 사공동 심해왕 등이 이를 못마땅해 하여 계략으로써 치려 한다.

❑すなハち[10)]、惠帝(けいてい)に、北征(ほくせい)をすゝめ、たてまつる[11)]。

➪ 곧 혜제에게 북정을 권하여 올린다.

❑前(さき)の侍中(ぢちう)[12)]嵆紹(けいせう)と云[いう]ものハ、きハめたる武勇(ぶよう)忠節(ちうせつ)の[13)]つハものなりけり[14)]。

➪ 예전 시중인 혜소라고 하는 사람은 지극한 무용 충절이 있는 굳센 사람이었다.

❑これを、めして[15)]、ミかどの、行[ゆき]つき給[たま]ひしところに[16)]、まうでしむ[17)]。

➪ 이를 불러들여 천자가 도착하셨던 곳에 오도록 한다.

❑侍中(ぢちう)秦準(しんじゆん)と、いふもの[18)]、嵆紹(けいせう)に、

---

10) 「すなはち→すなわち【即ち·則ち】[副]곧바로. 즉시. 그래서. 즉」.

11) 「ほくせい【北征】북정. 북방의 적을 정벌하는 것」+「を[助詞]」+「すすむ[下2]→すすめる【勧める·奨める·薦める】[下1]권유하다. 추천하다」의 連用形「すすめ」+「たてまつる[助動]겸양. ~해드리다. ~해 올리다」.

12) 「さき【先·前】이전. 옛날」+「の[助詞]」+「じちゅう【侍中】중국의 관직명. 시중」.

13) 「きはむ【極む·窮む】[下2]지극하다」의 連用形「きはめ」+「たり[助動]완료·존속」의 連体形「たる」+「ぶよう【武勇】무용」+「ちゅうせつ【忠節】충절」+「の[助詞]」.

14) 「つはもの→つわもの【兵】①무기 ②병사 ③용맹하고 강한 무인. 용사 ④자신의 소신을 굽히지 않는 사람. 강건한 사람」+「なり[助動]단정·지정」의 連用形「なり」+「けり[助動]회상·과거」.

15) 「これ【此·是】[代]이것. 이사람」+「を[助詞]」+「めす【召す】[4]'불러들이다'의 존경어. 명(命)하시다」의 連用形「めし」+「て」.

16) 「みかど【御門·帝】천자. 임금」+「の[助詞]현대일본어〈が〉의 쓰임」+「ゆきつく【行き着く】[4]목적지에 다다르다. 도착하다」의 連用形「ゆきつき」+「たまふ【給ふ】[助動]존경」의 連用形「たまひ」+「き[助動]회상·과거」의 連体形「し」+「ところ【所·処】곳. 바. 상황. 찰나」+「に[助詞]」.

17) 「まうづ[下2]→もうでる【詣でる】[下1]'가다·오다'의 겸양어」의 未然形「まうで」+「しむ[助動]사역. ~시키다」.

18) 「と[助詞]~라고」+「いふ【言ふ·云ふ】[4]말하다」의 連体形「いふ」+「もの【者】자. 사람」.

かたりて、いはく19)、「汝(なんぢ)ハ20)、よき馬[うま]を、もてるや21)。」

⇨ 시중인 진준이라 하는 자가 혜소에게 밝혀 이르길 "너는 좋은 말을 가지고 있는가?"

❑嵇紹(けいせう)、いろを、たゞしくして22)、こたへて、いはく23)、

⇨ 혜소가 낯빛을 바로잡고 대답하여 말하길,

❑「我[われ]は、みかとの24)御[み]車(くるま)を25)、まもりたてまつりて26)、命[いのち]をもつて27)、かけもの28)とせり29)。

---

19) 「に[助詞]~에게」+「かたる【語る】[4]자초지종을 모두 이야기하다. 줄거리가 있는 일련의 이야기를 하다」의 連用形「かたり」+「て」+「いはく【曰く】말하길. 이르길」.

20) 「なんぢ→なんじ【汝・爾】[代]아랫사람을 가리키는 말. 너」+「は[助詞]」.

21) 「よし【良し・善し・好し】[形ク]좋다. 뛰어나다」의 連体形「よき」+「うま【馬】말」+「を[助詞]」+「もつ【持つ】[4]가지다」의 命令形「もて」+「り[助動]완료・존속」의 連体形「る」+「や[係助詞]의문・질문」.

22) 「いろ【色】색깔. 기색. 안색. 낯빛」+「を[助詞]」+「ただし[形シク]→ただしい【正しい】[形]곧다. 바르다」의 連用形「ただしく」+「す[サ変]하다」의 連用形「し」+「て」. 정색하고.

23) 「こたふ【答ふ・応ふ】[下2]대답하다」의 連用形「こたへ」+「て」+「いはく【曰く】말하길. 이르길」.

24) 「われ【我・吾】[代]나」+「は[助詞]」+「みかど【御門・帝】황제. 천자」(〈-と〉는 無濁点 표기)+「の[助詞]」.

25) 「み【御】[接頭]존경의 뜻을 보탬」+「くるま【車】수레」+「を[助詞]」. 참고로 〈한문본〉과 〈언해본〉에는「乘輿」.

26) 「まもる【守る・護る】[4]지키다. 가로막다」의 連用形「まもり」+「たてまつる[助動]겸양. ~해드리다. ~해 올리다」의 連用形「たてまつり」+「て」.

27) 「いのち【命】목숨」+「を[助詞]」+「もって【以て】(〈を[助詞]〉에 이어져서)수단이나 원인 등을 나타냄. ~로써. ~때문에」.

28) 「かけもの」가 복합명사라면「掛物・懸物 : 물건을 걸어 놓는 도구나 대」또는「賭物・懸物 : 내기 따위에 거는 금품」인데 이래서는 뜻이 통하지 않는다. 한편 이를「かく[下2]→かける【掛ける・懸ける】[下1]걸다. 맡기다. 위탁하다. 고정하다. 덮다. 베풀다」의 連用形「かけ」에「もの【物】[語素](동사의 連用形에 접속)그러한 동작의 결과 생긴 것이나 동작의 대상이 되는 것을 나타냄」으로 풀이할 수 있겠으나 확실치 않다.

➪ "나는 천자의 어가를 지켜 올리는데 목숨으로써 하고 있다.

❑何[なん]ぞ30)、よき馬[うま]を、もちひんや31)。」と。

➪ 어찌 좋은 말을 사용하겠는가?"라고.

❑しかるに32)、太弟(たいてい)潁(えい)、かねて33)此[この]事[こと]を聞[きき]つたへて34)、

➪ 그런데 태제인 영이 미리 이 일을 전해 듣고서,

❑石超(せきてう)と云[いう]ものに、つハもの五[ご]万[まん]騎[き]を35)、あひそへて36)、帝(ミかど)のミゆきを37)、ふせがしむ38)。

➪ 석초라고 하는 자에게 병사 5만 기를 붙여서 천자의 행차를 가로막도록 한다.

❑蕩陰(たういん)と云[いう]ところに来[きたり]て39)、石超(せきてう)が軍兵(ぐんびやう)40)行[ゆき]あひたてまつり41)、

---

29) 「と[助詞]~로」+「す[サ変]하다」의 命令形「せ」+「り[助動]완료·존속」

30) 「なんぞ【何ぞ】[副]어찌. 어떤. 무언가」.

31) 「よし【良し·善し·好し】[形ク]좋다」의 連体形「よき」+「うま【馬】말」+「を[助詞]」+「もちゐる[上1]→もちいる【用いる】[上1]채용하다. 사용하다」(〈もちひる〉로 표기되는 경우도 있음)의 未然形「もちゐ(ひ)」+「む[助動]추량·의지」→「ん」+「や[係助詞]의문·질문」.

32) 「しかるに【然るに】[接続]그런데. 하지만. 그건 그렇고」.

33) 「かねて【予て】[副]미리. 사전에. 전부터 내내」.

34) 「この【此の·斯の】[連体]이」+「こと【事】일」+「を[助詞]」+「ききつたふ[下2]→ききつたえる【聞き伝える】[下1]남에게 전해 듣다」의 連用形「ききつたへ」+「て」.

35) 「つはもの→つわもの【兵】무기. 병사. 용사」+「ご【五】5」+「まん【万】만」+「き【騎】기. 말을 타는 것. 말을 탄 사람」+「を[助詞]」.

36) 「あひ→あい【相】[接頭]동사의 앞에 쓰여서 어조를 갖추거나 격식을 차린다는 뜻을 보태는 말」+「そふ[下2]→そえる【添える·副える】[下1]덧붙이다. 따르게 하다」의 連用形「そへ」+「て」.

37) 「みかど【御門·帝】황제. 천자」+「の[助詞]」+「みゆき【御幸】천자의 외출」+「を[助詞]」.

38) 「ふせぐ【防ぐ·拒ぐ】[4]막다. 차단하다」의 未然形「ふせが」+「しむ[助動]사역. ~시키다」.

39) 「と[助詞]」+「いふ【言ふ·云ふ】[4]말하다」의 連体形「いふ」+「ところ【所·処】곳」+「に[助詞]」+「きたる【来る】[4]오다. 찾아오다」의 連用形「きたり」+「て」.

➪ 탕음이라 하는 곳에 이르러서 석초의 군병이 맞이해드려,

❑矢(や)をとばし42)、鋒(ほこ)をよこたへ43)、ふせぎたゝかひけるほどに44)、つきしたがひたる45)百官(くわん)侍御(じぎよ)のものども46)、みな、にげうせければ47)、

➪ 화살을 날리고 창을 가지고 가로막아 싸웠는데, 뒤따르던 백관 시종들은 모두 도망쳐 숨었기에,

❑雨[あめ]のごとくに48)来(きた)る矢(や)さきに49)、みかどの頬(ほう)に50)、三[さん]すぢまで51)立[たち]たりけり52)。

---

40) 「が[助詞]현대일본어 〈の〉의 쓰임」+「ぐんびやう→ぐんびよう【軍兵】군병. 병사」.

41) 「ゆきあふ【行き合ふ·行き逢ふ】[4]나아가서 마주치다」의 連用形「ゆきあひ」+「たてまつる[助動]겸양. ~해드리다. ~해 올리다」의 連用形「たてまつり」.

42) 「や【矢】화살」+「を[助詞]」+「とばす【飛ばす】[4]날리다」의 連用形「とばし」.

43) 「ほこ【矛·戈·鉾·鋒·戟】창」+「を[助詞]」+「よこたふ[下2]→よこたえる【横たえる】[下1]옆에 차다. 지니다」의 連用形「よこたへ」.

44) 「ふせぐ【防ぐ·拒ぐ】[4]막다. 차단하다」의 連用形「ふせぎ」+「たたかふ【戦ふ】[4]싸우다」의 連用形「たたかひ」+「けり[助動]회상·과거」의 連体形「ける」+「ほどに【程に】①~하면. ~하는 사이에 ②원인·이유. ~이므로」.

45) 「つきしたがふ【付き従ふ·付き随ふ】[4]뒤따르다. 함께 가다」의 連用形「つきしたがひ」+「たり[助動]완료·존속」의 連体形「たる」.

46) 「ひやくくわん→ひゃっかん【百官】백관. 수많은 관리」+「じぎょ【侍御】시어. 시종」+「の[助詞]」+「ものども【者共】사람들. 從者나 신분이 낮은 자를 부를 때 쓰는 말」.

47) 「みな【皆】①[名]모든 사람. 전부 ②[副]남김없이. 모두」+「にげうす【逃げ失す】[下2]도망쳐 자취를 감추다」의 連用形「にげうせ」+「けり[助動]회상·과거」의 已然形「けれ」+「ば[助詞]확정조건. 원인·이유」.

48) 「あめ【雨】비」+「の[助詞]」+「ごとし【如し】[助動]~와 같다. ~와 닮았다」의 連用形「ごとく」+「に[助詞]」.

49) 「きたる【来る】[4]오다」의 連体形「きたる」+「やさき【矢先】화살의 끄트머리. 화살촉」+「に[助詞]동작의 주체를 직접적으로 가리키는 것을 꺼려 제시하는 용법. ~이」.

50) 「みかど【御門·帝】황제. 천자」+「の[助詞]」+「ほお【頬】빰」(〈-う〉는 정서법에 어긋남)+「に[助詞]」.

51) 「さん【三】3」+「すぢ→すじ【筋·条】가늘고 긴 것. 가닥」+「まで【迄】[助詞]~까지. 정도」.

➪ 비처럼 내리는 화살촉이 천자의 뺨에 세 대 쯤 서있었다.

❑人ゝ[ひとびと]これを見[み]て53)、いよ〵〵、おそれふためき54)、たをれまどふ55)。

➪ 사람들이 이를 보고서 더욱 두려워 허둥대며 넘어져 어찌할 줄 모른다.

❑俄[にわか]に56)、思[おも]ひよらす57)、かゝる事[こと]の58)出[いで]きたりければ59)、又[また]、すべきやうなし60)。

➪ 느닷없이 뜻밖에 이러한 일이 생겼으므로 달리 어쩔 도리가 없다.

❑たゞ61)嵇紹(けいせう)一人[ひとり]のミ62)、馬[うま]よりをり立(た

---

52) 「たつ【立つ】[4]서다」의 連用形「たち」+「たり[助動]완료·존속」의 連用形「たり」+「けり[助動]회상·과거」.

53) 「ひとびと【人人】사람들」+「これ【此·是】[代]이것. 이사람」+「を[助詞]」+「みる【見る】[上1]보다」의 連用形「み」+「て」.

54) 「いよいよ[副]더욱. 한층 더」+「おそる[下2]→おそれる【恐れる·畏れる·怖れる·懼れる】[下1]두려워하다. 무서워하다. 우려하다」의 連用形「おそれ」+「ふためく[4]소란피우다. 당황하다」의 連用形「ふためき」.

55) 「たふる[下2]→たおれる【倒れる】[下1]쓰러지다. 구르다」의 連用形「たふれ」(〈-を-〉는 정서법에 어긋남)+「まどふ【惑ふ】[4]어찌할 바를 모르다. 갈팡질팡하다. 당황하다」.

56) 「にはか【俄】[形動ナリ]갑작스럽다」의 連用形「にはかに」.

57) 「おもひよる【思い寄る】[4]어떤 생각을 품게 되다. 생각이 미치다」의 未然形「おもひよら」+「ず[助動]부정」(〈す〉는 無濁点표기).

58) 「かかる【斯かる】[連体]이러한. 이런」+「こと【事】것. 일」+「の[助詞]현대일본어 〈が〉의 쓰임」.

59) 「いでく【出で来】[カ変]출현하다. 생기다. 발생하다」의 連用形「いでき」+「たり[助動]완료·존속」의 連用形「たり」+「けり[助動]회상·과거」의 已然形「けれ」+「ば[助詞]확정조건. 원인·이유」.

60) 「また【又·亦·復】[副]다시. 같이. 달리. 또한. 게다가」+「す[サ変]하다」의 終止形「す」+「べし[助動]의무·당연·추량·가능 등」의 連体形「べき」+「やう→よう【様】꼴. 모습. 이유. 사정. 방법. 수단」+「なし【無し】[形ク]없다」.

61) 「ただ【只·唯】[副]단지. 오직. 그저」.

62) 「ひとり【一人】한 사람」+「のみ[助詞]~뿐. ~만」.

ち)[63]、みかどのめされたる[64]車[くるま]の内[うち]に、のぼりいりて[65]、

➪ 오직 혜소 한 사람만이 말에서 내려서서 천자가 타신 수레 안에 올라 들어가서,

❏我身[わがみ]をもつて[66]、みかどの御身(おんミ)を[67]、おほひたてまつりて[68]、こゑを、はげまして[69]、

➪ 자신의 몸으로써 천자의 신의를 덮어 숨겨드리고 목소리를 드세게 하여,

❏「是(これ)ハ、そも[70]、いかなる事[こと]ぞ[71]、勿躰(もつたい)なし[72]、これハ、みかどの御[み]車(くるま)ぞ[73]、

➪ "이것은 도대체 어찌 된 일인가, 무엄하도다. 이것은 천자의 어가다.

---

63) 「うま【馬】 말」+「より[助詞]기점. ~로부터」+「おりたつ【下り立つ·降り立つ】[4]말이나 탈것에서 내려서 땅에 서다」의 連用形「おりたち」(〈を-〉는 정서법에 어긋남).

64) 「みかど【御門·帝】 황제. 천자」+「の[助詞]현대일본어 〈が〉의 쓰임」+「めす【召す·見す·看す】[4]보시다. 타시다」의 未然形「めさ」+「る[助動]수동·존경」의 連用形「れ」+「たり[助動]완료·존속」의 連体形「たる」.

65) 「くるま【車】 수레」+「の[助詞]」+「うち【内】 안」+「に[助詞]」+「のぼる【上る·登る·昇る】[4]올라가다」의 連用形「のぼり」+「いる【入る】[4]들어가다」의 連用形「いり」+「て」.

66) 「わがみ【我が身】 자신의 몸. 나」+「を[助詞]」+「もって【以て】(〈を[助詞]〉에 이어져서)수단이나 원인 등을 나타냄. ~로써. ~때문에」.

67) 「みかど【御門·帝】 황제. 천자」+「の[助詞]」+「おんみ【御身】 상대방의 몸을 높여 이르는 말. 신의(宸儀)」+「を[助詞]」.

68) 「おほふ[4]→おおう【覆う·被う·掩う·蔽う】[5]덮다. 숨기다」의 連用形「おほひ」+「たてまつる[助動]겸양. ~해드리다. ~해 올리다」의 連用形「たてまつり」+「て」.

69) 「こゑ→こえ【声】 목소리」+「を[助詞]」+「はげます【励ます】[4]북돋우다. 거칠게 하다. 거세게 하다」의 連用形「はげまし」+「て」.

70) 「これ【此·是】[代]이것. 이사람」+「は[助詞]」+「そも【抑】[接続]그렇다 해도. 도대체」.

71) 「いかなる【如何なる】[連体]어떤. 어찌된」+「こと【事】 것. 일」+「ぞ[係助詞](의문의 뜻을 나타내는 말[여기에서는 〈いかなる〉]과 함께 써서)상대방에게 되묻는 뜻을 나타냄」.

72) 「もったいなし【勿体無し】[形ク]무례하다. 무엄하다. 황송하다. 아깝다」.

73) 「これ【此·是】[代]이것. 이사람」+「は[助詞]」+「みかど【御門·帝】 황제. 천자」+「の[助詞]」+「み【御】[接頭]존경의 뜻을 보탬」+「くるま【車】 수레」+「ぞ[終助詞]듣는 이에 대해 자신의 발언을 강조함」.

❑まかりしりぞきたてまつれ74)。」と、よバハりけれども75)、さらに耳(ミゝ)にも聞[きき]いれず76)。

➪ 물러나 드려라."라고 크게 소리쳤지만 전혀 듣지 않는다.

❑兵(つハもの)ども77)劔(けん)をぬきて78)、嵇紹(けいせう)を、きる79)。

➪ 병사들이 칼을 뽑아 혜소를 벤다.

❑みかど、のたまはく80)、「これは忠節[ちゅうせつ]の臣下[しんか]なり81)、ころす事[こと]なかれ82)。」と。

➪ 천자가 말씀하시길 "이는 충절이 있는 신하다. 죽이지 말거라."라고.

❑つハものども、こたへて、いはく83)、「太弟(たいてい)の仰(おほせ)によりて84)、かくのことし85)。」と、いふて86)、つゐに87)嵇紹(けいせ

---

74) 「まかる【罷る】[4]물러나다. 내려가다. 죽다」의 連用形「まかり」+「しりぞく【退く】[4]물러서다. 그만두다」의 連用形「しろぞき」+「たてまつる[助動]겸양. ~해드리다. ~해 올리다」의 命令形「たてまつれ」.

75) 「と[助詞]~라고」+「よばはる[4]→よばわる【呼ばわる】[5]큰 소리로 외치다」의 連用形「よばはり」+「けり[助動]회상·과거」의 已然形「けれ」+「ども[助詞]역접」.

76) 「さらに【更に】[副]전혀 ~지 않다」+「みみ【耳】귀」+「に[助詞]」+「も[助詞]」+「ききいる[下2]→ききいれる【聞き入れる】[下1]들어서 마음에 담다. 받아들이다. 납득하다. 동의하다」의 未然形「ききいれ」+「ず[助動]부정」.

77) 「つはもの【兵】무기. 병사」+「ども【共】[接尾]복수(複數)의 뜻을 나타내는 접미어. ~들」.

78) 「けん【剣】검. 칼」+「を[助詞]」+「ぬく【抜く】[4]뽑다」의 連用形「ぬき」+「て」.

79) 「を[助詞]」+「きる【切る·斬る】[4]베다. 자르다」.

80) 「みかど【御門·帝】황제. 천자」+「のたまはく【宣はく·曰はく】말씀하시길」.

81) 「これ【此·是】[代]이것. 이사람」+「は[助詞]」+「ちゅうせつ【忠節】충절」+「の[助詞]」+「しんか【臣下】신하」+「なり[助動]단정·지정」.

82) 「ころす【殺す】[4]죽이다」의 連体形「ころす」+「こと【事】것. 일」+「なし【無し】[形ク]없다」의 命令形「なかれ」(금지의 뜻).

83) 「つはもの【兵】병사」+「ども【共】[接尾]~들」+「こたふ【答ふ·応ふ】[下2]대답하다」의 連用形「こたへ」+「て」+「いはく【曰く】말하길. 이르길」.

う)をハ[88]、ころしにけり[89]。

➪ 병사들이 대답하여 말하길 "태제의 말씀에 따라 이와 같다."고 하며 끝내 혜소를 죽이고 말았다.

❑なかるゝ血(ち)[90]、みかどの御衣(ぎよい)に、そゝきたり[91]。

➪ 흐르는 피가 천자의 어의에 튀었다.

❑石超(せきてう)、すなハち、みかとの御[み]車(くるま)を[92]引(ひき)かへしたてまつる[93]。

➪ 석초가 곧 천자의 어가를 되돌리게 해드렸다.

❑左右(さゆう)の人[ひと][94]、御衣(ぎよい)の血(ち)を[95]、あらひ奉[たてまつ]らん、とす[96]。

---

84) 「たいてい【太弟·大弟】 태제」＋「の[助詞]」＋「おほせ → おおせ【仰せ】 [名]하명. 말씀」＋「に[助詞]」＋「よる【因る·由る·拠る·依る】 [4]기인하다. 의거하다. ~에 따르다」의 連用形 「より」＋「て」.

85) 「かくのごとし【斯くの如し】 [連語]이러하다. 이와 같다」(〈-こ-〉는 無濁点표기).

86) 「と[助詞]~라고」＋「いふ【言ふ·云ふ】 [4]말하다」＋「て」(〈ユーテ〉로 읽음).

87) 「つひに → ついに【終に·遂に】 [副]결국. 마침내」(〈-ゐ-〉는 정서법에 어긋남).

88) 「をば : (格助詞 〈を〉에 係助詞 〈は〉가 붙어 濁音化한 것) 〈を〉의 뜻을 강하게 함」(〈-は〉는 無濁点표기).

89) 「ころす【殺す】 [4]죽이다」의 連用形 「ころし」＋「ぬ[助動]완료·존속」의 連用形 「に」＋「けり[助動]회상·과거」.

90) 「ながる[下2] → ながれる【流れる】 【下1】 흐르다」의 連体形 「ながるる」(〈-か-〉는 無濁点표기)＋「ち【血】 피」.

91) 「みかど【御門·帝】 황제. 천자」＋「の[助詞]」＋「ぎよい【御衣】 어의」＋「に[助詞]」＋「そそぐ【注ぐ·灌ぐ】 [4](옛날에는 〈そそく〉)물이 흐르다. 튀다」의 連用形 「そそぎ(き)」＋「たり[助動]완료·존속」.

92) 「すなはち【即ち·則ち】 [副]곧바로. 즉시」＋「みかど【御門·帝】 황제. 천자」＋「の[助詞]」＋「み【御】 [接頭]존경의 뜻을 보탬」＋「くるま【車】 수레」＋「を[助詞]」.

93) 「ひきかへす【引き返す】 [4]반복하다. 되돌리다」의 連用形 「ひきかへし」＋「たてまつる[助動]겸양. ~해드리다. ~해 올리다」.

94) 「さゆう【左右】 좌우. 곁. 측근」＋「の[助詞]」＋「ひと【人】 사람」.

95) 「ぎょい【御衣】 어의」＋「の[助詞]」＋「ち【血】 피」＋「を[助詞]」.

➪ 곁에 있는 사람들이 어의의 피를 빨아드리려 한다.

❑みかど、の給[たま]ハく[97]、「忠臣(ちうしん)嵇紹(けいせう)侍中(ぢちう)が血(ち)なり[98]、あらふ事[こと]なかれ[99]。」とて[100]、

➪ 천자가 말씀하시길 "충신 혜소 시중의 피다. 빨래하지 말거라."라며,

❑御[み]涙[なみだ]を[101]、をしぬぐハせ給[たま]ひけり[102]。

➪ 용루를 훔치셨다.

---

96) 「あらふ【洗ふ】[4]씻다. 빨다」의 連用形 「あらひ」+「たてまつる[助動]겸양. ~해드리다」의 未然形 「たてまつら」+「む[助動]추량・의지」→「ん」+「と[助詞]」+「す[サ変]하다」.

97) 「みかど【御門・帝】황제. 천자」+「のたまはく【宣はく・曰はく】말씀하시길」(〈の給はく〉로 표기하는 경우도 많다).

98) 「じちゅう【侍中】시중」+「が[助詞]현대일본어 〈の〉의 쓰임」+「ち【血】피」+「なり[助動]단정・지정」.

99) 「あらふ【洗ふ】[4]씻다. 빨다」의 連体形 「あらふ」+「こと【事】것. 일」+「なし【無し】[形ク]없다」의 命令形 「なかれ」(금지의 뜻).

100) 「とて[助詞]인용. ~라 해서. ~라는 것으로. ~라는 이름으로」.

101) 「み【御】[接頭]존경의 뜻을 보탬」+「なみだ【涙】눈물」+「を[助詞]」.

102) 「おしぬぐふ【押し拭ふ】[4]누르듯 힘껏 훔치다. 닦아내다」의 未然形 「おしぬぐは」(〈を-〉는 정서법에 어긋남)+「す[助動]사역・존경」의 連用形 「せ」+「たまふ【給ふ】[助動]존경」의 連用形 「たまひ」+「けり[助動]회상・과거」.

11. 卞(へん)門(もん)忠(ちう)孝(かう)
변문충효

❑晉(しん)の[1]卞壼(へんこ)[2]ハ、たぐひなき忠臣(ちうしん)なり[3]。

➪ 진나라의 변곤은 견줄 데 없는 충신이다.

❑成帝(せいてい)のとき[4]、蘇峻(そしゆん)と云[いう]もの、むほんをおこし[5]、つハものを、もよほして[6]姑孰(こじゆく)の城(じやう)を、せめおとし[7]、

➪ 성제 때 소준이라 하는 자가 모반을 일으켜 병사를 모아 고숙 성을 쳐 떨어뜨리고,

❑横江(わうこう)といふ江(え)[8]を、よこぎりに[9]、兵(つハもの)をわた

---

1) 「しん【晋】 진나라」+「の[助詞]」.

2) 「卞壼」은 「변곤」으로 읽으며, 일본에서도 「べんこん」이다(ウィキペディア[Wikipedia] 참조).

3) 「たぐひなし【類無し】[形ク]비교할 것이 없다. 매우 빼어나다. 현저하다」의 連体形「たぐひなき」+「ちうしん→ちゅうしん【忠臣】 충신」+「なり[助動]단정·지정」.

4) 「成帝(せいてい) : 동진(東晋)의 3대 황제(325-342)」(ウィキペディア[Wikipedia]참조)+「の[助詞]」+「とき【時】 때」.

5) 「むほん【謀叛·謀反】 모반」+「を[助詞]」+「おこす【起こす·興す·熾す】[4]일으키다」의 連用形「おこし」.

6) 「つはもの→つわもの【兵】 무기. 병사」+「を[助詞]」+「もよほす[4]→もよおす【催す】[5] 재촉하다. 불러일으키다. 준비하다. 소집하다. 부과하다」의 連用形「もよほし」+「て」.

7) 「の[助詞]」+「じやう→じょう【城】 성」+「を[助詞]」+「せめおとす【攻め落とす】[4]공격하여 적의 성을 빼앗다. 공격하여 적군을 항복시키다」의 連用形「せめおとし」.

8) 「江」는 일본어로 「え」나 「こう」로 읽는다. 「え【江】」는 원래 강이나 바다, 호수 등을 부르는 일반적인 말인데 〈바다나 호수의 일부분이 육지로 파고들어온 곳. 만(灣)〉의 뜻으로 쓰이는 경우가 많다. 또한 「こう【江】」는 〈큰 강〉의 뜻이다. 〈한문

して10)、直(すぐ)に、都[みやこ]にせめいる11)。

➪ 횡강이라고 하는 강을 가로질러 병사를 건너게 하여 곧바로 도읍으로 쳐들어간다.

❏官軍(くわんぐん)出[いで]むかふて12)、これを、ふせぎけれども13)、かなふべくも、なし14)。

➪ 관군이 나아가서 이를 막았지만 당해낼 수 있을 것 같지도 않다.

❏時[とき]に15)成帝(せいてい)、このよしを聞[きこ]しめされ16)、すなハち17)尚書令(しやうしよれい)卞壼(へんこ)ならびに18)都督大樹(ととく

본〉에서는 이 부분이 「濟自横江」으로 되어 있고 〈언해본〉은 「横江으로셔 건너니」로 되어 있는 점을 참고하면, 「横江」을 고유명사로 이해한 료이(了意)가 이를 부연 설명한 것으로 풀이할 수 있겠다.

9) 「よこぎり【横切】[名]가로지르는 것. 옆으로 지나는 것」+「に[助詞]」. 위에서 살펴본 바와 같이 〈한문본〉에서는 「濟自横江」이므로 료이(了意)는 「横江」을 고유명사로 이해하면서도 「横」을 추가적으로 풀이하고자 했던 것으로 보인다.

10) 「つはもの【兵】무기. 병사」+「を[助詞]」+「わたす【渡す·済す】[4]배나 말 따위를 써서 건너편 물가로 건너게 하다」의 連用形「わたし」+「て」.

11) 「すぐ【直ぐ】[副](〈と〉나 〈に〉와 함께 쓰이기도 함)곧바로. 즉각」+「に[助詞]」+「みやこ【都】도읍」+「に[助詞]」+「せめいる【攻め入る】[4]진격하여 적진에 들어가다. 쳐들어가다」.

12) 「くわんぐん→かんぐん【官軍】관군. 조정 측 군병」+「いでむかふ【出で向ふ】[4]나아가다. 나가서 대면하다」+「て」.

13) 「これ【此·是】[代]이것. 이사람」+「を[助詞]」+「ふせぐ【防ぐ·拒ぐ】[4]막다. 차단하다」의 連用形「ふせぎ」+「けり[助動]회상·과거」의 已然形「けれ」+「ども[助詞]역접의 확정조건」.

14) 「かなふ[4]→かなう【適う·叶う】[5]적합하다. 바람대로 되다. 필적하다. 감당하다. 견뎌내다」의 終止形「かなふ」+「べくもなし【可くもなし】[連語]그러한 일은 할 수 있을 것 같지도 않다. 도저히 있을 수 없다」.

15) 「ときに【時に】[副]그때에. 때마침. 때때로」.

16) 「この【此の·斯の】[連体]이」+「よし【由·因·縁】[名]유래. 이유. 사정. 내용」+「を[助詞]」+「きこしめす【聞し召す】[4]들으시다」의 未然形「きこしめさ」+「る[助動]수동·존경」의 連用形「れ」.

17) 「すなはち→すなわち【即ち·則ち】[副]곧바로. 즉시」.

たいじゆ)[19]東諸軍(とうしよぐん)に仰[おおせ]つけて[20]、

➪ 그때에 성제가 이를 들으시고 곧 상서령인 변곤 및 도독대수 동제군에 하명하셔서,

❑つハものを、いだし[21]、西陵(せいれう)といふ所[ところ]にて[22]、ふせぎたゝかふに[23]、軍(いくさ)すでに、やぶれたり[24]。

➪ 병사를 내보내서 서릉이라는 곳에서 막아 싸우는데 싸움에 모두 졌다.

❑蘇峻(そしゆん)又[また][25]、青溪(せいけい)と、いふところに、をしよせて[26]、大[おおい]に、せめかゝる[27]。

➪ 소준이 또한 청계라고 하는 곳에 밀어닥쳐서 거세게 쳐들어간다.

❑卞壼(せんこ)、又[また]、出[いで]むかふて[28]、ふせぎ、たゝかふ[29]。

---

18) 「ならびに【並びに】[接続]또한. 및」.

19) 〈한문본〉에는「都督大桁」.

20) 「に[助詞]~에게」+「おほせつく【仰せ付く】[下2]윗사람이 아랫사람에게 명령하다」의 連用形「おほせつけ」+「て」.

21) 「つはもの【兵】무기. 병사」+「を[助詞]」+「いだす【出す】[4]내보내다」의 連用形「いだし」.

22) 「と[助詞]~라고」+「いふ【言ふ·云ふ】[4]말하다」의 連体形「いふ」+「ところ【所·処】곳」+「にて[助詞]현대일본어의 〈で〉와 같은 쓰임. ~에서」.

23) 「ふせぐ【防ぐ·拒ぐ】[4]막다. 차단하다」의 連用形「ふせぎ」+「たたかふ【戦ふ·闘ふ】[4]싸우다」의 連体形「たたかふ」+「に[助詞]~하니. ~하는데」.

24) 「いくさ【軍·戦】병사. 군대. 전쟁」+「すでに【既に·已に】[副]이미. 벌써. 모두. 남김없이」+「やぶる[下2]→やぶれる【破れる·敗れる】[下1]지다. 부서지다」의 連用形「やぶれ」+「たり[助動]완료·존속」.

25) 「また【又·亦·復】[副]다시. 같이. 달리. 또한. 게다가」.

26) 「と[助詞]~라고」+「いふ【言ふ·云ふ】[4]말하다」의 連体形「いふ」+「ところ【所·処】곳」+「に[助詞]」+「おしよす[下2]→おしよせる【押し寄せる】[下1]거세게 밀려들다. 밀어붙이다」의 連用形「おしよせ」(〈を-〉는 정서법에 어긋남)+「て」.

27) 「おおいに【大いに】[副]매우. 몹시. 많이」+「せめかかる【攻め掛かる】[4]적에게 쳐들어가다. 공격해오다」.

28) 「また【又·亦·復】[副]다시. 또한」+「いでむかふ【出で向ふ】[4]나아가다」+「て」.

29) 「ふせぐ【防ぐ·拒ぐ】[4]막다」의 連用形「ふせぎ」+「たたかふ【戦ふ·闘ふ】[4]싸우다」.

➪ 변곤이 또한 나아가 맞아 막아 싸운다.

❑蘇峻(そしゆん)やがて[30]臺省(たいせう)[31]に火[ひ]をかくるに[32]、折[おり]ふし、風[かぜ]あらく吹(ふき)て[33]、

➪ 소준이 마침내 대성에 불을 놓으니 그때에 바람이 거세게 불어서,

❑つハものどもの[34]、こもりたる諸営(しよえい)[35]ミな煙(けふり)となり[36]、

➪ 병사들이 농성하는 모든 진영이 남김없이 연기가 되어,

❑一[いち]同(どう)に、もえあかりけれバ[37]、つハものども、けふりに、まどひ[38]、火[ひ]におどろきて[39]、四[し]かく八[はっ]方(ハう)

---

30) 「やがて【軈て】[副]곧. 그대로. 금세. 언젠가」.

31) 「臺省」은 일본 쪽 사전에는 등재되지 않은 말이다. 〈표준국어대사전〉에는 「대성(臺省)」이 등재되어 있으나 이는 「대간(臺諫)」과 같은 말이라는 풀이가 전부다. 참고로 「대간(臺諫)」은 '조선 시대에, 대관과 간관을 아울러 이르던 말'이라고 하여 본문과는 뜻이 통하지 않는다.

32) 「に[助詞]~에」＋「ひ【火】불」＋「を[助詞]」＋「かく[下2]→かける【掛ける·懸ける】[下1]걸다. 올리다. 뒤덮다」의 連体形「かくる」＋「に[助詞]~하니. ~하는데」.

33) 「をりふし→おりふし【折節】[副]바로 그때. 때마침. 우연히」＋「かぜ【風】바람」＋「あらし【荒し·粗し】[形ク]거칠다. 격렬하다. 엄청나다」의 連用形「あらく」＋「ふく【吹く】[4]불다」의 連用形「ふき」＋「て」.

34) 「つはもの【兵】병사」＋「ども【共】[接尾]~들」＋「の[助詞]현대일본어 〈が〉의 쓰임」

35) 「こもる【籠もる·隠る】[4]안에 들어가 있다. 숨다. 틀어박히다. 농성하다」의 連用形「こもり」＋「たり[助動]완료·존속」의 連体形「たる」＋「しょ【諸】모든. 많은」＋「えい【営】영. 군대가 머무르는 곳. 진영」

36) 「みな【皆】[副]남김없이. 모두」＋「けむり【煙·烟】연기」(옛날에는 〈けぶり〉로 쓰였으므로 〈-ふ-〉는 無濁点표기로 봐야겠다)＋「と[助詞]」＋「なる【成る·為る】[4]되다」의 連用形「なり」.

37) 「いちどう【一同】[形動ナリ]같은 것. 일치하는 것. 하나가 되는 것」의 連用形「いちどうに」＋「もえあがる【燃え上がる】[4]불타서 화염이 높이 오르다」의 連用形「もえあがり」(〈-か-〉는 無濁点표기)＋「けり[助動]회상·과거」의 已然形「けれ」＋「ば[助詞]확정조건. 원인·이유」.

38) 「つはもの【兵】병사」＋「ども【共】[接尾]~들」＋「けむり【煙·烟】(옛날에는 〈けぶり〉) 연기」＋「に[助詞]」＋「まどふ【惑ふ】[4]어찌할 바를 몰라 하다. 당황하다」의 連用形

に40)、おちうせたり41)。

➪ 한꺼번에 타올랐기에 병사들이 연기에 어찌할 바를 모르고 불에 놀라서 사방팔방으로 도망쳐 숨었다.

❑卞壼(へんこ)ハ、このほど42)癰(よう)を、わづらひて43)、やうやく、いへん、と、する44)時分[じぶん]なりけれバ45)、

➪ 변곤은 이즈음에 종기를 앓다가 겨우 나으려 할 때여서,

❑はげしき、いくさに46)気力(きりよく)をとろへ47)、息(いき)きれて48)、つゐに、うちじにしたりけり49)。

「まどひ」.

39) 「ひ【火】 불」+「に[助詞]」+「おどろく【驚く·愕く·駭く】[4]놀라다」의 連用形「おどろき」+「て」.

40) 「しかくはっぽう【四角八方】 모든 방면. 여기저기. 사방팔방」+「に[助詞]」.

41) 「おちうす[下2]→おちうせる【落ち失せる】[下1]전쟁터에서 도망쳐 사라지다. 도망쳐 숨다」의 連用形「おちうせ」+「たり[助動]완료·존속」.

42) 「この【此の·斯の】[連体]이」+「ほど【程】[助詞]대략적인 시간을 나타냄. 수량의 정도」.

43) 「よう【癰】 부스럼. 종기」+「を[助詞]」+「わづらふ[4]→わずらう【煩う】[5]괴로워하다. 앓다」의 連用形「わづらひ」+「て」.

44) 「やうやく→ようやく【漸く】[副]점점. 점차. 겨우」+「いゆ[下2]→いえる【癒える】[下1]치유되다」의 未然形「いえ」(「-へ」는 정서법에 어긋남)+「む[助動]추량·의지」→「ん」+「と[助詞]」+「す[サ変]하다」의 連体形「する」.

45) 「じぶん【時分】 때. 시기」+「なり[助動]단정·지정」의 連用形「なり」+「けり[助動]회상·과거」의 已然形「けれ」+「ば[助詞]확정조건. 원인·이유」.

46) 「はげし[形シク]→はげしい【激しい·烈しい·劇しい】[形]격렬하다. 엄중하다. 심하다」의 連体形「はげしき」+「いくさ【軍·戦】 병사. 군대. 전쟁」+「に[助詞]」.

47) 「きりょく【気力】 기력」+「おとろふ[下2]→おとろえる【衰える】[下1]약한 상태가 되다. 쇠약하다. 수척해지다」의 連用形「おとろへ」(〈を-〉는 정서법에 어긋남).

48) 「いき【息】 숨. 기세」+「きる[下2]→きれる【切れる】[下1]끊어지다. 다하다」의 連用形「きれ」+「て」.

49) 「つひに【終に·遂に】[副]결국. 마침내」(〈-ゐ-〉는 정서법에 어긋남)+「うちじに【討死】 싸움터에서 적과 싸우다 죽는 것. 전사」+「す[サ変]하다」의 連用形「し」+「たり[助動]완료·존속」의 連用形「たり」+「けり[助動]회상·과거」.

➪ 거친 싸움에 기력이 쇠하고 숨이 끊어져 마침내 전사했다.

❑卞壼(へんこ)が二人[ふたり]の子(こ)[50]卞昣(へんしん)卞盱(へんう)も、おなじく、うちじにしけり[51]。

➪ 변곤의 두 아들인 변진과 변우도 한가지로 전사했다.

❑卞壼(へんこ)か妻(つま)[52]立出[たちいで]て[53]、二人[ふたり]の子(こ)のかバねを、なでゝ[54]哭(こく)して、いはく[55]、

➪ 변곤의 아내가 나서서 두 아들의 주검을 어루만지며 울부짖어 말하길,

❑「父[ちち]ハ忠臣(ちうしん)たり[56]、子(こ)ハ孝子(かうし)たり[57]。君[きみ]のために[58]、命(めい)をすつる[59]、又[また][60]、何[なん]のうらみか、あらんや[61]。」と云[いう]。

---

50) 「が[助詞]현대일본어 〈の〉의 쓰임」＋「ふたり【二人】두 사람」＋「の[助詞]」＋「こ【子】아이. 자식」.

51) 「も[助詞]」＋「おなじ【同じ】[形シク]같다. 다르지 않다」의 連用形 「おなじく」＋「うちじに【討死】전사」＋「す[サ変]하다」의 連用形 「し」＋「けり[助動]회상·과거」.

52) 「が[助詞]현대일본어 〈の〉의 쓰임」(〈か〉는 無濁点표기)＋「つま【妻】아내」.

53) 「たちいづ【立ち出づ】[下2]일어서서 나가다. 나서다」의 連用形 「たちいで」＋「て」.

54) 「ふたり【二人】두 사람」＋「の[助詞]」＋「こ【子】아이. 자식」＋「の[助詞]」＋「かばね【屍·尸】시체. 주검」＋「を[助詞]」＋「なづ[下2]→なでる【撫でる·摩でる】[下1]어루만지다. 부비다」의 連用形 「なで」＋「て」.

55) 「こくす【哭す】[サ変]곡하다. 큰소리로 울부짖다」의 連用形 「こくし」＋「て」＋「いはく【曰く】말하길. 이르길」.

56) 「ちち【父】아버지」＋「は[助詞]」＋「ちうしん→ちゅうしん【忠臣】충신」＋「たり[助動](체언에 접속하여)단정·지정. ~이다」.

57) 「こ【子】아이」＋「は[助詞]」＋「かうし→こうし【孝子】효자」＋「たり[助動](체언에 접속하여)단정·지정. ~이다」.

58) きみ【君】주군. 군주」＋「の[助詞]」＋「ため【為】」＋「に[助詞]」(〈~の(が)ために〉의 꼴로 '이익·이유·목적'의 뜻. ~때문에. ~위해).

59) 「めい【命】명. 목숨」＋「を[助詞]」＋「すつ[下2]→すてる【捨てる·棄てる】[下1]버리다」의 連体形 「すつる」(이 부분에 連体形이 쓰인 이유는 미상).

60) 「また【又·亦·復】[副]다시. 같이. 달리. 또한. 게다가」.

➪ "아버지는 충신이고, 아들은 효자다. 주군을 위해 목숨을 버렸다. 달리 어떠한 원망이 있겠는가?"

❑天下[てんか]、すでに[62]静(しづ)まりければ[63]、卞壼(へんこ)が忠節(ちうせつ)を[64]、かんじ給[たま]ひて[65]、

➪ 천하가 마침내 잠잠해지니 변곤의 충절을 감복하셔서,

❑侍中(ぢちう)驃騎(へうき)將軍(しやうぐん)開府儀同三司(かいふぎとうさんし)の官[かん]を[66]増追(ぞうつい)[67]し、忠貞(ちうてい)と云[いう]をくり名[な]ありて[68]、太牢(らう)のまつりを[69]、なしくたされけり[70]。

➪ 시중 표기장군 개부의동삼사 벼슬을 추증하고, 충정이라고 하는 시호로 태뢰의 제사를 베풀어주셨다.

---

61) 「なん【何】[代]어떤」+「の[助詞]」+「うらみ【恨み・怨み・憾み】[名]원망. 원한. 불만. 유감」+「か[係助詞]의문・질문」(문말은 連体形)+「あり【有り】[ラ変]있다」의 未然形「あら」+「む[助動]추량・의지」→「ん」+「や[係助詞]의문・질문」.

62) 「てんか【天下】천하」+「すでに【既に・已に】[副]이미. 모두. 이제」.

63) 「しづまる【鎮まる・静まる】[4]잠잠해지다. 평온해지다」의 連用形「しづまり」+「けり[助動]회상・과거」의 已然形「けれ」+「ば[助詞]확정조건. 원인・이유」.

64) 「が[助詞]현대일본어 〈の〉의 쓰임」+「ちうせつ→ちゅうせつ【忠節】충절」+「を[助詞]」.

65) 「かんず[サ変]→かんずる【感ずる】[サ変]느끼다. 감동하다. 감탄하다」의 連用形「かんじ」+「たまふ【給ふ】[助動]존경」의 連用形「たまひ」+「て」.

66) 「くわん→かん【官】관. 벼슬」+「を[助詞]」.

67) 「増追」는 사전에 등재되지 않은 말이다. 「ついぞう【追増】나중에 덧붙이는 것. 추가」나 「ついぞう【追贈】사후에 벼슬이나 훈장을 주는 것」의 잘못으로 보이며, 문맥상 후자로 풀이한다.

68) 「おくりな【贈名・諡】시호」(〈を-〉는 정서법에 어긋남)+「あり【有り】[ラ変]있다」의 連用形「あり」+「て」.

69) 「たいらう→たいろう【大牢・太牢】①중국에서 천자가 사직(社稷)을 제사할 때의 공물(供物) ②훌륭한 음식」+「の[助詞]」+「まつり【祭り】제사」+「を[助詞]」.

70) 「なす【生す・成す・為す】[4]만들어내다. 행하다」의 連用形「なし」+「くださる[下2]→くだされる【下される】[下1]주시다. 수여하시다」의 連用形「くだされ」(〈-た-〉는 無濁点 표기)+「けり[助動]회상・과거」.

12. 桓(くわん)彝(い)致(いたす)レ死(しを)
환이가 죽음을 바치다

❏蘇峻(そしゆん)、すでに[1]姑孰(こじゆく)の城(じやう)を、せめおとしけるところに[2]、

➪ 소준이 이미 고숙 성을 쳐서 떨어뜨렸는데,

❏宣城(せんしやう)の内史(だいし)[3]桓彝(くわんい)と云[いう]人[ひと]、つハものを、もよほして[4]都[みやこ]に、のぼらん、とす[5]。

➪ 선성의 내사 환이라고 하는 사람이 병사를 일으켜서 도읍으로 올라가고자 한다.

❏しかるに[6]、長史(ちようし)[7]裨惠(はいけい)と云[いう]もの、はかりて、いはく[8]、

---

1) 「すでに【既に·已に】[副]①이미. 벌써 ②모두. 남김없이 ③이제 ④틀림없이」.

2) 「の[助詞]」+「じやう→じょう【城】 성」+「を[助詞]」+「せめおとす【攻め落とす】[4]공격하여 적의 성을 빼앗다. 공격하여 적군을 항복시키다」의 連用形「せめおとし」+「けり[助動]회상·과거」의 連体形「ける」+「ところに【所に】[助詞]~하고 있는데. ~하고 있었지만」.

3) 「内史」는 「ないし」로 읽으며 「중국 진(秦)·한(漢) 시절 도읍을 관할했던 벼슬」을 가리킨다. 본문에서 이를 「だいし」로 읽은 것은 미상.

4) 「つはもの→つわもの【兵】 무기. 병사. 용사」+「を[助詞]」+「もよほす[4]→もよおす【催す】[5]재촉하다. 불러일으키다. 준비하다. 소집하다. 부과하다」의 連用形「もよほし」+「て」.

5) 「みやこ【都】 도읍」+「に[助詞]」+「のぼる【上る·登る·昇る】[4]올라가다」의 未然形「のぼら」+「む[助動]추량·의지」→「ん」+「と[助詞]」+「す[サ変]하다」.

6) 「しかるに【然るに】[接続]그런데. 하지만. 그건 그렇고」.

7) 「長史」는 일본 사전에는 등재되지 않은 말이다. 한편 〈표준국어대사전〉에서는 「장사(長史)」를 고구려, 백제, 조선 때에 사용되었던 각종 벼슬의 이름으로 풀이하고 있다.

⇨ 그런데 장사 비혜라고 하는 자가 살펴 말하길,

❑「いま、この、あつまれる、つハもの9)、其[その]かず10)、いくばくならず11)、しかも12)、頼[たの]むべき人[ひと]13)これなし14)。

⇨ "지금 이렇게 모인 병사의 그 수가 얼마 되지 않는다. 게다가 믿음직한 사람이 이게 없다.

❑都[みやこ]にのぼる、と、ならバ15)、かならず16)道[みち]にて17)、いくさに、あふべし18)、

⇨ 도읍으로 올라간다고 되면 반드시 도중에 군사를 만날 것이다.

❑すでに、たゝかふほどならバ19)、うちまくへき事[こと]20)うたがひな

---

8) 「はかる【計る·測る·量る·図る·謀る·諮る】[4]계산하다. 재다. 생각하다. 짐작하다. 기회를 엿보다. 기도하다. 꾀하다. 속이다」의 連用形「はかり」+「て」+「いはく【曰く】말하길. 이르길」.

9) 「いま【今】현재. 지금」+「この【此の·斯の】[連体]이」+「あつまる【集まる】[4]모이다」의 命令形「あつまれ」+「り[助動]완료·존속」의 連体形「る」+「つはもの【兵】병사」.

10) 「その【其の】[連体]그」+「かず【数】수」.

11) 「いくばく【幾何·幾許】[副](뒤에 부정하는 표현을 수반하여)수나 양이 그렇게 많지 않다는 뜻을 나타냄)어느 정도. 그렇게. 그다지」+「なる【成る·為る】[4]되다」의 未然形「なら」+「ず[助動]부정」.

12) 「しかも【然も·而も】[接続]게다가. 그래도. 하지만」.

13) 「たのむ【頼む·恃む·憑む】[4]기대다. 믿다. 위탁하다. 맡기다」의 終止形「たのむ」+「べし[助動]의무·당연·추량·가능 등」의 連体形「べき」+「ひと【人】사람」.

14) 「これ【是·之·維】[代](한문훈독에서)제시한 주제를 다시 지정함. 이것」+「なし【無し】[形ク]없다」.

15) 「みやこ【都】도읍」+「に[助詞]」+「のぼる【上る·登る·昇る】[4]올라가다」+「と[助詞]」+「なる【成る·為る】[4]되다」의 未然形「なら」+「ば[助詞]가정조건」.

16) 「かならず【必ず】[副]꼭. 반드시. 필시」.

17) 「みち【道·路·途】길. 도중」+「にて[助詞]현대일본어의 〈で〉와 같은 쓰임. ~에서」.

18) 「いくさ【軍·戦】병사. 군대. 전쟁. 싸움」+「に[助詞]」+「あふ【合ふ·会ふ·逢ふ·遭ふ·遇ふ】[4]만나다. 당하다」의 終止形「あふ」+「べし[助動]의무·당연·추량·가능 등」.

19) 「すでに【既に·已に】[副]이미. 이제」+「たたかふ【戦ふ】[4]싸우다」의 連体形「たたかふ」+「ほど【程】[名]사이. 때. 즈음. 당시」+「なる【成る·為る】[4]되다」의 未然形

し[21]。

➪ 이제 싸울 때면 패배할 것임에 틀림없다.

❑又[また]、このところに[22]、とゞまるとも[23]、爰[ここ]へも[24]、さだめて[25]、をしよすべし[26]、

➪ 또한 이곳에 머무른다 해도 여기에도 분명 밀어닥칠 것이다.

❑そのとき[27]、敵(てき)を待[まち]うけて[28]、爰[ここ]にて[29]、いくさのせうぶを[30]決(けつ)すへし[31]。」と。

➪ 그때에 적을 기다렸다가 여기에서 전쟁의 승부를 내야 마땅할 것이다."라고.

❑桓彝(くわんい)、このよしを聞[きき]て[32]、色(いろ)をはげまして、い

「なら」+「ば[助詞]가정조건」.

20) 「うちまく[下2]→うちまける【打ち負ける】[下1]지다. 패하다」의 終止形「うちまく」+「べし[助動]의무·당연·추량·가능 등」의 連体形「べき」(〈へ-〉는 無濁点표기)+「こと【事】것. 일」.

21) 「うたがひ【疑ひ】[名]의심」+「なし【無し】[形ク]없다」.

22) 「また【又·亦·復】[副]다시. 같이. 달리. 또한. 게다가」+「この【此の·斯の】[連体]이」+「ところ【所·処】곳. 바. 상황. 찰나」+「に[助詞]」.

23) 「とどまる【止まる·留まる·停まる】[4]머물다. 체재하다. 남다」의 終止形「とどまる」+「とも[助詞]역접의 가정조건. 비록 ~해도」.

24) 「ここ【此処·此所·此·是·爰】[代]여기. 이것」+「へ[助詞]」+「も[助詞]」.

25) 「さだめて【定めて】[副]아마도. 필시. 분명」.

26) 「おしよす[下2]→おしよせる【押し寄せる】[下1]거세게 밀려들다. 밀어붙이다」의 終止形「おしよす」(〈を-〉는 정서법에 어긋남)+「べし[助動]의무·당연·추량·가능 등」.

27) 「その【其の】[連体]그」+「とき【時】때」.

28) 「てき【敵】적」+「を[助詞]」+「まちうく[下2]→まちうける【待ち受ける】[下1]오는 것을 기다리다. 맞이하다」의 連用形「まちうけ」+「て」.

29) 「ここ【此処·此所·此·是·爰】[代]여기. 이것」+「にて[助詞]~에서」.

30) 「いくさ【軍·戦】군대. 전쟁」+「の[助詞]」+「しょうぶ【勝負】승부」+「を[助詞]」.

31) 「けっす【決す】[サ変]정하다. 결정하다. 결판내다」의 終止形「けっす」+「べし[助動]의무·당연·추량·가능 등」(〈へ-〉는 無濁点표기).

32) 「この【此の·斯の】[連体]이」+「よし【由·因·縁】[名]유래. 이유. 사정. 내용. 방법. 구

はく[33]、

➩ 환이가 이 이야기를 듣고서 낯빛을 험하게 하여 말하길,

❑「其[その]君[きみ]に[34]不忠(ふちう)を、いたすものをバ[35]、これを、いましむる事[こと][36]、たとへバ[37]鷹(たか)の[38]、すゞめを、をふがごとく[39]、すべし[40]。

➩ "그 주군에게 불충을 행하는 자를, 이를 꾸짖는 것은 예컨대 매가 참새를 쫓는 것과 같이 해야 한다.

❑いま敵軍(てきぐん)[41]、都[みやこ]にせめいりて[42]、社稷(しやしよく)あやうく、せまれり[43]。

➩ 이제 적군이 도읍에 쳐들어와서 사직이 위태롭게 궁지에 몰렸다.

실」+「を[助詞]」+「きく【聞く】[4]듣다」의 連用形「きき」+「て」.

33) 「いろ【色】색. 안색. 표정」+「を[助詞]」+「はげます【励ます】[4]북돋다. 격렬하게 하다. 세게 하다」의 連用形「はげまし」+「て」+「いはく【曰く】말하길. 이르길」.

34) 「その【其の】[連体]그」+「きみ【君】주군. 임금」+「に[助詞]」.

35) 「ふちゅう【不忠】불충」+「を[助詞]」+「いたす【致す】[4]하다. 혼신을 다 바치다. 온 힘을 쏟다」의 連体形「いたす」+「もの【者】사람」+「をば(格助詞〈を〉에 係助詞〈は〉가 붙어 濁音化한 것)〈を〉의 뜻을 강하게 함」.

36) 「これ【此・是】[代]이것. 이사람」+「を[助詞]」+「いましむ[下2]→いましめる【戒める・誡める・警める】[下1]훈계하다. 경계하다」의 連体形「いましむる」+「こと【事】것. 일」.

37) 「たとへば→たとえば【例えば】[副]예컨대. 이를테면」.

38) 「たか【鷹】매」+「の[助詞]현대일본어〈が〉의 쓰임」.

39) 「すずめ【雀】참새」+「を[助詞]」+「おふ【追う・逐う】[4]뒤쫓다」의 連体形「おふ」(〈を-〉는 정서법에 어긋남)+「が[助詞]」+「ごとし【如し】[助動]~와 같다. ~와 닮았다」의 連用形「ごとく」.

40) 「す[サ変]하다」의 終止形「す」+「べし[助動]의무・당연・추량・가능・의지 등」.

41) 「いま【今】현재. 지금. 이제」+「てきぐん【敵軍】적군」.

42) 「みやこ【都】도읍」+「に[助詞]」+「せめいる【攻め入る】[4]진격하여 적진에 들어가다. 쳐들어가다」의 連用形「せめいり」+「て」.

43) 「しゃしょく【社稷】사직」+「あやふし[形ク]→あやうい【危うい】[形]걱정이다. 위험하다」의 連用形「あやふく」(〈-う-〉는 歷史的仮名遣에 어긋남)+「せまる【迫る・逼る】[4]다가가다. 박두하다. 궁하다. 궁지에 몰리다」의 命令形「せまれ」+「り[助動]완료・존속」.

□なんぞ[44]、ゆるやかに[45]、爰[ここ]にとゞまりて[46]、心[こころ]をやすくせんや[47]。」と、いふて[48]、

⇨ 어찌 느긋하게 여기에 머물러서 마음을 편안히 하겠는가?"라고 하고,

□つゐに、つハものを、すゝめて[49]、蕪湖(ぶこ)と云[いう]ところまで、いたりつき[50]、爰[ここ]に、しバらく陣(ぢん)をとる[51]。

⇨ 마침내 병사를 몰아서 무호라는 곳까지 도달하여 여기에 한동안 진을 친다.

□蘇峻(そしゆん)が将軍(しやうぐん)[52]韓晃(かんくわう)と云[いう]もの、蕪湖(ぶこ)の陣(ぢん)に、をしよせたり[53]。

⇨ 소준의 장군인 한황이라는 자가 무호의 진영에 밀어닥쳤다.

□ふせぎたゝかふ、と、いへども[54]、みかたの、つハもの[55]、うちま

---

44) 「なんぞ【何ぞ】[副]어찌. 어떤. 무언가」.

45) 「ゆるやか【緩やか】[形動ナリ]넉넉하다. 완만하다. 느슨하다」의 連用形「ゆるやかに」.

46) 「ここ【此処·此所·此·是·爰】[代]여기. 이것」+「に[助詞]」+「とどまる【止まる·留まる·停まる】[4]머물다. 체재하다. 남다」의 連用形「とどまり」+「て」.

47) 「こころ【心】마음」+「を[助詞]」+「やすし【安し·易し】[形ク]걱정이 없다. 편안하다」의 連用形「やすく」+「す[サ変]하다」의 未然形「せ」+「む[助動]추량·의지」→「ん」+「や[係助詞]의문·질문」.

48) 「と[助詞]~라고」+「いふ【言ふ·云ふ】[4]말하다」+「て」.

49) 「つひに→ついに【終に·遂に】[副]결국. 마침내」(〈-ゐ-〉는 정서법에 어긋남)+「つはもの【兵】병사」+「を[助詞]」+「すすむ【進む】[下2]나아가게 하다. 전진시키다」의 連用形「すすめ」+「て」.

50) 「ところ【所·処】곳. 바. 상황. 찰나」+「まで【迄】[助詞]~까지」+「いたりつく【至り着く】[4]목적지에 다다르다. 도착하다」의 連用形「いたりつき」.

51) 「ここ【此処·此所·此·是·爰】[代]여기. 이것」+「に[助詞]」+「しばらく【暫く·須臾】[副]잠시. 한동안」+「ぢん→じん【陣】진. 진영」+「を[助詞]」+「とる【取る】[4]잡다. 장소를 정하다」.

52) 「が[助詞]현대일본어〈の〉의 쓰임」+「しやうぐん→しょうぐん【将軍】장군」.

53) 「ぢん【陣】진. 진영」+「に[助詞]」+「おしよす[下2]→おしよせる【押し寄せる】[下1]거세게 밀려들다. 밀어붙이다」의 連用形「おしよせ」(〈を-〉는 정서법에 어긋남)+「たり[助動]완료·존속」.

54) 「ふせぐ【防ぐ·禦ぐ·拒ぐ】[4]막다. 가로막다. 방어하다」의 連用形「ふせぎ」+「たた

けたり56)。

➪ 막아 싸운다고 해도 자기편 병사가 패배했다.

❑韓晃(かんくわう)ハ、それより、すでに57)宣城(せんじやう)にとりかけたり58)。

➪ 환황은 그 후에 이미 선성에 쳐들어왔다.

❑桓彝(くわんい)ハ、又[また]59)、蕪湖(ぶこ)の陣(ぢん)を、やぶられて60)、それより、すぐに61)廣徳(くわうとく)の城(じやう)に、たてごもりけり62)。

➪ 환이는 또한 무호의 진을 격파당하고 그 후에 곧바로 광덕 성에 농성했다.

❑しかるに63)、都[みやこ]ハ、ゝや64)、蘇峻(そしゆん)がために65)、せ

かふ【戦ふ・闘ふ】[4]싸우다. 전쟁하다」의 終止形「たたかふ」+「と[助詞]~라고」+「いへども【雖も】[連語]~하지만. ~해도」.

55) 「みかた【味方・御方・身方】자기편」+「の[助詞]」+「つはもの【兵】병사」.

56) 「うちまく[下2]→うちまける【打ち負ける】[下1]지다. 패하다」의 連用形「うちまけ」+「たり[助動]완료·존속」.

57) 「それ【其・夫】[代]그. 그것」+「より[助詞]~로부터」+「すでに【既に・已に】[副]①이미. 모두. 이제」.

58) 「に[助詞]」+「とりかく【取り掛く・取り懸く】[下2]쳐들어오다. 공격하다」의 連用形「とりかけ」+「たり[助動]완료·존속」.

59) 「また【又・亦・復】[副]다시. 같이. 달리. 또한. 게다가」.

60) 「ぢん【陣】진. 진영」+「を[助詞]」+「やぶる【破る】[4]부수다. 깨다」의 未然形「やぶら」+「る[助動]수동」의 連用形「れ」+「て」.

61) 「それ【其・夫】[代]그. 그것」+「より[助詞]~로부터」+「すぐ【直ぐ】[副]곧바로. 즉각」+「に[助詞]」.

62) 「の[助詞]」+「じやう→じょう【城】성」+「に[助詞]」+「たてこもる【立て籠もる・楯籠る】[4](〈たてごもる〉로도 쓰임)문을 걸어 잠그고 실내에 틀어박히다. 농성하다」의 連用形「たてこもり」+「けり[助動]회상·과거」.

63) 「しかるに【然るに】[接続]그런데. 하지만. 그건 그렇고」.

64) 「みやこ【都】도읍」+「は[助詞]」+「はや【早】[副]이미. 벌써. 빨리」.

65) 「が[助詞]」+「ため【為】위함. 때문」(助詞인 〈の・が〉 또는 用言의 連体形에 접속하

めおとされたり66)、と聞[きこ]えければ67)、

➪ 그런데 도읍은 이미 소준으로 인해 떨어뜨려졌다고 들었기에,

❑桓彝(くわんい)ハ、城(じやう)より出[いで]て68)、涇縣(けいけん)と、いふところに、いたりて69)、陣(ぢん)をとる70)。

➪ 환이는 성에서 나와서 경현이라 하는 곳에 이르러서 진을 친다.

❑裨惠(はいけい)、又[また]、すゝめて、いはく71)、「我[われ]、はじめより72)申[もう]せしに、たがハず73)、みかたの、つハもの74)数[かず]すくなく75)、

여 '이익·이유·목적'의 뜻을 나타냄. ~때문에. ~위해)+「に[助詞]」.

66) 「せめおとす【攻め落とす】[4]공격하여 적의 성을 빼앗다. 항복시키다」의 未然形「せめおとさ」+「る[助動]수동」의 連用形「れ」+「たり[助動]완료·존속」.

67) 「と[助詞]~라고」+「きこゆ[下2]→きこえる【聞こえる】[下1]들리다. 세간에 전해지다」의 連用形「きこえ」+「けり[助動]회상·과거」의 已然形「けれ」+「ば[助詞]확정조건. 원인·이유」.

68) 「じやう→じょう【城】성」+「より[助詞]기점. ~로부터」+「いづ【出づ】[下2]나오다. 드러나다」의 連用形「いで」+「て」.

69) 「と[助詞]~라고」+「いふ【言ふ·云ふ】[4]말하다」+「ところ【所·処】곳」+「に[助詞]」+「いたる【至る·到る】[4]도착하다. 도달하다」의 連用形「いたり」+「て」.

70) 「ぢん【陣】진. 진영」+「を[助詞]」+「とる【取る】[4]잡다. 장소를 정하다」.

71) 「また【又·亦·復】[副]다시. 같이. 달리. 또한. 게다가」+「すすむ[下2]→すすめる【勧める·奨める·薦める】[下1]권유하다. 장려하다. 추천하다」의 連用形「すすめ」+「て」+「いはく【曰く】말하길. 이르길」.

72) 「われ【我·吾】[代]나」+「はじめ【始·初】[名]처음. 시초」+「より[助詞]기점. ~부터」.

73) 「まうす[4]→もうす【申す】[5]'말하다·고하다'의 겸양어. 부탁드리다」의 連用形「まうし(읽을 때는 〈モーシ〉)」+「き[助動]회상·과거」의 連体形「し」+「に[助詞]」+「たがふ[4]→たがう【違う】[5]상위하다. 어긋나다」의 未然形「たがは」+「ず[助動]부정」의 連用形「ず」. 그런데 조동사인「き」는 동사의 連用形에 접속하므로「申す」에「き」가 이어지는 경우「もうし」+「き」가 되어야 한다. 그런데 본문에서는「もうせ」+「き」의 꼴로 되어 있어서 문법에 맞지 않는다. 참고로 サ変동사의 경우는「せし」「せしか」「しき」와 같이 붙으므로「もうす」를 サ変동사와 같은 형태로 활용시켰을 가능성이 있으나 미상.

74) 「みかた【味方·御方·身方】자기편」+「の[助詞]」+「つはもの【兵】병사」.

⇨ 비혜가 또한 권하여 말하길 “내가 처음부터 아뢰었던 것과 다르지 않게 우리 편 병사는 수가 적고,

❑しかも、よハくして[76]、頼[たの]ミなし[77]、この故[ゆえ]に[78]、蕪湖(ぶこ)のいくさに、うちまけたり[79]。

⇨ 게다가 약하고 믿음직하지 않다. 이런고로 무호의 싸움에 패배했다.

❑ことさら[80]、都[みやこ]ハ、ゝや[81]、蘇峻(そしゆん)がために[82]、おとされたり、と、きこゆ[83]。

⇨ 특히 도읍은 이미 소준으로 인해 떨어뜨려졌다고 들린다.

❑今[いま]ハ頼[たの]ミなし[84]、ねがハくは[85]蘇峻(そしゆん)がもとに[86]、つかひをたてゝ[87]、かうさんし給[たま]へかし[88]。」と、い

---

75) 「かず【数】수」+「すくなし【少なし・尠し・寡し】[形ク]적다」의 連用形「すくなく」.

76) 「しかも【然も・而も】[接続]게다가. 그래도」+「よわし[形ク]→よわい【弱い】[形]약하다. 무능력하다」의 連用形「よわく」(〈-は-〉는 정서법에 어긋남)+「して[助詞](連用形에 접속하여)~인 상태로」.

77) 「たのみ【頼み】[名]의지. 기대. 믿음」+「なし【無し】[形ク]없다」.

78) 「この【此の・斯の】[連体]이」+「ゆゑ→ゆえ【故】~때문」+「に[助詞]」(〈ゆえに〉의 꼴로 '~이므로·~인고로').

79) 「いくさ【軍・戦】병사. 군대. 전쟁」+「に[助詞]」+「うちまく【打ち負く】[下2]지다. 패하다」의 連用形「うちまけ」+「たり[助動]완료・존속」.

80) 「ことさら【殊更】[副]특히. 일부러」.

81) 「みやこ【都】도읍」+「は[助詞]」+「はや【早】[副]이미. 벌써. 빨리」.

82) 「が[助詞]」+「ため【為】위함. 때문」+「に[助詞]」.

83) 「おとす【落とす・墜す・貶す】[4]떨어뜨리다」의 未然形「おとさ」+「る[助動]수동」의 連用形「れ」+「たり[助動]완료・존속」+「と[助詞]~라고」+「きこゆ【聞こゆ】[下2]들리다. 세간에 전해지다」.

84) 「いま【今】현재. 지금. 이제」+「は[助詞]」+「たのみ【頼み】[名]의지. 기대. 믿음」+「なし【無し】[形ク]없다」.

85) 「ねがはくは→ねがわくは【願わくは】[副]바라기는. 원하기는」.

86) 「が[助詞]현대일본어〈の〉의 쓰임」+「もと【下・許】아래. 부근. 있는 곳」+「に[助詞]」.

87) 「つかひ→つかい【使い・遣い】심부름꾼. 사자(使者)」+「を[助詞]」+「たつ[下2]→たて

ふ89)。

➩ 이제는 희망이 없다. 바라옵건데 소준에게 사신을 보내서 항복하십시오."라고 한다.

❑ 桓彝(くわんい)こたへて、いはく90)、「我[われ]、としころ91)、君[きみ]の大[だい]をんに、ほこりて92)、これを報(ほう)ずるの時[とき]なし93)、

➩ 환이가 대답하여 이르길 "나는 오랫동안 주군의 큰 은혜로 영화를 누리고 이를 갚는 기회가 없다.

❑ 今[いま]、此[この]ときに、あたりて94)、命[いのち]をもつて95)、君[きみ]に、たてまつるべし96)。

➩ 지금 이 때를 맞아 목숨으로써 주군에게 바쳐야 마땅하다.

る【立てる】[下1]세우다. 드러내다. 파견하다」의 連用形「たて」+「て」.

88) 「かうさん→こうさん【降参】항복」+「す[サ変]하다」의 連用形「し」+「たまふ【給ふ】[助動]존경」의 命令形「たまへ」+「かし[助詞]뜻을 강하게 함」.

89) 「と[助詞]~라고」+「いふ【言ふ·云ふ】[4]말하다」.

90) 「こたふ【答ふ·応ふ】[下2]대답하다. 반응하다」의 連用形「こたへ」+「て」+「いはく【曰く】말하길. 이르길」.

91) 「われ【我·吾】[代]나」+「としごろ【年頃】(옛날에는 清音)여러 해 동안. 오래」.

92) 「きみ【君】주군」+「の[助詞]」+「だいおん【大恩】대은. 큰 은혜」(〈-を-〉는 정서법에 어긋남)+「に[助詞]」+「ほこる【誇る】[4]자랑스러워하다. 자랑하다. 풍요롭게 지내다」의 連用形「ほこり」+「て」.

93) 「これ【此·是】[代]이것. 이사람」+「を[助詞]」+「ほうず【報ず】[サ変]은혜를 갚다. 보은하다」의 連体形「ほうずる」+「の[助詞]」+「とき【時】때. 기회」+「なし【無し】[形ク]없다」.

94) 「いま【今】현재. 지금. 이제」+「この【此の·斯の】[連体]이」+「とき【時】때」+「に[助詞]」+「あたる【当たる·中る】[4]닿다. 해당하다. 딱 그 시기다」의 連用形「あたり」+「て」.

95) 「いのち【命】목숨」+「を[助詞]」+「もって【以て】(〈を[助詞]〉에 이어져서)수단이나 원인 등을 나타냄. ~로써. ~때문에」.

96) 「きみ【君】주군」+「に[助詞]」+「たてまつる【奉る】[4]바치다. 올리다」의 終止形「たてまつる」+「べし[助動]의무·당연·추량·가능 등」.

❑よく恥(はぢ)をわすれて97)、逆臣(げきしん)に降参(かうさん)する事[こと]や、あるべき98)。

➪ 잘도 부끄러움을 잊고서 역신에게 항복하는 일이 있을 수 있겠는가?

❑今[いま]われ99)、横江(わうこう)を渡[わた]りて100)、都[みやこ]に入[いり]て101)、うちじにせん、と思[おも]ふ102)。

➪ 지금 나는 횡강을 건너 도읍에 들어가 전사하고자 생각한다.

❑もし、渡[わた]りえずハ103)天[てん]命(めい)、爰[ここ]に、つきたり104)、と思[おも]ふべし105)。」と云[いい]て、

➪ 만일 건널 수 없다면 천명이 이에 다하였다고 생각할 것이다."라고 하고,

❑わが軍(いくさ)の大将[たいしょう]に106)兪縦(ゆうじう)と、いふもの

---

97) 「よく【善く・良く・能く】[副]충분히. 능숙하게. 잘. 잘도(역설적 용법)」+「はぢ→はじ【恥・辱】부끄러움. 불명예. 치욕」+「を[助詞]」+「わする【忘る】[下2]잊다. 떠올리지 않다」의 連用形「わすれ」+「て」.

98) 「げきしん【逆臣】역신. 주군에 거스르는 신하」+「に[助詞]」+「かうさん【降参】항복」+「す[サ変]하다」의 連体形「する」+「こと【事】것. 일」+「や[係助詞]의문・질문」(문말은 連体形)+「あり【有り】[ラ変]있다」의 連体形「ある」+「べし[助動]의무・당연・추량・가능 등」의 連体形「べき」(앞의 〈や〉에 호응).

99) 「いま【今】현재. 지금. 이제」+「われ【我・吾】[代]나」.

100) 「を[助詞]」+「わたる【渡る】[4]건너다」의 連用形「わたり」+「て」.

101) 「みやこ【都】도읍」+「に[助詞]」+「いる【入る】[4]들어가다」의 連用形「いり」+「て」.

102) 「うちじに【討死】전사」+「す[サ変]하다」의 未然形「せ」+「む[助動]추량・의지」→「ん」+「と[助詞]」+「おもふ【思ふ】[4]생각하다」.

103) 「もし【若し】[副]만일. 어쩌면」+「わたる【渡る】[4]건너다」의 連用形「わたり」+「う【得】[下2]할 수 있다」의 未然形「え」+「ずは(助動詞〈ず〉+〈は〉의 형태)①~하지 않고 ②가정조건. 만일 ~가 아니라면」.

104) 「てんめい【天命】천명」+「ここ【此処・此所・此・是・爰】[代]여기. 이것」+「に[助詞]」+「つく[上2]→つきる【尽きる・竭きる】[上1]다하다. 사라지다」의 連用形「つき」+「たり[助動]완료・존속」.

105) 「と[助詞]~라고」+「おもふ【思ふ】[4]생각하다」의 終止形「おもふ」+「べし[助動]의무・당연・추량・가능 등」.

106) 「わが【我が・吾が】[連体]나의. 자신의」+「いくさ【軍・戦】병사. 군대. 전쟁」+「の

をば[107]、蘭石(らんせき)の城(じやう)にとゞめて[108]、

➪ 우군의 대장에 유종이라고 하는 자를 난석 성에 남겨두고,

❑ミづからハ[109]、まづ[110]涇縣(けいけん)の城(じやう)に、たてごもる[111]。

➪ 자신은 우선 경현 성에 농성한다.

❑韓晃(かんくわう)、又[また][112]、蘭石(らんせき)の城(じやう)に、とりかけ[113]、すでに、せめやぶらん、とす[114]。

➪ 한황은 또한 난석 성에 쳐들어와서 모조리 쳐부수려 한다.

❑つハものども[115]、みな、いはく[116]、「まづ、この城(じやう)を[117]引

[助詞]」＋「たいしやう→たいしょう【大将】대장」＋「に[助詞]」.

107) 「と[助詞~라고」＋「いふ【言ふ·云ふ】[4]말하다」의 連体形「いふ」＋「もの【者】사람」＋「をば(格助詞〈を〉에 係助詞〈は〉가 붙어 濁音化한 것)〈を〉의 뜻을 강하게 함」.

108) 「の[助詞]」＋「じやう→じょう【城】성」＋「に[助詞]」＋「とどむ[下2]→とどめる【止める·留める·停める】[下1]가로막아 못 가게 하다. 머물게 하다. 멈추게 하다」의 連用形「とどめ」＋「て」.

109) 「みづから→みずから【自ら】[名]자기 자신. 나. [副]스스로. 친히」＋「は[助詞]」.

110) 「まづ→まず【先ず】[副]우선. 아무튼」.

111) 「の[助詞]」＋「じやう【城】성」＋「に[助詞]」＋「たてこもる【立て籠もる·楯籠る】[4](〈たてごもる〉로도 쓰임)틀어박히다. 농성하다」.

112) 「また【又·亦·復】[副]다시. 같이. 달리. 또한. 게다가」

113) 「の[助詞]」＋「じやう【城】성」＋「に[助詞]」＋「とりかく【取り掛く·取り懸く】[下2]쳐들어오다. 공격하다」의 連用形「とりかけ」.

114) 「すでに【既に·已に】[副]①이미. 벌써 ②모두. 남김없이 ③이제 ④틀림없이」＋「せむ[下2]→せめる【攻める】[下1]다가와 압박하다. 공격하다」의 連用形「せめ」＋「やぶる【破る·敗る】[4]부수다. 상대를 지게 하다」의 未然形「やぶら」＋「む[助動]추량·의지」→「ん」＋「と[助詞]」＋「す[サ変]하다」.

115) 「つはもの【兵】병사」＋「ども【共】[接尾]~들」.

116) 「みな【皆】①[名]모든 사람. 전부 ②[副]남김없이. 모두」＋「いはく【曰く】말하길. 이르길」.

117) 「まづ→まず【先ず】[副]우선. 아무튼」＋「この【此の·斯の】[連体]이」＋「じやう【城】성」＋「を[助詞]」.

(ひき)しりぞき給[たま]へ[118)]。」と。

➪ 병사들이 모두 말하길 "우선 이 성을 물러나 떠나십시오."라고.

❑ 兪縦(ゆうじう)が、いはく[119)]、「われ[120)]、桓彝(くわんい)の大[だい]恩(をん)、身[み]にあまれり[121)]、今[いま]、死(し)をもつて[122)]報(ほう)ぜん、と思[おも]ふ[123)]。

➪ 유종이 말하길 "나는 환이의 큰 은혜가 분에 넘친다. 이제 죽음으로써 갚으려 생각한다.

❑ われ[124)]、桓彝(くわんい)の仰[おおせ]を[125)]、そむくべからざる事[こと][126)]、なを[127)]桓彝(くわんい)の[128)]、みかどの命(めい)に[129)]、そむかざるがことし[130)]。」と云[いい]て、

---

118) 「ひきしりぞく【引き退く】[4]그곳에서 물러나 떠나다」의 連用形「ひきしりぞき」+「たまふ【給ふ】[助動]존경」의 命令形「たまへ」.

119) 「いはく【曰く】 말하길. 이르길」.

120) 「われ【我·吾】[代]나」.

121) 「の[助詞]」+「だいおん【大恩】 대은. 큰 은혜」(〈-を-〉는 정서법에 어긋남)+「み【身】 몸」+「に[助詞]」+「あまる【余る】[4]남다」의 命令形 「あまれ」+「り[助動]완료·존속」. 「身(み)に余(あま)る」는 「신분에 어울리지 않다. 과분하다」의 뜻.

122) 「いま【今】 현재. 지금. 이제」+「し【死】 죽음」+「を[助詞]」+「もって【以て】(〈を[助詞]〉에 이어져서)수단이나 원인 등을 나타냄. ~로써. ~때문에」.

123) 「ほうず【報ず】[サ変]은혜를 갚다. 보은하다」의 未然形「ほうぜ」+「む[助動]추량·의지」→「ん」+「と[助詞]」+「おもふ【思ふ】[4]생각하다」.

124) 「われ【我·吾】[代]나」.

125) 「の[助詞]」+「おほせ→おおせ【仰せ】[名]말씀. 하명」+「を[助詞]」.

126) 「そむく【背く·叛く】[4]등지다. 위반하다. 배반하다」의 終止形「そむく」+「べかり[助動]추량·가능 등」의 未然形 「べから」+「ざり[助動]부정」의 連体形 「ざる」+「こと【事】 것. 일」.

127) 「なお【猶·尚】[副]아직. 역시. 그래도. 다시. 원래대로」(歴史的仮名遣로는 〈なほ〉).

128) 「の[助詞]현대일본어 〈が〉의 쓰임」.

129) 「みかど【御門·帝】 황제. 천자」+「の[助詞]」+「めい【命】 명. 명령」+「に[助詞]」.

130) 「そむく【背く·叛く】[4]등지다」의 未然形「そむか」+「ざり[助動]부정」의 連体形「ざる」

➪ 내가 환이의 말씀을 거스를 수 없는 것은 역시 환이가 천자의 명에 거스르지 않는 것과 같다."라고 하고서,

❑終(つゐ)に131)打死(うちじに)したりけり132)。

➪ 끝내 전사하고 말았다.

❑韓晃(かんくわう)ハ、それより猶[なお]133)、軍(いくさ)をすゝめて134)、涇縣(けいけん)の城じょう]を、せめおとして135)、

➪ 한황은 그 후에 다시 군사를 몰아서 경현 성을 떨어뜨리고,

❑桓彝(くわんい)を、いけとりて136)、かうべを、はねたりけり137)。

➪ 환이를 사로잡아서 목을 날려버렸다.

+「が[助詞]」+「ごとし【如し】[助動]~와 같다. ~와 닮았다」(〈こ-〉는 無濁点표기).

131) 「つひに → ついに【終に・遂に】[副]결국. 마침내」(〈-ゐ-〉는 정서법에 어긋남).

132) 「うちじに【討死】 전사」+「す[サ変]하다」의 連用形 「し」+「たり[助動]완료・존속」의 連用形「たり」+「けり[助動]회상・과거」.

133) 「それ【其・夫】[代]그. 그것」+「より[助詞]~로부터」+「なほ→なお【猶・尚】[副]아직. 역시. 다시」.

134) 「いくさ【軍・戦】 병사. 군대. 전쟁」+「を[助詞]」+「すすむ【進む】[下2]나아가게 하다. 전진시키다」의 連用形 「すすめ」+「て」.

135) 「の[助詞]」+「じやう【城】 성」+「を[助詞]」+「せめおとす【攻め落とす】[4]공격하여 적의 성을 빼앗다. 항복시키다」의 連用形 「せめおとし」+「て」.

136) 「を[助詞]」+「いけどる【生け捕る】[4]산 채로 잡다」의 連用形 「いけどり」(〈-と-〉는 無濁点표기)+「て」.

137) 「かうべ → こうべ【首・頭】 머리. 목」+「を[助詞]」+「はぬ[下2] → はねる【撥ねる】[下1]치켜 올리다. 날리다. 베다」의 連用形 「はね」+「たり[助動]완료・존속」의 連用形 「たり」+「けり[助動]회상・과거」.

13. 顔(がん)袁(ゑん)罵(のる)レ賊(ぞくを)

안원이 도적을 나무라다

❑唐(とう)の安禄山(あんろくさん)[1]、むほんを、おこし[2]、つハものを、すゝめて[3]、藁城(かうじやう)にいたる[4]。

➪ 당나라의 안녹산이 모반을 일으켜 군사를 몰아서 고성에 도달한다.

❑常山(じやうさん)の太守(たいしゆ)[5]顔杲卿(かんかうけい)と、いふ人[ひと][6]、これを、ふせぐべきちからなし[7]。

➪ 상산 태수 안고경이라고 하는 사람은 이를 막을 수 있는 힘이 없다.

❑長史(ちやうし)[8]袁履謙(ゑんりけん)と云[いう]人[ひと]と、もろ友[と

---

1) 「たう→とう【唐】 당나라」+「の[助詞]」+「あんろくざん【安禄山】 안녹산. 당대(唐代)의 무장(武将). (705~757)」.

2) 「むほん【謀叛·謀反】 모반」+「を[助詞]」+「おこす【起こす·興す·熾す】[4]일으키다」의 連用形「おこし」.

3) 「つはもの→つわもの【兵】 무기. 병사. 용사」+「を[助詞]」+「すすむ【進む】[下2]전진시키다. 나아가게 하다」의 連用形「すすめ」+「て」.

4) 「に[助詞]~에」+「いたる【至る·到る】[4]도착하다. 도달하다」.

5) 「じやうざん→じょうざん【常山】 상산. 중국 한대(漢代) 현재의 하북성(河北省)에 있던 군(郡) 이름」+「の[助詞]」+「たいしゅ【太守·大守】 태수. ①한 지역의 영주 ②진(秦)·한(漢) 시절 군(郡)의 장관(長官)」.

6) 「と[助詞]~라고」+「いふ【言ふ·云ふ】[4]말하다」의 連体形「いふ」+「ひと【人】 사람」.

7) 「これ【此·是】[代]이것. 이사람」+「を[助詞]」+「ふせぐ【防ぐ·禦ぐ·拒ぐ】[4]막다. 가로막다. 방어하다」의 終止形「ふせぐ」+「べし[助動]의무·당연·추량·가능 등」의 連体形「べき」+「ちから【力】 힘」+「なし【無し】[形ク]없다」.

8) 「長史」는 일본 사전에는 등재되지 않은 말인데, 〈표준국어대사전〉에서는 「장사(長史)」를 고구려, 백제, 조선 때에 사용되었던 각종 벼슬의 이름으로 풀이하고 있다.

も]に[9]、安禄山(あんろくさん)が来(きた)るを、まちて[10]、御[お]むかひのためにとて[11]、出[いで]たりければ[12]、

➪ 장사 원리겸이라고 하는 사람과 함께 안녹산이 오는 것을 기다려서 마중하기 위함이라 하여 나갔더니,

❑禄山(ろくさん)、大[おおい]に、よろこびて[13]、顔杲卿(かんかうけい)に、金紫(きんし)の衣(ころも)を[14]、あたへたり[15]。

➪ 녹산이 크게 기뻐하며 안고경에게 금자의 옷을 건넸다.

❑顔杲卿(かんかうけい)、家[いえ]に帰[かえ]る道[みち]にて[16]、此[この]衣[ころも]をすてゝ、いはく[17]、「われ、なんぞ[18]、この衣[ころも]を着(ちやく)すべきや[19]。」と。

➪ 안고경이 집에 돌아가는 길에 이 옷을 버리고 말하길 "내가 어찌 이 옷을 입을 수

---

9) 「と[助詞]~라고」+「いふ【言ふ·云ふ】[4]말하다」의 連体形「いふ」+「ひと【人】사람」+「と[助詞]~와」+「もろとも【諸共】[形動ナリ]함께 하는 모양. 같이. 동시」의 連用形「もろともに」(한자를 〈友〉로 쓰는 것은 특이함).

10) 「あんろくざん【安禄山】안녹산」+「が[助詞]」+「きたる【来る】[4]오다」의 連体形「きたる」+「を[助詞]~한 것을」+「まつ【待つ·俟つ】[4]기다리다」의 連用形「まち」+「て」.

11) 「お【御】[接頭]존경·겸양의 뜻을 보탬」+「むかひ【迎】(〈むかへ〉가 변한 말)마중」+「の[助詞]」+「ため【為】」+「に[助詞]」(〈~の(が)ために〉의 꼴로 '이익·이유·목적'의 뜻. ~때문에. ~위해)+「とて[助詞]인용. ~라 해서. ~라는 것으로. ~라는 이름으로」.

12) 「いづ【出づ】[下2]나오다. 나가다」의 連用形「いで」+「たり[助動]완료·존속」의 連用形「たり」+「けり[助動]회상·과거」의 已然形「けれ」+「ば[助詞]확정조건. 원인·이유」.

13) 「おおいに【大いに】[副]매우. 몹시. 많이」+「よろこぶ【喜ぶ·悦ぶ】[4]기뻐하다」의 連用形「よろこび」+「て」.

14) 「に[助詞]~에게」+「きんし【金紫】금자. ①금인(金印)과 자수(紫綬) ②그것을 지니는 자. 고관(高官)」+「の[助詞]」+「ころも【衣】옷」+「を[助詞]」.

15) 「あたふ[下2]→あたえる【与える】[下1]주다. 수여하다」의 連用形「あたへ」+「たり[助動]완료·존속」.

16) 「いへ→いえ【家】집」+「に[助詞]」+「かへる[4]→かえる【帰る】[5]돌아오다」의 連体形「かへる」+「みち【道】길」+「にて[助詞]현대일본어의 〈で〉와 같은 쓰임. ~에서」.

17) 「この【此の·斯の】[連体]이」+「ころも【衣】옷」+「を[助詞]」+「すつ【捨つ·棄つ】[下2]버리다」의 連用形「すて」+「て」+「いはく【曰く】말하길. 이르길」.

18) 「われ【我·吾】[代]나」+「なんぞ【何ぞ】[副]어찌. 어떤. 무언가」.

있겠는가?"라고.

□袁履謙(ゑんりけん)、やかて20)、その心[こころ]をさとりて21)、すなハち、心[こころ]を合[あわ]せて22)、

➪ 원리겸이 이내 그 마음을 알아차리고 곧 뜻을 모아서,

□安禄山(あんろくさん)をうつべし、と、いふ23)、はかりことを、めぐらして24)、つハものを、あつめ25)、城(じやう)をかまへて26)、たてごもらん、とす27)。

➪ 안녹산을 쳐야겠다고 하는 계략을 세워서 병사를 모아서 성을 세우고 농성하려 한다.

□わづかに28)八日[ようか]の内[うち]なりければ29)、城(じやう)のそなへ

---

19) 「この【此の・斯の】[連体]이」＋「ころも【衣】옷」＋「を[助詞]」＋「ちゃくす【着する・著する】[サ変]입다. 착용하다」의 終止形 「ちゃくす」＋「べし[助動]의무・당연・추량・가능 등」의 連体形「べき」＋「や[係助詞]의문・질문」.

20) 「やがて【軈て】[副]곧. 그대로. 금세. 언젠가」(〈-か-〉는 無濁点표기).

21) 「その【其の】[連体]그」＋「こころ【心】마음. 뜻」＋「を[助詞]」＋「さとる【悟る・覚る】[4]알다. 깨닫다. 알아차리다」의 連用形「さとり」＋「て」.

22) 「すなはち【即ち・則ち】[副]곧바로. 즉시」＋「こころ【心】마음. 뜻」＋「を[助詞]」＋「あはす[下2]→あわせる【合わせる・併せる】[下1]합하다. 겹치다」의 連用形「あはせ」＋「て」.

23) 「を[助詞]」＋「うつ【打つ・討つ・撃つ】[4]치다. 적을 쓰러뜨리다. 죽이다」의 終止形「うつ」＋「べし[助動]의무・당연・추량・가능 등」＋「と[助詞]~라고」＋「いふ【言ふ・云ふ】[4]말하다」의 連体形「いふ」.

24) 「はかりごと【謀】(옛날에는 〈はかりこと〉)계략. 계책」＋「を[助詞]」＋「めぐらす【回らす・廻らす・巡らす】[4]돌리다. 알리다. 이리저리 궁리하다」의 連用形「めぐらし」＋「て」.

25) 「つはもの【兵】무기. 병사」＋「を[助詞]」＋「あつむ[下2]→あつめる【集める・聚める】[下1]모으다」의 連用形「あつめ」.

26) 「じやう→じょう【城】성」＋「を[助詞]」＋「かまふ[下2]→かまえる【構える】[下1]세우다. 구축하다. 준비하다. 계획하다. 자세를 갖추다」의 連用形「かまへ」＋「て」.

27) 「たてこもる【立て籠もる・楯籠る】[4](〈たてごもる〉로도 쓰임)틀어박히다. 농성하다」의 未然形「たてこもら」＋「む[助動]추량・의지」→「ん」＋「と[助詞]」＋「す[サ変]하다」.

28) 「わづか→わずか【僅か・纔か】[形動ナリ](단독으로 부사적으로도 쓰임)다소. 조금. 불과. 기껏해야」의 連用形「わづかに」.

も30)、いまだ、とゝのはさるに31)、この事[こと]すでに32)、かくれなかりしかバ33)、

➪ 불과 여드레 안이었기에 성의 대비도 아직 갖추어지지 않았는데 이 일이 이미 널리 알려졌기에,

❑禄山(ろくさん)か将軍(しやうぐん)に34)、史思明(しゝめい)、蔡希徳(さいきとく)と云[いう]二人[ふたり]のもの35)、

➪ 녹산의 장군에 사사명, 채희덕이라 하는 두 사람이,

❑此[この]事[こと]を聞[きき]つけて36)、数(す)万[まん]のつハものを、引(ひゐ)て37)、をしよせたり38)。

➪ 이 일을 알아차리고서 수만의 군사를 이끌고 밀어닥쳤다.

---

29) 「やうか→ようか【八日】8일」+「の[助詞]」+「うち【内】안」+「なり[助動]단정・지정」의 連用形「なり」+「けり[助動]회상・과거」의 已然形「けれ」+「ば[助詞]확정조건. 원인・이유」.

30) 「じやう【城】성」+「の[助詞]」+「そなへ【備へ】[名]준비. 병사의 배치. 진용」+「も」.

31) 「いまだ【未だ】[副]아직. 여전히」+「ととのふ【調ふ・整ふ・斉ふ】[4]빠진 부분 없이 갖추어지다. 준비가 완성되다」의 未然形「ととのは」+「ざり[助動]부정」의 連体形「ざる」(〈さ-〉는 無濁点표기)+「に[助詞]~하니. ~하는데」.

32) 「この【此の・斯の】[連体]이」+「こと【事】것. 일」+「すでに【既に・已に】[副]이미. 모두」.

33) 「かくれなし【隠れ無し】[形ク]숨긴 부분이 없다. 널리 알려져 있다」의 連用形「かくれなかり」+「き[助動]회상・과거」의 已然形「しか」+「ば[助詞]확정조건. 원인・이유」.

34) 「が[助詞]현대일본어〈の〉의 쓰임」+「しやうぐん→しょうぐん【将軍】장군」+「に[助詞]」.

35) 「と[助詞]~라고」+「いふ【言ふ・云ふ】[4]말하다」의 連体形「いふ」+「ふたり【二人】두 사람」+「の[助詞]」+「もの【者】자. 사람」.

36) 「この【此の・斯の】[連体]이」+「こと【事】것. 일」+「を[助詞]」+「ききつく[下2]→ききつける【聞き付ける】[下1]들어서 알아차리다. 정보를 얻다」의 連用形「ききつけ」+「て」.

37) 「す【数】(慣用音으로〈すう〉로 읽으며〈す〉는 漢音)수」+「まん【万】만」+「の[助詞]」+「つはもの【兵】병사」+「を[助詞]」+「ひく【引く】[4]끌다」의 連用形「ひき」의 音便형「ひい」(イ音便은〈い〉이므로 본문의〈ゐ〉는 정서법에 어긋남)+「て」.

38) 「おしよす[下2]→おしよせる【押し寄せる】[下1]거세게 밀려들다. 밀어붙이다」의 連用形「おしよせ」(〈を-〉는 정서법에 어긋남)+「たり[助動]완료・존속」.

❏顔杲卿(がんかうけい)、袁履謙(ゑんりけん)ちからを、つくして39)、日夜[にちや]ともに40)、ふせぎ、たゝかひけれども41)、

➪ 안고경과 원리겸이 힘을 다해서 밤낮으로 막아 싸웠지만,

❏兵粮(ひやうらう)ともしく42)、矢(や)だねつきて43)、つゐに城(じやう)をば、おとされけり44)。

➪ 병량이 모자라고 화살이 떨어져서 결국 성을 함락 당했다.

❏顔杲卿(がんかうけい)、袁履謙(ゑんりけん)ハ、じがいすべき、いとま、なくして45)、敵(てき)のために、いけとられて46)、洛陽(らくやう)に引(ひき)わたされたり47)。

---

39) 「ちから【力】힘」+「を[助詞]」+「つくす【尽くす】[4]노력하다. 힘쓰다」의 連用形「つくし」+「て」.

40) 「にちや【日夜】낮과 밤. 주야. 매일」+「ともに【共に·倶に】[連語]함께. 동반하여. 동시에」.

41) 「ふせぐ【防ぐ·拒ぐ】[4]막다」의 連用形「ふせぎ」+「たたかふ【戦ふ·闘ふ】[4]싸우다」의 連用形「たたかひ」+「けり[助動]회상·과거」의 已然形「けれ」+「ども[助詞]역접」.

42) 「ひやうらう→ひょうろう【兵糧·兵粮】병량. 식량」+「ともし【乏し·羨し】[形シク]만족스럽지 않다. 모자라다. 부족하다. 가난하다」의 連用形「ともしく」.

43) 「やだね【矢種】준비한 화살의 전부. 화살」+「つく[上2]→つきる【尽きる·竭きる】[上1]떨어지다. 없어지다」의 連用形「つき」+「て」.

44) 「つひに【終に·遂に】[副]결국. 마침내」(〈-ゐ-〉는 정서법에 어긋남)+「じやう【城】성」+「をば(格助詞 〈を〉에 係助詞 〈は〉가 붙어 濁音化한 것)〈を〉의 뜻을 강하게 함」+「おとす【落とす·墜す·貶す】[4]떨어뜨리다. 잃어버리다」의 未然形「おとさ」+「る[助動]수동」의 連用形「れ」+「たり[助動]완료·존속」.

45) 「じがい【自害】자해」+「す[サ変]하다」의 終止形「す」+「べし[助動]의무·당연·추량·가능 등」의 連体形「べき」+「いとま【暇·遑】짬. 틈. 여유」+「なし【無し】[形ク]없다」의 連用形「なく」+「して[助詞](連用形에 접속)~인 상태로. ~때문에」.

46) 「てき【敵】적」+「の[助詞]」+「ため【為】」+「に[助詞]」(〈~の(が)ために〉의 꼴로 '이익·이유·목적'의 뜻. ~때문에. ~위해)+「いけどる【生け捕る】[4]산 채로 잡다」의 未然形「いけどら」(〈-と-〉는 無濁点표기)+「る[助動]수동」의 連用形「れ」+「て」.

47) 「らくやう→らくよう【洛陽·雒陽】낙양. 중국 하남성(河南省)의 도시」+「に[助詞]」+「ひきわたす【引き渡す】[4]인도하다. 죄인을 끌고 다니다」의 未然形「ひきわたさ」+「る[助動]수동」의 連用形「れ」+「たり[助動]완료·존속」.

➪ 안고경과 원리겸은 자결할 수 있는 여유가 없어서 적에게 사로잡혀서 낙양으로 끌려갔다.

❑安禄山(あんろくさん)、大[おおい]に、いましめて、いはく48)、

➪ 안녹산이 크게 꾸짖어 말하길,

❑「日[ひ]ごろ、われ49)、なんぢらを、みかどに、そうもんして50)、常山(じやうさん)の太守(たいしゆ)となし51)、判官(はんぐわん)と、なしけるぞかし52)。

➪ "얼마 전 내가 너희들을 천자에게 주문하여 상산 태수로 삼고 판관으로 삼았던 것이다.

❑しかるに53)、かゝる大[だい]恩(をん)を、わすれて54)、何[なん]ぞ今[いま]55)、我[われ]にむかひて56)、弓(ゆミ)をひきけるや57)。」と。

➪ 그런데 이러한 큰 은혜를 잊고서 어찌 이제 나에 맞서서 활을 당겼는가?"라고.

---

48) 「おおいに【大いに】[副]매우. 몹시. 많이」+「いましむ[下2]→いましめる【戒める・誡める・警める】[下1]훈계하다. 경계하다」의 連用形「いましめ」+「て」+「いはく【曰く】말하길. 이르길」.

49) 「ひごろ【日頃】여러 날. 평소. 늘. 얼마 전」+「われ【我・吾】[代]나」.

50) 「なんぢ【汝・爾】[代]아랫사람을 가리키는 말. 너」+「ら【等】[接尾]복수(複數)를 나타냄. ~들」+「を[助詞]」+「みかど【御門・帝】황제. 천자」+「に[助詞]」+「そうもん【奏聞】주문. 천자에게 주상(奏上)하는 것. 주달(奏達)」+「す[サ変]하다」의 連用形「し」+「て」.

51) 「じやうざん→じょうざん【常山】상산」+「の[助詞]」+「たいしゆ【太守・大守】태수」+「と[助詞]」+「なす【生す・成す・為す】[4]만들어내다. 행하다」의 連用形「なし」.

52) 「はんぐわん→はんがん【判官】판관」+「と[助詞]」+「なす【生す・成す・為す】[4]만들어내다」의 連用形「なし」+「けり[助動]회상・과거」의 連体形「ける」+「ぞかし(〈ゾ〉〈カシ〉모두 강조의 뜻을 나타내는 조사. 문말에 쓰임)~인 것이다」.

53) 「しかるに【然るに】[接続]그런데. 하지만. 그건 그렇고」.

54) 「かかる【斯かる】[連体]이러한. 이런」+「だいおん【大恩】대은. 큰 은혜」(〈-を-〉는 정서법에 어긋남)+「を[助詞]」+「わする【忘る】[下2]잊다. 떠올리지 않다」의 連用形「わすれ」+「て」.

55) 「なんぞ【何ぞ】[副]어찌. 어떤. 무언가」+「いま【今】현재. 지금. 이제」.

56) 「われ【我・吾】[代]나」+「に[助詞]」+「むかふ【向かふ・対ふ】[4]향하다. 저항하다. 맞서다」의 連用形「むかひ」+「て」.

□顔杲卿(がんかうけい)、こたへて、いはく[58]、「なんぢハ、もとこれ[59]、営州(えいじう)の下民(かみん)として[60]、羊(ひつじ)を、あきなふものなりしを[61]、

➪ 안고경이 대답하여 이르길 "너는 본디 이게 영주의 아랫것으로서 양을 거래하는 자였는데,

□みかど、汝(なんぢ)を、めしあげて[62]三[さん]道(だう)の節度使(せつとし)になされ[63]、大[だい]恩(をん)、身[み]にあまりたり[64]。

➪ 천자가 너를 불러들이셔서 삼도의 절도사로 삼으시고 큰 은혜가 분에 넘친다.

□又[また]、何[なん]の故[ゆえ]にか[65]、天子[てんし]を、そむき奉[たてまつ]りて[66]、かゝる、むほんを、おこしけるにや[67]。

➪ 또한 어떠한 연유로 천자를 거스르고서 이러한 모반을 일으켰던 것인가?

---

57) 「ゆみ【弓】 활」＋「を[助詞]」＋「ひく【引く・曳く・牽く】[4]당기다」의 連用形「ひき」＋「けり[助動]회상・과거」의 連体形「ける」＋「や[係助詞]의문・질문」.

58) 「こたふ【答ふ・応ふ】[下2]대답하다. 반응하다」의 連用形「こたへ」＋「て」＋「いはく【曰く】말하길. 이르길」.

59) 「なんぢ【汝・爾】[代]너」＋「は[助詞]」＋「もと【本・元・原・基】처음. 기원. 이전」＋「これ【是・之・維】[代](한문훈독에서)제시한 주제를 다시 지정함. 이것」.

60) 「かみん【下民】인민. 아랫사람」＋「として[助詞]~의 자격으로. ~인 상태로. ~로」.

61) 「ひつじ【羊】양」＋「を[助詞]」＋「あきなふ【商ふ】[4]장사하다. 매매하다」의 連体形「あきなふ」＋「もの【者】사람」＋「なり[助動]단정・지정」의 連用形「なり」＋「き[助動]회상・과거」의 連体形「し」＋「を[助詞]~을. ~인데」.

62) 「みかど【御門・帝】황제. 천자」＋「なんぢ【汝・爾】[代]너」＋「を[助詞]」＋「めしあぐ[下2]→めしあげる【召し上げる】[下1]아랫사람을 불러내다. 호출하다」의 連用形「めしあげ」＋「て」.

63) 「せつどし【節度使】절도사」(〈-と-〉는 無濁点표기)＋「に[助詞]」＋「なす【生す・成す・為す】[4]만들어내다」의 未然形「なさ」＋「る[助動]수동・존경」의 連用形「れ」.

64) 「だいおん【大恩】대은」(〈-を-〉는 정서법에 어긋남)＋「み【身】몸」＋「に[助詞]」＋「あまる【余る】[4]남다」의 連用形「あまり」＋「たり[助動]완료・존속」.

65) 「また【又・亦・復】[副]다시. 또한」＋「なん【何】[代]어떤」＋「の[助詞]」＋「ゆゑ→ゆえ【故】때문. 이유」＋「に[助詞]」＋「か[係助詞]의문・질문」.

66) 「てんし【天子】천자」＋「を[助詞]」＋「そむく【背く・叛く】[4]등지다. 모반하다. 대들다」의 連用形「そむき」＋「たてまつる[助動]겸양. ~해드리다」의 連用形「たてまつり」＋「て」.

❏われハ、世ゝ(よゝ)[68]すでに、唐朝(たうてう)の臣下[しんか]也[なり][69]。

➩ 나는 대대로 틀림없이 당나라 조정의 신하다.

❏汝(なんぢ)がために[70]、挙(きよ)せられたる身[み]なり、と、いへども[71]、さらに[72]、汝(なんぢ)かむほんにハ[73]、くミすべきものに、あらず[74]。

➩ 너로 인해 천거된 몸이라고 해도 전혀 너의 모반에는 편들만한 사람이 아니다.

❏われハ、これ[75]、国家(こくか)のために[76]、汝(なんぢ)がことときの賊

---

67) 「かかる【斯かる】[連体]이러한. 이런」+「むほん【謀叛·謀反】모반」+「を[助詞]」+「おこす【起こす·興す·熾す】[4]일으키다」의 連用形「おこし」+「けり[助動]회상·과거」의 連体形「ける」+「にや(〈なり[助動]단정·지정〉의 連用形〈に〉에〈や[係助詞]의문·질문〉가 접속한 형태)문말에 사용하여 '의문'의 뜻. ~인 것인가?」.

68) 「われ【我·吾】[代]나」+「は[助詞]」+「よよ【代代·世世】대대. 대를 거듭하는 것」.

69) 「すでに【既に·已に】[副]①이미. 벌써 ②모두. 남김없이 ③이제 ④틀림없이」+「たうてう→とうちょう【唐朝】당조. 당나라 조정」+「の[助詞]」+「しんか【臣下】신하」+「なり[助動]단정·지정」.

70) 「なんぢ【汝·爾】[代]너」+「が[助詞]」+「ため【為】(助詞인〈の·が〉또는 用言의 連体形에 접속하여 '이익·이유·목적'의 뜻. ~때문에. ~위해)」+「に[助詞]」.

71) 「きよす【挙す】[サ変]사람을 추거하여 윗자리로 올리다」의 未然形「きよせ」+「らる[助動]수동」의 連用形「られ」+「たり[助動]완료·존속」의 連体形「たる」+「み【身】몸. 신분. 처지」+「と[助詞]~라고」+「いへども【雖も】[連語]~하지만. ~해도」.

72) 「さらに【更に】[副]①또한. 거듭. 더욱 ②새로이 ③강한 부정. 절대로 ~가 아니다. 전혀 ~지 않다」.

73) 「なんぢ【汝·爾】[代]너」+「が[助詞]현대일본어〈の〉의 쓰임」+「むほん【謀叛·謀反】모반」+「に[助詞]」+「は[助詞]」.

74) 「くみす【与す·組す】[サ変]한패가 되어 가세하다. 편들다. 협력하다」의 終止形「くみす」+「べし[助動]의무·당연·추량·가능 등」의 連体形「べき」+「もの【者】자. 사람. 것」+「に[助詞]」+「あり【有り】[ラ変]있다」(〈-にあり〉는 현대일본어〈-である〉의 쓰임)의 未然形「あら」+「ず[助動]부정」(〈あらず〉는 현대일본어의〈ない〉에 해당).

75) 「われ【我·吾】[代]나」+「は[助詞]」+「これ【此·是】[代]앞에 제시한 말을 다시 언급할 때 사용하는 말」.

76) 「こくか→こっか【国家】국가」+「の[助詞]」+「ため【為】위해」+「に[助詞]」.

(ぞく)を[77]討(うつ)ものなり[78]。

➪ 나는 바로 국가를 위해 너와 같은 도적을 치는 사람이다.

❑只[ただ]うらむらくハ[79]、汝[なんじ]がかうべを[80]、きらざる事[こと]こそ口[くち]おしけれ[81]。

➪ 단지 한스럽기는 너의 목을 못 베는 것이야말로 원통하다.

❑臊羯狗(さうかつく)[82]の大[だい]賊(ぞく)よ[83]、何[なん]ぞ[84]、すミやかに我(われ)を、ころさゞる[85]。」と。

➪ 누린내 나는 오랑캐의 개 큰 도둑아, 어찌 냉큼 나를 죽이지 않는가?"라고.

❑禄山(ろくさん)、大[おおい]に、いかりて[86]、顔杲卿(がんかうけい)、

---

77) 「なんぢ【汝・爾】[代]너」+「が[助詞]현대일본어 〈の〉의 쓰임」+「ごとし【如し】[助動]~와 같다. ~와 닮았다」의 連体形「ごとき」(〈こ-〉는 無濁点표기)+「の[助詞]」+「ぞく【賊】도둑. 불충한 자. 반역한 자. 악행을 저지르는 자」+「を[助詞]」.

78) 「うつ【打つ・討つ・撃つ】[4]치다. 적을 쓰러뜨리다. 죽이다」의 連体形「うつ」+「もの【者】자. 사람. 것」+「なり[助動]단정・지정」.

79) 「ただ【只・唯】[副]단지. 오직. 그저」+「うらむらくは【恨むらくは】[連語]원망스러운 것은. 유감스러운 것은. 아쉬운 것은」.

80) 「なんぢ【汝・爾】[代]너」+「が[助詞]현대일본어 〈の〉의 쓰임」+「かうべ→こうべ【首・頭】머리. 목」+「を[助詞]」.

81) 「きる【切る・斬る】[4]베다. 자르다」의 未然形「きら」+「ざり[助動]부정」의 連体形「ざる」+「こと【事】것. 일」+「こそ[係助詞]뜻을 세게 함」(문말은 已然形)+「くちをし【口惜し】[形シク]유감이다. 아쉽다. 분하다」의 已然形「くちをしけれ」(앞의 〈こそ〉에 호응. 〈-お-〉는 歴史的仮名遣에 어긋남).

82) 〈한문본〉의「臊羯狗」를 〈언해본〉에서는「누리비린 羯狗아《狗는 가히라》」로 풀이하고 있다. 이를 그대로 일본어로 音読한 것이다.「羯」는「かつ」나「けつ」로 읽으며 중국 서북쪽에 살았던 유목민족의 이름이다. 흉노(匈奴;きょうど)의 한 부족.

83) 「だいぞく【大賊】큰 악행을 저지르는 도둑. 대도」+「よ[間投助詞]영탄. 상대에게 호소하는 뜻」.

84) 「なんぞ【何ぞ】[副]어찌. 어떤. 무언가」.

85) 「すみやか【速やか】[形動ナリ]빠른 모양. 시간이 걸리지 않는 모양」의 連用形「すみやかに」+「われ【我・吾】[代]나」+「を[助詞]」+「ころす【殺す】[4]죽이다」의 未然形「ころさ」+「ざり[助動]부정」의 連体形「ざる」(앞의 〈なんぞ〉의 〈ぞ〉에 호응한 것으로 봐야겠다).

袁履謙(ゑんりけん)を、柱(はしら)に、しばりつけて87)、鉺(かなバさミ)88)をもつて89)、舌(した)をぬく90)。

➪ 녹산이 크게 노하여 안고경과 원리겸을 기둥에 묶고 쇠 집게로써 혀를 뽑는다.

❑猶[なお]、息(いき)の絶(たえ)ざる程[ほど]ハ91)罵(のり)はぢしめたり92)。

➪ 여전히 숨이 끊어지지 않았을 동안에는 욕하며 꾸짖었다.

❑此[この]時[とき]にあたりて93)、顔氏(がんうぢ)のともがら94)廿[にじゅう]余(よ)人(にん)ぞ95)、ころされける96)。

➪ 이 때에 안 씨 문중 이십여 명이 죽임 당했다.

---

86) 「おおいに【大いに】[副]매우. 몹시. 많이」+「いかる【怒る】[4]화내다. 노하다」의 連用形「いかり」+「て」.

87) 「を[助詞]」+「はしら【柱】 기둥」+「に[助詞]」+「しばりつく【縛り付く】[下2]묶어서 떨어지지 않게 하다」의 連用形「しばりつけ」+「て」.

88) 「かなばさみ」는 「金鋏·金鉗」로 쓰며 이는 '금속을 자르는 데 쓰는 가위'나 '금속제 집게'의 뜻인데 「鉺」를 쓴 것은 미상. 〈한문본〉에는 이러한 도구에 관한 언급 없이 「縛而冎之」로 되어 있으며 〈언해본〉에서는 이를 「미야 두고 쁘드니」로 풀이하고 있다.

89) 「を[助詞]」+「もって【以て】(〈を[助詞]〉에 이어져서)수단이나 원인 등을 나타냄. ~로써. ~때문에」.

90) 「した【舌】 혀」+「を[助詞]」+「ぬく【抜く】[4]뽑다. 꺼내다」.

91) 「なほ→なお【猶·尚】[副]아직. 역시. 다시」+「いき【息】 숨」+「の[助詞]현대일본어〈が〉의 쓰임」+「たゆ[下2]→たえる【絶える】[下1]끊어지다」의 未然形「たえ」+「ざり[助動]부정」의 連体形「ざる」+「ほど【程】[名]동안. 무렵. 때」+「は[助詞]」.

92) 「のる【罵る】[4]욕하다. 험담하다」의 連用形「のり」+「はぢしむ【恥ぢしむ】[下2]부끄럽게 하다. 꾸짖다」의 連用形「はぢしめ」+「たり[助動]완료·존속」.

93) 「この【此の·斯の】[連体]이」+「とき【時】 때」+「に[助詞]」+「あたる【当たる·中る】[4]닿다. 해당하다. 딱 그 시기다」의 連用形「あたり」+「て」.

94) 「うぢ→うじ【氏】 씨」+「の[助詞]」+「ともがら【輩·儕】 동료. 한패」.

95) 「にじゅう【廿】 20」+「よ【余】 여」+「にん【人】 사람」+「ぞ[係助詞]뜻을 세게 함」(문말은 連体形).

96) 「ころす【殺す】[4]죽이다」의 未然形「ころさ」+「る[助動]수동」의 連用形「れ」+「けり[助動]회상·과거」의 連体形「ける」(앞의 〈ぞ〉에 호응).

14. 張(ちやう)許(きよ)死(しす)レ守(まもりに)
장허가 지키다 죽다

❑安祿山(あんろくさん)[1]、すでに、むほんを、おこして[2]、いくさだちし[3]、

➪ 안녹산이 이미 모반을 일으켜서 싸움터로 나아가,

❑方ゝ(ハう＼／)に手[て]わけして[4]、城(じやう)をおとす事[こと][5]、其[その]数(かず)をしらず[6]。

➪ 사방으로 나누어 맡아서 성을 떨어뜨리는 것이 그 수를 헤아릴 수 없다.

❑祿山(ろくさん)が将軍(しやうぐん)[7]尹子奇(いんしき)と、いふもの[8]、睢陽(しよやう)の城(じやう)を、とりかこむ[9]。

---

1) 「あんろくざん【安禄山】 안녹산. 당대(唐代)의 무장(武将). (705~757)」

2) 「すでに【既に·已に】[副]①이미. 벌써 ②모두. 남김없이 ③이제 ④틀림없이」+「むほん【謀叛·謀反】 모반」+「を[助詞]」+「おこす【起こす·興す·熾す】[4]일으키다」의 連用形「おこし」+「て」.

3) 「いくさだち【軍立】[名]전장을 향해 출발하는 것. 출진(出陣)」+「す[サ変]하다」의 連用形「し」.

4) 「はうばう→ほうぼう【方方】 여기저기. 모든 곳」+「に[助詞]」+「てわけ【手分け】 군대의 구분이나 배치. 분담」+「す[サ変]하다」의 連用形「し」+「て」.

5) 「じやう→じょう【城】 성」+「を[助詞]」+「おとす【落とす·墜す·貶す】[4]떨어뜨리다. 잃어버리다」의 連体形「おとす」+「こと【事】 것. 일」.

6) 「その【其の】[連体]그」+「かず【数】 수」+「を[助詞]」+「しる【知る】[4]알다」의 未然形「しら」+「ず[助動]부정」.

7) 「が[助詞]현대일본어 〈の〉의 쓰임」+「しやうぐん→しょうぐん【将軍】 장군」.

8) 「と[助詞]~라고」+「いふ【言ふ·云ふ】[4]말하다」의 連体形「いふ」+「もの【者】 사람」.

9) 「の[助詞]」+「じやう【城】 성」+「を[助詞]」+「とりかこむ【取り囲む】[4]주위를 둘러싸다」

➪ 녹산의 장군인 윤자기라고 하는 자가 저양 성을 에워싼다.

❑許遠(きよゑん)と云[いう]もの、これを、ふせぐに、ちからなし10)。

➪ 허원이라는 자가 이를 막는데 어찌할 도리가 없다.

❑張巡(ちやうじゆん)と、いふものハ11)、郡(ぐん)の長吏(ちやうり)なりければ12)、

➪ 장순이라고 하는 자는 군의 장리였는데,

❑許遠(きよゑん)がもとより13)、人[ひと]を、つかハして14)、急(きう)をつぐる15)張巡(ちやうじゆん)、大[おおい]に、おどろきて16)、

➪ 허원으로부터 사람을 보내 위급함을 알린 장순이 크게 놀라서,

❑わが手[て]のつハもの17)三千[さんぜん]よ騎(き)を、もよほして18)、寧

---

10) 「これ【此·是】[代]이것. 이사람」+「を[助詞]」+「ふせぐ【防ぐ·禦ぐ·拒ぐ】[4]막다. 가로막다. 방어하다」의 連体形「ふせぐ」+「に[助詞]~하니. ~하는데」+「ちからなし【力無し】[形ク]어쩔 도리가 없다. 낙담하다. 기운이 없다」.

11) 「と[助詞]~라고」+「いふ【言ふ·云ふ】[4]말하다」의 連体形「いふ」+「もの【者】사람」+「は[助詞]」.

12) 「ぐん【郡】군」+「の[助詞]」+「ちやうり→ちょうり【長吏】한(漢)나라 관제(官制)에서 비교적 높은 봉록을 받는 관리」(〈표준국어대사전〉에는 〈장리(長吏)〉가 수령(守令)과 같은 말로 풀이되어 있다)+「なり[助動]단정·지정」의 連用形「なり」+「けり[助動]회상·과거」의 已然形「けれ」+「ば[助詞]확정조건. 원인·이유」.

13) 「が[助詞]현대일본어 〈の〉의 쓰임」+「もと【下·許】아래. 부근. 있는 곳」+「より[助詞]~로부터」.

14) 「ひと【人】사람」+「を[助詞]」+「つかはす[4]→つかわす【使わす·遣わす】[5]심부름 보내시다. 파견하시다. 하사하시다. 주시다」의 連用形「つかはし」+「て」.

15) 「きふ【急】절박한 모양. 급박. 긴급. 사변」(〈-う〉는 歴史的仮名遣에 어긋남)+「を[助詞]」+「つぐ【告ぐ】[下2]고하다. 알리다」의 連体形「つぐる」(문맥상으로는 예컨대 〈つげらる〉와 같이 수동표현이 오는 것이 자연스러워 보인다).

16) 「おおいに【大いに】[副]매우. 몹시. 많이」+「おどろく【驚く·愕く·駭く】[4]놀라다」의 連用形「おどろき」+「て」.

17) 「わが【我が·吾が】[連体]나의. 자신의」+「て【手】손. 부하. 부대」+「の[助詞]」+「つはもの【兵】무기. 병사. 용사」.

18) 「さんぜん【三千】삼천」+「よ【余】여」+「き【騎】기. 말을 타는 것. 말을 탄 사람」

陵(ねいれう)と、いふところに、さしむかひ19)、

➪ 자기 수하의 병사 삼천 여 기를 일으켜서, 영릉이라고 하는 곳으로 향하여,

❑許遠(きよゑん)が、つハものと、ひとつになる20)、合[あわ]せて21)六千[ろくせん]八百[はっぴゃく]よ騎(き)なり22)。

➪ 허원의 병사와 하나가 된다. 합하여 육천 팔백 여 기다.

❑張巡(ちやうしゆん)、許遠(きよゑん)、かたく城(じやう)をまもりて23)、日夜[にちや]に24)、ふせぎたゝかひけり25)。

➪ 장순과 허원이 굳게 성을 지켜서 밤낮으로 막아 싸웠다.

❑許遠(きよゑん)、すでに26)張巡(ちやうじゆん)に、かたりて、いはく27)、

➪ 허원이 이제 장순에게 밝혀 이르길,

❑「われハ、汝(なんぢ)のために28)城(じやう)を、まもるべし29)、汝(な

+「を[助詞]」+「もよほす[4]→もよおす【催す】[5]재촉하다. 불러일으키다. 준비하다. 소집하다. 부과하다」의 連用形「もよほし」+「て」.

19) 「と[助詞~라고]」+「いふ【言ふ·云ふ】[4]말하다」의 連体形「いふ」+「ところ【所·処】곳」+「に[助詞]」+「さしむかふ【差し向かふ】[4]그쪽으로 향하다. 상대하다. 대면하다」의 連用形「さしむかひ」.

20) 「が[助詞]현대일본어 〈の〉의 쓰임」+「つはもの【兵】병사」+「と[助詞~와]」+「ひとつ【一つ】하나」+「に[助詞]」+「なる【成る·為る】[4]되다」.

21) 「あはす[下2]→あわせる【合わせる】[下1]합하다」의 連用形「あはせ」+「て」.

22) 「よ【余】여」+「き【騎】기」+「なり[助動]단정·지정」.

23) 「かたし[形ク]→かたい【堅い·固い·硬い·難い】[形]굳다. 확실하다. 완고하다. 융통성이 없다」의 連用形「かたく」+「じやう【城】성」+「を[助詞]」+「まもる【守る·護る】[4]지키다. 막다」의 連用形「まもり」+「て」.

24) 「にちや【日夜】낮과 밤. 주야. 매일」+「に[助詞]」.

25) 「ふせぐ【防ぐ·禦ぐ·拒ぐ】[4]막다. 가로막다. 방어하다」의 連用形「ふせぎ」+「たたかふ【戦ふ·闘ふ】[4]싸우다」의 連用形「たたかひ」+「けり[助動]회상·과거」.

26) 「すでに【既に·已に】[副]①이미. 벌써 ②모두. 남김없이 ③이제 ④틀림없이」.

27) 「に[助詞]」+「かたる【語る】[4]상대에게 전하다. 이야기하다」의 連用形「かたり」+「て」+「いはく【曰く】말하길. 이르길」.

んぢ)は、又[また]、わがために30)、たゝかひ給[たま]へ31)。」と。

➪ "나는 너를 위하여 성을 지킬 것이다. 너는 또한 나를 위하여 싸우십시오."라고.

❑しかるに32)、尹子奇(いんしき)、又[また]33)、数(す)百[ひゃく]万[まん]の兵(つハもの)を、すゝめて34)、城(じやう)をせむる事[こと]35)しきり也[なり]36)。

➪ 그런데 윤자기는 다시 수백만의 병사를 몰아서 성을 치는 일이 거듭된다.

❑城中(じやうちう)、すでに食(しよく)つきたり37)、

➪ 성안에 이미 음식이 떨어졌다.

❑つハものども38)、一日[いちにち]に、わづかに39)米(こめ)一[いち]合

---

28) 「われ【我·吾】[代]나」+「は[助詞]」+「なんぢ→なんじ【汝·爾】[代]아랫사람을 가리키는 말. 너」+「の[助詞]」+「ため【為】」+「に[助詞]」(<~の(が)ために>의 꼴로 '이익·이유·목적'의 뜻. ~때문에. ~위해).

29) 「じやう【城】성」+「を[助詞]」+「まもる【守る·護る】[4]지키다. 막다」의 終止形「まもる」+「べし[助動]의무·당연·추량·가능 등」.

30) 「なんぢ【汝·爾】[代]너」+「は[助詞]」+「また【又·亦·復】[副]다시. 같이. 달리. 또한. 게다가」+「わ【我·吾】[代]나」+「が[助詞]」+「ため【為】~위해」+「に[助詞]」.

31) 「たたかふ【戦ふ·闘ふ】[4]싸우다」의 連用形「たたかひ」+「たまふ【給ふ】[助動]존경」의 命令形「たまへ」.

32) 「しかるに【然るに】[接続]그런데. 하지만. 그건 그렇고」.

33) 「また【又·亦·復】[副]다시. 같이. 달리. 또한. 게다가」.

34) 「す【数】(慣用音으로 〈すう〉로 읽으며 〈す〉는 漢音)수」+「ひゃく【百】백」+「まん【万】만」+「の[助詞]」+「つはもの【兵】병사」+「を[助詞]」+「すすむ【進む】[下2]전진시키다」의 連用形「すすめ」+「て」.

35) 「じやう【城】성」+「を[助詞]」+「せむ[下2]→せめる【攻める】[下1]압박하다. 공격하다」의 連体形「せむる」+「こと【事】것. 일」.

36) 「しきり【頻り】[形動ナリ]거듭되다. 반복되다」의 終止形「しきりなり」.

37) 「じょうちゅう【城中】성중. 성안」+「すでに【既に·已に】[副]이미. 모두. 이제」+「しょく【食】식사. 음식」+「つく[上2]→つきる【尽きる·竭きる】[上1]떨어지다. 끝나다」의 連用形「つき」+「たり[助動]완료·존속」.

38) 「つはもの【兵】병사」+「ども【共】[接尾]~들」.

39) 「いちにち【一日】하루」+「に[助詞]」+「わづか→わずか【僅か·纔か】[形動ナリ](단독

(がふ)をもつて40)、食(しよく)とす41)。

➪ 병사들은 하루에 불과 쌀 한 홉으로 식사로 삼는다.

❑茶(ちや)、紙(かミ)、樹(き)の皮(かわ)を、まじへて42)、くらひけれども43)、さらに、いよ╲╱44)食(しよく)ともしく45)、つハもの、ミな46)飢(うへ)に、のぞめり47)。

➪ 차와 종이, 나무껍질을 섞어서 먹었지만 또한 더욱 음식이 모자라서 병사들이 모두 굶주림에 처했다.

❑これに、よりて48)兵(つハもの)ども、みな、いはく49)、「いざや50)、まづ、この城(じやう)を、おちて51)、東(ひがし)のかたに、おもむか

으로 부사적으로도 쓰임)다소. 조금. 불과. 기껏해야」의 連用形「わづかに」.

40) 「こめ【米】쌀」+「いち【一】일」+「がふ→ごう【合】용적의 단위. 홉」+「を[助詞]」+「もって【以て】(〈を[助詞]〉에 이어져서)수단이나 원인 등을 나타냄. ~로써. ~때문에」.

41) 「しょく【食】식사. 음식」+「と[助詞]~로」+「す[サ変]하다」.

42) 「ちゃ【茶】차」+「かみ【紙】종이」+「き【木・樹】나무」+「の[助詞]」+「かは→かわ【皮・革】껍질. 거죽」+「を[助詞]」+「まじふ[下2]→まじえる【交える・雑える】[下1]섞다」의 連用形「まじへ」+「て」.

43) 「くらふ【食らふ】[4]먹다. 생활하다」의 連用形「くらひ」+「けり[助動]회상・과거」의 已然形「けれ」+「ども[助詞]역접」.

44) 「さらに【更に】[副]또한. 거듭. 더욱」+「いよいよ[副]더욱. 한층 더」.

45) 「しょく【食】식사. 음식」+「ともし【乏し・羨し】[形シク]①부럽다 ②만족스럽지 않다. 모자라다. 부족하다. 가난하다」의 連用形「ともしく」.

46) 「つはもの【兵】병사」+「みな【皆】①[名]모든 사람. 전부 ②[副]남김없이. 모두」.

47) 「うゑ→うえ【飢え・餓え】[名]굶주림. 기아」(〈-へ〉는 정서법에 어긋남)+「に[助詞]」+「のぞむ【臨む】[4]직면하다. 임하다」의 命令形「のぞめ」+「り[助動]완료・존속」.

48) 「これ【此・是】[代]이것」+「に[助詞]」+「よる【因る・由る・拠る・依る】[4]기인하다. 의거하다. ~에 따르다」의 連用形「より」+「て」.

49) 「つはもの【兵】병사」+「ども【共】[接尾]~들」+「みな【皆】①[名]모든 사람. 전부 ②[副]남김없이. 모두」+「いはく【曰く】말하길. 이르길」.

50) 「いざや[感動]상대에게 권유하거나 할 때 쓰는 말」.

51) 「まづ→まず【先ず】[副]우선. 아무튼」+「この【此の・斯の】[連体]이」+「じやう【城】

ん[52]。」と云(いふ)。

➩ 이로 인해 병사들이 모두 말하길 "자, 우선 이 성을 도망쳐서 동쪽으로 향하는 편이 좋겠다."라고 한다.

❑二人[ふたり]の大将[たいしょう][53]、はかりて、いはく[54]、「睢陽(しよやう)、江淮(こうわい)ハ、これ[55]、都[みやこ]のために[56]、第(だい)一[いち]のえうがいの地(ち)なり[57]。

➩ 두 대장이 살펴서 말하길 "저양과 강회는 바로 도읍을 위해 제일의 요충지다.

❑爰[ここ]を、やふられなば[58]、敵(てき)かならず勝(かつ)にのりて[59]、あしを、とゞむるに[60]、ところなからん[61]。

성」＋「を[助詞]」＋「おつ[上2]→おちる【落ちる･墜ちる･堕ちる】[上1]떨어지다. 싸움에 지거나 해서 도망치다」의 連用形「おち」＋「て」.

52) 「ひがし【東】 동」＋「の[助詞]」＋「かた【方】 편. 방향. 방면」＋「に[助詞]」＋「おもむく【赴く･趣く】[4]그 방향으로 가다. 향해 가다」의 未然形「おもむか」＋「む[助動]추량･의지･적당･당연. ~하는 편이 좋다. ~해야 할 것이다」→「ん」.

53) 「ふたり【二人】 두 사람」＋「の[助詞]」＋「たいしやう→たいしょう【大将】 대장」.

54) 「はかる【計る･測る･量る･図る･謀る･諮る】[4]계산하다. 재다. 생각하다. 짐작하다. 기회를 엿보다. 기도하다. 꾀하다. 속이다」의 連用形「はかり」＋「て」＋「いはく【曰く】 말하길. 이르길」.

55) 「これ【此･是】[代]앞에 제시한 말을 다시 언급할 때 사용하는 말」.

56) 「みやこ【都】 도읍」＋「の[助詞]」＋「ため【為】」＋「に[助詞]」(<~の(が)ために>의 꼴로 '이익･이유･목적'의 뜻. ~때문에. ~위해).

57) 「だいいち【第一】 제일」＋「の[助詞]」＋「えうがい→ようがい【要害】 지세가 험하여 적을 막고 아군을 지키는 데 편리한 곳」＋「の[助詞]」＋「ち【地】 땅」＋「なり[助動]단정･지정」.

58) 「ここ【此処･此所･此･是･爰】[代]여기. 이것」＋「を[助詞]」＋「やぶる【破る･敗る】[4]부수다. 이기다. 뭉개다」의 未然形「やぶら」(〈-ふ-〉는 無濁点표기)＋「る[助動]수동」의 連用形「れ」＋「ぬ[助動]완료･존속」의 未然形「な」＋「ば[助詞]가정조건」.

59) 「てき【敵】 적」＋「かならず【必ず】[副]꼭. 반드시. 필시」＋「勝(か)つに乗(の)る：이긴 기세에 편승하다. 이겨서 우쭐거리다」＋「て」.

60) 「あし【足･脚】 발. 걸음」＋「を[助詞]」＋「とどむ[下2]→とどめる【止める･留める･停める】[下1]가로막다. 막아 세우다. 제지하다」의 連体形「とどむる」＋「に[助詞]~하니. ~하는데」

➪ 여기를 무너뜨려지고 만다면 적은 반드시 승기를 타서 걸음을 가로막기에 자리가 없을 것이다.

❏しかるに62)、城中(じやうちう)すでに63)、飢(うへ)にのぞみて64)、力(ちから)、又[また]、よハし65)、おちゆくとも66)、かなふべからず67)。

➪ 그런데 성안은 이미 굶주림에 처하고 힘이 또한 약하다. 도망치더라도 뜻대로 되지 않을 것이다.

❏たゞ、この城(じやう)を、まくらとして68)、うちじにする歟(か)69)、又[また]ハ、うち勝(かち)て70)、運(うん)をひらく歟(か)71)、ふたつの間[あいだ]を、まつべし72)。」と云(いふ)。

---

61) 「ところ【所・処】곳. 바. 상황. 찰나」+「なし【無し】[形ク]없다」의 未然形「なから」+「む[助動]추량・의지」→「ん」.

62) 「しかるに【然るに】[接続]그런데. 하지만. 그건 그렇고」.

63) 「じょうちゅう【城中】성중」+「すでに【既に・已に】[副]이미. 모두」.

64) 「うゑ【飢ゑ・餓ゑ】[名]굶주림」(〈-へ〉는 정서법에 어긋남)+「に[助詞]」+「のぞむ【臨む】[4]직면하다」의 連用形「のぞみ」+「て」.

65) 「ちから【力】힘」+「また【又・亦・復】[副]또한. 게다가」+「よわし【弱し】[形ク]약하다」(〈-は-〉는 정서법에 어긋남).

66) 「おちゆく【落ち行く】[4]도망쳐가다. 패주하다」의 終止形「おちゆく」+「とも[助詞]역접의 가정조건. ~해도」.

67) 「かなふ【適ふ・叶ふ】[4]뜻대로 되다. 이루다」의 終止形「かなふ」+「べかり[助動]추량・가능 등」의 未然形「べから」+「ず[助動]부정」.

68) 「ただ【只・唯】[副]단지. 오직. 그저」+「この【此の・斯の】[連体]이」+「じやう【城】성」+「を[助詞]」+「まくら【枕】베개」+「と[助詞]~로」+「す[サ変]하다」의 連用形「し」+「て」.

69) 「うちじに【討死】[名]전사」+「す[サ変]하다」의 連体形「する」+「か[係助詞]의문・질문」.

70) 「または【又は・亦は】[接続]또는. 혹은. 한편으로는」+「うちかつ【打ち勝つ・打ち克つ】[4]싸워 이기다. 극복하다」의 連用形「うちかち」+「て」.

71) 「うん【運】운. 천명. 행운」+「を[助詞]」+「ひらく【開く】[4]열다. 펼치다」의 連体形「ひらく」+「か[係助詞]의문・질문」.

72) 「ふたつ【二つ】둘」+「の[助詞]」+「あひだ→あいだ【間】사이. 안」+「を[助詞]」+「まつ【待つ・俟つ】[4]기다리다. 맞이하다. 의지하다. 기대하다」의 終止形「まつ」+「べし

➪ 그저 이 성을 베개 삼아서 전사하던가, 또는 싸워 이겨서 운을 펼치던지, 둘 가운데를 맞이할 것이다."라고 한다.

❑かくて[73]、日[ひ]数(かず)を、かさぬるほどに[74]、米(こめ)も茶(ちや)紙(し)も[75]、みなつきはてければ[76]、馬(むま)をころして、くらふ[77]。

➪ 이렇게 날짜를 거듭하는 사이에 쌀도 차 종이도 모두 떨어졌기에 말을 잡아서 먹는다.

❑あまたの名馬(めいば)ども[78]、こと＼／く、くらひつくして[79]、やうやく[80]、すべき手[て]だて、なければ[81]、

➪ 수많은 명마들을 죄다 먹어치우고 이제 할 수 있는 방도가 없어서,

❑羅(あミ)をはりて[82]、雀(すゝめ)をとり[83]、地[ち]をほりて[84]、鼠(ね

[助動]의무·당연·추량·가능 등」.

73) 「かくて【斯くて】[副·接続]이러해서. 이렇게 해서. 그건 그렇고」.

74) 「ひかず【日数】날수」+「を[助詞]」+「かさぬ【重ぬ】[下2]쌓다. 거듭하다」의 連体形「かさぬる」+「ほどに【程に】①~하면. ~하는 사이에 ②원인·이유. ~이므로」.

75) 「こめ【米】쌀」+「も[助詞]~도」+「ちゃ【茶】차」+「し【紙】종이」+「も[助詞]~도」.

76) 「みな【皆】①[名]모든 사람. 전부 ②[副]남김없이. 모두」+「つきはつ[下2]→つきはてる【尽き果てる】[下1]다 떨어지다」의 連用形「つきはて」+「けり[助動]회상·과거」의 已然形「けれ」+「ば[助詞]확정조건. 원인·이유」.

77) 「むま【馬】말」+「を[助詞]」+「ころす【殺す】[4]죽이다」의 連用形「ころし」+「て」+「くらふ【食らふ】[4]먹다. 생활하다」.

78) 「あまた【数多】[名·副]많이. 대단히」+「の[助詞]」+「めいば【名馬】명마」+「ども【共】[接尾]~들」.

79) 「ことごとく【悉く·尽く】[副]모두. 남김없이」+「くらふ【食らふ】[4]먹다」의 連用形「くらひ」+「つくす【尽くす】[4]다 떨어지게 하다. 끝내다」의 連用形「つくし」+「て」.

80) 「やうやく→ようやく【漸く】[副]점점. 점차. 겨우. 이미. 마침내」.

81) 「す[サ変]하다」의 終止形「す」+「べし[助動]의무·당연·추량·가능 등」의 連体形「べき」+「てだて【手立·手段】방법. 수단. 책략」+「なし【無し】[形ク]없다」의 已然形「なければ」...

82) 「あみ【網】그물」(본문의 〈羅〉는 〈ら〉로 읽는데 이는 새를 잡는 그물이라는 뜻도 있다)+「を[助詞]」+「はる【張る】[4]펼치다. 치다」의 連用形「はり」+「て」.

ずミ)をもとめて[85]、わづかの食物(しよくぶつ)とす[86]。

➪ 그물을 쳐서 참새를 잡고 땅을 파서 쥐를 구해 조금의 음식으로 삼는다.

❑よせ手[て]ハ[87]、日ゝ(ひゞ)に、くハゝり[88]、あら手[て]を、いれかへて[89]、せめけるほどに[90]、

➪ 공격수는 나날이 늘고 새로운 병사를 바꿔가며 공격했기에,

❑つハもの、ミな、うたれて[91]、城中(じやうちう)に、のこるもの[92]、わづかに[93]四百[よんひゃく]よ騎(き)にハ、過[すぎ]ざりけり[94]。

---

83) 「すずめ【雀】 참새」(〈-す-〉는 無濁点표기)+「を[助詞]」+「とる【取る·採る·捕る·執る·撮る】[4]잡다」의 連用形「とり」.

84) 「ち【地】 땅」+「を[助詞]」+「ほる【掘る·彫る】[4]파다. 뚫다」의 連用形「ほり」+「て」.

85) 「ねずみ【鼠】 쥐」+「を[助詞]」+「もとむ【求む】[下2]찾다. 구하다」의 連用形「もとめ」+「て」.

86) 「わづか【僅か·纔か】[形動ナリ](단독으로 부사적으로도 쓰임)다소. 조금. 불과. 기껏해야」+「の[助詞]」+「しょくぶつ【食物】 음식」+「と[助詞]~로」+「す[サ変]하다」.

87) 「よせて【寄せ手】[名]공격해오는 병력」+「は[助詞]」.

88) 「ひび【日日】 매일. 나날이」+「に[助詞]」+「くははる[4]→くわわる【加わる】[5]더해지다. 늘다. 가세하다」의 連用形「くははり」.

89) 「あらて【新手】[名]아직 싸우지 않은 기운 넘치는 병력. 새로운 수단」+「を[助詞]」+「いれかふ[下2]→いれかえる【入れ替える·入れ換える】[下1]바꾸어 넣다」의 連用形「いれかへ」+「て」.

90) 「せむ【攻む】[下2]다가와 압박하다. 공격하다」의 連用形「せめ」+「けり[助動]회상·과거」의 連体形「ける」+「ほどに【程に】①~하면. ~하는 사이에 ②원인·이유. ~이므로」.

91) 「つはもの【兵】 병사」+「みな【皆】①[名]모든 사람. 전부 ②[副]남김없이. 모두」+「うつ【打つ·討つ·撃つ】[4]치다. 죽이다」의 未然形「うた」+「る[助動]수동」의 連用形「れ」+「て」.

92) 「じょうちゅう【城中】 성중」+「に[助詞]」+「のこる【残る】[4]남다」의 連体形「のこる」+「もの【者】 자. 사람」.

93) 「わづか→わずか【僅か·纔か】[形動ナリ](단독으로 부사적으로도 쓰임)다소. 조금. 불과. 기껏해야」의 連用形「わづかに」.

94) 「よ【余】 여」+「き【騎】 기」+「に[助詞]」+「は[助詞]」+「すぐ【過ぐ】[上2]지나치다. 넘다」의 未然形「すぎ」+「ざり[助動]부정」의 連用形「ざり」+「けり[助動]회상·과거」.

➩ 병사는 모두 죽임 당하고 성안에 남은 자가 불과 사백 여 기에 불과했다.

❑ これも、なを95)飢(うへ)ともしくして96)、弓(ゆミ)をひき97)、鋒(ほこ)を、ふるべき98)ちからも、なし99)。

➩ 이들도 또한 굶주려 모자라서 활을 당기고 창을 내두를 수 있는 힘도 없다.

❑ よせ手[て]のつハもの100)、城(じやう)につめかけ101)、さかも木[ぎ]を引(ひき)やぶり102)、塀(へい)をのりこえ103)、みだれいりけれは104)、

➩ 공격하는 병사들이 성에 밀어닥쳐서 방책을 잡아당겨 부수고 울타리를 뛰어넘어 어지러이 들어왔기에,

❑ 張巡(ちやうしゆん)、いまハ、かなハじと、おもひ105)、西(にし)にむ

---

95) 「これ【此·是】[代]이것. 이사람」+「も[助詞]~도」+「なほ→なお【猶·尚】[副]아직. 역시. 그래도」(〈-を〉는 정서법에 어긋남).

96) 「うう[下2]→うえる【飢える·餓える·饑える】[下1]굶주리다」의 連用形「うゑ」(〈-へ〉는 정서법에 어긋남)+「ともし【乏し·羨し】[形シク]만족스럽지 않다. 모자라다. 부족하다. 가난하다」의 連用形「ともしく」+「して[助詞](連用形에 접속)~인 상태로. ~때문에」.

97) 「ゆみ【弓】활」+「を[助詞]」+「ひく【引く·曳く·牽く】[4]당기다」의 連用形「ひき」.

98) 「ほこ【矛·戈·鉾·鋒·戟】창」+「を[助詞]」+「ふる【振る·震る】[4]흔들다. 휘두르다」의 終止形「ふる」+「べし[助動]의무·당연·추량·가능 등」의 連体形「べき」.

99) 「ちから【力】힘」+「も[助詞]」+「なし【無し】[形ク]없다」.

100) 「よせて【寄せ手】[名]공격해오는 병력」+「の[助詞]」+「つはもの【兵】병사」.

101) 「じやう【城】성」+「に[助詞]」+「つめかく[下2]→つめかける【詰め掛ける】[下1]수많은 사람들이 한곳에 밀려들다. 가까이 밀어닥치다」의 連用形「つめかけ」.

102) 「さかもぎ【逆茂木】적의 침입을 막기 위해 가시덤불로 만든 울타리. 녹각. 녹채」+「を[助詞]」+「ひきやぶる【引き破る】[4]잡아당겨서 부수다」의 連用形「ひきやぶり」.

103) 「へい【屛·塀】담. 울타리」+「を[助詞]」+「のりこゆ【乗り越ゆ】[下2]뛰어넘다」의 連用形「のりこえ」.

104) 「みだる【乱る·紊る】[下2]흐트러지다. 혼란하다. 뒤섞이다. 소동이 일어나다. 산란(散亂)하다」의 連用形「みだれ」+「いる【入る】[4]들어오다」의 連用形「いり」+「けり[助動]회상·과거」의 已然形「けれ」+「ば[助詞]확정조건. 원인·이유」(〈は〉는 無濁点표기).

105) 「いま【今】현재. 지금. 이 국면에. 이제」+「は[助詞]」+「かなふ【適ふ·叶ふ】[4]적합하다. 바람대로 되다. 필적하다. 감당하다. 견뎌내다」의 未然形「かなは」+「じ

かひて106)、礼拝(らいはい)して、いはく107)、

➪ 장순이 이제는 당해낼 수 없을 것이라고 생각하여 서쪽을 향해 공손히 절하고 말하길,

❑「臣(しん)がちから108)、すでに、つきたり109)、死(し)して、かならず110)厉鬼(おに)111)となりて112)、敵(てき)賊(ぞく)を、ころすべし113)。」とて114)、

➪ "신의 힘은 이미 다했다. 죽어서 반드시 귀신이 되어서 적 도둑을 죽일 것이다."라며,

❑すでに、じがいせん、と、するところに115)、敵(てき)、まぢかく、かけよせて116)、張巡(ちやうじゆん)を、いけとりたり117)。

[助動]추량·의지의 부정. ~아닐 것이다」+「と[助詞]~라고」+「おもふ【思ふ】[4]생각하다」의 連用形「おもひ」.

106) 「にし【西】서쪽」+「に[助詞]」+「むかふ【向かふ·対ふ】[4]향하다」의 連用形 「むかひ」+「て」.

107) 「らいはい【礼拝】공손히 절하는 것」+「す[サ変]하다」의 連用形「し」+「て」+「いはく【曰く】말하길. 이르길」.

108) 「しん【臣】신. 신하. 자칭(自稱)」+「が[助詞]현대일본어 〈の〉의 쓰임」+「ちから【力】힘」.

109) 「すでに【既に·已に】[副]이미. 벌써. 모두」+「つく【尽く·竭く】[上2]떨어지다. 끝나다」의 連用形「つき」+「たり[助動]완료·존속」.

110) 「しす【死す】[サ変]죽다」의 連用形「しし」+「て」+「かならず【必ず】[副]꼭. 반드시」.

111) 〈한문본〉에는 이 부분이「死當爲厲鬼」로 되어 있으며, 〈언해본〉에는「주거 가아 당다이 모딘 귓것 ᄃᆞ외야」다. 본문에서「厉鬼」를「おに」로 읽는 것은 미상.

112) 「おに【鬼】귀신. 망령」+「と[助詞]~이/가」+「なる【成る·為る】[4]되다」의 連用形「なり」+「て」.

113) 「てき【敵】적」+「ぞく【賊】도둑. 불충한 자. 반역한 자. 악행을 저지르는 자」+「を[助詞]」+「ころす【殺す】[4]죽이다」의 終止形「ころす」+「べし[助動]의무·당연·추량·가능 등」.

114) 「とて[助詞]인용. ~라 해서. ~라는 것으로. ~라는 이름으로」.

115) 「すでに【既に·已に】[副]모두. 이제」+「じがい【自害】자해」+「す[サ変]하다」의 未然形「せ」+「む[助動]추량·의지」→「ん」+「と[助詞]」+「す[サ変]하다」의 連体形「する」+「ところに【所に】[助詞]~하고 있는데. ~하고 있었지만」.

➪ 이제 자결하려고 하는데 적이 가까이 내달려와서 장순을 산 채로 잡았다.

❑その外[ほか][118)]、南霽雲(なんせいうん)、雷萬春(らいばんしゆん)これらの兵(つハもの)を、初[はじ]めとして[119)]、さしもに[120)]、たけきものとも[121)]、一人[ひとり]も、のこらず[122)]、うち死(じに)せり[123)]。

➪ 그밖에 남제운과 뇌만춘, 이들 병사를 비롯하여 그렇게 용맹한 자들이 하나도 빠짐없이 전사했다.

❑許遠(きよゑん)も、いけとられて[124)]、洛陽(らくやう)に、をくられ[125)]、めしうとゝなりて、ありけるが[126)]、

➪ 허원도 사로잡혀서 낙양에 보내져 죄수가 되어 있었는데,

---

116) 「てき【敵】 적」+「まぢかし【間近し】[形ク]가깝다」의 連用形 「まぢかく」+「かく【駆く·駈く】[下2]빨리 뛰다. 질주하다」의 連用形 「かけ」+「よす【寄す】[下2]다가오다」의 連用形 「よせ」+「て」.

117) 「を[助詞]」+「いけどる【生け捕る】[4]생포하다. 사로잡다」의 連用形 「いけどり」(〈-と-〉는 無濁点표기)+「たり[助動]완료·존속」.

118) 「その【其の】[連体]그」+「ほか【外·他】 외. 밖」.

119) 「これら【此等·是等】[代]이것들. 이 사람들」+「の[助詞]」+「つはもの【兵】 병사」+「を[助詞]」+「はじめ【始め·初め】 처음. 시초」+「として[助詞]①~라고 생각하여 ②~의 자격으로 ③~인 상태로 ④~로」.

120) 「さしも[副]그렇게. 그만큼. 그 정도까지」+「に[助詞]」.

121) 「たけし【猛し】[形ク]용맹하다. 무용이 빼어나다. 드세다」의 連体形 「たけき」+「もの【者】 자. 사람」+「ども【共】[接尾]~들」(〈と-〉는 無濁点표기).

122) 「ひとり【一人】 한 사람」+「も[助詞]」+「のこる【残る】[4]남다」의 未然形 「のこら」+「ず[助動]부정」.

123) 「うちじに【討死】[名]전사」+「す[サ変]하다」의 命令形 「せ」+「り[助動]완료·존속」.

124) 「いけどる【生け捕る】[4]산 채로 잡다」의 未然形 「いけどら」(〈-と-〉는 無濁点표기)+「る[助動]수동」의 連用形 「れ」+「て」.

125) 「らくやう→らくよう【洛陽·雒陽】 낙양. 중국 하남성(河南省)의 도시」+「に[助詞]」+「おくる【送る】[4]보내다」의 未然形 「おくら」(〈を-〉는 정서법에 어긋남)+「る[助動]수동」의 連用形 「れ」.

126) 「めしうど【囚人】 붙잡혀서 옥에 갇혀 있는 사람. 수인」(〈-と〉는 無濁点표기)+「と[助詞]」+「なる【成る·為る】[4]되다」의 連用形 「なり」+「て」+「あり【有り】[ラ変]있다」의 連用形 「あり」+「けり[助動]회상·과거」의 連体形 「ける」+「が[助詞]~인데」.

❑安慶緒(あんけいしよ)かことに、をよびて[127]、嚴莊(けんざう)と、いふものにおほせて[128]、ころさしめたりとぞ[129]。

⇨ 안경서의 일에 이르러 엄장이라 하는 자에게 말씀하셔서 죽이도록 시켰다고 한다.

---

127) 「が[助詞]현대일본어 〈の〉의 쓰임」+「こと【事】 것. 일」+「に[助詞]」+「およぶ【及ぶ】[4]어떤 때나 장소 등에 다다르다. 도달하다. 영향을 미치다」의 連用形「および」(〈を-〉는 정서법에 어긋남)+「て」.

128) 「と[助詞]~라고」+「いふ【言ふ·云ふ】[4]말하다」의 連体形「いふ」+「もの【者】 사람」+「に[助詞]」+「おほす【負す·課す·仰す】[下2]짊어지게 하다. 명령하다. 말씀하시다」의 連用形「おほせ」+「て」.

129) 「ころす【殺す】[4]죽이다」의 未然形「ころさ」+「しむ[助動]사역. ~시키다」의 連用形「しめ」+「たり[助動]완료·존속」+「とぞ : 助詞 〈と〉와 助詞 〈ぞ〉가 결합한 형태로 문장 끝에 사용하여 '전해 들었다'는 뜻을 나타낸다. ~라고 한다. ~라는 것이다」.

15. 張(ちやう)興(けう)鋸(のこぎりに)死(しす)
장홍이 톱으로 죽다

❑安禄山(あんろくさん)がことに、よりて[1]、天下[てんか]すでに、ミだれたり[2]。

➩ 안녹산의 일로 인해 천하가 온통 어지러워졌다.

❑しかるに[3]、禄山(ろくさん)が将軍(しやうぐん)[4]、数(す)万[まん]騎(き)のつハものを引[ひき]て[5]、

➩ 그런데 녹산의 장군이 수만 기의 병사를 이끌고,

❑饒陽(ぜうやう)の城(じやう)をかこみて[6]、ちからを、つくして、せむれども[7]、年[とし]をこゆるまで[8]落(おち)ざりけり[9]。

---

1) 「あんろくざん【安禄山】 안녹산. 당대(唐代)의 무장(武将). (705~757)」+「が[助詞]현대 일본어 〈の〉의 쓰임」+「こと【事】 것. 일」+「に[助詞]」+「よる【因る·由る·拠る·依る】[4]기인하다. 의거하다. ~에 따르다」의 連用形「より」+「て」.

2) 「てんか【天下】 천하」+「すでに【既に·已に】[副]이미. 모두」+「みだる[下2]→みだれる【乱れる·紊れる】[下1]혼란하다. 흐트러지다. 동요하다. 수습이 되지 않다」의 連用形「みだれ」+「たり[助動]완료·존속」.

3) 「しかるに【然るに】[接続]그런데. 하지만. 그건 그렇고」.

4) 「が[助詞]현대일본어 〈の〉의 쓰임」+「しやうぐん→しょうぐん【将軍】 장군」.

5) 「す【数】(慣用音으로 〈すう〉로 읽으며 〈す〉는 漢音)수」+「まん【万】 만」+「き【騎】 기. 말을 타는 것. 말을 탄 사람」+「の[助詞]」+「つはもの【兵】 병사」+「を[助詞]」+「ひく【引く】[4]끌다」의 連用形「ひき」+「て」.

6) 「の[助詞]」+「じやう→じょう【城】 성」+「を[助詞]」+「かこむ【囲む】[4]둘러싸다. 포위하다」의 連用形「かこみ」+「て」.

7) 「ちから【力】 힘」+「を[助詞]」+「つくす【尽くす】[4]노력하다. 힘쓰다」의 連用形「つくし」+「て」+「せむ[下2]→せめる【攻める】[下1]압박하다. 공격하다」의 已然形「せむれ」+「ども[助詞]역접」.

➪ 요양 성을 에워싸고 힘을 다해 공격했지만 해를 넘겨서까지 떨어지지 않았다.

❏方ゝ(ハう＼／)の城郭(じやうくわく)10)ミな、せめおとされければ11)、

➪ 사방의 성곽이 모두 함락 당했기에,

❏諸方(しよハう)のつハもの12)、ひとつになりて13)、城(じやう)を、せめけるほどに14)、後詰(ごづめ)の勢(せい)もなし15)、

➪ 여러 곳의 병사가 하나가 되어 성을 공격하는 사이에 후방을 치는 병력도 없다.

❏兵粮(ひやうらう)を、たすくるかたも16)、なかりければ17)、つゐに、

---

8) 「とし【年】 해. 년」＋「を[助詞]」＋「こゆ[下2]→こえる【越える·超える】[下1]넘다. 지나다」의 連体形「こゆる」＋「まで【迄】[助詞]~까지」.

9) 「おつ[上2]→おちる【落ちる·墜ちる·堕ちる】[上1]떨어지다. 무너져 내리다」의 未然形「おち」＋「ざり[助動]부정」의 連用形「ざり」＋「けり[助動]회상·과거」.

10) 「はうばう→ほうぼう【方方】 여기저기. 모든 곳」＋「の[助詞]」＋「じやうくわく→じょうかく【城郭】 성곽」.

11) 「みな【皆】 ①[名]모든 사람. 전부 ②[副]남김없이. 모두」＋「せめおとす【攻め落とす】[4]공격하여 적의 성을 빼앗다. 항복시키다」의 未然形「せめおとさ」＋「る[助動]수동」의 連用形「れ」＋「けり[助動]회상·과거」의 已然形「けれ」＋「ば[助詞]확정조건. 원인·이유」.

12) 「しよはう→しょほう【諸方】 여기저기」＋「の[助詞]」＋「つはもの【兵】 병사」.

13) 「ひとつ【一つ】 하나」＋「に[助詞]」＋「なる【成る·為る】[4]되다」의 連用形「なり」＋「て」.

14) 「じやう【城】 성」＋「を[助詞]」＋「せむ【攻む】[下2]공격하다」의 連用形「せめ」＋「けり[助動]회상·과거」의 連体形「ける」＋「ほどに【程に】 ①~하면. ~하는 사이에 ②원인·이유. ~이므로」.

15) 「ごづめ【後詰】 응원을 위해 후방에 대기하는 군대. 적의 배후에서 공격하는 병력」＋「の[助詞]」＋「せい【勢】 힘. 기세. 병력. 군대」＋「も[助詞]~도」＋「なし【無し】[形ク]없다」.

16) 「ひやうらう→ひょうろう【兵糧·兵粮】 병량. 식량」＋「を[助詞]」＋「たすく[下2]→たすける【助ける·輔ける·扶ける】[下1]돕다. 힘을 보태다. 구조하다」의 連体形「たすくる」＋「かた【方】 방향. 장소. 편. 수단. 동료」＋「も[助詞]」.

17) 「なし【無し】[形ク]없다」의 連用形「なかり」＋「けり[助動]회상·과거」의 已然形「けれ」＋「ば[助詞]확정조건. 원인·이유」.

城(じやう)ハ落(おち)にけり[18]。

➪ 병량을 돕는 편도 없었기에 마침내 성은 떨어지고 말았다.

❑ 城(じやう)の大将[たいしょう]に[19]、張興(ちやうけう)とて[20]、大[だい]こうの兵(つハもの)なりけれども[21]、

➪ 성의 대장에 장흥이라 해서 극히 강한 무사였지만,

❑ 運(うん)すでにつきければ[22]、敵(てき)のために[23]、いけとられたり[24]。

➪ 운이 이미 다했으므로 적에게 산 채로 붙잡혔다.

❑ 史思明(ししめい)、かたりて、いはく[25]、「汝[なんじ]ハ、まことに[26]、聞[きき]つたへたる、つハものなり[27]。

---

18) 「つひに→ついに【終に·遂に】[副]결국. 마침내」(〈-ゐ-〉는 정서법에 어긋남」+「じやう【城】 성」+「は[助詞]」+「おつ【落つ·墜つ·堕つ】[上2]떨어지다. 무너져 내리다」의 連用形「おち」+「ぬ[助動]완료·존속」의 連用形「に」+「けり[助動]회상·과거」.

19) 「じやう【城】 성」+「の[助詞]」+「たいしやう→たいしょう【大将】 대장」+「に[助詞]」.

20) 「とて[助詞]인용. ~라 해서. ~라는 것으로. ~라는 이름으로」.

21) 「だいがう→だいごう【大剛】(〈たいごう〉나 〈だいこう〉로도 쓰임)빼어나게(극히) 강한 것(사람)」+「の[助詞]」+「つはもの【兵】 병사. 용사. 무인」+「なり[助動]단정·지정」의 連用形「なり」+「けり[助動]회상·과거」의 已然形「けれ」+「ども[助詞]역접」.

22) 「うん【運】 운. 천명. 행운」+「すでに【既に·已に】[副]이미. 모두」+「つく[上2]→つきる【尽きる·竭きる】[上1]떨어지다. 끝나다」의 連用形「つき」+「けり[助動]회상·과거」의 已然形「けれ」+「ば[助詞]확정조건. 원인·이유」.

23) 「てき【敵】 적」+「の[助詞]」+「ため【為】」+「に[助詞]」(〈~の(が)ために〉의 꼴로 '이익·이유·목적'의 뜻. ~때문에. ~위해).

24) 「いけどる【生け捕る】[4]산 채로 잡다」의 未然形「いけどら」(〈-と-〉는 無濁点표기)+「る[助動]수동」의 連用形「れ」+「たり[助動]완료·존속」.

25) 「かたる【語る】[4]상대에게 전하다. 이야기하다」의 連用形「かたり」+「て」+「いはく【曰く】 말하길. 이르길」.

26) 「なんぢ→なんじ【汝·爾】[代]너」+「は[助詞]」+「まことに【真に·実に·誠に】[副]정말로. 거짓 없이. 매우」.

27) 「ききつたふ[下2]→ききつたえる【聞き伝える】[下1]남에게 전해 듣다」의 連用形「ききつたへ」+「たり[助動]완료·존속」의 連体形「たる」+「つはもの→つわもの【兵】 ①무

➩ 사사명이 밝혀 이르길 "너는 참으로 전해 듣는 무사다.

❑しかりと、いへども28)、天運[てんうん]つきぬれば29)、いま、わが手[て]に30)、いけどり侍[は]へり31)、

➩ 그렇다고 해도 천운이 다했기에 이제 내 손으로 사로잡았습니다.

❑さすがに32)、ころし侍[は]べらんことも33)、あたら34)、つハものぞかし35)。

➩ 그렇다곤 해도 죽이려는 것도, 애석하게도, 무사인 것이다.

❑おとなしくハ、かうさんして36)、みかたに心[こころ]を、あはせ給[たま]ハゞ37)、

➩ 고분고분하게 항복하여 우리 편에 뜻을 합하시면,

기 ②병사. 무사 ③강건한 사람. 비유적으로 그 방면에서 수완을 발휘하는 사람」+「なり[助動]단정·지정」.

28) 「しかり【然り】[ラ変]그러하다」의 終止形 「しかり」+「と[助詞]~라고」+「いふ【言ふ·云ふ】[4]말하다」의 已然形 「いへ」+「ども[助詞]역접」.

29) 「てんうん【天運】천운」+「つく【尽く·竭く】[上2]떨어지다. 끝나다」의 連用形 「つき」+「ぬ[助動]완료·존속」의 已然形 「ぬれ」+「ば[助詞]확정조건. 원인·이유」.

30) 「いま【今】현재. 지금. 이 국면에」+「わが【我が·吾が】[連体]나의. 자신의」+「て【手】손. 부하」+「に[助詞]」.

31) 「いけどる【生け捕る】[4]산 채로 잡다」의 連用形 「いけどり」+「侍(はべ)り[助動]격식·정중」(<-へ->는 無濁点표기).

32) 「さすがに[副]그렇게 생각하지만 역시. 그렇지만. 과연」.

33) 「ころす【殺す】[4]죽이다」의 連用形 「ころし」+「侍(はべ)り[助動]격식·정중」의 未然形 「はべら」+「む[助動]추량·의지」의 連体形 「む」→「ん」+「こと【事】것. 일」+[も[助詞]」.

34) 「あたら【可惜】[副]애석하게도. 아쉽게도. 아까운」.

35) 「つはもの【兵】병사. 무사」+「ぞかし(〈ゾ〉〈カシ〉모두 강조의 뜻을 나타내는 조사. 문말에 쓰임)~인 것이다」.

36) 「おとなし【大人し】[形シク]어른스럽다. 얌전하다」의 連用形 「おとなしく」+「は[助詞]강조」+「かうさん→こうさん【降参】항복」+「す[サ変]하다」의 連用形 「し」+「て」.

37) 「みかた【味方·御方·身方】관군(官軍). 자기 편」+「に[助詞]」+「こころ【心】마음. 뜻」+「を[助詞]」+「あはす【合はす】[下2]하나로 만들다. 합하다. 맞추다」의 連用形 「あはせ」+「たまふ【給ふ】[助動]존경」의 未然形 「たまは」+「ば[助詞]가정조건」.

❑命[いのち]を、たすけて38)、高官(かうくわん)に申[もうし]あつけて39)、われに栄花(えいぐわ)を40)、もろ友[とも]にせん41)。」と云[いう]。

➩ 목숨을 살려서 높은 자리에 부탁드려 맡겨서 나에게 영화를 더불어 하자."라고 한다.

❑張興(ちやうけう)、大[おおい]に、いかりて、こたへて、いはく42)、「我[われ]ハ、これ43)、唐(たう)のみかどの忠臣(ちうしん)なり44)、

➩ 장흥이 크게 노하여 대답하여 말하길 "나는, 이 사람은 당나라 천자의 충신이다.

❑まことに45)、かうさんすべき道[みち]なし46)、命[いのち]ハ47)、しばらくの事[こと]也[なり]48)。

---

38) 「いのち【命】목숨」+「を[助詞]」+「たすく【助く·輔く·扶く】[下2]돕다. 힘을 보태다. 구조하다」의 連用形「たすけ」+「て」.

39) 「かうくわん→こうかん【高官】고관」+「に[助詞]」+「まうす[4]→もうす【申す】[5]아뢰다. 부탁드리다. 정치를 집행하다」의 連用形「まうし(읽을 때는 〈モーシ〉)」+「あづく[下2]→あずける【預ける】[下2]맡기다. 일임하다」의 連用形「あづけ」(〈-つ-〉는 無濁点표기)+「て」.

40) 「われ【我·吾】[代]나」+「に[助詞]」+「えいぐわ→えいが【栄華·栄花】영화」+「を[助詞]」.

41) 「もろとも【諸共】[形動ナリ]함께 하는 모양. 같이. 동시」(한자 〈友〉는 특이함)의 連用形「もろともに」+「す[サ変]하다」의 未然形「せ」+「む[助動]추량·의지」→「ん」.

42) 「おおいに【大いに】[副]매우. 몹시. 많이」+「いかる【怒る】[4]화내다. 노하다」의 連用形「いかり」+「て」+「こたふ【答ふ·応ふ】[下2]대답하다. 반응하다」의 連用形「こたへ」+「て」+「いはく【曰く】말하길. 이르길」.

43) 「われ【我·吾】[代]나」+「は[助詞]」+「これ【此·是】[代]앞에 제시한 말을 재차 언급할 때 사용하는 말」.

44) 「たう→とう【唐】당나라」+「の[助詞]」+「みかど【御門·帝】황제. 천자」+「の[助詞]」+「ちゅうしん【忠臣】충신」+「なり[助動]단정·지정」.

45) 「まことに【真に·実に·誠に】[副]정말로. 거짓 없이. 매우」.

46) 「かうさん→こうさん【降参】항복」+「す[サ変]하다」의 終止形「す」+「べし[助動]의무·당연·추량·가능 등」의 連体形「べき」+「みち【道】길. 이치. 도리. 분별. 수단」+「なし【無し】[形ク]없다」.

47) 「いのち【命】목숨」+「は[助詞]」.

➪ 참으로 항복할 리가 없다. 목숨은 잠시간의 일이다.

❑ねがハくは[49)]、わが、おもふ事[こと]を[50)]、いはせよ[51)]。しからば[52)]、たとひ死(し)すとも[53)]、さらに、うらみなからん[54)]。」と。

➪ 원컨대 내가 생각하는 바를 말하도록 둬라. 그렇다면 비록 죽더라도 전혀 억울함이 없을 것이다."라고.

❑史思明(しゝめい)が、いはく[55)]、「汝[なんじ]、こゝろミに、いへ[56)]、われ、これを、きかん[57)]。」と。

➪ 사사명이 이르길 "너는 시험 삼아 말하라. 내가 이를 듣겠다."라고.

❑張興(ちやうけう)が、いはく[58)]、「かたじけなくも[59)]、我[わが]君[きみ][60)]、かの[61)]安祿山(あんろくさん)を不敏(ふびん)[62)]し給[たま]

---

48) 「しばらく【暫く·須臾】[副]잠시. 잠간」+「の[助詞]」+「こと【事】 것. 일」+「なり[助動]단정·지정」.

49) 「ねがはくは→ねがわくは【願わくは】[副]바라기는. 원하기는」.

50) 「わが【我が·吾が】[連体]나의. 자신의」+「おもふ【思ふ】[4]생각하다」의 連体形「おもふ」+「こと【事】 것. 일」+「を[助詞]」.

51) 「いふ【言ふ·云ふ】[4]말하다」의 未然形「いは」+「す[助動]사역·허용(방임). ~시키다. 내버려두다」의 命令形「せよ」.

52) 「しからば【然らば】[接続]그렇다면. 그러면」. 이는「しかり【然り】[ラ変]그러하다」의 未然形「しから」+「ば[助詞]가정조건」로 분석할 수도 있다.

53) 「たとひ→たとい【縦い·仮令·縦令】[副]①만일. 만약에 ②만일 그렇다 해도. 비록」+「しす【死す】[サ変]죽다」의 終止形「しす」+「とも[助詞]역접의 가정조건. ~해도」.

54) 「さらに【更に】[副]또한. 거듭. 전혀」+「うらみ【恨み·怨み·憾み】[名]원망. 원한. 불만. 유감」+「なし【無し】[形ク]없다」의 未然形「なから」+「む[助動]추량·의지」→「ん」.

55) 「が[助詞]」+「いはく【曰く】 말하길. 이르길」.

56) 「なんぢ→なんぢ【汝·爾】[代]너」+「こころみに【試みに】[副]어떤 결과가 될지 시험 삼아서」+「いふ【言ふ·云ふ】[4]말하다」의 命令形「いへ」.

57) 「われ【我·吾】[代]나」+「これ【此·是】[代]이것. 이사람」+「を[助詞]」+「きく【聞く·聴く】[4]듣다」의 未然形「きか」+「む[助動]추량·의지」→「ん」.

58) 「が[助詞]」+「いはく【曰く】 말하길. 이르길」.

59) 「かたじけなし[形ク]→かたじけない【忝い·辱い】[形]부끄럽다. 과분하다. 황송하다」의 連用形「かたじけなく」+「も[助詞]」.

ひ63)、

➪ 장흥이 이르길 "황공하게도 우리 주군이 저 안녹산을 귀여워하셔서,

❑寵(てう)にほこる事[こと]64)、まさに65)、父子(ふし)の間(あひだ)よりも、したしく66)、そのほかの臣下(しんか)67)、よく、これに、をよぶものなし68)。

➪ 총애에 으스대는 것이 참으로 부자지간보다도 가까워서, 그 외의 신하가 제대로 이에 버금가는 자가 없다.

❑其[その]大[だい]をんを69)報(ほう)ずべき70)、みちをだに、しらず71)、

---

60) 「わが【我が・吾が】[連体]나의. 자신의」+「きみ【君】주군. 임금」.

61) 「かの【彼の】[連体]저. 그」.

62) 「ふびん」으로 읽는 말에는 「不敏」과 「不便・不憫・不愍」이 있는데, 본문은 「不敏」으로 되어 있다. 「不敏」은 「민첩하지 않은 것. 재능이 떨어지는 것」의 뜻이고 「不便・不憫・不愍」은 「불편한 것. 불쌍한 것. 귀엽다고 생각하는 것」의 뜻이다. 전자는 문맥상 통하지 않으므로 한자를 잘못 쓴 것으로 풀이해야 할 듯싶은데 『假名草子集成』에도 이 부분에 원문에 잘못이 있으나 그대로 옮긴다는 표시인 'ママ'가 붙어있다.

63) 「ふびん【不便・不憫・不愍】귀여워하는 것」+「す[サ変]하다」의 連用形 「し」+「たまふ【給ふ】[助動]존경」의 連用形 「たまひ」.

64) 「ちょう【寵】총. 사랑하는 것. 마음에 드는 것. 귀여워하는 것」+「に[助詞]」+「ほこる【誇る】[4]잘난 척하다. 자랑스러워하다. 자랑하다. 풍요롭게 지내다」의 連体形 「ほこる」+「こと【事】것. 일」.

65) 「まさに【正に】[副]①틀림없이. 분명 ②바로 지금. 이제라도」.

66) 「ふし【父子】부자」+「の[助詞]」+「あひだ→あいだ【間】사이」+「より[助詞]기점. 비교의 기준. ~부터. ~보다」+「も[助詞]」+「したし【親し】[形ク]가깝다. 친하다」의 連用形 「したしく」.

67) 「その【其の】[連体]그」+「ほか【外・他】외. 밖」+「の[助詞]」+「しんか【臣下】신하」.

68) 「よく【善く・良く・能く】[副]충분히. 상세히. 능숙하게. 잘. 매우. 흔히. 종종」+「これ【此・是】[代]이것. 이사람」+「に[助詞]」+「およぶ【及ぶ】[4]어떤 때나 장소, 정도 등에 다다르다. 도달하다. 영향을 미치다」의 連体形 「およぶ」(〈を-〉는 정서법에 어긋남)+「もの【者】자. 사람」+「なし【無し】[形ク]없다」.

69) 「その【其の】[連体]그」+「だいおん【大恩】대은」(〈-を-〉는 정서법에 어긋남)+「を[助詞]」.

あまつさへ72)、むほんを、おこし73)、

➪ 그 큰 은혜를 갚아야 할 도리조차도 모르고, 더군다나 모반을 일으켜,

❑禁中(きんちう)をやぶり74)、人[ひと]をころし75)、みかどを、をそふて76)、くらゐを、うバふ77)。

➪ 궁중을 뭉개고 사람을 죽이고 천자를 위협하여 자리를 훔친다.

❑われ、かゝる、あくぎやくの大[だい]賊(ぞく)を78)、かうべを、はねざるをだに79)、くちおしきに80)、

➪ 내가 이러한 무도한 큰 도적을 목을 베지 못한 것조차 억울한데,

❑ましてや81)、かうさんして82)、かれが臣下[しんか]となり侍[は]べら

---

70) 「ほうず【報ず】[サ変]은혜를 갚다. 보은하다」의 終止形「ほうず」+「べし[助動]의무·당연·추량·가능 등」의 連体形「べき」.

71) 「みち【道】길. 이치. 도리. 분별. 수단」+「を[助詞]」+「だに[助詞]~조차. ~만. ~라도」+「しる【知る】[4]알다」의 未然形「しら」+「ず[助動]부정」의 連用形「ず」.

72) 「あまつさへ→あまつさえ【剰え】[副]그뿐 아니라. 게다가」.

73) 「むほん【謀叛·謀反】모반」+「を[助詞]」+「おこす【起こす·興す·熾す】[4]일으키다」의 連用形「おこし」.

74) 「きんちゅう【禁中】금중. 궁중」+「を[助詞]」+「やぶる【破る·敗る】[4]부수다. 이기다. 뭉개다」의 連用形「やぶり」.

75) 「ひと【人】사람」+「を[助詞]」+「ころす【殺す】[4]죽이다」의 連用形「ころし」.

76) 「みかど【御門·帝】황제. 천자」+「を[助詞]」+「おそう【襲う·圧う】[4]내리누르다. 압박하다. 갑자기 공격하다. 위해를 가하다. 습격하다」(〈を-〉는 정서법에 어긋남)+「て」.

77) 「くらゐ→くらい【位】지위. 자리」+「を[助詞]」+「うばふ【奪ふ】[4]빼앗다. 훔치다」.

78) 「われ【我·吾】[代]나」+「かかる【斯かる】[連体]이러한. 이런」+「あくぎゃく【悪逆】도리를 거스른 심한 악행. 주군이나 아비를 해하는 죄악」+「の[助詞]」+「だいぞく【大賊】큰 악행을 저지르는 도둑. 대도」+「を[助詞]」.

79) 「かうべ→こうべ【首·頭】머리. 목」+「を[助詞]」+「はぬ[下2]→はねる【撥ねる】[下1]치켜 올리다. 날리다. 베다」의 未然形「はね」+「ざり[助動]부정」의 連体形「ざる」+「を[助詞]」+「だに[助詞]~조차. ~만. ~라도」.

80) 「くちをし[形シク]→くちおしい【口惜しい】[形]유감이다. 원통하다」의 連体形「くちをしき」(〈-お-〉는 歴史的仮名遣에 어긋남)+「に[助詞]~하니. ~하는데」.

んや[83]。

➪ 하물며 항복해서 저의 신하가 되겠는가?

❑汝[なんじ]ハ[84]、かの大[だい]賊(ぞく)に、したがふて[85]、富貴(ふうき)を、もとむるものなり[86]。

➪ 너는 그 큰 도적에 붙어서 부귀를 좇는 자다.

❑たとへば[87]、なを[88]燕(つバめ)の[89]、幕(まく)に[90]巣(す)を、くふがことし[91]、

➪ 예컨대 역시 제비가 장막에 둥지를 트는 것과 같다.

❑よく[92]、いくバくのときか[93]、やすからん[94]。

---

81) 「まして【況して】[副]게다가. 물론. 하물며」+「や[助詞]반어」.

82) 「かうさん→こうさん【降参】항복」+「す[サ変]하다」의 連用形「し」+「て」.

83) 「かれ【彼】[代]저(그)것. 저(그)사람」+「が[助詞]현대일본어 〈の〉의 쓰임」+「しんか【臣下】신하」+「と[助詞]」+「なる【成る·為る】[4]되다」의 連用形「なり」+「侍(はべ)り[助動]격식·정중」의 未然形 「はべら」+「む[助動]추량·의지」→「ん」+「や[係助詞]의문·질문·반어」.

84) 「なんぢ→なんじ【汝·爾】[代]너」+「は[助詞]」.

85) 「かの【彼の】[連体]저. 그」+「だいぞく【大賊】큰 악행을 저지르는 도둑. 대도」+「に[助詞]」+「したがふ[4]→したがう【従う·随う·順う】[5]수행하다. 말하는 대로 따르다. 거스르지 않다. 좇다. 맡기다」+「て」.

86) 「ふうき【富貴】[名]부귀」+「を[助詞]」+「もとむ【求む】[下2]찾다. 구하다」의 連体形「もとむる」+「もの【者】자. 사람」+「なり[助動]단정·지정」.

87) 「たとへば→たとえば【例えば】[副]예컨대. 이를테면」.

88) 「なお【猶·尚】[副]아직. 역시. 그래도. 다시. 원래대로」(歴史的仮名遣로는 〈なほ〉).

89) 「つばめ【燕】제비」+「の[助詞]현대일본어 〈が〉의 쓰임」.

90) 「まく【幕】막. 여행길에서나 전쟁터 등 밖에서 쉬거나 머물기 위해 치는 것」+「に[助詞]」.

91) 「す【巣】둥지」+「を[助詞]」+「くふ【構ふ】[4]새가 둥지를 만들다」의 連体形「くふ」+「が[助詞]」+「ごとし【如し】[助動]~와 같다. ~와 닮았다」(〈こ-〉는 無濁点표기).

92) 「よく【善く·良く·能く】[副]충분히. 상세히. 능숙하게. 잘. 매우. 흔히. 종종」.

93) 「いくばく【幾何·幾許】[副](뒤에 부정하는 표현을 수반하여)수나 양이 그렇게 많지

➪ 제대로 얼마간이나 평안하겠는가?

❑いまに[95)]、天[てん]たうのとがめ[96)]有(ある)べし[97)]。

➪ 머잖아 하느님의 벌이 있을 것이다.

❑わざはひを、もつて[98)]、さいはひと、するもの[99)100)]、我[われ]さらに、うらやましからず[101)]。

➪ 재난으로써 다행으로 여기는 자, 나는 전혀 부럽지 않다.

❑これに、むかひて[102)]、かうさんすべくハ[103)]、又[また]、おなじ大[だい]賊(ぞく)ならん[104)]。」と。

않다는 뜻을 나타냄)어느 정도. 그렇게. 그다지」+「の[助詞]」+「とき【時】 때」+「か[係助詞]의문·질문」(문말은 連体形).

94) 「やすし【安し·易し】[形ク]평안하다. 근심이 없다. 안심이다. 쉽다」의 未然形「やすから」+「む[助動]추량·의지」의 連体形「む」→「ん」.

95) 「いまに【今に】[副]①아직 ②이제 곧. 얼마 지나지 않아서」.

96) 「てんたう→てんとう【天道】 천지를 주재하는 신(神). 천제(天帝)」+「の[助詞]」+「とがめ【咎め】[名]꾸짖음. 비난. 벌」.

97) 「あり【有り】[ラ変]있다」의 連体形「ある」+「べし[助動]의무·당연·추량·가능 등」.

98) 「わざはひ→わざわい【禍·災い】[名]재해. 재난. 불행한 일」+「を[助詞]」+「もつて【以て】(〈を[助詞]〉에 이어져서)수단이나 원인 등을 나타냄. ~로써. ~때문에」.

99) 「さいはひ→さいわい【幸い】[名]행복. 행운」+「と[助詞]」+「す[サ変]하다」의 連体形「する」+「もの【者】 자. 사람」.

100) 본문과 비슷한 형태의 관용구인「禍(わざわい)を転(てん)じて幸(さいわい)となす」는「재난(불행)을 능히 바꾸어 행복이 되도록 꾀하다」의 뜻.

101) 「われ【我·吾】[代]나」+「さらに【更に】[副]또한. 전혀」+「うらやまし【羨まし】[形シク]부럽다. 탐나다」의 未然形「うらやましから」+「ず[助動]부정」.

102) 「これ【此·是】[代]이것. 이사람」+「に[助詞]」+「むかふ【向かふ·対ふ】[4]향하다」의 連用形「むかひ」+「て」.

103) 「こうさん【降参】 항복」+「す[サ変]하다」의 終止形「す」+「べくは(조동사〈べし〉의 連用形〈べく〉에 係助詞〈は〉가 접속한 것)~한다면, ~할 수 있다면」.

104) 「また【又·亦·復】[副]다시. 같이. 달리. 또한」+「おなじ【同じ】[連体]동일한. 같은 부류의. 같은 정도의」+「だいぞく【大賊】 큰 도둑. 대도」+「なり[助動]단정·지정」의 未然形「なら」+「む[助動]추량·의지」→「ん」.

➩ 이를 향해 항복해서는 또한 마찬가지 큰 도적일 것이다.

❑史思明(ししめい)、大[おおい]に、いかりて105)、張興(ちやうけう)を、とらへて106)、さかさまに、なしつゝ107)、のこぎりをもつて108)、竪割(たつざき)109)に、せさせけり110)。

➩ 사사명이 크게 노하여 장흥을 잡아 묶어서 거꾸로 만든 채로 톱으로 세로로 가르게 시켰다.

❑今[いま]、むなしく111)、息[いき]たゆるまで112)、こゑをあげて113)、いかり罵(のり)て114)、さらに口(くち)を、とゞめざりけり115)。

---

105) 「おおいに【大いに】[副]매우. 몹시. 많이」+「いかる【怒る】[4]화내다. 노하다」의 連用形「いかり」+「て」.

106) 「を[助詞]」+「とらふ[下2]→とらえる【捕らえる·捉える】[下1]손으로 꽉 붙들다. 꽉 쥐다. 동물을 붙잡다. 포박하다」의 連用形「とらへ」+「て」.

107) 「さかさま【逆様·倒】[形動]거꾸로 된 모양. 뒤집어진 모양」의 連用形「さかさまに」+「なす【生す·成す·為す】[4]만들다. 행하다」의 連用形 「なし」+「つつ[助詞](連用形에 접속함)같은 동작의 반복·계속 등. ~하면서. ~해 두고 나서」.

108) 「のこぎり【鋸】톱」+「を[助詞]」+「もって【以て】(〈を[助詞]〉에 이어져서)수단이나 원인 등을 나타냄. ~로써. ~때문에」.

109) 「竪割」을「たつざき」로 읽는 것은 미상. 참고로「たて【縦·竪·経】세로」,「さく【裂く·割く】[4]떼다. 가르다. 부수다」.

110) 「す[サ変]하다」의 未然形「せ」+「さす[助動]사역. ~시키다」의 連用形「させ」+「けり[助動]회상·과거」.

111) 「いま【今】현재. 지금. 이 국면에」+「むなし【空し·虚し】[形シク]덧없다. 무상하다. 죽었다」의 連用形「むなしく」.

112) 「いき【息】숨」+「たゆ【絶ゆ】[下2]끊어지다」의 連体形 「たゆる」+「まで【迄】[助詞]~까지」.

113) 「こゑ→こえ【声】목소리」+「を[助詞]」+「あぐ[下2]→あげる【上げる·挙げる·揚げる】[下1]올리다. 높이다」의 連用形「あげ」+「て」.「声を上げる」의 형태로 '큰 목소리를 내다'의 뜻.

114) 「いかる【怒る】[4]화내다. 노하다」의 連用形 「いかり」+「のる【罵る】[4]욕하다. 험담하다」의 連用形「のり」+「て」.

115) 「さらに【更に】[副]또한. 전혀」+「くち【口】입. 말」+「を[助詞]」+「とどむ【止む】[下2]멈추다. 그만두다」의 未然形 「とどめ」+「ざり[助動]부정」의 連用形 「ざり」+「けり

➪ 이제 속절없이 숨이 끊어질 때까지 목청껏 성내며 욕하여 전혀 입을 멈추지 않았다.

❑ 人[ひと]ミな[116]、心[こころ]ざしの[117]、たけき事[こと]を、かんじて[118]、涙[なみだ]をながし[119]、よろひの袖[そで]を[120]、ぬらさず、と云[いう]ことなし[121]。

➪ 사람들이 모두 마음가짐이 용맹한 것을 감복하여 눈물을 흘려서 갑옷의 소매를 적시지 않는 일이 없다.

[助動]회상·과거」.

116) 「ひと【人】 사람」+「みな【皆】 ①[名]모든 사람. 전부 ②[副]남김없이. 모두」.

117) 「こころざし【志】 마음이 향하는 바. 뜻. 마음가짐」+「の[助詞]현대일본어 〈が〉의 쓰임」.

118) 「たけし【猛し】 [形ク]용맹하다. 무용이 빼어나다. 드세다」의 連体形 「たけき」+「こと【事】 것. 일」+「を[助詞]」+かんず[サ変] → かんずる【感ずる】 [サ変]느끼다. 감동하다. 감탄하다」의 連用形 「かんじ」+「て」.

119) 「なみだ【涙】 눈물」+「を[助詞]」+「ながす【流す】 [4]흘리다」의 連用形 「ながし」.

120) 「よろひ【鎧·甲】 무구. 병구. 갑옷」+「の[助詞]」+「そで【袖】 소매」+「を[助詞]」.

121) 「ぬらす【濡らす】 [4]적시다」의 未然形 「ぬらさ」+「ず[助動]부정」+「と[助詞]~라고」+「いふ【言ふ·云ふ】 [4]말하다. 하다」의 連体形 「いふ」+「こと【事】 것. 일」+「なし【無し】 [形ク]없다」.

16. 秀(しう)實(しつ)奪(うハう)レ笏(こつを)
수실이 홀을 빼앗다

❑唐(たう)の[1]朱泚(しゆし)、すでに[2]宮中(きうちう)に、いりぬ[3]。

⇨ 당나라의 주차가 이제 궁중에 들어갔다.

❑段秀実(たんしうじつ)が、久[ひさ]しく[4]兵具(ひやうぐ)[5]を失(しつ)せしを、もつて[6]、すなハち[7]、兵(つハもの)をつかはして[8]、これを、よぶ[9]。

---

1) 「たう→とう【唐】 당나라」+「の[助詞]」.

2) 「すでに【既に・已に】[副]①이미. 벌써 ②모두. 남김없이 ③이제 ④틀림없이」.

3) 「きゅうちゅう【宮中】 궁중」+「に[助詞]」+「いる【入る】[4]들어가다」의 連用形「いり」+「ぬ[助動]완료・존속」.

4) 「ひさし[形シク]→ひさしい【久しい・尚しい】[形]오래되다. 영원하다. 흔하다」의 連用形「ひさしく」.

5) 「ひやうぐ→ひょうぐ【兵具】 병구. 갑주나 칼, 창과 같은 류. 병기. 무구(武具)」. 〈한문본〉에는 「兵柄」으로 되어 있으며 이를 〈언해본〉에서는 「兵馬ㅅ쥴」로 옮기고 있다. 참고로 『역주 삼강행실도』(세종대왕기념사업회)에서는 「兵馬ㅅ쥴」을 「병력지휘권」을 뜻한다고 풀이하고 있다. 아울러 「兵柄」은 한・일 모두 사전에 표제어로 등재되어 있지 않다.

6) 「を[助詞]」+「しっす【失す】[サ変]잃다. 잃어버리다」의 未然形「しっせ」+「き[助動]회상・과거」(〈き〉는 활용어의 連用形에 접속하는 조동사지만 サ変동사의 경우는 〈せし〉〈せしか〉〈しき〉와 같이 접속한다)의 連体形「し」+「を[助詞]」+「もって【以て】(〈を[助詞]〉에 이어져서)수단이나 원인 등을 나타냄. ~로써. ~때문에」.

7) 「すなはち→すなわち【即ち・則ち】[副]곧바로. 즉시. 그래서. 즉」.

8) 「つはもの→つわもの【兵】 무기. 병사. 용사」+「を[助詞]」+「つかはす[4]→つかわす【使わす・遣わす】[5]심부름 보내시다. 파견하시다. 하사하시다. 주시다」의 連用形「つかはし」+「て」.

9) 「これ【此・是】[代]이것. 이사람」+「を[助詞]」+「よぶ【呼ぶ・喚ぶ】[4]부르다. 불러들이

➪ 단수실이 한동안 병구를 잃었던 것을 이유로 곧 병사를 보내서 이를 부른다.

❑秀実(しうじつ)、すでに行[ゆき]いたりて10)、朱泚(しゆし)に、まみえて、いはく11)、

➪ 수실이 이제 도착해서 주차를 뵙고 말하길,

❑「天下[てんか]、をだやかならざる事[こと]ハ12)、これ有司(ゆうし)官人(くわんにん)の13)、あやまちなり14)。

➪ "천하가 평온하지 않은 것은 이는 벼슬아치 관리의 잘못이다.

❑さらに15)、天子(てんし)の16)、しろしめす事[こと]に、あらず17)、よろしく将士(しやうじ)を引(ひき)て18)、乗輿(せうよ)を、むかふべ

다」(〈-ふ〉는 無濁点표기).

10) 「すでに【既に·已に】[副]이미. 벌써. 이제」+「ゆきいたる【行き至る】[4]거기에 도착하다. 도달하다」의 連用形「ゆきいたり」+「て」.

11) 「に[助詞]」+「まみゆ[下2]→まみえる【見える】[下1]①뵙다. 알현하다 ②대면하다. 만나다」의 連用形「まみえ」+「て」+「いはく【曰く】말하길. 이르길」.

12) 「てんか【天下】천하」+「おだやか【穏やか】[形動ナリ]평온하다. 편안하다」의 未然形「おだやかなら」(ʻを-ʼ는 정서법에 어긋남)+「ざり[助動]부정」의 連体形「ざる」+「こと【事】것. 일」+「は[助詞]」.

13) 「これ【是·之·維】[代](한문훈독에서)제시한 주제를 다시 지정함. 이것」+「いうし→ゆうし【有司】벼슬아치. 공무원」(〈ゆ-〉는 歴史的仮名遣에 어긋남)+「くわんにん→かんにん【官人】관인. 관리. 벼슬아치」+「の[助詞]」.

14) 「あやまち【過ち】[名]실패. 과실. 잘못」+「なり[助動]단정·지정」.

15) 「さらに【更に】[副]①또한. 거듭. 더욱 ②새로이 ③강한 부정. 절대로 ~가 아니다. 전혀 ~지 않다」.

16) 「てんし【天子】천자」+「の[助詞]현대일본어〈が〉의 쓰임」.

17) 「しろしめす【知ろしめす】[4]아시다. 다스리시다. 돌보시다」의 連体形「しろしめす」+「こと【事】것. 일」+「に[助詞]」+「あり【有り】[ラ変]있다」(〈-にあり〉는 현대일본어〈-である〉의 쓰임)의 未然形「あら」+「ず[助動]부정」(〈あらず〉는 현대일본어의〈ない〉에 해당).

18) 「よろしく【宜しく】[副]당연히. 반드시. 알맞게. 적당히」+「しやうし→しょうし【将士】장사. 장교와 사졸(士卒). 장졸. 장병」(〈-じ〉는 정서법에 어긋남)+「を[助詞]」+「ひく【引く·曳く·牽く】[4]이끌다. 당기다」의 連用形「ひき」+「て」.

し[19]。」と云[いう]。

⇨ 전혀 천자가 아시는 바가 아니다. 마땅히 장병을 이끌고 승여를 맞이해야 할 것이다."라고 한다.

❑朱泚(しゆし)、これを聞[きき]て[20]、いかれる、かほバせあり[21]。

⇨ 주차가 이를 듣고서 노여워하는 기색이 있다.

❑秀実(しうじつ)、ふかく[22]朱泚(しゆし)をにくみて[23]、将吏(しやうり)のものと[24]、こゝろをあはせて[25]、ころさん事[こと]を、はかる[26]、

⇨ 수실이 깊이 주차를 못마땅해 하여 장수와 벼슬아치 된 자와 뜻을 모아서 죽이려는 일을 꾀한다.

❑されども[27]、いまだ[28]色[いろ]を、あらハすことなし[29]。

---

19) 「じょうよ【乗輿】승여. 천자가 타는 마차. 천자의 탈것」(본문에서는 無濁点표기)＋「を[助詞]」＋「むかふ[下2]→むかえる【迎える・邀える】[下1]나아가서 사람이 오는 것을 기다리다. 맞이하다」의 終止形「むかふ」＋「べし[助動]의무・당연・추량・가능 등」.

20) 「これ【此・是】[代]이것. 이사람」＋「を[助詞]」＋「きく【聞く・聴く】[4]듣다」의 連用形「きき」＋「て」.

21) 「いかる【怒る】[4]화내다」의 命令形「いかれ」＋「り[助動]완료・존속」의 連体形「る」＋「かほばせ→かおばせ【顔ばせ】생김새. 표정」＋「あり【有り】[ラ変]있다」.

22) 「ふかし[形ク]→ふかい【深い】[形]깊다. 무겁다」의 連用形「ふかく」.

23) 「を[助詞]」＋「にくむ【憎む・悪む】[4]미워하다. 증오하다. 옳지 않은 것을 싫어하여 멀리하다. 비난하다」의 連用形「にくみ」＋「て」.

24) 「しやうり→しょうり【将吏】무관과 문관. 대장과 관리」＋「の[助詞]」＋「もの【者】자. 사람」＋「と[助詞]~와」.

25) 「こころ【心】마음. 뜻」＋「を[助詞]」＋「あはす【合はす】[下2]하나로 만들다. 합하다. 맞추다」의 連用形「あはせ」＋「て」.

26) 「ころす【殺す】[4]죽이다」의 未然形「ころさ」＋「む[助動]추량・의지」의 連体形「む」→「ん」＋「こと【事】것. 일」＋「を[助詞]」＋「はかる【計る・測る・量る・図る・謀る・諮る】[4]계산하다. 재다. 생각하다. 짐작하다. 기회를 엿보다. 기도하다. 꾀하다. 속이다」.

27) 「されども【然れども】[接続]그렇지만. 그러나」.

28) 「いまだ【未だ】[副]아직. 여전히」.

29) 「いろ【色】색. 안색. 표정. 기색」＋「を[助詞]」＋「あらはす[4]→あらわす【表す・現す・

➪ 하지만 아직 기색을 드러내는 일이 없다.

❏かゝるところに[30]、朱泚(しゆし)、をのれが兵(つハもの)に[31]、韓旻(かんびん)といふものに[32]、あまたの兵(つハもの)を、さしそへて[33]、みかどを、むかへ奉[たてまつ]らん、とす[34]。

➪ 이러한 차에 주차가 자신의 무사인 한민이라는 자에게 수많은 병사를 붙여서 천자를 맞아 올리려 한다.

❏秀実(しうじつ)、これを聞[きき]て[35]、大[おおい]に、おどろき[36]、岐灵岳(ぎれいがく)と、いふものに、かたりて、いはく[37]、

➪ 수실이 이를 듣고서 크게 놀라서 기령악이라 하는 자에게 밝혀 말하길,

❏「すでに、事(こと)急(きう)なり[38]、汝[なんじ]いつハりて[39]、姚令言

顕す・著す】[5]드러내다. 표현하다」의 連体形「あらはす」+「こと【事】것. 일」+「なし【無し】[形ク]없다」.

30) 「かかる【斯かる】[連体]이러한. 이런」+「ところ【所・処】곳. 바. 상황. 찰나」+「に[助詞]」.

31) 「おのれ【己】〈1〉[名]자기 자신. 〈2〉[代]①(1인칭)나. 저 ②(2인칭)손아랫사람 또는 다른 사람을 낮잡아 부르는 말. 너. 자네」(〈を-〉는 정서법에 어긋남)+「が[助詞]현대일본어 〈の〉의 쓰임」+「つはもの【兵】무기. 병사. 무사」+「に[助詞]」.

32) 「と[助詞]~라고」+「いふ【言ふ・云ふ】[4]말하다」의 連体形「いふ」+「もの【者】자. 사람」+「に[助詞]」.

33) 「あまた【数多】[名・副]많이. 대단히」+「の[助詞]」+「つはもの【兵】병사」+「さしそふ[下2]→さしそえる【差し添える・挿し添える】[下1]부가하다. 덧붙이다. 따르게 하다」의 連用形「さしそへ」+「て」.

34) 「みかど【御門・帝】황제. 천자」+「を[助詞]」+「むかふ【迎ふ・邀ふ】[下2]마중하다. 맞이하다」의 連用形「むかへ」+「たてまつる[助動]겸양. ~해드리다」의 未然形「たてまつら」+「む[助動]추량・의지」→「ん」+「と[助詞]」+「す[サ変]하다」.

35) 「これ【此・是】[代]이것. 이사람」+「を[助詞]」+「きく【聞く・聴く】[4]듣다」의 連用形「きき」+「て」.

36) 「おおいに【大いに】[副]매우. 몹시. 많이」+「おどろく【驚く・愕く・駭く】[4]놀라다」의 連用形「おどろき」.

37) 「と[助詞]~라고」+「いふ【言ふ・云ふ】[4]말하다」의 連体形「いふ」+「もの【者】사람」+「に[助詞]」+「かたる【語る】[4]상대에게 전하다. 이야기하다」의 連用形「かたり」+「て」+「いはく【曰く】말하길. 이르길」.

(ようれいげん)符(ふ)[40]を、いだして[41]、まづ、しばらく[42]、韓旻(かんびん)を、かへらしめよ[43]。」と。

➪ "이미 일이 위급하다. 너는 거짓으로 요령언의 공문서를 내서 우선 잠시 한민을 돌아오게 하라."라고.

❑案(あん)のごとく[44]、韓旻(かんびん)かへりけり[45]。

➪ 생각한 대로 한민이 돌아왔다.

❑秀実(しうじつ)、すなハち[46]、将吏(しやうり)のもの[47]其[その]外[ほか][48]くミせし人[ひと]に、かたりて、いはく[49]、

---

38) 「すでに【既に・已に】[副]이미. 벌써」+「こと【事】것. 일」+「きふ【急】[形動ナリ]절박하다. 급박하다」의 終止形「きふなり」(〈-う-〉는 歷史的仮名遣에 어긋남).

39) 「なんぢ→なんじ【汝・爾】[代]너」+「いつはる【偽る・詐る】[4]속이다. 거짓말하다」의 連用形「いつはり」+「て」.

40) 이 부분은 〈한문본〉에 「詐爲姚令言符」로 되어 있으며 이를 〈언해본〉에서는 「거즛符를밍ㄱ라《符는符驗이라》」로 옮겨서 「姚令言」에 대한 언급은 없다. 본문에서는 「姚令言符」를 그대로 音読하고 있는데 「姚令言」은 인명으로 보이므로 료이(了意)의 풀이가 명확하지 않다.

41) 「ふ【符】상급 관청이 직속 하급관청에 내린 문서」+「を[助詞]」+「いだす【出だす】[4]내보내다. 제출하다」의 連用形「いだし」+「て」.

42) 「まづ→まず【先ず】[副]우선. 아무튼」+「しばらく【暫く・須臾】[副]잠시. 한동안」.

43) 「かへる[4]→かえる【帰る・還る】[5]돌아가다(오다)」의 未然形 「かへら」+「しむ[助動]사역. ~시키다」의 命令形「しめよ」.

44) 「あん【案】안. 생각. 추량」+「の[助詞]」+「ごとし【如し】[助動]~와 같다. ~와 닮았다」의 連用形「ごとく」. 「案(あん)の如(ごと)く」는 사전에 등재된 말로서 「생각했던 것처럼. 짐작한 대로」의 뜻이다.

45) 「かへる【帰る・還る】[4]돌아가다(오다)」의 連用形「かへり」+「けり[助動]회상・과거」.

46) 「すなはち→すなわち【即ち・則ち】[副]곧바로. 즉시. 그래서. 즉」.

47) 「しやうり【将吏】무관과 문관. 대장과 관리」+「の[助詞]」+「もの【者】자. 사람」.

48) 「その【其の】[連体]그」+「ほか【外・他】외. 밖」.

49) 「くみす[サ変]→くみする【与する・組する】[サ変]한패가 되어 가세하다. 편들다. 협력하다. 찬성하다. 관여하다」의 未然形「くみせ」+「き[助動]회상・과거」(〈き〉는 連用形에 접속하는 조동사지만 サ変동사는 〈せし〉〈しき〉와 같이 접속함)의 連体形「し」+「ひと【人】사람」+「に[助詞]」+「かたる【語る】[4]상대에게 전하다. 이야기하

➪ 수실이 곧 장수와 벼슬아치, 그밖에 한편이 된 사람에게 밝혀 말하길,

❑「我[われ]まさに50)、朱泚(しゆし)をころすべし51)、もし、ころしえずハ52)、われ、まさに死(し)すべし53)。」と、いふて54)、

➪ "나는 틀림없이 주차를 죽일 것이다. 만일 죽일 수 없으면 나는 정말로 죽을 것이다."라고 하고서,

❑劉海濱(りうかいひん)などいふものを、かたらひて55)、死(し)のまじハりを、むすぶ56)。

➪ 유해빈 등을 끌어들여서 죽음의 친교를 맺는다.

❑韓旻(かんびん)、又[また]、いたるに57)、令言(れいげん)あることを聞[きき]て58)、大[おおい]に、おどろく59)。

➪ 한민이 또한 도착하니 영언이 있는 것을 듣고서 크게 놀란다.

다」의 連用形「かたり」+「て」+「いはく【曰く】말하길. 이르길」.

50) 「われ【我·吾】[代]나」+「まさに【正に】[副]①틀림없이. 분명 ②바로 지금. 이제라도」.

51) 「ころす【殺す】[4]죽이다」의 終止形「ころす」+「べし[助動]의무·당연·추량·가능 등」.

52) 「もし【若し】[副]만일. 어쩌면」+「ころす【殺す】[4]죽이다」의 連用形「ころし」+「う【得】[下2]할 수 있다」의 未然形「え」+「ずは(〈ず[助動]〉+〈は[助詞]〉의 형태)①~하지 않고 ②가정조건. 만일 ~가 아니라면」.

53) 「われ【我·吾】[代]나」+「まさに【正に】[副]틀림없이. 바로 지금」+「しす【死す】[サ変]죽다」의 終止形「しす」+「べし[助動]의무·당연·추량·가능·의지 등」.

54) 「と[助詞]~라고」+「いふ【言ふ·云ふ】[4]말하다」+「て」.

55) 「など【等·抔】[助詞]등」+「いふ【言ふ·云ふ】[4]말하다」의 連体形「いふ」+「もの【者】사람」+「を[助詞]」+「かたらふ[4]→かたらう【語らう】[5]서로 이야기 나누다. 친교하다. 설득하여 한패에 넣다」의 連用形「かたらひ」+「て」.

56) 「し【死】죽음」+「の[助詞]」+「まじはり→まじわり【交わり】[名]교제. 만남. 사귐. 섞임. 접촉」+「を[助詞]」+「むすぶ【結ぶ】[4]맺다. 묶다」.

57) 「また【又·亦·復】[副]다시. 같이. 달리. 또한. 게다가」+「いたる【至る·到る】[4]도착하다」의 連体形「いたる」+「に[助詞]~하니. ~하는데」.

58) 「あり【有り】[ラ変]있다」의 連体形「ある」+「こと【事】것. 일」+「を[助詞]」+「きく【聞く·聴く】[4]듣다」의 連用形「きき」+「て」.

59) 「おおいに【大いに】[副]매우. 몹시. 많이」+「おどろく【驚く·愕く·駭く】[4]놀라다」.

❑しかるに[60]、この事[こと]いつハりなるゆへに[61]、岐灵岳(ぎれいがく)ころされたり[62]。

➪ 그런데 이 일은 거짓이기 때문에 기령악은 죽임 당했다.

❑朱泚(しゆし)また[63]、李忠臣(りちうしん)、源休(げんきう)、其[その]外[ほか][64]段秀実(だんしうじつ)を、まねきて[65]、ミづから[66]王位(わうゐ)に、のぼらんことを、はかる[67]。

➪ 주차는 또한 이충신, 원휴, 그밖에 단수실을 불러서 스스로 왕위에 오르고자 함을 꾀한다.

❑秀実(しうじつ)、いろをかへて[68]、大[おおい]に、いかり[69]、すなハち、座[ざ]を立[たち]て[70]、源休[げんきゅう]が、もちたりし象牙(ざうげ)の笏(しやく)を[71]、うばひとりて[72]、

---

60) 「しかるに【然るに】[接続]그런데. 하지만. 그건 그렇고」.

61) 「この【此の・斯の】[連体]이」+「こと【事】것. 일」+「いつはり→いつわり【偽り・詐り】[名]속임. 거짓」+「なり[助動]단정・지정」의 連体形「なる」+「ゆゑ→ゆえ【故】~때문」(〈-へ〉는 정서법에 어긋남)+「に[助詞]」(〈ゆえに〉의 꼴로 '~이므로・~인고로').

62) 「ころす【殺す】[4]죽이다」의 未然形「ころさ」+「る[助動]수동」의 連用形「れ」+「たり[助動]완료・존속」.

63) 「また【又・亦・復】[副]다시. 같이. 달리. 또한. 게다가」.

64) 「その【其の】[連体]그」+「ほか【外・他】외. 밖」.

65) 「を[助詞]」+「まねく【招く】[4]부르다. 초대하다」의 連用形「まねき」+「て」.

66) 「みづから→みずから【自ら】[名]자기 자신. 나. [副]스스로. 친히」.

67) 「わうゐ→おうい【王位】왕위」+「に[助詞]」+「のぼる【上る・登る・昇る】[4]오르다. 승진하다」의 未然形「のぼら」+「む[助動]추량・의지」의 連体形「む」→「ん」+「こと【事】것. 일」+「を[助詞]」+「はかる【計る・測る・量る・図る・謀る・諮る】[4]계산하다. 재다. 생각하다. 짐작하다. 기회를 엿보다. 기도하다. 꾀하다. 속이다」.

68) 「いろ【色】색. 안색. 표정」+「を[助詞]」+「かふ[下2]→かえる【替える・換える・代える・変える】[下1]바꾸다」의 連用形「かへ」+「て」.

69) 「おおいに【大いに】[副]매우. 몹시. 많이」+「いかる【怒る】[4]화내다. 노하다」의 連用形「いかり」.

70) 「すなはち【即ち・則ち】[副]곧바로. 즉시」+「ざ【座】자리」+「を[助詞]」+「たつ【立つ】[4]일어서다」의 連用形「たち」+「て」.

➯ 수실이 낯빛을 바꾸고 크게 노하여 곧바로 자리를 일어나 원휴가 가지고 있던 상아로 만든 홀을 빼앗아서,

❑朱泚(しゆし)がおもてに73)、唾(つハき)をはきかけて、いハく74)、

➯ 주차의 얼굴에 침을 내뱉고서 말하길,

❑「汝(なんぢ)ハ、これ75)狂(きやう)賊(ぞく)なり76)、われ、なんちを、ころすべき事[こと]の77)、かなハざるこそ、うらみなれ78)。

➯ "너는 바로 미친 도적이다. 내가 너를 죽일 수 있는 일이 이루어지지 못한 것이야말로 원통하다.

❑なんぢに、したがふて79)、何[なん]のゆへにか80)、むほんに、くみし

---

71) 「もつ【持つ】[4]가지다」의 連用形 「もち」+「たり[助動]완료·존속」의 連用形 「たり」+「き[助動]회상·과거」의 連体形 「し」+「ざうげ→ぞうげ【象牙】상아」+「の[助詞]」+「しやく【笏】홀. 예복(禮服) 또는 조복(朝服)을 착용할 때 오른 손에 쥐는 길쭉한 판(板)」+「を[助詞]」.

72) 「うばひとる[4]→うばいとる【奪い取る】[5]빼앗다. 탈취하다」의 連用形 「うばひとり」+「て」.

73) 「が[助詞]현대일본어 〈の〉의 쓰임」+「おもて【面】얼굴. 안면」+「に[助詞]」.

74) 「つばき【唾】침. 타액」+「を[助詞]」+「はく【吐く】[4]뱉다」의 連用形 「はき」+「かく[下2]→かける【掛ける·懸ける】[下1]어떤 동작을 상대방에게 향하다. 베풀다」의 連用形 「かけ」+「て」+「いはく【曰く】말하길. 이르길」.

75) 「なんぢ【汝·爾】[代]너」+「は[助詞]」+「これ【此·是】[代]앞에 제시한 말을 재차 언급할 때 사용하는 말」.

76) 「きやう→きょう【狂】광. 미침」+「ぞく【賊】도둑. 불충한 자. 반역한 자. 악행을 저지르는 자」+「なり[助動]단정·지정」.

77) 「われ【我·吾】[代]나」+「なんぢ【汝·爾】[代]너」(〈-ち〉는 無濁点표기)+「を[助詞]」+「ころす【殺す】[4]죽이다」의 終止形 「ころす」+「べし[助動]의무·당연·추량·가능 등」의 連体形 「べき」+「こと【事】것. 일」+「の[助詞]현대일본어 〈が〉의 쓰임」.

78) 「かなふ【適ふ·叶ふ】[4]적합하다. 바람대로 되다」의 未然形 「かなは」+「ざり[助動]부정」의 連体形 「ざる」+「こそ[係助詞]뜻을 강하게 함」(문말은 已然形)+「うらみ【恨み·怨み·憾み】[名]원망. 원한. 불만. 유감」+「なり[助動]단정·지정」의 已然形 「なれ」(앞의 〈こそ〉에 호응).

79) 「なんぢ【汝·爾】[代]너」+「に[助詞]」+「したがふ【従ふ·随ふ·順ふ】[4]말하는 대로 따르다. 거스르지 않다. 맡기다」+「て」.

て81)、君[きみ]に、そむかんや82)。」と云[いい]て、

➩ 너에게 따라서 어떤 연유로 모반에 편들어서 주군에게 거스르겠는가?"라고 하고

❑笏(しやく)をもつて83)、朱泚(しゆし)が眉間(ミけん)を84)、したゝかに、うちければ85)、血(ち)ながれて86)、地[ち]にそゝく87)。

➩ 홀로써 주차의 미간을 세차게 쳤더니 피가 흘러서 바닥에 쏟아진다.

❑李忠臣(りちうしん)おとろきて88)、朱泚(しゆし)を、たすけて89)、のがれしむ90)。

➩ 이충신이 놀라서 주차를 도와서 달아나도록 한다.

❑朱泚(しゆし)がつハものども91)、あつまりて92)、秀実(しうじつ)を

---

80) 「なん【何】[代]어떤」+「の[助詞]」+「ゆゑ→ゆえ【故】~때문」(〈-へ〉는 정서법에 어긋남)+「に[助詞]」+「か[係助詞]의문·질문」.

81) 「むほん【謀叛·謀反】모반」+「に[助詞]」+「くみす【与す·組す】[サ変]한패가 되어 가세하다. 편들다. 협력하다. 찬성하다. 관여하다」의 連用形「くみし」+「て」.

82) 「きみ【君】주군. 임금」+「に[助詞]」+「そむく【背く·叛く】[4]등지다」의 未然形「そむか」+「む[助動]추량·의지」→「ん」+「や[係助詞]의문·질문」.

83) 「しやく【笏】홀」+「を[助詞]」+「もって【以て】(〈を[助詞]〉에 이어져서)수단이나 원인 등을 나타냄. ~로써. ~때문에」.

84) 「が[助詞]현대일본어 〈の〉의 쓰임」+「みけん【眉間】미간」+「を[助詞]」.

85) 「したたか【強か·健か】[形動ナリ]확실한 모양. 많은 모양. 심한 모양」의 連用形「したたかに」+「うつ【打つ·討つ·撃つ】[4]때리다. 치다」의 連用形「うち」+「けり[助動]회상·과거」의 已然形「けれ」+「ば[助詞]확정조건. 원인·이유」.

86) 「ち【血】피」+「ながる【流る】[下2]흐르다」의 連用形「ながれ」+「て」.

87) 「ち【地】땅. 바닥」+「に[助詞]」+「そそぐ【注ぐ·灌ぐ】[4]흐르다. 쏟다. 떨어지다」(〈-く〉는 無濁点표기).

88) 「おどろく【驚く·愕く·駭く】[4]놀라다」의 連用形「おどろき」(〈-と-〉는 無濁点표기)+「て」.

89) 「を[助詞]」+「たすく[下2]→たすける【助ける·輔ける·扶ける】[下1]돕다. 힘을 보태다. 구조하다」의 連用形「たすけ」+「て」.

90) 「のがる[下2]→のがれる【逃れる·遁れる】[下1]벗어나다. 도망치다. 면하다」의 未然形「のがれ」+「しむ[助動]사역. ~시키다」.

91) 「が[助詞]현대일본어 〈の〉의 쓰임」+「つはもの【兵】병사」+「ども【共】[接尾]~들」.

バ[93]、ころしにけり[94]。

➪ 주차의 병사들이 모여서 수실을 죽이고 말았다.

---

92) 「あつまる【集まる】[4]모이다」의 連用形 「あつまり」+「て」.

93) 「をば : (格助詞 〈を〉에 係助詞 〈は〉가 붙어 濁音化한 것) 〈を〉의 뜻을 강하게 함」.

94) 「ころす【殺す】[4]죽이다」의 連用形 「ころし」+「ぬ[助動]완료·존속」의 連用形 「に」+「けり[助動]회상·과거」.

17. 演(ゑん)芬(ふん)快(こゝろよくす)レ死(しを)
연분이 죽음을 편안하게 하다

❑唐(たう)の1)石演芬(せきゑんふん)ハ、ならびなき、つハものなり2)。

➪ 당나라 석연분은 견줄 데 없는 무사다.

❑李懐光(りくわいくわう)につかへて3)、都将(としやう)4)にいたり5)、はなハだ、したしまれたり6)。

➪ 이회강에게 섬겨서 도장에 올라 매우 가깝게 쓰였다.

❑後[のち]に7)、父子(ふし)の契約(けいやく)を8)、いたしけり9)。

---

1) 「たう→とう【唐】당나라」+「の[助詞]」.

2) 「ならび【並び】[名]늘어서는 것. 비교할 수 있는 것」+「なし【無し】[形ク]없다」의 連体形「なき」+「つはもの→つわもの【兵】무기. 병사. 용사」+「なり[助動]단정·지정」.

3) 「に[助詞]」+「つかふ【仕ふ】[下2]섬기다」의 連用形「つかへ」+「て」.

4) 「都将」은 〈표준국어대사전〉과『広辞苑』에 등재되지 않은 말이다. 다만 〈네이버한자사전〉에는「고려시대, 금군(禁軍)을 거느리는 장수」라는 풀이가 있다. 아울러 〈한문본〉에는「至都將」인데 이를 〈언해본〉에서는 언급하지 않는다. 한자의 뜻을 살펴서 '도읍의 장수'로 풀이할 수 있겠으나 미상.

5) 「に[助詞]」+「いたる【至る·到る】[4]도착하다. 도달하다. 오르다」의 連用形「いたり」+「て」.

6) 「はなはだ【甚だ】[副]매우. 몹시. 대단히. 현저히」+「したしむ【親しむ】[4]친하게 지내다. 가까이하다. 익숙하다」의 未然形「したしま」+「る[助動]수동」의 連用形「れ」+「たり[助動]완료·존속」.

7) 「のち【後】후. 나중」+「に[助詞]」.

8) 「ふし【父子】부자」+「の[助詞]」+「けいやく【契約】계약. 약속」+「を[助詞]」.

9) 「いたす【致す】[4]하다. 혼신을 다 바치다. 온힘을 쏟다」의 連用形「いたし」+「けり[助動]회상·과거」.

➪ 후에 부자의 계약을 맺었다.

❑懐光(くわいくわう)、すでに10)朱泚(しゆし)に、かたらハれて11)三[さん]橋(けう)と云[いう]ところに、いくさだちす12)。

➪ 회광은 이제 주차에게 끌어들여져서 삼교라고 하는 곳으로 출진한다.

❑演芬(ゑんふん)、これを見[み]て13)、大[おお]きにいやしミ14)、郜成義(こくせいぎ)と云[いう]ものを、つかひとして15)、みかどに申[もうし]つかハしけるやうハ16)、

➪ 연분이 이를 보고 크게 경멸하여 고성의라고 하는 자를 심부름꾼으로 삼아 천자에게 아뢰어드리게 했던 것은,

❑「李懐光(りくわいくわう)、更[さら]に君[きみ]のために17)、敵(てき)をうたん、といふ18)心[こころ]ざし、なし19)。

---

10) 「すでに【既に·已に】[副]①이미. 벌써 ②모두. 남김없이 ③이제 ④틀림없이」.

11) 「に[助詞]~에게」+「かたらふ[4]→かたらう【語らう】[5]서로 이야기 나누다. 친교하다. 설득하여 한패에 끌어들이다. 포섭하다」의 未然形 「かたらは」+「る[助動]수동」의 連用形 「れ」+「て」.

12) 「と[助詞]~라고」+「いふ【言ふ·云ふ】[4]말하다」의 連体形 「いふ」+「ところ【所·処】곳」+「に[助詞]」+「いくさだち【軍立ち】[名]전장으로 출발하는 것. 출진」+「す[サ変]하다」.

13) 「これ【此·是】[代]이것. 이사람」+「を[助詞]」+「みる【見る】[上1]보다」의 連用形 「み」+「て」.

14) 「おほき【大き】[形動ナリ]큰 모양. 거창한 모양」의 連用形 「おほきに」+「いやしむ【卑しむ·賤しむ】[4]낮잡아보다. 업신여기다. 깔보다. 경멸하다」의 連用形 「いやしみ」.

15) 「と[助詞]~라고」+「いふ【言ふ·云ふ】[4]말하다」의 連体形 「いふ」+「もの【者】자. 사람」+「を[助詞]」+「つかひ→つかい【使い·遣い】심부름꾼. 사자(使者)」+「と[助詞]~로」+「す[サ変]하다」의 連用形 「し」+「て」.

16) 「みかど【御門·帝】황제. 천자」+「に[助詞]」+「まうす[4]→もうす【申す】[5]'말하다·고하다'의 겸양어. 부탁드리다」의 連用形 「まうし(읽을 때는 〈モーシ〉)」+「つかはす【使はす·遣はす】[4]보내시다. 파견하시다. 드리다. 건네다」의 連用形 「つかはし」+「けり[助動]회상·과거」의 連体形 「ける」+「やう→よう【様】모습. 형상. 꼴. 이유. 방법」+「は[助詞]」.

17) 「さらに【更に】[副]또한. 전혀」+「きみ【君】주군. 임금」+「の[助詞]」+「ため【為】」+「に[助詞]」(〈~の(が)ために〉의 꼴로 '이익·이유·목적'의 뜻. ~때문에. ~위해).

➪ "이회광은 전혀 주군을 위하여 적을 치고자 하는 뜻이 없다.

❑ねがハくは[20]、李懐光(りくわいくわう)が官職(くわんしよく)を[21]、とゞめん、と思[おも]ふなり[22]。」と。

➪ 바라옵건대 이회광의 관직을 가로막고자 생각하는 것이다."라고.

❑郜成義(こくせいぎ)、みかどへハ、まいらずして[23]、懐光(くわいくわう)が子(こ)の[24]李璀(りさい)に、つげて[25]、「演芬(ゑんふん)、かへり忠(ちう)をいたす[26]。」と、いふ。

➪ 고성의는 천자에게는 가지 않고서 회광의 아들인 이최에게 고하여 "연분이 반역을 한다."고 한다.

❑懐光(くわいくわう)、これを聞[きき]て[27]、すなハち[28]演芬(ゑんふん)

---

18) 「てき【敵】 적」+「を[助詞]」+「うつ【打つ·討つ·撃つ】[4]치다. 공격하다」의 未然形「うた」+「む[助動]추량·의지」→「ん」+「と[助詞]~라고」+「いふ【言ふ·云ふ】[4]말하다」의 連体形「いふ」.

19) 「こころざし【志】 마음이 향하는 바. 뜻. 마음가짐」+「なし【無し】[形ク]없다」.

20) 「ねがはくは→ねがわくは【願わくは】[副]바라기는. 원하기는」.

21) 「が[助詞]현대일본어 〈の〉의 쓰임」+「くわんしよく→かんしょく【官職】 관직」+「を[助詞]」.

22) 「とどむ[下2]→とどめる【止める·留める·停める】[下1]멈추게 하다. 가로막다. 누르다」의 連用形 「とどめ」+「む[助動]추량·의지」→「ん」+「と[助詞]」+「おもふ【思ふ】[4]생각하다」의 連体形「おもふ」+「なり[助動]단정·지정」.

23) 「みかど【御門·帝】 황제. 천자」+「へ[助詞]~에게」+「は[助詞]」+「まゐる【参る】[4]궁궐이나 윗사람이 있는 곳으로 가다」의 未然形 「まゐら」(〈-い〉는 歴史的仮名遣에 어긋남)+「ず[助動]부정」의 連用形 「ず」+「して[助詞](連用形에 접속)~인 상태로」.

24) 「が[助詞]현대일본어 〈の〉의 쓰임」+「こ【子】 아이. 자식」+「の[助詞]~인」.

25) 「に[助詞]」+「つぐ【告ぐ】[下2]고하다. 알리다」의 連用形「つげ」+「て」.

26) 「かへりちゅう【返り忠】 원래 주군에게 등지고 적 쪽 주군에게 충성을 다하는 것. 배반」+「を[助詞]」+「いたす【致す】[4]하다. 혼신을 다 바치다. 온힘을 쏟다」의 連用形「いたし」.

27) 「これ【此·是】[代]이것. 이사람」+「を[助詞]」+「きく【聞く·聴く】[4]듣다」의 連用形「きき」+「て」.

28) 「すなはち→すなわち【即ち·則ち】[副]곧바로. 즉시」.

を、よびて29)、罵(のり)いましめて、いはく30)、

➪ 회광이 이를 듣고서 곧 연분을 불러서 욕하며 꾸짖어 이르길,

❑「汝[なんじ]ハ、これ31)、わが子[こ]となり32)、我[われ]ハ、汝[なんじ]が父[ちち]と成[なり]て33)、その、けいやく、いつハりなし34)。

➪ "너는 바로 내 아들이 되고 나는 네 아비가 되어서 그 계약에 거짓이 없다.

❑しかるに35)、今[いま]、たちまちに36)、我[われ]に、そむきて37)、すでに、わが家(いへ)を38)、ほろぼさんとす39)。

➪ 그런데 이제 갑자기 나에게 등져서 이제 우리 집안을 망치려 한다.

❑かゝるものをバ40)、命[いのち]いけて、をくべからず41)。はやく、こ

---

29) 「を[助詞]」+「よぶ【呼ぶ·喚ぶ】[4]부르다. 초대하다」의 連用形「よび」+「て」.

30) 「のる【罵る】[4]욕하다. 험담하다」의 連用形「のり」+「いましむ[下2]→いましめる【戒める·誡める·警める】[下1]훈계하다. 경계하다」의 連用形 「いましめ」+「て」+「いはく【曰く】말하길. 이르길」.

31) 「なんぢ→なんじ【汝·爾】[代]너」+「は[助詞]」+「これ【此·是】[代]앞에 제시한 말을 재차 언급할 때 사용하는 말」.

32) 「わが【我が·吾が】[連体]나의. 자신의」+「こ【子】아이. 자식」+「と[助詞]~이」+「なる【成る·為る】[4]되다」의 連用形「なり」.

33) 「われ【我·吾】[代]나」+「は[助詞]」+「なんぢ【汝·爾】[代]너」+「が[助詞]현대일본어〈の〉의 쓰임」+「ちち【父】아버지」+「と[助詞]」+「なる【成る·為る】[4]되다」의 連用形「なり」+「て」.

34) 「その【其の】[連体]그」+「けいやく【契約】계약. 약속」+「いつはり→いつわり【偽り·詐り】[名]속임. 거짓」+「なし【無し】[形ク]없다」.

35) 「しかるに【然るに】[接続]그런데. 하지만. 그건 그렇고」.

36) 「いま【今】현재. 지금. 이 국면에」+「たちまち【忽ち】[名·副]갑자기. 곧」+「に[助詞]」.

37) 「われ【我·吾】[代]나」+「に[助詞]」+「そむく【背く·叛く】[4]등지다」의 連用形「そむき」+「て」.

38) 「すでに【既に·已に】[副]이미. 모두. 이제. 틀림없이」+「わが【我が·吾が】[連体]나의」+「いへ→いえ【家】집. 집안. 가문」+「を[助詞]」.

39) 「ほろぼす【滅ぼす·亡ぼす】[4]멸망시키다. 없애다」의 未然形「ほろぼさ」+「む[助動]추량·의지」→「ん」+「と[助詞]」+「す[サ変]하다」.

40) 「かかる【斯かる】[連体]이러한. 이런」+「もの【者】자. 사람」+「をば : (格助詞〈を〉에

ろすべし[42]。」と。

➩ 이러한 자를 목숨 살려서 둘 수 없다. 어서 죽여야 할 것이다."라고.

❑演芬(ゑんふん)こたへて、いはく[43]、「かたじけなくも[44]、みかどハ[45]、懐光(くわいくわう)をもつて[46]股肱(ここう)のことく[47]頼[たの]ミ給[たま]ふ[48]、

➩ 연분이 답하여 이르길 "황공하게도 천자는 회광으로써 고굉과 같이 믿으신다.

❑懐光(くわいくわう)は、又[また]、我[われ]をもつて[49]腹心(ふくしん)のことく、おぼしめさる[50]。

係助詞 〈は〉가 붙어 濁音化한 것) 〈を〉의 뜻을 강하게 함」.

41) 「いのち【命】 목숨」+「いく[下2]→いける【生ける·活ける】[下1]살려두다. 되살리다」의 連用形 「いけ」+「て」+「おく【置く·措く·擱く】[4]놓다. 두다」의 終止形 「おく」(〈を-〉는 정서법에 어긋남)+「べかり[助動]추량·가능 등」의 未然形 「べから」+「ず[助動]부정」.

42) 「はやし【早し·速し·疾し·捷し】[形ク]이르다. 빠르다」의 連用形 「はやく」(부사적인 쓰임)+「ころす【殺す】[4]죽이다」의 終止形 「ころす」+「べし[助動]의무·당연·추량·가능 등」.

43) 「こたふ【答ふ·応ふ】[下2]대답하다. 반응하다」의 連用形 「こたへ」+「て」+「いはく【曰く】 말하길. 이르길」.

44) 「かたじけなし[形ク]→かたじけない【忝い·辱い】[形]부끄럽다. 과분하다. 황송하다」의 連用形 「かたじけなく」+「も[助詞]」.

45) 「みかど【御門·帝】 황제. 천자」+「は[助詞]」.

46) 「を[助詞]」+「もって【以て】(〈を[助詞]〉에 이어져서)수단이나 원인 등을 나타냄. ~로써. ~때문에」.

47) 「ここう【股肱】 고굉. 허벅지와 팔꿈치. 군주가 가장 신뢰하는 팔다리가 되어서 일하는 가신」+「の[助詞]」+「ごとし【如し】[助動]~와 같다. ~와 닮았다」의 連用形 「ごとく」(〈こ-〉는 無濁点표기).

48) 「たのむ【頼む·恃む·憑む】[4]기대다. 믿다. 위탁하다. 맡기다」의 連用形 「たのみ」+「たまふ【給ふ】[助動]존경」.

49) 「また【又·亦·復】[副]다시. 같이. 달리. 또한. 게다가」+「われ【我·吾】[代]나」+「を[助詞]」+「もって【以て】 ~로써」.

50) 「ふくしん【腹心】 복심. 배와 가슴. 어떤 비밀이라도 털어놓고 의논할 수 있는 자」+「の[助詞]」+「ごとし【如し】[助動]~와 같다」의 連用形 「ごとく」(〈こ-〉는 無濁点표기)

➪ 회광은 또한 나로써 복심과 같이 총애하신다.

❑しかるを、いま51)懐光(くわいくわう)すでに、みかどに、そむき給[たま]へり52)、

➪ 그런데 지금 회광이 이미 천자에게 거스르셨다.

❑股肱(ここう)すでに53)、身[み]のあたと、なれり54)、腹心(ふくしん)なんぞ55)、また、やすからん56)、

➪ 고굉이 이제 몸의 위해가 되었다. 복심 따위 또한 쉬울 것이다.

❑しからバ57)、われ、なんぞ58)、公(こう)にそむかざらんや59)。われハ、これ60)胡国(ここく)のものなり61)、

+「おぼしめす【思し召す】[4]생각하시다. 총애하시다」의 未然形「おぼしめさ」+「る[助動]수동·존경」.

51)「しかるを【然るを·而るを】[接続]그렇지만. 그럼에도 불구하고」+「いま【今】현재. 지금. 이 국면에. 이제」.

52)「すでに【既に·已に】[副]이미. 이제」+「みかど【御門·帝】황제. 천자」+「に[助詞]」+「そむく【背く·叛く】[4]등지다」의 連用形「そむき」+「たまふ【給ふ】[助動]존경」의 命令形「たまへ」+「り[助動]완료·존속」.

53)「ここう【股肱】고굉」+「すでに【既に·已に】[副]이미. 이제」.

54)「み【身】몸. 자신」+「の[助詞]」+「あだ【仇·敵】(옛날에는〈あた〉)적군. 외적. 원수. 위해」+「と[助詞]」+「なる【成る·為る】[4]되다」의 命令形「なれ」+「り[助動]완료·존속」.

55)「ふくしん【腹心】복심」+「なんぞ[助詞]따위. 등」.

56)「また【又·亦·復】[副]같이. 또한」+「やすし【安し·易し】[形ク]걱정이 없다. 쉽다. 가볍다. 저렴하다. 격이 낮다」의 未然形「やすから」+「む[助動]추량·의지」→「ん」.

57)「しからば【然らば】[接続]그렇다면. 그러면」.

58)「われ【我·吾】[代]나」+「なんぞ【何ぞ】[副]어찌. 어떤. 무언가」.

59)「こう【公】공. 조정. 주군. 귀인」+「に[助詞]」+「そむく【背く·叛く】[4]등지다」의 未然形「そむか」+「ざり[助動]부정」의 未然形「ざら」+「む[助動]추량·의지」→「ん」+「や[係助詞]의문·질문」.

60)「われ【我·吾】[代]나」+「は[助詞]」+「これ【此·是】[代]앞에 제시한 말을 재차 언급할 때 사용하는 말」.

61)「ここく【胡国】호국. 중국 북방의 오랑캐 나라」+「の[助詞]」+「もの【者】자. 사람」+「なり[助動]단정·지정」.

⇨ 그렇다면 내가 어찌 공에게 거스르지 않겠는가? 나는 바로 호국의 사람이다.

❑生(むま)れてより、このかた[62]、只[ただ]一人[ひとり]に[63]、つかふる事[こと]をしりて[64]、謀叛(むほん)の逆臣(ぎやくしん)に[65]、したがふことをハ、しらず[66]、

⇨ 태어나서부터 이래로 단 한 사람에게 섬기는 것을 알아서 모반의 역신에게 따르는 것을 모른다.

❑死(し)するは[67]、わが命[めい]なり[68]。我[われ]かたらふて[69]、賊(ぞく)のたぐひと[70]、なす事[こと]なかれ[71]。

⇨ 죽는 것은 나의 운명이다. 나를 끌어들여서 도적의 한패로 만드는 일이 없도록 하라.

❑公(こう)ハ、まことに[72]、みかどの恩(をん)を[73]、わすれたる人[ひと]

---

62) 「むまる【生る】[下2]〈うまる[下2]→うまれる【生まれる·産まれる】[下1]태어나다〉와 같은 말」의 連用形「むまれ」+「て」+「より[助詞]기점. ~부터」+「このかた【此の方·以来】[連語]이쪽. 이래」.

63) 「ただ【只·唯】[副]단지. 오직. 그저」+「ひとり【一人】한 사람」+「に[助詞]」.

64) 「つかふ[下2]→つかえる【仕える】[下1]①윗사람 가까이에서 섬기다. 모시다. ②관직을 수행하다」의 連体形「つかふる」+「こと【事】것. 일」+「を[助詞]」+「しる【知る】[4]알다」의 連用形「しり」+「て」.

65) 「むほん【謀叛·謀反】모반」+「の[助詞]」+「ぎやくしん【逆臣】역신. 주군을 배반한 신하」+「に[助詞]」.

66) 「したがふ【従ふ·随ふ·順ふ】[4]따르다. 거스르지 않다. 맡기다」의 連体形「したがふ」+「こと【事】것. 일」+「をば:〈を〉의 뜻을 강하게 함」(〈-は〉는 無濁点표기)+「しる【知る】[4]알다」의 未然形「しら」+「ず[助動]부정」.

67) 「しす【死す】[サ変]죽다」의 連体形「しする」+「は[助詞]」.

68) 「わが【我が·吾が】[連体]나의. 자신의」+「めい【命】명. 운명」+「なり[助動]단정·지정」.

69) 「われ【我·吾】[代]나」+「かたらふ【語らふ】[4]서로 이야기 나누다. 설득하여 한패에 끌어들이다」+「て」.

70) 「ぞく【賊】도둑. 불충한 자. 반역한 자」+「の[助詞]」+「たぐひ→たぐい【比·類·属】[名]①동료. 한패 ②막연히 복수의 사람을 가리킴」+「と[助詞]」.

71) 「なす【生す·成す·為す】[4]만들다. 행하다」의 連体形「なす」+「こと【事】것. 일」+「なし【無し】[形ク]없다」의 命令形「なかれ」(금지의 뜻).

なり74)、これこそ賊(ぞく)よ75)。」と、いふて、のゝしりければ76)、

➪ 공은 참으로 천자의 은혜를 잊어버린 사람이다. 이야말로 도적이다."라고 하며 나무랐더니,

❑懐光(くわいくわう)、大[おおい]にいかりて77)、演芬(ゑんふん)が臠(しゝむら)をそぎて78)、つハものどもに、くらハしむ79)。

➪ 회광이 크게 노여워하여 연분의 살을 발라서 병사들에게 먹도록 한다.

❑軍兵(ぐんびやう)ども80)、みな、いふ81)。「演芬(ゑんふん)ハ、忠節(ちうせつ)の臣(しん)なり82)、をろかにして83)、ころすべくハ84)、心

---

72) 「こう【公】공」+「は[助詞]」+「まことに【真に・実に・誠に】[副]정말로. 거짓 없이」.

73) 「みかど【御門・帝】황제. 천자」+「の[助詞]」+「おん【恩】은. 은혜」(〈-を-〉는 정서법에 어긋남)+「を[助詞]」.

74) 「わする【忘る】[下2]잊다. 떠올리지 않다」의 連用形「わすれ」+「たり[助動]완료・존속」의 連体形「たる」+「ひと【人】사람」+「なり[助動]단정・지정」.

75) 「これ【此・是】[代]이것. 이사람」+「こそ[係助詞]뜻을 세게 함」+「ぞく【賊】도둑. 불충한 자. 반역한 자」+「よ[終助詞]~다」.

76) 「と[助詞]~라고」+「いふ【言ふ・云ふ】[4]말하다」+「て」+「ののしる【罵る】[4]소란을 피우다. 목소리를 높이다. 비난하다」의 連用形「ののしり」+「けり[助動]회상・과거」의 已然形「けれ」+「ば[助詞]확정조건. 원인・이유」.

77) 「おおいに【大いに】[副]매우. 몹시. 많이」+「いかる【怒る】[4]화내다. 노하다」의 連用形「いかり」+「て」.

78) 「が[助詞]현대일본어 〈の〉의 쓰임」+「ししむら【肉叢・臠】고깃덩어리. 육체」+「を[助詞]」+「そぐ【殺ぐ・削ぐ】[4]잘라내다. 베어내다. 바르다」의 連用形「そぎ」+「て」.

79) 「つはもの【兵】병사」+「ども【共】[接尾]~들」+「に[助詞]」+「くらふ【食らふ】[4]먹다. 생활하다」의 未然形「くらは」+「しむ[助動]사역. ~시키다」.

80) 「ぐんびやう→ぐんびょう【軍兵】군병」+「ども【共】[接尾]~들」.

81) 「みな【皆】①[名]모든 사람. 전부 ②[副]남김없이. 모두」+「いふ【言ふ・云ふ】[4]말하다」.

82) 「ちゅうせつ【忠節】충절」+「の[助詞]」+「しん【臣】신. 신하」+「なり[助動]단정・지정」.

83) 「おろか【愚か・疎か】①불충분한 모양. 대충하는 모양. 소홀한 모양 ②어리석은 모양. 미숙한 모양」의 連用形「おろかに」(〈を-〉는 정서법에 어긋남)+「して[助詞](連用形에 접속)상태를 나타냄. ~으로. ~의 상태로」.

[こころ]ざしも不敏(ふびん)なり[85)]。」とて[86)]、

➪ 군병들이 모두 말한다. "연분은 충절의 신하다. 마구 대하여 죽인다면 뜻도 불쌍하다."라고 하여,

❏ 刀(かたな)をもつて[87)]、その首(くび)をきりて[88)]、死期(しご)を心[こころ]よく、せしめたり[89)]。

➪ 칼로써 그 목을 베어서 임종을 편안하게 하도록 했다.

❏ 後[のち]に[90)]、徳宗(とくそう)皇帝(くわうてい)、この事[こと]を、きこしめし、をよびて[91)]、「この人[ひと]ハ、これ[92)]、まことの忠臣(ちうしん)なり[93)]。」と、のたまひて[94)]、

---

84) 「ころす【殺す】[4]죽이다」의 終止形「ころす」+「べくは(조동사〈べし〉의 連用形〈べく〉에 係助詞〈は〉가 접속한 것)~한다면, ~할 수 있다면」.

85) 「こころざし【志】마음이 향하는 바. 뜻. 마음가짐」+「も[助詞]」+「ふびん【不便・不憫・不愍】[形動ナリ]불편한 것. 불쌍한 것. 귀엽다고 생각하는 것」의 終止形「ふびんなり」. 본문의「不敏(ふびん)」은 '민첩하지 않은 것. 재능이 떨어지는 것'의 뜻으로 문맥상 맞지 않는다.

86) 「とて[助詞]인용. ~라 해서. ~라는 것으로. ~라는 이름으로」.

87) 「かたな【刀】칼」+「を[助詞]」+「もって【以て】(〈を[助詞]〉에 이어져서)~로써」.

88) 「その【其の】[連体]그」+「くび【首】목」+「を[助詞]」+「きる【切る・斬る】[4]베다. 끊다」의 連用形「きり」+「て」.

89) 「しご【死期】임종 때」+「を[助詞]」+「こころよし【快し】[形ク]기분 좋다. 유쾌하다. 쾌적하다」의 連用形「こころよく」+「す[サ変]하다」의 未然形「せ」+「しむ[助動]사역. ~시키다」의 連用形「しめ」+「たり[助動]완료・존속」.

90) 「のち【後】후. 나중」+「に[助詞]」.

91) 「この【此の・斯の】[連体]이」+「こと【事】것. 일」+「を[助詞]」+「きこしめす【聞し召す】[4]들으시다」의 連用形「きこしめし」+「およぶ【及ぶ】[4]어떤 때나 장소 등에 다다르다. 도달하다」의 連用形「およぴ」(〈を-〉는 정서법에 어긋남)+「て」.

92) 「この【此の・斯の】[連体]이」+「ひと【人】사람」+「は[助詞]」+「これ【此・是】[代]앞에 제시한 말을 재차 언급할 때 사용하는 말」.

93) 「まこと【真・実・誠】[名]진짜. 진정. 거짓 없음」+「の[助詞]」+「ちゅうしん【忠臣】충신」+「なり[助動]단정・지정」.

94) 「と[助詞]~라고」+「のたまふ【宣ふ】[4]①윗사람이 아랫사람에게 말하여 들려주다 ②'말하다'의 尊敬語」의 連用形「のたまひ」+「て」.

➪ 후에 덕종 황제가 이 이을 들으시기에 이르러 "이 사람은 바로 진정한 충신이다." 라고 말씀하시고,

□すなハち[95]、演芬(ゑんふん)に兵部(ひやうぶ)尚書(しやうしよ)の官(くわん)を、をくり[96]、その家[いえ]に[97]、銭(ぜに)[98]三百万[さんびゃくまん]を給[たま]ハりて[99]、

➪ 곧 연분에게 병부상서의 벼슬을 내리고 그 집안에 돈 삼백만을 하사하시고,

□郜成義(こくせいぎ)を引出[ひきいだ]し[100]、かうべを、はねて[101]、すてられたり[102]。

➪ 고성의를 끌어내서 목을 날려서 버리셨다.

---

95) 「すなはち→すなわち【即ち·則ち】[副]곧바로. 즉시. 그래서. 즉」.

96) 「に[助詞]~에게」+「ひやうぶ→ひょうぶ【兵部】병부」+「しやうしよ→しょうしょ【尚書】상서. 중국의 벼슬 이름」+「の[助詞]」+「くわん→かん【官】관. 벼슬」+「を[助詞]」+「おくる【送る·贈る】[4]보내다. 수여하다」의 連用形「おくり」(〈を-〉는 정서법에 어긋남).

97) 「その【其の】[連体]그」+「いへ→いえ【家】집. 집안. 가문」+「に[助詞]」.

98) 「ぜに【銭】전. 돈」.

99) 「を[助詞]」+「たまはる[4]→たまわる【賜る·給わる】[5]①받다(겸양어) ②주시다(존경어)」의 連用形「たまはり」+「て」.

100) 「を[助詞]」+「ひきいだす【引き出す】[4]끌어내다. 꾀어내다」의 連用形「ひきいだし」.

101) 「かうべ→こうべ【首·頭】머리. 목」+「を[助詞]」+「はぬ[下2]→はねる【撥ねる】[下1]치켜 올리다. 날리다. 베다」의 連用形「はね」+「て」.

102) 「すつ【捨つ·棄つ】[下2]버리다」의 連用形「すて」+「る[助動]수동·존경」의 連用形「られ」+「たり[助動]완료·존속」.

18. 若(しやく)水(すい)效[1](しるす)レ死(しを)
약수가 죽음을 드러내다

❑宋(そう)の請康(せいかう)[2]二[に]ねんに[3]、金(きん)の軍兵(ぐんびやう)[4]、ミやこを陥(おち)いりて[5]、徽宗(きそう)皇帝(くわうてい)を[6]、いけとりたてまつり[7]、

➩ 송나라 청강 2년에 금나라 군병이 도읍을 떨어뜨리고 휘종 황제를 사로잡아드려서,

---

1) 〈한문본〉에는 「効」.

2) 〈한문본〉에는 「靖康」. 「靖康」은 북송(北宋)의 연호(1126-27)다. 참고로 『広辞苑』에는 「靖康(せいこう)の変(へん)」이 표제어로 등재되어 있으며 이에 대한 풀이는 다음과 같다. 「북송(北宋)의 정강(靖康) 2년(1127), 금나라 군대가 지난해의 공격에 이어서 도읍인 개봉(開封)을 공략하여, 휘종(徽宗)·흠종(欽宗)을 비롯한 3000여 명을 포로로 잡아서 북방으로 납치한 사건」.

3) 「に【二】 2」+「ねん【年】 년」+「に[助詞]」.

4) 「きん【金】 금. 중국 동북부의 여진족(女真族) 완안부(完顔部)의 수장 아골타(阿骨打;アクダ)가 세운 나라(1115~1234)」+「の[助詞]」+「ぐんびやう→ぐんびょう【軍兵】 군병. 군졸」.

5) 「みやこ【都】 도읍. 수도」+「を[助詞]」+「おちいる【陥る·落ち入る】 [4]떨어지다. 함락되다. 죽다」의 連用形 「おちいり」+「て」. 그런데 「おちいる」는 自動詞로서의 쓰임만 사전에 제시되어 있으므로 문법적으로는 잘못으로 봐야겠다. 다만 「陥」에는 「おとしいる[下2]→おとしいれる[下1]」와 같은 읽기도 있다는 점을 지적해 두어야겠다. 「陥(おとし)れる」는 타동사로서 '빠뜨리다' '성이나 적진 따위를 공격해 빼앗다'의 뜻이다.

6) 「きそう【徽宗】 휘종. 북송(北宋)의 8대 황제(재위 1100~1125)」+「くわうてい→こうてい【皇帝】 황제」+「を[助詞]」.

7) 「いけどる【生け捕る】 [4]산 채로 잡다」의 連用形 「いけどり」(〈-と-〉는 無濁点표기)+「たてまつる[助動]겸양. ~해드리다. ~해 올리다」의 連用形 「たてまつり」. '생포하다'와 같은 말에도 겸양표현을 접속하는 것이 흥미롭다.

❑金(きん)の陣中(ぢんちう)に、をしいれて[8]、みかどの[9]袞竜(こんれう)の御[ぎょ]衣(い)[10]を、あらためて[11]、黄衣(くわうい)を[12]着(ちやく)せしむ[13]。

➪ 금나라 진중에 밀어 넣고 천자의 곤룡포를 바꾸어서 누런 옷을 입도록 한다.

❑吏部(りほう)侍郎(ぢらう)[14]李若水(りしやくすい)たゞ一人[ひとり][15]、つきそひたてまつりて[16]、

➪ 이부 시랑 이약수 오직 홀로 수발해 올려서,

❑これまでも猶[なお][17]、御[お]とも申[もうし]けるが[18]、この有[あり]さまを見[み]たてまつりて[19]、

---

8) 「きん【金】금나라」+「の[助詞]」+「ぢんちゅう→じんちゅう【陣中】진중. 전장」+「に[助詞]」+「おしいる[下2]→おしいれる【押し入れる】[下1]밀어서 넣다. 억지로 넣다」의 連用形「おしいれ」(〈を-〉는 정서법에 어긋남)+「て」.

9) 「みかど【御門·帝】황제. 천자」+「の[助詞]」.

10) 「袞竜(こんりょう)の御衣(ぎょい)」는「붉은 바탕에 용 모양의 자수가 있는 천자의 제복(祭服)」즉 '곤룡포'를 가리킨다.

11) 「を[助詞]」+「あらたむ[下2]→あらためる【改める·革める】[下1]고치다. 바꾸다. 새로이 하다. 가로막다. 금지하다」의 連用形「あらため」+「て」.

12) 「くわうえ→こうえ【黄衣】지위가 없는 사람이 입는 누런 빛깔의 옷」(〈-い〉는 미상. 참고로〈黄〉은〈くわう→こう(漢音)〉·〈わう→おう(呉音)〉로,〈衣〉는〈い(漢音)〉·〈え(呉音)〉로 읽는다)+「を[助詞]」.

13) 「ちゃくす【着す】[サ変]입다. 걸치다」의 未然形「ちゃくせ」+「しむ[助動]사역. ~시키다」.

14) 「りぶ【吏部】(〈りほう〉로도 읽음)이부. 중국 육부(六部;りくぶ)의 하나」+「じらう→じろう【侍郎】시랑. 중국의 벼슬 이름」.

15) 「ただ【只·唯】[副]단지. 오직」+「ひとり【一人】한 사람」.

16) 「つきそふ【付き添ふ】[4]귀인의 곁에 따르다. 시중들다」의 連用形「つきそひ」+「たてまつる[助動]겸양. ~해드리다. ~해 올리다」의 連用形「たてまつり」+「て」.

17) 「これ【此·是】[代]이것. 이사람. 지금」+「まで【迄】[助詞]~까지」+「も[助詞]」+「なほ→なお【猶·尚】[副]아직. 역시. 다시」.

18) 「おとも【御供·御伴】따라서 가는 것(사람). 동반」+「まうす[4]→もうす【申す】[5]'말하다·하다'의 겸양어. ~해드리다」의 連用形「まうし(읽을 때는〈モーシ〉)」+「けり[助動]회상·과거」의 連体形「ける」+「が[助詞]역접」.

➪ 이제까지도 여전히 함께해드렸는데, 이 형편을 보고서,

❑「これハ、さて[20]勿躰(もつたい)なき御事[おんこと]かな[21]、金(きん)人(ひと)ハ、いかに情(なさけ)なく[22]、かゝることを[23]、つかうまつるぞや[24]、

➪ 이는 여하튼 괘씸한 처사로다. 금나라 사람은 어찌 매정하게 이러한 일을 해드리는가?

❑ひとへに[25]汝(なんぢ)らハ狗(いぬ)なり[26]。」と云[いい]て、啼(なき)さけび[27]、みかどの御衣(きよい)のたもとに[28]、すがりつきたりしを[29]、

➪ 하나같이 너희들은 개다."라고 하고 울부짖으며 천자의 어의 소매에 매달렸는데,

---

19) 「この【此の·斯の】[連体]이」+「ありさま【有様】일의 모습. 상태. 처지」+「を」+「みる【見る】[上1]보다」의 連用形「み」+「たてまつる[助動]겸양. ~해드리다. ~해 올리다」의 連用形「たてまつり」+「て」.

20) 「これ【此·是】[代]이것. 이사람」+「は[助詞]」+「さて[感]그렇다 해도. 아무튼. 참」.

21) 「もったいなし【勿体無し】[形ク]신불(神佛)이나 귀인에 대해 무례(무도)하다. 괘씸하다」의 連体形「もったいなき」+「おんこと【御事】어떤 사람을 우러러서 그 사람과 관련한 일을 가리키는 말」+「かな【哉】[助詞]영탄. ~로구나」.

22) 「きん【金】금나라」+「ひと【人】사람」+「は[助詞]」+「いかに【如何に】[副]어떻게. 어째서」+「なさけなし【情け無し】[形ク]매정하다. 무뚝뚝하다」의 連用形「なさけなく」.

23) 「かかる【斯かる】[連体]이러한. 이런」+「こと【事】것. 일」+「を[助詞]」.

24) 「つかうまつる【仕う奉る】[4](〈つかえまつる(仕奉)〉가 변한 말)'하다·만들다'의 겸양어. 해드리다」의 連体形「つかうまつる」+「ぞや[助詞]~인 것인가?」.

25) 「ひとへに→ひとえに【偏に】[副]오로지. 한결같이」.

26) 「なんぢ【汝·爾】[代]너」+「ら【等】[接尾]~들」+「は[助詞]」+「いぬ【犬·狗】개」+「なり[助動]단정·지정」.

27) 「なきさけぶ【泣(啼)き叫ぶ】[4]큰 소리로 울다. 울며 외치다」의 連用形「なきさけび」.

28) 「みかど【御門·帝】황제. 천자」+「の[助詞]」+「ぎょい【御衣】어의」(〈き-〉는 無濁点 표기)+「の[助詞]」+「たもと【袂】옷소매」+「に[助詞]」.

29) 「すがりつく【縋り付く】[4]매달리다」의 連用形「すがりつき」+「たり[助動]완료·존속」의 連用形「たり」+「き[助動]회상·과거」의 連体形「し」+「を[助詞]~한 것을. ~하는데」.

❑金(きん)のつハものども30)、若水(じやくすい)を引[ひき]のけて31)、散ゝ(さん╲╱)にうちて32)、そのおもてを、やぶるに33)血[ち]ながれて34)地[ち]にそゝく35)。

➪ 금나라 병사들이 약수를 잡아채 물리고 호되게 때려서 그 얼굴을 짓뭉개니 피가 흘러서 바닥에 쏟아진다.

❑若水(じやくすい)、まなこ、くるめきて36)、息(いき)たえ37)、しばらくして、よみかへる38)。

➪ 약수의 눈알이 빙빙 돌고 숨이 끊어져서 한동안 있다가 되살아난다.

❑金(きん)の39)粘没喝(てんほつかつ)が、いはく40)、「かならず41)、李若水(りじやくすい)をもつて42)、ころす事[こと]なかれ43)。」と。

---

30) 「きん【金】 금나라」+「の[助詞]」+「つはもの【兵】 병사」+「ども【共】[接尾]~들」.

31) 「を[助詞]」+「ひきのく[下2]→ひきのける【引き退ける】[下1]끌어서 물러나게 하다. 당겨서 치우다. 떼어놓다」의 連用形「ひきのけ」+「て」.

32) 「さんざん【散散】[形動ナリ·タリ]산산이 조개지는 모양. 정도가 심한 모양. 흉한 모양」의 連用形「さんざんに」+「うつ【打つ·討つ·撃つ】[4]치다. 공격하다」의 連用形「うち」+「て」.

33) 「その【其の】[連体]그」+「おもて【面】 얼굴」+「を[助詞]」+「やぶる【破る·敗る】[4]부수다. 이기다. 뭉개다」의 連体形「やぶる」+「に[助詞]~하니. ~하는데」.

34) 「ち【血】 피」+「ながる【流る】[下2]흐르다」의 連用形「ながれ」+「て」.

35) 「ち【地】 땅. 바닥」+「に[助詞]」+「そそぐ【注ぐ·灌ぐ】[4]흐르다. 쏟다. 떨어지다」(〈-く〉는 無濁点표기).

36) 「まなこ【眼】 안구. 눈. 검은자위」+「くるめく【眩く】[4]빙빙 돌다. 회전하다. 현기증이 나다」의 連用形「くるめき」.

37) 「いき【息】 숨」+「たゆ[下2]→たえる【絶える】[下1]끊어지다」의 連用形「たえ」.

38) 「しばらく【暫く·須臾】[副]잠시. 잠간. 오래」+「す[サ変]하다」의 連用形「し」+「て」+「よみがへる【蘇る·甦る】[4]되살아나다. 소생하다」(〈-か-〉는 無濁点표기).

39) 「きん【金】 금나라」+「の[助詞]」.

40) 「が[助詞]+」「いはく【曰く】 말하길. 이르길」.

41) 「かならず【必ず】[副]꼭. 반드시. 틀림없이. 결코」.

42) 「を[助詞]」+「もって【以て】(〈を[助詞]〉에 이어져서)단순한 강조로서의 용법」.

➪ 금나라의 점몰갈이 이르길 "절대로 이약수를 죽이는 일이 없도록 하라."라고.

❑若水(じやくすい)、ふかく、うらみて44)、さらに45)飲食(いんしゐ)46)をたちて47)口(くち)にいれず48)。

➪ 약수가 깊이 원망하여 전혀 식사를 끊고 입에 넣지 않는다.

❑金(きん)のつハものども49)、これに、かたりて、いはく50)、「今日(けふ)51)、金(きん)人(ひと)のことばに52)、したがハゞ53)、明日(あす)は、かならず54)富貴(ふうき)なるべし55)。」と。

➪ 금나라 병사들이 이에 전하여 이르길 "오늘 금나라 사람의 말에 따르면 내일은 필시 부귀할 것이다."라고.

---

43) 「ころす【殺す】[4]죽이다」의 連体形 「ころす」+「こと【事】것. 일」+「なし【無し】[形ク]없다」의 命令形 「なかれ」(금지의 뜻).

44) 「ふかし【深し】[形ク]깊다. 무겁다」의 連用形 「ふかく」+「うらむ【恨む·怨む·憾む】[4]불쾌하게 생각하다. 유감스러워하다. 미워하다」의 連用形 「うらみ」+「て」.

45) 「さらに【更に】[副]①또한. 거듭. 더욱 ②새로이 ③강한 부정. 절대로 ~가 아니다. 전혀 ~지 않다」.

46) 「飲食」는 「いんしょく」나 「おんじき」로 읽으며 모두 '마시는 것과 먹는 것'의 뜻이다. 본문의 「いんしゐ」는 미상.

47) 「を[助詞]」+「たつ【絶つ·断つ·截つ】[4]끊다. 그만두다」의 連用形 「たち」+「て」.

48) 「くち【口】입」+「に[助詞]」+「いる[下2]→いれる【入れる·容れる】[下1]넣다」의 未然形 「いれ」+「ず[助動]부정」.

49) 「きん【金】금나라」+「の[助詞]」+「つはもの【兵】병사」+「ども【共】[接尾]~들」.

50) 「これ【此·是】[代]이것. 이사람」+「に[助詞]」+「かたる【語る】[4]상대에게 전하다. 이야기하다」의 連用形 「かたり」+「て」+「いはく【曰く】말하길. 이르길」.

51) 「けふ→きょう【今日】오늘」.

52) 「きん【金】금나라」+「ひと【人】사람」+「の[助詞]」+「ことば【言葉·詞·辞】말」+「に[助詞]」.

53) 「したがふ【従ふ·随ふ·順ふ】[4]따르다. 거스르지 않다」의 未然形 「したがは」+「ば[助詞]가정조건」.

54) 「あす【明日】내일」+「は[助詞]」+「かならず【必ず】[副]꼭. 반드시. 필시」.

55) 「ふうき【富貴】[形動ナリ]부귀함」의 連体形 「ふうきなる」+「べし[助動]의무·당연·추량·가능 등」.

❑若水(じやくすい)なげきて言(いはく)[56]、「天[てん]に、ふたつの日[ひ]なく[57]、若水(じやくすい)に、ふたりの君[きみ]なし[58]。

➪ 약수가 한탄하며 이르길 "하늘에 두 개의 해가 없고, 약수에게 두 임금이 없다.

❑われ、たとひ[59]栄花(えいぐわ)を、ひらくと、いふとも[60]、あに[61]金(きん)人(ひと)のめいに、したがハんや[62]。」と。

➪ 내가 설령 영화를 누린다고 해도 어찌 금나라 사람의 명에 따르겠는가?"라고.

❑時[とき]に[63]、若水(じやくすい)が僕(ぼく)[64]、又[また]、かたりて、いはく[65]、

➪ 그때에 약수의 하인이 또 전하여 말하길,

❑「君(きミ)の父母(ぶも)[66]、とし、すでに、たかし[67]、又[また]、その

---

56) 「なげく【嘆く・歎く】[4]한숨짓다. 탄식하다. 슬퍼하다. 절망하다. 애원하다. 호소하다」의 連用形 「なげき」+「て」+「いはく【曰く】 말하길. 이르길」.

57) 「てん【天】 하늘」+「に[助詞]」+「ふたつ【二つ】 두 개」+「の[助詞]」+「ひ【日】 해」+「なし【無し】[形ク]없다」의 連用形 「なく」.

58) 「に[助詞]~에게」+「ふたり【二人】 두 사람」+「の[助詞]」+「きみ【君】 주군. 임금」+「なし【無し】[形ク]없다」.

59) 「われ【我・吾】[代]나」+「たとひ→たとい【縦い・仮令・縦令】[副]①만일. 만약에 ②만일 그렇다 해도. 비록」.

60) 「えいぐわ→えいが【栄華・栄花】 영화」+「を[助詞]」+「ひらく【開く】[4]열다. 펼치다」+「と[助詞]」+「いふ【言ふ・云ふ】[4]말하다」의 終止形 「いふ」+「とも[助詞]역접의 가정조건. ~해도」.

61) 「あに【豈】[副]결코. 어찌. 어째서」.

62) 「きん【金】 금나라」+「ひと【人】 사람」+「の[助詞]」+「めい【命】 명」+「に[助詞]」+「したがふ【従ふ・随ふ・順ふ】[4]따르다. 거스르지 않다. 맡기다」의 未然形 「したがは」+「む[助動]추량・의지」→「ん」+「や[係助詞]의문・질문」.

63) 「ときに【時に】[副]그때에. 때마침. 때때로」.

64) 「が[助詞]현대일본어 〈の〉의 쓰임」+「ぼく【僕】[名]종. 하인」.

65) 「また【又・亦・復】[副]다시. 같이. 달리. 또한」+「かたる【語る】[4]상대에게 전하다. 이야기하다」의 連用形 「かたり」+「て」+「いはく【曰く】 말하길. 이르길」.

66) 「きみ【君】[名]주군. 자기가 모시는 사람」+「の」+「ぶも【父母】 부모」(〈父母〉는 통상적으로 〈ふぼ〉로 읽지만 〈ぶも〉로 읽는 방법도 있다. 이 경우 〈も〉는 呉音.

命[いのち]68)久[ひさ]しかるべからず69)。

⇨ "나리의 부모는 나이가 벌써 많다. 또한 그 목숨이 오래지 않을 것이다.

❏ねがハくは70)、しバらく71)、金(きん)人(ひと)に、したがふて72)、国[くに]にかへる事[こと]をえて73)、二[ふた]たび74)、父母[ふぼ]にまみえ給[たま]へかし75)。」と。

⇨ 원컨대 한동안 금나라 사람에게 따라서 고향에 돌아가는 것을 얻어서 다시 부모를 뵈십시오."라고.

❏若水(じやくすい)きゝて76)、大[おおい]にいかりて、いはく77)、

⇨ 약수가 듣고서 크게 노여워하여 이르길,

❏「忠臣(ちうしん)の、君[きみ]につかふる事[こと]78)、死(し)して79)恩

---

67) 「とし【年・歳】나이」+「すでに【既に・已に】[副]이미. 이제」+「たかし【高し】[形ク]높다. 연령이 많다」.

68) 「また【又・亦・復】[副]다시. 또한. 게다가」+「その【其の】[連体]그」+「いのち【命】목숨」.

69) 「ひさし【久し・尚し】[形シク]오래되다. 영원하다. 흔하다」의 連体形「ひさしかる」+「べかり[助動]추량・가능 등」의 未然形「べから」+「ず[助動]부정」.

70) 「ねがはくは→ねがわくは【願わくは】[副]바라기는. 원하기는」.

71) 「しばらく【暫く・須臾】[副]잠시. 한동안」.

72) 「きん【金】금나라」+「ひと【人】사람」+「に[助詞]」+「したがふ【従ふ・随ふ・順ふ】[4]말하는 대로 따르다. 거스르지 않다. 맡기다」+「て」.

73) 「くに【国】나라. 고향」+「に[助詞]」+「かへる【帰る・還る】[4]돌아가다(오다)」의 連体形「かへる」+「こと【事】것. 일」+「を[助詞]」+「う【得】[下2]얻다. 할 수 있다」의 連用形「え」+「て」.

74) 「ふたたび【二度・再び】두 번. 다시. 거듭」.

75) 「ふぼ【父母】부모」+「に[助詞]」+「まみゆ[下2]→まみえる【見える】[下1]①뵙다. 알현하다 ②대면하다. 만나다 ③아내로서 남편에게 섬기다」의 連用形「まみえ」+「たまふ【給ふ】[助動]존경」의 命令形「たまへ」+「かし[助詞]뜻을 강하게 함」.

76) 「きく【聞く・聴く】[4]듣다」의 連用形「きき」+「て」.

77) 「おおいに【大いに】[副]매우. 몹시. 많이」+「いかる【怒る】[4]화내다. 노하다」의 連用形「いかり」+「て」+「いはく【曰く】말하길. 이르길」.

78) 「ちゅうしん【忠臣】충신」+「の[助詞]현대일본어 〈が〉의 쓰임」+「きみ【君】주군. 임

(をん)を、ほうずるよりほかに[80]、又[また]、ふたつのミちなし[81]。

➪ "충신이 주군에게 섬기는 것은, 죽어서 은혜를 갚는 이외에 달리 두 가지 길이 없다.

❑我[われ]、重(かさ)ねて、又[また][82]、家(いへ)をかへりミず[83]。

➪ 나는 거듭 달리 집을 걱정하지 않는다.

❑しかるに[84]、なんぢが、いふごとく[85]、親(おや)すでに、としおひたり[86]、

➪ 그런데 네가 말한 대로 부모는 이미 나이가 늙었다.

❑汝(なんぢ)かへりて[87]、われ、かやうの有様[ありさま]にて[88]、金(き

금」+「に[助詞]」+「つかふ[下2]→つかえる【仕える】[下1]①윗사람 가까이에서 섬기다. 모시다 ②관직을 수행하다」의 連体形「つかふる」+「こと【事】것. 일」.

79) 「しす【死す】[サ変]죽다」의 連用形「しし」+「て」.

80) 「おん【恩】은혜」(〈を-〉는 정서법에 어긋남)+「を[助詞]」+「ほうず【報ず】[サ変]은혜를 갚다. 보은하다」의 連体形「ほうずる」+「より[助詞]기점. 비교의 기준. ~부터. ~보다」+「ほか【外·他】외. 밖」+「に[助詞]」.

81) 「また【又·亦·復】[副]다시. 달리. 또한」+「ふたつ【二つ】두 개」+「の[助詞]」+「みち【道】길. 방도」+「なし【無し】[形ク]없다」.

82) 「われ【我·吾】[代]나」+「かさねて【重ねて】[副]다시. 재차」+「また【又·亦·復】[副]다시. 같이. 달리. 또한」.

83) 「いへ→いえ【家】집. 집안. 가문」+「を[助詞]」+「かへりみる【顧みる·省みる】[上1]뒤돌아보다. 회상하다. 걱정하다」의 未然形「かへりみ」+「ず[助動]부정」.

84) 「しかるに【然るに】[接続]그런데. 하지만. 그건 그렇고」.

85) 「なんぢ【汝·爾】[代]너」+「が[助詞]」+「いふ【言ふ·云ふ】[4]말하다」의 連体形「いふ」+「ごとし【如し】[助動]~와 같다. ~대로다」의 連用形「ごとく」.

86) 「おや【親】부모」+「すでに【既に·已に】[副]이미. 벌써」+「とし【年·歳】나이」+「おゆ[上2]→おいる【老いる】[上1]늙다」의 連用形「おい」(〈-ひ〉는 정서법에 어긋남)+「たり[助動]완료·존속」.

87) 「なんぢ【汝·爾】[代]너」+「かへる【帰る·還る】[4]돌아가다(오다)」의 連用形「かへり」+「て」.

88) 「われ【我·吾】[代]나」+「かやう【斯様】[形動ナリ]이러한. 이런 식의」+「の[助詞]」+「ありさま【有様】일의 모습. 상태. 처지」+「にて[助詞]현대일본어의 〈で〉와 같은

ん)人(ひと)のために[89]、めしうとゝ成[なり]たる事[こと]を[90]、かたるべからず[91]。

➪ 너는 돌아가서 내가 이러한 처지로 금나라 사람으로 인하여 죄수가 되어 있는 것을 이야기해서는 안 된다.

❑我[わが]兄弟[きょうだい]をもつて[92]、やう＼／に、かたりきかせよ[93]。」とて[94]、わが僕(ぼく)をバ[95]、金人(きんひと)のいとまを、こふて[96]、故郷(こきやう)にかへしけり[97]。

➪ 내 형제로써 조용히 전하여 들려줘라."라고 하여 자기 하인을 금나라 사람의 사면을 구해서 고향에 돌려보냈다.

❑そのゝち[98]、十日[とおか]バかりをすぎて[99]、粘没喝(てんほつか

쓰임. ~로」.

89) 「きん【金】 금나라」+「ひと【人】 사람」+「の[助詞]」+「ため【為】」+「に[助詞]」(〈~の(が)ために〉의 꼴로 '이익·이유·목적'의 뜻. ~때문에)

90) 「めしうど【囚人】 붙잡혀서 옥에 갇혀 있는 사람. 수인」(〈-と〉는 無濁点표기)+「と[助詞]」+「なる【成る·為る】[4]되다」의 連用形 「なり」+「たり[助動]완료·존속」의 連体形 「たる」+「こと【事】 것. 일」+「を[助詞]」.

91) 「かたる【語る】[4]상대에게 전하다. 이야기하다」의 終止形 「かたる」+「べかり[助動]추량·가능 등」의 未然形 「べから」+「ず[助動]부정」.

92) 「わが【我が·吾が】[連体]나의. 자신의」+「きやうだい→きょうだい【兄弟】 형제」+「を[助詞]」+「もって【以て】(〈を[助詞]〉에 이어져서)수단이나 원인·이유 등을 나타냄. ~로써. ~때문에」.

93) 「やうやう→ようよう【漸う】 차츰. 조용히. 천천히」+「に[助詞]」+「かたる【語る】[4]상대에게 전하다. 이야기하다」의 連用形 「かたり」+「きかす[下2]→きかせる【聞かせる】[下1]듣도록 하다. 들려주다」의 命令形 「きかせよ」.

94) 「とて[助詞]인용. ~라 해서. ~라는 것으로. ~라는 이름으로」.

95) 「わが【我が·吾が】[連体]나의. 자신의」+「ぼく【僕】[名]종. 하인」+「をば : 〈を〉의 뜻을 강하게 함」.

96) 「きん【金】 금나라」+「ひと【人】 사람」+「の[助詞]」+「いとま【暇·遑】 휴가. 사직. 이별. 면제하여 떠나게 하는 일. 해고」+「を[助詞]」+「こふ[4]→こう【乞う·請う】[5]구하다. 청하다. 부탁하다. 바라다」+「て」.

97) 「こきやう→こきょう【故郷】 고향」+「に[助詞]」+「かへす【帰す·還す】[4]돌려보내다」의 連用形 「かへし」+「けり[助動]회상·과거」.

つ)、若水(じやくすい)に対面(たいめん)して[100]、国中(こくちう)の事[こと]を、はかるに[101]、

➩ 그 후에 열흘 남짓 지나서 점몰갈이 약수에 대면하여 나라 안의 일을 의논하니,

❑若水(じやくすい)、大[おおい]にいかりて[102]、悪口(あつこう)を、いたしければ[103]、人[ひと]をして[104]、かたハらに引[ひき]のけしむ[105]。

➩ 약수가 크게 노여워하며 욕을 했으므로 사람을 시켜서 구석으로 끌어내게 한다.

❑若水(じやくすい)、ます〵〵[106]罵(のる)事(こと)[107]はなハだし[108]。

➩ 약수는 더욱 욕하는 것이 대단하다.

❑監軍(かんぐん)のもの[109]、これを、にくミて[110]、そのくちびるを、

---

98) 「その【其の】[連体]그」+「のち【後】후」.

99) 「とおか【十日】열흘」+「ばかり【許り】[助詞]정도. 쯤」+「を[助詞]」+「すぐ[上2]→すぎる【過ぎる】[上1]지나다. 경과하다」의 連用形「すぎ」+「て」.

100) 「に[助詞]」+「たいめん【対面】대면」+「す[サ変]하다」의 連用形「し」+「て」.

101) 「こくちゅう【国中】나라 안. 국내. 온 나라」+「の[助詞]」+「こと【事】것. 일」+「を[助詞]」+「はかる【図る·謀る·諮る】[4]계획하다. 의논하다. 협의하다」의 連体形「はかる」+「に[助詞]~하니. ~하는데」.

102) 「おおいに【大いに】[副]매우. 몹시」+「いかる【怒る】[4]화내다. 노하다」의 連用形「いかり」+「て」.

103) 「あくこう→あっこう【悪口】험담. 욕」+「を[助詞]」+「いたす【致す】[4]하다. 혼신을 다 바치다. 온힘을 쏟다」의 連用形「いたし」+「けり[助動]회상·과거」의 已然形「けれ」+「ば[助詞]확정조건. 원인·이유」.

104) 「ひと【人】사람. 다른 사람」+「~をして[連語]수단·방법의 뜻. 어떤 동작을 행하는 수단으로서의 사역(使役)의 대상을 나타냄. 대개 〈~をして~しむ〉의 형태를 취함」.

105) 「かたはら→かたわら【傍·旁·側·脇】옆. 곁. 끄트머리」+「に[助詞]」+「ひきのく[下2]→ひきのける【引き退ける】[下1]끌어서 물러나게 하다. 당겨서 치우다. 떼어놓다」의 未然形「ひきのけ」+「しむ[助動]사역. ~시키다」.

106) 「ますます【益】[副]전보다 더욱. 가일층」.

107) 「のる【罵る】[4]욕하다. 험담하다」의 連体形「のる」+「こと【事】것. 일」.

108) 「はなはだし【甚だし】[形シク]보통 정도를 넘다. 심하다」.

うちやぶりて111)、血(ち)をそゝく、と、いへども112)、

➪ 감군인 자가 이를 못마땅해 하여 그 입술을 터뜨려서 피를 쏟는다고 해도,

❑若水(じやくすい)、すこしも、いたむ色(いろ)なく113)、ます╲╱悪口(あつこう)しけるほどに114)、

➪ 약수가 조금도 아픈 기색 없이 더욱더 욕설했기에,

❑人[ひと]皆(ミな)115)いかり、にくミて116)、舌[した]をきりて117)、ころし侍[は]べりけり118)。

➪ 사람들이 모두 성내고 못마땅해 하여 혀를 잘라 죽였습니다.

❑すでに死(し)する時[とき]に、いたりて119)、うたふて、いはく120)、「首

---

109) 「かんぐん【監軍】감군. 군대를 감독하는 직위」+「の[助詞]」+「もの【者】자. 사람」.

110) 「これ【此・是】[代]이것. 이사람」+「を[助詞]」+「にくむ【憎む・悪む】[4]미워하다. 증오하다. 옳지 않은 것을 싫어하여 멀리하다. 비난하다」의 連用形「にくみ」+「て」.

111) 「その【其の】[連体]그」+「くちびる【唇】입술」+「を[助詞]」+「うちやぶる【打ち破る】[4]깨부수다」의 連用形「うちやぶり」+「て」.

112) 「ち【血】피」+「を[助詞]」+「そそぐ【注ぐ・灌ぐ】[4]흐르다. 쏟다. 떨어지다」(〈-く〉는 無濁点표기)+「と[助詞]~라고」+「いへども→いえども【雖も】[連語]~하지만. ~해도」.

113) 「すこしも【少しも】[副]조금이라도. 조금도」+「いたむ【痛む・傷む・悼む】[4]고통을 느끼다」의 連体形「いたむ」+「いろ【色】색. 안색. 표정」+「なし【無し】[形ク]없다」의 連用形「なく」.

114) 「ますます【益】[副]더욱」+「あっこう【悪口】험담」+「す[サ変]하다」의 連用形「し」+「けり[助動]회상・과거」의 連体形「ける」+「ほどに【程に】①~하면. ~하는 사이에 ②원인・이유. ~이므로」.

115) 「ひと【人】사람」+「みな【皆】①[名]모든 사람. 전부 ②[副]남김없이. 모두」.

116) 「いかる【怒る】[4]화내다」의 連用形「いかり」+「にくむ【憎む・悪む】[4]미워하다」의 連用形「にくみ」+「て」.

117) 「した【舌】혀」+「を[助詞]」+「きる【切る・斬る】[4]베다. 끊다」의 連用形「きり」+「て」.

118) 「ころす【殺す】[4]죽이다」의 連用形「ころし」+「侍(はべ)り[助動]격식・정중」의 連用形「はべり」+「けり[助動]회상・과거」.

119) 「すでに【既に・已に】[副]이미. 이제」+「しす【死す】[サ変]죽다」의 連体形「しする」+「とき【時】때」+「に[助詞]」+「いたる【至る・到る】[4]도착하다. 도달하다」의 連用形「いたり」+「て」.

(かうべ)をかゞめて121)天[てん]にとへば122)兮[けい]123)天[てん]つゐに、ものいはず124)。

⇨ 이제 죽을 때에 이르러 읊어 이르길 "머리를 조아려 하늘에 물었더니 하늘이 끝내 이야기하지 않는다.

□忠臣(ちうしん)死(し)に効(ならふ)125)兮(けい)死(し)すとも126)、また、なんぞ127)あやまたんと128)。」129)と、いふて130)、

---

120) 「うたふ【歌ふ・謡ふ・唄ふ・謳ふ】[4]노래하다. 읊다」+「て」+「いはく【曰く】말하길. 이르길」.

121) 「かうべ→こうべ【首・頭】머리. 목」+「を[助詞]」+「かがむ[下2]→かがめる【屈める】[下1]접다. 움츠리다」의 連用形「かがめ」+「て」.

122) 「てん【天】하늘」+「に[助詞]」+「とふ【問ふ】[4]묻다. 질문하다」의 已然形「とへ」+「ば[助詞]확정조건. 원인・이유」.

123) 「兮」는「けい」로 읽으며 주로 운문의 끝이나 가운데에 써서 감정을 담아 어투를 고르는 역할을 하는 조자(助字)다. 우리는 이를 어조사로 분류한다.

124) 「てん【天】하늘」+「つひに→ついに【終に・遂に】[副]결국. 마침내」(〈-ゐ-〉는 정서법에 어긋남」+「ものいふ【物言ふ】[4]말을 내뱉다. 말하다. 중재하다. 잔소리하다」의 未然形「ものいは」+「ず[助動]부정」.

125) 「効」는 우리 한자로는 '본받다. 배우다. 나타내다. 밝히다'의 뜻으로 쓰인다. 본문에서는 이를「ならふ」로 읽는데「ならう」는「習う・慣らう・馴らう・倣う」로서 '익숙하다. 친하다. 모방하다. 체험하다. 배우다'의 뜻이다.

126) 「ちうしん→ちゅうしん【忠臣】충신」+「し【死】[名]죽음」+「に[助詞]」+「効(ならふ)」+「けい【兮】어조사」+「しす【死す】[サ変]죽다」의 終止形「しす」+「とも[助詞]역접의 가정조건. ~해도」.

127) 「また【又・亦・復】[副]다시. 같이. 달리. 또한」+「なんぞ【何ぞ】[副]어찌. 어떤. 무언가」.

128) 「あやまつ【過つ・誤つ】[4]잘못하다. 오해하다. 위반하다. 해치다」의 未然形「あやまた」+「む[助動]추량・의지」→「ん」+「と[助詞]종조사적으로 쓰이는 용법. 상대의 발언을 받아서 반문함」.

129) 약수가 읊은 시는 〈한문본〉에는「矯首問天兮天卒不言. 忠臣効死兮死亦何愆」로 되어 있다. 이를 〈언해본〉에서는 다음과 같이 기술하고 있다. 전구는「머리를 드러 하ᄂᆞᆯ긔 묻ᄌᆞᄫᆞ니 하ᄂᆞᆯ히 乃終내 말 아니ᄒᆞ시놋다」, 후구는「忠臣이 주구믈 바티ᅀᆞᆸ노니 ᄯᅩ 므슴 허므리리오」다. 〈한문본〉과 〈언해본〉은 여기에서 이야기가 끝난다.

130) 「と[助詞]~라고」+「いふ【言ふ・云ふ】[4]말하다」+「て」.

➪ 충신 죽음에 본받아 죽더라도 또한 어찌 잘못이겠는가?"라고 하고

❑ うたひける131)、こゑのしたに132)、息(いき)たえて133)、むなしく、なれりけり134)。

➪ 읊던 목소리가 끝나자마자 숨이 끊어져서 죽었다.

❑ このうたを135)、きゝ侍(はんべ)るにこそ136)、金(きん)のつハものども、みな137)、忠臣(ちうしん)の心[こころ]ざし138)、まことに、ふかき事[こと]をかんじて139)、をの〳〵涙[なみだ]を、ながしけり140)。

➪ 이 시를 들었기에 금나라 병사들이 모두 충신의 뜻이 참으로 깊은 것을 감복하여 각자 눈물을 흘렸다.

---

131) 「うたふ【歌ふ·謡ふ·唄ふ·謳ふ】[4]노래하다. 읊다」의 連用形「うたひ」+「けり[助動]회상·과거」의 連体形「ける」.

132) 「こゑ→こえ【声】목소리」+「の[助詞]」+「した【下】아래. 뒤」+「に[助詞]」. 「声(こえ)の下(した)」는 '말이 끝나자마자'의 뜻.

133) 「いき【息】숨」+「たゆ【絶ゆ】[下2]끊어지다」의 連用形「たえ」+「て」.

134) 「むなし【空し·虚し】[形シク]덧없다. 무상하다. 죽었다」의 連用形「むなしく」+「なる【成る·為る】[4]되다」의 命令形「なれ」+「り[助動]완료·존속」.

135) 「この【此の·斯の】[連体]이」+「うた【歌】노래. 시가」+「を[助詞]」.

136) 「きく【聞く·聴く】[4]듣다」의 連用形「きき」+「はんべり【侍り】〈侍(はべ)り[助動]격식·정중〉가 변한 말」의 連体形「はんべる」+「に[助詞]~하니. ~하는데」+「こそ[係助詞]뜻을 강하게 함」(문말은 已然形).

137) 「きん【金】금나라」+「の[助詞]」+「つはもの【兵】병사」+「ども【共】[接尾]~들」+「みな【皆】①[名]모든 사람. 전부 ②[副]남김없이. 모두」.

138) 「ちうしん→ちゅうしん【忠臣】충신」+「の[助詞]」+「こころざし【志】마음이 향하는 바. 뜻. 마음가짐」.

139) 「まことに【真に·実に·誠に】[副]정말로. 거짓 없이. 매우」+「ふかし【深し】[形ク]깊다. 무겁다」의 連体形「ふかき」+「こと【事】것. 일」+「を[助詞]」+「かんず【感ず】[サ変]느끼다. 감동하다. 감탄하다」의 連用形「かんじ」+「て」.

140) 「おのおの【各·各々】①[名]각자. 각각 ②[代]여러분」(〈を-を-〉는 정서법에 어긋남)+「なみだ【涙】눈물」+「を[助詞]」+「ながす【流す】[4]흘리다」의 連用形「ながし」+「けり[助動]회상·과거」(앞에 係助詞〈こそ〉가 있으므로 이에 호응하여 已然形인〈けれ〉가 쓰여야 하지만 終止形이 그대로 유지되고 있다).

❑みかども141)、この事[こと]を142)聞[きこ]しめし、つたへ給[たま]ひて143)、

➩ 천자가 이 일을 전해 들으시고,

❑金(きん)の陣中(ぢんちう)に144)、おはしましながら145)、ミづから146)食(しよく)を、たち給[たま]ひ147)、

➩ 금나라 진중에 계시면서 스스로 음식을 끊으시고,

❑ふかく、なけかせおはしましつゝ148)、れうがん149)より、おつる御[み]涙[なみだ]ハ150)、よそのたもとまで151)、ぬれぬべくぞ152)見[み]え

---

141) 「みかど【御門・帝】 황제. 천자」+「も[助詞]~도」.

142) 「この【此の・斯の】[連体]이」+「こと【事】 것. 일」+「を[助詞]」.

143) 「きこしめす【聞し召す】[4]들으시다」의 連用形 「きこしめし」+「つたふ[下2]→つたえる【伝える】[下1]전하다. 알리다」의 連用形 「つたへ」+「たまふ【給ふ】[助動]존경」의 連用形 「たまひ」+「て」. 참고로 「聞(き)き伝(つた)ふ[下2]」가 '남에게 전해 듣다'의 뜻임을 고려하면 「聞(きこ)し召(め)しつたへ給(たま)ふ」는 「聞き伝ふ」의 높임말로 풀이된다.

144) 「きん【金】 금나라」+「の[助詞]」+「ぢんちゅう【陣中】 진중」+「に[助詞]」.

145) 「おはします[4]→おわします【御座します】[5](〈おはす【御座す・在す】[サ変]'있다・가다・오다'의 尊敬語〉에 〈ます〉를 덧붙여서 존경의 뜻을 더욱 강하게 한 말)계시다」의 連用形 「おはしまし」+「ながら【乍ら】[助詞]앞선 상태가 이어지는 모습」.

146) 「みづから→みずから【自ら】[名]자기 자신. 나. [副]스스로. 친히」.

147) 「しょく【食】 음식. 식사」+「を[助詞]」+「たつ【絶つ・断つ・截つ】[4]끊다. 그만두다」의 連用形 「たち」+「たまふ【給ふ】[助動]존경」의 連用形 「たまひ」.

148) 「ふかし【深し】[形ク]깊다. 무겁다」의 連用形 「ふかく」+「なげく【嘆く・歎く】[4]탄식하다. 슬퍼하다」의 未然形 「なげか」(〈-け-〉는 無濁点표기)+「す[助動]사역・존경. ~하시다」의 連用形 「せ」+「おはします【御座します】[4]계시다」(여기에서는 보조동사로서의 쓰임)의 連用形 「おはしまし」+「つつ[助詞]같은 동작의 반복・계속 등. ~하면서. ~해 두고 나서」(連用形에 접속함).

149) 「りょうがん」으로 읽는 말은 「両眼」과 「竜眼」이 있다. 전자는 「두 눈」, 후자는 「천자의 눈」의 뜻으로 양쪽 모두 문맥이 통하는데, 여기에서는 후자를 채택한다.

150) 「より[助詞]기점. ~로부터」+「おつ[上2]→おちる【落ちる】[上1]떨어지다」의 連体形 「おつる」+「み【御】[接頭]존경의 뜻을 보탬」+「なみだ【涙】 눈물」+「は[助詞]」.

151) 「よそ【余所・他所】 다른 곳. 다른 사람」+「の[助詞]」+「たもと【袂】 옷소매」+「まで

給[たま]ひける153)。

➪ 깊이 탄식하시면서 용안에서 떨어지는 용루는 다른 옷소매까지 적실 것으로 보이셨다.

【迄】[助詞]~까지」.

152) 「ぬる[下2]→ぬれる【濡れる】[下1]젖다」의 連用形 「ぬれ」+「ぬ[助動]완료·존속」의 終止形 「ぬ」+「べし[助動]의무·당연·추량·가능 등」의 連用形 「べく」+「ぞ[係助詞]강조」(문말은 連体形).

153) 「みゆ[下2]→みえる【見える】[下1]보이다. 생각되다」의 連用形 「みえ」+「たまふ【給ふ】[助動]존경」의 連用形 「たまひ」+「けり[助動]회상·과거」의 連体形 「ける」(앞의 <ぞ>에 호응).

19. 劉(りふ)鞈(かふ)捐(すつ)レ生(せいを)
유갑이 생명을 버리다

❑金(きん)の軍兵(ぐんびやう)1)、すでに2)宋朝(そうてう)を、おちいる3)。

➩ 금나라 군병이 이미 송나라 조정을 떨어뜨린다.

❑河東(かとう)の割地使(かつちし)4)劉鞈5)(りふかふ)、いけどられて6)金(きん)の陣中(ぢんちう)に、いたる7)。

➩ 하동의 할지사 유갑이 사로잡혀서 금나라 진중에 다다른다.

❑金(きん)人(ひと)、すなハち8)寺(てら)の内(うち)に、をしこめて9)囚

---

1) 「きん【金】 금나라」+「の[助詞]」+「ぐんびやう→ぐんびょう【軍兵】 군병. 군졸」.

2) 「すでに【既に·已に】[副]①이미. 벌써 ②모두. 남김없이 ③이제 ④틀림없이」.

3) 「そうてう→そうちょう【宋朝】 송조. 송나라 조정」+「を[助詞]」+「おちいる【陥る·落ち入る】[4]떨어지다. 함락되다. 죽다」. 「おちいる」는 自動詞로서의 쓰임만 사전에 제시되어 있으므로 문제가 남는다.

4) 이는 〈한문본〉과 〈언문본〉 모두 「割地使」로 되어 있으며 벼슬 이름인 것으로 보인다. 료이(了意)는 이를 그대로 音読한 것으로 보이는데, 『假名草子集成』에는 여기에 「かうちし」라는 읽기가 붙어있다. 그런데 「割」는 「かつ」로만 읽어서 의문이다. 이에 〈国文学研究資料館〉의 「三綱行實圖」를 살펴보니 「割」에 「かつ」라는 읽기가 붙어있으므로 이를 고쳐서 제시한다.

5) 「鞈」은 音으로 「갑·겹」인데 『역주 삼강행실도』(세종대왕기념사업회)의 역주 부분(p.98)을 보면 제목에서는 「겹」으로 본문에서는 「갑」으로 읽고 있어서 일관되지 않다. 이를 료이(了意)는 「かふ」로 읽으므로 여기에서는 「갑」으로 옮기기로 하겠다.

6) 「いけどる【生け捕る】[4]산 채로 잡다」의 未然形 「いけどら」+「る[助動]수동」의 連用形 「れ」+「て」.

7) 「きん【金】 금나라」+「の[助詞]」+「ぢんちゅう→じんちゅう【陣中】 진중. 전장」+「に[助詞]」+「いたる【至る·到る】[4]도착하다. 도달하다」.

人(めしうと)と、なりたり10)。

➪ 금나라 사람이 곧바로 절 안에 가두어 죄수가 되었다.

❏金(きん)国(こく)の僕射(ぼくや)11)韓正(かんせい)と、いふもの12)、劉給(りふかふ)に、かたりて、いはく13)、

➪ 금나라의 복야인 한정이라 하는 자가 유갑에게 밝혀 이르길,

❏「公(こう)、いま14)、君[きみ]のために15)忠(ちう)ありて16)、すでに、めしうとゝ、なれり17)、公(こう)の君[きみ]、また18)、くらゐを、うしなへり19)。

---

8) 「きん【金】 금나라」+「ひと【人】 사람」+「すなはち→すなわち【即ち·則ち】[副]곧바로. 즉시」.

9) 「てら【寺】 절」+「の[助詞]」+「うち【内】 안」+「に[助詞]」+「おしこむ[下2]→おしこめる【押し込める】[下1]밀어 넣다. 억지로 넣다. 감금하다」의 連用形「おしこめ」(〈を-〉는 정서법에 어긋남)+「て」.

10) 「めしうど【囚人】 붙잡혀서 옥에 갇혀 있는 사람. 수인」(〈-と〉는 無濁点표기)+「と[助詞]」+「なる【成る·為る】[4]되다」의 連用形「なり」+「たり[助動]완료·존속」.

11) 「きん【金】 금」+「こく【国】 국. 나라」+「の[助詞]」+「ぼくや【僕射】 복야. 중국의 관직명」.

12) 「と[助詞]~라고」+「いふ【言ふ·云ふ】[4]말하다」의 連体形「いふ」+「もの【者】 사람」.

13) 「かたる【語る】[4]상대에게 전하다. 이야기하다」의 連用形「かたり」+「て」+「いはく【曰く】 말하길. 이르길」.

14) 「こう【公】 공. 조정. 주군. 귀인」+「いま【今】 현재. 지금. 이 국면에. 이제」.

15) 「きみ【君】 주군. 임금」+「の[助詞]」+「ため【為】」+「に[助詞]」(〈~の(が)ために〉의 꼴로 '이익·이유·목적'의 뜻. ~때문에. ~위해).

16) 「ちゅう【忠】 충」+「あり【有り】[ラ変]있다」의 連用形「あり」+「て」.

17) 「すでに【既に·已に】[副]이미. 모두. 이제」+「めしうど【囚人】 수인. 죄수」(〈-と〉는 無濁点표기)+「と[助詞]」+「なる【成る·為る】[4]되다」의 命令形「なれ」+「り[助動]완료·존속」.

18) 「こう【公】 공」+「の[助詞]」+「きみ【君】 주군. 임금」+「また【又·亦·復】[副]다시. 같이. 또한」.

19) 「くらゐ→くらい【位】 지위. 자리」+「を[助詞]」+「うしなふ【失ふ】[4]잃다. 지위를 빼앗기다」의 命令形「うしなへ」+「り[助動]완료·존속」.

⇨ "공은 지금 주군을 위해 충이 있어서 이제 죄수가 되었다. 공의 주군은 또한 자리를 잃었다.

❏君[きみ]をもつて[20]、君[きみ]たることを[21]、しる、と、ならば[22]、いま我(わが)金(きん)の君(きミ)を[23]、君[きみ]と、し給[たま]へ[24]。」[25]と。

⇨ 주군으로써 주군이라고 하는 것을 안다고 하면 이제 우리 금나라의 주군을 주군으로 하십시오."라고.

❏りうかふ、こたへて、いはく[26]、「生[せい]を、ぬすみて[27]死(し)する事[こと]を、おそれ[28]、あやうきを、のがれて[29]忠(ちう)を、わす

---

20) 「きみ【君】주군」+「を[助詞]」+「もって【以て】(〈を[助詞]〉에 이어져서)수단이나 원인 등을 나타냄. ~로써. ~때문에」.

21) 「きみ【君】주군」+「たり[助動](체언에 접속하여)단정·지정. ~이다」의 連体形「たる」+「こと【事】것. 일」+「を[助詞]」.

22) 「しる【知る】[4]알다」+「と[助詞]」+「なる【生る·成る·為る】[4]되다. 생기다. 바뀌다. 할 수 있다」의 未然形「なら」+「ば[助詞]가정조건」.

23) 「いま【今】지금. 이제」+「わが【我が·吾が】[連体]나의. 자신의」+「きん【金】금나라」+「の[助詞]」+「きみ【君】주군」+「を[助詞]」.

24) 「きみ【君】주군」+「と[助詞]~로」+「す[サ変]하다」의 連用形「し」+「たまふ【給ふ】[助動]존경」의 命令形「たまへ」.

25) 한정이 유갑에게 밝힌 말은 〈한문본〉에는「國相知君. 今用君矣」뿐이다. 그리고 이에 대해 〈언해본〉에는「國相이 그듸를 알씨《國相은 나랏 宰相이니 粘沒喝올 니르니라》이제 그듸를 쓰리라」와 같이 기술되어 있다.

26) 「こたふ【答ふ·応ふ】[下2]대답하다」의 連用形「こたへ」+「て」+「いはく【曰く】말하길. 이르길」.

27) 「せい【生】생. 목숨」+「を[助詞]」+「ぬすむ【盗む】[4]훔치다. 몰래 하다」의 連用形「ぬすみ」+「て」.

28) 「しす【死す】[サ変]죽다」의 連体形「しする」+「こと【事】것. 일」+「を[助詞]」+「おそる[下2]→おそれる【恐れる·畏れる·怖れる·懼れる】[下1]두려워하다. 무서워하다. 우려하다」의 連用形「おそれ」.

29) 「あやふし[形ク]→あやうい【危うい】[形]걱정이다. 위험하다」의 連体形「あやふき」(〈-う-〉는 歴史的仮名遣에 어긋남)+「を[助詞]」+「のがる【逃る·遁る】[下2]벗어나다. 도망치다. 면하다」의 連用形「のがれ」+「て」.

れ30)、

➪ 유갑이 대답하여 이르길 "생을 훔쳐 죽는 것을 두려워하고, 위급을 면하여 충을 잊고,

❏一[いち]人(にん)をもつて31)、二君(じくん)に、つかふる道[みち]を、しらず32)。」と。

➪ 한 사람으로써 두 주군에 섬기는 길을 모른다."라고.

❏韓正(かんせい)、重(かさ)ねて、いはく33)、「軍中(ぐんちう)すでに34)、我[わが]君[きみ]をもつて35)、天下[てんか]に王(わう)たらんことを、はかる36)。

➪ 한정이 거듭 말하길 "군대 안은 모두 우리 주군으로써 천하의 왕이라는 것을 헤아린다.

❏家属(かぞく)いづれか37)、これに、そむかん38)。

---

30) 「ちゅう【忠】 충」+「を[助詞]」+「わする【忘る】[下2]잊다」의 連用形「わすれ」.

31) 「いちにん【一人】 일인. 한 사람」+「を[助詞]」+「もって【以て】 ~로써. ~때문에」.

32) 「じくん【二君】 두 주인. 두 임금」+「に[助詞]」+「つかふ[下2]→つかえる【仕える】[下1]①윗사람 가까이에서 섬기다. 모시다. ②관직을 수행하다」의 連体形「つかふる」+「みち【道】 길. 방도」+「を[助詞]」+「しる【知る】[4]알다」의 未然形「しら」+「ず[助動]부정」.

33) 「かさねて【重ねて】[副]다시. 재차」+「いはく【曰く】 말하길. 이르길」.

34) 「ぐんちう→ぐんちゅう【軍中】 군중. 군대 안. 진중(陣中)」+「すでに【既に·已に】[副]이미. 모두」.

35) 「わが【我が·吾が】[連体]나의. 자신의」+「きみ【君】 주군. 임금」+「を[助詞]」+「もって【以て】 ~로써」.

36) 「てんか【天下】 천하」+「に[助詞]」+「わう→おう【王】 왕」+「たり[助動](체언에 접속하여)단정·지정. ~이다」의 未然形「たら」+「む[助動]추량·의지」의 連体形「む」→「ん」+「こと【事】 것. 일」+「を[助詞]」+「はかる【計る·測る·量る·図る·謀る·諮る】[4]계산하다. 재다. 생각하다. 짐작하다. 기회를 엿보다」.

37) 「かぞく【家属】 가속. 한 집안 사람. 가족」+「いづれ→いずれ【何れ·孰れ】[代]누구. 어느 쪽」+「か[係助詞]의문·질문」(문말은 連体形).

38) 「これ【此·是】[代]이것. 이사람」+「に[助詞]」+「そむく【背く·叛く】[4]등지다. 반대하다」의 未然形「そむか」+「む[助動]추량·의지」의 連体形「む」→「ん」.

➪ 가속의 누가 이에 거스르겠는가?

❑ねがハくは[39]、金(きん)人(ひと)のめいに、したがふて[40]、富貴(ふうき)を、もとめ給[たま]へ[41]。

➪ 원컨대 금나라 사람의 명에 따라서 부귀를 구하십시오.

❑いたづらに、死(し)してハ、又[また][42]、いづれの徳分(とくぶん)か、あるべき[43]。」と。

➪ 헛되이 죽어서는 달리 어떠한 이득이 있겠는가?"라고.

❑劉(りう)かふ、これを聞[きき]て[44]、天[てん]にあふぎ[45]、大[おおい]に、よバゝりて、いはく[46]、「金(きん)人(ひと)、われを、かたらふに[47]帰書(きしよ)あり[48]。

---

39) 「ねがはくは→ねがわくは【願わくは】[副]바라기는. 원하기는」.

40) 「きん【金】금나라」+「ひと【人】사람」+「の[助詞]」+「めい【命】명」+「に[助詞]」+「したがふ【従ふ·随ふ·順ふ】[4]따르다. 거스르지 않다. 맡기다」+「て」.

41) 「ふうき【富貴】부귀」+「を[助詞]」+「もとむ【求む】[下2]찾다. 구하다」의 連用形「もとめ」+「たまふ【給ふ】[助動]존경」의 命令形「たまへ」.

42) 「いたづら【徒】[形動ナリ]무익함. 쓸모없음. 덧없음」의 連用形「いたづらに」+「しす【死す】[サ変]죽다」의 連用形「しし」+「て」+「は[助詞]」+「また【又·亦·復】[副]다시. 같이. 달리. 또한」.

43) 「いづれ【何れ·孰れ】[代]누구. 어떤. 어느 쪽」+「の[助詞]」+「とくぶん【得分·徳分】이익. 이득. 소득」+「か[係助詞]의문·질문」(문말은 連体形)+「あり【有り】[ラ変]있다」의 連体形「ある」+「べし[助動]의무·당연·추량·가능 등」의 連体形「べき」(앞의 〈か〉에 호응).

44) 「これ【此·是】[代]이것. 이사람」+「を[助詞]」+「きく【聞く·聴く】[4]듣다」의 連用形「きき」+「て」.

45) 「てん【天】하늘」+「に[助詞]」+「あふぐ[4]→あおぐ【仰ぐ】[5]우러러보다. 존경하다」의 連用形「あふぎ」.

46) 「おおいに【大いに】[副]매우. 몹시. 많이」+「よばはる[4]→よばわる【呼ばわる】[5]큰 소리로 외치다」의 連用形「よばはり」+「て」+「いはく【曰く】말하길. 이르길」.

47) 「きん【金】금나라」+「ひと【人】사람」+「われ【我·吾】[代]나」+「を[助詞]」+「かたらふ【語らふ】[4]서로 이야기 나누다. 설득하여 한패에 끌어들이다」의 連体形「かたらふ」+「に[助詞]~하니. ~하는데」

➩ 유갑이 이를 듣고서 하늘에 우러러 크게 외쳐 이르길 "금나라 사람이 나를 설득하는데 돌아오는 글이 있다.

❑ 我[われ]をもつて[49]罪(つミ)あり、と、せずして[50]、われをもつて天下[てんか]に、もちゆべし、と、いふ[51]。

➩ 나로써 죄가 있다고 하지 않고 나로써 천하에 쓰일 것이라고 한다.

❑ それ[52]、貞女(ていぢよ)ハ[53]二夫(じふ)にまミえず[54]、忠臣(ちうしん)ハ二君(じくん)につかへず[55]、

➩ 무릇 정녀는 두 지아비에게 모시지 않고 충신은 두 임금에게 섬기지 않는다.

❑ いはんや[56]主君(しゆくん)はぢしめられて[57]、その臣下(しんか)、死

---

48) 이 부분은 〈한문본〉에는 「歸書片紙」, 〈언해본〉에는 「글왈 뎡ㄱ라 아ᄃ리게 보내」로 되어 있다. 본문의 「帰書(きしょ)」는 사전에 등재되지 않은 말로, 여기에서는 한자를 떼어서 풀이하지만 미상.

49) 「われ【我·吾】[代]나」+「を[助詞]」+「もって【以て】~로써」.

50) 「つみ【罪】죄」+「あり【有り】[ラ変]있다」+「と[助詞]~라고」+「す[サ変]하다」의 未然形「せ」+「ず[助動]부정」의 連用形「ず」+「して[助詞](連用形에 접속)~인 상태로」.

51) 「われ【我·吾】[代]나」+「を[助詞]」+「もって【以て】~로써」+「てんか【天下】천하」+「に[助詞]」+「もちゆ【用ゆ】[上2]〈もちゐる【用ゐる】[上1]채용하다. 사용하다〉가 변한 말」의 終止形「もちゆ」+「べし[助動]의무·당연·추량·가능 등」+「と[助詞]~라고」+「いふ【言ふ·云ふ】[4]말하다」.

52) 「それ【其·夫】[感](한문의 〈夫〉에 대한 訓読에서)격식을 차린 자세로 글을 시작할 때 쓰는 말. 대저. 무릇」.

53) 「ていぢよ→ていじょ【貞女】정녀. 정조(정절)를 굳게 지키는 여자. 절부(節婦)」+「は[助詞]」.

54) 「じふ【二夫】두 남편」+「に[助詞]」+「まみゆ【見ゆ】[下2]뵙다. 만나다. 지아비에게 섬기다」의 未然形「まみえ」+「ず[助動]부정」.

55) 「ちゅうしん【忠臣】충신」+「は[助詞]」+「じくん【二君】두 주인. 두 임금」+「に[助詞]」+「つかふ【仕ふ】[下2]섬기다. 모시다」의 未然形「つかへ」+「ず[助動]부정」.

56) 「いはんや→いわんや【況んや】[副詞]말할 것도 없이. 하물며. 더군다나」.

57) 「しゅくん【主君】주군. 자신이 섬기는 임금(주인)」+「はぢしむ【恥ぢしむ】[下2]부끄럽게 하다. 모욕하다. 꾸짖다」의 未然形「はぢしめ」+「らる[助動]수동」의 連用形「られ」+「て」.

(し)せざらんや58)。

➪ 하물며 주군이 욕보임 당하고서 그 신하가 죽지 않겠는가?

❑これ、わが、かならず59)死(し)すべきところなり60)。」と、いふて61)、

➪ 이는 내가 분명 죽어야할 때다."라고 하고,

❑故郷(こきよう)62)へ、つかひを、つかハして63)、「我[われ]すでに64)、君[きみ]のために、死(し)す65)。」と、云(いひ)やりければ66)、

➪ 고향에 심부름꾼을 보내서 "나는 이제 주군을 위해 죽겠다."라고 전갈했더니,

❑劉(りう)かふが子(こ)の67)、劉羽(りうう)を初(はじ)めとして68)、一

---

58) 「その【其の】[連体]그」＋「しんか【臣下】신하」＋「しす【死す】[サ変]」의 未然形「しせ」＋「ざり[助動]부정」의 未然形「ざら」＋「む[助動]추량・의지」→「ん」＋「や[係助詞]의문・질문」.

59) 「これ【此・是】[代]이것. 이사람」＋「わ【我・吾】[代]나」＋「が[助詞]」＋「かならず【必ず】[副]꼭. 반드시. 필시」.

60) 「しす【死す】[サ変]죽다」의 終止形「しす」＋「べし[助動]의무・당연・추량・가능 등」의 連体形「べき」＋「ところ【所・処】곳. 바. 상황. 찰나」＋「なり[助動]단정・지정」.

61) 「と[助詞]~라고」＋「いふ【言ふ・云ふ】[4]말하다」＋「て」.

62) 예컨대 앞선 〈18. 若水效死〉에서는 故郷를「こきやう」로 읽고 있어서 拗音 표기에 당대에 상당한 혼란이 있었음이 거듭 확인된다.

63) 「こきやう→こきよう【故郷】고향」＋「へ[助詞]」＋「つかひ【使ひ・遣ひ】심부름꾼. 사자(使者)」＋「を[助詞]」＋「つかはす【使はす・遣はす】[4]심부름 보내시다. 파견하시다」의 連用形「つかはし」＋「て」.

64) 「われ【我・吾】[代]나」＋「すでに【既に・已に】[副]이미. 이제. 틀림없이」.

65) 「きみ【君】주군. 임금」＋「の[助詞]」＋「ため【為】」＋「に[助詞]」(〈~の(が)ために〉의 꼴로 '이익・이유・목적'의 뜻. ~때문에. ~위해)＋「しす【死す】[サ変]죽다」.

66) 「と[助詞]~라고」＋「いひやる【言ひ遣る】[4]심부름꾼을 보내거나 또는 편지로 말을 전하다」의 連用形「いひやり」＋「けり[助動]회상・과거」의 已然形「けれ」＋「ば[助詞]확정조건. 원인・이유」.

67) 「が[助詞]현대일본어 〈の〉의 쓰임」＋「こ【子】아이. 자식」＋「の[助詞]~인」.

68) 「を[助詞]」＋「はじめ【始め・初め】처음. 시초」＋「として[助詞]①~라고 생각하여 ②~의 자격으로 ③~인 상태로 ④~로」.

[いっ]家(け)の人ゝ[ひとびと]みな69)、

➪ 유갑의 아들인 유우를 비롯해서 일가 사람 모두,

❑浄衣(じやうゑ)を着(ちやく)し70)、酒(しゆ)をすゝめて後[のち]71)、ことゝく、くびれ死(し)せり72)。

➪ 흰옷을 입고 술을 드린 후에 모두 목매달아 죽었다.

❑りうかふも、また、寺(てら)の内[うち]にして73)、ミづから、くびれて74)、むなしく、なれりけり75)。

➪ 유갑도 또한 절 안에서 스스로 목매달아 죽고 말았던 것이다.

❑金(きん)人(ひと)76)、その忠節(ちうせつ)の77)いたれる事[こと]を、かんじて78)、

---

69) 「いっけ【一家】 일가」+「の[助詞]」+「ひとびと【人人】 사람들」+「みな【皆】 ①[名]모든 사람. 전부 ②[副]남김없이. 모두」

70) 「じやうえ→じょうえ【浄衣】 흰옷. 정결한 의복」(〈-ゑ〉는 정서법에 어긋남)+「を[助詞]」+「ちゃくす【着す】 [サ変]입다. 걸치다」의 連用形 「ちやくし」+「て」.

71) 「しゅ【酒】 술」+「を[助詞]」+「すすむ【勧む】 [下2](술이나 약을)상대에게 내밀다. 드리다」의 連用形 「すすめ」+「て」+「のち【後】 후. 나중」.

72) 「ことごとく【悉く・尽く】 [副]모두. 남김없이」+「くびる[下2]→くびれる【縊れる】 [下1]목을 매달아 죽다」의 連用形 「くびれ」+「しす【死す】 [サ変]죽다」의 命令形 「しせ」+「り[助動]완료・존속」.

73) 「また【又・亦・復】 [副]같이. 또한」+「てら【寺】 절」+「の[助詞]」+「うち【内】 안」+「に[助詞]」+「して[助詞]」(〈~にして[連語]〉는 장소나 때를 나타냄. ~에서. ~에).

74) 「みづから→みずから【自ら】 [副]스스로. 친히」+「くびる【縊る】 [下2]목매달아 죽다」의 連用形 「くびれ」+「て」.

75) 「むなし【空し・虚し】 [形シク]덧없다. 무상하다. 죽었다」의 連用形 「むなしく」+「なる【成る・為る】 [4]되다」의 命令形 「なれ」+「り[助動]완료・존속」의 連用形 「り」+「けり[助動]회상・과거」.

76) 「きん【金】 금나라」+「ひと【人】 사람」.

77) 「その【其の】 [連体]그」+「ちゅうせつ【忠節】 충절」+「の[助詞]현대일본어 〈が〉의 쓰임」.

78) 「いたる【至る・到る】 극한에 다다르다. 지극하다」의 命令形 「いたれ」+「り[助動]완료・존속」의 連体形 「る」+「こと【事】 것. 일」+「を[助詞]」+「かんず【感ず】 [サ変]느

➪ 금나라 사람이 그 충절이 지극한 것을 감복하여,

❏りうかう[79]が、むなしき、かばねを[80]、寺(てら)のにしに、あたれる岡[おか]に[81]殯(かりもがり)して[82]、

➪ 유갑의 덧없는 주검을 절의 서쪽에 면한 언덕에 임시로 관을 안치하고,

❏この有[あり]さまをば[83]、つぶさに[84]寺(てら)の内[うち]なる壁(かべ)に[85]、かきしるして[86]、

➪ 이 상황을 상세하게 절 안에 있는 벽에 적어놓고,

❏それより[87]八十日[はちじゅうにち]をへてのち[88]、さうれいのぎしきを、いとなみて[89]、あつく、はうふりたりけるに[90]、

끼다. 감동하다. 감탄하다」의 連用形「かんじ」+「て」.

79) 「劉給」은 본문에서 「りふかふ」나 「りうかふ」로 읽고 있는데 여기에서만 「りうかう」로 되어 있다. 『假名草子集成』에는 이 부분에 원문에 잘못이 있으나 그대로 옮긴다는 표시인 'ママ'가 붙어있다.

80) 「が[助詞]현대일본어 〈の〉의 쓰임」+「むなし【空し・虚し】[形シク]덧없다. 죽었다」의 連体形「むなしき」+「かばね【屍・尸】시체. 주검」+「を[助詞]」.

81) 「てら【寺】절」+「の[助詞]」+「にし【西】서」+「に[助詞]」+「あたる【当たる・中る】[4]닿다. 해당하다. 합치하다」의 命令形「あたれ」+「り[助動]완료・존속」의 連体形「る」+「をか→おか【岡・丘】언덕. 낮은 산」+「に[助詞]」.

82) 「かりもがり【殯】죽은 사람을 매장하기 전에 잠시 그 주검을 관에 넣어 안치하는 것. 초빈(草殯)」+「す[サ変]하다」의 連用形「し」+「て」.

83) 「この【此の・斯の】[連体]이」+「ありさま【有様】일의 모습. 상태. 처지」+「をば : 〈を〉의 뜻을 강하게 함」.

84) 「つぶさに【具に・悉に・備に】[副]완전히. 충분히. 상세히」.

85) 「てら【寺】절」+「の[助詞]」+「うち【内】안」+「なる : ~에 있는」(〈に[助詞]〉에 〈あり【有り】[ラ変]있다〉가 합쳐져 〈なり〉가 되고 그것이 連体形으로 활용한 것)+「かべ【壁】벽」+「に[助詞]」.

86) 「かきしるす【書き記す】[4]써서 기록하다」의 連用形「かきしるし」+「て」.

87) 「それ【其・夫】[代]그. 그것」+「より[助詞]~로부터」.

88) 「を[助詞]」+「ふ[下2]→へる【経る・歴る】[下1]지나다. 경과하다」의 連用形「へ」+「て」+「のち【後】후」.

89) 「さうれい→そうれい【葬礼・喪礼】장례」+「の[助詞]」+「ぎしき【儀式】의식」+「を[助

➪ 그로부터 80일을 지난 후에 장례 의식을 행하여 후하게 장사지냈더니,

❑劉(りう)がふがんしよく91)、ひとへに92)、いけるときのごとく93)、すこしも、かハらざりければ94)、人[ひと]ミな95)、きどくのおもひを96)、なしける、となり97)。

➪ 유갑의 낯빛이 완전히 살아있을 때와 같이 조금도 달라지지 않았기에, 사람들이 모두 영험한 마음을 가졌다고 한다.

詞」+「いとなむ【営む】[4]일하다. 준비하다. 행하다」의 連用形「いとなみ」+「て」.

90) 「あつし【厚し・篤し】[形ク]두껍다. 두텁다. 후하다. 깊다」의 連用形「あつく」+「はうぶる→ほうぶる【葬る】[4]장사지내다. 매장하다」의 連用形「はうぶり」(〈-ふ-〉는 無濁点 표기)+「たり[助動]완료·존속」의 連用形「たり」+「けり[助動]회상·과거」의 連体形「ける」+「に[助詞]~하니. ~하는데」.

91) 「が[助詞]현대일본어〈の〉의 쓰임」+「がんしよく【顔色】안색. 얼굴표정」.

92) 「ひとへに→ひとえに【偏に】[副]오로지. 한결같이. 완전히」.

93) 「いく【生く】[4]살다. 생존하다」의 命令形「いけ」+「り[助動]완료·존속」의 連体形「る」+「とき【時】때」+「の[助詞]」+「ごとし【如し】[助動]~와 같다. ~와 닮았다」의 連用形「ごとく」.

94) 「すこしも【少しも】[副]조금이라도. 조금도」+「かはる【変はる】[4]변화하다. 다르다」의 未然形「かはら」+「ざり[助動]부정」의 連用形「ざり」+「けり[助動]회상·과거」의 已然形「けれ」+「ば[助詞]확정조건. 원인·이유」.

95) 「ひと【人】사람. 다른 사람」+「みな【皆】①[名]모든 사람. 전부 ②[副]남김없이. 모두」.

96) 「きどく【奇特】기이한 힘. 빼어난 효험. 영험. 기적」+「の[助詞]」+「おもひ→おもい【思い・念い・想い】[名]생각. 마음. 바람」+「を[助詞]」.

97) 「なす【生す・成す・為す】[4]만들어내다. 바꾸다. 낳다. 행하다」의 連用形「なし」+「けり[助動]회상·과거」의 連体形「ける」+「と[助詞]」+「なり[助動]단정·지정·전문(伝聞)」.

20. 傅(ふ)察(さつ)植(しよく)立(りふ)
부찰식립

❑宗正(そうせい)少卿(せうけい)[1)]傅察(ふさつ)と云[いう]人[ひと]ハ、宋(そう)の人(ひと)[2)]。靖康(せいかう)[3)]二[に]ねん、すでに[4)]接伴使(せふはんし)[5)]たり[6)]。

➪ 종정 소경 부찰이라고 하는 사람은 송나라 사람. 정강 2년에 이제 접반사다.

❑このとし[7)]金(きん)人(ひと)[8)]、いくさを、もよほして[9)]京師(けいし)を[10)]、おちいらんことを[11)]、くハたてけり[12)]。

---

1) 「宗正」과 「少卿」은 일본 사전에는 등재되지 않은 말인데 〈표준국어대사전〉에는 「종정」「소경」 모두 벼슬이름으로 풀이되어 있다.

2) 「そう【宋】송나라」+「の[助詞]」+「ひと【人】사람」.

3) 〈한문본〉과 〈언해본〉에는 이렇게 시대를 확정할 수 있는 연호는 제시되어 있지 않다. 「靖康」은 북송(北宋)의 연호(1126-27)다. 앞선 〈18. 若水效死〉의 각주 2) 참조.

4) 「に【二】2」+「ねん【年】년」+「すでに【既に・已に】[副]①이미. 벌써 ②모두. 남김없이 ③이제 ④틀림없이」.

5) 〈표준국어대사전〉에는 「접반사(接伴使)」에 대해 '외국 사신을 접대하던 임시직 벼슬아치. 정삼품 이상에서 임명하였다'는 풀이가 있다. 일본 사전에 「接伴使」는 등재되어 있지 않은데, 다만 「接伴(せっぱん)」은 「손님을 접대하는 것(사람)」이라는 뜻이다. 본문에서는 「接」을 「せふ」로 읽는데 「せつ」는 慣用音이고 「しょう(せふ)」는 呉音・漢音이다.

6) 「たり[助動](체언에 접속하여)단정・지정. ~이다」.

7) 「この【此の・斯の】[連体]이」+「とし【年】해」.

8) 「きん【金】금나라」+「ひと【人】사람」.

9) 「いくさ【軍・戦】병사. 군대. 전쟁」+「を[助詞]」+「もよほす[4] →もよおす【催す】[5]재촉하다. 불러일으키다. 준비하다. 소집하다. 부과하다」의 連用形「もよほし」+「て」.

10) 「けいし【京師】경사. 도읍. 수도」+「を[助詞]」.

➪ 이 해에 금나라 사람이 전쟁을 일으켜서 도읍을 떨어뜨릴 것을 꾀했다.

❑ されども[13]、いまだ都(ミやこ)にハ[14]、この事[こと][15]さらに、しる人[ひと]なし[16]。

➪ 하지만 이제껏 도읍에는 이 일을 전혀 아는 사람이 없다.

❑ 傅察(ふさつ)、みかどの命(めい)を、かうふりて[17]、燕山(ゑんざん)と、いふところに、おもむきけり[18]。

➪ 부찰이 천자의 명을 받아서 연산이라 하는 곳으로 향했다.

❑ ある人[ひと]、道[みち]にて[19]、傅察(ふさつ)に、かたりて、いはく[20]、「公(こう)いまだ、きこしめさずや[21]。

---

11) 「おちいる【陥る・落ち入る】[4]떨어지다. 함락되다. 죽다」(사전적으로 〈おちいる〉는 자동사로서의 쓰임만 있는데, 여기에서는 타동사적 용법이므로 특이함」의 未然形「おちいら」+「む[助動]추량・의지」의 連体形「む」→「ん」+「こと【事】것. 일」+「を[助詞]」.

12) 「くわだつ[下2]→くわだてる【企てる】[下1](옛날에는 清音)계획하다. 기도하다」의 連用形「くわだて」+「けり[助動]회상・과거」.

13) 「されども【然れども】[接続]그렇지만. 그러나」.

14) 「いまだ【未だ】[副]아직. 여전히」+「みやこ【都】도읍」+「に[助詞]」+「は[助詞]」.

15) 「この【此の・斯の】[連体]이」+「こと【事】것. 일」.

16) 「さらに【更に】[副]강한 부정. 절대로 ~가 아니다. 전혀 ~지 않다」+「しる【知る】[4]알다」의 連体形「しる」+「ひと【人】사람」+「なし【無し】[形ク]없다」.

17) 「みかど【御門・帝】황제. 천자」+「の[助詞]」+「めい【命】명」+「を[助詞]」+「かうぶる[4]→こうぶる【被る・蒙る】[5](〈こうむる〉의 옛 형태)(윗사람이나 강자의 동작을)받다」의 連用形「かうぶり」(〈-ふ-〉는 無濁点표기)+「て」.

18) 「と[助詞]~라고」+「いふ【言ふ・云ふ】[4]말하다」의 連体形「いふ」+「ところ【所・処】곳」+「に[助詞]」+「おもむく【赴く・趣く】[4]그 방향으로 가다. 향해 가다」의 連用形「おもむき」+「けり[助動]회상・과거」.

19) 「ある【或る】[連体]어떤」+「ひと【人】사람」+「みち【道】길」+「にて[助詞]현대일본어의 〈で〉와 같은 쓰임. ~에서」.

20) 「に[助詞]~에게」+「かたる【語る】[4]상대에게 전하다. 이야기하다」의 連用形「かたり」+「て」+「いはく【曰く】말하길. 이르길」.

21) 「こう【公】공. 조정. 주군. 귀인」+「いまだ【未だ】[副]아직. 여전히」+「きこしめす

➪ 어떤 사람이 길에서 부찰에게 전하여 이르길 "공은 아직 들으시지 못했습니까?

❑ 金(きん)人(ひと)すでに22)、むほんをおこし23)、つハものを、もよほして24)、道ゝ(ミち＼／)にハ25)、関(せき)をすへて26)往還(わうくわん)の通路(つうろ)たえたり27)。

➪ 금나라 사람이 이미 모반을 일으켜 병사를 모아서 여기저기에는 관문을 만들어 오가는 통로가 끊어졌다.

❑ これより28)、よろしく29)都(ミやこ)に、かへり給[たま]ふべし30)。」と、いふ。

➪ 이제부터 살펴서 도읍에 돌아가셔야 할 것입니다."라고 한다.

❑ 傅察(ふさつ)、これを聞[きき]て、いはく31)、「われ、かたじけなくも32)、みかどの勅命(ちよくめい)を、かうふりて33)、燕山(ゑんざん)

【聞し召す】[4]들으시다」의 未然形 「きこしめさ」+「ず[助動]부정」+「や[係助詞]의문·질문」.

22) 「きん【金】금나라」+「ひと【人】사람」+「すでに【既に·已に】[副]이미. 이제」.

23) 「むほん【謀叛·謀反】모반」+「を[助詞]」+「おこす【起こす·興す·熾す】[4]일으키다」의 連用形「おこし」.

24) 「つはもの→つわもの【兵】무기. 병사. 용사」+「を」+「もよほす【催す】[4]불러일으키다. 소집하다」의 連用形「もよほし」+「て」.

25) 「みちみち【道道】이쪽 길 저쪽 길. 여기저기」+「に[助詞]」+「は[助詞]」.

26) 「せき【関】관문」+「を[助詞]」+「すう[下2]→すえる【据える】[下1]설치하다. 지키게 하다」의 連用形「すゑ」(〈-へ〉는 정서법에 어긋남)+「て」.

27) 「わうくわん→おうかん【往還】왕환. 왕래. 왕복」+「の[助詞]」+「つうろ【通路】통로」+「たゆ[下2]→たえる【絶える】[下1]끊어지다」의 未然形「たえ」+「たり[助動]완료·존속」.

28) 「これ【此·是】[代]이것. 이사람. 지금」+「より[助詞]기점. 비교의 기준. ~부터. ~보다」.

29) 「よろしく【宜しく】[副]알맞게. 적당히. 반드시. 부디. 참으로」.

30) 「みやこ【都】도읍」+「に[助詞]」+「かへる【帰る·還る】[4]돌아가다(오다)」의 連用形「かへり」+「たまふ【給ふ】[助動]존경」의 終止形 「たまふ」+「べし[助動]의무·당연·추량·가능 등」.

31) 「これ【此·是】[代]이것」+「を[助詞]」+「きく【聞く】[4]듣다」의 連用形「きき」+「て」+「いはく【曰く】말하길. 이르길」.

に、まかりむかふところに34)、

➪ 부찰이 이를 듣고서 이르길 "나는 황송하게도 천자의 칙명을 받아서 연산에 내려가는 참인데,

❑道[みち]に敵(てき)ありて35)、人[ひと]を通(とを)さず、と聞[きき]て36)これより37)、かへる、と、いふことや有[ある]べき38)。」とて39)、すゝみゆくほどに40)、

➪ 길에 적이 있어서 사람을 지나게 하지 않는다고 듣고서 이제부터 돌아간다고 하는 일이 있을 수 있겠는가?"라 하여 나아가니,

❑人[ひと]のかたりしに、たがハず41)、金(きん)の将軍(しやうぐん)42)幹

---

32) 「われ【我·吾】[代]나」+「かたじけなし【忝し·辱し】[形ク]부끄럽다. 과분하다. 황송하다」의 連用形「かたじけなく」+「も[助詞]」.

33) 「みかど【御門·帝】황제. 천자」+「の[助詞]」+「ちょくめい【勅命】칙명」+「を[助詞]」+「かうぶる【被る·蒙る】[4]받다」의 連用形「かうぶり」(〈-ふ-〉는 無濁点표기)+「て」.

34) 「に[助詞]」+「まかる【罷る】[4]도읍에서 지방으로 가다」의 連用形「まかり」+「むかふ【向かふ·対ふ】[4]향하다」의 連体形「むかふ」+「ところに【所に】[助詞]~하고 있는데. ~하고 있었지만」.

35) 「みち【道】길」+「に[助詞]」+「てき【敵】적」+「あり【有り】[ラ変]있다」의 連用形「あり」+「て」.

36) 「ひと【人】사람」+「を[助詞]」+「とほす【通す】[4]통과시키다」의 未然形「とほさ」(〈-を-〉는 정서법에 어긋남)+「ず[助動]부정」+「と[助詞]~라고」+「きく【聞く】[4]듣다」의 連用形「きき」+「て」.

37) 「これ【此·是】[代]지금」+「より[助詞]~부터」.

38) 「かへる【帰る·還る】[4]돌아가다(오다)」+「と[助詞]~라고」+「いふ【言ふ·云ふ】[4]말하다」의 連体形「いふ」+「こと【事】것. 일」+「や[係助詞]의문·질문」(문말은 連体形)+「あり【有り】[ラ変]있다」의 連体形「ある」+「べし[助動]의무·당연·추량·가능 등」의 連体形「べき」(앞선 〈や〉에 호응).

39) 「とて[助詞]인용. ~라 해서. ~라는 것으로. ~라는 이름으로」.

40) 「すすむ【進む】[4]전진하다」의 連用形「すすみ」+「ゆく【行く】[4]가다」의 連体形「ゆく」+「ほどに【程に】①~하면. ~하는 사이에 ②원인·이유. ~이므로」.

41) 「ひと【人】사람. 남」+「の[助詞]현대일본어 〈が〉의 쓰임」+「かたる【語る】[4]전하다. 이야기하다」의 連用形「かたり」+「き[助動]회상·과거」의 連体形「し」+「に[助詞]~에」+「たがふ[4]→たがう【違う】[5]상위하다. 어긋나다」의 未然形「たがは」+「ず[助動]부정」의 連用形「ず」.

离(かんり)と、いふもの43)関(せき)をすへて、とをさず44)。

➪ 사람이 이야기했던 것과 다르지 않게 금나라 장군 간리라고 하는 자가 관문을 두고서 지나가게 하지 않는다.

❑傅察(ふさつ)、こゝに行[ゆき]いたりて45)、駒(こま)をはやめて46)、とをらんとす47)。

➪ 부찰이 여기에 다다라서 말을 서둘러서 지나가려 한다.

❑幹离(かんり)、出[いで]むかふて48)、傅察(ふさつ)を、をしとゝめて、いはく49)、「汝(なんぢ)ハ、なにものぞ50)、爰(こゝ)をとをりて51)、いつかたにか、ゆかん、とする52)。」と。

---

42) 「きん【金】금나라」+「の[助詞]」+「しやうぐん→しょうぐん【将軍】장군」.

43) 「と[助詞]~라고」+「いふ【言ふ·云ふ】[4]말하다」의 連体形「いふ」+「もの【者】사람」.

44) 「せき【関】관문」+「を[助詞]」+「すう【据う】[下2]두다」의 連用形「すゑ」(〈-へ〉는 정서법에 어긋남)+「て」+「とほす【通す】[4]통과시키다」의 未然形「とほさ」(〈-を-〉는 정서법에 어긋남)+「ず[助動]부정」.

45) 「ここ【此処·此所·此·是·爰】[代]여기. 이것」+「に[助詞]」+「ゆきいたる【行き至る】[4]도달하다」의 連用形「ゆきいたり」+「て」.

46) 「こま【駒】말」+「を[助詞]」+「はやむ[下2]→はやめる【早める·速める】[下1]가속하다」의 連用形「はやめ」+「て」.

47) 「とほる【通る】[4]통과하다」의 未然形「とほら」(〈-を-〉는 정서법에 어긋남)+「む[助動]추량·의지」→「ん」+「と[助詞]」+「す[サ変]하다」.

48) 「いでむかふ【出で向ふ】[4]나아가다. 나가서 대면하다」+「て」.

49) 「を[助詞]」+「おしとどむ[下2]→おしとどめる【押し止める】[下1]제지하다. 가로막다」의 連用形「おしとどめ」(〈を-〉는 정서법에 어긋남)+「て」+「いはく【曰く】말하길. 이르길」.

50) 「なんぢ→なんじ【汝·爾】[代]너」+「は[助詞]」+「なにもの【何者】어떤 사람. 누구」+「ぞ[係助詞](문말에 쓰이는 경우로, 의문을 나타내는 말과 함께 써서)상대에게 캐묻는 뜻」.

51) 「ここ【此処·此所·此·是·爰】[代]여기」+「を[助詞]」+「とほる【通る】[4]통과하다」의 連用形「とほり」(〈-を-〉는 정서법에 어긋남)+「て」.

52) 「いづかた【何方】[代]어느 방향. 어디」(〈-つ-〉는 無濁点표기)+「に[助詞]」+「か[係助詞]의문·질문」(문말은 連体形)+「ゆく【行く】가다」의 未然形「ゆか」+「む[助動]추량·의지」→「ん」+「と[助詞]」+「す[サ変]하다」의 連体形「する」(앞선〈か〉에 호응).

➪ 간리가 나가 맞아서 부찰을 가로막아 세우고 이르길 "너는 누구냐? 여기를 지나서 어느 쪽으로 가려 하는가?"라고.

❏傅察(ふさつ)、こたへて、いはく53)、「われハ、これ54)宋(そう)のみかどの臣下(しんか)55)、傅察(ふさつ)と云[いう]ものなり56)。

➪ 부찰이 대답하여 이르길 "나는 바로 송나라 천자의 신하인 부찰이라 하는 사람이다.

❏かたじけなくも57)、勅命(ちよくめい)をかうふりて58)、燕山(ゑんざん)に、おもむく也(なり)59)。

➪ 황공하게도 칙명을 받아서 연산으로 향하는 것이다.

❏すミやかに60)関(せき)をひらきて61)、とをすべし62)。」と、おそるゝところなくぞ63)名[な]のりけり64)。

---

53) 「こたふ【答ふ·応ふ】[下2]대답하다」의 連用形 「こたへ」+「て」+「いはく【曰く】말하길」.

54) 「われ【我·吾】[代]나」+「は[助詞]」+「これ【此·是】[代]앞에 제시한 말을 다시 언급할 때 사용하는 말」.

55) 「そう【宋】송나라」+「の[助詞]」+「みかど【御門·帝】황제. 천자」+「の[助詞]」+「しんか【臣下】신하」.

56) 「と[助詞]~라고」+「いふ【言ふ·云ふ】[4]말하다」의 連体形 「いふ」+「もの【者】사람」+「なり[助動]단정·지정」.

57) 「かたじけなし【忝し·辱し】[形ク]부끄럽다. 과분하다. 황송하다」의 連用形 「かたじけなく」+「も[助詞]」.

58) 「ちょくめい【勅命】칙명」+「を[助詞]」+「かうぶる【被る·蒙る】[4]받다」의 連用形 「かうぶり」(〈-ふ-〉는 無濁点표기)+「て」.

59) 「に[助詞]」+「おもむく【赴く·趣く】[4]그 방향으로 가다. 향해 가다」의 連体形 「おもむく」+「なり[助動]단정·지정」.

60) 「すみやか【速やか】[形動ナリ]빠른 모양. 시간이 걸리지 않는 모양」의 連用形 「すみやかに」.

61) 「せき【関】관문」+「を[助詞]」+「ひらく【開く】[4]열다」의 連用形 「ひらき」+「て」.

62) 「とほす【通す】[4]통과시키다」의 終止形 「とほす」(〈-を-〉는 정서법에 어긋남)+「べし[助動]의무·당연·추량·가능 등」.

63) 「と[助詞]~라고」+「おそる[下2]→おそれる【恐れる·畏れる·怖れる·懼れる】[下1]두려

➩ 어서 관문을 열어서 지나가게 해야 할 것이다."라고 두려워하는 기색 없이 이름을 댔다.

❑幹离(かんり)がいはく65)、「汝(なんぢ)が国(くに)66)、すでに信(しん)を、うしなふて67)、わが国(くに)を、なゐがしろにせり68)。

➩ 간리가 말하길 "네 나라는 이미 믿음을 잃고서 우리나라를 업신여겼다.

❑この故[ゆえ]に69)、そのうらみを、ほうぜんために70)、つハものを、もよほして71)南(ミなミ)のかたに72)、せめのぼらんとす73)。

➩ 이런고로 그 원한을 갚기 위하여 병사를 모아서 남쪽으로 쳐들어올라가려 한다.

워하다. 무서워하다. 우려하다」의 連体形 「おそるる」+「ところ【所·処】곳. 바. 상황. 찰나」+「なし【無し】[形ク]없다」의 連用形 「なく」+「ぞ[係助詞]뜻을 강하게 함」(문말은 連体形).

64) 「なのる【名告る·名乗る】[4]이름을 대다」의 連用形 「なのり」+「けり[助動]회상·과거」(앞선 〈ぞ〉에 호응할 경우 連体形이겠지만 終止形이 쓰이고 있음).

65) 「が[助詞]」+「いはく【曰く】말하길. 이르길」.

66) 「なんぢ【汝·爾】[代]너」+「が[助詞]현대일본어 〈の〉의 쓰임」+「くに【国】나라」.

67) 「すでに【既に·已に】[副]이미. 모두」+「しん【信】신. 믿음」+「を[助詞]」+「うしなふ[4]→うしなう【失う】[5]잃다. 지위를 빼앗기다」+「て」.

68) 「わが【我が·吾が】[連体]나의. 자신의」+「くに【国】나라」+「を[助詞]」+「ないがしろ【蔑ろ】[形動ナリ]다른 사람이나 사물을, 있어도 없는 것처럼 얕잡아보는 모양」의 連用形 「ないがしろに」(〈-ゐ-〉는 정서법에 어긋남)+「す[サ変]하다」의 命令形 「せ」+「り[助動]완료·존속」.

69) 「この【此の·斯の】[連体]이」+「ゆゑ→ゆえ【故】~때문」+「に[助詞]」(〈ゆえに〉의 꼴로 '~이므로·~인고로').

70) 「その【其の】[連体]그」+「うらみ【恨み·怨み·憾み】[名]원망. 원한. 불만. 유감」+「を[助詞]」+「ほうず【報ず】[サ変]갚다. 돌려주다」의 未然形 「ほうぜ」+「む[助動]추량·의지」의 連体形 「む」→「ん」+「ため【為】~위해」+「に[助詞]」.

71) 「つはもの【兵】병사」+「を[助詞]」+「もよほす【催す】[4]불러일으키다. 소집하다」의 連用形 「もよほし」+「て」.

72) 「みなみ【南】남」+「の[助詞]」+「かた【方】방향. 쪽」+「に[助詞]」.

73) 「せむ【攻む】[下2]공격하다」의 連用形 「せめ」+「のぼる【上る·登る·昇る】[4]올라가다」의 未然形 「のぼら」+「む[助動]추량·의지」→「ん」+「と[助詞]」+「す[サ変]하다」.

❑ 今(いま)なんぞ[74]、王命(わうめい)といふて[75]、此[この]ところを[76]、すぎんと、するや[77]。

➪ 지금 어찌 왕명이라 하여 여기를 지나가려 하는가?

❑ 信(しん)をうしなふの国王(こくわう)[78]、その命(めい)[79]さらに用(もちゆ)べからず[80]。」と、いふ。

➪ 믿음을 잃은 국왕의 그 명은 전혀 쓸모없을 것이다."라고 한다.

❑ 傅察(ふさつ)、こたへて、いはく[81]、「そのかみ[82]、両[りょう]国(ごく)よしミを、むすびてより、このかた[83]、たがひに使(つかひ)をもつて[84]、その礼法(れいほう)を[85]、ミだるゝ事[こと]なし[86]。

---

74) 「いま【今】지금. 이제」+「なんぞ【何ぞ】[副]어찌. 어떤. 무언가」.

75) 「わうめい→おうめい【王命】왕명」+「と[助詞]~라고」+「いふ【言ふ·云ふ】[4]말하다」+「て」.

76) 「この【此の·斯の】[連体]이」+「ところ【所·処】곳. 바. 상황」+「を[助詞]」.

77) 「すぐ【過ぐ】[上2]지나다. 넘어가다」의 連用形「すぎ」+「む[助動]추량·의지」→「ん」+「と[助詞]」+「す[サ変]하다」의 連体形「する」+「や[係助詞]의문·질문」.

78) 「しん【信】신. 믿음」+「を[助詞]」+「うしなふ【失ふ】[4]잃다」의 連体形「うしなふ」+「の[助詞]」+「こくわう→こくおう【国王】국왕」.

79) 「その【其の】[連体]그」+「めい【命】명」.

80) 「さらに【更に】[副]강한 부정. 절대로 ~가 아니다. 전혀 ~지 않다」+「もちゆ【用ゆ】[上2]〈もちゐる【用ゐる】[上1]채용하다. 사용하다〉가 변한 말」의 終止形「もちゆ」+「べかり[助動]추량·가능 등」의 未然形「べから」+「ず[助動]부정」.

81) 「こたふ【答ふ·応ふ】[下2]대답하다」의 連用形「こたへ」+「て」+「いはく【曰く】말하길」.

82) 「その【其の】[連体]그」+「かみ【上】위. 옛날」.

83) 「りょうこく【両国】(〈りょうごく〉로도 씀)양국. 두 나라」+「よしみ【好·誼】친교. 교의」+「を[助詞]」+「むすぶ【結ぶ】[4]맺다」의 連用形「むすび」+「て」+「より[助詞]기점. ~부터」+「このかた【此の方·以来】[連語]이쪽. 이래」.

84) 「たがひに→たがいに【互いに】[副]서로. 쌍방 모두」+「つかひ【使ひ·遣ひ】심부름꾼. 사자(使者)」+「を[助詞]」+「もって【以て】(〈を[助詞]〉에 이어져서)수단이나 원인 등을 나타냄. ~로써. ~때문에」.

85) 「その【其の】[連体]그」+「れいはう→れいほう【礼法】예법」(〈-ほ-〉는 歴史的仮名遣에

➪ 부찰이 대답하여 이르길 "그 옛날, 양국이 화친을 맺은 이래 서로 사신으로써 그 예법을 어지럽히는 적이 없다.

❑ 又[また][87]、なにをか[88]信(しん)を、うしなふ、と云(いふ)や[89]。」と。

➪ 또한 무엇을 믿음을 잃었다고 하는가?"라고.

❑ 金(きん)のつハものども[90]、傅察(ふさつ)をとらへて[91]、幹离(かんり)を礼拝(らいはい)せしめん、とす[92]。

➪ 금나라 병사들이 부찰을 붙잡아서 간리를 예배시키고자 한다.

❑ 鉾(ほこ)をよこたへ[93]、劔(けん)をぬきて[94]立(たち)ならびたる事[こと][95]、林[はやし]のごとし、と、いべども[96]、傅察(ふさつ)、さら

어긋남)+「を[助詞]」.

86) 「みだる[下2]→みだれる【乱れる·紊れる】[下1]혼란하다. 흐트러지다. 동요하다. 수습이 되지 않다」(〈みだる〉는 자동사로서의 용법뿐이므로 주의가 필요함)의 連体形「みだるる」+「こと【事】것. 일」+「なし【無し】[形ク]없다」.

87) 「また【又·亦·復】[副]다시. 같이. 달리. 또한. 게다가」

88) 「なに【何】무엇」+「を[助詞]」+「か[係助詞]의문·질문」.

89) 「しん【信】신. 믿음」+「を[助詞]」+「うしなふ【失ふ】[4]잃다」+「と[助詞]~라고」+「いふ【言ふ·云ふ】[4]말하다」+「や[係助詞]의문·질문」.

90) 「きん【金】금나라」+「の[助詞]」+「つはもの【兵】병사」+「ども【共】[接尾]~들」.

91) 「を[助詞]」+「とらふ[下2]→とらえる【捕らえる·捉える】[下1]손으로 꽉 붙들다. 꽉 쥐다. 동물을 붙잡다. 포박하다」의 連用形「とらへ」+「て」.

92) 「を[助詞]」+「らいはい【礼拝】예배. 공손히 절하는 것」+「す[サ変]하다」의 未然形「せ」+「しむ[助動]사역. ~시키다」의 未然形「しめ」+「む[助動]추량·의지」→「ん」+「と[助詞]」+「す[サ変]하다」.

93) 「ほこ【矛·戈·鉾·鋒·戟】창」+「を[助詞]」+「よこたふ[下2]→よこたえる【横たえる】[下1]옆에 차다. 지니다」의 連用形「よこたへ」.

94) 「けん【剣】검. 칼」+「を[助詞]」+「ぬく【抜く】[4]뽑다」의 連用形「ぬき」+「て」.

95) 「たちならぶ【立ち並ぶ】[4]눈에 띄는 자리에 늘어서다. 줄지어 서다」의 連用形「たちならび」+「たり[助動]완료·존속」의 連体形「たる」+「こと【事】것. 일」.

96) 「はやし【林】숲」+「の[助詞]」+「ごとし【如し】[助動]~와 같다. ~와 닮았다」+「と[助詞]~라고」+「いへども【雖も】[連語]~하지만. ~해도」(본문에는 〈-べ-〉인데 『假名草子集成』에는 여기에 원문의 잘못을 그대로 옮긴다는 표시인 'ママ'가 붙어있다).

に、おそるゝ色[いろ]なし97)。

➩ 창을 내뻗고 칼을 뽑고서 늘어선 것이 숲과 같다고 해도 부찰은 전혀 두려워하는 기색이 없다.

❑あざ笑(わら)ひて、いはく98)、「ころさば、ころすべし99)、我[われ]さらに死(し)せんことを100)、いたむものに、あらず101)。

➩ 비웃고서 이르길 "죽이려면 죽여라. 나는 전혀 죽을 것을 고통스러워하는 사람이 아니다."

❑我[われ]ハこれ102)、宋(そう)のみかどの忠臣(ちうしん)なり103)。あに104)、みかどに、そむくものに対(たい)して105)拝礼(はいれい)すべきや106)。」と、いふ。

---

97) 「さらに【更に】[副]강한 부정. 전혀」+「おそる【恐る・畏る・怖る・懼る】[下2]두려워하다. 무서워하다」의 連体形「おそるる」+「いろ【色】색. 안색. 표정」+「なし【無し】[形ク]없다」.

98) 「あざわらふ【嘲笑ふ】[4]크게 웃다. 비웃다」의 連用形「あざわらひ」+「て」+「いはく【曰く】말하길. 이르길」.

99) 「ころす【殺す】[4]죽이다」의 未然形「ころさ」+「ば[助詞]가정조건」+「ころす【殺す】[4]죽이다」의 終止形「ころす」+「べし[助動]의무·당연·추량·가능 등」.

100) 「われ【我・吾】[代]나」+「さらに【更に】[副]강한 부정. 절대로 ~가 아니다. 전혀 ~지 않다」+「しす【死す】[サ変]죽다」의 未然形「しせ」+「む[助動]추량·의지」의 連体形「む」→「ん」+「こと【事】것. 일」+「を[助詞]」.

101) 「いたむ【痛む・傷む・悼む】[4]고통을 느끼다. 괴로워하다」의 連体形「いたむ」+「もの【者】자. 사람」+「に[助詞]」+「あり【有り】[ラ変]있다」(〈-にあり〉는 현대일본어 〈-である〉의 쓰임)의 未然形「あら」+「ず[助動]부정」(〈あらず〉는 현대일본어의 〈ない〉에 해당).

102) 「われ【我・吾】[代]나」+「は[助詞]」+「これ【此・是】[代]앞에 제시한 말을 다시 언급할 때 사용하는 말」.

103) 「そう【宋】송나라」+「の[助詞]」+「みかど【御門・帝】황제. 천자」+「の[助詞]」+「ちうしん→ちゅうしん【忠臣】충신」+「なり[助動]단정・지정」.

104) 「あに【豈】[副]결코. 어찌. 어째서」.

105) 「みかど【御門・帝】황제. 천자」+「に[助詞]」+「そむく【背く・叛く】[4]등지다」의 連体形「そむく」+「もの【者】자. 사람」+「に[助詞]」+「たいす【対す】[サ変]대하다. 마주하다. 대상으로 삼다」의 連用形「たいし」+「て」.

⇨ 나는 바로 송나라 천자의 충신이다. 어찌 천자에게 거스르는 자에 대해 배례할 수 있겠는가?"라고 한다.

❑金(きん)の兵(つハもの)ども107)、傳察(ふさつ)を、をしうつふかす、と、いへども108)、さらに其[その]身[み]を、まげず109)。

⇨ 금나라 병사들이 부찰을 눌러 수그리게 시키려 해도 절대로 그 몸을 숙이지 않는다.

❑冠(かうふり)ハ、ぬげて110)地(ち)におち111)、装束(しやうぞく)ハ、やぶるゝに、いたれども112)、つゐに拝(はい)せず113)。

⇨ 관은 벗겨져 땅에 떨어지고 의복이 찢어짐에 이르러도 끝까지 절하지 않는다.

❑幹离(かんり)これを見[み]て114)、すこしも115)、いかれることなくし

---

106) 「はいれい【拝礼】 배례. 머리 숙여서 예를 표하는 것. 절하는 것」+「す[サ変]하다」의 終止形「す」+「べし[助動]의무·당연·추량·가능 등」의 連体形「べき」+「や[係助詞]의문·질문」.

107) 「きん【金】 금나라」+「の[助詞]」+「つはもの【兵】 병사」+「ども【共】[接尾]~들」.

108) 「を[助詞]」+「おす【押す·圧す】[4]누르다. 밀다」의 連用形「おし」(〈を-〉는 정서법에 어긋남)+「うつぶく【俯く】[4]머리를 숙이다. 얼굴을 아래로 향하다」의 未然形「うつぶか」(〈-ふ-〉는 無濁点표기)+「す[助動]사역. ~시키다」+「と[助詞]~라고」+「いへども【雖も】[連語]~하지만. ~해도」.

109) 「さらに【更に】[副]강한 부정. 전혀」+「その【其の】[連体]그」+「み【身】 몸」+「を[助詞]」+「まぐ[下2]→まげる【曲げる·枉げる】[下1]구부리다. 굽히다」의 未然形「まげ」+「ず[助動]부정」.

110) 「かうぶり→こうぶり【冠】 관. 머리에 쓰는 것의 총칭」(〈-ふ-〉는 無濁点표기)+「は[助詞]」+「ぬぐ[下2]→ぬげる【脱げる】[下1]벗겨지다. 떼어지다」의 連用形「ぬげ」+「て」.

111) 「ち【地】 땅. 바닥」+「に[助詞]」+「おつ【落】[上2]떨어지다」의 連用形「おち」.

112) 「しやうぞく→しょうぞく【装束】 몸치장 하는 것. 옷을 입는 것. 의복」+「は[助詞]」+「やぶる[下2]→やぶれる【破れる·敗れる】[下1]부서지다. 찢어지다」의 連体形「やぶるる」+「に[助詞]」+「いたる【至る·到る】[4]다다르다. 이르다. 그런 결과가 되다」의 已然形「いたれ」+「ども[助詞]역접」.

113) 「つひに→ついに【終に·遂に】[副]결국. 마침내」(〈-ゐ-〉는 정서법에 어긋남)+「はいす【拝す】[サ変]절하다. 경례하다」의 未然形「はいせ」+「ず[助動]부정」.

114) 「これ【此·是】[代]이것. 이사람」+「を[助詞]」+「みる【見る】[上1]보다」의 連用形「み」

て、いはく[116)]、「汝(なんぢ)われに[117)]拝礼(はいれい)すまじきや[118)]。」とて[119)]、かたハらに、ひきのけしむ[120)]。

➪ 간리가 이를 보고 조금도 노여워하는 일 없이 이르길 "네가 나에게 배례하지 않을 텐가?"라며 구석으로 끌어내게 한다.

❑ふさつ、心[こころ]におもひけるは[121)]、迚(とても)[122)]のがるべき身[み]にてもなし[123)]、わか親(おや)すでに[124)]、とし老(おひ)たり[125)]、

➪ 부찰이 속으로 생각했던 것은 '도저히 벗어날 수 있는 처지도 아니다. 내 부모는 이미 나이 늙었다.

+「て」.

115) 「すこしも【少しも】[副]조금이라도. 조금도」.

116) 「いかる【怒る】[4]화내다」의 命令形「いかれ」+「り[助動]완료·존속」의 連体形「る」+「こと【事】것. 일」+「なし【無し】[形ク]없다」의 連用形「なく」+「して[助詞](連用形에 접속)~인 상태로. ~때문에」+「いはく【曰く】말하길. 이르길」.

117) 「なんぢ【汝·爾】[代]너」+「われ【我·吾】[代]나」+「に[助詞]」.

118) 「はいれい【拝礼】배례. 절」+「す[サ変]하다」의 終止形「す」+「まじ[助動]부정의 추량(~않을 것이다). 의뢰·권유(~하지 않겠는가). 부정의 결의(~하지 않을 것이다) 등」의 連体形「まじき」+「や[係助詞]의문·질문」.

119) 「とて[助詞]인용. ~라 해서. ~라는 것으로. ~라는 이름으로」.

120) 「かたはら→かたわら【傍·旁·側·脇】옆. 곁. 끄트머리」+「に[助詞]」+「ひきのく[下2]→ひきのける【引き退ける】[下1]끌어서 물러나게 하다. 당겨서 치우다. 떼어놓다」의 未然形「ひきのけ」+「しむ[助動]사역. ~시키다」.

121) 「こころ【心】마음. 속」+「に[助詞]」+「おもふ【思ふ】[4]생각하다」의 連用形「おもひ」+「けり[助動]회상·과거」의 連体形「ける」+「は[助詞]」.

122) 「とても【迚も】[副]아무래도. 도저히. 어차피. 매우」.

123) 「のがる[下2]→のがれる【逃れる·遁れる】[下1]벗어나다. 도망치다」의 終止形「のがる」+「べし[助動]의무·당연·추량·가능 등」의 連体形「べき」+「み【身】몸. 처지」+「にて[助詞]현대일본어의 〈で〉와 같은 쓰임」+「も[助詞]」+「なし【無し】[形ク]없다. 아니다」.

124) 「わが【我が·吾が】[連体]나의. 자신의」(〈-か〉는 無濁点표기)+「おや【親·祖】부모」+「すでに【既に·已に】[副]이미. 벌써」.

125) 「とし【年·歳】나이」+「おゆ[上2]→おいる【老いる】[上1]늙다」의 連用形「おい」(〈-ひ〉는 정서법에 어긋남)+「たり[助動]완료·존속」.

❏われ爰(こゝ)にして126)、むなしくなりたり、と127)聞[きき]給[たま]ハゞ128)、さためて129)、大[おおい]に悲(かな)しミ130)、なげき給[たま]ふべし131)、とて132)、

➪ 내가 여기에서 죽었다고 들으시면 필시 크게 슬퍼하며 한숨지으실 것이다.'라 하여,

❏我[わが]めしつれたる郎等(ろうどう)に133)、かたりて、いはく134)、「汝(なんぢ)ら135)、もし、のがれて136)故郷(こきやう)に帰[かえ]らば137)、わが親(おや)に、かたるべし138)。

---

126) 「われ【我·吾】[代]나」+「ここ【此処·此所·此·是·爰】[代]여기. 이것」+「に[助詞]」+「して[助詞]」(〈~にして[連語]〉는 장소나 때를 나타냄. ~에서. ~에).

127) 「むなし【空し·虚し】[形シク]덧없다. 무상하다. 죽었다」의 連用形「むなしく」+「なる【成る·為る】[4]되다」의 連用形「なり」+「たり[助動]완료·존속」+「と[助詞]~라고」.

128) 「きく【聞く·聴く】[4]듣다」의 連用形「きき」+「たまふ【給ふ】[助動]존경」의 未然形「たまは」+「ば[助詞]가정조건」.

129) 「さだめて【定めて】[副]아마도. 필시. 분명」(〈-た-〉는 無濁点표기).

130) 「おおいに【大いに】[副]매우. 몹시. 많이」+「かなしむ【愛しむ·悲しむ·哀しむ】[4]슬퍼하다. 가여워하다」의 連用形「かなしみ」.

131) 「なげく【嘆く·歎く】[4]한숨짓다. 탄식하다. 슬퍼하다. 절망하다」의 連用形「なげき」+「たまふ【給ふ】[助動]존경」의 終止形「たまふ」+「べし[助動]의무·당연·추량·가능 등」.

132) 「とて[助詞]인용. ~라 해서. ~라는 것으로. ~라는 이름으로」.

133) 「わが【我が·吾が】[連体]나의. 자신의」+「めしつる[下2]→めしつれる【召し連れる】[下1]아랫사람을 데리고 가다. 이끌고 가다」의 連用形「めしつれ」+「たり[助動]완료·존속」의 連体形「たる」+「らうどう→ろうどう【郎等】하인. 종자. 무사의 가신」+「に[助詞]」.

134) 「かたる【語る】[4]상대에게 전하다. 이야기하다」의 連用形「かたり」+「て」+「いはく【曰く】말하길. 이르길」.

135) 「なんぢ【汝·爾】[代]너」+「ら【等】[接尾]~들」.

136) 「もし【若し】[副]만일. 혹시」+「のがる【逃る·遁る】[下2]벗어나다. 도망치다」의 連用形「のがれ」+「て」.

137) 「こきやう→こきょう【故郷】고향」+「に[助詞]」+「かへる【帰る·還る】[4]돌아가다(오다)」의 未然形「かへら」+「ば[助詞]가정조건」.

➪ 자신이 데리고 다니던 종자에게 밝혀 이르길 "너희들이 만일 벗어나서 고향에 돌아가면 내 부모에게 전해야 할 것이다.

❏わか死(し)したるところをだに139)聞[きこ]しめさば140)、せめてハ141)、すこしの御[お]なげきを142)思[おも]ひなぐさミ給[たま]ふ事[こと]もこそあれ143)。」とて144)、

➪ 내가 죽은 곳이라도 들으시면 적어도 조금의 탄식을 달래시는 일도 있을 것이다." 라고 하며,

❏かたミのものを、つかハしければ145)、きく人[ひと]みな146)涙[なみだ]をぞをとしける147)。

---

138) 「わが【我が·吾が】[連体]나의. 자신의」+「おや【親·祖】 부모」+「に[助詞]」+「かたる【語る】[4]전하다. 이야기하다」의 終止形 「かたる」+「べし[助動]의무·당연·추량·가능 등」.

139) 「わが【我が·吾が】[連体]나의. 자신의」(〈-か〉는 無濁点표기)+「しす【死す】[サ変]」의 連用形 「しし」+「たり[助動]완료·존속」의 連体形 「たる」+「ところ【所·処】 곳. 상황」+「を[助詞]」+「だに[助詞]~조차. ~만. ~라도」.

140) 「きこしめす【聞し召す】[4]들으시다」의 未然形 「きこしめさ」+「ば[助詞]가정조건」.

141) 「せめて[副]억지로. 매우. 기껏. 적어도. 넉넉하지는 않지만」+「は[助詞]」.

142) 「すこし【少し】[副]조금. 약간」+「の[助詞]」+「お【御】[接頭]존경·겸양의 뜻을 보탬」+「なげき【嘆き·歎き】[名]탄식. 비탄」+「を[助詞]」.

143) 「おもひなぐさむ【思ひ慰む】[4]마음이 위로받다. 마음이 풀리다」의 連用形 「おもひなぐさみ」+「たまふ【給ふ】[助動]존경」의 連体形 「たまふ」+「こと【事】 것. 일. 때. 경우」+「も[助詞]」+「こそ[係助詞]뜻을 강하게 함」(문말은 已然形)+「あり【有り】[ラ変]있다」의 已然形 「あれ」(앞의 〈こそ〉에 호응).

144) 「とて[助詞]인용. ~라 해서」.

145) 「かたみ【形見】 기념으로 남긴 물품. 유품」+「の[助詞]」+「もの【物】 물건」+「を[助詞]」+「つかはす【使はす·遣はす】[4]심부름 보내시다. 하사하시다. 주시다」의 連用形 「つかはし」+「けり[助動]회상·과거」의 已然形 「けれ」+「ば[助詞]확정조건. 원인·이유」.

146) 「きく【聞く·聴く】[4]듣다」의 連体形 「きく」+「ひと【人】 사람」+「みな【皆】 ①[名]모든 사람. 전부 ②[副]남김없이. 모두」.

147) 「なみだ【涙】 눈물」+「を[助詞]」+「ぞ[係助詞]뜻을 강하게 함」(문말은 連体形)+「おとす【落とす】[4]떨어뜨리다」의 連用形 「おとし」(〈を-〉는 정서법에 어긋남)+「けり[助動]회상·과거」의 連体形 「ける」(앞의 〈ぞ〉에 호응).

➪ 유품을 주셨기에 듣는 이가 모두 눈물을 떨구었다.

❑幹离(かんり)、その忠節(ちうせつ)の心[こころ]ざしを、かんじて148) 関(せき)を、ひらきて、とをしければ149)、傅察(ふさつ)、大[おおい]に、よろこび150)、燕山(ゑんざん)にハ行[ゆき]けれども151)、

➪ 간리는 그 충절의 마음가짐을 감복하여 관문을 열어 지나가게 했기에 부찰이 매우 기뻐하며 연산에는 갔지만,

❑金(きん)の大[たい]敵(てき)152)まへに、かさなりければ153)、つゐに都(ミやこ)にハ帰[かえ]りえず154)、道[みち]にて155)、うたれ侍[はべ]りけり156)。

➪ 금나라의 대적이 앞에 겹겹이 있어서 결국 마침내 도읍에는 돌아오지 못하고 길에서 죽임 당했습니다.

---

148) 「その【其の】[連体]그」+「ちゅうせつ【忠節】충절」+「の[助詞]」+「こころざし【志】마음이 향하는 바. 뜻. 마음가짐」+「を[助詞]」+「かんず【感ず】[サ変]느끼다. 감동하다. 감탄하다」의 連用形「かんじ」+「て」.

149) 「せき【関】관문」+「を[助詞]」+「ひらく【開く】[4]열다」의 連用形「ひらき」+「て」+「とほす【通す】[4]통과시키다」의 連用形 「とほし」(〈-を-〉는 정서법에 어긋남)+「けり[助動]회상·과거」의 已然形「けれ」+「ば[助詞]확정조건. 원인·이유」.

150) 「おおいに【大いに】[副]매우. 몹시. 많이」+「よろこぶ【喜ぶ·悦ぶ】[4]기뻐하다」의 連用形「よろこび」.

151) 「に[助詞]」+「は[助詞]」+「ゆく【行く】[4]가다」의 連用形 「ゆき」+「けり[助動]회상·과거」의 已然形「けれ」+「ども[助詞]역접」.

152) 「きん【金】금나라」+「の[助詞]」+「たいてき【大敵】대적. 수많은 적」.

153) 「まへ→まえ【前】앞」+「に[助詞]」+「かさなる【重なる】[4]겹치다. 더하다」의 連用形「かさなり」+「けり[助動]회상·과거」의 已然形「けれ」+「ば[助詞]확정조건. 원인·이유」.

154) 「つひに【終に·遂に】[副]결국. 마침내」(〈-ゐ-〉는 정서법에 어긋남)+「みやこ【都】도읍」+「に[助詞]」+「は[助詞]」+「かへる【帰る·還る】[4]돌아가다(오다)」의 連用形「かへり」+「う【得】[下2]가능하다」의 未然形「え」+「ず[助動]부정」의 連用形「ず」.

155) 「みち【道】길」+「にて[助詞]현대일본어의 〈で〉와 같은 쓰임. ~에서」.

156) 「うつ【打つ·討つ·撃つ】[4]치다. 죽이다」의 未然形「うた」+「る[助動]수동」의 連用形「れ」+「侍(はべ)り[助動]격식·정중」의 連用形「はべり」+「けり[助動]회상·과거」.

21. 邦(ほう)乂(がい)書(しよす)レ襟(きんに)
방예가 옷깃에 글 쓰다

❑ 宋(そう)の[1]建炎(けんゑん)三[さん]ねん[2]、天下[てんか]いよ╲╱、みだれたり[3]。

➪ 송나라 건염 3년, 천하가 더욱 어지러워졌다.

❑ しかるに[4]、杜充(ときやう)[5]といふ人[ひと]ハ[6]、宋(そう)の忠臣(ちうしん)として[7]、建康(けんかう)と、いふところに[8]城(じやう)を、かまへて[9]、たてこもりけるに[10]、

---

1) 「そう【宋】 송나라」+「の[助詞]」.

2) 「建炎(けんえん) : 건염. 중국 남송(南宋) 시절 고종(高宗) 치세에서 사용된 연호(1127-1130)」(ウィキペディア[Wikipedia]참조)+「さん【三】 3」+「ねん【年】 년」.

3) 「てんか【天下】 천하」+「いよいよ[副]더욱. 한층 더」+「みだる[下2]→みだれる【乱れる·紊れる】[下1]흐트러지다. 혼란하다. 소동이 일어나다. 산란(散亂)하다」의 連用形「みだれ」+「たり[助動]완료·존속」.

4) 「しかるに【然るに】[接続]그런데. 하지만. 그건 그렇고」.

5) 「充」는 관용음으로는 「じゅう」 漢音으로는 「しゅう」로 읽는다. 이를 「きやう」로 읽은 것은 미상.

6) 「と[助詞]~라고」+「いふ【言ふ·云ふ】[4]말하다」의 連体形 「いふ」+「ひと【人】 사람」+「は[助詞]」.

7) 「そう【宋】 송나라」+「の[助詞]」+「ちうしん→ちゅうしん【忠臣】 충신」+「として[助詞] ①~라고 생각하여 ②~의 자격으로 ③~인 상태로 ④~로」.

8) 「と[助詞]~라고」+「いふ【言ふ·云ふ】[4]말하다」의 連体形 「いふ」+「ところ【所·処】 곳」+「に[助詞]」.

9) 「じやう→じょう【城】 성」+「を[助詞]」+「かまふ[下2]→かまえる【構える】[下1]세우다. 구축하다. 준비하다. 계획하다. 자세를 갖추다」의 連用形「かまへ」+「て」.

10) 「たてこもる【立て籠もる·楯籠る】[4]문을 걸어 잠그고 실내에 틀어박히다. 농성하다」

➪ 그런데 두충이라고 하는 사람은 송나라 충신으로서 건강이라고 하는 곳에 성을 세우고 농성했는데,

❑ 金(きん)の軍兵(ぐんびやう)[11]数(す)万(まん)騎(ぎ)の勢(せい)をもつて[12]昼夜(ちうや)ともに[13]、いれかへ＼／[14]、せめける故[ゆえ]に[15]、

➪ 금나라 군병이 수만 기의 군세로써 밤낮으로 번갈아 쳤기 때문에,

❑ いくさ、やぶれて[16]城(じやう)すでに落[おち]たり[17]。

➪ 싸움에 져서 성이 이미 떨어졌다.

❑ 金(きん)の兵[つわもの]ども[18]、落(おち)るものどもを[19]一人[ひとり]

의 連用形「たてこもり」+「けり[助動]회상·과거」의 連体形「ける」+「に[助詞]~하니. ~하는데」.

11) 「きん【金】 금나라」+「の[助詞]」+「ぐんびやう→ぐんびょう【軍兵】 군병」.

12) 「す【数】(慣用音으로 〈すう〉로 읽으며 〈す〉는 漢音)수」+「まん【万】 만」+「き【騎】 기. 말을 타는 것. 말을 탄 사람」(濁音으로 읽는 것은 미상)+「の[助詞]」+「せい【勢】 세. 기세. 병력. 군대」+「を[助詞]」+「もって【以て】(〈を[助詞]〉에 이어져서)수단이나 원인 등을 나타냄. ~로써. ~때문에」.

13) 「ちうや→ちゅうや【昼夜】 주야. 낮과 밤」+「ともに【共に·倶に】[連語]함께. 동반하여. 동시에」.

14) 「いれかふ[下2]→いれかえる【入れ替える·入れ換える】[下1]바꿔 넣다. 교체하다」의 連用形「いれかへ」+「いれかへ」.

15) 「せむ[下2]→せめる【攻める】[下1]다가와 압박하다. 공격하다」의 連用形「せめ」+「けり[助動]회상·과거」의 連体形 「ける」+「ゆゑ→ゆえ【故】 ~때문」+「に[助詞]」(〈ゆえに〉의 꼴로 '~이므로·~인고로').

16) 「いくさ【軍·戦】 병사. 군대. 전쟁」+「やぶる[下2]→やぶれる【破れる·敗れる】[下1]지다. 부서지다」의 連用形「やぶれ」+「て」.

17) 「じやう→じょう【城】 성」+「すでに【既に·已に】[副]이미. 벌써. 모두」+「おつ[上2]→おちる【落ちる】[上1]떨어지다」의 連用形「おち」+「たり[助動]완료·존속」.

18) 「きん【金】 금나라」+「の[助詞]」+「つはもの【兵】 병사」+「ども【共】[接尾]~들」.

19) 「おつ[上2]→おちる【落ちる·墜ちる·堕ちる】[上1]떨어지다. 싸움에 지거나 해서 도망치다」의 連体形「おつる」(〈おちる〉는 文語文法에는 어긋남)+「もの【者】 사람」+「ども【共】[接尾]~들」+「を[助詞]」.

も、のがさじ、と[20]前(さき)を、さへぎり[21]、うしろを、せむ[22]。

⇨ 금나라 병사들이 도망치는 사람들을 하나도 놓치지 않으려 앞을 가로막고 뒤를 친다.

❑ 爰(こゝ)に[23]、馬家渡(ばかど)と云[いう]大河(だいが)あり[24]、城(じやう)の内(うち)より[25]、えうがいの、ためにとて[26]、舟[ふね]をうかへて、をきたりしを[27]、

⇨ 여기에 마가도라고 하는 큰 강이 있어 성 안에서 대비를 위함이라 하여 배를 띄워 두었는데,

❑ 金(きん)のつハものども[28]、これに、とりのりて[29]、川(かハ)のむかふの岸[きし]に[30]、あがりければ[31]、

---

20) 「ひとり【一人】 한 사람」+「も[助詞]」+「のがす【逃す】[4]도망치게 하다. 면하게 하다」의 未然形「のがさ」+「じ[助動]의지의 부정. ~하지 않을 생각이다」+「と[助詞]~라며」.

21) 「さき【先·前】 앞. 전방」+「を[助詞]」+「さへぎる【遮る】[4]막다. 차단하다」의 連用形「さへぎり」.

22) 「うしろ【後ろ】 뒤」+「を[助詞]」+「せむ【攻む】[下2]공격하다」.

23) 「ここ【此処·此所·此·是·爰】[代]여기. 이것」+「に[助詞]」.

24) 「たいが【大河】 대하. 큰 강」(〈だ-〉는 미상)+「あり【有り】[ラ変]있다」의 連用形「あり」.

25) 「じやう→じょう【城】 성」+「の[助詞]」+「うち【内】 안」+「より[助詞]기점. 비교의 기준. ~부터. ~보다」.

26) 「えうがい→ようがい【要害】 요충지. 요새. 성채. 방비. 대비」+「の[助詞]」+「ため【為】」+「に[助詞]」(〈~の(が)ために〉의 꼴로 '이익·이유·목적'의 뜻. ~때문에. ~위해)+「とて[助詞]인용. ~라 해서. ~라는 것으로. ~라는 이름으로」.

27) 「ふね【船·舟·槽】 배」+「を[助詞]」+「うかぶ[下2]→うかべる【浮かべる·泛べる】[下1]띄우다」의 連用形「うかべ」(〈-へ〉는 無濁点표기)+「て」+「おく【置く·措く·擱く】[4]두다」의 連用形「おき」(〈を-〉는 정서법에 어긋남)+「たり[助動]완료·존속」의 連用形「たり」+「き[助動]회상·과거」의 連体形「し」+「を[助詞]~한 것을. ~하는데」.

28) 「きん【金】 금나라」+「の[助詞]」+「つはもの【兵】 병사」+「ども【共】[接尾]~들」.

29) 「これ【此·是】[代]이것. 이사람」+「に[助詞]」+「とる【取る·執る】[4]잡다」의 連用形「とり」+「のる【乗る】[4]타다」의 連用形「のり」+「て」.

30) 「かは→かわ【川·河】 강」+「の[助詞]」+「むかふ→むこう【向·向う】[名]전방. 반대편」+「の[助詞]」+「きし【岸】 벼랑. 물가」+「に[助詞]」.

➪ 금나라 병사들이 이에 집어타고 강의 건너편 물가에 올랐기에,

❑ 城(じやう)のつハものども32)落(おち)ゆくべき、かたなく33)、のがるべき道[みち]なし34)。

➪ 성의 병사들은 도망칠 수 있는 방향이 없고 벗어날 길이 없다.

❑ 城(じやう)の南(ミなミ)の門(もん)に35)、しバらく陳(ぢん)36)をぞ、とりたりける37)。

➪ 성의 남쪽 문에 한동안 진을 쳤었다.

❑ 知府(ちふ)38)陣邦光(ちんほうくわう)、通判(とうはん)39)楊邦乂(やうほうがい)の二人[ふたり]ハ、これ40)杜充(ときやう)が頼(たのミ)きり

---

31) 「あがる【上がる·揚がる】[4]오르다. 뭍에 올라가다」의 連用形「あがり」+「けり[助動]회상·과거」의 已然形「けれ」+「ば[助詞]확정조건. 원인·이유」.

32) 「じやう【城】 성」+「の[助詞]」+「つはもの【兵】 병사」+「ども【共】[接尾]~들」.

33) 「おちゆく【落ち行く】[4]도망쳐가다. 패주하다」의 終止形「おちゆく」+「べし[助動]의무·당연·추량·가능 등」의 連体形「べき」+「かた【方】 방향. 곳. 방법」+「なし【無し】[形ク]없다」의 連用形「なく」.

34) 「のがる【逃る·遁る】[下2]벗어나다. 도망치다」의 終止形「のがる」+「べし[助動]의무·당연·추량·가능 등」의 連体形「べき」+「みち【道】 길. 방도」+「なし【無し】[形ク]없다」.

35) 「じやう【城】 성」+「の[助詞]」+「みなみ【南】 남쪽」+「の[助詞]」+「もん【門】 문」+「に[助詞]」.

36) 「陳(ちん)」은 중국의 나라 이름이다. 문맥상「陣(ぢん→じん)」의 잘못이며『假名草子集成』에도 여기에 원문의 잘못을 그대로 옮긴다는 표시인 'ママ'가 붙어있다.

37) 「しばらく【暫く·須臾】[副]잠시. 한동안」+「ぢん→じん【陣】 진. 진영」+「を[助詞]」+「ぞ[係助詞]뜻을 강하게 함」(문말은 連体形)+「とる【取る】[4]잡다. 장소를 정하다」의 連用形「とり」+「たり[助動]완료·존속」의 連用形「たり」+「けり[助動]회상·과거」의 連体形「ける」.

38) 「ちふ【知府】 지부. 부(府)의 장관. 중국에서 송나라 때 시작되어 청나라 말까지 행해짐」.

39) 「つうはん【通判】 통판. 중국의 벼슬 이름. 송나라 초기에 시작된 지방관」. 이를「とうはん」으로 읽은 것은 미상.

40) 「の[助詞]」+「ふたり【二人】 두 사람」+「は[助詞]」+「これ【此·是】[代]앞에 제시한 말을 재차 언급할 때 사용하는 말」.

たる41)将軍(しやうぐん)なりけるところに42)、陳邦光(ちんほうくわう)ハ、かうさんして命(めい)をたすかる43)。

⇨ 지부 진방광, 통판 양방예 두 사람은 바로 두충이 굳게 믿고 있는 장군이었는데, 진방광은 항복하여 목숨을 건진다.

❑ 邦乂(ほうがい)ハ、わが父母(ぶも)の、にげまどひて44)、水[みず]におほれん、と、しけるを45)、たすけん、と、するあひだに46)、

⇨ 방예는 자기 부모가 도망치려 허둥대서 물에 빠지려 했던 것을 도우려 하는 사이에,

❑ 敵(てき)大[おお]勢(ぜい)47)、うしろに、せまりて48)、ちからなく、いけどられて49)、金(きん)の陣中(ぢんちう)に、いたりけり50)。

---

41) 「が[助詞]」+「たのむ【頼む·恃む·憑む】[4]기대다. 믿다. 위탁하다. 맡기다」의 連用形「たのみ」+「きる【切る】[4](동사의 連用形에 접속)완전히 ~하다. 충분히 ~하다」의 連用形「きり」+「たり[助動]완료·존속」의 連体形「たる」.

42) 「しやうぐん→しょうぐん【将軍】장군」+「なり[助動]단정·지정」의 連用形「なり」+「けり[助動]회상·과거」의 連体形「ける」+「ところに【所に】[助詞]~하고 있는데. ~하고 있었지만」.

43) 「かうさん→こうさん【降参】항복」+「す[サ変]하다」의 連用形「し」+「て」+「めい【命】명. 목숨」+「を[助詞]」+「たすかる【助かる】[4]재난·죽음 따위를 면하다」.

44) 「わが【我が·吾が】[連体]나의. 자신의」+「ぶも【父母】부모」+「の[助詞]현대일본어〈が〉의 쓰임」+「にげまどふ【逃げ惑ふ】[4]도망치려 우왕좌왕하다」의 連用形「にげまどひ」+「て」.

45) 「みづ→みず【水】물」+「に[助詞]」+「おぼる[下2]→おぼれる【溺れる】[下1]빠지다. 익사하다」의 未然形「おぼれ」(〈-ほ-〉는 無濁点표기)+「む[助動]추량·의지」→「ん」+「と[助詞]」+「す[サ変]하다」의 連用形「し」+「けり[助動]회상·과거」의 連体形「ける」+「を[助詞]~한 것을. ~하는데」.

46) 「たすく[下2]→たすける【助ける·輔ける·扶ける】[下1]돕다. 힘을 보태다. 구조하다」의 未然形「たすけ」+「む[助動]추량·의지」→「ん」+「と[助詞]」+「す[サ変]하다」의 連体形「する」+「あひだ→あいだ【間】사이」+「に[助詞]」.

47) 「てき【敵】적」+「おほぜい→おおぜい【大勢】많은 사람」. 「大勢」는「おおぜい」외에도「たいぜい」로 읽는 방법도 있다. 「たいせい」는 다른 뜻.

48) 「うしろ【後ろ】뒤」+「に[助詞]」+「せまる【迫る·逼る】[4]다가가다. 박두하다. 궁하다. 궁지에 몰리다」의 連用形「せまり」+「て」.

49) 「ちからなし[形ク]→ちからない【力無い】[形]어쩔 수 없다. 기운이 없다」의 連用形「ち

➪ 적이 수많이 뒤에 닥쳐서 어쩔 수 없이 사로잡혀서 금나라 진중에 다다랐다.

❑ すでに陣(ぢん)にいたりて後[のち]ハ51)、うちふして、おきあがらず52)。

➪ 이제 진영에 다다른 후에는 드러누워서 일어나지 않는다.

❑ 金(きん)のつハものども53)、これにむかひて、いはく54)、「はやく、かうさんして55)、いのちを、たすかれ56)。」と、いへども57)、くちをとぢて58)、さらに、こたへず59)。

➪ 금나라 병사들이 이를 향해 말하길 "어서 항복하여 목숨을 구하라."라고 하지만 입을 다물고 전혀 대꾸하지 않는다.

からなく」＋「いけどる【生け捕る】[4]산 채로 잡다」의 未然形「いけどら」＋「る[助動]수동」의 連用形「れ」＋「て」.

50) 「きん【金】금나라」＋「の[助詞]」＋「ぢんちゅう→じんちゅう【陣中】진중. 전장」＋「に[助詞]」＋「いたる【至る・到る】[4]도착하다. 도달하다」의 連用形「いたり」＋「けり[助動]회상・과거」.

51) 「すでに【既に・已に】[副]이미. 이제」＋「ぢん→じん【陣】진. 진영」＋「に[助詞]」＋「いたる【至る・到る】[4]도착하다」의 連用形「いたり」＋「て」＋「のち【後】후. 나중」＋「は[助詞]」.

52) 「うちふす【打ち臥す】[4]드러눕다」의 連用形「うちふし」＋「て」＋「おきあがる【起き上がる】[4]일어나다」의 未然形「おきあがら」＋「ず[助動]부정」(〈す〉는 無濁点표기).

53) 「きん【金】금나라」＋「の[助詞]」＋「つはもの【兵】병사」＋「ども【共】[接尾]~들」.

54) 「これ【此・是】[代]이것. 이사람」＋「に[助詞]」＋「むかふ【向かふ・対ふ】[4]향하다」의 連用形「むかひ」＋「て」＋「いはく【曰く】말하길. 이르길」.

55) 「はやし【早し・速し・疾し・捷し】[形ク]이르다. 빠르다」의 連用形「はやく」(부사적인 쓰임)＋「かうさん→こうさん【降参】항복」＋「す[サ変]하다」의 連用形「し」＋「て」.

56) 「いのち【命】목숨」＋「を[助詞]」＋「たすかる【助かる】[4]재난・죽음 따위를 면하다」의 命令形「たすかれ」.

57) 「と[助詞]~라고」＋「いふ【言ふ・云ふ】[4]말하다」의 已然形「いへ」＋「ども[助詞]역접」.

58) 「くち【口】입」＋「を[助詞]」＋「とづ[上2]→とじる【閉じる】[上1]닫다」의 連用形「とぢ」＋「て」.

59) 「さらに【更に】[副]강한 부정. 전혀 ~지 않다」＋「こたふ【答ふ・応ふ】[下2]대답하다. 반응하다」의 未然形「こたへ」＋「ず[助動]부정」.

□ そのあくる日[ひ][60]、金(きん)の将軍(しやうぐん)に[61]酋(しう)[62]と云(いふ)もの[63]、邦乂(ほうがい)がために[64]、したしきものを、つかハして[65]、「かうさんせよ[66]。」と、いはせければ[67]、

⇨ 그 이튿날 금나라 장군 추라고 하는 자가 방예를 위해 친한 자를 보내서 "항복하라."고 말하게 했더니,

□ 邦乂(ほうがい)、そのとき[68]言(ことバ)を、いだして、こたへて、いふやう[69]、

⇨ 방예가 그 때 말을 꺼내서 대답하여 이르길,

□「わが、はかり事[こと][70]すでに、さだまれり[71]、ねがハくは[72]、し

---

60) 「その【其の】[連体]그」+「あくる【明くる】[連体]다음의」+「ひ【日】날」.

61) 「きん【金】금나라」+「の[助詞]」+「しやうぐん→しょうぐん【将軍】장군」+「に[助詞]」.

62) 「酋」는 「しう→しゅう」로 읽으며 '(미개인이나 도적의)두목. 수령'의 뜻인데, 본문에서는 이를 단순히 이름으로 다루고 있다. 참고로 〈언해본〉에서는 「酋」에 대해 「酋는 爲頭흔 사ᄅ미라」로 풀이하고 있다.

63) 「と[助詞]~라고」+「いふ【言ふ·云ふ】[4]말하다」의 連体形「いふ」+「もの【者】자. 사람」.

64) 「が[助詞]」+「ため【為】때문」(助詞인 〈の·が〉 또는 用言의 連体形에 접속하여 '이익·이유·목적'의 뜻. ~때문에. ~위해).

65) 「したし【親し】[形シク]친하다. 가깝다」의 連体形「したしき」+「もの【者】자. 사람」+「を[助詞]」+「つかはす【使はす·遣はす】[4]심부름 보내시다. 파견하시다」의 連用形「つかはし」+「て」.

66) 「かうさん→こうさん【降参】항복」+「す[サ変]하다」의 命令形「せよ」.

67) 「と[助詞]~라고」+「いふ【言ふ·云ふ】[4]말하다」의 未然形「いは」+「す[助動]사역. ~시키다」의 連用形「せ」+「けり[助動]회상·과거」의 已然形「けれ」+「ば[助詞]확정조건. 원인·이유」.

68) 「その【其の】[連体]그」+「とき【時】때」.

69) 「ことば【言葉·詞·辞】말」+「を[助詞]」+「いだす【出だす】[4]내보내다. 드러내다」의 連用形「いだし」+「て」+「こたふ【答ふ·応ふ】[下2]대답하다」의 連用形「こたへ」+「て」+「いふ【言ふ·云ふ】말하다」의 連体形「いふ」+「やう→よう【様】모습. 형상. 꼴」.

70) 「わが【我が·吾が】[連体]나의. 자신의」+「はかりごと【謀】(〈計り事〉의 뜻. 옛날에는 〈はかりこと〉)계략. 의도. 궁리」.

71) 「すでに【既に·已に】[副]이미. 벌써」+「さだまる【定まる】[4]결정되다. 정해지다」의

ゐて73)、また、いふ事[こと]なかれ74)。」と。

➪ "내 생각은 이미 정해졌다. 원컨대 억지로 다시 말하는 일이 없도록 하라."라고.

❑ 又[また]そのあした75)、金(きん)の副将軍(ふくしやうぐん)76)兀朮(ごつじゆつ)といふもの77)、酒[さけ]さかなを、とゝのへて78)、ほうがいを、よバん、と、するに79)、きたらず80)。

➪ 또 그 다음날, 금나라 부장군 올출이라고 하는 자가 술과 안주를 마련하여 방예를 부르려 하는데 오지 않는다.

❑ つハものども81)、手[て]をとりて、つれて、ゆくに82)、きざはしに、いたりて83)、かうべをもつて84)、柱(はしら)にをしあてゝ85)、大[お

命令形「さだまれ」+「り[助動]완료·존속」.

72) 「ねがはくは→ねがわくは【願わくは】[副]바라기는. 원하기는」.

73) 「しひて→しいて【強いて】[副]억지로. 무리하게. 굳이」(〈-ゐ-〉는 정서법에 어긋남).

74) 「また【又·亦·復】[副]다시. 같이. 달리. 또한」+「いふ【言ふ·云ふ】[4]말하다」의 連体形「いふ」+「こと【事】것. 일」+「なし【無し】[形ク]없다」의 命令形「なかれ」(금지의 뜻).

75) 「また【又·亦·復】[副]다시. 또한」+「その【其の】[連体]그」+「あした【朝·明日】새벽. 이튿날 아침. 다음날」.

76) 「きん【金】금나라」+「の[助詞]」+「ふくしやうぐん→ふくしょうぐん【副将軍】부장군」.

77) 「と[助詞]~라고」+「いふ【言ふ·云ふ】[4]말하다」의 連体形「いふ」+「もの【者】사람」.

78) 「さけ【酒】술」+「さかな【肴】안주」+「を[助詞]」+「ととのふ[下2]→ととのえる【調える·整える·斉える】[下1]정돈하다. 맞추다. 갖추다. 준비하다」의 連用形「ととのへ」+「て」.

79) 「を[助詞]」+「よぶ【呼ぶ·喚ぶ】[4]부르다. 초대하다」의 未然形「よば」+「む[助動]추량·의지」→「ん」+「と[助詞]」+「す[サ変]하다」의 連体形「する」+「に[助詞]~하니. ~하는데」.

80) 「きたる【来る】[4]오다」의 未然形「きたら」+「ず[助動]부정」.

81) 「つはもの【兵】병사」+「ども【共】[接尾]~들」.

82) 「て【手】손」+「を[助詞]」+「とる【取る】[4]잡다」의 連用形「とり」+「て」+「つる[下2]→つれる【連れる】[下1]동행하다」의 連用形「つれ」+「て」+「ゆく【行く】[4]가다」의 連体形「ゆく」+「に[助詞]~하니. ~하는데」.

83) 「きざはし【階】계단」+「に[助詞]」+「いたる【至る·到る】[4]도착하다」의 連用形「いた

おい]に、よバゝりて、いはく86)、

➪ 병사들이 손을 잡고서 데리고 가는데 계단에 이르러서 머리로써 기둥을 박으며 크게 소리쳐 이르길,

❑「われ、あに金(きん)の狗(いぬ)に、まじハりて87)、酒[さけ]をのまんや88)。」と、いふて89)上(うへ)に、あからず90)。

➪ "내가 어찌 금나라 개와 섞여서 술을 마시겠는가?"라고 하고 위로 오르지 않는다.

❑ かうべ、やふれて91)、血(ち)ながる92)。

➪ 머리가 깨져서 피가 흐른다.

❑ つハものども93)、ちからなく94)、又[また]、もとの陣(じん)に帰[かえ]らしむ95)。

り」+「て」.

84) 「かうべ→こうべ【首·頭】머리. 목」+「を[助詞]」+「もって【以て】(〈を[助詞]〉에 이어져서)수단이나 원인 등을 나타냄. ~로써. ~때문에」.

85) 「はしら【柱】기둥」+「に[助詞]」+「おしあつ[下2]→おしあてる【押し当てる】[下1]밀어붙이다」의 連用形「おしあて」(〈を-〉는 정서법에 어긋남)+「て」.

86) 「おおいに【大いに】[副]매우. 몹시. 크게」+「よばはる【呼ばはる】[4]큰 소리로 외치다」의 連用形「よばはり」+「て」+「いはく【曰く】말하길. 이르길」.

87) 「われ【我·吾】[代]나」+「あに【豈】[副]결코. 어찌. 어째서」+「きん【金】금나라」+「の[助詞]」+「いぬ【犬·狗】개」+「に[助詞]」+「まじはる【交はる】[4]뒤섞이다. 접촉하다」의 連用形「まじはり」+「て」.

88) 「さけ【酒】술」+「を[助詞]」+「のむ【飲む·呑む】[4]마시다」의 未然形「のま」+「む[助動]추량·의지」→「ん」+「や[係助詞]의문·질문」.

89) 「と[助詞]~라고」+「いふ【言ふ·云ふ】[4]말하다」+「て」.

90) 「うへ→うえ【上】위」+「に[助詞]」+「あがる【上がる】[4]올라가다」의 未然形「あがら」(〈-か-〉는 無濁点표기)+「ず[助動]부정」.

91) 「かうべ→こうべ【首·頭】머리. 목」+「やぶる【破る】[下2]부서지다. 찢어지다」의 連用形「やぶれ」(〈-ふ-〉는 無濁点표기)+「て」.

92) 「ち【血】피」+「ながる[下2]→ながれる【流れる】[下1]흐르다」.

93) 「つはもの【兵】병사」+「ども【共】[接尾]~들」.

94) 「ちからなし【力無し】[形ク]어쩔 수 없다. 기운이 없다」의 連用形「ちからなく」.

➪ 병사들은 어쩔 수 없이 다시 원래 있던 진으로 돌려보낸다.

❑ 酋(しう)、また、其[その]あくる日[ひ]に、いたりて96)、死(し)活(くわつ)の二[に]字(じ)をかきて97)、邦乂(ほうがい)に、あたへて、いはく98)、

➪ 추(추장)는 다시 그 다음 날에 이르러서 사, 활 두 글자를 써서 방예에게 건네고 이르길,

❑「この文字(もじ)99)いづれのかたに100)、つかん、と、するや101)。」と。

➪ "이 글자의 어느 쪽에 붙으려 하는가?"라고.

❑ 邦乂(ほうがい)すなハち、字(じ)かきて、いはく102)、「死(し)なん103)。」と。

➪ 방예가 곧바로 글자를 써서 이르길 "죽겠다."라고.

---

95) 「また【又·亦·復】[副]다시. 같이. 또한」+「もと【本·元】처음. 이전」+「の[助詞]」+「ぢん→じん【陣】진」+「に[助詞]」+「かへる【帰る·還る】[4]돌아가다(오다)」의 未然形「かへら」+「しむ[助動]사역. ~시키다」.

96) 「また【又·亦·復】[副]다시. 또한」+「その【其の】[連体]그」+「あくる【明くる】[連体]다음의」+「ひ【日】날」+「に[助詞]」+「いたる【至る·到る】[4]도달하다」의 連用形「いたり」+「て」.

97) 「し【死】사」+「くわつ→かつ【活】활」+「の[助詞]」+「にじ【二字】두 글자」+「を[助詞]」+「かく【書く】[4]쓰다」의 連用形「かき」+「て」.

98) 「に[助詞]~에게」+「あたふ[下2]→あたえる【与える】[下1]주다. 건네다」의 連用形「あたへ」+「て」+「いはく【曰く】말하길. 이르길」.

99) 「この【此の·斯の】[連体]이」+「もじ【文字】문자」.

100) 「いづれ【何れ·孰れ】[代]누구. 어떤. 어느 쪽」+「の[助詞]」+「かた【方】쪽. 편」+「に[助詞]」.

101) 「つく【付く·附く·着く·就く·即く】[4]붙다. 따르다. 편들다」의 未然形「つか」+「む[助動]추량·의지」→「ん」+「と[助詞]」+「す[サ変]하다」의 連体形「する」+「や[係助詞]의문·질문」.

102) 「すなはち【即ち·則ち】[副]곧바로. 즉시」+「じ【字】자. 글자」+「かく【書く】[4]쓰다」의 連用形「かき」+「て」+「いはく【曰く】말하길. 이르길」.

103) 「しぬ【死ぬ】[ナ変]죽다」의 未然形「しな」+「む[助動]추량·의지」→「ん」.

❑ これよりさきに104)、ほうがい、ひそかに105)、身[み]をさして血(ち)をいだし106)、ころものもすそに107)、かきつけて、いはく108)、

➪ 이보다 앞서서 방예는 남모르게 몸을 찔러 피를 내서 옷의 옷자락에 써놓아 이르길,

❑「むしろ109)趙氏(てうし)の鬼(き)とハなるとも110)、他国(たこく)の臣下(しんか)とハならじ111)。」と。

➪ "차라리 조 씨의 귀신은 된다 해도 타국의 신하는 되지 않을 것이다."라고.

❑ かくのことく、かきて112)、ふかく、かくして、をきたりければ113)、人[ひと]さらに、しるものなし114)。

---

104)「これ【此·是】[代]이것. 이사람」+「より[助詞]기점. 비교의 기준. ~부터. ~보다」+「さき【先·前】앞. 이전」+「に[助詞]」.

105)「ひそか【密か】[形動ナリ]남이 모르게 숨어서 하는 모양. 남의 눈을 피하는 모양」의 連用形「ひそかに」.

106)「み【身】몸」+「を[助詞]」+「さす【刺す】[4]찌르다」의 連用形「さし」+「て」+「ち【血】피」+「を[助詞]」+「いだす【出だす】[4]내다」의 連用形「いだし」.

107)「ころも【衣】옷」+「の[助詞]」+「もすそ【裳裾】옷자락」+「に[助詞]」.

108)「かきつく【書き付く】[下2]써두다」의 連用形「かきつけ」+「て」+「いはく【曰く】말하길. 이르길」.

109)「むしろ【寧ろ】어느 쪽인가 하면. 차라리」.

110)「てう→ちょう【趙】조」+「し【氏】씨」+「の[助詞]」+「き【鬼】귀. 귀신」+「と[助詞]」+「は[助詞]」+「なる【成る·為る】[4]되다」의 終止形「なる」+「とも[助詞]역접의 가정조건. ~해도」.

111)「たこく【他国】타국」+「の[助詞]」+「しんか【臣下】신하」+「と[助詞]」+「は[助詞]」+「なる【成る·為る】[4]되다」의 未然形「なら」+「じ[助動]의지의 부정. ~하지 않겠다」.

112)「かくのごとく【斯くの如く】[連語]이처럼. 이와 같이」(〈-こ-〉는 無濁点표기)+「かく【書く】[4]쓰다」의 連用形「かき」+「て」.

113)「ふかし【深し】[形ク]깊다」의 連用形「ふかく」+「かくす【隠す·匿す】[4]숨기다」의 連用形「かくし」+「て」+「おく【置く】[4]두다」의 連用形「おき」(〈を-〉는 정서법에 어긋남)+「たり[助動]완료·존속」의 連用形「たり」+「けり[助動]회상·과거」의 已然形「けれ」+「ば[助詞]확정조건. 원인·이유」.

114)「ひと【人】사람. 다른 사람」+「さらに【更に】[副]전혀 ~지 않다」+「しる【知る】[4]알다」의 連体形「しる」+「もの【者】자. 사람」+「なし【無し】[形ク]없다」.

➪ 이와 같이 쓰고서 깊이 감춰두었기에 남이 전혀 아는 사람이 없다.

❑ この故[ゆえ]に115)、将軍(しようぐん)116)酋(しう)、なを、これをバ117)、露[つゆ]バかりも、しらず118)。

➪ 이런고로 장군 추는 여전히 이를 눈곱만큼도 모른다.

❑ 又[また]、そのあくる日[ひ]119)、ほうがいを、よびいだし120)、「ひらに121)、かうさんして122)、金(きん)の大[だい]わうに123)、したがひたてまつるべし124)。

➪ 또 그 다음 날 방예를 불러내서 "아무쪼록 항복하여 금나라 대왕에게 따라드려야 마땅할 것이다.

❑ しからバ125)、栄花(えいぐわ)を、われとゝもに126)、ひらくべ

---

115) 「この【此の·斯の】[連体]이」+「ゆゑ→ゆえ【故】~때문」+「に[助詞]」.

116) 「しやうぐん→しょうぐん【将軍】장군」(〈-よ-〉는 歴史的仮名遣에 어긋남).

117) 「なほ→なお【猶·尚】[副]아직. 역시. 그래도」(〈-を〉는 정서법에 어긋남)+「これ【此·是】[代]이것. 이사람」+「をば:(格助詞 〈を〉에 係助詞 〈は〉가 붙어 濁音化한 것)〈を〉의 뜻을 강하게 함」.

118) 「つゆ【露】이슬. 매우 작은(적은) 것」+「ばかり【許り】[助詞]정도. 쯤」+「も[助詞]」+「しる【知る】[4]알다」의 未然形 「しら」+「ず[助動]부정」.

119) 「また【又·亦·復】[副]다시. 또한」+「その【其の】[連体]그」+「あくる【明くる】[連体]다음의」+「ひ【日】날」.

120) 「よびいだす【呼び出す】[4]불러내다」의 連用形 「よびいだし」.

121) 「ひらに【平に】[副]오직. 부디. 모쪼록. 무사히. 쉽게」.

122) 「かうさん→こうさん【降参】항복」+「す[サ変]하다」의 連用形 「し」+「て」.

123) 「きん【金】금나라」+「の[助詞]」+「だいわう→だいおう【大王】대왕」+「に[助詞]」.

124) 「したがふ【従ふ·随ふ·順ふ】[4]따르다. 거스르지 않다. 맡기다」의 連用形 「したがひ」+「たてまつる[助動]겸양. ~해드리다. ~해 올리다」의 終止形 「たてまつる」+「べし[助動]의무·당연·추량·가능 등」.

125) 「しからば【然らば】[接続]그렇다면. 그러면」. 이는 「しかり【然り】[ラ変]그러하다」의 未然形 「しから」+「ば[助詞]가정조건」로 분석할 수도 있다.

126) 「えいぐわ→えいが【栄華·栄花】영화」+「を[助詞]」+「われ【我·吾】[代]나」+「と[助詞]~와」+「ともに【共に·倶に】[連語]함께. 동반하여」.

し[127]。」と、すゝむれども[128]、ほうがい、ゆめ＼／[129]うけがふ事[こと]なし[130]。

➪ 그러면 영화를 나와 더불어서 펼칠 것이다."라고 권했지만 방예는 결코 받아들이는 일이 없다.

❑ 将軍(しようぐん)兀朮(ごつじゆつ)、大[おお]いに、いかりて[131]、ころもを引(ひき)ひらきけるところに[132]、血(ち)にて、かきたるもの[133]、地(ぢ)におちたり[134]。

➪ 장군 올출이 크게 노하여 옷을 잡아당겨 열어젖혔는데 피로 쓴 것이 바닥에 떨어졌다.

❑ とりあげて、よみてミれば[135]、かうさんすまじき、ことハり也(なり)[136]。

---

127) 「ひらく【開く】[4]열다. 펼치다」의 終止形「ひらく」+「べし[助動]의무·당연·추량·가능 등」.

128) 「すすむ[下2]→すすめる【勧める·奨める·薦める】[下1]권유하다. 장려하다. 추천하다」의 已然形「すすむれ」+「ども[助詞]역접. ~했지만」.

129) 「ゆめゆめ[副]힘써서. 결코. 조금도. 꿈에도」.

130) 「うけがふ【肯ふ】[4]이해하다. 승낙하다」의 連体形「うけがふ」+「こと【事】것. 일」+「なし【無し】[形ク]없다」.

131) 「おおいに【大いに】[副]매우. 몹시. 크게」+「いかる【怒る】[4]화내다. 노하다」의 連用形「いかり」+「て」.

132) 「ころも【衣】옷」+「を[助詞]」+「ひく【引く】당기다」의 連用形「ひき」+「ひらく【開く】열다」의 連用形「ひらき」+「けり[助動]회상·과거」의 連体形「ける」+「ところに【所に】[助詞]~하고 있는데. ~하고 있었지만」.

133) 「ち【血】피」+「にて[助詞]현대일본어의〈で〉와 같은 쓰임. ~로」+「かく【書く】쓰다」의 連用形「かき」+「たり[助動]완료·존속」의 連体形「たる」+「もの【物】것. 물건」.

134) 「ぢ→じ【地】땅. 바닥」+「に[助詞]」+「おつ【落】[上2]떨어지다」의 連用形「おち」+「たり[助動]완료·존속」.

135) 「とりあぐ[下2]→とりあげる【取り上げる】[下1]들어 올리다. 집어 들다」의 連用形「とりあげ」+「て」+「よむ【読む】[4]읽다」의 連用形「よみ」+「て」+「みる【見る】[上1]보다」의 已然形「みれ」+「ば[助詞]확정조건. 원인·이유」.

136) 「かうさん→こうさん【降参】항복」+「す[サ変]하다」의 終止形「す」+「まじ[助動]부정의 추량(~않을 것이다). 의뢰·권유(~하지 않겠는가). 부정의 결의(~하지 않을

⇨ 집어 들어서 읽어보니 항복하지 않을 이치다.

❑ このうへにハ137)、ちからなし、とて138)、つゐに引出(ひきいだ)し139)、かうべをはねてぞ140)、ころしける141)。

⇨ 더 이상은 어쩔 수 없다 하여 끝내 끌어내서 목을 베어 죽였다.

것이다) 등」의 連体形「まじき」+「ことはり【理】[名]도리. 조리. 이치. 이유. 까닭. 당연한 것」+「なり[助動]단정·지정」.

137) 「このうへ→このうえ【此の上】[連語]더 이상」+「は[助詞]」.

138) 「ちからなし【力無し】[形ク]어쩔 수 없다」+「とて[助詞]인용. ~라 해서. ~라는 것으로」.

139) 「つひに→ついに【終に·遂に】[副]결국. 마침내」(〈-ゐ-〉는 정서법에 어긋남」+「ひきいだす【引き出す】[4]끌어내다」의 連用形「ひきいだし」.

140) 「かうべ→こうべ【首·頭】머리. 목」+「を[助詞]」+「はぬ[下2]→はねる【撥ねる】[下1]치켜 올리다. 날리다. 베다」의 連用形「はね」+「て」+「ぞ[係助詞]뜻을 강하게 함」(문말은 連体形).

141) 「ころす【殺す】[4]죽이다」의 連用形「ころし」+「けり[助動]회상·과거」의 連体形「ける」(앞선 〈ぞ〉에 호응).

22. 岳(がく)飛(ひ)涅(でい)背(はい)
악비열배

❑ 宋朝(そうてう)すでに[1]、金(きん)人(ひと)のために、ミたれて[2]毎日(まいにち)の合戦(かせん)[3]さらに、やむ事[こと]なし[4]。

➩ 송나라 조정이 이미 금나라 사람 때문에 어지러워져서 매일의 전쟁이 전혀 그치는 적이 없다.

❑ しかりといへども[5]、宋(そう)の兵(つハもの)[6]ちからをつくして[7]、ふせぎたゝかひけるほどに[8]、金(きん)の軍兵(くんびやう)[9]せめあぐ

1) 「そうてう→そうちょう【宋朝】 송나라 조정」+「すでに【既に·已に】[副]이미. 모두」.

2) 「きん【金】 금나라」+「ひと【人】 사람」+「の[助詞]」+「ため【為】」+「に[助詞]」(〈~の(が)ために〉의 꼴로 '이익·이유·목적'의 뜻. ~때문에)+「みだる[下2]→みだれる【乱れる·紊れる】[下1]흐트러지다. 혼란하다. 소동이 일어나다. 산란(散亂)하다」의 連用形「みだれ」(〈-た-〉는 無濁点표기)+「て」.

3) 「まいにち【毎日】 매일」+「の[助詞]」+「かっせん【合戦】 싸움. 전쟁」(원래는 〈かふせん→こうせん〉이 〈かっせん〉으로 변화한 말인데 이를 본문과 같이 〈かせん〉으로 읽은 것은 促音을 표기하지 않은 것으로 풀이할 수 있겠지만 미상).

4) 「さらに【更に】[副]①또한. 거듭. 더욱 ②강한 부정. 절대로 ~가 아니다. 전혀 ~지 않다」+「やむ【止む】[4]사라지다. 끝나다. 결판나다」의 連体形「やむ」+「こと【事】 것. 일」+「なし【無し】[形ク]없다」.

5) 「しかり【然り】[ラ変]그러하다」의 終止形 「しかり」+「と[助詞]~라고」+「いふ【言ふ·云ふ】[4]말하다」의 已然形「いへ」+「ども[助詞]역접」.

6) 「そう【宋】 송나라」+「の[助詞]」+「つはもの→つわもの【兵】 무기. 병사」.

7) 「ちから【力】 힘」+「を[助詞]」+「つくす【尽くす】[4]노력하다. 힘쓰다. 다하다」의 連用形「つくし」+「て」.

8) 「ふせぐ【防ぐ·禦ぐ·拒ぐ】[4]막다. 방어하다」의 連用形 「ふせぎ」+「たたかふ【戦ふ·闘ふ】[4]싸우다」의 連用形「たたかひ」+「けり[助動]회상·과거」의 連体形「ける」+「ほどに【程に】①~하면. ~하는 사이에 ②원인·이유. ~이므로」.

ミて10)、すべきやうなかりけり11)。

⇨ 그렇다고 해도 송나라 병사가 힘을 다해서 지켜 싸웠기에 금나라 군병은 공격하기 쩔쩔매서 할 수 있는 방도가 없었다.

❑ こゝに12)金(きん)人(ひと)、はかりことを、もつて13)和睦(わぼく)せん、と、いふ14)。

⇨ 이에 금나라 사람이 계략으로써 화친하자고 한다.

❑ 宋朝(そうてう)の将軍(しやうぐん)に15)、秦檜(しんくわい)といふもの16)、このあつかひを17)、まことゝ、おもひて18)、和(わ)ぼくすべきよし19)評定(ひやうぢやう)いたしけり20)。

---

9) 「きん【金】 금나라」+「の[助詞]」+「ぐんびやう→ぐんびょう【軍兵】 군병」.

10) 「せむ[下2]→せめる【攻める】[下1]다가와 압박하다. 공격하다」의 連用形「せめ」+「あぐむ【倦む】[4]어떤 일을 완수하기 어려워서 난처하다. 곤란하다. 난감하다」의 連用形「あぐみ」+「て」.

11) 「す[サ変]하다」의 終止形「す」+「べし[助動]의무·당연·추량·가능 등」의 連体形「べき」+「やう→よう【様】 꼴. 모습. 이유. 사정. 방법. 수단」+「なし【無し】[形ク]없다」의 連用形「なかり」+「けり[助動]회상·과거」.

12) 「ここに【此に·是に·爰に·玆に】[接続]이야기를 시작하거나 또는 화제를 전환할 때 쓰는 말. 그런데. 그건 그렇고. 그래서」.

13) 「きん【金】 금나라」+「ひと【人】 사람」+「はかりごと【謀】(옛날에는〈はかりこと〉)계략. 계책. 능력. 기량」+「を[助詞]」+「もって【以て】(〈を[助詞]〉에 이어져서)수단이나 원인 등을 나타냄. ~로써. ~때문에」.

14) 「わぼく【和睦】 화목. 화합. 화해. 강화(講和)」+「す[サ変]하다」의 未然形「せ」+「む[助動]추량·의지」→「ん」+「と[助詞]~라고」+「いふ【言ふ·云ふ】[4]말하다」.

15) 「そうてう→そうちょう【宋朝】 송나라 조정」+「の[助詞]」+「しやうぐん→しょうぐん【将軍】 장군」+「に[助詞]」.

16) 「と[助詞]~라고」+「いふ【言ふ·云ふ】[4]말하다」의 連体形「いふ」+「もの【者】 자. 사람」.

17) 「この【此の·斯の】[連体]이」+「あつかひ【扱ひ】[名]취급. 간호. 대우. 조정. 중재」+「を[助詞]」.

18) 「まこと【真·実·誠】[名]진짜. 진정. 거짓 없음」+「と[助詞]~라고」+「おもふ【思ふ】[4]생각하다」의 連用形「おもひ」+「て」.

19) 「わぼく【和睦】 화목. 강화(講和)」+「す[サ変]하다」의 終止形「す」+「べし[助動]의무·

➩ 송나라 조정의 장군에 진회라고 하는 사람이 이 중재를 진짜로 생각하여 화친해야 할 것을 평정했다.

❑ 爰[ここ]に21)、枢密(すうみつ)副使(ふし)22)岳飛(がくひ)と云[いう]人[ひと]、申[もうし]て、いはく23)、

➩ 이에 추밀 부사 악비라고 하는 사람이 아뢰어 이르길,

❑「此[この]事[こと]24)、さらに25)金(きん)人(ひと)のはかりことなり26)、

➩ "이 일은 틀림없이 금나라 사람의 계략이다.

❑ これを信[しん]じて27)、和(わ)ぼくせん、と、するハ28)、まことに29)、はかりことの、たらざる故[ゆえ]なり30)。」と。

당연·추량·가능 등」의 連体形「べき」+「よし【由·因·縁】[名]유래. 이유. 사정. 내용. 취지. 것(형식명사로서의 쓰임). 방법. 구실」.

20)「ひやうぢやう→ひょうじょう【評定】평정. 사람들의 모여서 평의(評議)하여 결정하는 것. 평결」+「いたす【致す】[4]하다. 온힘을 쏟다」의 連用形「いたし」+「けり[助動]회상·과거」.

21)「ここに【此に·是に·爰に·玆に】[接続]그런데. 그래서. 이에. 그건 그렇고」.

22)「すうみつ【枢密】추밀」+「ふくし【副使】부사」.「副使」는 일본어로「ふくし」나「ふうす」로 읽는데 본문에는「ふし」로 되어 있다. 여기에『假名草子集成』에는 원문의 잘못을 그대로 옮긴다는 표시인 'ママ'가 붙어있다.

23)「まうす[4]→もうす【申す】[5]'말하다·고하다'의 겸양어」의 連用形「まうし(읽을 때는〈モーシ〉)」+「て」+「いはく【曰く】말하길. 이르길」.

24)「この【此の·斯の】[連体]이」+「こと【事】것. 일」.

25)「さらに【更に】[副]또한. 모두. 틀림없이」.

26)「きん【金】금나라」+「ひと【人】사람」+「の[助詞]」+「はかりごと【謀】(옛날에는〈はかりこと〉)계략. 계책」+「なり[助動]단정·지정」.

27)「これ【此·是】[代]이것. 이사람」+「を[助詞]」+「しんず【信ず】[サ変]믿다. 신뢰하다」의 連用形「しんじ」+「て」.

28)「わぼく【和睦】화목. 강화(講和)」+「す[サ変]하다」의 未然形「せ」+「む[助動]추량·의지」→「ん」+「と[助詞]」+「す[サ変]하다」의 連体形「する」+「は[助詞]」.

29)「まことに【真に·実に·誠に】[副]정말로. 거짓 없이. 매우」.

30)「はかりごと【謀】(옛날에는〈はかりこと〉)계략. 계책. 능력. 기량. 걱정하는 것」+「の

➪ 이를 믿어서 화친하자고 하는 것은 참으로 심려가 족하지 않은 때문이다."라고.

❑ これによりて[31]、金(きん)人(ひと)、わぼくのはかりことハ[32]、むなしくなれり[33]。

➪ 이로 인해서 금나라 사람의 화친 계략은 소용없게 되었다.

❑ 秦檜(しんくわい)、をのれがこと葉(ば)の[34]、用[もち]ひられざる事[こと]を[35]口(くち)おしく思[おも]ひて[36]、

➪ 진회는 자신의 말이 쓰이지 않은 것을 분하게 생각하여,

❑ 岳飛(がくひ)をにくみて[37]、いかにもして[38]、うしなバゝや[39]、と

[助詞]현대일본어 〈が〉의 쓰임」+「たる【足る】[4]족하다. 충분하다」의 未然形「たら」+「ざり[助動]부정」의 連体形「ざる」+「ゆゑ→ゆえ【故】~때문」+「なり[助動]단정・지정」.

31) 「これ【此・是】[代]이것. 이사람」+「に[助詞]」+「よる【因る・由る・拠る・依る】[4]기인하다. 의거하다. ~에 따르다」의 連用形「より」+「て」.

32) 「きん【金】금나라」+「ひと【人】사람」+「わぼく【和睦】화목. 강화(講和)」+「の[助詞]」+「はかりごと【謀】(옛날에는 〈はかりこと〉)계략. 계책」+「は[助詞]」.

33) 「むなし【空し・虚し】[形シク]열매가 없다. 허무하다. 쓸모없다」의 連用形「むなしく」+「なる【成る・為る】[4]되다」의 命令形「なれ」+「り[助動]완료・존속」.

34) 「おのれ【己】〈1〉[名]자기 자신. 〈2〉[代]①(1인칭)나. 저 ②(2인칭)손아랫사람 또는 다른 사람을 낮잡아 부르는 말. 너. 자네」(〈を-〉는 정서법에 어긋남)+「が[助詞]현대일본어 〈の〉의 쓰임」+「ことば【言葉・詞・辞】말」+「の[助詞]현대일본어 〈が〉의 쓰임」.

35) 「もちゐる[上1]→もちいる【用いる】[上1]채용하다. 사용하다」의 未然形「もちゐ」(〈-ひ〉는 정서법에 어긋남)+「らる[助動]수동」의 未然形「られ」+「ざり[助動]부정」의 連体形「ざる」+「こと【事】것. 일」+「を[助詞]」.

36) 「くちをし[形シク]→くちおしい【口惜しい】[形]유감이다. 원통하다」의 連用形「くちをしく」(〈-お-〉는 歷史的仮名遣에 어긋남)+「おもふ【思ふ】[4]생각하다」의 連用形「おもひ」+「て」.

37) 「を[助詞]」+「にくむ【憎む・悪む】[4]미워하다. 증오하다. 옳지 않은 것을 싫어하여 멀리하다. 비난하다」의 連用形「にくみ」+「て」.

38) 「いかにもして【如何にもして】[連語]어떻게든 해서」.

39) 「うしなふ[4]→うしなう【失う】[5]잃다. 지위를 빼앗기다」의 未然形「うしなは」+「ばや[助詞]자신의 바람을 나타냄. ~할 수 있으면 좋겠구나」. 본문에는「うしなばはや」로 되어 있는데, 『假名草子集成』에 'ママ' 표시가 있다.

ぞ思[おも]ひける40)。

➪ 악비를 못마땅해 하여 어떻게든 자리를 잃었으면 좋겠다고 생각했다.

❑ しかるに、金(きん)人(ひと)41)、都(ミやこ)ちかく、せめのぼりけれバ42)、帝(みかど)43)、岳飛(がくひ)に、おほせて44)、淮西(わいさい)の城(じやう)を、ふせがしめ給[たま]ふ45)。

➪ 그런데 금나라 사람이 도읍 가까이로 쳐들어 올라갔기에 천자가 악비에게 말씀하셔서 회서 성을 지키게 시키신다.

❑ その日[ひ]、やがて46)、いくさだちして47)淮西(わいさい)に、おもむきけり48)。

➪ 그날 곧바로 출진하여 회서로 향했다.

❑ 張俊(ちやうしゆん)と云[いう]もの、岳飛(がくひ)に書(しよ)を、をく

---

40) 「と[助詞]~라고」+「ぞ[係助詞]뜻을 강하게 함」(문말은 連体形)+「おもふ【思ふ】[4]생각하다」의 連用形 「おもひ」+「けり[助動]회상·과거」의 連体形 「ける」(앞선 〈ぞ〉에 호응).

41) 「しかるに【然るに】[接続]그런데. 하지만. 그건 그렇고」+「きん【金】금나라」+「ひと【人】사람」.

42) 「みやこ【都】도읍」+「ちかし【近し】[形ク]가깝다」의 連用形 「ちかく」(〈ちかく〉는 명사로서도 쓰이며 '근처·부근'의 뜻)+「せむ【攻む】[下2]공격하다」의 連用形 「せめ」+「のぼる【上る·登る·昇る】[4]올라가(오)다」의 連用形 「のぼり」+「けり[助動]회상·과거」의 已然形 「けれ」+「ば[助詞]확정조건. 원인·이유」.

43) 「みかど【御門·帝】황제. 천자」.

44) 「に[助詞]~에게」+「おほす【負す·課す·仰す】[下2]짊어지게 하다. 명령하다. 말씀하시다」의 連用形 「おほせ」+「て」.

45) 「の[助詞]」+「じやう→じょう【城】성」+「を[助詞]」+「ふせぐ【防ぐ·禦ぐ·拒ぐ】[4]막다. 방어하다」의 未然形 「ふせが」+「しむ[助動]사역. ~시키다」의 連用形 「しめ」+「たまふ【給ふ】[助動]존경」.

46) 「その【其の】[連体]그」+「ひ【日】날」+「やがて【軈て】[副]곧. 그대로. 금세」.

47) 「いくさだち【軍立ち】[名]전장으로 출발하는 것. 출진」+「す[サ変]하다」의 連用形 「し」+「て」.

48) 「に[助詞]~로」+「おもむく【赴く·趣く】[4]그 방향으로 가다. 향해 가다」의 連用形 「おもむき」+「けり[助動]회상·과거」.

りて、いはく49)、「城中(じやうちう)すでに50)兵粮(ひやうらう)に、ともし51)、

➪ 장준이라 하는 사람이 악비에게 글을 보내 이르길 "성 안에 이미 병량이 모자라다.

❑ この事[こと]を52)、はからひ申[もうし]給[たま]へ53)。」と、書[かき]つかハしけれども54)、

➪ 이 일을 살펴주십시오."라고 써 보냈지만,

❑ 淮西(わいさい)の城(じやう)はなハだ55)急(きう)なりけるうへ56)、ことさら、みかどの命(めい)なるをもつて57)、うちすてゝ58)返事(へんじ)も、なかりけれは59)、

---

49) 「に[助詞]~에게」+「しょ【書】 글」+「を[助詞]」+「おくる【送る・贈る】[4]보내다. 수여하다」의 連用形 「おくり」(〈を-〉는 정서법에 어긋남)+「て」+「いはく【曰く】 말하길. 이르길」.

50) 「じょうちゅう【城中】 성중. 성안」+「すでに【既に・已に】[副]이미. 모두. 이제」.

51) 「ひやうらう→ひょうろう【兵糧・兵粮】 병량. 식량」+「に[助詞]」+「ともし【乏し・羨し】[形シク]①부럽다 ②만족스럽지 않다. 모자라다. 부족하다. 가난하다」.

52) 「この【此の・斯の】[連体]이」+「こと【事】 것. 일」+「を[助詞]」.

53) 「はからふ【計らふ】[4]의논하다. 미루어 짐작하다. 살피다. 적절히 처치하다」의 連用形 「はからひ」+「まうす[4]→もうす[申す][5]여기에서는 동사의 連用形에 접속하여 보조동사로 쓰여서 격식을 갖춰 정중하게 표현하는 쓰임」의 連用形 「まうし」(〈モーシ〉로 읽음)+「たまふ【給ふ】[助動]존경」의 命令形 「たまへ」.

54) 「と[助詞]~라고」+「かく【書く】[4]쓰다」의 連用形 「かき」+「つかはす【使はす・遣はす】[4]심부름 보내시다. 하사하시다. 주시다」의 連用形 「つかはし」+「けり[助動]회상・과거」의 已然形 「けれ」+「ども[助詞]역접」.

55) 「の[助詞]」+「じやう→じょう【城】 성」+「はなはだ【甚だ】[副]매우. 몹시. 대단히」.

56) 「きふ[形動ナリ]→きゅう【急】[形動]절박한 모양. 긴급. 급박」의 連用形 「きふなり」(〈-う-〉는 歴史的仮名遣에 어긋남)+「けり[助動]회상・과거」의 連体形 「ける」+「うへ→うえ【上】 위. ~에 더해. ~한데다가」.

57) 「ことさら【殊更】[副]특히. 각별히. 일부러」+「みかど【御門・帝】 황제. 천자」+「の[助詞]」+「めい【命】 명. 명령」+「なり[助動]단정・지정」의 連体形 「なる」+「を[助詞]」+「もって【以て】(〈を[助詞]〉에 이어져서)수단이나 원인 등을 나타냄. ~로써. ~때문에」.

58) 「うちすつ[下2]→うちすてる【打ち捨てる・討ち捨てる】[下1]내던지다. 내버리다. 신경 쓰지 않고 내버려두다」의 連用形 「うちすて」+「て」.

➩ 회서 성이 몹시 위급했던 데다가 특히 천자의 명이므로 내팽개치고 답신도 없었기에,

❑ 張俊(ちやうしゆん)、これを、うらみて60)、帝(みかど)に讒(ざん)して、いはく61)、

➩ 장준이 이를 고까워하여 천자에게 참소하여 이르길,

❑「岳飛(がくひ)、君[きみ]の命(めい)を、いるかせにして62)、淮西(わいさい)の城(じやう)の急(きう)なるをも63)、かへりミず64)、道[みち]にとうりうす65)。

➩ "악비가 주군의 명을 소홀히 여겨서 회서 성의 위급함까지도 돌아보지 않고 길에 머문다.

❑ さだめて66)、金(きん)人(ひと)に心[こころ]を、あはせて67)、むほん

---

59) 「へんじ【返事·返辞】대답. 답장」+「も[助詞]」+「なし【無し】[形ク]없다」의 連用形「なかり」+「けり[助動]회상·과거」의 已然形「けれ」+「ば[助詞]확정조건. 원인·이유」(〈ば〉는 無濁点표기).

60) 「これ【此·是】[代]이것. 이사람」+「を[助詞]」+「うらむ【恨む·怨む·憾む】[4]불쾌하게 생각하다. 유감스러워하다」의 連用形「うらみ」+「て」.

61) 「みかど【御門·帝】황제. 천자」+「に[助詞]」+「ざんす【讒す】[サ変]참언하다. 남을 곤경에 빠뜨리기 위해 사실이 아닌 험담을 하다」의 連用形「ざんし」+「て」+「いはく【曰く】말하길. 이르길」.

62) 「きみ【君】주군. 임금」+「の[助詞]」+「めい【命】명」+「を[助詞]」+「いるかせ【忽】[形動ナリ]적당히 넘기는 것. 소홀히 하는 것. 등한시하는 것」의 連用形「いるかせに」+「して[助詞](連用形에 접속)상태를 나타냄. ~으로. ~의 상태로」.

63) 「の[助詞]」+「じやう→じょう【城】성」+「の[助詞]현대일본어 〈が〉의 쓰임」+「きふ【急】[形動ナリ]절박한 모양. 급박한 모양」의 連体形「きふなる」(〈-う-〉는 歴史的仮名遣에 어긋남)+「を[助詞]」+「も[助詞]」(〈をも〉는 '~까지도·~조차도'의 뜻).

64) 「かへりみる【顧みる·省みる】[上1]뒤돌아보다. 회상하다. 걱정하다. 돌보다」의 未然形「かへりみ」+「ず[助動]부정」.

65) 「みち【道】길」+「に[助詞]」+「とうりう→とうりゅう【逗留】두류. 한곳에 머물다. 체류」+「す[サ変]하다」.

66) 「さだめて【定めて】[副]아마도. 필시. 분명」.

67) 「きん【金】금나라」+「ひと【人】사람」+「に[助詞]」+「こころ【心】마음. 뜻」+「を[助詞]」+「あはす【合はす】[下2]하나로 만들다. 합하다. 맞추다」의 連用形「あはせ」+「て」.

を、くハたつるなるべし[68]。」と。

➪ 필시 금나라 사람에게 뜻을 모아서 모반을 꾀하는 것일 테다."라고.

❑ 秦檜(しんくわい)、是[これ]を聞(きき)て[69]、よきついでこそ[70]出来(いでき)たれ、と、おもひ[71]、

➪ 진회가 이를 듣고서 좋은 기회가 생겼구나 생각하여,

❑ 諫議(かんぎ)大夫(たいふ)[72]萬俟离[73](ぼつさせつ)と、いふものと心[こころ]をあはせて[74]、

➪ 간의대부 만사리라고 하는 자와 뜻을 모아서,

❑ まづ[75]岳飛(がくひ)が淮西(わいさい)におもむく事[こと]をバ[76]とゞ

---

68) 「むほん【謀叛·謀反】 모반」+「を[助詞]」+「くわだつ[下2]→くわだてる【企てる】[下1](옛날에는 清音)계획하다. 기도하다」의 連体形「くわだつる」+「なり[助動]단정·지정」의 連体形 「なる」+「べし[助動]의무·당연·추량·가능 등」.

69) 「これ【此·是】[代]이것」+「を[助詞]」+「きく【聞く】[4]듣다」의 連用形「きき」+「て」.

70) 「よし【好し】[形ク]좋다」의 連体形「よき」+「ついで【序で】 순서. 차례. 기회」+「こそ[係助詞]뜻을 강하게 함」(문말은 已然形).

71) 「いでく【出で来】[カ変]나오다. 생기다. 일어나다」의 連用形「いでき」+「たり[助動]완료·존속」의 已然形「たれ」(앞선 〈こそ〉에 호응)+「と[助詞]~라고」+「おもふ【思ふ】[4]생각하다」의 連用形「おもひ」.

72) 「かんぎたいふ【諫議大夫】 간의대부. 중국의 벼슬 이름. 천자에게 간언하고 정치의 득실을 논한 벼슬」.

73) 〈한문본〉에는 「万俟卨」(만후설)로 되어 있다. 그런데 본문에는 「萬俟离(ぼつさせつ)」(만사리)로 되어 있는데 이래서는 「萬(만)」을 「ぼつ」로 읽은 것과 「离(리)」를 「せつ」로 읽은 이유를 알 수 없다. 이에 〈国文学研究資料館〉의 「三綱行實圖」를 찾아보니 「萬俟卨(ぼつさせつ)」로 되어 있어서 번각 과정에서의 오류로 보는 편이 타당하겠다. 다만 여전히 「萬」을 「ぼつ」로 읽은 것은 미상.

74) 「と[助詞]~라고」+「いふ【言ふ·云ふ】[4]말하다」의 連体形「いふ」+「もの【者】 자. 사람」+「と[助詞]」+「こころ【心】 마음. 뜻」+「を[助詞]」+「あはす【合はす】[下2]합하다. 맞추다」의 連用形「あはせ」+「て」.

75) 「まづ→まず【先ず】[副]우선. 아무튼」.

76) 「に[助詞]」+「おもむく【赴く·趣く】[4]그 방향으로 가다」의 連体形 「おもむく」+「こと【事】 것. 일」+「をば : 〈を[助詞]〉의 뜻을 강하게 함」.

めたり[77]。

➩ 우선 악비가 회서에 향하는 것을 막았다.

❑ さて[78]秦檜(しんくわい)、また[79]張俊(ちやうしゆん)と心[こころ]を合(あは)せて[80]、

➩ 그런데 진회는 또한 장준과 뜻을 모아서,

❑ 岳飛(がくひ)が軍大将(いくさだいしやう)に[81]、王俊(わうしゆん)と、いふものに[82]、いはしめけるやうハ[83]、

➩ 악비의 군대장인 왕준이라 하는 자에게 말하도록 시켰던 것은,

❑ 張憲(ちやうけん)といふもの[84]、金(きん)人(ひと)に、かたらハれて[85]、淮西(わいさい)の通路(つうろ)をふさぐ、と[86]聞[きこ]え侍[はべ]るよし、かたる[87]。

---

77) 「とどむ[下2]→とどめる【止める・留める・停める】[下1]멈추게 하다」의 連用形「とどめ」+「たり[助動]완료・존속」.

78) 「さて[接続]그리고. 그런데. 한편」.

79) 「また【又・亦・復】[副]다시. 같이. 달리. 또한」.

80) 「と[助詞]~와」+「こころ【心】마음. 뜻」+「を[助詞]」+「あはす【合はす】[下2]합하다」의 連用形「あはせ」+「て」.

81) 「が[助詞]현대일본어〈の〉의 쓰임」+「いくさだいしやう→いくさだいしょう【軍大将】군대장. 전쟁에서 지휘하는 자」+「に[助詞]」.

82) 「と[助詞]~라고」+「いふ【言ふ・云ふ】[4]말하다」의 連体形「いふ」+「もの【者】자. 사람」+「に[助詞]」.

83) 「いふ【言ふ・云ふ】[4]말하다」의 未然形「いは」+「しむ[助動]사역. ~시키다」의 連用形「しめ」+「けり[助動]회상・과거」의 連体形「ける」+「やう→よう【様】모습. 형상. 꼴. 이유. 방법」+「は[助詞]」.

84) 「と[助詞]~라고」+「いふ【言ふ・云ふ】[4]말하다」의 連体形「いふ」+「もの【者】자. 사람」.

85) 「きん【金】금나라」+「ひと【人】사람」+「に[助詞]」+「かたらふ[4]→かたらう【語らう】[5]서로 이야기 나누다. 친교하다. 설득하여 한패에 끌어들이다」의 未然形「かたらは」+「る[助動]수동」의 連用形「れ」+「て」.

86) 「の[助詞]」+「つうろ【通路】통로」+「を[助詞]」+「ふさぐ【塞ぐ】[4]덮다. 가로막다. 차지하다」(본문은〈ふざく〉인데『假名草子集成』에도 원문의 잘못을 그대로 옮긴다는 표시인 'ママ'가 붙어있는 만큼〈ふさぐ〉의 오류로 봐야겠다)+「と[助詞]~라고」.

➪ 장헌이라고 하는 자가 금나라 사람에게 끌어들여져서 회서의 통로를 가로막는다고 들린다는 내용을 이야기한다.

❑ がくひ、これを、まことゝ、おもひて[88]、張憲(ちやうけん)が、こもりたる[89]襄陽(しやうやう)の城(じやう)に、とりかけて[90]、せめんとす[91]。

➪ 악비가 이를 진짜라고 생각하여 장헌이 들어앉아 있는 양양 성에 쳐들어가서 치려 한다.

❑ 秦檜(しんくわい)、王俊(わうしゆん)、みかどに、そうもんして、いはく[92]、

➪ 진회와 왕준이 천자에게 주문하여 이르길,

❑「岳飛(がくひ)、すでに、金(きん)人(ひと)に、かたらハれて[93]、襄陽(しやうやう)の城(じやう)を、せめんとす[94]。」と。

---

87) 「きこゆ【聞こゆ】[下2]들리다. 세간에 전해지다」의 連用形「きこえ」+「侍(はべ)り[助動]격식·정중」의 連体形「はべる」+「よし【由·因·縁】[名]유래. 취지. 사정. 내용. 것」+「かたる【語る】[4]전하다. 이야기하다」.

88) 「これ【此·是】[代]이것. 이사람」+「を[助詞]」+「まこと【真·実·誠】[名]진짜. 진정. 거짓 없음」+「と[助詞]~라고」+「おもふ【思ふ】[4]생각하다」의 連用形「おもひ」+「て」.

89) 「が[助詞]」+「こもる【籠る·隠る】[4]들어가 있다. 숨어있다. 농성하다」의 連用形「こもり」+「たり[助動]완료·존속」의 連体形「たる」.

90) 「の[助詞]」+「じやう→じょう【城】성」+「に[助詞]」+「とりかく【取り掛く·取り懸く】[下2]쳐들어오다. 공격하다」의 連用形「とりかけ」+「て」.

91) 「せむ【攻む】[下2]다가와 압박하다. 공격하다」의 未然形「せめ」+「む[助動]추량·의지」→「ん」+「と[助詞]」+「す[サ変]하다」.

92) 「みかど【御門·帝】황제. 천자」+「に[助詞]」+「そうもん【奏聞】주문. 천자에게 주상(奏上)하는 것. 주달(奏達)」+「す[サ変]하다」의 連用形「し」+「て」+「いはく【曰く】말하길. 이르길」.

93) 「すでに【既に·已に】[副]이미. 모두. 이제」+「きん【金】금나라」+「ひと【人】사람」+「に[助詞]」+「かたらふ【語らふ】[4]서로 이야기 나누다. 설득하여 한패에 끌어들이다」의 未然形「かたらは」+「る[助動]수동」의 連用形「れ」+「て」.

94) 「の[助詞]」+「じやう→じょう【城】성」+「を[助詞]」+「せむ【攻む】[下2]공격하다」의 未然形「せめ」+「む[助動]추량·의지」→「ん」+「と[助詞]」+「す[サ変]하다」.

⇨ "악비는 이미 금나라 사람에게 끌어들여져서 양양 성을 치려 한다."라고.

❑ みかど、大[おおい]に、おどろき給[たま]ひて95)、すなハち96)、岳飛(がくひ)、その子[こ]97)岳雲(がくうん)を、とらへて98)、大理(たいり)の牢獄(ろうごく)に99)、めしこめらる100)。

⇨ 천자가 크게 놀라셔서 곧 악비와 그 아들 악운을 붙잡아서 대리의 뇌옥에 가두신다.

❑ いくほどなく101)、秦檜(しんくわい)が手[て]に申[もうし]あづかりて102)、岳飛(がくひ)ハ、父子(ふし)ともに103)、かうべを、はねて104)、ころしけり105)。

---

95) 「みかど【御門·帝】 황제. 천자」+「おおいに【大いに】 [副]매우. 몹시. 많이」+「おどろく【驚く·愕く·駭く】 [4]놀라다」의 連用形 「おどろき」+「たまふ【給ふ】 [助動]존경」의 連用形 「たまひ」+「て」.

96) 「すなはち【即ち·則ち】 [副]곧바로. 즉시. 그래서. 즉」.

97) 「その【其の】 [連体]그」+「こ【子】 자식. 아들」.

98) 「を[助詞]」+「とらふ[下2]→とらえる【捕らえる·捉える】 [下1]손으로 꽉 붙들다. 꽉 쥐다. 동물을 붙잡다. 포박하다」의 連用形 「とらへ」+「て」.

99) 「だいり【大理】 (〈たいり〉로도 씀)중국 고대(古代) 벼슬 이름. 추포(追捕)·규탄(糾弾)·재판(裁判)·소송(訴訟) 등을 관할함」+「の[助詞]」+「ろうごく【牢獄】 뇌옥. 죄인을 감금하는 곳」+「に[助詞]」.

100) 「めしこむ【召し籠む】 [下2]잡아들여서 가두다」의 未然形 「めしこめ」+「らる[助動]수동·존경」.

101) 「いくほど【幾程】 어느 정도. 얼마나」+「なし【無し】 [形ク]없다」의 連用形 「なく」.

102) 「が[助詞]현대일본어 〈の〉의 쓰임」+「て【手】 손. 부하」+「に[助詞]」+「まうす[4]→もうす【申す】 [5]'말하다·고하다·하다'의 겸양어. 부탁드리다」(여기에서는 문맥상 어색하지만 천자에게 부탁드린다는 뜻으로 풀이할 수 있겠지만 확실치 않다)의 連用形 「まうし(〈モーシ〉로 읽음)」+「あづかる【預かる·与る·関る】 [4]사람의 신병이나 물건을 건네받아서 지키다. 맡다」의 連用形 「あづかり」+「て」.

103) 「ふし【父子】 부자」+「ともに【共に·倶に】 [連語]함께. 동반하여」.

104) 「かうべ → こうべ【首·頭】 머리. 목」+「を[助詞]」+「はぬ[下2]→はねる【撥ねる】 [下1]치켜 올리다. 날리다. 베다」의 連用形 「はね」+「て」.

105) 「ころす【殺す】 [4]죽이다」의 連用形 「ころし」+「けり[助動]회상·과거」. 문맥상 예컨대 「ころされけり」(죽임 당했다)와 같이 수동표현이 적당할 것으로 보인다.

➪ 얼마 지나지 않아 진회의 손에 (천자에게)부탁드려 말아서 악비는 부자 모두 목을 베어서 죽였다.

❏ そも╲╱[106]岳飛(がくひ)ハ、親(おや)につかへて孝(かう)あり[107]、君[きみ]につかへて忠(ちう)あり[108]、身[み]にとりて[109]、わたくしの非義(ひき)なし[110]、

➪ 본디 악비는 부모를 모셔서 효가 있고, 주군을 섬겨서 충이 있고, 신상에 있어서 사사로운 비의가 없다.

❏ つハものに、むかひて[111]、をろそかにせず[112]、礼(れい)をあつくして[113]、みだりに[114]、いかれる事[こと]なし[115]。

➪ 병사에 대해서 소홀하게 하지 않고 예를 두텁게 하여 함부로 성내는 적이 없다.

---

106) 「そもそも【抑】[副]원래. 애당초」.

107) 「おや【親】부모」+「に[助詞]」+「つかふ[下2]→つかえる【仕える】[下1]①윗사람 가까이에서 섬기다. 모시다 ②관직을 수행하다」의 連用形「つかへ」+「て」+「かう→こう【孝】효」+「あり【有り】[ラ変]있다」의 連用形「あり」.

108) 「きみ【君】주군. 임금」+「に[助詞]」+「つかふ【仕ふ】[下2]섬기다. 모시다」의 連用形「つかへ」+「て」+「ちゅう【忠】충」+「あり【有り】[ラ変]있다」의 連用形「あり」.

109) 「み【身】몸. 자신. 처지. 그 사람의 입장. 신상. 그 사람의 사는 법. 행동거지」+「に[助詞]」+「とりて→とって【取って】[連語](〈に〉에 접속하여) ~을 중심으로 생각하면」.

110) 「わたくし【私】[名]공(公)에 대한 사(私)」+「の[助詞]」+「ひぎ【非義】비의. 의리에 어긋나는 것. 도리에 벗어나는 것」(〈-き〉는 無濁点표기)+「なし【無し】[形ク]없다」.

111) 「つはもの【兵】병사」+「に[助詞]」+「むかふ【向かふ·対ふ】[4]향하다」의 連用形「むかひ」+「て」.

112) 「おろそか【疎か·踈か】[形動ナリ]빈틈이 많은 모양. 대충함. 허술함. 무뚝뚝함」의 連用形「おろそかに」(〈を-〉는 정서법에 어긋남)+「す[サ変]하다」의 未然形「せ」+「ず[助動]부정」.

113) 「れい【礼】예」+「を[助詞]」+「あつし【厚し·篤し】후하다. 두텁다」의 連用形「あつく」+「す[サ変]하다」의 連用形「し」+「て」.

114) 「みだりに【妄りに·濫りに·猥りに】[副]질서를 어지럽혀서. 쓸데없이. 이유 없이. 버릇없이」.

115) 「いかる【怒る】[4]화내다」의 命令形「いかれ」+「り[助動]완료·존속」의 連体形「る」+「こと【事】것. 일」+「なし【無し】[形ク]없다」.

❏ いくさを、もよほすに[116]、はかりこと人[ひと]に、こえたり[117]、

➪ 전쟁을 채비하는데 계책이 다른 사람을 넘어선다.

❏ 小勢(こぜい)をもつて[118]、大[たい]敵(てき)をしたがへ[119]、国[くに]のはぢを[120]、すゝくを、もつて[121]、をのれが能(のう)とせり[122]。

➪ 적은 군세로써 대적을 누르고 나라의 치욕을 씻음으로써 자신의 재주로 삼았다.

❏ 金(きん)人(ひと)[123]、かねて、この人[ひと]をしり[124]、おそるゝ事[こと]はなハだし[125]、

➪ 금나라 사람이 일찍이 이 사람을 알아 두려워하는 것이 대단하다.

❏ 岳飛(がくひ)が旗(はた)をミてハ[126]、更(さら)に[127]、其[その]陣(ぢ

---

116) 「いくさ【軍・戦】병사. 군대. 전쟁」+「を[助詞]」+「もよほす【催す】[4]재촉하다. 불러일으키다. 준비하다. 소집하다. 부과하다」의 連体形「もよほす」+「に[助詞]~하니. ~하는데」.

117) 「はかりごと【謀】(옛날에는 〈はかりこと〉)계략. 계책. 능력」+「ひと【人】사람. 남」+「に[助詞]」+「こゆ[下2]→こえる【越える・超える】[下1]넘다. 웃돌다」의 連用形「こえ」+「たり[助動]완료・존속」.

118) 「こぜい【小勢】인원이 적은 군세. 적은 인원」+「を[助詞]」+「もって【以て】(〈を[助詞]〉에 이어져서)수단이나 원인 등을 나타냄. ~로써. ~때문에」.

119) 「たいてき【大敵】대적. 수많은 적」+「を[助詞]」+「したがふ[下2]→したがえる【従える・随える】[下1]복종시키다. 이끌다」의 連用形「したがへ」.

120) 「くに【国】나라」+「の[助詞]」+「はぢ→はじ【恥・辱】부끄러움. 불명예. 치욕」+「を[助詞]」.

121) 「すすぐ【濯ぐ・洒ぐ】[4](옛날에는 清音)물로 씻어 깨끗이 하다. 더러움을 씻다」의 連体形「すすく」+「を[助詞]」+「もって【以て】~로써」.

122) 「おのれ【己】[名]자기 자신」(〈を-〉는 정서법에 어긋남)+「が[助詞]현대일본어 〈の〉의 쓰임」+「のう【能】할 수 있는 힘. 재능. 능력. 지혜와 기술. 작용. 잘 하는 것」+「と[助詞]」+「す[サ変]하다」의 命令形「せ」+「り[助動]완료・존속」.

123) 「きん【金】금나라」+「ひと【人】사람」.

124) 「かねて【予て】[副]미리. 사전에. 전부터 내내」+「この【此の・斯の】[連体]이」+「ひと【人】사람」+「を[助詞]」+「しる【知る】[4]알다」의 連用形「しり」.

125) 「おそる【恐る・畏る・怖る・懼る】[下2]두려워하다. 무서워하다」의 連体形「おそるる」+「こと【事】것. 일」+「はなはだし【甚だし】[形シク]보통 정도를 넘다. 심하다」.

ん)に、ちかづかずして[128]、引(ひき)しりそく[129]、

⇨ 악비의 깃발을 보면 절대로 그 진영에 가까이 가지 않고 물러난다.

❑ たま╲╱[130]、これに手[て]むかふものハ[131]、やぶられず、と、いふ事[こと]なし[132]。

⇨ 어쩌다 이와 맞서는 자는 깨지지 않는다고 하는 적이 없다.

❑ 国中(こくちう)のつハものども[133]、ミな、この人[ひと]をもつて[134]、国(くに)のはしらと思ひて[135]、

⇨ 온 나라의 병사들이 모두 이 사람을 나라의 기둥이라고 생각하여,

❑ 心[こころ]をかたふけて、つきしたがひ[136]、たのもしき人[ひと]に、

---

126) 「が[助詞]현대일본어 〈の〉의 쓰임」+「はた【旗】 깃발」+「を[助詞]」+「みる【見る】[上1]보다」의 連用形 「み」+「て」+「は[助詞]」(〈ては〉는 조건의 제시에 쓰임. ~하면).

127) 「さらに【更に】[副]강한 부정. 절대로 ~가 아니다. 전혀 ~지 않다」.

128) 「その【其の】[連体]그」+「ぢん→じん【陣】 진. 진영」+「に[助詞]」+「ちかづく【近付く】[4]다가가다」의 未然形 「ちかづか」+「ず[助動]부정」의 連用形 「ず」+「して[助詞](連用形에 접속)~인 상태로」.

129) 「ひきしりぞく【引き退く】[4]물러나다. 퇴각하다」(〈-そ-〉는 無濁点표기).

130) 「たまたま【偶·適·会】[副]우연히. 때마침. 가끔. 때로」.

131) 「これ【此·是】[代]이것. 이사람」+「に[助詞]」+「てむかふ【手向かふ】[4]대항하다. 저항하다」의 連体形 「てむかふ」+「もの【者】 자. 사람」+「は[助詞]」.

132) 「やぶる【破る·敗る】[4]부수다. 이기다. 뭉개다」의 未然形 「やぶら」+「る[助動]수동」의 連用形 「れ」+「ず[助動]부정」+「と[助詞]~라고」+「いふ【言ふ·云ふ】[4]말하다」의 連体形 「いふ」+「こと【事】 것. 일」+「なし【無し】[形ク]없다」.

133) 「こくちゅう【国中】 국중. 국내. 온 나라」+「の[助詞]」+「つはもの【兵】 병사」+「ども【共】[接尾]~들」.

134) 「みな【皆】 ①[名]모든 사람. 전부 ②[副]남김없이. 모두」+「この【此の·斯の】[連体]이」+「ひと【人】 사람」+「を[助詞]」+「もって【以て】 ~로써」.

135) 「くに【国】 나라」+「の[助詞]」+「はしら【柱】 기둥」+「と[助詞]~라고」+「おもふ【思ふ】[4]생각하다」의 連用形 「おもひ」+「て」.

136) 「こころ【心】 마음. 뜻」+「を[助詞]」+「かたぶく[下2]→かたぶける【傾ける】[下1]기울이다. 어떤 일에 힘과 정신을 집중시키다」의 連用形 「かたぶけ」(〈-ふ-〉는 無濁点

思[おも]ひあへり137)。

➪ 마음을 모아서 따르고 믿음직한 사람으로 한가지로 생각했다.

❑ すでに、この人[ひと]ころされて後(のち)ハ138)、ちからを、をとす事[こと]139)いふはかりなし140)。

➪ 이제 이 사람이 죽임 당한 후에는 힘을 떨구는 것이 말도 못할 지경이다.

❑ 金(きん)人(ひと)141)、岳飛(がくひ)が故(ゆへ)なくして142)、死(し)せし事[こと]を、あはれミて143)、

➪ 금나라 사람이 악비가 이유 없이 죽은 것을 불쌍히 여겨서,

❑ 尸(かバね)の背(せなか)に144)、盡忠報国(じんちうほうこく)の四[よ]字(じ)を書(かき)て145)、みな涙(なミた)を、ながしけり146)。

표기)+「て」+「つきしたがふ【付き従ふ·付き随ふ】[4]따라가다. 부하가 되다. 추종하다」의 連用形「つきしたがひ」.

137) 「たのもし【頼もし】[形シク]믿음직하다. 든든하다」의 連体形「たのもしき」+「ひと【人】사람」+「に[助詞]」+「おもひあふ【思ひ合ふ】[4]서로 생각하다. 모두 똑같이 생각하다. 서로 사랑하다. 생각이 일치하다」의 已然形「おもひあへ」+「り[助動]완료·존속」.

138) 「すでに【既に·已に】[副]이미. 이제」+「この【此の·斯の】[連体]이」+「ひと【人】사람」+「ころす【殺す】[4]죽이다」의 未然形「ころさ」+「る[助動]수동」의 連用形「れ」+「て」+「のち【後】후. 나중」+「は[助詞]」.

139) 「ちから【力】힘」+「を[助詞]」+「おとす【落とす】[4]떨어뜨리다」의 連体形「おとす」(〈を-〉는 정서법에 어긋남)+「こと【事】것. 일」.

140) 「いふばかりなし【言ふ許り無し】[形ク](옛날에는〈いふはかりなし〉)말로는 다할 수 없을 정도다. 형언 못하다」.

141) 「きん【金】금나라」+「ひと【人】사람」.

142) 「が[助詞]」+「ゆゑなし【故無し】[形ク]이유가 없다. 근거가 없다」의 連用形「ゆゑなく」(〈-へ〉는 정서법에 어긋남)+「して[助詞](連用形에 접속)~인 상태로. ~때문에」.

143) 「しす【死す】[サ変]죽다」의 未然形「しせ」+「き[助動]회상·과거」의 連体形「し」+「こと【事】것. 일」+「を[助詞]」+「あはれむ【哀れむ·憐れむ】[4]동정하다. 불쌍히 여기다」의 連用形「あはれみ」+「て」.

144) 「かばね【屍·尸】시체. 주검」+「の[助詞]」+「せなか【背中】등. 뒤」+「に[助詞]」.

145) 「じんちゅうほうこく【尽忠報国】진충보국. 충의를 다하여 나라에 갚는 것」+「の[助詞]」+「よ【四】4」+「じ【字】자. 글자」+「を[助詞]」+「かく【書く】[4]쓰다」의 連用

➪ 주검의 등에 진충보국 네 글자를 쓰고 모두 눈물을 흘렸다.

❑ 高宗(かうそう)皇帝(くわうてい)、後(のち)に147)、この事[こと]を、きこしめして148)、精忠(せいちう)といふ旌(はた)を給[たま]ハりて149)、ふかく、おしミ歎(なげ)かせ給[たま]ふ150)。

➪ 고종 황제가 나중에 이 일을 들으시고 정충이라고 하는 깃발을 내리시고 깊이 아쉬워 탄식하신다.

❑ 岳飛(がくひ)、すでに、むなしくなれり、と151)聞[きく]にをよびて152)、天下[てんか]のものゝふ153)、秦檜(しんくわい)をにくミて154)、

形「かき」+「て」.

146) 「みな【皆】[名]모든 사람. 전부」+「なみだ【涙】 눈물」+「を[助詞]」+「ながす【流す】[4]흘리다」의 連用形「ながし」+「けり[助動]회상・과거」.

147) 「くわうてい→こうてい【皇帝】황제」+「のち【後】후. 나중」+「に[助詞]」.

148) 「この【此の・斯の】[連体]이」+「こと【事】 것. 일」+「を[助詞]」+「きこしめす【聞し召す】[4]들으시다」의 連用形「きこしめし」+「て」.

149) 「せいちゅう【精忠】 정충. 초심을 바꾸지 않는 순수한 충의」+「と[助詞]~라고」+「いふ【言ふ・云ふ】[4]말하다」의 連体形 「いふ」+「はた【旗】 깃발」(본문의 〈旌〉은 〈せい〉로 읽으며 '새털을 깃대 위에 붙인 깃발'의 뜻이며 〈はた〉로도 읽음」)+「を[助詞]」+「たまはる[4]→たまわる【賜る・給わる】[5]①받다(겸양어) ②주시다(존경어)」의 連用形「たまはり」+「て」.

150) 「ふかし【深し】[形ク]깊다. 무겁다」의 連用形 「ふかく」+「をしむ[4]→おしむ【惜しむ・愛しむ】[5]아까워하다. 아쉬워하다. 그리워하다」의 連用形「をしみ」(〈お-〉는 歴史的仮名遣에 어긋남)+「なげく【嘆く・歎く】[4]한숨짓다. 탄식하다. 슬퍼하다. 절망하다」의 未然形「なげか」+「す[助動]사역・존경」의 連用形「せ」+「たまふ【給ふ】[助動]존경」.

151) 「すでに【既に・已に】[副]이미. 벌써」+「むなし【空し・虚し】[形シク]덧없다. 무상하다. 죽었다」의 連用形「むなしく」+「なる【成る・為る】[4]되다」의 命令形「なれ」+「り[助動]완료・존속」+「と[助詞]~라고」.

152) 「きく【聞く】[4]듣다」의 連体形「きく」+「に[助詞]」+「およぶ【及ぶ】[4]어떤 때나 장소 등에 다다르다」의 連用形「およびい(〈を-〉는 정서법에 어긋남)+「て」.

153) 「てんか【天下】 천하」+「の[助詞]」+「もののふ【武士】 무사」.

154) 「を[助詞]」+「にくむ【憎む・悪む】[4]미워하다. 증오하다. 옳지 않은 것을 싫어하여

➩ 악비가 이미 죽었다고 듣기에 이르러 천하의 무사들이 진회를 못마땅해 하여,

❑ 旗(はた)もとを、しりぞき155)、ミな金(きん)人(ひと)に、くミして156)、国中(こくちう)ミな157)敵(てき)となりけるより158)、

➩ 본진을 떠나 모두 금나라 사람에게 편들어서 온 나라가 모두 적이 되었던 것에서부터,

❑ 宋朝(そうてう)の天下[てんか]ハ159)、つゐに160)金国(きんごく)に161)、うバゝれたり162)。

➩ 송나라 조정의 천하는 끝내 금나라에게 빼앗겼다.

멀리하다. 비난하다」의 連用形 「にくみ」+「て」.

155) 「はたもと【旗本】 군진(軍陣)에서 대장이 있는 곳. 본진. 본영」+「を[助詞]」+「しりぞく【退く】 [4]물러서다. 나가다. 사직하다」의 連用形 「しりぞき」.

156) 「みな【皆】 ①[名]모든 사람. 전부 ②[副]남김없이. 모두」+「きん【金】 금나라」+「ひと【人】 사람」+「に[助詞]」+「くみす【与す·組す】 [サ変]한패가 되어 가세하다. 편들다. 협력하다. 찬성하다. 관여하다」의 連用形 「くみし」+「て」.

157) 「こくちゅう【国中】 국중. 국내. 온 나라」+「みな【皆】 모두」.

158) 「てき【敵】 적」+「と[助詞]~이」+「なる【成る·為る】 [4]되다」의 連用形 「なり」+「けり[助動]회상·과거」의 連体形 「ける」+「より[助詞]기점. ~부터」(이는 문맥상 〈よる【因る·由る·拠る·依る】 [4]기인하다. 의거하다〉의 連用形 〈より〉로 볼 수도 있겠다. 다만 앞에 접속하는 형태가 連体形이므로 예컨대 〈~けるにより〉와 같이 〈に[助詞]〉가 선행하지 않는 이상 역시 통하지 않는다).

159) 「そうてう→そうちょう【宋朝】 송나라 조정」+「の[助詞]」+「てんか【天下】 천하」+「は[助詞]」.

160) 「つひに→ついに【終に·遂に】 [副]결국. 마침내」(〈-ゐ-〉는 정서법에 어긋남).

161) 「きん【金】 금」+「こく【国】 국」(〈ごく〉는 連濁)+「に[助詞]」.

162) 「うばふ[4]→うばう【奪う】 [5]빼앗다. 훔치다. 쟁취하다」의 未然形 「うばは」+「る[助動]수동」의 連用形 「れ」+「たり[助動]완료·존속」.

23. 尹(いん)穀(こく)赴(おもむく)レ池(いけに)
윤곡이 못에 들어가다

❑ 進士(しんし)[1)]尹穀(いんこく)ハ、潭州(たんしう)の人[ひと]なり[2)]。

➩ 진사 윤곡은 담주의 사람이다.

❑ 宋(そう)の徳祐(とくゆう)[3)]きのとの亥(ゐ)のとし[4)]、衡州(かうじう)の太守(たいしゆ)と、なれり[5)]。

➩ 송나라 덕우 을해년에 형주의 태수가 되었다.

❑ しかるに[6)]、元(げん)の兵(つハもの)[7)]、いくさを、おこして[8)]城(じやう)をとりまきて[9)]、せめけるを[10)]、ちからをつくして[11)]、ふせ

---

1) 「しんし【進士】 중국에서 수(隋)·당(唐) 시절 과거(科挙) 시험과목의 하나. 후에는 그 합격자도 일컫는다. 진사」.

2) 「の[助詞]」+「ひと【人】 사람」+「なり[助動]단정·지정」.

3) 「そう【宋】 송나라」+「の[助詞]」+「徳祐(とくゆう) : 덕우. 중국 남송 시절 사용된 연호(1275-1276)」(ウィキペディア[Wikipedia]참조).

4) 「きのと【乙】 을. 십간(十干;じっかん)의 두 번째」+「の[助詞]」+「ゐ→い【亥】 해. 십이지(十二支;じゅうにし)의 마지막」+「の[助詞]」+「とし【年】 해. 년」.

5) 「の[助詞]」+「たいしゅ【太守·大守】 태수」+「と[助詞]」+「なる【成る·為る】 [4]되다」의 命令形 「なれ」+「り[助動]완료·존속」.

6) 「しかるに【然るに】 [接続]그런데. 하지만. 그건 그렇고」.

7) 「げん【元】 원나라」+「の[助詞]」+「つはもの→つわもの【兵】 무기. 병사. 용사」.

8) 「いくさ【軍·戦】 병사. 군대. 전쟁」+「を[助詞]」+「おこす【起こす·興す·熾す】 [4]일으키다」의 連用形 「おこし」+「て」.

9) 「じやう→じょう【城】 성」+「を[助詞]」+「とりまく【取り巻く】 [4]둘러싸다. 포위하다」의 連用形 「とりまき」+「て」.

10) 「せむ[下2]→せめる【攻める】 [下1]다가와 압박하다. 공격하다」의 連用形 「せめ」+「け

き、たゝかひけれとも12)、

➩ 그런데 원나라 병사가 전쟁을 일으켜서 성을 에워싸고 공격했는데 힘을 다해 지켜 싸웠지만,

❑ よせ手[て]ハ13)、日ゞ(ひゞ)にかさなり14)、みかたハ15)、やうやく、つかれければ16)、今[いま]ハ17)、かなふべくも、みえざりけり18)。

➩ 공격해오는 병력은 나날이 더해지고 아군은 점점 지쳤기에 이제는 당해낼 수 있을 것으로도 보이지 않았다.

❑ 尹穀(いんこく)、二人[ふたり]の子[こ]を、もちたりしが19)、いまだ、ようせうなれば20)、つゐに21)弱冠(うゐかうふり)22)せざりけり23)。

り[助動]회상·과거」의 連体形「ける」+「を[助詞]~한 것을. ~하는데」.

11) 「ちから【力】힘」+「を[助詞]」+「つくす【尽くす】[4]노력하다. 힘쓰다. 다하다」의 連用形「つくし」+「て」.

12) 「ふせぐ【防ぐ·拒ぐ】[4]막다. 지키다」의 連用形「ふせぎ」(〈-き〉는 無濁点표기)+「たたかふ【戦ふ·闘ふ】[4]싸우다」의 連用形「たたかひ」+「けり[助動]회상·과거」의 已然形「けれ」+「ども[助詞]역접」(〈と-〉는 無濁点표기).

13) 「よせて【寄せ手】[名]공격해오는 군세」+「は[助詞]」.

14) 「ひび【日日】매일. 날마다」+「に[助詞]」+「かさなる【重なる】[4]겹치다. 더하다」의 連用形「かなさり」.

15) 「みかた【味方·御方·身方】관군(官軍). 자기편」+「は[助詞]」.

16) 「やうやく→ようやく【漸く】[副]점점. 점차. 겨우. 이미, 마침내」+「つかる[下2]→つかれる【疲れる】[下1]지치다. 약해지다. 피폐하다. 굶다」의 連用形「つかれ」+「けり[助動]회상·과거」의 已然形「けれ」+「ば[助詞]확정조건. 원인·이유」.

17) 「いま【今】현재. 지금. 이 국면에」+「は[助詞]」.

18) 「かなふ[4]→かなう【適う·叶う】[5]적합하다. 바람대로 되다. 필적하다. 감당하다. 견뎌내다」의 終止形「かなふ」+「べし[助動]의무·당연·추량·가능 등」의 連用形「べく」+「も[助詞]」+「みゆ[下2]→みえる【見える】[下1]보이다」의 連用形「みえ」+「ざり[助動]부정」의 連用形「ざり」+「けり[助動]회상·과거」. 참고로「べくもなし【可くもなし】[連語]그러한 일은 할 수 있을 것 같지도 않다. 도저히 있을 수 없다」에서 볼 수 있듯이「べくも」에 부정하는 말(〈ざり〉)이 이어진 하나의 문형으로 이해할 수 있겠다.

19) 「ふたり【二人】두 사람」+「の[助詞]」+「こ【子】아이. 자식」+「を[助詞]」+「もつ【持つ】[4]가지다」의 連用形「もち」+「たり[助動]완료·존속」의 連用形「たり」+「き[助動]회상·과거」의 連体形「し」+「が[接続助詞](連体形에 접속)공존적 사실. 역접. ~인데」.

⇨ 윤곡은 두 아이를 가졌는데 아직 유소하여 미처 관을 쓰는 의식을 치르지 않았다.

❑ 城(じやう)すでに[24]陥(おち)いらんとする時[とき]に、のぞみて[25]、二人[ふたり]の子[こ]に冠礼(くわんれい)をおこなふ[26]。

⇨ 성이 이제 떨어지려 할 때에 닥쳐서 두 아이에게 관례를 거행한다.

❑ つハものども[27]、みな、いふ[28]。「今[いま]、この時[とき]にいたりて[29]、この礼(れい)を、いたし給[たま]ふは[30]、何[なん]の心[こころ]

---

20) 「いまだ【未だ】[副]아직. 여전히」+「えうせう[形動ナリ]→ようしょう【幼少】[形動]유소. 어림」의 已然形「えうせうなれ」(〈よ-〉는 歴史的仮名遣에 어긋남)+「ば[助詞]확정조건. 원인·이유」.

21) 「つひに→ついに【終に·遂に】[副]끝까지. 결국. 마침내. 아직」(〈-ゐ-〉는 정서법에 어긋남」.

22) 「弱冠」은 「じやくくわん→じゃっかん」으로 읽으며 '남자 스무 살의 다른 이름'이다. 또한 '성년에 도달하는 것'도 뜻한다. 그런데 「うひかうぶり→ういこうぶり」는 「初冠」으로 쓰며 '성년에 도달한 남자가 성년 의식을 하고 처음으로 관(冠)을 쓰는 것'의 뜻이다. 문맥상 후자로 풀이해야겠는데, 표기에서 「-ゐ-」는 정서법에 어긋나며 「-ふ-」는 無濁点표기로 봐야겠다.

23) 「ういこうぶり【初冠】성년 의식」+「す[サ変]하다」의 未然形「せ」+「ざり[助動]부정」의 連用形「ざり」+「けり[助動]회상·과거」.

24) 「じやう→じょう【城】성」+「すでに【既に·已に】[副]이미. 모두. 이제」.

25) 「おちいる【陥る·落ち入る】[4]떨어지다. 함락되다. 죽다」의 未然形「おちいら」+「む[助動]추량·의지」→「ん」+「と[助詞]」+「す[サ変]하다」의 連体形「する」+「とき【時】때」+「に[助詞]」+「のぞむ【臨む】[4]목전에 두다. 면(面)하다. 임하다」의 連用形「のぞみ」+「て」.

26) 「ふたり【二人】두 사람」+「の[助詞]」+「こ【子】아이. 자식」+「に[助詞]」+「くわんれい→かんれい【冠礼】관례. 관을 씌우는 의식. 성년식의 예식」+「を[助詞]」+「おこなふ【行ふ】[4]집행하다. 수행하다」.

27) 「つはもの【兵】병사」+「ども【共】[接尾]~들」.

28) 「みな【皆】①[名]모든 사람. 전부 ②[副]남김없이. 모두」+「いふ【言ふ·云ふ】[4]말하다」.

29) 「いま【今】현재. 지금. 이 국면에」+「この【此の·斯の】[連体]이」+「とき【時】때」+「に[助詞]」+「いたる【至る·到る】[4]도착하다. 도달하다」의 連用形「いたり」+「て」.

30) 「この【此の·斯の】[連体]이」+「れい【礼】예」+「を[助詞]」+「いたす【致す】[4]하다. 혼신을 다 바치다. 온힘을 쏟다」의 連用形「いたし」+「たまふ【給ふ】[助動]존경」의

よきこと[31]侍[は]べるや[32]。」と。

➩ 병사들이 모두 말한다. "지금 이때에 이르러서 이 예를 하시는 것은 무슨 즐거운 일이 있습니까?"라고.

❑ 尹穀(いんこく)、こたへて、いはく[33]、「二人[ふたり]の子[こ]に[34]、うゐかうふりせさする故[ゆえ]ハ[35]、

➩ 윤곡이 대답하여 이르길 "두 아이에게 관례하게 시키는 까닭은,

❑ 束帯(そくたい)したる姿[すがた]をもつて[36]、さきだち給[たま]へる[37]先祖(せんぞ)の人＼／[ひとびと]に[38]、めいどにて[39]、まミえしめん、と[40]、おもふか故[ゆえ]なり[41]。」と、いふて[42]、

➩ 속대한 모습으로써 먼저 가신 선조 사람들에게 황천길에서 뵙게 시키고자 생각하

連体形「たまふ」+「は[助詞]」.

31) 「なん【何】[代]어떤」+「の[助詞]」+「こころよし【快し】[形ク]기분 좋다. 즐겁다. 유쾌하다」의 連体形「こころよき」+「こと【事】것. 일」.

32) 「はべり【侍り】[ラ変]있습니다」의 連体形「はべる」+「や[係助詞]의문·질문」.

33) 「こたふ【答ふ·応ふ】[下2]대답하다」의 連用形「こたへ」+「て」+「いはく【曰く】말하길. 이르길」.

34) 「ふたり【二人】두 사람」+「の[助詞]」+「こ【子】아이. 자식」+「に[助詞]」.

35) 「うひかうぶり→ういこうぶり【初冠】남자가 성년식을 하고 처음으로 관(冠)을 쓰는 것」(〈-ゐ-〉는 정서법에 어긋남. 〈-ふ-〉는 無濁点표기)+「す[サ変]하다」의 未然形「せ」+「さす[助動]사역. ~시키다」의 連体形「さする」+「ゆゑ→ゆえ【故】이유. 연고」+「は[助詞]」.

36) 「そくたい【束帯】속대. 예복을 입고 띠를 매는 것」+「す[サ変]하다」의 連用形「し」+「たり[助動]완료·존속」의 連体形「たる」+「すがた【姿】모습」+「を[助詞]」+「もって【以て】(〈を[助詞]〉에 이어져서)수단이나 원인 등을 나타냄. ~로써. ~때문에」.

37) 「さきだつ【先立つ】[4]앞에 서다. 먼저 가다. 먼저 죽다」의 連用形「さきだち」+「たまふ【給ふ】[助動]존경」의 命令形「たまへ」+「り[助動]완료·존속」의 連体形「る」.

38) 「せんぞ【先祖】선조」+「の[助詞]」+「ひとびと【人人】사람들」+「に[助詞]」.

39) 「めいど【冥土·冥途】명토. 명도. 죽은 사람의 영혼이 헤매 가는 길」+「にて[助詞]현대일본어의 〈で〉와 같은 쓰임. ~에서」.

40) 「まみゆ[下2]→まみえる【見える】[下1]①뵙다. 알현하다 ②대면하다. 만나다」의 未然形「まみえ」+「しむ[助動]사역. ~시키다」의 未然形「しめ」+「む[助動]추량·의지」→「ん」+「と[助詞]」.

기 때문이다."라고 하고,

❑ 心[こころ]しづかに[43]冠礼(くわんれい)とりおこなふて[44]、わが身[み]、二人[ふたり]の子[こ][45]、きらびやかに束帯(そくたい)しつゝ[46]、

➪ 차분하게 관례를 거행하고 자신과 두 아이는 휘황찬란하게 속대한 채로,

❑ みかどの御[おん]かたに、むかひて[47]礼拝(れいはい)し[48]、わが弟(おとゝ)の[49]岳秀(がくしう)に、むかひて、いはく[50]、

➪ 천자의 궁궐에 향해 절하고 자기 동생인 악수에게 향해 말하길,

❑「いそぎ、この城(じやう)を立(たち)のくべし[51]、かまへて[52]、尹氏

---

41) 「おもふ【思ふ】[4]생각하다」의 連体形「おもふ」+「が[助詞]」(〈か〉는 無濁点표기)+「ゆゑ→ゆえ【故】~때문」+「なり[助動]단정·지정」.

42) 「と[助詞~라고」+「いふ【言ふ·云ふ】[4]말하다」+「て」(〈ユーテ〉로 읽음).

43) 「こころしづか【心静か】[形動ナリ]마음이 차분한 모양. 느긋한 모양」의 連用形「こころしづかに」.

44) 「くわんれい→かんれい【冠礼】관례」+「とりおこなふ【執り行ふ】[4]집행하다. 거행하다」+「て」.

45) 「わが【我が·吾が】[連体]나의. 자신의」+「み【身】몸」+「ふたり【二人】두 사람」+「の[助詞]」+「こ【子】아이. 자식」.

46) 「きらびやか【煌びやか】[形動ナリ]번쩍여서 아름다운 모습. 눈부실 정도로 화려한 모습」의「きらびやかに」+「そくたい【束帯】속대」+「す[サ変]하다」의 連用形「し」+「つつ[助詞](連用形에 접속함)같은 동작의 반복·계속 등. ~하면서. ~해 두고 나서」.

47) 「みかど【御門·帝】황제. 천자」+「の[助詞]」+「おんかた【御方】귀인(貴人)의 거소(居所)를 높여 부르는 말」+「に[助詞]」+「むかふ【向かふ·対ふ】[4]향하다」의 連用形「むかひ」+「て」.

48) 「れいはい【礼拝】예배. 신불(神佛)에게 절하는 것」+「す[サ変]하다」의 連用形「し」.

49) 「わが【我が·吾が】[連体]나의. 자신의」+「おとと【弟】(〈おとうと〉의 준말)동생」+「の[助詞]~인」.

50) 「に[助詞]」+「むかふ【向かふ·対ふ】[4]향하다」의 連用形 「むかひ」+「て」+「いはく【曰く】말하길. 이르길」.

51) 「いそぐ【急ぐ】[4]서두르다」의 連用形「いそぎ」+「この【此の·斯の】[連体]이」+「じやう→じょう【城】성」+「を[助詞]」+「たちのく【立ち退く】[4]거처를 떠나다. 다른 곳으로 옮기다」의 終止形「たちのく」+「べし[助動]의무·당연·추량·가능 등」.

(いんうじ)の子孫(しそん)を53)断絶(だんぜつ)する事[こと]なかれ54)。

➪ "서둘러서 이 성을 떠나야 할 것이다. 결코 윤 씨의 자손을 단절하는 일이 없도록 하라.

❑ 我[われ]ハ55)、国家(こつか)の大[だい]をん56)、身[み]にあまりて、うけたり57)、

➪ 나는 국가의 큰 은혜를 분에 넘치게 받았다.

❑ 命[いのち]をすてゝ、ほうすべし58)。なんぢハ59)、たゞ一[ひと]あしもはやく60)、おちゆくべし61)。」と云[いう]。

➪ 목숨을 버려서 갚을 것이다. 너는 그저 한걸음이라도 빨리 도망쳐야 할 것이다." 라고 한다.

❑ がくしうが、いはく62)、「兄(あに)、すでに63)、君[きみ]の恩(をん)に

---

52) 「かまへて→かまえて【構へて】[副]①준비하여 ②필시. 분명 ③(뒤에 금지)결코. 절대로」.

53) 「ゐん→いん【尹】윤」(〈い〉는 歷史的仮名遣에 어긋남)+「うじ【氏】씨」+「の[助詞]」+「しそん【子孫】자손」+「を[助詞]」.

54) 「だんぜつ【断絶】단절」+「す[サ変]하다」의 連体形「する」+「こと【事】것. 일」+「なし【無し】[形ク]없다」의 命令形「なかれ」(금지의 뜻).

55) 「われ【我·吾】[代]나」+「は[助詞].

56) 「こくか→こっか【国家】국가」+「の[助詞]」+「だいおん【大恩】대은」(〈-を-〉는 정서법에 어긋남).

57) 「み【身】몸. 분수. 처지」+「に[助詞]」+「あまる【余る】[4]남다」의 連用形「あまり」+「て」+「うく[下2]→うける【受ける·享ける·承ける】[下1]받다」의 連用形「うけ」+「たり[助動]완료·존속」.

58) 「いのち【命】목숨」+「を[助詞]」+「すつ【捨つ·棄つ】[下2]버리다」의 連用形「すて」+「て」+「ほうず【報ず】[サ変]갚다. 보답하다」의 終止形「ほうず」(〈-す〉는 無濁点표기)+「べし[助動]의무·당연·추량·가능 등」.

59) 「なんぢ→なんじ【汝·爾】[代]아랫사람을 가리키는 말. 너」+「は[助詞]」.

60) 「ただ【只·唯】[副]단지. 오직. 그저」+「ひとあし【一足】한걸음」+「も[助詞]」+「はやし【早し·速し·疾し·捷し】[形ク]이르다. 빠르다」의 連用形「はやく」(부사적인 쓰임).

61) 「おちゆく【落ち行く】[4]도망쳐가다. 패주하다」의 終止形「おちゆく」+「べし[助動]의무·당연·추량·가능 등」.

死(し)す64)、われ又[また]65)、君[きみ]の恩(をん)を、うけざるにあらず66)、いづくへか、ゆくべき67)。

➪ 악수가 이르길, "형이 이제 주군의 은혜로 죽는다. 나는 또한 주군의 은혜를 받지 않은 바가 아니다. 어디로 갈 수 있겠는가?

❑ ねがハくハ68)、もろともに死(し)すべし69)。」と云[いい]て、とゞまり侍[は]べり70)。

➪ 원컨대 함께 죽어야 할 것이다."라고 하고 머물렀습니다.

❑ かくて71)、城(じやう)すでにおちて72)、敵(てき)こと＼／く73)、ミだれ入(いり)74)、家(いへ)に火[ひ]かゝりければ75)、

---

62) 「が[助詞]」+「いはく【曰く】 말하길. 이르길」.

63) 「あに【兄】 형」+「すでに【既に・已に】 [副]이미. 이제」.

64) 「きみ【君】 주군. 임금」+「の[助詞]」+「おん【恩】 은혜」(〈-を-〉는 정서법에 어긋남) +「に[助詞]」+「しす【死す】 [サ変]죽다」.

65) 「われ【我・吾】 [代]나」+「また【又・亦・復】 [副]다시. 같이. 달리. 또한. 게다가」.

66) 「きみ【君】 주군. 임금」+「の[助詞]」+「おん【恩】 은혜」+「を[助詞]」+「うく【受く】 [下2]받다」의 未然形 「うけ」+「ざり[助動]부정」의 連体形 「ざる」+「に[助詞]」+「あり【有り】 [ラ変]있다」(〈-にあり〉는 현대일본어 〈-である〉의 쓰임)의 未然形 「あら」+「ず[助動]부정」(〈あらず〉는 현대일본어의 〈ない〉에 해당).

67) 「いづく→いずく【何処】 [代]어디」+「へ[助詞]」+「か[係助詞]의문・질문」(문말은 連体形)+「ゆく【行く】 [4]가다」의 終止形 「ゆく」+「べし[助動]의무・당연・추량・가능 등」의 連体形 「べき」(앞선 〈か〉에 호응).

68) 「ねがはくは→ねがわくは【願わくは】 [副]바라기는. 원하기는」.

69) 「もろとも【諸共】 [形動ナリ] 함께 하는 모양. 같이. 동시」의 連用形 「もろともに」+「しす【死す】 [サ変]죽다」의 終止形 「しす」+「べし[助動]의무・당연・추량・가능・의지 등」.

70) 「とどまる【止まる・留まる・停まる】 [4]머물다. 체재하다. 남다」의 連用形 「とどまり」+「侍(はべ)り[助動]격식・정중」.

71) 「かくて【斯くて】 [副・接続]이러해서. 이렇게 해서. 그건 그렇고」.

72) 「じやう→じょう【城】 성」+「すでに【既に・已に】 [副]이미. 모두. 이제」+「おつ【落つ・墜つ・堕つ】 [上2]떨어지다. 무너져 내리다」의 連用形 「おち」+「て」.

73) 「てき【敵】 적」+「ことごとく【悉く・尽く】 [副]모두. 남김없이」.

74) 「みだる[下2]→みだれる【乱れる・紊れる】 [下1]혼란하다. 흐트러지다」의 連用形 「み

⇨ 이리하여 성이 모두 떨어지고 적이 죄다 어지러이 들어와서 집에 불이 붙으니,

❑ 尹穀(いんこく)兄弟(きやうだい)、二人[ふたり]の子[こ][76]、その外[ほか]妻妾(さいぜう)にいたるまで[77]一[いち]どうに、手[て]をくみて[78]池(いけ)に身[み]をなげ[79]、むなしくなれり[80]。

⇨ 윤곡 형제, 두 아이, 그밖에 처첩에 이르기까지 한가지로 손을 잡고 못에 몸을 던져 죽었다.

❑ もし[81]、それ[82]、敵(てき)に、かうさんして[83]、城(じやう)を出(いづ)る時[とき]ハ[84]、かならず一[いち]族(ぞく)すゑさかへて[85]、栄花

だれ」+「いる【入る】[4]들어오다」의 連用形「いり」(난입하다).

75) 「いへ→いえ【家】집」+「に[助詞]」+「ひ【火】불」+「かかる【掛かる·繋かる】[4]걸리다. 놓이다. 미치다」의 連用形「かかり」+「けり[助動]회상·과거」의 已然形「けれ」+「ば[助詞]확정조건. 원인·이유」.

76) 「きやうだい→きょうだい【兄弟】형제」+「ふたり【二人】두 사람」+「の[助詞]」+「こ【子】아이. 자식」.

77) 「その【其の】[連体]그」+「ほか【外·他】외. 밖」+「さいせふ→さいしょう【妻妾】처첩. 아내와 첩」(본문의 〈-ぜう〉는 미상)+「に[助詞]」+「いたる【至る·到る】[4]도달하다. 이르다」의 連体形「いたる」+「まで【迄】[助詞]~까지」.

78) 「いちどう【一同】[形動ナリ]완전히 같은 것. 일치하는 것. 하나가 되는 것」의 連用形「いちどうに」+「て【手】손」+「を[助詞]」+「くむ【組む】[4]끼다. 짜다」의 連用形「くみ」+「て」.

79) 「いけ【池】못」+「に[助詞]」+「み【身】몸」+「を[助詞]」+「なぐ[下2]→なげる【投げる】[下1]던지다」의 連用形「なげ」.

80) 「むなし【空し·虚し】[形シク]덧없다. 무상하다. 죽었다」의 連用形「むなしく」+「なる【成る·為る】[4]되다」의 命令形「なれ」+「り[助動]완료·존속」.

81) 「もし【若し】[副]①만일 ②어쩌면」.

82) 「それ【其·夫】[感](한문의 〈夫〉에 대한 訓読에서)격식을 차린 자세로 글을 시작할 때 쓰는 말. 대저. 무릇」.

83) 「てき【敵】적」+「に[助詞]」+「かうさん→こうさん【降参】항복」+「す[サ変]하다」의 連用形「し」+「て」.

84) 「じやう→じょう【城】성」+「を[助詞]」+「いづ【出づ】[下2]나가다」의 連体形「いづる」+「とき【時】때」+「は[助詞]」.

85) 「かならず【必ず】[副]꼭. 반드시. 필시」+「いちぞく【一族】일족」+「すゑ→すえ

(えいぐわ)をひらくへかりしかども[86]、

➩ 만일 무릇 적에게 항복하여 성을 나갈 때는 필시 일족 자손 번성하여 영화를 펼칠 테지만,

❑ 君[きみ]の恩(をん)をわすれず[87]、命(めい)をもつて[88]、これをほうじ[89]、二心(ふたこゝろ)なかりしハ[90]、まことに忠臣(ちうしん)也[なり]と[91]、

➩ 주군의 은혜를 잊지 않고 목숨으로써 이를 갚고 역심이 없었던 것은 참으로 충신이라고,

❑ 人[ひと]ミな、これを、かんじて[92]、泪[なみだ]を、なかさずと云[いう]ことなし[93]。

➩ 사람들이 모두 이를 감복하여 눈물을 흘리지 않는다고 하는 적이 없다.

【末】 말. 끝. 결말. 미래. 자손」+「さかゆ[下2]→さかえる【栄える】[下1]번영하다. 번창하다」의 連用形「さかえ」(〈-へ〉는 정서법에 어긋남)+「て」.

86) 「えいぐわ→えいが【栄華·栄花】 영화」+「を[助詞]」+「ひらく【開く】[4]열다. 펼치다」의 終止形「ひらく」+「べかり[助動]추량·가능 등」의 連用形「べかり」(〈へ-〉는 無濁点표기)+「き[助動]회상·과거」의 已然形「しか」+「ども[助詞]역접」.

87) 「きみ【君】 주군. 임금」+「の[助詞]」+「おん【恩】 은혜」(〈-を-〉는 정서법에 어긋남)+「を[助詞]」+「わする[下2]→わすれる【忘れる】[下1]잊다」의 未然形「わすれ」+「ず[助動]부정」의 連用形「ず」.

88) 「めい【命】 명. 목숨」+「を[助詞]」+「もって【以て】 ~로써」.

89) 「これ【此·是】[代]이것」+「を[助詞]」+「ほうず【報ず】[サ変]갚다. 보답하다」의 連用形「ほうじ」.

90) 「ふたごころ【二心】 두 마음. 배반하려는 마음. 역심(逆心)」(〈-こ-〉는 無濁点표기)+「なし【無し】[形ク]없다」의 連用形「なかり」+「き[助動]회상·과거」의 連体形「し」+「は[助詞]」.

91) 「まことに【真に·実に·誠に】[副]정말로. 거짓 없이. 매우」+「ちうしん→ちゅうしん【忠臣】 충신」+「なり[助動]단정·지정」+「と[助詞]~라고」.

92) 「ひと【人】 사람」+「みな【皆】 ①[名]모든 사람. 전부 ②[副]남김없이. 모두」+「これ【此·是】[代]이것. 이사람」+「を[助詞]」+「かんず【感ず】[サ変]느끼다. 감동하다. 감탄하다」의 連用形「かんじ」+「て」.

93) 「なみだ【涙】 눈물」+「を[助詞]」+「ながす【流す】[4]흘리다」의 未然形「ながさ」+「ず[助動]부정」+「と[助詞]~라고」+「いふ【言ふ·云ふ】[4]말하다」의 連体形「いふ」+「こと【事】 것. 일」+「なし【無し】[形ク]없다」.

24. 天(てん)祥(しやう)不レ屈(くつせず)
천상이 굴하지 않다

❑ 祥興(しやうけう)[1]つちのえ寅(とら)のとし[2]、元(げん)の[3]張弘範(ちやうこうはん)すでに軍(いくさ)だちし[4]、つハものを、もよほして[5]都(ミやこ)をさして、せめのぼる[6]。

➪ 상흥 무인년 원나라의 장홍범이 이미 출진하여 군사를 일으켜 도읍을 향해 쳐들어 올라온다.

❑ 潮陽(てうやう)と、いふところには[7]、丞相(せうじやう)[8]文天祥(ぶんてんしやう)といふ人[ひと][9]、城(じやう)をかまへて、おはしける

---

1) 「祥興(しょうこう) : 상흥. 중국 남송 시절 사용된 연호(1278-1279)」(ウィキペディア[Wikipedia]참조).

2) 「つちのえ【戊】 무. 십간(十干;じっかん)의 다섯 번째」+「とら【寅】 인. 십이지(十二支;じゅうにし)의 세 번째」+「の[助詞]」+「とし【年】 해. 년」.

3) 「げん【元】 원나라」+「の[助詞]」.

4) 「すでに【既に・已に】 [副]이미. 이제」+「いくさだち【軍立ち】 [名]전장으로 출발하는 것. 출진」+「す[サ変]하다」의 連用形 「し」.

5) 「つはもの→つわもの【兵】 무기. 병사. 용사」+「を[助詞]」+「もよほす[4]→もよおす【催す】 [5]재촉하다. 불러일으키다. 준비하다. 소집하다. 부과하다」의 連用形 「もよほし」+「て」.

6) 「みやこ【都】 도읍」+「を[助詞]」+「さす【差す・指す】 [4]그 방향을 가리키다. 그쪽으로 향하다」의 連用形 「さし」+「て」+「せむ【攻む】 [下2]공격하다」의 連用形 「せめ」+「のぼる【上る・登る・昇る】 [4]올라가(오)다」.

7) 「と[助詞]~라고」+「いふ【言ふ・云ふ】 [4]말하다」의 連体形 「いふ」+「ところ【所・処】 곳」+「に[助詞]」+「は[助詞]」.

8) 「しょうじやう→しょうじょう【丞相】 승상. 옛날 중국에서 천자를 도와서 국정을 수행한 대신」.

が[10]、

➪ 조양이라고 하는 곳에는 승상 문천상이라는 사람이 성을 세우고 계셨는데,

❑ 元(げん)の兵(つハもの)[11]、大勢(たせい)[12]をもつて[13]、せめけるゆへに[14]、程[ほど]なく[15]、城(じやう)をおとされ[16]、文天祥(ぶんてんしやう)ハ、いけどられたり[17]。

➪ 원나라 병사가 큰 병력으로써 공격했기 때문에 이내 성을 함락 당하고 문천상은 사로잡혔다.

❑ 天[てん]祥(しやう)くちおしく思[おも]ひて[18]、毒(どく)をのミて[19]死

---

9) 「と[助詞]~라고」+「いふ【言ふ·云ふ】[4]말하다」의 連体形「いふ」+「ひと【人】사람」.

10) 「じやう→じょう【城】 성」+「を[助詞]」+「かまふ[下2]→かまえる【構える】[下1]세우다. 구축하다. 준비하다. 계획하다. 자세를 갖추다」의 連用形「かまへ」+「て」+「おはす【御座す·在す】[サ変]'있다·가다·오다'의 尊敬語」의 連用形「おはし」+「けり[助動]회상·과거」의 連体形「ける」+「が[接続助詞](連体形에 접속)공존적 사실. 역접. ~인데」.

11) 「げん【元】원나라」+「の[助詞]」+「つはもの【兵】병사」.

12) 「大勢」는「おほぜい→おおぜい」외에「たいぜい」로 읽는 방법이 있으며 '많은 사람(인원)'의 뜻이다. 한편「大勢」를「たいせい」로 읽으면 '큰 위세. 커다란 권세. 대략적인 형세(대세)'의 뜻이다. 또한 본문의「たせい」에 주목하면「たぜい【多勢】(옛날에는〈たせい〉)인원이 많은 것. 많은 사람」역시 뜻이 통한다.

13) 「を[助詞]」+「もって【以て】(〈を[助詞]〉에 이어져서)수단이나 원인 등을 나타냄. ~로써. ~때문에」.

14) 「せむ【攻む】[下2]공격하다」의 連用形「せめ」+「けり[助動]회상·과거」의 連体形「ける」+「ゆゑ→ゆえ【故】~때문」(〈-へ〉는 정서법에 어긋남)+「に[助詞]」(〈ゆえに〉의 꼴로〈~이므로〉〈~인고로〉).

15) 「ほどなし【程無し】[形ク]시간이 얼마 지나지 않다」의 連用形「ほどなく」(부사적인 용법. 얼마 지나지 않아서. 곧. 이내).

16) 「じやう→じょう【城】 성」+「を[助詞]」+「おとす【落とす·墜す·貶す】[4]떨어뜨리다. 잃어버리다」의 未然形「おとさ」+「る[助動]수동」의 連用形「れ」.

17) 「いけどる【生け捕る】[4]산 채로 잡다」의 未然形「いけどら」+「る[助動]수동」의 連用形「れ」+「たり[助動]완료·존속」.

18) 「くちをし[形シク]→くちおしい【口惜しい】[形]유감이다. 원통하다」의 連用形「くちをしく」(〈-お-〉는 歴史的仮名遣에 어긋남)+「おもふ【思ふ】[4]생각하다」의 連用形「おもひ」+「て」.

(し)なん、とするのに死(し)せず20)、

➪ 천상이 원통하게 생각하여 독을 마시고 죽으려 하는데 죽지 않아,

❑ 心[こころ]ならず21)、囚人(めしうと)となりて22)、月日[つきひ]を送(をくり)けり23)。

➪ 뜻하지 않게 죄수가 되어서 세월을 보냈다.

❑ 明年(ミやうねん)24)、張弘範(ちやうこうはん)、崖山(がいさん)25)にいたりぬ26)。

➪ 이듬해 장홍범은 애산에 다다랐다.

❑ 張世傑(ちやうせいげつ)と云[いう]人[ひと]を、まねきて、いはせけるハ27)、「天[てん]祥(しやう)、ねがハくは28)、降参(かうさん)し給[たま]

---

19) 「どく【毒】 독」+「を[助詞]」+「のむ【飲む】[4]마시다」의 連用形「のみ」+「て」.

20) 「しぬ【死ぬ】[ナ変]죽다」의 未然形「しな」+「む[助動]추량·의지」→「ん」+「と[助詞]」+「す[サ変]하다」의 連体形「する」+「のに[接続助詞]예상과 반대의 결과가 생겼다는 뜻. ~하는데」+「しす【死す】[サ変]죽다」의 未然形「しせ」+「ず[助動]부정」의 連用形「ず」.

21) 「こころならず【心ならず】[連語]자신의 본심이 아니다. 본의 아니게. 뜻밖에」.

22) 「めしうど【囚人】붙잡혀서 옥에 갇혀 있는 사람. 수인」(〈-と〉는 無濁点표기)+「と[助詞]」+「なる【成る·為る】[4]되다」의 連用形「なり」+「て」.

23) 「つきひ【月日】달과 태양. 시일. 시간」+「を[助詞]」+「おくる【送る】[4]보내다. 지내다」의 連用形「おくり」(〈を-〉는 정서법에 어긋남)+「けり[助動]회상·과거」.

24) 「みやうねん→みょうねん【明年】명년. 내년. 이듬해」.

25) 「ウィキペディア(Wikipedia)」에서 「崖山(がいざん)の戦(たたか)い」가 검색된다. 이에 대한 설명은 다음과 같다. 「1279년 3월 19일(상흥[祥興] 2년 2월 6일)에 중국대륙의 광주만(広州湾)에서 원(元)나라 병력이 남송(南宋)의 해군을 격파한 싸움이다. 이 싸움에서 남송이 패하고, 마지막 황제인 위왕(衛王)은 재상 육수부(陸秀夫)와 함께 물에 몸을 던져, 명실공히 남송은 멸망했다.」

26) 「に[助詞]」+「いたる【至る·到る】[4]도착하다. 도달하다」의 連用形「いたり」+「ぬ[助動]완료·존속」.

27) 「まねく【招く】[4]부르다. 초대하다」의 連用形「まねき」+「て」+「いふ【言ふ·云ふ】[4]말하다」의 未然形「いは」+「す[助動]사역. ~시키다」의 連用形「せ」+「けり[助動]회상·과거」의 連体形「ける」+「は[助詞]」.

ひて29)、

➩ 장세걸이라 하는 사람을 불러서 말하게 시켰던 것은 "천상이여, 바라옵건대 항복하셔서,

❑ 二[ふた]たび30)栄花(えいぐわ)をひらき31)、命(いのち)をたすかり給[たま]へかし32)。

➩ 다시 영화를 펼치고 목숨을 구하십시오.

❑ かつうハ、又[また]33)、子孫(しそん)のためなり34)、いかでか35)、いたづらに御身[おんみ]をば36)、すてらるべき37)。」と。

➩ 한편으로는 또한 자손을 위함이다, 어찌 헛되이 존체를 버리시겠는가?"라고.

❑ 天[てん]祥(しやう)、こたへて、いはく38)、「我[われ]ハ、父母(ぶも)の

---

28) 「ねがはくは→ねがわくは【願わくは】[副]바라기는. 원하기는」.

29) 「かうさん→こうさん【降参】항복」+「す[サ変]하다」의 連用形 「し」+「たまふ【給ふ】[助動]존경」의 連用形 「たまひ」+「て」.

30) 「ふたたび【二度・再び】두 번. 다시. 거듭」.

31) 「えいぐわ→えいが【栄華・栄花】영화」+「を[助詞]」+「ひらく【開く】[4]열다. 펼치다」의 連用形 「ひらき」.

32) 「いのち【命】목숨」+「を[助詞]」+「たすかる【助かる】[4]재난・죽음 따위를 면하다」의 連用形 「たすかり」+「たまふ【給ふ】[助動]존경」의 命令形 「たまへ」+「かし[助詞]뜻을 강하게 함」.

33) 「かつうは【且は】[副]하나는. 한편으로는」+「また【又・亦・復】[副]다시. 같이. 달리. 또한. 게다가」.

34) 「しそん【子孫】자손」+「の[助詞]」+「ため【為】이득. 행복. 위함」+「なり[助動]단정・지정」.

35) 「いかでか【如何でか・争でか】[副]어찌. 문말에 호응하여 '어찌 ~하겠는가?'의 뜻. 문말에는 連体形이 쓰임」.

36) 「いたづら【徒】[形動ナリ]무익함. 쓸모없음. 덧없음」의 連用形 「いたづらに」+「おんみ【御身】[名]상대방의 몸을 높여 이르는 말」+「をば: (格助詞 〈を〉에 係助詞 〈は〉가 붙어 濁音化한 것)〈を〉의 뜻을 강하게 함」.

37) 「すつ【捨つ・棄つ】[下2]버리다」의 未然形 「すて」+「らる[助動]가능・존경」의 終止形 「らる」+「べし[助動]의무・당연・추량・가능 등」의 連体形 「べき」(앞선 〈いかでか〉에 호응).

命(めい)に[39]、そむくべからず[40]、父母(ぶも)、われに、をしへて、いはく[41]、

➪ 천상이 대답하여 이르길 "나는 부모의 명에 거스를 수 없다. 부모가 나에게 가르쳐 이르길,

❑ 『たとひ[42]、国[くに]かたふき[43]、家(いへ)ほろぶとも[44]、君臣(くんしん)のミちを[45]、わするゝ事[こと]なかれ[46]。』と。

➪ '설령 나라가 기울고 집안이 망해도 군신의 도리를 잊는 일이 없도록 하라.'라고.

❑ この故[ゆえ]に[47]、いま、かく、の給[たま]ふところ[48]、我[われ]これに、したかふときハ[49]、父母[ふぼ]に、そむき、君[きみ]に、そむ

---

38) 「こたふ【答ふ·応ふ】[下2]대답하다」의 連用形「こたへ」+「て」+「いはく【曰く】말하길. 이르길」.

39) 「われ【我·吾】[代]나」+「は[助詞]」+「ぶも【父母】부모」+「の[助詞]」+「めい【命】명」+「に[助詞]」.

40) 「そむく【背く·叛く】[4]등지다. 거역하다」의 終止形「そむく」+「べかり[助動]추량·가능 등」의 未然形「べから」+「ず[助動]부정」.

41) 「ぶも【父母】부모」+「われ【我·吾】[代]나」+「に[助詞]」+「をしふ[下2]→おしえる【教える】[下1]가르치다. 깨우치다」의 連用形「をしへ」+「て」+「いはく【曰く】말하길. 이르길」.

42) 「たとひ→たとい【縦い·仮令·縦令】[副]①만일. 만약에 ②만일 그렇다 해도. 비록」.

43) 「くに【国】나라」+「かたぶく【傾く】[4]기울어지다. 왕성한 상태에서 쇠약한 상태가 되다」의 連用形「かたぶき」(〈-ふ-〉는 無濁点표기).

44) 「いへ→いえ【家】집. 집안. 가문」+「ほろぶ[上2]→ほろびる【滅びる·亡びる】[上1]멸망하다. 사라지다」의 終止形「ほろぶ」+「とも[助詞]역접의 가정조건. ~해도」.

45) 「くんしん【君臣】군신. 군주와 신하」+「の[助詞]」+「みち【道·路·途·径】길. 도리. 이치. 분별」+「を[助詞]」.

46) 「わする【忘る】[下2]잊다」의 連体形「わするる」+「こと【事】것. 일」+「なし【無し】[形ク]없다」의 命令形「なかれ」(금지의 뜻).

47) 「この【此の·斯の】[連体]이」+「ゆゑ→ゆえ【故】이유. 때문. 까닭」+「に[助詞]」.

48) 「いま【今】현재. 지금. 이 국면에」+「かく【斯く·是く】[副]이렇게. 이처럼」+「のたまふ【宣ふ】[4]①윗사람이 아랫사람에게 말하여 들려주다 ②'말하다'의 尊敬語」의 連体形「のたまふ」+「ところ【所·処】(접속조사적인 용법)계기가 되는 사항을 제시함. ~하면. ~한 바」.

く[50]、

➪ 이런고로 지금 이처럼 말씀하시는 바, 내가 이에 따를 때는 부모에게 거스르고 주군에게 거스른다.

❑ いづれのところにしてか[51]命(いのち)いきて、すむべき[52]。」と。

➪ 어느 곳에서 목숨 살아서 지낼 수 있겠는가?"라고.

❑ 張世傑(ちやうせいげつ)かさねて、いはく[53]、「国[くに]すでに、ほろびたり[54]。汝(なんぢ)の身[み]をころして[55]、君[きみ]に忠(ちう)をなす、と、いふとも[56]、

➪ 장세걸이 거듭 말하길 "나라는 이미 망했다. 네가 자신을 죽여서 주군에게 충을 한다고 하더라도,

❑ たれの人[ひと]か、又[また][57]、史書(ししよ)にも、かきのせて[58]、

---

49) 「われ【我·吾】[代]나」+「これ【此·是】[代]이것. 이사람」+「に[助詞]」+「したがふ【従ふ·随ふ·順ふ】[4]따르다. 거스르지 않다. 맡기다」의 連体形「したがふ」(〈-か-〉는 無濁点표기)+「とき【時】때」+「は[助詞]」.

50) 「ふぼ【父母】부모」+「に[助詞]」+「そむく【背く·叛く】[4]등지다」의 連用形「そむき」+「きみ【君】주군. 임금」+「に[助詞]」+「そむく【背く·叛く】[4]반역하다」.

51) 「いづれ→いずれ【何れ·孰れ】[代]누구. 어느 쪽」+「の[助詞]」+「ところ【所·処】곳. 상황」+「に[助詞]」+「して[助詞]」(〈~にして[連語]〉는 장소나 때를 나타냄. ~에서. ~에)+「か[係助詞]의문·질문」(문말은 連体形).

52) 「いのち【命】목숨」+「いく[上2]→いきる【生きる·活きる】[上1]살다. 생존하다」의 連用形「いき」+「て」+「すむ【住む·棲む·栖む】[4]살다. 생활하다」의 終止形「すむ」+「べし[助動]의무·당연·추량·가능 등」의 連体形「べき」(앞선〈か〉에 호응).

53) 「かさねて【重ねて】[副]다시. 재차」+「いはく【曰く】말하길. 이르길」.

54) 「くに【国】나라」+「すでに【既に·已に】[副]이미. 모두」+「ほろぶ【滅ぶ·亡ぶ】[上2]멸망하다」의 連用形「ほろび」+「たり[助動]완료·존속」.

55) 「なんぢ→なんじ【汝·爾】[代]아랫사람을 가리키는 말. 너」+「の[助詞]현대일본어〈が〉의 쓰임」+「み【身】몸. 자신」+「を[助詞]」+「ころす【殺す】[4]죽이다」의 連用形「ころし」+「て」.

56) 「きみ【君】주군. 임금」+「に[助詞]」+「ちゅう【忠】충」+「を[助詞]」+「なす【生す·成す·為す】[4]만들어내다. 바꾸다. 낳다. 행하다」+「と[助詞]~라고」+「いふ【言ふ·云ふ】[4]말하다」의 終止形「いふ」+「とも[助詞]역접의 가정조건. ~해도」.

57) 「たれ【誰·孰】[代]누구」+「の[助詞]」+「ひと【人】사람」+「か[係助詞]의문·질문」(문

汝(なんぢ)の名[な]を残(のこ)さんや[59]。」と。

➪ 어떤 사람이 또한 사서에라도 써넣어서 네 이름을 남기겠는가?"라고.

❑ 天祥(しやう)が、いはく[60]、「むかし、殷(いん)の紂王(ちうわう)[61]、すでに武王(ぶわう)のために[62]、天下[てんか]をうしなひける[63]、国[くに]ほろびて[64]周(しう)の世[よ]と成[なり]けるに[65]、

➪ 천상이 이르길 "옛날 은나라 주왕은, 이미 무왕으로 인해 천하를 빼앗기고, 나라가 망해 주나라 세상이 되었는데,

❑ 伯夷(はくゐ)叔斉(しゆくせい)[66]ハ、なを周(しう)の粟(あわ)を、く

말은 連体形)+「また【又・亦・復】[副]다시. 같이. 달리. 또한. 게다가」.

58) 「ししょ【史書】사서. 사적(史籍)」+「に[助詞]」+「も[助詞]」+「かきのす[下2]→かきのせる【書き載せる】[下1]써넣다. 기재하다」의 連用形「かきのせ」+「て」.

59) 「なんぢ【汝・爾】[代]너」+「の[助詞]」+「な【名】이름」+「を[助詞]」+「のこす【残す】[4]남기다」의 未然形「のこさ」+「む[助動]추량・의지」→「ん」+「や[係助詞]의문・질문」.

60) 「が[助詞]」+「いはく【曰く】말하길. 이르길」.

61) 「むかし【昔】옛날」+「いん【殷】은나라」+「の[助詞]」+「ちうわう→ちゅうおう【紂王】주왕. 은나라 왕조의 마지막 왕」

62) 「すでに【既に・已に】[副]이미. 벌써」+「ぶわう→ぶおう【武王】무왕. 주(周) 왕조의 시조」+「の[助詞]」+「ため【為】」+「に[助詞]」(<~の(が)ために>의 꼴로 '이익・이유・목적'의 뜻. ~때문에. ~위해).

63) 「てんか【天下】천하」+「を[助詞]」+「うしなふ【失ふ】[4]잃다. 지위를 빼앗기다」의 連用形「うしなひ」+「けり[助動]회상・과거」의 連体形「ける」(여기에 連体形이 쓰인 이유는 미상).

64) 「くに【国】나라」+「ほろぶ【滅ぶ・亡ぶ】[上2]멸망하다」의 連用形「ほろび」+「て」.

65) 「しう→しゅう【周】주나라」+「の[助詞]」+「よ【世】세상」+「と[助詞]」+「なる【成る・為る】[4]되다」의 連用形「なり」+「けり[助動]회상・과거」의 連体形「ける」+「に[助詞]~하니. ~하는데」.

66) 「伯夷叔斉(はくいしゅくせい)」는『広辞苑』에 표제어로 등재되어 있다. 그 내용은 아래와 같다.「모두 은(殷)나라 때 초야에 묻혀 사는 선비로, 백이가 형이고 숙제가 아우다. 주(周)나라 무왕(武王)이 은나라 주왕(紂王)을 치니, 신하가 주군을 시해함이 불가함을 주장했으나 받아들여지지 않았다. 주나라가 천하를 통일하자 그 녹 받기를 거부하고 수양산(首陽山)에 들어가 함께 아사했다고 전해진다. 청렴결백한 사람의 비유로 쓰인다.」

らハずして[67]、首陽山(しゆやうさん)に飢(うへ)て死(し)せり[68]。

➪ 백이 숙제는 역시 주나라 좁쌀을 먹지 않고서 수양산에서 굶어서 죽었다.

❑ 忠臣(ちうしん)の道[みち]ハ[69]、その心[こころ]をつくして[70]、まことあるをもつて、するときハ[71]、何[なん]ぞ[72]史書(ししよ)にしるす、と、しるさゞる、とを、いはん[73]。」と。

➪ 충신의 도리는 그 마음을 다하여 진정 있음으로써 할 때는 어찌 사서에 적음과 적지 않음과를 말하겠는가?"라고.

❑ 張弘範(ちやうこうはん)、ちからなく[74]燕(ゑん)に、をくる[75]。

➪ 장홍범은 어쩔 수 없이 연으로 보낸다.

❑ 天祥(しやう)、それより食(しよく)をたちて[76]、八日[ようか]に、い

---

67) 「なほ→なお【猶·尚】[副]아직. 역시. 그래도. 다시. 원래대로」(〈-を〉는 정서법에 어긋남)+「しう→しゅう【周】주나라」+「の[助詞]」+「あは→あわ【粟】좁쌀」(〈-わ〉는 歴史的仮名遣에 어긋남)+「を[助詞]」+「くらふ【食らふ】[4]먹다. 생활하다」의 未然形「くらは」+「ず[助動]부정」의 連用形「ず」+「して[助詞](連用形에 접속)~인 상태로」.

68) 「しゅやうざん→しゅようざん【首陽山】수양산」+「に[助詞]~에서」+「うう[下2]→うえる【飢える·餓える·饑える】[下1]굶주리다」의 連用形「うゑ」(〈-へ〉는 정서법에 어긋남)+「て」+「しす【死す】[サ変]죽다」의 命令形「しせ」+「り[助動]완료·존속」.

69) 「ちゅうしん【忠臣】충신」+「の[助詞]」+「みち【道·路·途·径】길. 도리」+「は[助詞]」.

70) 「その【其の】[連体]그」+「こころ【心】마음. 뜻」+「を[助詞]」+「つくす【尽くす】[4]다하다. 노력하다. 힘쓰다」의 連用形「つくし」+「て」.

71) 「まこと【真·実·誠】[名]진짜. 진정. 거짓 없음」+「あり【有り】[ラ変]있다」의 連体形「ある」+「を[助詞]」+「もって【以て】~로써」+「す[サ変]하다」의 連体形「する」+「とき【時】때」+「は[助詞]」.

72) 「なんぞ【何ぞ】[副]어찌. 어떤. 무언가」.

73) 「ししょ【史書】사서」+「に[助詞]」+「しるす【記す·誌す】써넣다. 기록하다」의 連体形「しるす」+「と[助詞]~와」+「しるす【記す·誌す】기록하다」의 未然形「しるさ」+「ざり[助動]부정」의 連体形「ざる」+「と[助詞]~와」+「を[助詞]」+「いふ【言ふ·云ふ】[4]말하다」의 未然形「いは」+「む[助動]추량·의지」→「ん」.

74) 「ちからなし【力無し】[形ク]어쩔 수 없다. 기운이 없다」의 連用形「ちからなく」.

75) 「えん【燕】연. 하북성(河北省)의 다른 이름」(〈ゑ-〉는 정서법에 어긋남)+「に[助詞]」+「おくる【送る】[4]보내다」(〈を-〉는 정서법에 어긋남).

たれども[77]、つゐに死(し)なず[78]。

➪ 천상은 그로부터 음식을 끊고 여드레에 이르지만 끝내 죽지 않는다.

❑ 元(げん)の丞相(せうじやう)[79]孛羅(ぼら/ばいら)と云[いう]もの、天祥(しやう)に、とふて、いはく[80]、

➪ 원나라 승상 발라라고 하는 사람이 천상에게 물어 말하길,

❑「汝(なんぢ)二君(じくん)につかへず、と、いふ[81]、又[また]、何[なん]の[82]做(なし)[83]の得(う)ることやある[84]。」と。

➪ "너는 두 임금에게 섬기지 않는다고 한다. 달리 무슨 할 수 있는 일이 있는가?"라고.

❑ 天祥(しやう)、こたへて、いはく[85]、「君[きみ]の君[きみ]たる事[こと]

---

76) 「それ【其·夫】[代]그. 그것. 그때」+「より[助詞]~로부터」+「しよく【食】식. 먹는 것. 음식」+「を[助詞]」+「たつ【絶つ·断つ】[4]끊다」의 連用形 「たち」+「て」.

77) 「やうか→ようか【八日】8일」+「に[助詞]」+「いたる【至る·到る】[4]도달하다. 미치다」의 已然形 「いたれ」+「ども[助詞]역접」.

78) 「つひに→ついに【終に·遂に】[副]끝까지. 결국. 마침내. 아직」(〈-ゐ-〉는 정서법에 어긋남」+「しぬ【死ぬ】[ナ変]죽다」의 未然形 「しな」+「ず[助動]부정」.

79) 「げん【元】원나라」+「の[助詞]」+「しようじやう→しようじよう【丞相】승상」.

80) 「に[助詞]~에게」+「とふ【問ふ】[4]묻다」+「て」+「いはく【曰く】말하길」.

81) 「なんぢ【汝·爾】[代]너」+「じくん【二君】두 주인. 두 임금」+「に[助詞]」+「つかふ[下2]→つかえる【仕える】[下1]①윗사람 가까이에서 섬기다. 모시다 ②관직을 수행하다」의 未然形 「つかへ」+「ず[助動]부정」+「と[助詞]~라고」+「いふ【言ふ·云ふ】[4]말하다」.

82) 「また【又·亦·復】[副]다시. 같이. 달리. 또한. 게다가」+「なん【何】[代]어떤」+「の[助詞]」.

83) 「做」는 일본어에서 「なす」로 읽는데, 본래 「作」의 속자(俗字)다. 「なし【為し·作し】[名]하는 것. 일. 소행. 짓」의 뜻으로 쓴 것으로 보인다. 한편 이 부분은 〈한문본〉에 「汝立二王. 做得甚事」이며 이를 〈언해본〉에서는 「네 두 王 셰여 므슷 일 일운다」로 기술하고 있다.

84) 「なし【作し】[名]일」+「の[助詞]」+「う【得】[下2]할 수 있다. 가능하다」의 連体形 「うる」+「こと【事】것. 일」+「や[係助詞]의문·질문」(문말은 連体形)+「あり【有り】[ラ変]있다」의 連体形 「ある」(앞의 〈や〉에 호응).

ハ[86]、天下[てんか]只[ただ]一人[ひとり]なり[87]、たとへバ[88]、天[てん]にふたつの日[ひ]なきがごとし[89]。

➪ 천상이 대답하여 말하길 "주군이 주군인 것은 천하에 오직 한 사람이다. 예컨대 하늘에 두 개의 해가 없는 것과 같다.

❑ 君[きみ]をたつる故(ゆへ)ハ[90]、宗庿(そうべう)をあがむる義(ぎ)なり[91]。

➪ 주군을 세우는 까닭은 종묘를 우러르는 도의다.

❑ 一日[いちにち]の命(いのち)あるときは[92]、すなハち一日[いちにち]の忠(ちう)をつくす[93]、

➪ 하루의 목숨이 있을 때는 곧 하루의 충을 힘쓴다.

---

85) 「こたふ【答ふ·応ふ】[下2]대답하다」의 連用形 「こたへ」+「て」+「いはく【曰く】말하길. 이르길」.

86) 「きみ【君】주군. 임금」+「の[助詞]현대일본어 〈が〉의 쓰임」+「きみ【君】주군」+「たり[助動](체언에 접속하여)단정·지정. ~이다」의 連体形 「たる」+「こと【事】것. 일」+「は[助詞]」.

87) 「てんか【天下】천하」+「ただ【只·唯】[副]단지. 오직. 그저」+「ひとり【一人】한 사람」+「なり[助動]단정·지정」.

88) 「たとへば→たとえば【例えば】[副]예컨대. 이를테면」.

89) 「てん【天】하늘」+「に[助詞]」+「ふたつ【二つ】두 개」+「の[助詞]」+「ひ【日】해. 태양」+「なし【無し】[形ク]없다」의 連体形 「なき」+「が[助詞]」+「ごとし【如し】[助動]~와 같다. ~와 닮았다」.

90) 「きみ【君】주군. 임금」+「を[助詞]」+「たつ[下2]→たてる【立てる】[下1]세우다」의 連体形 「たつる」+「ゆゑ→ゆえ【故】이유」(〈-へ〉는 정서법에 어긋남)+「は[助詞]」.

91) 「そうべう→そうびょう【宗廟】종묘. ①선조(先祖)의 사당 ②천자(天子)의 선조를 제사하는 곳」(본문의 〈庿〉는 〈廟〉의 옛글자)+「を[助詞]」+「あがむ[下2]→あがめる【崇める】[下1]존귀한 것으로서 다루다. 우러르다」의 連体形 「あがむる」+「ぎ【義】의. 도리. 이치. 의미」+「なり[助動]단정·지정」.

92) 「いちにち【一日】하루」+「の[助詞]」+「いのち【命】목숨」+「あり【有り】[ラ変]있다」의 連体形 「ある」+「とき【時】때」+「は[助詞]」.

93) 「すなはち【即ち·則ち】[副]곧바로. 즉시. 즉」+「いちにち【一日】하루」+「の[助詞]」+「ちゅう【忠】충」+「を[助詞]」+「つくす【尽くす】[4]다하다. 노력하다. 힘쓰다」.

❑ 臣下(しんか)の94)、君[きみ]につかふまつる事[こと]ハ95)、猶(なを)、子(こ)の、父[ちち]に、つかふるがごとし96)。

➯ 신하가 주군에게 섬기는 것은 역시 자식이 아비에게 섬기는 것과 같다.

❑ 父母(ぶも)、やまひあるときは97)、たとひ98)治(ぢ)せざるの、やまひなりとも99)、あに100)薬[くすり]を奉[たてまつ]らざるの理(り)あらんや101)。

➯ 부모가 병이 있을 때는 비록 고치지 못하는 병이라고 해도 어찌 약을 드리지 않을 리가 있겠는가?

❑ 我[われ]、君(きミ)ほろび給[たま]ハゞ102)、我[われ]もまた死(し)なん103)。

---

94) 「しんか【臣下】신하」+「の[助詞]현대일본어 〈が〉의 쓰임」.

95) 「きみ【君】주군」+「に[助詞]」+「つかうまつる→つこうまつる【仕る】[4](〈つかふ【仕ふ】[下2]〉의 겸양어)섬기다. 모시다」의 連体形「つかうまつる」(〈-ふ-〉는 정서법에 어긋남)+「こと【事】것. 일」+「は[助詞]」.

96) 「なほ→なお【猶・尚】[副]아직. 역시. 그래도. 다시」(〈-を〉는 정서법에 어긋남)+「こ【子】아이. 자식」+「の[助詞]현대일본어 〈が〉의 쓰임」+「ちち【父】아버지」+「に[助詞]」+「つかふ【仕ふ】[下2]섬기다」의 連体形「つかふる」+「が[助詞]」+「ごとし【如し】[助動]~와 같다. ~와 닮았다」.

97) 「ぶも【父母】부모」+「やまひ【病】병」+「あり【有り】[ラ変]있다」의 連体形「ある」+「とき【時】때」+「は[助詞]」.

98) 「たとひ→たとい【縦い・仮令・縦令】[副]①만일. 만약에 ②만일 그렇다 해도. 비록」.

99) 「ぢす【治す】[サ変]고치다. 치료하다」의 未然形「ぢせ」+「ざり[助動]부정」의 連体形「ざる」+「の[助詞]」+「やまひ【病】병」+「なり[助動]단정・지정」의 終止形「なり」+「とも[助詞]역접의 가정조건. ~해도」.

100) 「あに【豈】[副]결코. 어찌. 어째서」

101) 「くすり【薬】약」+「を[助詞]」+「たてまつる【奉る】[4]드리다. 바치다」의 未然形「たてまつら」+「ざり[助動]부정」의 連体形「ざる」+「の[助詞]」+「り【理】이치」+「あり【有り】[ラ変]있다」의 未然形「あら」+「む[助動]추량・의지」→「ん」+「や[係助詞]의문・질문」.

102) 「われ【我・吾】[代]나」+「きみ【君】주군. 임금」+「ほろぶ【滅ぶ・亡ぶ】[上2]죽다. 멸망하다」의 連用形「ほろび」+「たまふ【給ふ】[助動]존경」의 未然形「たまは」+「ば[助詞]가정조건」.

103) 「われ【我・吾】[代]나」+「も[助詞]」+「また【又・亦・復】[副]다시. 같이. 달리. 또한」

➪ 나는 주군이 돌아가시면 나도 또한 죽겠다.

❑ われに、おほく[104]物(もの)思[おも]はせむようの言葉(ことば)を[105]、つくさせんよりハ[106]、はやく、いのちを、うしなふべし[107]。」と。

➪ 나에게 많이 근심하게 하여 쓸데없는 말을 힘쓰게 만들기보다 어서 목숨을 잃어야겠다."라고.

❑ それよりハ[108]、籠獄(らうごく)にをしいれ[109]、身[み]をやすく、をかしめず[110]。

➪ 그 후에는 옥에 처넣어 몸을 편히 두게 하지 않는다.

❑ 至元(しげん)[111]ミづのえむまのとし[112]、みなミに、むかひて[113]、

+「しぬ【死ぬ】[ナ変]」의 未然形「しな」+「む[助動]추량·의지」→「ん」.

104) 「われ【我·吾】[代]나」+「に[助詞]」+「おほし【多し】[形ク]많다」의 連用形「おほく」.

105) 「ものおもふ【物思ふ】[4]생각에 잠기다. 걱정하다」의 未然形「ものおもは」+「す[助動]사역. ~시키다」의 連用形「せ」+「むよう【無用】무용. 쓸모없다」+「の[助詞]」+「ことば【詞·言葉】말」+「を[助詞]」.

106) 「つくす【尽くす】[4]다하다. 노력하다. 힘쓰다」의 未然形「つくさ」+「す[助動]사역. ~시키다」의 未然形「せ」+「む[助動]추량·의지」의 連体形「む」→「ん」+「より[助詞]비교의 기준. ~보다」+「は[助詞]」.

107) 「はやし【早し·速し·疾し·捷し】[形ク]이르다. 빠르다」의 連用形「はやく」(부사적인 쓰임)+「いのち【命】목숨」+「を[助詞]」+「うしなふ【失ふ】[4]잃다」의 終止形「うしなふ」+「べし[助動]의무·당연·추량·가능 등」.

108) 「それ【其·夫】[代]그. 그것. 그때」+「より[助詞]~로부터」+「は[助詞]」.

109) 「らうごく→ろうごく【牢獄】뇌옥. 감옥」(본문의 〈籠〉는 단독으로 쓰여서 〈ろう〉로 읽으며 〈뇌옥〉의 뜻. 〈籠獄〉은 미상)+「に[助詞]」+「おしいる[下2]→おしいれる【押し入れる】[下1]밀어서 넣다. 억지로 넣다」의 連用形「おしいれ」(〈を-〉는 정서법에 어긋남).

110) 「み【身】몸. 처지」+「を[助詞]」+「やすし【安し·易し】[形ク]걱정이 없다. 편안하다」의 連用形「やすく」+「おく【置く·措く·擱く】[4]두다. 있게 하다」의 未然形「おか」(〈を-〉는 정서법에 어긋남)+「しむ[助動]사역. ~시키다」의 未然形「しめ」+「ず[助動]부정」.

111) 「至元(しげん) : 지원. 몽고제국의 쿠빌라이(원나라 세조) 치세에 사용된 연호(1264-1294)」(ウィキペディア[Wikipedia]참조).

じがいして、むなしくなれり114)。

➯ 지원 임오년, 남쪽을 향해 자결하여 죽었다.

❑ 衣[ころも]の内[うち]に115)、一[いっ]首(しゆ)の賛(さん)を116)書(かき)をかれたり117)、いはく118)、

➯ 옷 안에 한 수의 찬을 적어 남기셨다. 이르길,

❑「孔(こう)の曰(いはく)仁(じん)を成(なす)119)。孟(まう)の曰(いはく)義(き)を取(とる)120)。惟(これ)其(その)義(ぎ)尽(つくせり)121)。

➯ "공자 왈 인을 이룬다. 맹자 왈 의를 취한다. 이 사람은 그 의에 힘썼다.

❑ 仁(じん)至(いたる)所以(ゆへん)122)聖賢(せいけん)の書(しよ)を読(よ

---

112) 「みづのえ【壬】임. 십간(十干;じっかん)의 아홉 번째」+「むま【午】오. 십이지(十二支;じゅうにし)의 일곱 번째」+「の[助詞]」+「とし【年】해. 년」. 참고로 지원 임오년은 서력 1282년에 해당함.

113) 「みなみ【南】남쪽」+「に[助詞]」+「むかふ【向かふ·対ふ】[4]향하다」의 連用形「むかひ」+「て」.

114) 「じがい【自害】자해」+「す[サ変]하다」의 連用形「し」+「て」+「むなし【空し·虚し】[形シク]덧없다. 무상하다. 죽었다」의 連用形「むなしく」+「なる【成る·為る】[4]되다」의 命令形「なれ」+「り[助動]완료·존속」.

115) 「ころも【衣】옷」+「の[助詞]」+「うち【内】안」+「に[助詞]」.

116) 「いっしゅ【一首】한 수」+「の[助詞]」+「さん【賛·讃】찬. 한문 문체의 하나. 사람이나 사물을 칭송하는 것」+「を[助詞]」.

117) 「かきおく【書き置く】[4]적어서 후에 남기다」의 未然形「かきおか」(〈-を-〉는 정서법에 어긋남)+「る[助動]수동·존경」의 連用形「れ」+「たり[助動]완료·존속」.

118) 「いはく【曰く】말하길. 이르길」.

119) 「こう【孔】공. 공자」+「の[助詞]현대일본어 〈が〉의 쓰임」+「いはく【曰く】말하길」+「じん【仁】인」+「を[助詞]」+「なす【生す·成す·為す】[4]만들어내다. 행하다. 완수하다」.

120) 「まう→もう【孟】맹. 맹자」+「の[助詞]현대일본어 〈が〉의 쓰임」+「いはく【曰く】말하길」+「ぎ【義】의」+「を[助詞]」+「とる【取る】[4]잡다. 취하다」.

121) 「これ【此·是·之·惟】[代]이것. 이사람. 자신. 지금. 바로」+「その【其の】[連体]그」+「ぎ【義】의」+「つくす【尽くす】[4]다하다. 노력하다. 힘쓰다」의 命令形「つくせ」+「り[助動]완료·존속」.

ミ)て[123]。所レ学(まなぶところ)何事(なにごと)ぞ[124]。

➪ 인에 이르는 까닭은 성현의 글을 읽어서다. 배우는 바 무엇인가?

❑ 而今(いまより)而後(してのち)[125]。庶幾(こひねがハくハ)愧(はづ)ることなからんや[126]。」[127]

➪ 이제부터 이후 바라옵건대 부끄러워하는 일이 없을 것이다."

❑ この賛(さん)を見[み]出[いだ]して[128]、人[ひと]ミな[129]感涙(かんるい)を流(なが)しけり[130]。

➪ 이 찬을 찾아내고서 사람들이 모두 감동의 눈물을 흘렸다.

---

122) 「じん【仁】 인」+「いたる【至る·到る】[4]도달하다. 미치다」의 連体形「いたる」+「ゆゑん→ゆえん【所以】 이유. 까닭」(〈-へ-〉는 정서법에 어긋남).

123) 「せいけん【聖賢】 성현」+「の[助詞]」+「しょ【書】 글. 책」+「を[助詞]」+「よむ【読む】[4]읽다」의 連用形「よみ」+「て」.

124) 「まなぶ【学ぶ】[4]배우다」의 連体形「まなぶ」+「ところ【所】 곳. 것. 바」+「なにごと【何事】 어떤 것」+「ぞ[係助詞](문말에 써서)상대에게 캐묻는 뜻. ~인가?」. 참고로 「レ」는 「返(かえ)り点(てん)」으로, 한문을 훈독하기 위해 한자의 좌측에 적어서 위아래 두 글자의 순서를 뒤집어서 읽을 것을 나타내는 부호다.

125) 「いま【今】 지금」+「より[助詞]기점. ~부터」+「して[接続]그리고」+「のち【後】 후」.

126) 「こひねがはくは【希くは·庶幾くは·冀くは】[副]바라기는. 부디」+「はづ[上2]→はじる【恥じる·愧じる·羞じる·慙じる】[上1]부끄러워하다」의 連体形「はづる」+「こと【事】 것. 일」+「なし【無し】[形ク]없다」의 未然形「なから」+「む[助動]추량·의지」→「ん」+「や[間投助詞](終止形에 접속)의미를 강하게 하여 화자의 감동을 전달하는 역할」.

127) 이 부분은 〈한문본〉에는 다음과 같다. 「孔曰成仁. 孟曰取義. 惟其義盡. 所以仁至. 讀聖賢書. 所學何事. 而今而後. 庶幾無愧」. 또한 〈언문본〉에서는 아래와 같이 기술한다. 「孔ㅣ 仁을 일우ᄂᆞ니라 니ᄅᆞ시고 孟子ㅣ 義를 取ㅣᄒᆞ라 니ᄅᆞ시니 義盡ᄒᆞᆯ씨 仁이 至極ᄒᆞᄂᆞ니 聖賢ㅅ 글왈 닐거 ᄇᆡ호ᄂᆞᆫ 이리 므스것고 오ᄂᆞᆯ 後에사 기리 붓그러부미 업과라」.

128) 「この【此の·斯の】[連体]이」+「さん【賛·讃】 찬」+「を[助詞]」+「みいだす【見出す】[4]찾아내다. 발견하다」의 連用形「みいだし」+「て」.

129) 「ひと【人】 사람」+「みな【皆】 ①[名]모든 사람. 전부 ②[副]남김없이. 모두」.

130) 「かんるい【感涙】 감루. 깊이 느껴서 흘리는 눈물」+「を[助詞]」+「ながす【流す】[4]흘리다」의 連用形「ながし」+「けり[助動]회상·과거」.

25. 枋(はう)得(とく)茄(くらふ)レ蔬(そを)[1]
방득이 나물을 먹다

❑ 元(げん)の軍兵(ぐんびやう)[2]、饒州(ぜうしう)をせむ[3]。

➪ 원나라 군병이 요주를 친다.

❑ 江東(かうとう)[4]の制置使(せいちし)謝枋得(じやハうとく)、これを、ふせがんために[5]、安仁(あんじん)といふ、ところにして[6]合戦(かせん)をいたす、と、いへども[7]、

---

1) 이 항목의 제목은 〈한문본〉의 경우 「枋得茹蔬(방득여소)」로 되어 있다. 「茹」는 '먹을 여'이므로 본문의 「くらふ」라는 訓과 통하지만 「茄」는 '연줄기 가'이므로 뜻이 통하지 않는다. 「茄」는 일본어에서도 「か」(漢音)로 읽으며 '야채의 이름'이다. 또한 「茹」는 일본어 音으로 「じょ」(漢音), 訓은 「うでる・ゆでる」이며 '채소를 먹다'의 뜻이다. 본문의 「茄」는 한자를 잘못 쓴 것으로 봐야겠다.

2) 「げん【元】원나라」+「の[助詞]」+「ぐんびやう→ぐんびょう【軍兵】군병」.

3) 「を[助詞]」+「せむ[下2]→せめる【攻める】[下1]다가와 압박하다. 공격하다」.

4) 「かうとう → こうとう【江東】중국 장강(長江) 하류 남안(南岸) 지역. 지금의 강소성(江蘇省) 남부 및 절강성(浙江省) 북부에 해당. 춘추전국시대 오월(呉越)지방의 옛 이름」.

5) 「これ【此・是】[代]이것. 이사람」+「を[助詞]」+「ふせぐ【防ぐ・禦ぐ・拒ぐ】[4]막다. 지키다. 방어하다」의 未然形 「ふせが」+「む[助動]추량・의지」→「ん」+「ため【為】~위해」+「に[助詞]」.

6) 「と[助詞]~라고」+「いふ【言ふ・云ふ】[4]말하다」의 連体形 「いふ」+「ところ【所・処】곳」+「に[助詞]」+「して[助詞]」(〈~にして[連語]〉는 장소나 때를 나타냄. ~에서. ~에).

7) 「かっせん【合戦】싸움. 전쟁」(원래는 〈かふせん→こうせん〉이 〈かっせん〉으로 변화한 말. 〈かせん〉으로 읽은 것은 미상)+「を[助詞]」+「いたす【致す】[4]하다. 혼신을 다 바치다. 온힘을 쏟다」+「と[助詞]~라고」+「いへども→いえども【雖も】[連語]~하지만. ~해도」(〈いふ【言ふ・云ふ】[4]말하다〉의 已然形 〈いへ〉+〈ども[助詞]역접〉로도 분석할 수 있음).

➪ 강동의 제치사 사방득이 이를 막기 위해 안인이라 하는 곳에서 싸움을 벌인다고 해도,

❑ 敵(てき)数(す)万[まん]のつハものをもつて8)、いれかへ╲╱9)せめけるほどに10)、謝枋得(じやハうとく)、いくさに、うちまけて11)城(じやう)すでに落(おち)たりければ12)、

➪ 적이 수만의 병사로써 번갈아 쳤기에 사방득이 싸움에 지고 성이 이미 떨어졌으므로,

❑ ミづから、名[な]をかへて13)、唐石山(たうせきさん)にいたりて14)、かくれ居(ゐ)たり15)。

➪ 스스로 이름을 바꾸고 당석산에 이르러서 숨어 지냈다.

❑ 元(げん)のつハもの16)、それより17)信州(しんじう)に、おもむき18)、

---

8) 「てき【敵】 적」+「す【数】(慣用音으로 〈すう〉로 읽으며 〈す〉는 漢音)수」+「まん【万】만」+「の[助詞]」+「つはもの→つわもの【兵】 무기. 병사. 용사」+「を[助詞]」+「もって【以て】(〈を[助詞]〉에 이어져서)수단이나 원인 등을 나타냄. ~로써. ~때문에」.

9) 「いれかふ[下2]→いれかえる【入れ替える·入れ換える】[下1]바꿔 넣다. 교체하다」의 連用形「いれかへ」+「いれかへ」.

10) 「せむ【攻む】[下2]공격하다」의 連用形「せめ」+「けり[助動]회상·과거」의 連体形「ける」+「ほどに【程に】①~하면. ~하는 사이에 ②원인·이유. ~이므로」.

11) 「いくさ【軍·戦】 병사. 군대. 전쟁」+「に[助詞]」+「うちまく[下2]→うちまける【打ち負ける】[下1]지다. 패하다」의 連用形「うちまけ」+「て」.

12) 「じやう→じょう【城】 성」+「すでに【既に·已に】[副]이미. 모두. 이제」+「おつ[上2]→おちる【落ちる·墜ちる·堕ちる】[上1]떨어지다. 싸움에 지거나 해서 도망치다」의 連用形「おち」+「たり[助動]완료·존속」의 連用形「たり」+「けり[助動]회상·과거」의 已然形「けれ」+「ば[助詞]확정조건. 원인·이유」.

13) 「みづから→みずから【自ら】[名]자기 자신. 나. [副]스스로. 친히」+「な【名】 이름」+「を[助詞]」+「かふ[下2]→かえる【替える·換える·代える·変える】[下1]바꾸다」의 連用形「かへ」+「て」.

14) 「に[助詞]」+「いたる【至る·到る】[4]도착하다. 도달하다」의 連用形「いたり」+「て」.

15) 「かくる[下2]→かくれる【隠れる】[下1]숨다. 은둔하다」의 連用形「かくれ」+「ゐる【居る】[上1]있다. 머물다」의 連用形「ゐ」+「たり[助動]완료·존속」.

16) 「げん【元】 원나라」+「の[助詞]」+「つはもの【兵】 병사」.

高札(たかふだ)をたてゝ[19]、謝枋得(じやハうとく)をもとめけり[20]。

➪ 원나라 병사가 그로부터 신주로 향해서 고찰을 세우고 사방득을 찾았다.

❑「このものゝ[21]、ゆくゑを申[もうし]きたらバ[22]、恩賞(をんしやう)を給(たま)ハるべし[23]。」と。

➪ "이 자의 행방을 아뢰어 오면 은상을 내리실 것이다."라고.

❑ 謝枋得(じやハうとく)が妻(つま)を、とらへて[24]楊州(やうちう)に、かゝへをきけり[25]。

➪ 사방득의 아내를 붙잡아서 양주에 가둬두었다.

❑ 謝枋得(じやハうとく)、この事[こと]を聞[きき]つたへて[26]、なを、ふ

---

17) 「それ【其·夫】[代]그. 그것. 그때」+「より[助詞]~로부터」.

18) 「に[助詞]」+「おもむく【赴く·趣く】[4]그 방향으로 가다. 향해 가다」의 連用形「おもむき」.

19) 「たかふだ【高札】고찰. 법도나 규정 따위를 적거나, 또는 효수, 중죄인의 죄상을 적어서 잘 보이는 높은 곳에 내건 널빤지」+「を[助詞]」+「たつ[下2]→たてる【立てる】[下1]세우다」의 連用形「たて」+「て」.

20) 「を[助詞]」+「もとむ【求む】[下2]찾다. 구하다」의 連用形「もとめ」+「けり[助動]회상·과거」.

21) 「この【此の·斯の】[連体]이」+「もの【者】자. 사람」+「の[助詞]」.

22) 「ゆくへ→ゆくえ【行方】행방」(〈-ゑ〉는 정서법에 어긋남)+「を[助詞]」+「まうす[4]→もうす【申す】[5]'말하다·고하다·하다'의 겸양어」의 連用形「まうし」(읽을 때는〈モーシ〉)」+「きたる【来る】[4]오다」의 未然形「きたら」+「ば[助詞]가정조건」.

23) 「おんしやう→おんしょう【恩賞】은상. 공을 기려서 주군이 금품 따위를 주는 것. 또는 그 물건」(〈を-〉는 정서법에 어긋남)+「を[助詞]」+「たまはる[4]→たまわる【賜る·給わる】[5]①받다(겸양어) ②주시다(존경어)」의 終止形「たまはる」+「べし[助動]의무·당연·추량·가능 등」.

24) 「が[助詞]현대일본어〈の〉의 쓰임」+「つま【妻】처. 아내」+「を[助詞]」+「とらふ[下2]→とらえる【捕らえる·捉える】[下1]손으로 꽉 붙들다. 꽉 쥐다. 동물을 붙잡다. 포박하다」의 連用形「とらへ」+「て」.

25) 「に[助詞]」+「かかふ[下2]→かかえる【抱える】[下1]품다. 에워싸다. 감싸다. 비호하다. 가두다」의 連用形「かかへ」+「おく【置く·措く·擱く】[4]두다」의 連用形「おき」(〈を-〉는 정서법에 어긋남)+「けり[助動]회상·과거」.

かく27)山中(さんちう)に、わけいりて28)、かくれたりしが29)、

➪ 사방득이 이 일을 전해 듣고서 더욱 깊이 산속에 헤치고 들어가 숨었는데,

❑ きのえさるのとしに、いたりて30)、天下[てんか]大赦(たいしや)ありて31)、科人(とがにん)こと＼／く32)、ゆるされけるによりて33)、

➪ 갑신년에 이르러 천하 대사면이 있어서 죄인이 모두 사함 받았으므로,

❑ 謝枋得(じやハうとく)、山中[さんちゅう]より出[いで]て34)、饒州(ぜうしう)に、かへりけるに35)、

➪ 사방득이 산속에서 나와서 요주로 돌아왔는데.

❑ 妻(つま)の李(り)氏(し)ハ36)、はや、むなしく成[なり]たり、と聞[き

---

26) 「この【此の·斯の】[連体]이」+「こと【事】것. 일」+「を[助詞]」+「ききつたふ[下2]→ききつたえる【聞き伝える】[下1]남에게 전해 듣다」의 連用形「ききつたへ」+「て」.

27) 「なほ→なお【猶·尚】[副]아직. 여전히. 그래도 역시. 더욱」(〈-を〉는 정서법에 어긋남)+「ふかし【深し】[形ク]깊다」의 連用形「ふかく」.

28) 「さんちゅう【山中】산중」+「に[助詞]」+「わけいる【分け入る】[4]헤치고 안으로 들어가다」의 連用形「わけいり」+「て」.

29) 「かくる【隠る】[下2]숨다」의 連用形「かくれ」+「たり[助動]완료·존속」의 連用形「たり」+「き[助動]회상·과거」의 連体形「し」+「が[助詞]역접」.

30) 「きのえ【甲】갑. 십간(十干;じっかん)의 첫 번째」+「さる【申】신. 십이지(十二支;じゅうにし)의 아홉 번째」+「の[助詞]」+「とし【年】해. 년」+「に[助詞]」+「いたる【至る·到る】[4]이르다. 도달하다」의 連用形「いたり」+「て」.

31) 「てんか【天下】천하」+「たいしゃ【大赦】대사. 법령에 정해진 죄에 대한 형벌 집행을 사면하는 것」+「あり【有り】[ラ変]있다」의 連用形「あり」+「て」

32) 「とがにん【咎人·科人】죄과가 있는 사람. 죄인」+「ことごとく【悉く·尽く】[副]모두. 남김없이」.

33) 「ゆるす【許す·赦す】[4]풀어주다. 사면하다. 면제하다」의 未然形「ゆるさ」+「る[助動]수동」의 連用形「れ」+「けり[助動]회상·과거」의 連体形「ける」+「に[助詞]」+「よる【因る·由る·拠る·依る】[4]기인하다. 의거하다. ~에 따르다」의 連用形「より」+「て」.

34) 「さんちゅう【山中】산중」+「より[助詞]기점. ~로부터」+「いづ【出づ】[下2]나오(가)다」의 連用形「いで」+「て」.

35) 「に[助詞]」+「かへる【帰る·還る】[4]돌아오(가)다」의 連用形「かへり」+「けり[助動]회상·과거」의 連体形「ける」+「に[助詞]~하니. ~하는데」.

き]て37)、しバらく38)建陽(けんやう)と、いふところに、ゆきいたりて39)、駅(えき)にとゞまる40)。

➩ 아내인 이 씨는 이미 죽었다고 듣고서 한동안 건양이라 하는 곳에 이르러서 역에 머문다.

❑ そのゝち41)、つちのえ子(ね)のとしに42)、又[また]43)、魏(ぎ)参政(さんせい)44)天[てん]祐(ゆう)と、いふもの45)、都[みやこ]にきたれり46)。

➩ 그 후 무자년에 다시 위 참정 천우라고 하는 자가 도읍에 왔다.

---

36) 「つま【妻】 처. 아내」＋「の[助詞]~인」＋「り【李】 이」＋「し【氏】 씨」＋「は[助詞]」.

37) 「はや【早】[副]빨리. 벌써. 이미」＋「むなし【空し·虚し】[形シク]덧없다. 무상하다. 죽었다」의 連用形「むなしく」＋「なる【成る·為る】[4]되다」의 連用形「なり」＋「たり[助動]완료·존속」＋「と[助詞]~라고」＋「きく【聞く】[4]듣다」의 連用形「きき」＋「て」.

38) 「しばらく【暫く·須臾】[副]잠시. 한동안」.

39) 「と[助詞]~라고」＋「いふ【言ふ·云ふ】[4]말하다」의 連体形「いふ」＋「ところ【所·処】곳」＋「に[助詞]」＋「ゆきいたる【行き至る】[4]거기에 도착하다. 도달하다」의 連用形「ゆきいたり」＋「て」.

40) 「えき【駅】 역. 역참」＋「に[助詞]」＋「とどまる【止まる·留まる·停まる】[4]머물다. 체재하다. 남다」.

41) 「その【其の】[連体]그」＋「のち【後】 후. 나중」.

42) 「つちのえ【戊】 무. 십간(十干;じっかん)의 다섯 번째」＋「ね【子】 자. 십이지(十二支;じゅうにし)의 첫 번째」＋「の[助詞]」＋「とし【年】 해. 년」＋「に[助詞]」.

43) 「また【又·亦·復】[副]다시. 같이. 달리. 또한. 게다가」.

44) 〈표준국어대사전〉에 의하면「참정(參政)」은「참지정사(參知政事)」와 같은 말이라 한다. 또한「참지정사」에 대해서는「고려 시대에, 중서문하성에 속한 종이품 벼슬. 목종 때에 종래의 문하평리를 고친 것으로, 충렬왕 1년(1275)에 첨의평리로 고쳤던 것을 공민왕이 다시 이것으로 고쳤다가 첨의평리로 고쳤다」고 풀이한다. 본문의「参政(さんせい)」는『広辞苑』에「①정치에 참여하는 것 ②執政(しっせい;에도시대에는 막부의 정사를 총할한 최고 벼슬인 老中[ろうじゅう]) 다음에 자리하여 정치에 참여하는 직(職). 에도(江戸)막부의 若年寄(わかどしより;에도막부 쇼군[将軍] 직속의 벼슬 이름) 등」라는 풀이가 있다.

45) 「と[助詞]~라고」＋「いふ【言ふ·云ふ】[4]말하다」의 連体形「いふ」＋「もの【者】 사람」.

46) 「みやこ【都】 도읍」＋「に[助詞]」＋「きたる【来る】[4]오다」의 命令形「きたれ」＋「り[助動]완료·존속」.

❑ 謝枋得(じやハうとく)をめして47)、北[きた]のかたに、ゆかしめ48)、官(くわん)をすゝめて49)、つかへしめん、とするに50)、さらに、うけがハず51)。

➪ 사방득을 불러서 북쪽으로 가게 하여 벼슬을 권하여 섬기게 하려 하는데 절대로 받아들이지 않는다.

❑「たとひ、北[きた]のかたに、ゆかざるをもつて52)、命(いのち)をうしなふとも53)、又[また]、何[なん]のうらみか、あらん54)。

➪ "설령 북쪽으로 가지 않음으로써 목숨을 잃더라도 또한 무슨 원한이 있겠는가?

❑ 死(し)すと云[いう]とも55)、なんじらにハ56)、したがふへからず57)。」

---

47)「を[助詞]」+「めす【召す·見す·看す】[4]보시다. 불러들이시다. 불러내서 자리에 앉히다. 명(命)하시다. 윗사람의 명에 따라 붙잡다. 죄수로 만들다」의 連用形「めし」+「て」.

48)「きた【北】북」+「の[助詞]」+「かた【方】방향. 쪽」+「に[助詞]」+「ゆく【行く】[4]가다」의 未然形「ゆか」+「しむ[助動]사역. ~시키다」의 連用形「しめ」.

49)「くわん→かん【官】관. 벼슬」+「を[助詞]」+「すすむ[下2]→すすめる【勧める·奨める·薦める】[下1]권유하다. 장려하다. 추천하다」의 連用形「すすめ」+「て」.

50)「つかふ[下2]→つかえる【仕える】[下1]①윗사람 가까이에서 섬기다. 모시다 ②관직을 수행하다」의 未然形「つかへ」+「しむ[助動]사역. ~시키다」의 未然形「しめ」+「む[助動]추량·의지」→「ん」+「と[助詞]」+「す[サ変]하다」의 連体形「する」+「に[助詞]~하니. ~하는데」.

51)「さらに【更に】[副]강한 부정. 절대로 ~가 아니다. 전혀 ~지 않다」+「うけがふ【肯ふ】[4]이해하다. 승낙하다」의 未然形「うけがは」+「ず[助動]부정」.

52)「たとひ【縦ひ·仮令·縦令】[副]①만일. 만약에 ②만일 그렇다 해도. 비록」+「きた【北】북」+「の[助詞]」+「かた【方】쪽」+「に[助詞]」+「ゆく【行く】[4]가다」의 未然形「ゆか」+「ざり[助動]부정」의 連体形「ざる」+「を[助詞]」+「もって【以て】(〈を[助詞]〉에 이어져서)수단이나 원인 등을 나타냄. ~로써. ~때문에」.

53)「いのち【命】목숨」+「を[助詞]」+「うしなふ【失ふ】[4]잃다」의 終止形「うしなふ」+「とも[助詞]역접의 가정조건. ~해도」.

54)「また【又·亦·復】[副]다시. 같이. 달리. 또한. 게다가」+「なん【何】[代]어떤」+「の[助詞]」+「うらみ【恨み·怨み·憾み】[名]원망. 원한. 불만. 유감」+「か[係助詞]의문·질문」(문말은 連体形)+「あり【有り】[ラ変]있다」의 未然形「あら」+「む[助動]추량·의지」의 連体形「む」(앞의 〈か〉에 호응)→「ん」.

55)「しす【死す】[サ変]죽다」+「と[助詞]~라고」+「いふ【言ふ·云ふ】[4]말하다」의 終止形

と、いふて58)、すこしも、かたふく心[こころ]なし59)。

➩ 죽는다 하더라도 너희들에게는 따르지 않을 것이다."라고 하고 조금도 기울어지는 마음이 없다.

❑ されども、このたびハ60)、のがるまじきを、しりて61)、ミづから断食(だんしき)して62)、死(し)せんとす63)。

➩ 하지만 이번에는 벗어날 수 없을 것을 알고서 스스로 단식하여 죽으려 한다.

❑ 魏(ぎ)参政(さんせい)、さま〳〵かたらひけれとも64)、更(さら)に、ものをも、いはず65)。

「いふ」+「とも[助詞]~해도」.

56) 「なんぢ→なんじ【汝·爾】[代]아랫사람을 가리키는 말. 너」(〈-じ〉는 歴史的仮名遣에 어긋남)+「ら【等】[接尾]복수(複数)를 나타냄. ~들」+「に[助詞]」+「は[助詞]」.

57) 「したがふ【従ふ·随ふ·順ふ】[4]말하는 대로 따르다. 거스르지 않다」의 終止形「したがふ」+「べかり[助動]추량·가능 등」의 未然形「べから」(〈へ-〉는 無濁点표기)+「ず[助動]부정」.

58) 「と[助詞]~라고」+「いふ【言ふ·云ふ】[4]말하다」+「て」(〈ユーテ〉로 읽음).

59) 「すこしも【少しも】[副]조금이라도. 조금도」+「かたぶく【傾く】[4]기울어지다」의 連体形「かたぶく」(〈-ふ-〉는 無濁点표기)+「こころ【心】마음. 뜻」+「なし【無し】[形ク]없다」.

60) 「されども【然れども】[接続]그렇지만. 그러나」+「この【此の·斯の】[連体]이」+「たび【度】때. 번」+「は[助詞]」.

61) 「のがる【逃る·遁る】[下2]벗어나다. 도망치다」의 終止形「のがる」+「まじ[助動]부정의 추량(~않을 것이다). 불가능으로 생각되는 것(~할 수 있을 것 같지 않다)」의 連体形「まじき」+「を[助詞]」+「しる【知る】[4]알다」의 連用形「しり」+「て」.

62) 「みづから【自ら】[副]스스로. 친히」+「だんじき【断食】단식」(〈-し-〉는 無濁点표기)+「す[サ変]하다」의 連用形「し」+「て」.

63) 「しす【死す】[サ変]죽다」의 未然形「しせ」+「む[助動]추량·의지」→「ん」+「と[助詞]」+「す[サ変]하다」.

64) 「さまざま【様様】여러 가지」+「かたらふ[4]→かたらう【語らう】[5]서로 이야기 나누다. 친교하다. 설득하여 한패에 끌어들이다」의 連用形「かたらひ」+「けり[助動]회상·과거」의 已然形「けれ」+「ども[助詞]역접의 확정조건」.

65) 「さらに【更に】전혀 ~지 않다」+「もの【物】것. 말」+「を[助詞]」+「も[助詞]」(〈をも〉는 '~까지도·~조차도'의 뜻)+「いふ【言ふ·云ふ】[4]말하다」의 未然形「いは」+「ず[助

➪ 위 참정이 여러 가지로 설득했지만 전혀 말조차도 하지 않는다.

❑ そのうへに66)、なを無礼(ぶれい)を、いたしけり67)。

➪ 게다가 더욱 무례를 힘썼다.

❑ 魏(ぎ)参政(さんせい)が、いはく68)、「封疆(ほうきやう)の臣(しん)ハ69)、まさに封疆(ほうきやう)に死(し)すべし70)、

➪ 위 참정이 말하길 “봉강의 신하는 마땅히 봉강에서 죽어야 한다.

❑ しからハ71)、なんぢ、そのかみ72)安仁(あんじん)のいくさに73)、まけたりしとき74)、なんぞ死(し)なずして75)、今[いま]までは76)、いのちを、たもちけるぞや77)。」と。

動]부정」.

66) 「そのうへ【其の上】[接続]게다가. 덧붙여서」+「に[助詞]」.

67) 「なほ→なお【猶・尚】[副]아직. 여전히. 그래도 역시. 더욱」(〈-を〉는 정서법에 어긋남)+「ぶれい【無礼】무례」+「を[助詞]」+「いたす【致す】[4]하다. 온힘을 쏟다」의 連用形「いたし」+「けり[助動]회상・과거」.

68) 「が[助詞]~이」+「いはく【曰く】말하길. 이르길」.

69) 「ほうきやう→ほうきょう【封疆・封境】봉강. 봉토(封土)의 경계. 영토의 경계」+「の[助詞]」+「しん【臣】신. 신하」+「は[助詞]」.

70) 「まさに【正に】[副]①틀림없이. 분명 ②바로 지금. 이제라도 ③당연히(뒤에 〈べし〉가 옴)」+「ほうきやう【封疆・封境】봉강」+「に[助詞]」+「しす【死す】[サ変]죽다」의 終止形「しす」+「べし[助動]의무・당연・추량・가능・의지 등」.

71) 「しからば【然らば】[接続]그렇다면. 그러면」(〈-は〉는 無濁点표기). 이는「しかり【然り】[ラ変]그러하다」의 未然形「しから」+「ば[助詞]가정조건」로도 분석할 수 있다.

72) 「なんぢ【汝・爾】[代]너」+「その【其の】[連体]그」+「かみ【上】위. 옛날」.

73) 「安仁(あんじん): 중국의 지명인 듯」+「の[助詞]」+「いくさ【軍・戦】전쟁」+「に[助詞]」.

74) 「まく[下2]→まける【負ける】[下1]지다」의 連用形「まけ」+「たり[助動]완료・존속」의 連用形「たり」+「き[助動]회상・과거」의 連体形「し」+「とき【時】때」.

75) 「なんぞ【何ぞ】[副]어찌」+「しぬ【死ぬ】[4]죽다」의 未然形「しな」+「ず[助動]부정」의 連用形「ず」+「して[助詞](連用形에 접속)~인 상태로」.

76) 「いま【今】현재. 지금. 이 국면」+「まで【迄】[助詞]~까지」+「は[助詞]」.

77) 「いのち【命】목숨」+「を[助詞]」+「たもつ【保つ】[4]지키다. 유지하다」의 連用形「た

➩ 그러면 너는 그 옛날 안인의 싸움에서 졌을 때 어찌 죽지 아니하고 이제껏 목숨을 지켰던 것인가?"라고.

❑ 謝(じや)はうとく、こたへて、いはく78)、「程嬰(ていえい)、杵旧79)(しよきう)80)の二人[ふたり]ハ81)、太子(たいし)をかくして82)、山中(さんちう)にこもり83)、

➩ 사방득이 대답하여 이르길, "정영과 저구 두 사람은 태자를 숨겨 산속에 숨어서,

❑ 一人[ひとり]ハ死(し)して84)、一人[ひとり]はのこれり85)。これ、いのちのためならんや86)、

もち」+「けり[助動]회상·과거」의 連体形 「ける」+「ぞや[助詞]~인 것인가?」.

78) 「こたふ【答ふ·応ふ】[下2]대답하다」의 連用形 「こたへ」+「て」+「いはく【曰く】말하길. 이르길」.

79) 본문에는 「旧」인데 〈한문본〉 및 〈언해본〉은 「臼」다. 두 글자 모두 일본어로는 「きう→きゅう」로 읽는다.

80) 「정영(程嬰)」과 「저구(杵臼)」에 관련한 이야기는 한문본에는 「程嬰. 杵臼. 一死於前. 一死於後」로만 되어 있으나 〈언해본〉에서는 이를 다음과 같이 기술하고 주석을 붙이고 있다. 「程嬰과 杵臼왜 ᄒᆞ나ᄒᆞᆫ 몬져 죽고 ᄒᆞ나ᄒᆞᆫ 後에 주그니《趙朔이 晉 成公ㅅ 누위니믈 어럿더니 屠岸賈ㅣ 趙朔이ᄅᆞᆯ 주기고 아ᅀᆞᆷ 조쳐 다 주겨ᄂᆞᆯ 趙朔의 겨지비 아기 ᄇᆡ여 잇다가 公宮애 ᄃᆞ라가 드니라 趙朔ᄋᆡ 손 公孫 杵臼ㅣ 손 程嬰이ᄃᆞ려 닐오ᄃᆡ 언뎨 죽디 아니ᄒᆞᄂᆞᆫ다 程嬰이 닐오ᄃᆡ 趙朔ᄋᆡ 겨지비 아기 ᄇᆡ옛ᄂᆞ니 幸혀 아ᄃᆞᆯ옷 나ᄒᆞ면 울월오 ᄯᆞ리면 내 ᄌᆞᄂᆞᆨᄌᆞᄂᆞ기 주구리라 아니 오라아 아ᄃᆞᆯ 나하ᄂᆞᆯ 屠岸賈ㅣ 듣고 公宮에 얻다가 몯ᄒᆞ야ᄂᆞᆯ 程嬰이 닐오ᄃᆡ 당다이 또 어드리라 ᄒᆞ야ᄂᆞᆯ 杵臼ㅣ 다ᄅᆞᆫ 아기 업고 뫼해 가 수멋것늘 모다 아기 조쳐 자바주견마ᄅᆞᆫ 趙朔ᄋᆡ 아기ᄂᆞᆫ 程嬰의게 가 사라 나니라》」.

81) 「の[助詞]」+「ふたり【二人】두 사람」+「は[助詞]」.

82) 「たいし【太子】태자」+「を[助詞]」+「かくす【隠す】[4]숨기다」의 連用形 「かくし」+「て」.

83) 「さんちゅう【山中】산중」+「に[助詞]」+「こもる【籠る·隠る】[4]들어가 있다. 숨어있다. 농성하다」의 連用形 「こもり」.

84) 「ひとり【一人】한 사람」+「は[助詞]」+「しす【死す】[サ変]죽다」의 連用形 「しし」+「て」.

85) 「ひとり【一人】한 사람」+「は[助詞]」+「のこる【残る】[4]남다」의 命令形 「のこれ」+「り[助動]완료·존속」.

86) 「これ【此·是】[代]이것. 이사람」+「いのち【命】목숨」+「の[助詞]」+「ため【為】위함」+「なり[助動]단정·지정」의 未然形 「なら」+「む[助動]추량·의지」→「ん」+「や[係助詞]의문·질문」.

➩ 한 사람은 죽고 한 사람은 남았다. 이것이 목숨 때문이겠는가?

❑ 漢(かん)のわうまう[87]、天下[てんか]をうバふて[88]、十四[じゅうよ]年(ねん)をへて[89]、龔勝(けうせう)[90]すでに死(し)したり[91]。

➩ 한나라의 왕망(王莽)이 천하를 훔쳐 14년을 지나 공승이 이제 죽었다.

❑ 死(し)することハ[92]、まことに太山(たいさん)よりもおもく[93]、又[また]、鴻毛(かうまう)よりもかろし[94]。

➩ 죽는 것은 참으로 태산보다 무겁고 또한 홍모보다도 가볍다.

❑ 忠臣(ちうしん)の、敵(てき)をはかるには[95]、命(いのち)を論(ろん)ずるものにあらず[96]、死(し)すべきときに、あらずして[97]、死(し)す

---

87) 「かん【漢】 한나라」+「の[助詞]」+「わうまう → おうもう【王莽】 왕망. 전한(前漢) 말기 찬립자(簒立者)」.

88) 「てんか【天下】 천하」+「を[助詞]」+「うばふ【奪ふ】[4]빼앗다. 훔치다」+「て」.

89) 「ねん【年】 년」+「を[助詞]」+「ふ[下2] → へる【経る・歴る】[下1]지나다. 경과하다」의 連用形 「へ」+「て」.

90) 「왕망(王莽;わうまう→おうもう)」과 「공승(龔勝;けうせう → きょうしょう)」은 〈8. 龔勝推印〉에 등장하는 인물이다.

91) 「すでに【既に・已に】[副]이미. 이제」+「しす【死す】[サ変]죽다」의 連用形 「しし」+「たり[助動]완료・존속」.

92) 「しす【死す】[サ変]죽다」의 連体形 「しする」+「こと【事】 것. 일」+「は[助詞]」.

93) 「まことに【真に・実に・誠に】[副]정말로. 거짓 없이」+「たいざん【太山】 태산」(〈-さ-〉는 無濁点표기)+「より[助詞]비교의 기준. ~보다」+「も[助詞]」+「おもし【重し】[形ク]무겁다」의 連用形 「おもく」.

94) 「また【又・亦・復】[副]같이. 또한」+「こうもう【鴻毛】 홍모. 기러기의 깃털. 매우 가벼운 것의 비유」(〈か-〉는 정서법에 어긋남)+「より[助詞]~보다」+「も[助詞]」+「かろし【軽し】[形ク]가볍다」.

95) 「ちゅうしん【忠臣】 충신」+「の[助詞]현대일본어 〈が〉의 쓰임」+「てき【敵】 적」+「を[助詞]」+「はかる【計る・測る・量る・図る・謀る・諮る】[4]계산하다. 재다. 생각하다. 짐작하다. 기회를 엿보다. 기도하다. 꾀하다. 속이다」의 連体形 「はかる」+「に[助詞]~하는데」+「は[助詞]」.

96) 「いのち【命】 목숨」+「を[助詞]」+「ろんず【論ず】[サ変]논하다. 따지다」의 連体形 「ろんずる」+「もの【物・者】 것. 사람」+「に[助詞]」+「あり【有り】[ラ変]있다」(〈-にあり〉는

るといふ、ミちやある98)。

➩ 충신이 적을 도모하는 데는 목숨을 논할 것이 아니다. 죽어야할 때가 아닌데 죽는다고 하는 도리가 있겠는가?

❑ 但(たゞ)し99)、わか葬礼(さうれい)の具(ぐ)ハ100)、今[いま]すでに、さだめたり101)、汝(なんぢ)ハ、これを、しるべからず102)。」と、いふて103)、

➩ 다만 나의 장례 방법은 현재 이미 정해졌다. 너는 이를 알 수 없을 것이다."라고 하고서,

❑ 又[また]、食(しよく)をたつ事[こと]104)、二十四日[にじゅうよっか]に、いたれとも105)、さらに死(し)せず106)。

현대일본어 〈-である〉의 쓰임)의 未然形「あら」+「ず[助動]부정」(〈あらず〉는 현대일본어의 〈ない〉에 해당).

97) 「しす【死す】[サ変]죽다」의 終止形「しす」+「べし[助動]의무·당연·추량·가능 등」의 連体形「べき」+「とき【時】때」+「に[助詞]」+「あり【有り】[ラ変]있다」의 未然形「あら」+「ず[助動]부정」(〈-にあらず〉는 '~이 아니다'의 뜻)의 連用形「ず」+「して[助詞](連用形에 접속)~인 상태로. ~로」.

98) 「しす【死す】[サ変]죽다」(여기에 본문과 같이 連体形인 〈しする〉가 쓰인 이유는 미상)+「と[助詞]~라고」+「いふ【言ふ·云ふ】[4]말하다」의 連体形「いふ」+「みち【道】길. 도리. 수단」+「や[係助詞]의문·질문」(문말은 連体形)+「あり【有り】[ラ変]있다」의 連体形「ある」(앞의 〈や〉에 호응).

99) 「ただし【但し】[接続]다만. 그런데」.

100) 「わが【我が·吾が】[連体]나의. 자신의」(〈-か〉는 無濁点표기)+「さうれい→そうれい【葬礼】장례」+「の[助詞]」+「ぐ【具】그릇. 수단·재료. 동반자. 건더기. 특정한 사람이 착용하는 의복」+「は[助詞]」.

101) 「いま【今】현재. 지금. 이 국면에」+「すでに【既に·已に】[副]이미. 모두」+「さだむ[下2]→さだめる【定める】[下1]결정하다」의 連用形「さだめ」+「たり[助動]완료·존속」.

102) 「なんぢ【汝·爾】[代]너」+「は[助詞]」+「これ【此·是】[代]이것. 이사람」+「を[助詞]」+「しる【知る】[4]알다」의 終止形「しる」+「べかり[助動]추량·가능 등」의 未然形「べから」+「ず[助動]부정」.

103) 「と[助詞]~라고」+「いふ【言ふ·云ふ】[4]말하다」+「て」.

104) 「また【又·亦·復】[副]다시. 또한. 게다가」+「しよく【食】식사. 음식」+「を[助詞]」+「たつ【絶つ·断つ】[4]끊다」의 連体形「たつ」+「こと【事】것. 일」.

➪ 다시 음식을 끊는 것이 24일에 이르렀지만 또한 죽지 않는다.

❏「われ、こゝに、とゞまるへからず107)。」とて108)、采石(さいせき)の江(え)109)を、わたりて110)、すこしき庵(いほ)りを、むすびて111)、

➪ “나는 여기에 머무를 수 없다.”라고 하고 채석강을 건너서 작은 초막을 짓고,

❏ たゞ野菜(やさい)と菓(このミ)とを、くらひて112)、五[ご]穀(こく)をくらハず113)。

➪ 그저 야채와 열매를 먹고 오곡을 먹지 않는다.

❏ かくて114)、月日[つきひ]をかさぬるほとに115)、やうやく、ちからを

---

105)「に[助詞]」+「いたる【至る·到る】[4]이르다. 도달하다」의 已然形「いたれ」+「ども[助詞]역접의 확정조건」(〈と-〉는 無濁点표기).

106)「さらに【更に】[副]①또한. 거듭. 더욱 ②새로이 ③강한 부정. 절대로 ~가 아니다. 전혀 ~지 않다」+「しす【死す】[サ変]죽다」의 未然形「しせ」+「ず[助動]부정」.

107)「われ【我·吾】[代]나」+「ここ【此処·此所·此·是·爰】[代]여기」+「に[助詞]」+「とどまる【止まる·留まる·停まる】[4]머물다. 체재하다. 남다」의 終止形「とどまる」+「べかり[助動]추량·가능 등」의 未然形「べから」+「ず[助動]부정」.

108)「とて[助詞]인용. ~라 해서. ~라는 것으로. ~라는 이름으로」.

109)「江」는 일본어로「え」나「こう」로 읽는다.「え【江】」는 원래 강이나 바다 호수 등에 대한 일반적인 호칭인데 〈바다나 호수의 일부분이 육지로 파고들어 와 있는 곳. 만(灣)〉의 뜻으로 쓰이는 경우가 많고,「こう【江】」는 〈큰 강〉의 뜻이다. 참고로 〈한문본〉에는「江」이 없고 〈언해본〉에도 이를 언급하지 않는다.

110)「を[助詞]」+「わたる【渡る】[4]건너다」의 連用形「わたり」+「て」.

111)「すこしき【少しき】수량이나 정도 따위가 적은 것. 용량 따위가 작은 것」(〈すこし【少し·寡し】[副]조금. 작은〉가 連体形으로 활용한 것으로도 볼 수 있다)+「いほり→いおり【庵·廬】풀이나 나무 따위로 만든 허름한 집. 오두막집」+「を[助詞]」+「むすぶ【結ぶ】[4]매다. 묶다. 잇다. 매듭을 짓다」의 連用形「むすび」+「て」.「いほりをむすぶ」는 ‘풀로 엮어 집을 짓다’의 뜻.

112)「ただ【只·唯】[副]단지. 오직. 그저」+「やさい【野菜】야채. 채소」+「と[助詞]~와」+「このみ【木の実】열매. 과일」(본문의 〈果〉는 〈くわ→か〉와 같이 音으로만 읽으며 〈木の実〉의 뜻이다)+「と[助詞]~와」+「を[助詞]」+「くらふ【食らふ】[4]먹다. 생활하다」의 連用形「くらひ」+「て」.

113)「ごこく【五穀】오곡(쌀, 보리, 수수, 조, 콩)」+「を[助詞]」+「くらふ【食らふ】[4]먹다」의 未然形「くらは」+「ず[助動]부정」.

とろへ116)、身[み]もつかれたり117)、

➩ 이렇게 세월을 보내니 점점 힘이 쇠하고 몸도 야위었다.

❑ つちのとの丑(うし)のとし118)四月[しがつ]に燕京(えんけい)におもむきて119)、同[おな]し月[つき]の五日[いつか]に120)、道[みち]にして121)、むなしく成[なり]にけり122)。

➩ 기축년 4월에 연경으로 가서 같은 달 5일에 길에서 죽고 말았다.

---

114) 「かくて【斯くて】[副·接続]이러해서. 이렇게 해서. 그건 그렇고」.

115) 「つきひ【月日】달과 태양. 시일. 시간」+「を[助詞]」+「かさぬ[下2]→かさねる【重ねる】[下1]겹치다. 쌓다. 더하다. 반복하다. 거듭하다」의 連体形「かさぬる」+「ほどに【程に】①~하면. ~하는 사이에 ②원인·이유. ~이므로」(〈-と-〉는 無濁点표기).

116) 「やうやく→ようやく【漸く】[副]점점. 점차. 겨우. 이미, 마침내」+「ちから【力】힘. 기력」+「おとろふ[下2]→おとろえる【衰える】[下1] 약한 상태가 되다. 쇠약하다. 수척해지다」의 連用形「おとろへ」(〈を-〉는 정서법에 어긋남).

117) 「み【身】몸. 처지」+「も[助詞]」+「つかる[下2]→つかれる【疲れる】[下1]지치다. 약해지다. 피폐하다. 굶다」의 連用形「つかれ」+「たり[助動]완료·존속」.

118) 「つちのと【己】기. 십간(十干;じっかん)의 여섯 번째」+「の[助詞]」+「うし【丑】축. 십이지(十二支;じゅうにし)의 두 번째」+「の[助詞]」+「とし【年】해. 년」.

119) 「しがつ【四月】4월」+「に[助詞]」+「えんけい【燕京】연경. 중국 북경(北京)의 옛 이름」+「に[助詞]」+「おもむく【赴く·趣く】[4]그 방향으로 가다. 향해 가다」의 連用形「おもむき」+「て」.

120) 「おなじ【同じ】[連体]동일한. 같은」(〈-し〉는 無濁点표기)+「つき【月】달」+「の[助詞]」+「いつか【五日】5일」+「に[助詞]」.

121) 「みち【道】길」+「に[助詞]」+「して[助詞]」(〈~にして[連語]〉는 장소나 때를 나타냄. ~에서. ~에).

122) 「むなし【空し·虚し】[形シク]덧없다. 무상하다. 죽었다」의 連用形「むなしく」+「なる【成る·為る】[4]되다」의 連用形「なり」+「ぬ[助動]완료·존속」의 連用形「に」+「けり[助動]회상·과거」.

26. 和(くわ)尚(しやう)噀(そゝく)レ血(ちを)
화상이 피를 쏟다

❑ 金(きん)の正大(せいだい)五[ご]年[ねん]に1)、蒙古(まうこ)のつハもの2)八千[はっせん]よきにて3)、大昌原(だいしやうげん)と、いふところに、をしよせたり4)。

➪ 금나라 정대 5년에 몽고의 군사 8천여기로 대창원이라 하는 곳에 밀어닥쳤다.

❑ 郡(ぐん)の長吏(ちやうり)5)平章(へいしやう)合達(がつたつ)といふ人[ひと]6)、いくさ評定(ひやうぢやう)して7)、とふて、いはく8)、

➪ 군의 장리 평장 합달이라 하는 사람이 전쟁 평정하여 물어 이르길,

---

1) 「きん【金】금나라」+「の[助詞]」+「正大(せいだい); 정대. 중국 금나라 애종(哀宗) 치세 때 사용된 연호(1224-1232)」(ウィキペディア[Wikipedia]참조)+「ご【五】5」+「ねん【年】년」+「に[助詞]」.

2) 「もうこ【蒙古】몽고」+「の[助詞]」+「つはもの→つわもの【兵】무기. 병사. 용사」.

3) 「はっせん【八千】팔천」+「よ【余】여」+「き【騎】기. 말을 타는 것. 말을 탄 사람」+「にて[助詞]현대일본어의 〈で〉와 같은 쓰임. ~로」.

4) 「と[助詞]~라고」+「いふ【言ふ·云ふ】[4]말하다」의 連体形「いふ」+「ところ【所·処】곳」+「に[助詞]」+「おしよす[下2]→おしよせる【押し寄せる】[下1]거세게 밀려들다. 밀어붙이다」의 連用形「おしよせ」(〈を-〉는 정서법에 어긋남)+「たり[助動]완료·존속」.

5) 「ぐん【郡】군」+「の[助詞]」+「ちやうり→ちょうり【長吏】장리. 한(漢)나라 관제(官制)에서 비교적 높은 봉록을 받는 관리」(〈표준국어대사전〉에는 〈장리(長吏)〉가 수령(守令)과 같은 말로 풀이되어 있다).

6) 「と[助詞]~라고」+「いふ【言ふ·云ふ】[4]말하다」의 連体形「いふ」+「ひと【人】사람」.

7) 「いくさ【軍·戦】병사. 군대. 전쟁」+「ひやうぢやう→ひょうじょう【評定】평정. 사람들의 모여서 평의(評議)하여 결정하는 것. 평결」+「す[サ変]하다」의 連用形「し」+「て」.

8) 「とふ【問ふ】[4]묻다」+「て」+「いはく【曰く】말하길」.

❑「たれか、先陣(せんぢん)にすゝみて[9]、君[きみ]のために[10]忠戦(ちうせん)[11]の功(こう)を、ほどこすべき[12]。」と。

➪ "누가 선봉으로 나아가서 주군을 위해 충성된 싸움의 공을 펼치겠는가?"라고.

❑時[とき]に[13]完顔(くわんがん)陳和尚(ちんくわしやう)、すゝみ出[いで]て、いはく[14]、

➪ 때에 완안진화상이 나아가서 말하길,

❑「それがし[15]、物[もの]の数(かず)ならず、と、いへども[16]、一陣[いちじん]に[17]まかりむかふて[18]、賊(ぞく)をしりぞけ侍[は]べらん[19]。」

---

9) 「たれ【誰·孰】[代]누구」+「か[係助詞]의문·질문」(문말은 連体形)+「せんぢん→せんじん【先陣】선진. 본진 앞에 배치된 부대. 선봉」+「に[助詞]」+「すすむ【進む】[4]앞에 나가다. 전진하다」의 連用形「すすみ」+「て」.

10) 「きみ【君】주군. 임금」+「の[助詞]」+「ため【為】」+「に[助詞]」(〈~の(が)ために〉의 꼴로 '이익·이유·목적'의 뜻. ~때문에. ~위해).

11) 「忠戦」은 일본 사전에 등재되지 않은 말이다. 그런데〈표준국어대사전〉에는「충전(忠戰)」이 '충의를 위하여 싸움'으로 풀이되어 있다.

12) 「の[助詞]」+「こう【功】공」+「を[助詞]」+「ほどこす【施す】[4]널리 펼치다. 베풀다. 드러내다. 행하다」의 終止形「ほどこす」+「べし[助動]의무·당연·추량·가능 등」의 連体形「べき」(앞선〈か〉에 호응).

13) 「ときに【時に】[副]그때에. 때마침. 때때로」.

14) 「すすむ【進む】[4]앞에 나가다. 전진하다」의 連用形「すすみ」+「いづ【出づ】[下2]나가다」의 連用形「いで」+「て」+「いはく【曰く】말하길. 이르길」.

15) 「それがし【某】[代]①아무개 ②저」.

16) 「もののかず【物の数】열거할만한 것(대개 부정하는 말을 수반함)」+「なり[助動]단정·지정」의 未然形「なら」+「ず[助動]부정」+「と[助詞]~라고」+「いへども→いえども【雖も】[連語]~하지만. ~해도」.

17) 「いちぢん→いちじん【一陣】일진. 첫 번째 진. 선진. 적진에 첫 번째로 공격하는 것. 선봉」+「に[助詞]」.

18) 「まかる【罷る】[4](다른 동사의 앞에 붙여서)겸양의 뜻을 나타냄」의 連用形「まかり」+「むかふ【向かふ·対ふ】[4]향하다. 마주하다. 나아가다. 대항하다. 저항하다」+「て」.

19) 「ぞく【賊】도둑. 불충한 자. 반역한 자. 악행을 저지르는 자」+「を[助詞]」+「しりぞく[下2]→しりぞける【退ける·斥ける】[下1]물리치다. 격퇴하다. 멀리하다」의 連用形「しりぞけ」+「侍(はべ)り[助動]격식·정중」의 未然形「はべら」+「む[助動]추량·의지」→

と、いふて[20)]、

➪ "제가 변변치 못하다고 해도 선봉으로 나아가서 도적을 물리치겠습니다."라고 하고서,

❑ ミヅから[21)]、四百[よんひゃく]よきの勢(せい)をもつて[22)]、蒙古(まうこ)の八千[はっせん]よきに、いでむかひ[23)]、ふせぎたゝかひけるところに[24)]、

➪ 스스로 4백여 기의 병력으로써 몽고의 8천여 기에 맞서서 막아 싸웠는데,

❑ 蒙古(まうこ)のつハもの[25)]、いれかへ╲╱[26)]、せめけれども[27)]、陳和尚(ちんくわしやう)ミヅから、ほこをふりて[28)]、かけちらしけるほどに[29)]、

「ん」.

20) 「と[助詞]~라고」+「いふ【言ふ·云ふ】[4]말하다」+「て」.

21) 「みづから→みずから【自ら】[名]자기 자신. 나. [副]스스로. 친히」.

22) 「よんひゃく【四百】 사백」+「よ【余】 여」+「き【騎】 기」+「の[助詞]」+「せい【勢】 세. 힘. 병력」+「を[助詞]」+「もって【以て】(〈を[助詞]〉에 이어져서)수단이나 원인 등을 나타냄. ~로써. ~때문에」.

23) 「もうこ【蒙古】 몽고」+「の[助詞]」+「はっせん【八千】 8천」+「よ【余】 여」+「き【騎】 기」+「に[助詞]」+「いでむかふ【出で向ふ】[4]나아가다. 나가서 대면하다」의 連用形「いでむかひ」.

24) 「ふせぐ【防ぐ·拒ぐ】[4]막다」의 連用形「ふせぎ」+「たたかふ【戦ふ·闘ふ】[4]싸우다」의 連用形「たたかひ」+「けり[助動]회상·과거」의 連体形「ける」+「ところに【所に】[助詞]~하고 있는데. ~하고 있었지만」.

25) 「もうこ【蒙古】 몽고」+「の[助詞]」+「つはもの【兵】 병사」.

26) 「いれかふ[下2]→いれかえる【入れ替える·入れ換える】[下1]바꿔 넣다. 교체하다」의 連用形「いれかへ」+「いれかへ」.

27) 「せむ【攻む】[下2]공격하다」의 連用形「せめ」+「けり[助動]회상·과거」의 已然形「けれ」+「ども[助詞]역접」.

28) 「みづから【自ら】[副]스스로. 친히」+「ほこ【矛·戈·鉾·鋒·戟】 창」+「を[助詞]」+「ふる【振る·震る】[4]흔들다. 내두르다」의 連用形「ふり」+「て」.

29) 「かけちらす【駆け散らす】[4]말을 내달려서 적을 흐트러뜨리다」의 連用形「かけちらし」+「けり[助動]회상·과거」의 連体形「ける」+「ほどに【程に】 ①~하면. ~하는 사이

➪ 몽고의 군대가 번갈아서 쳤지만 진화상이 친히 창을 내두르며 말 달려 휘저었기에,

❑ その鋒(ほこ)さきに、むかふもの30)、きすを、かうふらす、と、いふ事[こと]なし31)。

➪ 그 창끝에 맞서는 자가 부상을 입지 않는다고 하는 적이 없다.

❑ 蒙古(まうこ)、このいきほひに32)、やふられて引(ひき)しりぞく33)。

➪ 몽고가 이 기세에 깨져서 물러선다.

❑ しかるに34)、陳和尚(ちんくわしやう)、いくさのかけひき35)、みな、その法(ほう)に、たがハず36)、はかりこと人[ひと]に、こえければ37)、

에 ②원인·이유. ~이므로」.

30) 「その【其の】[連体]그」+「ほこさき【矛先·鉾先·鋒】창끝. 공격방향. 예리한 기세」+「に[助詞]」+「むかふ【向かふ·対ふ】[4]향하다. 마주하다. 나아가다. 대항하다. 저항하다」의 連体形「むかふ」+「もの【者】자. 사람」.

31) 「きず【傷】상처. 부상」(〈-す〉는 無濁点표기)+「を[助詞]」+「かうぶる[4]→こうぶる【被る·蒙る】[5](〈こうむる〉의 옛 형태)(윗사람이나 강자의 동작을)받다」의 未然形「かうぶら」(〈-ふ-〉는 無濁点표기)+「ず[助動]부정」(〈す〉는 無濁点표기)+「と[助詞]~라고」+「いふ【言ふ·云ふ】[4]말하다」의 連体形「いふ」+「こと【事】것. 일」+「なし【無し】[形ク]없다」.

32) 「もうこ【蒙古】몽고」+「この【此の·斯の】[連体]이」+「いきほひ→いきおい【勢い】[名]기세. 세력」+「に[助詞]」.

33) 「やぶる【破る·敗る】[4]부수다. 이기다. 뭉개다」의 未然形「やぶら」(〈-ふ-〉는 無濁点표기)+「る[助動]수동」의 連用形「れ」+「て」+「ひきしりぞく【引き退く】[4]물러나다. 퇴각하다」.

34) 「しかるに【然るに】[接続]그런데. 하지만. 그건 그렇고」.

35) 「いくさ【軍·戦】병사. 군대. 전쟁」+「の[助詞]」+「かけひき【駆引き·懸引き】[名]전장에서 때를 살펴서 병마를 진퇴시키는 것. 흥정. 줄다리기」.

36) 「みな【皆】①[名]모든 사람. 전부 ②[副]남김없이. 모두」+「その【其の】[連体]그」+「はふ→ほう【法】법. 방식. 법도. 규정」+「に[助詞]」+「たがふ[4]→たがう【違う】[5]상위하다. 어긋나다」의 未然形「たがは」+「ず[助動]부정」의 連用形「ず」.

37) 「はかりごと【謀】(옛날에는 〈はかりこと〉)계략. 계책. 능력」+「ひと【人】사람. 남」+「に[助詞]」+「こゆ[下2]→こえる【越える·超える】[下1]넘다. 웃돌다」의 連用形「こえ」+「けり[助動]회상·과거」의 已然形「けれ」+「ば[助詞]확정조건. 원인·이유」.

➩ 그런데 진화상은 전쟁의 전술이 모두 그 법도에 어긋나지 않고 계책이 다른 사람을 웃돌았기에,

❑ 陣(ぢん)をやぶり[38]、敵(てき)をうつ事[こと][39]、たとへは[40]、なを風雨(ふうう)のごとし[41]。

➩ 진을 깨뜨리고 적을 치는 것이 이를테면 마치 비바람과 같다.

❑ つハもの、ミな[42]、これに、したがひて[43]、其[そ]人[ひと]を、おもくせり[44]。

➩ 병사들은 모두 이에 따라서 그 사람을 중히 여겼다.

❑ 爰(こゝ)に[45]、三[さん]峯(ほう)の城(じやう)にこもりしとき[46]、蒙古(まうこ)、又[また]、をしよせたり[47]。

---

38) 「ぢん→じん【陣】 진」+「を[助詞]」+「やぶる【破る·敗る】[4]부수다. 이기다. 뭉개다」의 連用形「やぶり」.

39) 「てき【敵】 적」+「を[助詞]」+「うつ【打つ·討つ·撃つ】[4]치다. 적을 쓰러뜨리다. 죽이다」의 連体形「うつ」+「こと【事】 것. 일」.

40) 「たとへば→たとえば【例えば】[副]예컨대. 이를테면」(〈-は〉는 無濁点표기).

41) 「なほ→なお【猶·尚】[副]아직. 여전히. 그래도 역시. 더욱」(〈-を〉는 정서법에 어긋남)+「ふうう【風雨】 바람과 비. 비바람」+「の[助詞]」+「ごとし【如し】[助動]~와 같다. ~와 닮았다」. 「なほ~のごとし」의 꼴로 '어떤 사물이나 사태가 다른 사물·사태와 빼닮았다'는 뜻으로 쓰인다.

42) 「つはもの【兵】 병사」+「みな【皆】 ①[名]모든 사람. 전부 ②[副]남김없이. 모두」.

43) 「これ【此·是】[代]이것. 이사람」+「に[助詞]」+「したがふ【従ふ·随ふ·順ふ】[4]따르다. 거스르지 않다. 맡기다」의 連用形「したがひ」+「て」.

44) 「その【其の】[連体]그」+「ひと【人】 사람」+「を[助詞]」+「おもし【重し】[形ク]무겁다. 귀중하다」의 連用形「おもく」+「す[サ変]하다」의 命令形「せ」+「り[助動]완료·존속」.

45) 「ここに【此に·是に·爰に·玆に】[接続]이야기를 시작하거나 화제 전환에 쓰이는 말. 그런데. 그래서. 이에. 그건 그렇고」.

46) 「の[助詞]」+「じやう→じょう【城】 성」+「に[助詞]」+「こもる【籠る·隠る】[4]들어가 있다. 숨어있다. 농성하다」의 連用形「こもり」+「き[助動]회상·과거」의 連体形「し」+「とき【時】 때」.

47) 「もうこ【蒙古】 몽고」+「また【又·亦·復】[副]다시. 또한」+「おしよす[下2]→おしよせる【押し寄せる】[下1]거세게 밀려들다. 밀어붙이다」의 連用形「おしよせ」(〈を-〉는

➪ 그런데 삼봉성에서 농성했을 때 몽고가 다시 밀어닥쳤다.

❑ 陳和尚(ちんくわしやう)、ちからを、つくして48)、ふせぎけれども49)、つハもの、ミな、うたれて50)、程[ほど]なく51)、城(じやう)もおちたりけり52)。

➪ 진화상이 힘을 다하여 막았지만 병사들이 모두 죽임 당하고 이내 성도 떨어져버렸다.

❑ 陳和尚(ちんくわしやう)ハ、鈞州(きんじう)をさして53)落(おち)たりけるが54)、ミづから出[いで]て、いはく55)、

➪ 진화상은 균주를 향해 도망쳤는데 스스로 나가서 말하길,

❑「我[われ]ハ、これ56)金(きん)の大[たい]将(しやう)57)完顔(くわんがん)

정서법에 어긋남)+「たり[助動]완료·존속」.

48) 「ちから【力】 힘」+「を[助詞]」+「つくす【尽くす】[4]노력하다. 힘쓰다」의 連用形「つくし」+「て」.

49) 「ふせぐ【防ぐ·禦ぐ·拒ぐ】[4]막다. 방어하다」의 連用形「ふせぎ」+「けり[助動]회상·과거」의 已然形「けれ」+「ども[助詞]역접」.

50) 「つはもの【兵】 병사」+「みな【皆】①[名]모든 사람. 전부 ②[副]남김없이. 모두」+「うつ【打つ·討つ·撃つ】[4]치다. 죽이다」의 未然形「うた」+「る[助動]수동」의 連用形「れ」+「て」.

51) 「ほどなし【程無し】[形ク]시간이 얼마 지나지 않다」의 連用形「ほどなく」(부사적인 용법. 얼마 지나지 않아서. 곧. 이내).

52) 「じやう→じょう【城】 성」+「も[助詞]」+「おつ[上2]→おちる【落ちる·墜ちる·堕ちる】[上1]떨어지다. 싸움에 지거나 해서 도망치다」의 連用形「おち」+「たり[助動]완료·존속」의 連用形「たり」+「けり[助動]회상·과거」.

53) 「を[助詞]」+「さす【差す·指す】[4]그 방향을 가리키다. 그쪽으로 향하다」의 連用形「さし」+「て」.

54) 「おつ【落つ·墜つ·堕つ】[上2]떨어지다. 싸움에 지거나 해서 도망치다」의 連用形「おち」+「たり[助動]완료·존속」의 連用形「たり」+「けり[助動]회상·과거」의 連体形「ける」+「が[助詞]역접」.

55) 「みづから【自ら】[副]스스로. 친히」+「いづ【出づ】[下2]나가다」의 連用形「いで」+「て」+「いはく【曰く】 말하길. 이르길」.

56) 「われ【我·吾】[代]나」+「は[助詞]」+「これ【此·是】[代]앞에 제시한 말을 재차 언급

陳和尚(ちんくわしやう)と、いふものなり[58]。

➪ "나는 바로 금나라 대장 완안진화상이라 하는 사람이다.

❑ 大昌原(しやうげん)衛州(えいじう)倒回谷(たうくわいこく)のいくさに、うちかちて[59]、敵(てき)をしりぞけ、なびかせしハ[60]、みなこれ[61]、わがほこさきのちからなり[62]。

➪ 대창원 위주 도회곡의 싸움에서 이겨서 적을 물리치고 굻렸던 것은 모두 이는 내 창끝의 힘이다.

❑ われ[63]、三[さん]峰(ほう)の乱(ミだ)れの中(なか)に[64]、うちじにせば[65]、人[ひと]ミな[66]国家(こつか)にそむくか、と[67]思[おも]ふべし[68]。

할 때 사용하는 말」.

57) 「きん【金】 금나라」+「の[助詞]」+「たいしやう→たいしょう【大将】 대장」.

58) 「と[助詞]~라고」+「いふ【言ふ·云ふ】[4]말하다」의 連体形 「いふ」+「もの【者】 사람」+「なり[助動]단정·지정」.

59) 「の[助詞]」+「いくさ【軍·戦】 싸움. 전쟁」+「に[助詞]」+「うちかつ【打ち勝つ·打ち克つ】[4]싸워 이기다. 극복하다」의 連用形 「うちかち」+「て」.

60) 「てき【敵】 적」+「を[助詞]」+「しりぞく【退く·斥く】[下2]물리치다. 격퇴하다」의 連用形 「しりぞけ」+「なびく【靡く】[4]펄럭이다. 복종하다. 따르다」의 未然形 「なびか」+「す[助動]사역. ~시키다」의 連用形 「せ」+「き[助動]회상·과거」의 連体形 「し」+「は[助詞]」.

61) 「みな【皆】 ①[名]모든 사람. 전부 ②[副]남김없이. 모두」+「これ【此·是】[代]이것. 이사람」.

62) 「わが【我が·吾が】[連体]나의. 자신의」+「ほこさき【矛先·鉾先·鋒】 창끝」+「の[助詞]」+「ちから【力】 힘」+「なり[助動]단정·지정」.

63) 「われ【我·吾】[代]나」.

64) 「の[助詞]」+「みだれ【乱れ】[名]혼란. 흐트러짐」+「の[助詞]」+「なか【中】 안. 가운데」+「に[助詞]」.

65) 「うちじに【討死】 전사」+「す[サ変]하다」의 未然形 「せ」+「ば[助詞]가정조건」.

66) 「ひと【人】 사람. 남」+「みな【皆】 ①[名]모든 사람. 전부 ②[副]남김없이. 모두」.

67) 「こっか【国家】 국가」+「に[助詞]」+「そむく【背く·叛く】[4]등지다. 배반하다」의 連体形 「そむく」+「か[係助詞]의문·질문」+「と[助詞]~라고」.

➪ 내가 삼봉의 혼란 통에 죽으면 다른 사람이 모두 국가에 거스르는가 생각할 것이다.

❑ われ今日[きょう][69]、こゝに、いづる事[こと]ハ[70]、わが死(し)を[71]、人[ひと]にしらせん、となり[72]。

➪ 내가 오늘 여기에 나서는 것은 나의 죽음을 다른 이에게 알리려는 것이다.

❑ さだめて天下[てんか]、かならず[73]、我[われ]をしるものあらん[74]。」と。

➪ 아마도 천하에 분명 나를 아는 자가 있을 것이다."라고.

❑ 蒙古(まうこ)、これを、とらへて[75]、「かうさんせよ[76]。」と、いへども[77]、耳(ミゝ)にも、さらに、聞[きき]いれす[78]。

---

68) 「おもふ【思ふ】[4]생각하다」의 終止形 「おもふ」+「べし[助動]의무·당연·추량·가능 등」.

69) 「われ【我·吾】[代]나」+「けふ→きょう【今日】오늘」.

70) 「ここ【此処·此所·此·是·爰】[代]여기. 이것」+「に[助詞]」+「いづ【出づ】[下2]나가다. 나오다」의 連体形 「いづる」+「こと【事】것. 일」+「は[助詞]」.

71) 「わが【我が·吾が】[連体]나의. 자신의」+「し【死】[名]죽음」+「を[助詞]」.

72) 「ひと【人】사람. 남」+「に[助詞]」+「しらす[下2]→しらせる【知らせる·報せる】[下1]알리다」의 未然形 「しらせ」+「む[助動]추량·의지」→「ん」+「と[助詞]」+「なり[助動]단정·해설. ~이다. ~인 것이다」.

73) 「さだめて【定めて】[副]아마도. 필시. 분명」+「てんか【天下】천하」+「かならず【必ず】[副]꼭. 반드시. 필시」.

74) 「われ【我·吾】[代]나」+「を[助詞]」+「しる【知る】[4]알다」의 連体形 「しる」+「もの【者】자. 사람」+「あり【有り】[ラ変]있다」의 未然形 「あら」+「む[助動]추량·의지」→「ん」.

75) 「もうこ【蒙古】몽고」+「これ【此·是】[代]이것. 이사람」+「を[助詞]」+「とらふ[下2]→とらえる【捕らえる·捉える】[下1]손으로 꽉 붙들다. 꽉 쥐다. 동물을 붙잡다. 포박하다」의 連用形 「とらへ」+「て」.

76) 「かうさん→こうさん【降参】항복」+「す[サ変]하다」의 命令形 「せよ」.

77) 「と[助詞]~라고」+「いふ【言ふ·云ふ】[4]말하다」의 已然形 「いへ」+「ども[助詞]역접」.

78) 「みみ【耳】귀」+「に[助詞]」+「も[助詞]」+「さらに【更に】[副]전혀 ~지 않다」+「ききいる[下2]→ききいれる【聞き入れる】[下1]들어서 마음에 담다. 받아들이다. 납득하다. 동의하다」의 未然形 「ききいれ」+「ず[助動]부정」(〈す〉는 無濁点표기).

➪ 몽고가 이를 붙잡아서 "항복하라."고 했지만 귓등으로도 전혀 듣지 않는다.

❑ 蒙古[もうこ]、大[おおい]に、いかりて79)、陳和尚(ちんくわしやう)か脛(はぎ)を、きる80)。

➪ 몽고가 크게 노하여 진화상의 정강이를 벤다.

❑ 和尚(くわしやう)、すこしも、いたまず81)、さま╲╱に悪口(あつこう)す82)。

➪ 화상은 조금도 괴로워하지 않고 여러 가지로 욕한다.

❑ 猶[なお]いかりて83)、口(くち)わきを、きりさきて84)、耳(ミゝ)にいたる85)。

➪ 더욱 노하여 입가를 찢어서 귀에 이른다.

❑ 血(ち)をそゝきながら86)、なを悪口(あつこう)して87)、死(し)したりけり88)。

---

79) 「もうこ【蒙古】 몽고」+「おおいに【大いに】[副]매우. 몹시. 많이」+「いかる【怒る】[4]화내다」의 連用形「いかり」+「て」.

80) 「が[助詞]현대일본어 〈の〉의 쓰임」+「はぎ【脛】 정강이」+「を[助詞]」+「きる【切る·斬る】[4]베다」.

81) 「すこしも【少しも】[副]조금이라도. 조금도」+「いたむ【痛む·傷む·悼む】[4]고통을 느끼다. 괴로워하다」의 未然形「いたま」+「ず[助動]부정」.

82) 「さまざま【様様】[形動ナリ]여러 가지」의 連用形「さまざまに」+「あっこう【悪口】 험담」+「す[サ変]하다」.

83) 「なほ→なお【猶·尚】[副]아직. 역시. 다시」+「いかる【怒る】[4]화내다. 노하다」의 連用形「いかり」+「て」.

84) 「くちわき【口脇】 입의 좌우 언저리. 입가」+「を[助詞]」+「きりさく【切り裂く】[4]잘라서 찢다. 절단하다」의 連用形「きりさき」+「て」.

85) 「みみ【耳】 귀」+「に[助詞]」+「いたる【至る·到る】[4]이르다. 도달하다」.

86) 「ち【血】 피」+「を[助詞]」+「そそぐ【注ぐ·灌ぐ】[4](옛날에는 〈そそく〉)흘리다. 떨구다. 쏟다」의 連用形「そそき」+「ながら【乍ら】[助詞]앞선 상태가 이어지는 모습」.

87) 「なほ→なお【猶·尚】[副]아직. 여전히. 그래도 역시. 더욱」(〈-を〉는 정서법에 어긋남)+「あっこう【悪口】 험담」+「す[サ変]하다」의 連用形「し」+「て」.

88) 「しす【死す】[サ変]죽다」의 連用形「しし」+「たり[助動]완료·존속」의 連用形「たり」+

➪ 피를 쏟으면서 여전히 욕하며 죽었던 것이다.

❑ 蒙古(まうこ)の大[たい]将軍(しやうぐん)89)、この有様[ありさま]を見[み]て90)、忠義(ちうぎ)をかんじ91)、馬潼(ばとう)92)を、をくりて93)、「好男子(かうだんし)なり94)。」と、ほめたり95)。

➪ 몽고의 대장군이 이 모습을 보고서 충의를 느껴서 마동을 보내서 "호남자다."라고 기렸다.

❑ 今年(ことし)、すでに96)四十一[よんじゅういっ]歳(さい)なり97)、

➪ 올해로 이제 41세다.

❑ みかど、すなハち詔(ぜう)をくだして98)、鎮南軍(ちんなんぐん)の節

「けり[助動]회상·과거」.

89) 「もうこ【蒙古】 몽고」+「の[助詞]」+「たいしやうぐん→たいしょうぐん【大将軍】 대장군」.

90) 「この【此の·斯の】[連体]이」+「ありさま【有様】 일의 모습. 상태. 처지」+「を[助詞]」+「みる【見る】[上1]보다」의 連用形「み」+「て」.

91) 「ちゅうぎ【忠義】 충의」+「を[助詞]」+「かんず【感ず】[サ変]느끼다. 감동하다. 감탄하다」의 連用形「かんじ」.

92) 「馬潼」은 사전에 등재되지 않은 말인데, 「潼」이 일본어에서는 「どう·とう」로 읽고 '강 이름'이나 '관문의 이름'으로 쓰이는 한자이므로, 문맥상 사람의 이름이나 또는 말과 관련한 어떤 물건으로 풀이해야 할 듯싶다. 그런데 이 부분은 〈한문본〉에 「蒙古將義之. 酹以馬湩曰」로 되어 있어서 한자가 다르며, 〈언해본〉에서는 「蒙古 將軍이 올히 너겨 ᄆᆞᆯ져즐 ᄡᅥ리며 닐오ᄃᆡ」로서 「馬湩(마동)」을 '말 젖'의 뜻으로 풀이하고 있다.

93) 「を[助詞]」+「おくる【送る·贈る】【送る】[4]보내다. 수여하다」의 連用形「おくり」(〈を-〉는 정서법에 어긋남)+「て」.

94) 「かうだんし→こうだんし【好男子】 호남자. 쾌활하고 사내다운 남자」+「なり[助動]단정·지정」.

95) 「と[助詞]~라고」+「ほむ[下2]→ほめる【誉める·褒める】[下1]축복하다. 칭찬하다. 상찬하다」의 連用形「ほめ」+「たり[助動]완료·존속」.

96) 「ことし【今年】 올해」+「すでに【既に·已に】[副]이미. 이제」.

97) 「さい【歳】 세」+「なり[助動]단정·지정」.

98) 「みかど【御門·帝】 황제. 천자」+「すなはち【即ち·則ち】[副]곧바로. 즉시」+「せう→しょう【詔】 임금의 명령. 조서(詔書)」(본문에서 〈ぜ-〉로 읽은 것은 미상)+「を[助

度使(せつとし)[99]を贈官(ぞうくわん)して[100]、

➪ 천자가 곧 조서를 내려서 진남군 절도사를 증관하고,

❑ そのかたちを[101]絵(ゑ)にかゝせ[102]、忠庿(ちうべう)[103]に褒(ほう)じ[104]、石碑(せきひ)をたてゝ[105]、

➪ 그 모습을 그림으로 그리게 하여 충의 사당에서 기리고 석비를 세워,

❑ 忠節(ちうせつ)の心[こころ]ざし[106]、ふかき事[こと][107]、あらハし給[たま]へり[108]。

➪ 충절의 뜻이 깊은 것을 드러내셨다.

詞」+「くだす【下す】[4]내리다. 하사하다」의 連用形「くだし」+「て」.

99) 「せつどし【節度使】중국의 당(唐) 오대(五代)에 설치되었던 군단(軍団)의 장관」. 한편 〈표준국어대사전〉에는 「절도사(節度使)」가 '①고려 시대에 둔 지방 장관. 성종 14년(995)에 두었다가 현종 때에 없애고 대신 안무사를 두었다. ②조선 시대에 둔 병마절도사와 수군절도사를 통틀어 이르는 말'로 풀이되어 있다.

100) 「を[助詞]」+「ぞうくわん→ぞうかん【贈官】증관. 생전에 공훈이 있던 사람에게 사후에 벼슬을 내리는 것」+「す[サ変]하다」의 連用形「し」+「て」.

101) 「その【其の】[連体]그」+「かたち【形·容】모습. 용모」+「を[助詞]」.

102) 「ゑ→え【絵】그림」+「に[助詞]」+「かく【書く·描く】[4]쓰다. 그리다」의 未然形「かか」+「す[助動]사역. ~시키다」의 連用形「せ」.

103) 「忠廟」(본문의 〈庿〉는 〈廟〉의 옛글자)는 사전에 등재되지 않은 말이다. 한자의 뜻에 기대 '충의 사당'으로 풀이할 수 있겠다.

104) 본문은 「ほうず」로 봐야겠는데 이는 사전에 등재되어 있지 않고 清音인「ほうす【褒す】[サ変]매우 칭찬하다. 칭송하다」가 있다.

105) 「せきひ【石碑】석비」+「を[助詞]」+「たつ[下2]→たてる【立てる·建てる】[下1]세우다」의 連用形「たて」+「て」.

106) 「ちゅうせつ【忠節】충절」+「の[助詞]」+「こころざし【志】마음이 향하는 바. 뜻. 마음가짐」.

107) 「ふかし【深し】[形ク]깊다」의 連体形「ふかき」+「こと【事】것. 일」.

108) 「あらはす【表す·現す·顕す·著す】[4]드러내다. 보이다. 표현하다」의 連用形「あらはし」+「たまふ【給ふ】[助動]존경」의 命令形「たまへ」+「り[助動]완료·존속」.

27. 絳(ほう)[1)]山(ざん)葬(はうふる)レ君(きミを)
강산이 주군을 장사지내다

❑ 元(げん)のつハもの[2)]、日〻[ひび]に、かさなり[3)]、蔡城(さいじやう)を、とりまきて[4)]、せめいらん、と、するに[5)]、

➪ 원나라 군사가 나날이 늘어나서 채성을 에워싸고 쳐들어오려 하는데,

❑ 城中(しやうちう)さま＼／に、手[て]だてを、かへて[6)]、ふせぐ、と、いへども[7)]、つゐにハ[8)]、敵(てき)のつハものども[9)]、城中(じや

---

1) 「絳」은 일본어로는 「かう→こう」로 읽는다. 이를 「ほう」로 읽고 있어서 잘못으로 봐야겠다(여기에 'ママ'가 붙어있다). 그런데 이하 본문에서는 「絳(강)」과 「鋒(봉)」이 교차로 쓰인다. 「鋒」은 일본어로 「ほう」로 읽으므로 이 경우에는 읽기에 문제가 없다. 따라서 앞서 언급한 'ママ'는 『假名草子集成』에서는 한자 사용의 잘못으로 풀이하고 있는 듯하다. 그러나 〈한문본〉에는 「絳」이므로 한자 읽기가 잘못된 것으로 보는 편이 맞겠다. 이하 본문 중의 「鋒」은 그대로 두면서도 '강'으로 바꾸어 풀이하도록 하겠다.

2) 「げん【元】 원나라」+「の[助詞]」+「つはもの→つわもの【兵】 무기. 병사」.

3) 「ひび【日日】 매일. 날마다」+「に[助詞]」+「かさなる【重なる】 [4]겹치다. 더하다」의 連用形 「かなさり」.

4) 「を[助詞]」+「とりまく【取り巻く】 [4]둘러싸다. 포위하다」의 連用形 「とりまき」+「て」.

5) 「せめいる【攻め入る】 [4]진격하여 적진에 들어가다. 쳐들어가다」의 未然形 「せめいら」+「む[助動]추량·의지」→「ん」+「と[助詞]」+「す[サ変]하다」의 連体形 「する」+「に[助詞]~하니. ~하는데」.

6) 「じょうちゅう【城中】 성중. 성안」+「さまざま【様様】 [形動ナリ]여러 가지」의 連用形 「さまざまに」+「てだて【手立·手段】 방법. 수단. 책략」+「を[助詞]」+「かふ[下2]→かえる【替える·換える·代える·変える】 [下1]바꾸다」의 連用形 「かへ」+「て」.

7) 「ふせぐ【防ぐ·禦ぐ·拒ぐ】 [4]막다. 방어하다」+「と[助詞]~라고」+「いへども→いえども【雖も】 [連語]~하지만. ~해도」.

8) 「つひに→ついに【終に·遂に】 [副]결국. 마침내」(〈-ゐ-〉는 정서법에 어긋남」+「は[助詞]」.

うちう)に、ミたれいりければ10)、

➪ 성안에 여러 가지로 방법을 바꿔서 지킨다 해도 끝내는 적의 병사들이 성안에 어지러이 들어왔기에,

❑ 哀宗(あいそう)皇帝(くわうてい)ちからなく11)、御[み]くらゐをバ12)、承麟(せうりん)13)に、つたへさせ給[たま]ひ14)、

➪ 애종 황제가 하는 수 없이 보위를 승린에게 넘기시고,

❑ ミづから15)幽蘭軒(ゆうらんけん)の内[うち]にして16)、縊(くび)れさせ給[たま]ふぞ、あはれなる17)。

➪ 스스로 유란헌 안에서 목매심이 애처롭다.

---

9) 「てき【敵】적」+「の[助詞]」+「つはもの【兵】병사」+「ども【共】[接尾]~들」.

10) 「じょうちゅう【城中】성중. 성안」+「に[助詞]」+「みだる【乱る・紊る】[下2]흐트러지다. 혼란하다. 뒤섞이다. 소동이 일어나다. 산란(散亂)하다」의 連用形「みだれ」(〈-た-〉는 無濁点표기)+「いる【入る】[4]들어오다」의 連用形「いり」+「けり[助動]회상・과거」의 已然形「けれ」+「ば[助詞]확정조건. 원인・이유」.

11) 「くわうてい→こうてい【皇帝】황제」+「ちからなし【力無し】[形ク]어쩔 수 없다. 기운이 없다」의 連用形「ちからなく」.

12) 「みくらゐ→みくらい【御位】자리・지위의 존경어. 왕위. 보위」+「をば : (格助詞〈を〉에 係助詞〈は〉가 붙어 濁音化한 것)〈を〉의 뜻을 강하게 함」.

13) 말제(末帝;まってい)는 금(金)나라 제10대(마지막) 황제. 여진(女眞)의 이름은 호돈(呼敦;ホトン), 한자 이름이 승린(承麟;しょうりん)이다(ウィキペディア[Wikipedia]참조).

14) 「に[助詞]~에게」+「つたふ[下2]→つたえる【伝える】[下1]전하다. 알리다. 양도하다. 잇다」의 未然形「つたへ」+「さす[助動]사역・존경」의 連用形「させ」+「たまふ【給ふ】[助動]존경」의 連用形「たまひ」. 「さす」를〈사역〉으로 보면 '잇게 시키시다'가 될 것이고, 이를〈존경〉으로 보면 현대일본어에서는 기피하는 二重敬語의 형태가 된다. 또한「さす」는〈방임〉의 뜻으로 풀이할 수도 있다.

15) 「みづから→みずから【自ら】[名]자기 자신. 나. [副]스스로. 친히」.

16) 「の[助詞]」+「うち【内】안」+「に[助詞]」+「して[助詞]」(〈~にして[連語]〉는 장소나 때를 나타냄. ~에서. ~에).

17) 「くびる[下2]→くびれる【縊れる】[下1]목을 매어 죽다. 액사」의 未然形「くびれ」+「さす[助動]사역・존경」의 連用形「させ」+「たまふ【給ふ】[助動]존경」의 連体形「たまふ」+「ぞ[係助詞]뜻을 강하게 함」(문말은 連体形)+「あはれ【哀れ】[形動ナリ]마음속에서 끓어오르는 절절한 감동이나 감정을 일컫는 말. 친애・정취・감격・애련・비애 등」의 連体形「あはれなる」(앞의〈ぞ〉에 호응).

❑ そのほか[18]、御[おん]身(み)[19]ちかく、まいりける人＼／[ひとびと]ミな[20]御[お]とも申[もう]さん、とて[21]、われも＼／と[22]、じかいし侍[はべ]りけり[23]。

➪ 그밖에 옥체 가까이 출사하던 사람들이 모두 함께하겠다며 앞다투어 자결했습니다.

❑ みかど、すなハち[24]、完顔(くわんかん)絳山(ほうざん)と云[いう]臣下(しんか)に[25]、ゆゐげんし給[たま]ふやう[26]、

➪ 천자가 곧 완안강산이라 하는 신하에게 유언하시길.

❑「朕(ちん)すでに、むなしくなりなバ[27]、幽蘭軒(ゆうらんけん)に火[ひ]をかけよ[28]。」と。

---

18) 「その【其の】[連体]그」＋「ほか【外·他】외. 밖」.

19) 「おんみ【御身】[名]상대방의 몸을 높여 이르는 말. 옥체. 존체」.

20) 「ちかし【近し】[形ク]가깝다」의 連用形「ちかく」＋「まゐる→まいる【参る】[4]궁중이나 신분이 높은 사람이 있는 곳으로 가다. 궁중에 출사하다」의 連用形「まゐり」(〈-いㅡ〉는 歴史的仮名遣에 어긋남)＋「けり[助動]회상·과거」의 連体形「ける」＋「ひとびと【人人】사람들」＋「みな【皆】①[名]모든 사람. 전부 ②[副]남김없이. 모두」.

21) 「おとも【御供·御伴】따라서 가는 것(사람). 동반」＋「まうす[4]→もうす【申す】[5]'말하다·하다'의 겸양어. ~해드리다」의 未然形「まうさ」＋「む[助動]추량·의지」→「ん」＋「とて[助詞]인용. ~라 해서. ~라는 것으로. ~라는 이름으로」.

22) 「我(われ)も我(われ)もと」는 '앞을 다투어·남에게 뒤질세라'의 뜻.

23) 「じがい【自害】자해」(〈-かㅡ〉는 無濁点표기)＋「す[サ変]하다」의 連用形「し」＋「侍(はべ)り[助動]격식·정중」의 連用形「はべり」＋「けり[助動]회상·과거」.

24) 「みかど【御門·帝】황제. 천자」＋「すなはち【即ち·則ち】[副]곧바로. 즉시」.

25) 「と[助詞]~라고」＋「いふ【言ふ·云ふ】[4]말하다」의 連体形「いふ」＋「しんか【臣下】신하」＋「に[助詞]」.

26) 「ゆいげん【遺言】유언」(〈-ゐ-〉는 정서법에 어긋남)」＋「す[サ変]하다」의 連用形「し」＋「たまふ【給ふ】[助動]존경」의 連体形「たまふ」＋「やう→よう【様】모습. 형상. 꼴」.

27) 「ちん【朕】[代]짐. 천자의 자칭」＋「すでに【既に·已に】[副]이미. 이제」＋「むなし【空し·虚し】[形シク]덧없다. 무상하다. 죽었다」의 連用形「むなしく」＋「なる【成る·為る】[4]되다」의 連用形「なり」＋「ぬ[助動]완료·존속」의 未然形「な」＋「ば[助詞]가정조건」.

28) 「に[助詞]~에」＋「ひ【火】불」＋「を[助詞]」＋「かく[下2]→かける【掛ける·懸ける】[下1]

➪ "짐이 이제 죽으면 유란헌에 불을 질러라."라고.

❑ かくて29)、絳山(ほうざん)すでに、君[きみ]のくびれ給[たま]ふを30)、あひまち31)、やがて32)幽蘭軒(ゆうらんけん)に火[ひ]を、かけたり33)。

➪ 그래서 강산이 이제 주군이 목매다심을 삼가 기다려 곧바로 유란헌에 불을 놓는다.

❑ 敵軍(てきぐん)ハ、ミだれいる34)。

➪ 적군은 어지러이 들어온다.

❑ 城中(じやうちう)のつハものども35)、かなハじ、と、おもひて36)、あるひハ、おちゆき37)、あるひハ、じがいするところに38)、

➪ 성안의 병사들은 당해낼 수 없다 생각하여 혹은 도망치고 혹은 자결하는데,

걸다. 놓다」의 命令形「かけよ」.

29) 「かくて【斯くて】[副·接続]이러해서. 이렇게 해서. 그건 그렇고」.

30) 「すでに【既に·已に】[副]이미. 모두. 이제」+「きみ【君】 주군. 임금」+「の[助詞]현대 일본어 〈が〉의 쓰임」+「くびる【縊る】[下2]목을 매어 죽다」의 連用形「くびれ」+「たまふ【給ふ】[助動]존경」의 連体形「たまふ」+「を[助詞]」.

31) 「あひ→あい【相】[接頭]동사의 앞에 쓰여서 어조를 갖추거나 격식을 차린다는 뜻을 보태는 말」+「まつ【待つ】[4]기다리다」의 連用形「まち」.

32) 「やがて【軈て】[副]곧. 그대로. 금세. 바로」.

33) 「に[助詞]~에」+「ひ【火】 불」+「を[助詞]」+「かく【掛く·懸く】[下2]걸다. 놓다」의 連用形「かけ」+「たり[助動]완료·존속」.

34) 「てきぐん【敵軍】 적군」+「は[助詞]」+「みだる【乱る·紊る】[下2]혼란하다. 뒤섞이다」의 連用形「みだれ」+「いる【入る】[4]들어오다」.

35) 「じょうちゅう【城中】 성중. 성안」+「の[助詞]」+「つはもの【兵】 병사」+「ども【共】[接尾]~들」.

36) 「かなふ【適ふ·叶ふ】[4]적합하다. 바람대로 되다. 필적하다. 감당하다. 견뎌내다」의 未然形「かなは」+「じ[助動]추량·의지의 부정. ~아닐 것이다」+「と[助詞]~라고」+「おもふ【思ふ】[4]생각하다」의 連用形「おもひ」+「て」.

37) 「あるいは【或いは】[接続]혹은. 또는」+「おちゆく【落ち行く】[4]도망쳐가다. 패주하다」의 連用形「おちゆき」.

38) 「あるいは【或いは】[接続]혹은」+「じがい【自害】 자해」+「す[サ変]하다」의 連体形「する」+「ところに【所に】[助詞]~하고 있는데. ~하고 있었지만」.

❑ 完顔(くわんがん)鋒[39]山(ほうざん)一人[ひとり]ふミとゞまりて[40]、鋒(ほこ)をも、もたず[41]、ふせぎもせずして[42]、立(たち)たりけり[43]。

➩ 완안강산이 홀로 남아서 창조차도 들지 않고 막지도 않고 서있었다.

❑ 敵(てき)、これを、いけどりて[44]、とふて、いはく[45]、「汝(なんぢ)ハ、何[なに]ものぞ[46]、其[その]名[な]を、なのるべし[47]。

➩ 적이 이를 사로잡아서 물어 말하길, "너는 누구냐? 그 이름을 대야 할 것이다.

❑ 人[ひと]ミな、はしりにぐ[48]、あるひハ、又[また]、じがいす[49]。

➩ 다른 사람은 모두 내달려 도망친다, 혹은 또한 자결한다.

---

39) 앞선 각주 1)에서 언급한대로 「綘」이 아닌 「鋒」을 쓰고 있다.

40) 「ひとり【一人】 혼자」＋「ふみとどまる【踏み止まる】[4]남이 떠난 후까지 남다」의 連用形 「ふみとどまり」＋「て」.

41) 「ほこ【矛・戈・鉾・鋒・戟】 창」＋「を[助詞]」＋「も[助詞]」(〈をも〉는 '~까지도・~조차도'의 뜻)＋「もつ【持つ】[4]가지다. 들다」의 未然形 「もた」＋「ず[助動]부정」.

42) 「ふせぎ【防ぎ・禦ぎ拒ぎ】[名]막는 것. 방어」＋「も[助詞]」＋「す[サ変]하다」의 未然形 「せ」＋「ず[助動]부정」의 連用形 「ず」＋「して[助詞](連用形에 접속)~인 상태로」.

43) 「たつ【立つ】[4]서다」의 連用形 「たち」＋「たり[助動]완료・존속」의 連用形 「たり」＋「けり[助動]회상・과거」.

44) 「てき【敵】 적」＋「これ【此・是】[代]이것. 이사람」＋「を[助詞]」＋「いけどる【生け捕る】[4]산 채로 잡다」의 連用形 「いけどり」＋「て」.

45) 「とふ【問ふ】[4]묻다」＋「て」＋「いはく【曰く】 말하길」.

46) 「なんぢ→なんじ【汝・爾】[代]아랫사람을 가리키는 말. 너」＋「は[助詞]」＋「なにもの【何者】 어떤 사람. 뭐라는 사람」＋「ぞ[係助詞](문말에 써서)상대에게 캐묻는 뜻. ~인가?」.

47) 「その【其の】[連体]그」＋「な【名】 이름」＋「を[助詞]」＋「なのる【名告る・名乗る】[4]이름을 대다」의 終止形 「なのる」＋「べし[助動]의무・당연・추량・가능 등」.

48) 「ひと【人】 사람. 다른 사람」＋「みな【皆】 ①[名]모든 사람. 전부 ②[副]남김없이. 모두」＋「はしる【走る・奔る】[4]뛰다. 달리다」의 連用形 「はしり」＋「にぐ[下2]→にげる【逃げる】[下1]도망치다」.

49) 「あるいは【或いは】[接続] 혹은」＋「また【又・亦・復】[副]같이. 또한」＋「じがい【自害】 자해」＋「す[サ変]하다」.

❏ 汝(なんぢ)只[ただ]一人[ひとり][50]、いかにして[51]、をくれたるや[52]。」

➪ 너는 오직 홀로 어찌 늦었는가?"

❏ 鋒山(ほうざん)こたへて、いはく[53]、「我[われ]ハ、これ[54]奉御(ほうぎよ)[55]完顔(くわんがん)鋒山(ほうざん)と、いふものなり[56]。

➪ 강산이 대답하여 이르길 "나는 바로 봉어 완안강산이라 하는 사람이다.

❏ わが君[きみ][57]、爰(こゝ)にして[58]命(いのち)をすて給[たま]へり[59]、われ、火[ひ]のきゆるを待(まち)て[60]、

---

50) 「なんぢ【汝·爾】[代]너」+「ただ【只·唯】[副]단지. 오직. 그저」+「ひとり【一人】혼자」.

51) 「いかに【如何に】[副]어떻게. 어찌. 어째서. 얼마나」+「す[サ変]하다」의 連用形「し」+「て」.「いかにして【如何にして】①(의문)어떻게 하여 ②(바람)부디」도『広辞苑』에 표제어로 등재되어 있다.

52) 「おくる[下2]→おくれる【後れる·遅れる】[下1]늦다. 남다. 다른 사람이 먼저 죽음을 당하다. 살아남다」의 連用形「おくれ」(〈を-〉는 정서법에 어긋남)+「たり[助動]완료·존속」의 連体形「たる」+「や[係助詞]의문·질문」.

53) 「こたふ【答ふ·応ふ】[下2]대답하다. 반응하다」의 連用形「こたへ」+「て」+「いはく【曰く】말하길. 이르길」.

54) 「われ【我·吾】[代]나」+「は[助詞]」+「これ【此·是】[代]앞에 제시한 말을 재차 언급할 때 사용하는 말」.

55) 「奉御」는 일본 사전에는 등재되지 않은 말인데, 〈한문본〉에 기록되어 있고 〈표준국어대사전〉에 「고려 시대에, 상승국 · 상식국 · 상약국 · 상의국(尙衣局) · 중상국(中尙局) 따위에 둔 정육품 벼슬」로 풀이되어 있다.

56) 「と[助詞]~라고」+「いふ【言ふ·云ふ】[4]말하다」의 連体形「いふ」+「もの【者】사람」+「なり[助動]단정·지정」.

57) 「わが【我が·吾が】[連体]나의. 자신의」+「きみ【君·公】주군. 임금」.

58) 「ここ【此処·此所·此·是·爰】[代]여기. 이것」+「に[助詞]」+「して[助詞]」(〈~にして[連語]〉는 장소나 때를 나타냄. ~에서. ~에).

59) 「いのち【命】목숨」+「を[助詞]」+「すつ【捨つ·棄つ】[下2]버리다」의 連用形「すて」+「たまふ【給ふ】[助動]존경」의 命令形「たまへ」+「り[助動]완료·존속」.

60) 「われ【我·吾】[代]나」+「ひ【火】불」+「の[助詞]현대일본어 〈が〉의 쓰임」+「きゆ[下2]→きえる【消える】[下1]꺼지다」의 連体形「きゆる」+「を[助詞]」+「まつ【待つ】[4]기다리다」의 連用形「まち」+「て」.

➩ "나의 주군이 여기에서 목숨을 버리셨다. 나는 불이 꺼지는 것을 기다려서,

❑ 君(きみ)の御骨(ごこつ)を61)、とりおさめたてまつらん、と62)思[おも]ふゆへに63)、いま我(われ)一人[ひとり]、とゞまりたり64)。」と。

➩ 주군의 뼈를 수습해드리고자 생각하기에 지금 나 혼자 남았다."라고.

❑ 軍兵(ぐんびやう)とも65)、このようを聞[きき]て66)、大[おおい]に、わらひて、いはく67)、

➩ 군병들이 이 사연을 듣고서 크게 웃어 말하길,

❑「汝(なんぢ)ハ、狂気(きやうき)しけるにや68)、汝(なんぢ)がいのちさへ69)、この時[とき]に、あたりて70)、のがるべからず71)。

---

61) 「きみ【君】 주군. 임금」+「の[助詞]」+「ご【御】[接頭]존경·겸양의 뜻을 보탬」+「こつ【骨】 골. 화장(火葬)한 죽은 이의 뼈」+「を[助詞]」.

62) 「とりをさむ[下2]→とりおさめる【取り納める·取り収める】[下1]어떤 장소로 치우다. 수납하다. 정리하다」의 連用形 「とりをさめ」(〈-お-〉는 歴史的仮名遣에 어긋남)+「たてまつる[助動]겸양. ~해드리다. ~해 올리다」의 未然形 「たてまつら」+「む[助動]추량·의지」→「ん」+「と[助詞]」.

63) 「おもふ【思ふ】[4]생각하다」의 連体形 「おもふ」+「ゆゑ→ゆえ【故】~때문. 까닭」(〈-へ〉는 정서법에 어긋남)+「に[助詞]」.

64) 「いま【今】 현재. 지금. 이 국면에」+「われ【我·吾】[代]나」+「ひとり【一人】 혼자」+「とどまる【止まる·留まる·停まる】[4]머물다. 체재하다. 남다」의 連用形 「とどまり」+「たり[助動]완료·존속」.

65) 「ぐんびやう→ぐんびょう【軍兵】 군병」+「ども【共】[接尾]~들」(〈と-〉는 無濁点표기).

66) 「この【此の·斯の】[連体]이」+「やう→よう【様】 모습. 형상. 꼴. 이유. 사정. 사항」(〈よ-〉는 歴史的仮名遣에 어긋남)+「を[助詞]」+「きく【聞く】[4]듣다」의 連用形 「きき」+「て」.

67) 「おおいに【大いに】[副]매우. 몹시. 많이」+「わらふ【笑ふ】[4]웃다」의 連用形 「わらひ」+「て」+「いはく【曰く】 말하길. 이르길」.

68) 「なんぢ【汝·爾】[代]너」+「は[助詞]」+「きやうき→きょうき【狂気】 광기」+「す[サ変]하다」의 連用形 「し」+「けり[助動]회상·과거」의 連体形 「ける」+「にや(〈なり[助動]단정〉의 連用形 〈に〉에 〈や[係助詞]의문·질문〉가 접속한 것)의문. ~인 것인가? ~했는가?」.

69) 「なんぢ【汝·爾】[代]너」+「が[助詞]현대일본어 〈の〉의 쓰임」+「いのち【命】 목숨」+「さへ→さえ[助詞]~까지. ~조차」.

➩ "너는 미쳤는가? 너의 목숨조차 이때에 있어서 벗어날 수 없을 것이다.

❏ まして[72]汝(なんぢ)が君[きみ]の御骨(ごこつ)を[73]、おさむべき、いとまあらんや[74]。」と。

➩ 하물며 네 주군의 뼈를 수습할 여유가 있겠는가?"라고.

❏ 鋒山(ほうざん)が、いはく[75]、「人[ひと]、をの＼／[76]その君[きみ]に、つかふまつる[77]、あに、それ、をろそかならんや[78]。

➩ 강산이 이르길 "사람은 각자 그 주군에게 섬긴다. 어찌 그것을 소홀히 하겠는가?

❏ しかるに、わか君[きみ][79]、天下[てんか]を、しろしめしてより[80]、

---

70) 「この【此の・斯の】[連体]이」+「とき【時】때」+「に[助詞]」+「あたる【当たる・中る】[4]닿다. 해당하다. 딱 그 시기다」의 連用形「あたり」+「て」.

71) 「のがる[下2]→のがれる【逃れる・遁れる】[下1]벗어나다. 도망치다. 면하다」의 終止形「のがる」+「べかり[助動]추량・가능 등」의 未然形「べから」+「ず[助動]부정」.

72) 「まして【況して】[副]게다가. 물론. 하물며」.

73) 「なんぢ【汝・爾】[代]너」+「が[助詞]현대일본어〈の〉의 쓰임」+「きみ【君】주군. 임금」+「の[助詞]」+「ご【御】[接頭]존경・겸양의 뜻을 보탬」+「こつ【骨】뼈」+「を[助詞]」.

74) 「をさむ[下2]→おさめる【納める・収める】[下1]담다. 넣다. 수납하다. 매장하다」의 終止形「をさむ」(〈お-〉는 歷史的仮名遣에 어긋남)+「べし[助動]의무・당연・추량・가능 등」의 連体形「べき」+「いとま【暇・遑】짬. 틈. 여유」+「あり【有り】[ラ変]있다」의 未然形「あら」+「む[助動]추량・의지」→「ん」+「や[係助詞]의문・질문」.

75) 「が[助詞]」+「いはく【曰く】말하길. 이르길」.

76) 「ひと【人】사람」+「おのおの【各・各々】[名]각자. 각각」.

77) 「その【其の】[連体]그」+「きみ【君】주군. 임금」+「に[助詞]」+「つかうまつる→つこうまつる【仕る】[4](〈つかふ【仕ふ】[下2]〉의 겸양어)섬기다. 모시다」(〈-ふ-〉는 정서법에 어긋남).

78) 「あに【豈】[副]결코. 어찌. 어째서」+「それ【其・夫】[代]그. 그것. 그때」+「おろそか【疎か・踈か】[形動ナリ]빈틈이 많은 모양. 대충함. 허술함」의 未然形「おろそかなら」(〈を-〉는 정서법에 어긋남)+「む[助動]추량・의지」→「ん」+「や[係助詞]의문・질문」.

79) 「しかるに【然るに】[接続]그런데. 하지만. 그건 그렇고」+「わが【我が・吾が】[連体]나의. 자신의」(〈-か〉는 無濁点표기)+「きみ【君】주군. 임금」.

80) 「てんか【天下】천하」+「を[助詞]」+「しろしめす【知ろしめす】[4]아시다. 다스리시다.

わづかに十[じゅう]余(よ)年(ねん)なり81)、

➩ 그런데 우리 주군이 천하를 다스리신지 불과 십여 년이다.

❑ 事(こと)いまだ82)、とげをハらせ給[たま]ハずして83)、玉躰(ぎよくたい)こゝに84)、くづれ給[たま]ふ85)。

➩ 일을 아직 완수하시지 못한 채로 옥체가 여기에서 무너지신다.

❑ 御[み]かバねを86)、さらに、乱(ミだ)したてまつりて87)、いやしきものゝ、かばねと88)、ひとしくせんや89)。

➩ 시신을 또한 흐트러뜨려 올려서 천한 자의 시체와 한가지로 하겠는가?

돌보시다」의 連用形 「しろしめし」+「て」+「より[助詞]기점. ~부터」.

81) 「わづか→わずか【僅か·纔か】[形動ナリ](단독으로 부사적으로도 쓰임)다소. 조금. 불과. 기껏해야」의 連用形 「わづかに」+「じゅう【十】십」+「よ【余】여」+「ねん【年】년」+「なり[助動]단정·지정」.

82) 「こと【事】일」(옛날에는 특히 공적인 행위, 예컨대 정무·행사·의식·형벌 따위를 일컬음)+「いまだ【未だ】[副]아직. 여전히」.

83) 「とぐ[下2]→とげる【遂げる】[下1]이루다. 끝내다. 성취시키다」의 連用形 「とげ」+「をはる[4]→おわる【終わる】[5]끝나다. 완결하다. 종료하다」의 未然形 「をはら」+「す[助動]사역·존경」의 連用形 「せ」+「たまふ【給ふ】[助動]존경」의 未然形 「たまは」+「ず[助動]부정」의 連用形 「ず」+「して[助詞](連用形에 접속)~인 상태로」.

84) 「ぎょくたい【玉体】옥체」+「ここ【此処·此所·此·是·爰】[代]여기」+「に[助詞]」.

85) 「くづる[下2]→くずれる【崩れる】[下1]부서지다. 무너지다」의 連用形 「くづれ」+「たまふ【給ふ】[助動]존경」.

86) 「み【御】[接頭]존경·정중의 뜻을 보탬」+「かばね【屍·尸】시체. 주검」+「を[助詞]」.

87) 「さらに【更に】[副]또한. 거듭. 더욱」+「みだす【乱す·紊す】[4]혼란시키다. 흐트러뜨리다」의 連用形 「みだし」+「たてまつる[助動]겸양. ~해드리다. ~해 올리다」의 連用形 「たてまつり」+「て」.

88) 「いやし[形シク]→いやしい【卑しい·賤しい】[形]신분이 낮다. 보잘것없다. 천하다. 천박하다」의 連体形 「いやしき」+「もの【者】자. 사람」+「の[助詞]」+「かばね【屍·尸】시체」+「と[助詞]~와」.

89) 「ひとし[形シク]→ひとしい【等しい·均しい·斉しい】[形]같다. 들쭉날쭉하지 않다. 동등하다. 공평하다」의 連用形 「ひとしく」+「す[サ変]하다」의 未然形 「せ」+「む[助動]추량·의지」→「ん」+「や[係助詞]의문·질문」.

❏ われ、いま[90]、君[きみ]の御骨(ごこつ)を[91]、うつしたてまつらバ[92]、そのゝちハ[93]、我[わが]身[み]をもつて[94]粉(こ)に、くだく、と、いふとも[95]、又[また]、何[なん]のうらみか、あらん[96]。」と、いふ。

➪ 나는 이제 주군의 뼈를 옮겨드리면, 그 후에는 내 몸으로써 가루로 빻는다고 해도 달리 무슨 원한이 있겠는가?"라고 한다.

❏ つハもの、ミな、これをかんじて[97]、将軍(しやうぐん)奔盞(ほんさん)に、此[この]事[こと]を、たづぬるに[98]、奔盞(ほんさん)聞[きき]て、いはく[99]、

➪ 병사가 모두 이를 감복하여 장군 분잔에게 이 일을 물으니 분잔이 듣고서 말하길,

---

90) 「われ【我·吾】[代]나」+「いま【今】현재. 지금. 이제」.

91) 「きみ【君】주군. 임금」+「の[助詞]」+「ご【御】[接頭]존경·겸양의 뜻을 보탬」+「こつ【骨】뼈」+「を[助詞]」.

92) 「うつす【移す·遷す】[4]옮기다. 이동시키다」의 連用形「うつし」+「たてまつる[助動]겸양. ~해드리다. ~해 올리다」의 未然形「たてまつら」+「ば[助詞]가정조건」.

93) 「その【其の】[連体]그」+「のち【後】후」+「は[助詞]」.

94) 「わが【我が·吾が】[連体]나의」+「み【身】몸」+「を[助詞]」+「もって【以て】(〈を[助詞]〉에 이어져서)수단이나 원인 등을 나타냄. ~로써. ~때문에」.

95) 「こ【粉】가루」+「に[助詞]」+「くだく【砕く·摧く】[4]빻다. 부수다」의 終止形「くだく」+「と[助詞]~라고」+「いふ【言ふ·云ふ】[4]말하다」의 終止形「いふ」+「とも[助詞]역접의 가정조건. ~해도」.

96) 「また【又·亦·復】[副]다시. 달리. 또한. 게다가」+「なん【何】[代]어떤」+「の[助詞]」+「うらみ【恨み·怨み·憾み】[名]원망. 원한. 불만. 유감」+「か[係助詞]의문·질문」(문말은 連体形)+「あり【有り】[ラ変]있다」의 未然形「あら」+「む[助動]추량·의지」의 連体形「む」(앞의 〈か〉에 호응)→「ん」.

97) 「つはもの【兵】병사」+「みな【皆】①[名]모든 사람. 전부 ②[副]남김없이. 모두」+「これ【此·是】[代]이것. 이사람」+「を[助詞]」+「かんず【感ず】[サ変]느끼다. 감동하다. 감탄하다」의 連用形「かんじ」+「て」.

98) 「この【此の·斯の】[連体]이」+「こと【事】것. 일」+「を[助詞]」+「たづぬ[下2]→たずねる【尋ねる】[下1]찾다. 묻다」의 連体形「たづぬる」+「に[助詞]~하니. ~하는데」

99) 「きく【聞く】[4]듣다」의 連用形「きき」+「て」+「いはく【曰く】말하길. 이르길」.

❑「これ奇男子(きだんし)也[なり]100)、かれがこと葉(ば)にまかせて101)、ゆるすべし102)。」と云[いう]。

➩ "이는 기특한 사내다. 그의 말에 따라서 허락해야 할 것이다."라고 한다.

❑ 鋒山(ほうざん)、大[おおい]に、よろこびて103)、火[ひ]すてに、きえけれハ104)、御骨(ごこつ)をおさめたてまつりて105)、やぶれたる、ふすまに、つゝみて106)、

➩ 강산이 크게 기뻐하여 불이 모두 꺼졌기에 뼈를 수습해드려 찢어진 이불에 꾸려서,

❑ 汝水(ぢよすい)のかたハらに埋(うづ)ミて107)、再拝(さいはい)号哭(がうこく)して108)、ミづから109)汝水(ぢよすい)の浪[なみ]に、身[み]

---

100) 「これ【此·是】[代]이것. 이사람」+「きだんし【奇男子】진기한 행위를 하는 사내. 보통과는 다른 빼어난 남자」+「なり[助動]단정·지정」.

101) 「かれ【彼】[代]그 남자」+「が[助詞]현대일본어 〈の〉의 쓰임」+「ことば【言葉】말」+「に[助詞]」+「まかす[下2]→まかせる【任せる·委せる】[下1]맡기다. 따르다」의 連用形「まかせ」+「て」.

102) 「ゆるす【許す·赦す】[4]느슨하게 하다. 풀어주다. 승낙하다. 허가하다」의 終止形「ゆるす」+「べし[助動]의무·당연·추량·가능 등」.

103) 「おおいに【大いに】[副]매우. 몹시. 많이」+「よろこぶ【喜ぶ·悦ぶ】[4]기뻐하다」의 連用形「よろこび」+「て」.

104) 「ひ【火】불」+「すでに【既に·已に】[副]이미. 모두. 이제」(〈-て-〉는 無濁点표기)+「きゆ【消ゆ】[下2]꺼지다」의 連用形「きえ」+「けり[助動]회상·과거」의 已然形「けれ」+「ば[助詞]확정조건. 원인·이유」(〈は〉는 無濁点표기).

105) 「ご【御】[接頭]존경·겸양의 뜻을 보탬」+「こつ【骨】뼈」+「を[助詞]」+「をさむ【納む·収む】[下2]담다. 넣다. 수납하다. 매장하다」의 連用形「をさめ」(〈お-〉는 歴史的仮名遣에 어긋남)+「たてまつる[助動]겸양. ~해드리다. ~해 올리다」의 連用形「たてまつり」+「て」.

106) 「やぶる[下2]→やぶれる【破れる】[下1]부서지다. 찢어지다」의 連用形「やぶれ」+「たり[助動]완료·존속」의 連体形「たる」+「ふすま【衾·被】이불」+「に[助詞]」+「つつむ【包む·裹む】[4]전체를 덮어서 안에 넣다. 싸다」의 連用形「つつみ」+「て」.

107) 「の[助詞]」+「かたはら→かたわら【傍·旁·側·脇】옆. 곁」+「に[助詞]」+「うづむ【埋む】[4]덮다. 파묻다」의 連用形「うづみ」+「て」.

108) 「さいはい【再拝】재배. 두 번 이어서 경례하는 것」+「がうこく→ごうこく【号哭】호곡. 큰 소리로 울부짖는 것」+「す[サ変]하다」의 連用形「し」+「て」.

をなげんとす[110)]。

⇨ 여수 가에 묻고 두 번 절하고 목 놓아 울고 여수의 물결에 몸을 던지려 한다.

❑ つハものども[111)]、をしとゞめて[112)]、ゆるしはなちけれバ[113)]、鋒山(ほうざん)、いつちともなく[114)]、かたちを、かくして[115)]、

⇨ 병사들이 가로막고서 사하여 풀어주었더니 강산은 어딘지도 모르게 모습을 감춰서,

❑ 人[ひと]さらに[116)]鋒山(ほうざん)が、をハるところを、しらず[117)]。

⇨ 다른 사람이 전혀 강산이 죽는 곳을 모른다.

---

109) 「みづから【自ら】[名]자기 자신. 나. [副]스스로. 친히」.

110) 「の[助詞]」+「なみ【波·浪·濤】 파도. 물결」+「に[助詞]」+「み【身】 몸」+「を[助詞]」+「なぐ[下2]→なげる【投げる】[下1]던지다」의 未然形 「なげ」+「む[助動]추량·의지」→「ん」+「と[助詞]」+「す[サ変]하다」.

111) 「つはもの【兵】 병사」+「ども【共】[接尾]~들」.

112) 「おしとどむ[下2]→おしとどめる【押し止める】[下1]제지하다. 가로막다」의 連用形 「おしとどめ」(〈を-〉는 정서법에 어긋남)+「て」.

113) 「ゆるす【許す·赦す·聴す】[4]느슨하게 하다. 경계심을 풀어주다. 사면하다. 면제하다」의 連用形 「ゆるし」+「はなつ【放つ】[4]풀어주다」의 連用形 「はなち」+「けり[助動]회상·과거」의 已然形 「けれ」+「ば[助詞]확정조건. 원인·이유」.

114) 「いづち→いずち【何方】[代]어느 방향. 어느 쪽」(〈-つ-〉는 無濁点표기)+「と[助詞]」+「も[助詞]」+「なし【無し】[形ク]없다. 아니다」의 連用形 「なく」.

115) 「かたち【形·容】 모습. 용모」+「を[助詞]」+「かくす【隠す】[4]숨기다」의 連用形 「かくし」+「て」.

116) 「ひと【人】 사람. 다른 사람」+「さらに【更に】[副]①또한. 거듭. 더욱 ②새로이 ③강한 부정. 절대로 ~가 아니다. 전혀 ~지 않다」.

117) 「が[助詞]」+「をはる[4]→おわる【終わる】[5]끝나다. 죽다」의 連体形 「をはる」+「ところ【所·処】 곳. 바. 상황. 찰나」+「を[助詞]」+「しる【知る】[4]알다」의 未然形 「しら」+「ず[助動]부정」.

28. 蝦(か)蟖(ま)自(ミつから)焚(やく)
하마가 스스로 태우다

❑ 金朝(きんてう)[1]すでに、ほろびて[2]、天下[てんか]みな[3]、元(げん)の軍兵(ぐんびやう)に、したがふ[4]。

➪ 금나라 조정이 이미 망해서 천하가 모두 원나라 군병에 따른다.

❑ こゝに[5]洮河(てうか)の元帥(げんすい)[6]郭蝦蟖(くわくかま)たゞ一人[ひとり][7]、城郭(じやうくわく)を[8]西州(せいじう)の地[ち]に、かまへて、たてこもり[9]、かたく、まもりて、ふせぎけり[10]。

---

1) 「きん【金】 금나라」+「てう→ちょう【朝】 조정」.

2) 「すでに【既に・已に】[副]이미. 모두. 이제」+「ほろぶ[上2]→ほろびる【滅びる・亡びる】[上1]죽다. 멸망하다. 소멸하다」의 連用形「ほろび」+「て」.

3) 「てんか【天下】 천하」+「みな【皆】 ①[名]모든 사람. 전부 ②[副]남김없이. 모두」

4) 「げん【元】 원나라」+「の[助詞]」+「ぐんびやう→ぐんびょう【軍兵】 군병」+「に[助詞]」+「したがふ[4]→したがう【従う・随う・順う】[5]따르다. 거스르지 않다. 맡기다」.

5) 「ここに【此に・是に・爰に・茲に】[接続]이야기를 시작하거나 또는 화제를 전환할 때 쓰는 말. 그런데. 그건 그렇고. 그래서」.

6) 「の[助詞]」+「げんすい【元帥】 원수. 전군의 총대장」.

7) 「ただ【只・唯】[副]단지. 오직. 그저」+「ひとり【一人】 한 사람. 혼자」.

8) 「じやうくわく→じょうかく【城郭】 성곽」+「を[助詞]」.

9) 「の[助詞]」+「ち【地】 땅」+「に[助詞]」+「かまふ[下2]→かまえる【構える】[下1]세우다. 구축하다. 준비하다. 계획하다. 자세를 갖추다」의 連用形「かまへ」+「て」+「たてこもる【立て籠もる・楯籠る】[4]문을 걸어 잠그고 실내에 틀어박히다. 농성하다」의 連用形「たてこもり」.

10) 「かたし【堅し・固し・硬し】[形ク]굳다. 확실하다. 완고하다」의 連用形「かたく」+「まもる【守る・護る】[4]지키다. 막다」의 連用形「まもり」+「て」+「ふせぐ【防ぐ・禦ぐ・拒ぐ】[4]막다. 지키다. 방어하다」의 連用形「ふせぎ」+「けり[助動]회상・과거」.

⇨ 그런데 조하의 원수 곽하마가 오직 홀로 성곽을 서주 땅에 세우고 농성하며 굳게 지켜 막았다.

❑ されども[11]、元(げん)のつハもの[12]、大[たい]軍(ぐん)をもつて[13]、せめければ[14]、士卒(しそつ)こと＼／く、つかれ[15]、ひやうらう、又[また]、ともしく、なりければ[16]、

⇨ 그렇지만 원나라 병사가 대군으로써 공격했기에 사졸이 모두 지치고 병량이 게다가 모자라게 되었으므로,

❑ 蝦蟆(かま)ふせぐ事[こと]かなひがたく、おもひて[17]、州中(しうちう)の[18]金銀(きんぎん)そのほか[19]、からかね、くろがねを、あつめて[20]砲(ハう)をつくり[21]、

---

11) 「されども【然れども】[接続]그렇지만. 그러나」.

12) 「げん【元】 원나라」+「の[助詞]」+「つはもの→つわもの【兵】 무기. 병사」.

13) 「たいぐん【大軍】 대군」+「を[助詞]」+「もって【以て】(〈を[助詞]〉에 이어져서)수단이나 원인 등을 나타냄. ~로써. ~때문에」.

14) 「せむ[下2]→せめる【攻める】[下1]다가와 압박하다. 공격하다」의 連用形 「せめ」+「けり[助動]회상·과거」의 已然形 「けれ」+「ば[助詞]확정조건. 원인·이유」.

15) 「しそつ【士卒】 사졸. 무사와 병졸. 병사」+「ことごとく【悉く·尽く】[副]모두. 남김없이」+「つかる[下2]→つかれる【疲れる】[下1]지치다. 약해지다. 피폐하다. 굶다」의 連用形 「つかれ」.

16) 「ひやうらう→ひょうろう【兵糧·兵粮】 병량. 전시 장병의 식량」+「また【又·亦·復】[副]다시. 또한. 게다가」+「ともし【乏し】[形シク]만족스럽지 않다. 모자라다. 부족하다. 가난하다」의 連用形 「ともしく」+「なる【成る·為る】[4]되다」의 連用形 「なり」+「けり[助動]회상·과거」의 已然形 「けれ」+「ば[助詞]확정조건. 원인·이유」.

17) 「ふせぐ【防ぐ·禦ぐ·拒ぐ】[4]막다. 방어하다」의 連体形 「ふせぐ」+「こと【事】 것. 일」+「かなふ[4]→かなう【適う·叶う】[5]적합하다. 바람대로 되다. 필적하다. 감당하다. 견뎌내다」의 連用形 「かなひ」+「かたし【難し】[形ク]어렵다」(접미어로서 쓰일 때는 〈がたし〉와 같이 濁音化하며, 동사의 連用形에 접속하여 그 동작을 하거나 그 상태에 있는 것이 곤란하다는 뜻을 나타냄)의 連用形 「がたく」+「おもふ【思ふ】[4]생각하다」의 連用形 「おもひ」+「て」.

18) 「しう→しゅう【州】 주. 중국의 행정구획 가운데 하나」(여기에서는 앞서 언급된 西州)+「ちう→ちゅう【中】 중. 안」+「の[助詞]」.

19) 「きんぎん【金銀】 금은」+「その【其の】[連体]그」+「ほか【外·他】 외. 밖」.

➪ 하마는 지키는 것이 이루기 어렵다고 생각하여 서주 안의 금은과 그밖에 청동과 쇠를 모아서 포를 만들어서,

❑ 寄手(よせて)をうつに22)、これに、うたるゝ者[もの]23)、きずを、かうふらず、と、いふ事[こと]なし24)。

➪ 공격수를 쏘니 이에 맞는 자가 부상을 입지 않는다고 하는 적이 없다.

❑ しかれども25)、城中(じやうちう)しきりに食(しよく)つきて26)、すべきやうなし27)、

➪ 그렇지만 성안에 너무나 음식이 떨어져서 어찌할 도리가 없다.

❑ 牛馬(ぎうば)をころして28)、はぎ、くらひ29)、毎日[まいにち]たゝか

---

20) 「からかね【唐金】(중국에서 제조법이 전해졌다 해서 〈唐〉이 붙음)청동(青銅)」+「くろがね【鉄・黒金】철(鐵)의 옛 이름」+「を[助詞]」+「あつむ[下2]→あつめる【集める・聚める】[下1]모으다」의 連用形「あつめ」+「て」.

21) 「はう→ほう【砲】포. 대포. 화포」+「を[助詞]」+「つくる【作る・造る】[4]만들다」의 連用形「つくり」.

22) 「よせて【寄せ手】[名]공격해오는 병력」+「を[助詞]」+「うつ【打つ・討つ・撃つ】[4]치다. 죽이다. 쏘다. 발사하다. 공격하다」의 連体形「うつ」+「に[助詞]~하니. ~하는데」.

23) 「これ【此・是】[代]이것. 이사람」+「に[助詞]」+「うつ【打つ・討つ・撃つ】[4]쏘다. 죽이다」의 未然形「うた」+「る[助動]수동」의 連体形「るる」+「もの【者】자. 사람」.

24) 「きず【傷】상처. 부상」+「を[助詞]」+「かうぶる[4]→こうぶる【被る・蒙る】[5](〈こうむる〉의 옛 형태)(윗사람이나 강자의 동작을)받다」의 未然形「かうぶら」(〈-ふ-〉는 無濁点표기)+「ず[助動]부정」+「と[助詞]~라고」+「いふ【言ふ・云ふ】[4]말하다」의 連体形「いふ」+「こと【事】것. 일」+「なし【無し】[形ク]없다」.

25) 「しかれども【然れども】[接続]역접의 확정조건. 그렇지만. 하지만」.

26) 「じやうちう→じょうちゅう【城中】성중. 성안」+「しきりに【頻りに】[副]연신. 매우. 몹시. 지나치게」+「しよく【食】식사. 음식」+「つく[上2]→つきる【尽きる・竭きる】[上1]떨어지다. 끝나다」의 連用形「つき」+「て」.

27) 「す[サ変]하다」의 終止形「す」+「べし[助動]의무・당연・추량・가능 등」의 連体形「べき」+「やう→よう【様】꼴. 모습. 이유. 사정. 방법. 수단」+「なし【無し】[形ク]없다」.

28) 「ぎうば→ぎゅうば【牛馬】소와 말」+「を[助詞]」+「ころす【殺す】[4]죽이다」의 連用形「ころし」+「て」.

29) 「はぐ【剥ぐ】[4]벗기다. 깎다」의 連用形「はぎ」+「くらふ【食らふ】[4]먹다. 생활하다」의 連用形「くらひ」.

ひけるほどに30)、うたるゝもの、ハなはだ、おほし31)。

➪ 소와 말을 잡아서 벗겨 먹고 매일 싸우는 사이에 죽임 당하는 자가 매우 많다.

❑ 爰(こゝ)に32)城(じやう)の太守(たいしゆ)33)郭蝦蟆(くわくかま)、大庭(おほにハ)に薪(たきゞ)をつミ34)、火[ひ]をかけて、いはく35)、

➪ 이에 성의 태수 곽하마가 큰 뜰에 장작을 쌓아 불을 놓고 말하길,

❑「只今[ただいま]、敵(てき)のために36)、この城(じやう)を、おとさるべし37)、

➪ "곧 적으로 인해 이 성을 떨어뜨려질 것이다.

❑ つハものども38)、ちからを、つくして、たゝかひ39)、弓[ゆみ]をれ矢(や)つき40)、きずをかうふりて41)、はたらくことの、かなハざらん

---

30) 「まいにち【毎日】 매일」+「たたかふ【戦ふ·闘ふ】[4]싸우다」의 連用形「たたかひ」+「けり[助動]회상·과거」의 連体形「ける」+「ほどに【程に】①~하면. ~하는 사이에 ②원인·이유. ~이므로」.

31) 「うつ【打つ·討つ·撃つ】[4]치다. 죽이다」의 未然形「うた」+「る[助動]수동」의 連体形「るる」+「もの【者】자. 사람」+「はなはだ【甚だ】[副]매우. 몹시. 대단히」+「おほし【多し】[形ク]많다」.

32) 「ここに【此に·是に·爰に·玆に】[接続]이야기를 시작하거나 화제 전환에 쓰이는 말. 그런데. 그래서. 이에. 그건 그렇고」.

33) 「じやう→じょう【城】 성」+「の[助詞]」+「たいしゅ【太守·大守】 태수」.

34) 「おほには→おおにわ【大庭】 큰 뜰. 넓은 장소」+「に[助詞]」+「たきぎ【薪】 장작. 땔나무」+「を[助詞]」+「つむ【積む】[4]쌓다」의 連用形「つみ」.

35) 「ひ【火】 불」+「を[助詞]」+「かく[下2]→かける【掛ける·懸ける】[下1]걸다. 놓다」의 連用形「かけ」+「て」+「いはく【曰く】 말하길. 이르길」.

36) 「ただいま【只今·唯今】 지금. 현재. 이제 곧」+「てき【敵】 적」+「の[助詞]」+「ため【為】」+「に[助詞]」(<~の(が)ために>의 꼴로 '이익·이유·목적'의 뜻. ~때문에).

37) 「この【此の·斯の】[連体]이」+「じやう→じょう【城】 성」+「を[助詞]」+「おとす【落とす·墜す·貶す】[4]떨어뜨리다. 잃어버리다」의 未然形「おとさ」+「る[助動]수동」의 終止形「る」+「べし[助動]의무·당연·추량·가능 등」.

38) 「つはもの【兵】 병사」+「ども【共】[接尾]~들」.

39) 「ちから【力】 힘」+「を[助詞]」+「つくす【尽くす】[4]노력하다. 힘쓰다」의 連用形「つくし」+「て」+「たたかふ【戦ふ·闘ふ】[4]싸우다」의 連用形「たたかひ」.

ものハ[42]、

➪ 병사들이 힘을 다해 싸워 활이 꺾어지고 화살이 떨어져 부상을 입어서 움직이는 것을 해내지 못할 것 같은 사람은,

❑ 人手[ひとで]にかゝらんより[43]、この内[うち]に、とびいれ[44]。」とて[45]、今[いま]をかぎりに、たゝかひけり[46]。

➪ 남의 손에 죽는 것보다 이 안에 뛰어들어라."라며 지금을 마지막으로 싸웠다.

❑ 城中(しやうちう)の兵(つハもの)ども[47]、ふか手[で]を、かうふるもの[48]、ミな火(ひ)の中[なか]に、とびいりて死(し)す[49]。

---

40) 「ゆみ【弓】 활」+「をる[下2]→おれる【折れる】[下1]꺾어지다. 부러지다」의 連用形「をれ」+「や【矢】 화살」+「つく【尽く·竭く】[上2]떨어지다. 끝나다」의 連用形「つき」.

41) 「きず【傷】 상처. 부상」+「を[助詞]」+「かうぶる【被る·蒙る】[4]받다. 입다」의 連用形「かうぶり」(〈-ふ-〉는 無濁点표기)+「て」.

42) 「はたらく【働く】[4]움직이다. 활동하다. 일하다」의 連体形「はたらく」+「こと【事】 것. 일」+「の[助詞]현대일본어 〈が〉의 쓰임」+「かなふ【適ふ·叶ふ】[4]감당하다. 견뎌내다」의 未然形「かなは」+「ざり[助動]부정」의 未然形「ざら」+「む[助動]추량·의지」의 連体形「む」→「ん」+「もの【者】 자. 사람」+「は[助詞]」.

43) 「ひとで【人手】 남의 손」+「に[助詞]」+「かかる【掛かる·繫かる·係る】[4]걸리다. 맡기다. 상대방의 뜻대로 죽임당하다」의 未然形「かから」+「む[助動]추량·의지」의 連体形「む」→「ん」+「より[助詞]비교의 기준. ~보다」.

44) 「この【此の·斯の】[連体]이」+「うち【内】 안」+「に[助詞]」+「とびいる【飛び入る】[4]뛰어들다」의 命令形「とびいれ」.

45) 「とて[助詞]인용. ~라 해서. ~라는 것으로. ~라는 이름으로」.

46) 「いま【今】 현재. 지금. 이 국면」+「を[助詞]」+「かぎり【限り】 한도. 끝. 마지막. 극한. 임종」+「に[助詞]」+「たたかふ【戦ふ·闘ふ】[4]싸우다」의 連用形「たたかひ」+「けり[助動]회상·과거」.

47) 「じやうちう→じょうちゅう【城中】 성중. 성안」(〈し-〉는 無濁点표기)+「の[助詞]」+「つはもの【兵】 병사」+「ども【共】[接尾]~들」.

48) 「ふかで【深手·深傷】 깊은 상처. 중상」+「を[助詞]」+「かうぶる【被る·蒙る】[4]받다. 입다」의 連体形「かうぶる」(〈-ふ-〉는 無濁点표기)+「もの【者】 자. 사람」.

49) 「みな【皆】 ①[名]모든 사람. 전부 ②[副]남김없이. 모두」+「ひ【火】 불」+「の[助詞]」+「なか【中】 안」+「に[助詞]」+「とびいる【飛び入る】[4]뛰어들다」의 連用形「とびいり」+「て」+「しす【死す】[サ変]죽다」.

➩ 성안의 병사들이 깊은 부상을 입은 자는 모두 불 속에 뛰어들어 죽는다.

❑ 郭蝦蟆(くわくかま)ハ、只[ただ]一人[ひとり][50]、たかきところに、あがりて[51]、ミづから矢(や)をはなつ事[こと][52]、三百[さんびゃく]すぢ也(なり)[53]。

➩ 곽하마는 오직 홀로 높은 곳에 올라서 친히 화살을 쏘는 것이 삼백 발이다.

❑ むかふかたき[54]、この矢(や)さきにあたりて[55]、たをるゝもの、すくなからず[56]。

➩ 맞서는 적이 이 화살촉에 맞아서 쓰러지는 자가 적지 않다.

❑ やだねも、つきけれバ[57]、ゆミを火(ひ)に、なげいれ[58]、ミづからも、おなじく[59]火(ひ)に、とびいりければ[60]、

---

50) 「ただ【只・唯】[副]단지. 오직. 그저」+「ひとり【一人】 혼자」.

51) 「たかし【高し】[形ク]높다」의 連体形「たかき」+「ところ【所・処】 곳」+「に[助詞]」+「あがる【上がる】[4]오르다」의 連用形「あがり」+「て」.

52) 「みづから【自ら】[副]스스로. 친히」+「や【矢】 화살」+「を[助詞]」+「はなつ【放つ】[4]쏘다」의 連体形「はなつ」+「こと【事】 것. 일」.

53) 「さんびゃく【三百】 삼백」+「すぢ→すじ【筋・条】 가늘고 긴 것. 가닥」+「なり[助動]단정・지정」.

54) 「むかふ【向かふ・対ふ】[4]향하다. 마주하다. 나아가다. 대항하다. 저항하다」의 連体形「むかふ」+「かたき【敵】 적. 상대」.

55) 「この【此の・斯の】[連体]이」+「やさき【矢先】 화살의 끄트머리. 화살촉」+「に[助詞]」+「あたる【当たる・中る】[4]닿다. 명중하다」의 連用形「あたり」+「て」.

56) 「たふる[下2]→たおれる【倒れる】[下1]쓰러지다. 죽다」의 連体形「たふるる」(〈-を-〉는 정서법에 어긋남)+「もの【者】 자. 사람」+「すくなし【少なし・尠し・寡し】[形ク]적다」의 未然形「すくなから」+「ず[助動]부정」.

57) 「やだね【矢種】 준비한 화살의 전부. 화살」+「も[助詞]」+「つく【尽く・竭く】[上2]떨어지다. 끝나다」의 連用形「つき」+「けり[助動]회상・과거」의 已然形「けれ」+「ば[助詞]확정조건. 원인・이유」.

58) 「ゆみ【弓】 활」+「を[助詞]」+「ひ【火】 불」+「に[助詞]」+「なげいる[下2]→なげいれる【投げ入れる】[下1]던져서 안에 넣다」의 連用形「なげいれ」.

59) 「みづから【自ら】[名]자기 자신. 나. [副]스스로. 친히」+「も[助詞]」+「おなじ【同じ】[形シク]같다」의 連用形「おなじく」.

➩ 화살도 떨어져서 활을 불에 던져 넣고 자신도 한가지로 불에 뛰어드니,

❑ のこるつハものども61)、一人[ひとり]として62)、かうさんするものなく63)、みな火(ひ)にいりて死(し)したりけり64)。

➩ 남은 병사들이 한 사람도 항복하는 자 없이 모두 불에 들어가 죽었던 것이다.

❑ 蝦蟵(かま)死[し]するとき65)、年(とし)すでに四十五[しじゅうご]なり66)。

➩ 하마가 죽을 때 나이 이제 마흔 다섯이다.

❑ 国人(くにうと)67)、是[これ]を、あはれミて68)、やしろを立(たて)て69)、祭(まつ)りける、と也(なり)70)。

➩ 그 나라 사람이 이를 가여워하여 사당을 세워서 제사했다고 한다.

---

60) 「ひ【火】 불」+「に[助詞]」+「とびいる【飛び入る】[4]뛰어들다」의 連用形 「とびいり」+「けり[助動]회상·과거」의 已然形 「けれ」+「ば[助詞]확정조건. 원인·이유」.

61) 「のこる【残る】[4]남다」의 連体形 「のこる」+「つはもの【兵】 병사」+「ども【共】[接尾]~들」.

62) 「ひとり【一人】 한 사람」+「として[助詞](부정표현과 함께 써서)예외 없이 모두. ~도」.

63) 「かうさん→こうさん【降参】 항복」+「す[サ変]하다」의 連体形 「する」+「もの【者】 자. 사람」+「なし【無し】[形ク]없다」의 連用形 「なく」.

64) 「みな【皆】 ①[名]모든 사람. 전부 ②[副]남김없이. 모두」+「ひ【火】 불」+「に[助詞]」+「いる【入る】[4]들어가다」의 連用形 「いり」+「て」+「しす【死す】[サ変]죽다」의 連用形 「しし」+「たり[助動]완료·존속」의 連用形 「たり」+「けり[助動]회상·과거」.

65) 「しす【死す】[サ変]죽다」의 連体形 「しする」+「とき【時】 때」.

66) 「とし【年·歳】 해. 나이」+「すでに【既に·已に】[副]이미. 이제」+「し【四】 4」+「じゅう【十】 10」+「ご【五】 5」+「なり[助動]단정·지정」.

67) 「くにうど【国人】 그 나라의 사람」(〈-と〉는 無濁点표기).

68) 「これ【此·是】[代]이것. 이사람」+「を[助詞]」+「あはれむ【哀れむ·憐れむ】[4]동정하다. 불쌍히 여기다」의 連用形 「あはれみ」+「て」.

69) 「やしろ【社】 사당. 신이 내리는 곳」+「を[助詞]」+「たつ[下2]→たてる【立てる·建てる】[下1]세우다」의 連用形 「たて」+「て」.

70) 「まつる【祭る·祀る】[4]제사하다」의 連用形 「まつり」+「けり[助動]회상·과거」의 連体形 「ける」+「と[助詞]」+「なり[助動]추량·전문(伝聞)」.

29. 普(ふ)顔(がん)全(まつたくす)レ忠(ちうを)
보안이 충을 온전히 하다

❑ 元(げん)の至正(しせい)十八[じゅうはち]ねんに[1]、みかど[2]参知(さんち)政事(せいじ)ゞ[じ][3]普顔(ふがん)不花(ふくわ)と、いふ人[ひと]に、みことのりして[4]、

➪ 원나라 지정 18년에 천자가 참지정사 보안불화라고 하는 사람에게 칙명해서,

❑ 侍御史(じぎよし)[5]李國鳳(りこくほう)ともろ友(とも)に[6]、江南(か

---

1) 「げん【元】 원나라」+「の[助詞]」+「至正(しせい) : 지정. 중국 원나라 순제(順帝) 때 사용된 연호(1341-1370)」(ウィキペディア[Wikipedia]참조)+「じゅうはち【十八】 18」+「ねん【年】 년」(1358년에 해당)+「に[助詞]」.

2) 「みかど【御門·帝】 황제. 천자」.

3) 「ゞ」는 앞 글자가 반복된다는 표시인데, 〈한문본〉에 「参知政事普顔不花」인 것을 볼 때 단순한 오류로 봐야겠다. 또한 일본 측 사전에 「参知政事(さんちせいじ)」가 표제어로 올라 있으며 '중국의 벼슬 이름. 특명을 받아서 정치에 참여한 고관. 송나라 시절부터 있다가 명나라 때 폐지되었다'는 풀이가 있다. 한편 〈표준국어대사전〉에도 「참지정사(參知政事)」가 표제어이며 '고려 시대에, 중서문하성에 속한 종이품 벼슬. 목종 때에 종래의 문하평리를 고친 것으로, 충렬왕 1년(1275)에 첨의평리로 고쳤던 것을 공민왕이 다시 이것으로 고쳤다가 첨의평리로 고쳤다'라고 풀이되어 있다.

4) 「と[助詞]~라고」+「いふ【言ふ·云ふ】[4]말하다」의 連体形 「いふ」+「ひと【人】 사람」+「に[助詞]」+「みことのり【詔·勅】 천자의 말씀. 조칙(詔勅). 칙명」+「す[サ変]하다」의 連用形 「し」+「て」.

5) 〈표준국어대사전〉에서는 「시어사(侍御史)」를 '고려 시대에, 어사대에 속한 종오품 벼슬. 성종 14년(995)에 사헌대를 고친 것으로, 그 뒤에 여러 번 이름을 고치고 여러 번 두었다 없앴다 하였다'라고 풀이하고 있다. 한편 『広辞苑』에서 「侍御史」를 찾을 수 없으나 「じぎょ【侍御】 주군의 곁에서 섬기는 것(사람)」와 「ぎょし【御史】 중국의 관직명. 전국시대에는 주군 측 시신(侍臣)이었는데, 진(秦)나라 통일 이후에는 중앙과 지방에서 관리를 감시하는 임무를 맡았다」는 등재되어 있다.

うなん)を経略(けいりやく)して7)、建寧(けんねい)と云[いう]所[ところ]にいたる8)。

➩ 시어사 이국봉과 함께 강남을 경략하고 건녕이라 하는 곳에 다다른다.

❑ 陳友諒(ちんゆうりやう)、これを聞[きき]て9)、鄧克明(とうこくめい)といふものを、つかハして10)、ふせぎ、たゝかはしむ11)。

➩ 진우량이 이를 듣고서 등극명이라 하는 사람을 보내서 막아 싸우게 한다.

❑ 李國鳳(りこくほう)、手(て)いたく、せめたてられて12)、かなハしとや、おもひけん13)、うちすてゝ、にげうせけり14)。

---

6) 「と[助詞]~와」+「もろとも【諸共】[形動ナリ]함께 하는 모양. 같이. 동시」의 連用形「もろともに」(한자를 〈友〉로 쓰는 것은 특이함).

7) 「かうなん→こうなん【江南】강남. 중국 장강(長江) 하류 남측 지역. 강소(江蘇)·안휘(安徽)성 남부와 절강성(浙江省) 북부를 포함함. 넓게 장강 이남 지방을 가리키는 경우도 있다」+「を[助詞]」+「けいりやく【経略】경략. 국가를 경영 통치하는 것. 천하를 경영하고 사방을 공격해 취하는 것」+「す[サ変]하다」의 連用形「し」+「て」.

8) 「と[助詞]~라고」+「いふ【言ふ·云ふ】[4]말하다」의 連体形「いふ」+「ところ【所】곳」+「に[助詞]」+「いたる【至る·到る】[4]이르다. 도달하다」.

9) 「これ【此·是】[代]이것. 이사람」+「を[助詞]」+「きく【聞く】[4]듣다」의 連用形「きき」+「て」.

10) 「と[助詞]~라고」+「いふ【言ふ·云ふ】[4]말하다」의 連体形「いふ」+「もの【者】사람」+「を[助詞]」+「つかはす[4]→つかわす【使わす·遣わす】[5]심부름 보내시다. 파견하시다. 하사하시다」의 連用形「つかはし」+「て」.

11) 「ふせぐ【防ぐ·拒ぐ】[4]막다. 방어하다」의 連用形「ふせぎ」+「たたかふ【戦ふ·闘ふ】[4]싸우다」의 未然形「たたかは」+「しむ[助動]사역. ~시키다」.

12) 「ていたし【手痛し】[形ク]심하다. 격하다. 거칠다」의 連用形「ていたく」+「せめたつ[下2]→せめたてる【攻め立てる】[下1]격렬하게 공격하다」의 未然形「せめたて」+「らる[助動]수동」의 連用形「られ」+「て」.

13) 「かなふ【適ふ·叶ふ】[4]적합하다. 바람대로 되다. 필적하다. 감당하다. 견뎌내다」의 未然形「かなは」+「じ[助動]추량·의지의 부정. ~아닐 것이다」(〈し〉는 無濁点표기)+「と[助詞]~라고」+「や[係助詞]의문·질문」(문말은 連体形)+「おもふ【思ふ】[4]생각하다」의 連用形「おもひ」+「けむ[助動]과거추량. ~했을 것이다. ~였을 것이다」(주로 의문을 나타내는 말과 함께 쓰여서, 과거의 사실에 대해 원인이나 이유를 의심하거나 상상하는 뜻을 나타냄)의 連体形「けむ」(앞의 〈や〉에 호응)→「けん」.

14) 「うちすつ[下2]→うちすてる【打ち捨てる·討ち捨てる】[下1]내던지다. 내버리다. 신경

➪ 이국봉은 혹독하게 공격당해서 당해낼 수 없을 거라고 생각했는지 내팽개치고 도망쳐 숨었다.

❑ 普顔(ふがん)不花(ふくわ)が、いはく15)、「我等(われら)16)、天子(てんし)の命(めい)をうけて17)、こゝに来(きた)れり18)、にげて、いづくにか、ゆかん、とする19)。

➪ 보안불화가 말하길 우리들은 천자의 명을 받아서 여기에 왔다. 도망쳐서 어디로 가려 하는가?

❑ 我[われ]ら、この城(じやう)を枕(まくら)として20)、うちしにするか21)、又[また]は、この城(じやう)をせめおとすか22)、此[この]ふたつの内[うち]に、あるべし23)。」とて24)、

쓰지 않고 내버려두다」의 連用形 「うちすて」+「て」+「にげうす【逃げ失す】[下2]도망쳐 자취를 감추다」의 連用形 「にげうせ」+「けり[助動]회상·과거」.

15) 「が[助詞]」+「いはく【曰く】 말하길. 이르길」.

16) 「われら【我等】[代]우리들. 나. 너희들」.

17) 「てんし【天子】 천자」+「の[助詞]」+「めい【命】 명」+「を[助詞]」+「うく【受く】[下2]받다」의 連用形 「うけ」+「て」.

18) 「ここ【此処·此所·此·是·爰】[代]여기. 이것」+「に[助詞]」+「きたる【来る】[4]오다」의 命令形 「きたれ」+「り[助動]완료·존속」.

19) 「にぐ[下2]→にげる【逃げる】[下1]도망치다」의 連用形 「にげ」+「て」+「いづく→いずく【何処】[代]어디」+「に[助詞]」+「か[係助詞]의문·질문」(문말은 連体形)+「ゆく【行く】[4]가다」의 未然形 「ゆか」+「む[助動]추량·의지」→「ん」+「と[助詞]」+「す[サ変]하다」의 連体形 「する」(앞의 〈か〉에 호응).

20) 「われら【我等】[代]우리들」+「この【此の·斯の】[連体]이」+「じやう→じょう【城】 성」+「を[助詞]」+「まくら【枕】 베개」+「と[助詞]~로」+「す[サ変]하다」의 連用形 「し」+「て」.

21) 「うちじに【討死】 전사」(〈-し-〉는 無濁点표기)+「す[サ変]하다」의 連体形 「する」+「か[係助詞]의문·질문」.

22) 「また【又·亦·復】[副]다시. 달리. 또한」+「は[助詞]」+「この【此の·斯の】[連体]이」+「じやう→じょう【城】 성」+「を[助詞]」+「せめおとす【攻め落とす】[4]공격하여 적의 성을 빼앗다. 항복시키다」의 連体形 「せめおとす」+「か[係助詞]의문·질문」.

23) 「この【此の·斯の】[連体]이」+「ふたつ【二つ】 두 개」+「の[助詞]」+「うち【内】 안」+「に[助詞]」+「あり【有り】[ラ変]있다」의 連体形 「ある」+「べし[助動]의무·당연·추량·가능 등」.

⇨ 우리들은 이 성을 베개 삼아서 전사하든가 또는 이 성을 공격해 떨어뜨리든가 이 두 가지 중에 있을 것이다."라고 하여,

❑ 軍兵(ぐんびやう)をすゝめて25)、たゝかふ事[こと]26)六十四日[ろくじゅうよっか]をへて27)、つゐに、心[こころ]のまゝに28)敵(てき)の城(じやう)を、おとしけり29)。

⇨ 군병을 몰아서 싸우는 것이 64일을 지나 마침내 뜻한 대로 적의 성을 떨어뜨렸다.

❑ 明年(ミやうねん)、都[みやこ]に帰[かえ]りければ30)、みかど、大[おおい]に御(ぎよ)かんまし╲╱て31)、山東(さんとう)の32)宣慰使(せんゐし)33)になされて34)、益都(えきと)の城(じやう)をまもる35)。

---

24) 「とて[助詞]인용. ~라 해서. ~라는 것으로. ~라는 이름으로」.

25) 「ぐんびやう→ぐんびょう【軍兵】 군병」+「を[助詞]」+「すすむ【進む】[下2]전진시키다. 나아가게 하다」의 連用形「すすめ」+「て」.

26) 「たたかふ【戦ふ·闘ふ】[4]싸우다」의 連体形「たたかふ」+「こと【事】 것. 일」.

27) 「を[助詞]」+「ふ[下2]→へる【経る·歴る】[下1]지나다. 경과하다」의 連用形「へ」+「て」.

28) 「つひに→ついに【終に·遂に】[副]결국. 마침내」(〈-ゐ-〉는 정서법에 어긋남)+「こころ【心】 마음. 뜻」+「の[助詞]」+「ままに【儘に·随に】 그 상태나 심정 따위에 그대로 따르는 모양. ~대로」.

29) 「てき【敵】 적」+「の[助詞]」+「じやう→じょう【城】 성」+「を[助詞]」+「おとす【落とす·墜す】[4]떨어뜨리다」의 連用形「おとし」+「けり[助動]회상·과거」.

30) 「みやうねん→みょうねん【明年】 명년. 내년. 이듬해」+「みやこ【都】 도읍」+「に[助詞]」+「かへる【帰る·還る】[4]돌아오(가)다」의 連用形「かへり」+「けり[助動]회상·과거」의 已然形「けれ」+「ば[助詞]확정조건. 원인·이유」.

31) 「みかど【御門·帝】 황제. 천자」+「おおいに【大いに】[副]매우. 몹시. 많이」+「ぎょかん【御感】 귀인(貴人), 특히 천자가 감탄하거나 만족하거나 하는 것」+「ましますす【在す·坐す】[4]〈ある·いる〉의 존경어. 계시다」의 連用形「ましまし」+「て」.

32) 「さんとう【山東】 산동. 중국 화북(華北)지구 북동부의 성(省)」+「の[助詞]」.

33) 〈표준국어대사전〉에 「선위사(宣慰使)」가 '①선무사(조선 시대에, 큰 재해나 난리가 일어났을 때 왕명을 받들어 재난을 당한 지방의 민심을 어루만져 안정시키는 일을 맡아보던 임시 벼슬. 또는 그 벼슬아치)와 같음 ②조선 시대에, 외국 사신을 영접하는 일을 맡아보던 임시 벼슬. 또는 그런 벼슬아치. 정조 때 영위사로 고쳤다'와 같이 풀이되어 있다. 「宣慰使」는 『広辞苑』 등에서 확인되지 않는다.

34) 「に[助詞]」+「なす【生す·成す·為す】[4]만들어내다. 낳다. 행하다. 임명하다」의 未

➪ 이듬해 도읍에 돌아오니 천자가 크게 흡족하심이 계셔서 산동의 선위사로 삼으셔서 익도성을 지킨다.

❑ 爰(こゝ)に又[また]36)、大明(たいミん)の軍兵(ぐんびやう)37)、わうめいに、そむきて38)、元(げん)の境(さかひ)を、をそひ、をかしけり39)。

➪ 그런데 다시 명나라의 군병이 왕명에 거슬러 원나라의 경계를 덮쳐 범했다.

❑ 普顔(ふがん)不花(ふくわ)、かたく城(じやう)を、まもりて40)、ふせぎたゝかふに41)、

➪ 보안불화가 굳게 성을 지켜 막아 싸우는데,

❑ つハものども42)、たゝかひつかれて43)、きすをかうふるもの44)、は

然形「なさ」+「る[助動]수동·존경」의 連用形「れ」+「て」.

35) 「の[助詞]」+「じやう→じょう【城】 성」+「を[助詞]」+「まもる【守る·護る】[4]지키다. 막다」.

36) 「ここに【此に·是に·爰に·玆に】[接続]그런데. 이에. 그건 그렇고」+「また【又·亦·復】[副]다시. 같이. 달리. 또한. 게다가」.

37) 「たいみん【大明】 대명. 중국 명나라의 존호(尊號)」+「の[助詞]」+「ぐんびやう→ぐんびょう【軍兵】 군병」.

38) 「わうめい→おうめい【王命】 왕명. 제왕의 명령」+「に[助詞]」+「そむく【背く·叛く】[4]등지다. 어긋나다」의 連用形「そむき」+「て」.

39) 「げん【元】 원나라」+「の[助詞]」+「さかひ→さかい【境·界】 경계. 국경」+「を[助詞]」+「おそふ【襲ふ】[4]덮치다. 갑자기 공격하다. 위협하다」의 連用形「おそひ」(〈を-〉는 정서법에 어긋남)+「をかす【犯す·侵す·冒す】[4]범하다. 어기다. 침해하다. 불법으로 들어가다」의 連用形「をかし」+「けり[助動]회상·과거」.

40) 「かたし【堅し·固し·硬し】[形ク]굳다. 확실하다」의 連用形「かたく」+「じやう→じょう【城】 성」+「を[助詞]」+「まもる【守る·護る】[4]지키다. 막다」의 連用形「まもり」+「て」.

41) 「ふせぐ【防ぐ·拒ぐ】[4]막다. 방어하다」의 連用形「ふせぎ」+「たたかふ【戦ふ·闘ふ】[4]싸우다」의 連体形「たたかふ」+「に[助詞]~하니. ~하는데」.

42) 「つはもの【兵】 병사」+「ども【共】[接尾]~들」.

43) 「たたかふ【戦ふ·闘ふ】[4]싸우다」의 連用形「たたかひ」+「つかる【疲る】[下2]지치다. 약해지다. 피폐하다. 굶다」의 連用形「つかれ」+「て」.

44) 「きず【傷·疵·瑕】 상처. 부상」(〈-す〉는 無濁点표기)+「を[助詞]」+「かうぶる【被る·蒙

なハだ、おほし45)。

➪ 병사들이 싸우다 지쳐서 부상을 입는 자가 매우 많다.

❑ 城中(じやうちう)この故[ゆえ]に46)、ふせぐ事[こと]あたハずして47)、つゐに城(じやう)を、おとされ48)、敵軍(てきぐん)みだれ入(いり)けれは49)、

➪ 성안은 이런고로 지키는 것이 불가능해서 결국 성을 함락당하고 적군이 어지러이 들어왔기에,

❑ 平章(へいしやう)保ゞ(ほう＼／)といふものハ50)、大明(たいミん)に、かうさんして出[いで]たり51)。

➪ 평장보보라고 하는 자는 명나라에 항복하여 나갔다.

❑ 普顔(ふがん)不花(ふくわ)ハ落(おち)のびて52)、故郷(こきやう)にか

る】[4]받다. 입다」의 連体形「かうぶる」(〈-ふ-〉는 無濁点표기)+「もの【者】자. 사람」.

45) 「はなはだ【甚だ】[副]매우. 몹시. 대단히. 현저히」+「おほし【多し】[形ク]많다」.

46) 「じやうちう→じょうちゅう【城中】성중. 성안」+「この【此の･斯の】[連体]이」+「ゆゑ→ゆえ【故】~때문. 까닭」+「に[助詞]」.

47) 「ふせぐ【防ぐ･禦ぐ･拒ぐ】[4]막다. 방어하다」의 連体形「ふせぐ」+「こと【事】것. 일」+「あたふ[4]→あたう【能う･適う】[5]할 수 있다. 적합하다」의 未然形「あたは」+「ず[助動]부정」의 連用形「ず」+「して[助詞](連用形에 접속)~인 상태로」.

48) 「つひに【終に･遂に】[副]결국. 마침내」(〈-ゐ-〉는 정서법에 어긋남)+「じやう【城】성」+「を[助詞]」+「おとす【落とす･墜す･貶す】[4]떨어뜨리다. 잃어버리다」의 未然形「おとさ」+「る[助動]수동」의 連用形「れ」.

49) 「てきぐん【敵軍】적군」+「みだる【乱る･紊る】[下2]혼란하다. 뒤섞이다」의 連用形「みだれ」+「いる【入る】[4]들어오다」의 連用形「いり」+「けり[助動]회상･과거」의 已然形「けれ」+「ば[助詞]확정조건. 원인･이유」(〈は〉는 無濁点표기).

50) 「と[助詞]~라고」+「いふ【言ふ･云ふ】[4]말하다」의 連体形「いふ」+「もの【者】자. 사람」+「は[助詞]」.

51) 「たいみん【大明】대명. 명나라」+「に[助詞]」+「かうさん→こうさん【降参】항복」+「す[サ変]하다」의 連用形「し」+「て」+「いづ【出づ】[下2]나가다」의 連用形「いで」+「たり[助動]완료･존속」.

52) 「は[助詞]」+「おちのぶ[上2]→おちのびる【落ち延びる】[上1]멀리 도망치다. 무사히 도망쳐내다」의 連用形「おちのび」+「て」.

へり53)、其[その]母[はは]にかたりて、いはく54)、

➪ 보안불화는 도망쳐내서 고향으로 돌아가 그 어머니에게 밝혀 이르길,

❑「それがし、身(ミ)ひとつを以(もつ)て55)、かう＼／と、ちうせつと56)、ふたつながら57)、心[こころ]のまゝに58)、つとむる事[こと]成[なり]かたし59)。

➪ "나는 몸 하나로써 효행과 충절과 두 가지인데 뜻대로 힘쓰는 것이 이루어지기 어렵다.

❑ さいはひに60)、わがおとゝ二人[ふたり]あり61)、母[はは]をやしなひたてまつる事[こと]ハ62)、うたがひなく、心[こころ]やすし63)。

---

53) 「こきやう→こきょう【故郷】 고향」+「に[助詞]」+「かへる【帰る・還る】[4]돌아가다(오다)」의 連用形「かへり」.

54) 「その【其の】[連体]그」+「はは【母】 어머니」+「に[助詞]」+「かたる【語る】[4]상대에게 전하다. 이야기하다」의 連用形「かたり」+「て」+「いはく【曰く】 말하길. 이르길」.

55) 「それがし【某】[代]①아무개 ②저」+「み【身】 몸」+「ひとつ【一つ】 하나」+「を[助詞]」+「もって【以て】(〈を[助詞]〉에 이어져서)수단이나 원인 등을 나타냄. ~로써. ~때문에」.

56) 「かうかう→こうこう【孝行】 효행」+「と[助詞]~와」+「ちうせつ→ちゅうせつ【忠節】 충절」+「と[助詞]~와」.

57) 「ふたつ【二つ】 두 개」+「ながら【乍ら】[助詞]~채로. ~인데」.

58) 「こころ【心】 마음. 뜻」+「の[助詞]」+「ままに【儘に・随に】 ~대로」.

59) 「つとむ[下2]→つとめる【勤める・努める・務める・力める・勉める】[下1]힘쓰다. 노력하다. 섬기다. 근행하다」의 連体形「つとむる」+「こと【事】 것. 일」+「なる【成る・為る】[4]되다」의 連用形「なり」+「かたし【難し】[形ク]어렵다」(접미어로서 쓰일 때는〈がたし〉와 같이 濁音化함. 동사의 連用形에 접속하여 그 동작을 하거나 그 상태에 있는 것이 곤란하다는 뜻을 나타냄).

60) 「さいはひに→さいわいに【幸いに】[副]다행히」.

61) 「わが【我が・吾が】[連体]나의. 자신의」+「おとと【弟】(〈おとうと〉의 준말)동생」+「ふたり【二人】 두 사람」+「あり【有り】[ラ変]있다」.

62) 「はは【母】 어머니」+「を[助詞]」+「やしなふ【養ふ】[5]양육하다. 부양하다. 키우다」의 連用形「やしなひ」+「たてまつる[助動]겸양. ~해드리다. ~해 올리다」의 連体形「たてまつる」+「こと【事】 것. 일」+「は[助詞]」.

63) 「うたがひ【疑ひ】[名]의심」+「なし【無し】[形ク]없다」의 連用形「なく」+「こころやすし

➪ 다행히 내 동생이 둘 있다. 어머니를 모셔드리는 일은 틀림없이 안심이다.

❑ 只今[ただいま]こそ64)、この世[よ]のいとまごひにて侍[は]べれ65)。」と、いふて66)、なく＼／家(いへ)を立(たち)出[いで]て67)、益都(えきと)におもむきけり68)。

➪ 바로 지금이 이 세상의 작별인사입니다."라고 하고서 울면서 집을 떠나 익도로 향했다.

❑ 大明(たいミん)の将軍(しやうぐん)69)、もとより70)普顔(ふがん)不花(ふくわ)が賢(けん)なる事[こと]を聞[きき]をよびて71)、つかひを、つかハして72)、めしけれども73)、ゆかず74)。

【心安し】[形ク]안심이다. 친하다. 간단하다」.

64) 「ただいま【只今】 지금」+「こそ[係助詞]뜻을 강하게 함」(문말은 已然形).

65) 「この【此の·斯の】[連体]이」+「よ【世】 세상」+「の[助詞]」+「いとまごひ【暇乞ひ】[名] 이별을 고하는 것. 작별. 고별」+「にて[助詞]현대일본어의 〈で〉와 같은 쓰임」+「はべり【侍り】[ラ変]있습니다. ~입니다」의 已然形 「はべれ」(앞의 〈こそ〉에 호응).

66) 「と[助詞]~라고」+「いふ【言ふ·云ふ】[4]말하다」+「て」.

67) 「なくなく【泣く泣く】[副]울면서」+「いへ→いえ【家】 집. 집안. 가문」+「を[助詞]」+「たちいづ【立ち出づ】[下2]나가다. 떠나다」의 連用形 「たちいで」+「て」.

68) 「に[助詞]」+「おもむく【赴く·趣く】[4]그 방향으로 가다. 향해 가다」의 連用形 「おもむき」+「けり[助動]회상·과거」.

69) 「たいみん【大明】 대명. 명나라」+「の[助詞]」+「しやうぐん→しょうぐん【将軍】 장군」.

70) 「もとより【元より·固より·素より】[副]처음부터. 이전부터. 원래. 본래」.

71) 「が[助詞]」+「けん【賢】[形動ナリ]학덕이 빼어난 것(사람). 현명한 것(사람)」의 連体形 「けんなる」+「こと【事】 것. 일」+「を[助詞]」+「きく【聞く】[4]듣다」의 連用形 「きき」+「およぶ【及ぶ】[4]어떤 때나 장소 등에 다다르다. 도달하다. 영향을 미치다」의 連用形 「およびし」(〈を-〉는 정서법에 어긋남)+「て」.

72) 「つかひ【使い·遣い】 심부름꾼. 사자(使者)」+「を[助詞]」+「つかはす【使はす·遣はす】[4]심부름 보내시다. 파견하시다」의 連用形 「つかはし」+「て」.

73) 「めす【召す·見す·看す】[4]보시다. 불러들이시다. 불러내서 자리에 앉히다. 명(命)하시다」의 連用形 「めし」+「けり[助動]회상·과거」의 已然形 「けれ」+「ども[助詞] 역접」.

74) 「ゆく【行く】[4]가다」의 未然形 「ゆか」+「ず[助動]부정」.

➪ 명나라 장군이 예부터 보안불화가 현명하다는 것을 들어서 사자를 보내 부르셨지만 가지 않는다.

❑ 普(ふ)がん不花(ふくわ)が、いはく[75]、「我[われ]ハ、これ[76]元朝(げんてう)の進士(しんじ)なり[77]。

➪ 보안불화가 이르길 "나는 바로 원나라 조정의 진사다.

❑ 君[きみ]かたじけなくも[78]、我[われ]を不敏(ふびん)し給[たま]ひて[79]、官(くわん)すでに[80]極品(きよくほん)[81]にいたり[82]、栄花(えいぐわ)又[また][83]、身[み]に、あまれり[84]、

➪ 주군이 황송하게도 나를 가엽게 여기셔서 벼슬이 이미 극품에 이르고 영화가 또한 분에 넘친다.

❑ この上[うえ]に[85]、また何[なん]の望(のぞ)ミ有[あり]てか[86]、命[いの

---

75) 「が[助詞]」+「いはく【曰く】 말하길. 이르길」.

76) 「われ【我·吾】[代]나」+「は[助詞]」+「これ【此·是】[代]앞에 제시한 말을 재차 언급할 때 사용하는 말」.

77) 「げん【元】 원나라」+「てう→ちょう【朝】 조정」+「の[助詞]」+「しんし【進士】(〈しんじ〉로도 씀)중국에서 수(隋)·당(唐) 시절 과거(科挙) 시험과목의 하나. 후에는 그 합격자도 일컬음. 진사」+「なり[助動]단정·지정」.

78) 「きみ【君】 주군. 임금」+「かたじけなし【忝し·辱し】[形ク]부끄럽다. 과분하다. 황송하다」의 連用形 「かたじけなく」+「も[助詞]」.

79) 「われ【我·吾】[代]나」+「を[助詞]」+「ふびん【不便·不憫·不愍】 불편한 것. 불쌍한 것. 귀엽다고 생각하는 것」(본문의 〈不敏(ふびん)〉은 '민첩하지 않은 것. 재능이 떨어지는 것'의 뜻으로 문맥상 맞지 않는다)+「す[サ変]하다」의 連用形 「し」+「たまふ【給ふ】[助動]존경」의 連用形 「たまひ」+「て」.

80) 「くわん→かん【官】 관. 벼슬」+「すでに【既に·已に】[副]이미. 벌써」.

81) 「極品」을 「ごくひん」으로 읽으면 '극히 상등(上等)의 물건'의 뜻이다. 이것으로는 뜻이 통하지 않으므로 문맥상 벼슬 이름으로 풀이해야겠다. 한편 「極品(きよくほん)」은 사전에 등재되지 않은 말이다.

82) 「に[助詞]」+「いたる【至る·到る】[4]도달하다」의 連用形 「いたり」.

83) 「えいぐわ→えいが【栄華·栄花】 영화」+「また【又·亦·復】[副]다시. 또한. 게다가」.

84) 「み【身】 몸. 분수. 처지」+「に[助詞]」+「あまる【余る】[4]남다. 넘치다」의 命令形 「あまれ」+「り[助動]완료·존속」.

ち]いきて[87]敵(てき)にかうさんすべき[88]。」と、いふて[89]、つゐに、したがハずして[90]、ころされたり[91]。

⇨ 더 이상 달리 어떤 바람이 있어서 목숨 살아 적에게 항복하겠는가?"라고 하고 끝내 따르지 않고 죽임 당했다.

❑ 普顔(ふがん)が妻(つま)[92]、阿魯眞(あろしん)、すでに[93]普顔(ふがん)が死(し)せしを聞[きき]て[94]、我[わが]子[こ]をいだきて[95]、家[いえ]の北[きた]なる井(ゐ)に[96]身[み]をなげて、むなしくなる[97]。

---

85) 「このうへ→このうえ【此の上】[連語]더 이상」+「に[助詞]」.

86) 「また【又·亦·復】[副]다시. 달리. 또한」+「なん【何】[代]어떤」+「の[助詞]」+「のぞみ【望み】[名]바람. 희망」+「あり【有り】[ラ変]있다」의 連用形「あり」+「て」+「か[係助詞]의문·질문」(문말은 連体形).

87) 「いのち【命】목숨」+「いく[上2]→いきる【生きる·活きる】[上1]살다. 생존하다」의 連用形「いき」+「て」.

88) 「てき【敵】적」+「に[助詞]」+「かうさん→こうさん【降参】항복」+「す[サ変]하다」의 終止形「す」+「べし[助動]의무·당연·추량·가능 등」의 連体形「べき」(앞의 〈か〉에 호응).

89) 「と[助詞]~라고」+「いふ【言ふ·云ふ】[4]말하다」+「て」.

90) 「つひに→ついに【終に·遂に】[副]결국. 마침내」(〈-ゐ-〉는 정서법에 어긋남)+「したがふ【従ふ·随ふ·順ふ】[4]따르다. 거스르지 않다. 맡기다」의 未然形「したがは」+「ず[助動]부정」의 連用形「ず」+「して[助詞](連用形에 접속)~인 상태로」.

91) 「ころす【殺す】[4]죽이다」의 未然形「ころさ」+「る[助動]수동」의 連用形「れ」+「たり[助動]완료·존속」.

92) 「が[助詞]현대일본어〈の〉의 쓰임」+「つま【妻】아내」.

93) 「すでに【既に·已に】[副]이미. 벌써」.

94) 「が[助詞]」+「しす【死す】[サ変]죽다」의 未然形「しせ」+「き[助動]회상·과거」의 連体形「し」+「を[助詞]」+「きく【聞く】[4]듣다」의 連用形「きき」+「て」.

95) 「わが【我が·吾が】[連体]나의. 자신의」+「こ【子】아이. 자식」+「を[助詞]」+「いだく【抱く·懐く】[4]안다. 품다」의 連用形「いだき」+「て」.

96) 「いへ→いえ【家】집. 집안. 가문」+「の[助詞]」+「きた【北】북쪽」+「なり:〈にあり(~에 있다)〉의 준말」의 連体形「なる」+「ゐ→い【井】우물」+「に[助詞]」.

97) 「み【身】몸」+「を[助詞]」+「なぐ[下2]→なげる【投げる】[下1]던지다」의 未然形「なげ」+「て」+「むなし【空し·虚し】[形シク]덧없다. 무상하다. 죽었다」의 連用形「むな

➩ 보안의 아내 아로진이 이미 보안이 죽었던 것을 듣고서 자기 아이를 안고서 집 북쪽에 있는 우물에 몸을 던져 죽는다.

❑ むすめ、孫(まご)、其[その]外[ほか][98]めしつかひける女房(にようバう)[99]、おなじく身[み]をなげたり[100]。

➩ 딸과 손자, 그밖에 시중들던 시녀가 한가지로 몸을 던졌다.

❑ 普顔(ふがん)か弟(おとゝ)の妻(つま)二人[ふたり][101]、をの＼／、いとけなき子(こ)をいたきて[102]、家[いえ]のミなみの井[い]に[103]、身[み]をなげて、むなしくなりたり[104]。

➩ 보안의 동생의 아내 둘이 각자 어린 아이를 안고서 집 남쪽 우물에 몸을 던져서 죽었다.

❑ 普顔(ふがん)まことに[105]、大[たい]明(ミん)にしたがハゞ[106]、子孫

しく」+「なる【成る・為る】[4]되다」.

98)「むすめ【娘】딸」+「まご【孫】손자」+「その【其の】[連体]그」+「ほか【外・他】외. 밖」.

99)「めしつかふ【召し使ふ】[4]사람을 불러들여서 가까이에서 일하게 하다」의 連用形「めしつかひ」+「けり[助動]회상・과거」의 連体形「ける」+「にようばう→にょうぼう【女房】귀족 집에서 일하는 여자」.

100)「おなじ【同じ】[形シク]같다」의 連用形「おなじく」+「み【身】몸」+「を[助詞]」+「なぐ【投ぐ】[下2]던지다」의 未然形「なげ」+「たり[助動]완료・존속」.

101)「が[助詞]현대일본어〈の〉의 쓰임」(〈か〉는 無濁点표기)+「おとと【弟】동생」+「の[助詞]」+「つま【妻】아내」+「ふたり【二人】두 사람」.

102)「おのおの【各・各々】①[名]각자. 각각 ②[代]여러분」+「いとけなし【幼し・稚し】[形ク]나이 어리다. 철없다」의 連体形「いとけなき」+「こ【子】아이. 자식」+「を[助詞]」+「いだく【抱く・懐く】[4]안다. 품다」의 連用形「いだき」(〈-た-〉는 無濁点표기)+「て」.

103)「いへ→いえ【家】집」+「の[助詞]」+「みなみ【南】남쪽」+「の[助詞]」+「ゐ→い【井】우물」+「に[助詞]」.

104)「み【身】몸」+「を[助詞]」+「なぐ【投ぐ】[下2]던지다」의 未然形「なげ」+「て」+「むなし【空し・虚し】[形シク]죽었다」의 連用形「むなしく」+「なる【成る・為る】[4]되다」의 連用形「なり」+「たり[助動]완료・존속」.

105)「まことに【真に・実に・誠に】[副]정말로. 거짓 없이. 매우」.

106)「たいみん【大明】대명. 명나라」+「に[助詞]」+「したがふ【従ふ・随ふ・順ふ】[4]따르다. 거스르지 않다. 맡기다」의 未然形「したがは」+「ば[助詞]가정조건」.

(しそん)ながく、つたハり107)、門(かど)まさに、さかふべきに108)、

⇨ 보안이 정말로 명나라에 따른다면 자손이 오래 이어지고 가문이 참으로 번영할 텐데,

❑ 君[きみ]に忠[ちゅう]有[あり]て109)、私(わたくし)なく110)命[いのち]をすてゝ111)、義(ぎ)をまもりし心[こころ]のほどこそ112)ありがたけれ113)。

⇨ 주군에게 충이 있어서 사사로움 없이 목숨을 버려 의를 지켰던 마음이야말로 훌륭하다.

---

107) 「しそん【子孫】 자손」+「ながし【長し】[形ク]길다. 오래다」의 連用形「ながく」+「つたはる【伝はる】[4]전해지다. 이어지다」의 連用形「つたはり」.

108) 「かど【門】 문. 가문. 일족」+「まさに【正に】[副]틀림없이. 분명」+「さかゆ[下2]→さかえる【栄える】[下1]번영하다. 번창하다」의 終止形「さかゆ」(〈-ふ〉는 정서법에 어긋남)+「べし[助動]의무·당연·추량·가능 등」의 連体形「べき」+「に[助詞]~하니. ~하는데」.

109) 「きみ【君】 주군. 임금」+「に[助詞]」+「ちゅう【忠】 충」+「あり【有り】[ラ変]있다」의 連用形「あり」+「て」.

110) 「わたくし【私】[名]공(公)에 대한 사(私)」+「なし【無し】[形ク]없다」의 連用形「なく」.

111) 「いのち【命】 목숨」+「を[助詞]」+「すつ【捨つ·棄つ】[下2]버리다」의 連用形「すて」+「て」.

112) 「ぎ【義】 의」+「を[助詞]」+「まもる【守る·護る】[4]지키다」의 連用形「まもり」+「き[助動]회상·과거」의 連体形「し」+「こころ【心】 마음. 뜻」+「の[助詞]」+「ほど【程】 시간·공간·사항의 정도. 모습」+「こそ[係助詞]뜻을 강하게 함」(문말은 已然形).

113) 「ありがたし【有り難し】[形ク]드물다. 훌륭하다. 존귀하다. 감사하다」의 已然形「ありがたけれ」(앞의 〈こそ〉에 호응).

30. 堤(てい)上(しやう)忠(ちう)烈(れつ)
제상충렬

❑ 新羅(しんら)[1]國(こく)の實聖王(じつせいわう)[2]、御子[みこ][3]あまた、もち給[たま]ひけり[4]。

➪ 신라국의 실성왕은 자식을 많이 두셨다.

❑ その中[なか]に[5]、奈勿(ないもつ)王子(わうじ)未[み]斯欣(しきん)をば[6]、倭国(わこく)へ人質(ひとじち)に、つかハし[7]、

➪ 그 가운데 내물왕자 미사흔을 왜국에 인질로 보내시고,

❑ 未[み]斯欣(しきん)が兄(あに)[8]卜好(ぼくかう)をバ[9]、高麗(かうらい)國(こく)へ人[ひと]質(じち)に、つかハし給[たま]へり[10]。

---

1) 「新羅」는 일본어로 대개 「しらぎ」로 읽으며 「しんら」도 사전에 등재되어 있다.

2) 「실성왕(實聖王) : 신라 제18대 왕(?~417). 성은 김(金). 내물왕이 죽자 즉위하였으며, 고구려·일본과 수호를 맺었다. 재위 기간은 402~417년이다.」(〈표준국어대사전〉)

3) 「みこ【御子·皇子·皇女】 천자의 자식」.

4) 「あまた【数多】[名·副]많이. 대단히」+「もつ【持つ】[4]가지다」의 連用形 「もち」+「たまふ【給ふ】[助動]존경」의 連用形 「たまひ」+「けり[助動]회상·과거」.

5) 「その【其の】[連体]그」+「なか【中】 안. 가운데」+「に[助詞]」.

6) 「をば : (格助詞 〈を〉에 係助詞 〈は〉가 붙어 濁音化한 것) 〈を〉의 뜻을 강하게 함」.

7) 「わこく【倭国·和国】 왜국. 한(漢)나라 이래 중국에서 일본을 부르는 말」+「へ[助詞]」+「ひとじち【人質】 인질」+「に[助詞]」+「つかはす【使はす·遣はす】[4]심부름 보내시다. 파견하시다. 하사하시다. 주시다」의 連用形 「つかはし」.

8) 「が[助詞]현대일본어 〈の〉의 쓰임」+「あに【兄】 형」.

9) 「をば : 〈を〉의 뜻을 강하게 함」.

10) 「かうらい→こうらい【高麗】 고려」+「こく【国】 국」+「へ[助詞]」+「ひとじち【人質】 인

➩ 미사흔의 형 복호를 고려국에 인질로 보내셨다.

❑ 訥祇王(とつぎわう)[11]ハ一[いち]の惣領(そうりやう)にて[12]、新羅(しんら)國[こく]におはしまして[13]、

➩ 눌지왕은 첫째 적자로 신라국에 계셔서,

❑「いかにもして[14]、はかりことふかく[15]、弁舌(べんぜつ)あるものを得(え)て[16]、人[ひと]質(じち)に、とりかへし侍[は]べらはや[17]。」と仰(おほせ)有[あり]けるところに[18]、

➩ "어떻게든 해서 계략이 깊고 언변 있는 사람을 얻어서 인질을 되찾았으면 좋겠구나."라고 말씀이 있었는데,

질」+「に[助詞]」+「つかはす【使はす·遣はす】[4]보내시다」의 連用形 「つかはし」+「たまふ【給ふ】[助動]존경」의 命令形 「たまへ」+「り[助動]완료·존속」.

11) 「눌지왕(訥祇王) : 신라 제19대 왕(?~458). 고구려에 볼모로 갔다가 돌아와 실성왕(實聖王)을 죽이고 왕위에 올랐다. 백제와 공수 동맹(攻守同盟)을 맺어 고구려를 견제하였으며, 왕위의 부자 상속제를 확립하였다.」(〈표준국어대사전〉)

12) 「いち【一·壱】일. 첫째. 제일. 최고」+「の[助詞]」+「そうりやう→そうりょう【総領·惣領】집안을 이을 자식. 적자(嫡子;ちゃくし). 장남. 맏아들」+「にて[助詞]현대일본어의 〈で〉와 같은 쓰임」.

13) 「に[助詞]」+「おはします【御座します】[4](〈おはす【御座す·在す】[サ変]'있다·가다·오다'의 尊敬語〉에 〈ます〉를 덧붙여서 존경의 뜻을 더욱 강하게 한 말)계시다」의 連用形 「おはしまし」+「て」.

14) 「いかにもして【如何にもして】[連語]어떻게든 해서」.

15) 「はかりごと【謀】(옛날에는 〈はかりこと〉)계략. 계책. 능력. 기량. 걱정하는 것」+「ふかし【深し】[形ク]깊다. 무겁다」의 連用形 「ふかく」.

16) 「べんぜつ【弁舌】말하는 것. 논하는 것. 말투」(〈표준국어대사전〉에는 〈변설(辯舌)〉이 '말을 잘하는 재주'로 풀이되어 있다)+「あり【有り】[ラ変]있다」의 連体形 「ある」+「もの【者】자. 사람」+「を[助詞]」+「う【得】[下2]얻다」의 連用形 「え」+「て」.

17) 「ひとじち【人質】인질」+「に[助詞]」+「とりかへす【取り返す】[4]되돌리다. 되찾다」의 連用形 「とりかへし」+「侍(はべ)り[助動]격식·정중」의 未然形 「はべら」+「ばや[助詞]자신의 바람을 나타냄. ~할 수 있으면 좋겠구나」(〈は-〉는 無濁点표기).

18) 「と[助詞]~라고」+「おほせ→おおせ【仰せ】말씀. 하명」+「あり【有り】[ラ変]있다」의 連用形 「あり」+「けり[助動]회상·과거」의 連体形 「ける」+「ところに【所に】[助詞]~하고 있는데. ~하고 있었지만」.

❑ 朴堤上(ぼくていしやう)と云[いう]臣下[しんか]、すゝみ出[いで]て19)、申[もうし]けるハ20)、「それがし、物[もの]の数[かず]ならず、と、いへども21)、

➩ 박제상이이라고 하는 신하가 나아가서 아뢰었던 것은 "제가 변변치 못하다고 해도,

❑ 君[きみ]のために忠(ちう)を存(ぞん)ずる事[こと]22)、さらに、わするゝ時[とき]なし23)。

➩ 주군을 위해 충을 생각하는 일을 절대로 잊는 때가 없다.

❑ ねがハくは24)、それがし行[ゆき]て25)、太子[たいし]を、むかへて26)、かへり参[まい]らん27)。」と、いふ。

➩ 바라옵건대 제가 가서 태자를 맞이하여 돌아오겠습니다."라고 한다.

---

19) 「と[助詞]~라고」+「いふ【言ふ·云ふ】[4]말하다」의 連体形 「いふ」+「しんか【臣下】신하」+「すすむ【進む】[4]앞에 나가다. 전진하다」의 連用形「すすみ」+「いづ【出づ】[下2]나가다」의 連用形「いで」+「て」.

20) 「まうす[4]→もうす【申す】[5]'말하다·고하다'의 겸양어. 부탁드리다」의 連用形「まうし」+「けり[助動]회상·과거」의 連体形「ける」+「は[助詞]」.

21) 「それがし【某】[代]①아무개 ②저」+「もののかず【物の数】열거할만한 것(대개 부정하는 말을 수반함)」+「なり[助動]단정·지정」의 未然形 「なら」+「ず[助動]부정」+「と[助詞]~라고」+「いへども【雖も】[連語]~하지만. ~해도」.

22) 「きみ【君】주군. 임금」+「の[助詞]」+「ため【為】」+「に[助詞]」(<~の(が)ために>의 꼴로 '이익·이유·목적'의 뜻. ~때문에. ~위해)+「ちゆう【忠】충」+「を[助詞]」+「ぞんず【存ず】[サ変]'생각하다·알다'의 겸양어」의 連体形「ぞんずる」+「こと【事】것. 일」.

23) 「さらに【更に】[副]①또한. 거듭. 더욱 ②새로이 ③강한 부정. 절대로 ~가 아니다. 전혀 ~지 않다」+「わするる[下2]→わすれる【忘れる】[下1]잊다」의 連体形「わするる」+「とき【時】때」+「なし【無し】[形ク]없다」.

24) 「ねがはくは→ねがわくは【願わくは】[副]바라기는. 원하기는」.

25) 「それがし【某】[代]저」+「ゆく【行く】[4]가다」의 連用形「ゆき」+「て」.

26) 「たいし【太子】태자」+「を[助詞]」+「むかふ[下2]→むかえる【迎える·邀える】[下1]나아가서 사람이 오는 것을 기다리다. 맞이하다」의 連用形「むかへ」+「て」.

27) 「かへる【帰る·還る】[4]돌아가다(오다)」의 連用形「かへり」+「まゐる【参る】[4]'가다·오다'의 겸양어」의 未然形「まゐら」+「む[助動]추량·의지」→「ん」.

❑ みかと、大[おおい]に御[お]よろこび有[あり]て28)、「ともかくも、はからひ申[もう]せ29)。」と有[あり]ければ30)、

➩ 임금이 크게 기뻐하심 있어서 "어떻게든 살펴라."라고 있었기에,

❑ 堤上(ていしやう)、すなハち31)高麗(かうらい)國(こく)にいたりて32)、様〻[ようよう]申[もうし]いるゝむねありければ33)、

➩ 제상이 곧 고려국에 이르러서 여러모로 청하는 뜻이 있었으므로,

❑ 人[ひと]じちをゆるされ34)、太子(たいし)卜好(ぼくかう)を、かへしけり35)。

➩ 인질을 사면 받아 태자 복호를 돌려보냈다.

❑ 堤上(ていしやう)、すなハち太子(たいし)とゝもに36)、うちつれて、

---

28) 「みかど【御門・帝】황제. 천자」(〈-と〉는 無濁点표기)+「おおいに【大いに】[副]매우. 몹시. 많이」+「お【御】[接頭]존경・겸양의 뜻을 보탬」+「よろこび【喜び・悦び】[名]기뻐하는 것」+「あり【有り】[ラ変]있다」의 連用形「あり」+「て」.

29) 「ともかくも[副]아무래도. 어떻게든」+「はからふ【計らふ】[4]의논하다. 짐작하다. 살피다. 계획하다. 적절히 처치하다. 조처하다」의 連用形「はからひ」+「まうす【申す】[4](동사의 連用形에 접속하여 보조동사로 쓰임)겸양이나 정중의 뜻을 보탬」의 命令形「まうせ」.

30) 「と[助詞]~라고」+「あり【有り】[ラ変]있다」의 連用形「あり」+「けり[助動]회상・과거」의 已然形「けれ」+「ば[助詞]확정조건. 원인・이유」.

31) 「すなはち→すなわち【即ち・則ち】[副]곧바로. 즉시. 그래서. 즉」.

32) 「に[助詞]」+「いたる【至る・到る】[4]도착하다. 도달하다」의 連用形「いたり」+「て」.

33) 「やうやう→ようよう【様様】여러 가지. 각종」+「まうしいる[下2]→もうしいれる【申し入れる】[下1]이쪽의 의사나 희망을 상대방에게 나아가 말하다」의 連体形「まうしいるる」+「むね【宗・旨】주된 일. 일의 취지(내용). 뜻」+「あり【有り】[ラ変]있다」의 連用形「あり」+「けり[助動]회상・과거」의 已然形「けれ」+「ば[助詞]확정조건. 원인・이유」.

34) 「ひとじち【人質】인질」+「を[助詞]」+「ゆるす【許す・赦す】[4]풀어주다. 사면하다. 면제하다」의 未然形「ゆるさ」+「る[助動]수동」의 連用形「れ」.

35) 「を[助詞]」+「かへす【帰す・還す】[4]돌려보내다. 되돌려놓다」의 連用形「かへし」+「けり[助動]회상・과거」.

36) 「すなはち【即ち・則ち】[副]곧바로. 즉시」+「たいし【太子】태자」+「と[助詞]~와」+「と

新羅(しんら)にかへる37)。

➯ 제상은 곧 태자와 더불어 데리고 신라로 돌아온다.

❑ 大[だい]わう、よろこび給[たま]ふ事[こと]38)かぎりなし39)。

➯ 대왕이 기뻐하시는 것이 더할 나위 없다.

❑ かくて40)、仰[おおせ]有[あり]けるやうハ41)、「朕(ちん)、二人[ふたり]の子(こ)を42)、他国[たこく]にをきてハ43)、両[りょう]の手[て]を44)、うしなひたるがごとし45)。

➯ 이러하여 말씀 있었던 것은 "짐이 두 아이를 타국에 두어서는 두 손을 잃은 것과 같다.

❑ 今[いま]、只[ただ]46)かた手[て]を、もとめえたり47)、今[いま]かた手[て]をば、いかゞすべき48)。」と。

もに【共に・倶に】[連語]함께. 동반하여」.

37) 「うちつる[下2]→うちつれる【打ち連れる】[下1]데리고 가다」의 連用形「うちつれ」+「て」+「しんら【新羅】신라」+「に[助詞]」+「かへる【帰る・還る】[4]돌아가다(오다)」.

38) 「だいわう→だいおう【大王】대왕」+「よろこぶ【喜ぶ・悦ぶ】[4]기뻐하다」의 連用形「よろこび」+「たまふ【給ふ】[助動]존경」의 連体形「たまふ」+「こと【事】것. 일」.

39) 「かぎりなし【限り無し】[形ク]끝이 없다. 한도가 없다. 더없다」.

40) 「かくて【斯くて】[副・接続]이러해서. 이렇게 해서. 그건 그렇고」.

41) 「おほせ→おおせ【仰せ】말씀. 하명」+「あり【有り】[ラ変]있다」의 連用形「あり」+「けり[助動]회상・과거」의 連体形「ける」+「やう→よう【様】모습. 형상. 꼴」+「は[助詞]」.

42) 「ちん【朕】[代]짐. 천자의 자칭」+「ふたり【二人】두 사람」+「の[助詞]」+「こ【子】아이. 자식」+「を[助詞]」.

43) 「たこく【他国】타국」+「に[助詞]」+「おく【置く・措く・擱く】[4]두다」의 連用形「おき」(〈を-〉는 정서법에 어긋남)+「て」+「は[助詞]」.

44) 「りやう→りょう【両】양」+「の[助詞]」+「て【手】손」+「を[助詞]」.

45) 「うしなふ【失ふ】[4]잃다」의 連用形「うしなひ」+「たり[助動]완료・존속」의 連体形「たる」+「が[助詞]」+「ごとし【如し】[助動]~와 같다. ~와 닮았다」.

46) 「いま【今】현재. 지금. 이 국면에」+「ただ【只・唯】[副]단지. 오직. 그저」.

47) 「かたて【片手】한쪽 손」+「を[助詞]」+「もとむ【求む】[下2]찾다. 구하다」의 連用形「もとめ」+「う【得】[下2]얻다. 가능하다」의 連用形「え」+「たり[助動]완료・존속」.

➪ 지금 그저 한 손을 찾을 수 있었다. 이제 한 손을 어찌 해야겠는가?"라고.

❑ 堤上(ていしやう)、御前(ごぜん)を、まかり立[たち]て[49)]、家[いえ]にもかへらず[50)]、すぐに倭國(わこく)に、おもむきて[51)]、倭(わ)わうに、あさむきかたりけるやうハ[52)]、

➪ 제상이 어전을 물러나서 집에도 돌아가지 않고 바로 왜국으로 향하여 왜왕에게 속여 말했던 것은,

❑「我[われ]ハ、これ[53)]新羅(しんら)國(こく)の小臣(せうしん)[54)]、朴堤上(ぼくていしやう)と、いふもの也[なり][55)]。

➪ "나는 바로 신라국의 소신 박제상이라 하는 사람이다.

❑ わが父(ちゝ)[56)]、国(くに)の法度(はつと)をやぶりて[57)]、王(わう)の

---

48) 「いま【今】 현재. 이제」+「かたて【片手】 한쪽 손」+「をば : 〈を〉의 뜻을 강하게 함」+「いかが【如何】[副]어떻게. 어째서」+「す[サ変]하다」의 終止形 「す」+「べし[助動]의무·당연·추량·가능 등」의 連体形 「べき」(앞의 〈いかが〉가 〈いかにか〉가 바뀐 말이므로 이에 호응하여 문말에 連体形이 쓰인 것으로 볼 수 있겠다).

49) 「ごぜん【御前】 어전. 귀인의 자리 앞 또는 면전의 존경어」+「を[助詞]」+「まかる【罷る】[4](다른 동사의 앞에 붙여서)겸양의 뜻을 나타냄」의 連用形 「まかり」+「たつ【立つ】[4]서다. 일어나다. 물러나다」의 連用形 「たち」+「て」.

50) 「いへ→いえ【家】 집. 집안. 가문」+「に[助詞]」+「も[助詞]」+「かへる【帰る·還る】[4]돌아가다(오다)」의 未然形 「かへら」+「ず[助動]부정」.

51) 「すぐ【直ぐ】[副](〈と〉나 〈に〉와 함께 쓰이기도 함)곧바로. 즉각」+「に[助詞]」+「わこく【倭国】 왜국」+「に[助詞]」+「おもむく【赴く·趣く】[4]그 방향으로 가다. 향해 가다」의 連用形 「おもむき」+「て」.

52) 「わ【倭】 왜」+「わう→おう【王】 왕」+「に[助詞]」+「あざむく【欺く】[4]속이다. 놀리다. 업신여기다」의 連用形 「あざむき」(〈-さ-〉는 無濁点표기)+「かたる【語る】[4]상대에게 전하다. 이야기하다」의 連用形 「かたり」+「けり[助動]회상·과거」의 連体形 「ける」+「やう→よう【様】 모습. 형상. 꼴」+「は[助詞]」.

53) 「われ【我·吾】[代]나」+「は[助詞]」+「これ【此·是】[代]앞에 제시한 말을 재차 언급할 때 사용하는 말」.

54) 「しんら【新羅】 신라」+「こく【国】 국」+「の[助詞]」+「せうしん→しょうしん【小臣】 소신. 신분이 낮은 신하」.

55) 「と[助詞]~라고」+「いふ【言ふ·云ふ】[4]말하다」의 連体形 「いふ」+「もの【者】 사람」+「なり[助動]단정·지정」.

ために、ころされたり[58]、わが兄(あに)、又[また][59]、このとがにかゝりて死(し)したり[60]。

➪ 내 아버지가 나라의 법도를 어겨서 왕으로 인해 죽임 당했다. 내 형이 또한 이 죄에 걸려서 죽었다.

❑ われも又[また][61]、ころさるべきに、きハまれり[62]。この故[ゆえ]に[63]、にげて来[きた]る[64]。」と。

➪ 나도 역시 죽임 당할 처지에 몰렸다. 이런고로 도망쳐 온다."라고.

❑ 倭王(わわう)、これを聞[きき]て[65]、まことゝおもひて[66]、大[おおい]に、いたハりつゝ[67]、斯欣(しきん)太子(たいし)と、ひとつところ

---

56) 「わが【我が·吾が】[連体]나의. 자신의」+「ちち【父】아버지」.

57) 「くに【国】나라」+「の[助詞]」+「はっと【法度】법도」+「を[助詞]」+「やぶる【破る·敗る】[4]부수다. 깨뜨리다. 어기다」의 連用形「やぶり」+「て」.

58) 「わう→おう【王】왕」+「の[助詞]」+「ため【為】」+「に[助詞]」(<~の(が)ために>의 꼴로 '이익·이유·목적'의 뜻. ~때문에. ~위해)+「ころす【殺す】[4]죽이다」의 未然形「ころさ」+「る[助動]수동」의 連用形「れ」+「たり[助動]완료·존속」.

59) 「わが【我が·吾が】[連体]나의」+「あに【兄】형」+「また【又·亦·復】[副]같이. 또한」.

60) 「この【此の·斯の】[連体]이」+「とが【咎·科】죄」+「に[助詞]」+「かかる【掛かる·繫かる·係る】[4]걸리다. 맡기다. 상대방의 뜻대로 죽임당하다」의 連用形「かかり」+「て」+「しす【死す】[サ変]죽다」의 連用形「しし」+「たり[助動]완료·존속」.

61) 「われ【我·吾】[代]나」+「も[助詞]」+「また【又·亦·復】[副]다시. 같이. 또한」

62) 「ころす【殺す】[4]죽이다」의 未然形「ころさ」+「る[助動]수동」의 終止形「る」+「べし[助動]의무·당연·추량·가능 등」의 連体形「べき」+「に[助詞]」+「きはまる【極まる·窮まる】[4]한도에 도달하다」의 命令形「きはまれ」+「り[助動]완료·존속」.

63) 「この【此の·斯の】[連体]이」+「ゆゑ→ゆえ【故】~때문. 까닭」+「に[助詞]」.

64) 「にぐ[下2]→にげる【逃げる】[下1]도망치다」의 連用形「にげ」+「て」+「きたる【来る】[4]오다」.

65) 「わ【倭】왜」+「わう→おう【王】왕」+「これ【此·是】[代]이것」+「を[助詞]」+「きく【聞く】[4]듣다」의 連用形「きき」+「て」.

66) 「まこと【真·実·誠】[名]진짜. 진정. 거짓 없음」+「と[助詞]~라고」+「おもふ【思ふ】[4]생각하다」의 連用形「おもひ」+「て」.

67) 「おおいに【大いに】[副]매우. 몹시. 많이」+「いたはる【労る】[4]위로하다. 소중히

に、すましむ68)。

➪ 왜왕이 이를 듣고서 진정이라고 생각하여 크게 위로하며 사흔 태자와 한곳에서 지내게 한다.

❑ 堤上(ていしやう)、すでに69)、斯欣(しきん)に対面(たいめん)して70)、ひそかに、この事[こと]を、かたりきかせて71)、まづ何(なに)となく72)月日[つきひ]を、過[すご]しけり73)。

➪ 제상이 이제 사흔과 대면하여 남몰래 이 일을 밝혀 들려주고 우선 아무렇지 않게 세월을 보냈다.

❑ あるとき74)、斯欣(しきん)と、おなしく舟[ふね]にのりて75)、あそぶ躰(てい)に76)、もてなしければ77)、倭(わ)わう、さらに、うたがハ

여기다」의 連用形 「いたはり」+「つつ[助詞](連用形에 접속)같은 동작의 반복·계속 등. ~하면서. ~해 두고 나서」.

68) 「たいし【太子】 태자」+「と[助詞]~와」+「ひとつ【一つ】 하나」+「ところ【所·処】 곳」+「に[助詞]」+「すむ【住む·棲む·栖む】[4]살다. 지내다. 생활하다」의 未然形 「すま」+「しむ[助動]사역. ~시키다」.

69) 「すでに【既に·已に】[副]이미. 벌써. 이제」.

70) 「に[助詞]」+「たいめん【対面】 대면」+「す[サ変]하다」의 連用形 「し」+「て」.

71) 「ひそか【密か】[形動ナリ]남이 모르게 숨어서 하는 모양. 남의 눈을 피하는 모양」의 連用形 「ひそかに」+「この【此の·斯の】[連体]이」+「こと【事】 것. 일」+「を[助詞]」+「かたる【語る】[4]상대에게 전하다. 이야기하다」의 連用形 「かたり」+「きかす[下2]→きかせる【聞かせる】[下1]듣도록 하다. 들려주다」의 連用形 「きかせ」+「て」.

72) 「まづ→まず【先ず】[副]우선. 아무튼」+「なにとなし【何と無し】[連語]특별할 것 없다. 평범하다. 뭐라 할 목적도 없다」의 連用形 「なにとなく」.

73) 「つきひ【月日】 달과 태양. 시일. 시간」+「を[助詞]」+「すごす【過ごす】[4]지내다」의 連用形 「すごし」+「けり[助動]회상·과거」.

74) 「ある【或る】[連体]어느. 모(某)」+「とき【時】 때」.

75) 「と[助詞]~와」+「おなじ【同じ】[形シク]같다」의 連用形 「おなじく」(〈-し-〉는 無濁点표기)+「ふね【舟】 배」+「に[助詞]」+「のる【乗る】[4]타다」의 連用形 「のり」+「て」.

76) 「あそぶ【遊ぶ】[4]놀다. 즐기다」의 連体形 「あそぶ」+「てい【躰】(〈体〉와 같음. 〈てい【体】 겉으로 본 모습. 모양〉」+「に[助詞]」.

77) 「もてなす【持て成す】[4]처치하다. 대우하다. 대접하다. 돌보다. 처신하다」의 連用形 「もてなし」+「けり[助動]회상·과거」의 已然形 「けれ」+「ば[助詞]확정조건. 원인·

ず[78]。

➪ 어느 날 사흔과 한가지로 배에 올라 즐기는 모양으로 모셨더니 왜왕이 전혀 의심하지 않는다.

❑ 堤上(ていしやう)、斯欣(しきん)をすゝめて[79]、新羅(しんら)にかへらしむ[80]。

➪ 제상은 사흔을 권하여 신라로 돌아가게 한다.

❑ 斯欣(しきん)、「おなしくハ[81]、堤上(ていしやう)と、もろ友(とも)に[82]、うちつれて帰[かえ]らん[83]。」と、いふ。

➪ 사흔이 "이왕이면 제상과 더불어서 데리고 돌아가겠다."고 한다.

❑ 堤上(ていしやう)が、いはく[84]、「ともに、つれて、かへれば[85]、追手(をひて)をかけて、とゝむべし[86]、

이유」.

78) 「わ【倭】 왜」+「わう→おう【王】 왕」+「さらに【更に】[副]①또한. 거듭. 더욱 ②새로이 ③강한 부정. 절대로 ~가 아니다. 전혀 ~지 않다」+「うたがふ【疑ふ】[4]의심하다」의 未然形「うたがは」+「ず[助動]부정」.

79) 「を[助詞]」+「すすむ[下2]→すすめる【勧める·奨める·薦める】[下1]권유하다. 장려하다. 추천하다」의 連用形「すすめ」+「て」.

80) 「しんら【新羅】 신라」+「に[助詞]」+「かへる【帰る·還る】[4]돌아가다(오다)」의 未然形「かへら」+「しむ[助動]사역. ~시키다」.

81) 「おなじくは【同じくは】[副]마찬가지라면. 기왕이면」(〈-し-〉는 無濁点표기).

82) 「と[助詞]~와」+「もろとも【諸共】[形動ナリ]함께 하는 모양. 같이. 동시」의 連用形「もろともに」.

83) 「うちつる【打ち連る】[下2]데리고 가다」의 連用形「うちつれ」+「て」+「かへる【帰る·還る】[4]돌아가다(오다)」의 未然形「かへら」+「む[助動]추량·의지」→「ん」.

84) 「が[助詞]」+「いはく【曰く】 말하길. 이르길」.

85) 「ともに【共に·倶に】[連語]함께. 동반하여」+「つる[下2]→つれる【連れる】[下1]동행하다」의 連用形「つれ」+「て」+「かへる【帰る·還る】[4]돌아가다(오다)」의 已然形「かへれ」+「ば[助詞]확정조건. 원인·이유」(문맥상으로는 〈かへらば〉의 꼴로 가정조건의 뜻으로 쓰이는 것이 적당해 보인다).

86) 「おひて→おいて【追手】 도망치는 적이나 죄인을 붙잡기 위해 추격하는 사람」(〈を-〉는 정서법에 어긋남)+「を[助詞]」+「かく[下2]→かける【掛ける·懸ける】[下1]걸다. 놓다」

➪ 제상이 말하길 "함께 데리고 돌아가니 추격수를 놓아 막을 것이다.

❑ 此[この]はかりこと87)、むなしかるべし88)。」と、いふて89)、斯欣(しきん)只[ただ]一人[ひとり]をぞ、かへしける90)。

➪ 이 계책이 쓸모없게 될 것이다."라고 하고 사흔 단지 혼자를 돌려보냈다.

❑ 斯欣(しきん)、舟[ふね]にのりて91)、海上(かいしやう)はるかに、ゆきけるほどに92)、この事[こと]かくれなかりければ93)、

➪ 사흔이 배에 올라서 해상 아득히 갔기에 이 일이 널리 알려졌으므로,

❑ 倭(わ)わう、すなハち94)堤上(ていしやう)を、とらへて、いはく95)、

➪ 왜왕이 곧 제상을 붙잡아서 말하길,

❑「汝(なんぢ)、何[なん]ぞ96)、ひそかに97)未(いまだ)98)斯欣(しきん)

의 連用形「かけ」+「て」+「とどむ[下2]→とどめる【止める·留める·停める】[下1]멈추게 하다」의 終止形「とどむ」(〈-と-〉는 無濁点표기)+「べし[助動]의무·당연·추량·가능 등」.

87) 「この【此の·斯の】[連体]이」+「はかりごと【謀】(옛날에는 〈はかりこと〉)계략. 계책」.

88) 「むなし【空し·虚し】[形シク]덧없다. 무상하다」의 連体形「むなしかる」+「べし[助動]의무·당연·추량·가능 등」.

89) 「と[助詞]~라고」+「いふ【言ふ·云ふ】[4]말하다」+「て」.

90) 「ただ【只·唯】[副]단지. 오직. 그저」+「ひとり【一人】혼자」+「を[助詞]」+「ぞ[係助詞]뜻을 강하게 함」(문말은 連体形)+「かへす【帰す·還す】[4]돌려보내다. 되돌려놓다」의 連用形「かへし」+「けり[助動]회상·과거」의 連体形「ける」(앞의 〈ぞ〉에 호응).

91) 「ふね【舟】배」+「に[助詞]」+「のる【乗る】[4]타다」의 連用形「のり」+「て」.

92) 「かいじやう→かいじょう【海上】(옛날에는 清音)해상」+「はるか【遥か·悠か】[形動ナリ]거리가 멀리 떨어져있는 모양」의 連用形「はるかに」+「ゆく【行く】[4]가다」의 連用形「ゆき」+「けり[助動]회상·과거」의 連体形「ける」+「ほどに【程に】①~하면. ~하는 사이에 ②원인·이유. ~이므로」.

93) 「この【此の·斯の】[連体]이」+「こと【事】것. 일」+「かくれなし【隠れ無し】[形ク]숨긴 부분이 없다. 널리 알려져 있다」의 連用形「かくれなかり」+「けり[助動]회상·과거」의 已然形「けれ」+「ば[助詞]확정조건. 원인·이유」.

94) 「わ【倭】왜」+「わう→おう【王】왕」+「すなはち【即ち·則ち】[副]곧바로. 즉시」.

95) 「を[助詞]」+「とらふ[下2]→とらえる【捕らえる·捉える】[下1]손으로 꽉 붙들다. 꽉 쥐다. 붙잡다. 포박하다」의 連用形「とらへ」+「て」+「いはく【曰く】말하길. 이르길」.

を、にがしけるや[99]。」

➪ "너는 어찌 몰래 미사흔을 도망치게 했는가?"

❑ 堤上(ていしやう)が、いはく[100]、「我[われ]ハ[101]、新羅(しんら)國(こく)の鷄林(けいりん)の臣下[しんか]なり[102]。

➪ 제상이 말하길 "나는 신라국 계림의 신하다.

❑ 我[わが]君[きみ]、すでに[103]、太子[たいし]を倭国(わこく)に質(しち)せられて[104]、日[にち]夜(や)に、これを歎(なげ)き給[たま]ふ[105]。

➪ 나의 주군이 일찍이 태자를 왜국에 인질 잡히셔서 밤낮으로 이를 탄식하신다.

❑ この故[ゆえ]に[106]、ひそかに国[くに]に、かへさんために[107]、爰[こ

---

96) 「なんぢ→なんじ【汝・爾】[代]아랫사람을 가리키는 말. 너」+「なんぞ【何ぞ】[副]어찌. 어떤. 무언가」.

97) 「ひそか【密か】[形動ナリ]남모르게. 몰래」의 連用形「ひそかに」.

98) 「いまだ【未だ】[副]」는 '아직. 여전히'의 뜻으로 문맥상 통하지 않는다. 『假名草子集成』에 원문의 잘못을 그대로 옮긴다는 표시인 'ママ'가 붙어있다. 인명인「未斯欣(みしきん) : 미사흔」을 잘못 파악한 것으로 봐야겠다.

99) 「を[助詞]」+「にがす【逃がす】[4]놓아주다. 놓치다. 도망치게 하다」의 連用形「にがし」+「けり[助動]회상・과거」의 連体形「ける」+「や[係助詞]의문・질문」.

100) 「が[助詞]」+「いはく【曰く】 말하길. 이르길」.

101) 「われ【我・吾】[代]나」+「は[助詞]」.

102) 「계림(鷄林) : '신라'의 다른 이름. 숲속에서 이상한 닭 울음소리가 들리기에 가 보니, 나뭇가지에 금빛의 궤가 걸려 있고 그 아래에서 흰 닭이 울었는데 그 궤 속에 신라 김씨 왕조의 시조가 되는 김알지가 있었다는 설화에서 유래한다.」(〈표준국어대사전〉)+「の[助詞]」+「しんか【臣下】 신하」+「なり[助動]단정・지정」.

103) 「わが【我が・吾が】[連体]나의. 자신의」+「きみ【君】 주군. 임금」+「すでに【既に・已に】[副]이미. 일찍이」.

104) 「たいし【太子】 태자」+「を[助詞]」+「わこく【倭国】 왜국」+「に[助詞]」+「しち【質】 인질. 담보」+「す[サ変]하다」의 未然形「せ」+「らる[助動]수동・존경」의 連用形「られ」+「て」.

105) 「にちや【日夜】 낮과 밤. 주야. 매일」+「に[助詞]」+「これ【此・是】[代]이것. 이사람」+「を[助詞]」+「なげく【嘆く・歎く】[4]한숨짓다. 탄식하다. 슬퍼하다. 절망하다」의 連用形「なげき」+「たまふ【給ふ】[助動]존경」.

こ]に、きたれり108)。」と。

➪ 이런고로 몰래 나라로 되돌리기 위해 여기에 왔다."라고.

❑ 倭(わ)わう、いかりて、いはく109)、「汝[なんじ]ハ110)、鷄林(けいりん)の臣下(しんか)也(なり)、と、いふ111)。五刑(けい)をそなへて112)、あたるへし113)。」と、いふて114)、

➪ 왜왕이 노하여 말하길 "너는 계림의 신하라고 한다. 오형을 갖추어서 당할 것이다."라고 하고,

❑ 堤上(ていしやう)があしのうらの皮(かハ)を、はぎて115)、芦原(あしハら)を苅(かり)て116)、其[その]かりかぶの上[うえ]を、はしらし

---

106) 「この【此の・斯の】[連体]이」+「ゆゑ→ゆえ【故】~때문」+「に[助詞]」(〈ゆえに〉의 꼴로 〈~이므로〉〈~인고로〉).

107) 「ひそか【密か】[形動ナリ]남모르게. 몰래」의 連用形「ひそかに」+「くに【国】나라. 고향」+「に[助詞]」+「かへす【帰す・還す】[4]돌려보내다」의 未然形「かへさ」+「む[助動]추량・의지」의 連体形「む」→「ん」+「ため【為】~위해」+「に[助詞]」.

108) 「ここ【此処・此所・此・是・爰】[代]여기. 이것」+「に[助詞]」+「きたる【来る】[4]오다」의 命令形「きたれ」+「り[助動]완료・존속」.

109) 「わ【倭】왜」+「わう→おう【王】왕」+「いかる【怒る】[4]화내다. 노하다」의 連用形「いかり」+「て」+「いはく【曰く】말하길. 이르길」.

110) 「なんぢ【汝・爾】[代]너」+「は[助詞]」.

111) 「계림(鷄林)」+「の[助詞]」+「しんか【臣下】신하」+「なり[助動]단정・지정」+「と[助詞]~라고」+「いふ【言ふ・云ふ】[4]말하다」.

112) 「ごけい【五刑】오형」+「を[助詞]」+「そなふ[下2]→そなえる【備える・具える】[下1]갖추다. 준비하다」의 連用形「そなへ」+「て」.

113) 「あたる【当たる・中る】[4]당하다. 직면하다」의 終止形「あたる」+「べし[助動]의무・당연・추량・가능 등」(〈へ-〉는 無濁点표기).

114) 「と[助詞]~라고」+「いふ【言ふ・云ふ】[4]말하다」+「て」.

115) 「が[助詞]현대일본어〈の〉의 쓰임」+「あし【足・脚】발. 다리」+「の[助詞]」+「うら【裏】뒤. 아래」+「の[助詞]」+「かは→かわ【皮】껍질. 가죽」+「を[助詞]」+「はぐ【剥ぐ】[4]벗기다. 깎다」의 連用形「はぎ」+「て」.

116) 「あし【葦・蘆・葭】갈대」(〈芦〉는〈蘆〉의 異體字)+「はら【原】들판」+「を[助詞]」+「かる【刈る・苅る】[4]베다」의 連用形「かり」+「て」.

む[117]。

⇨ 제상의 발바닥 가죽을 벗기고 갈대밭을 베어 그 베어낸 그루터기 위를 뛰게 한다.

❑ 血(ち)のながるゝ事[こと][118]、滝(たき)のごとく[119]、いたむ事[こと]いふはかりなし[120]。

⇨ 피가 흐르는 것이 폭포와 같고 아프기가 말로 다할 수 없다.

❑ 又[また]、とふて、いはく[121]、「汝(なんぢ)ハ、いづれの国[くに]の臣下(しんか)ぞ[122]。」

⇨ 다시 물어 말하길 "너는 어느 나라의 신하인가?"

❑ 堤上(ていしやう)、こたへて曰(いは)く[123]、「鷄林(けいりん)の臣下(しんか)なり[124]。」と。

⇨ 제상이 대답하여 이르길 "계림의 신하다."라고.

❑ 又[また]、熱鉄(ねつてつ)の上[うえ]に[125]、たゝしめて、とふて、い

---

117) 「その【其の】[連体]그」+「かりかぶ【刈株】 벼나 보리를 베고 난 후에 남은 그루터기」+「の[助詞]」+「うへ → うえ【上】 위」+「を[助詞]」+「はしる【走る】[4]달리다」의 未然形「はしら」+「しむ[助動]사역. ~시키다」.

118) 「ち【血】 피」+「の[助詞]현대일본어 〈が〉의 쓰임」+「ながる[下2] → ながれる【流れる】[下1]흐르다」의 連体形「ながるる」+「こと【事】 것. 일」.

119) 「たき【滝】 폭포」+「の[助詞]」+「ごとし【如し】[助動]~와 같다. ~와 닮았다」의 連用形「ごとく」.

120) 「いたむ【痛む·傷む·悼む】[4]고통을 느끼다」의 連体形 「いたむ」+「こと【事】 것. 일」+「いふばかりなし【言ふ許り無し】[形ク](옛날에는 〈いふはかりなし〉)말로는 다할 수 없을 정도다. 형언 못하다」.

121) 「また【又·亦·復】[副]다시. 같이. 달리. 또한」+「とふ【問ふ】[4]묻다」+「て」+「いはく【曰く】 말하길」.

122) 「なんぢ【汝·爾】[代]너」+「は[助詞]」+「いづれ【何れ·孰れ】[代]누구. 어느 쪽」+「の[助詞]」+「くに【国】 나라」+「の[助詞]」+「しんか【臣下】 신하」+「ぞ[係助詞](문말에 써서)상대방에게 캐묻는 뜻. ~인가?」.

123) 「こたふ【答ふ·応ふ】[下2]대답하다」의 連用形「こたへ」+「て」+「いはく【曰く】 말하길」.

124) 「계림(鷄林)」+「の[助詞]」+「しんか【臣下】 신하」+「なり[助動]단정·지정」.

はく126)、「汝(なんぢ)ハ、いづれの国[くに]の臣[おみ]ぞ127)。」

➩ 다시 뜨거운 쇠 위에 세우고 물어 말하길 "너는 어느 나라의 신하인가?"

❑ 堤上(ていしやう)、すこしも、いたまず128)、「我[われ]は、これ129)、新羅(しんら)國(こく)鷄林(けいりん)の臣下(しんか)也[なり]130)。

➩ 제상은 조금도 아파하지 않고 "나는 바로 신라국 계림의 신하다.

❑ 太子[たいし]をは131)、われ本国(ほんごく)へ、かへしつ132)。たへ╲╱133)、ころすべし134)。」と、いふ。

➩ 태자를 나는 본국으로 돌려보냈다. 오로지 죽여야 할 것이다."라고 한다.

❑ 倭(わ)わう、いよ╲╱いかりて135)、つゐに136)堤上(ていしやう)を、

---

125) 「また【又・亦・復】[副]다시. 또한. 게다가」+「ねってつ【熱鉄】뜨거운 쇠」+「の[助詞]」+「うへ→うえ【上】위」+「に[助詞]」.

126) 「たつ【立つ】[4]서다」의 未然形「たた」+「しむ[助動]사역. ~시키다」의 連用形「しめ」+「て」+「とふ【問ふ】[4]묻다」+「て」+「いはく【曰く】말하길」.

127) 「なんぢ【汝・爾】[代]너」+「は[助詞]」+「いづれ【何れ・孰れ】[代]어느 쪽」+「の[助詞]」+「くに【国】나라」+「の[助詞]」+「おみ【臣】신하」+「ぞ[係助詞]~인가?」.

128) 「すこしも【少しも】[副]조금이라도. 조금도」+「いたむ【痛む・傷む・悼む】[4]고통을 느끼다」의 未然形「いたま」+「ず[助動]부정」의 連用形「ず」.

129) 「われ【我・吾】[代]나」+「は[助詞]」+「これ【此・是】[代]앞에 제시한 말을 재차 언급할 때 사용하는 말」.

130) 「の[助詞]」+「しんか【臣下】신하」+「なり[助動]단정・지정」.

131) 「たいし【太子】태자」+「をば:〈を〉의 뜻을 강하게 함」(〈-は〉는 無濁点표기).

132) 「われ【我・吾】[代]나」+「ほんごく【本国】본국」+「へ[助詞]」+「かへす【帰す・還す】[4]돌려보내다」의 連用形「かへし」+「つ[助動]완료」.

133) 본문의「たへ╲╱」는「たえだえ【絶え絶え】」인 것으로 보이는데, 이는 '끊어질 듯 이어지는 모습. 띄엄띄엄'의 뜻으로 문맥이 통하지 않는다.『假名草子集成』에 원문의 잘못을 그대로 옮긴다는 표시인 'ママ'가 붙어있다. 여기에서는「ただただ【只只・唯唯】[副]오직. 오로지」의 뜻으로 풀이하겠다.

134) 「ころす【殺す】[4]죽이다」의 終止形「ころす」+「べし[助動]의무・당연・추량・가능 등」.

135) 「わ【倭】왜」+「わう→おう【王】왕」+「いよいよ[副]더욱. 한층 더」+「いかる【怒る】[4]화내다. 노하다」의 連用形「いかり」+「て」.

136) 「つひに→ついに【終に・遂に】[副]결국. 마침내」(〈-ゐ-〉는 정서법에 어긋남).

やきころしけり137)。

➪ 왜왕이 더욱 노하여 마침내 제상을 태워 죽였다.

❑ この事[こと]138)、新羅(しんら)こくに、つたへきこゆ139)。

➪ 이 일이 신라국에 알려 전해진다.

❑ 斯欣(しきん)ハ、つゝがなく140)本国[ほんごく]に、かへり給[たま]ふ141)。

➪ 사흔은 탈 없이 본국으로 돌아오신다.

❑ 堤上(ていしやう)が妻(つま)142)、ミづから女(むすめ)三人[さんにん]をつれて143)、新羅(しんら)國(こく)の太山(たいさん)144)、鵄述嶺(しじゆつれい)にのぼりて145)、

➪ 제상의 아내는 스스로 딸 셋을 데리고 신라국의 태산 치술령에 올라서,

❑ 倭國(わこく)のかたに、うちむかひて146)、こゑをあげて147)、さけび

---

137) 「を[助詞]」+「やきころす【焼き殺す】[4]태워 죽이다」의 連用形 「やきころし」+「けり[助動]회상·과거」.

138) 「この【此の·斯の】[連体]이」+「こと【事】것. 일」.

139) 「しんら【新羅】신라」+「こく【国】국」+「に[助詞]」+「つたふ[下2]→つたえる【伝える】[下1]전하다. 알리다. 잇다」의 連用形 「つたへ」+「きこゆ【聞こゆ】[下2]들리다. 세간에 전해지다」.

140) 「つつがなし【恙無し】[形ク]무탈하다. 무사하다」의 連用形 「つつがなく」.

141) 「ほんごく【本国】본국」+「に[助詞]」+「かへる【帰る·還る】[4]돌아가다(오다)」의 連用形 「かへり」+「たまふ【給ふ】[助動]존경」.

142) 「が[助詞]현대일본어 〈の〉의 쓰임」+「つま【妻】아내」.

143) 「みづから【自ら】[名]자기 자신. 나. [副]스스로. 친히」+「むすめ【娘】딸」(〈女〉를 訓으로 〈むすめ〉로 읽기도 한다)+「さんにん【三人】세 사람」+「を[助詞]」+「つる【連る】[下2]동행하다」의 連用形 「つれ」+「て」.

144) 「しんら【新羅】신라」+「こく【国】국」+「の[助詞]」+「たいざん【大山·太山】태산. 큰 산」(〈-さ-〉는 無濁点표기로 봐야겠다).

145) 「に[助詞]」+「のぼる【上る·登る·昇る】[4]오르다」의 連用形 「のぼり」+「て」.

146) 「わこく【倭国】왜국」+「の[助詞]」+「かた【方】방향. 쪽」+「に[助詞]」+「うちむかふ【打ち向かふ】[4]마주서다. 어떤 방향에 향하다」의 連用形 「うちむかひ」+「て」.

つゝ[148]、妻(つま)女(むすめ)四人[よにん]のもの[149]、立[たち]ながら[150]歎(なげき)死(し)にゝしたりけり[151]。

⇨ 왜국 쪽으로 향해 목소리를 높여서 외치며, 아내와 딸 네 사람은 선 채로 슬퍼하며 죽었던 것이다.

❑ きく人[ひと][152]、あはれを、もよほし侍[は]へり[153]。

⇨ 듣는 사람은 동정심을 일으켰습니다.

❑ みかど、ふびんに、おほしめして[154]、四人[よにん]のかバねを[155]、あつく、はうふり給[たま]ひて[156]、

---

147) 「こゑ→こえ【声】목소리」+「を[助詞]」+「あぐ[下2]→あげる【上げる·挙げる·揚げる】[下1]올리다. 높이다」의 連用形「あげ」+「て」.「声を上げる」의 형태로 '큰 목소리를 내다'의 뜻.

148) 「さけぶ【叫ぶ】[4]외치다」의 連用形「さけび」+「つつ[助詞](連用形에 접속)같은 동작의 반복·계속 등. ~하면서. ~해 두고 나서」.

149) 「つま【妻】아내」+「むすめ【娘】딸」+「よにん【四人】네 사람」+「の[助詞]」+「もの【者】자. 사람」.

150) 「たつ【立つ】[4]서다」의 連用形「たち」+「ながら【乍ら】[助詞]앞선 상태가 이어지는 모습」.

151) 「なげきじに【嘆き死に】[名]슬퍼하며 죽는 것」(〈-し-〉는 無濁点표기)+「に[助詞]」+「す[サ変]하다」의 連用形「し」+「たり[助動]완료·존속」의 連用形「たり」+「けり[助動]회상·과거」.

152) 「きく【聞く】[4]듣다」의 連体形「きく」+「ひと【人】사람」.

153) 「あはれ→あわれ【哀れ】[名]마음속에서 끓어오르는 절절한 감동이나 감정을 일컫는 말. 친애·정취·감격·애련·비애 등」+「を[助詞]」+「もよほす【催す】[4]재촉하다. 불러일으키다」의 連用形「もよほし」+「侍(はべ)り[助動]격식·정중」(〈-へ-〉는 無濁点표기).

154) 「みかど【御門·帝】황제. 천자」+「ふびん【不便·不憫·不愍】[形動ナリ]불편한 것. 불쌍한 것. 귀엽다고 생각하는 것」의 連用形「ふびんに」+「おぼしめす【思し召す】[4]생각하시다. 총애하시다」의 連用形「おぼしめし」(〈-ほ-〉는 無濁点표기)+「て」.

155) 「よにん【四人】네 사람」+「の[助詞]」+「かばね【屍·尸】시체. 주검」+「を[助詞]」.

156) 「あつし【厚し·篤し】[形ク]두껍다. 두텁다. 후하다. 깊다」의 連用形「あつく」+「はうぶる→ほうぶる【葬る】[4]장사지내다. 매장하다」의 連用形「はうぶり」(〈-ふ-〉는 無濁点표기)+「たまふ【給ふ】[助動]존경」의 連用形「たまひ」+「て」.

➪ 임금이 불쌍히 여기셔서 네 사람의 주검을 후하게 장사지내시고,

❑ 又[また]157)、堤上(ていしやう)かために158)、卜好(ぼくかう)、斯欣(しきん)の二人[ふたり]の太子(たいし)159)、喪(も)礼[れい]を、いたし給[たま]へり160)、とぞ161)。

➪ 또한 제상을 위해 복호와 사흔 두 태자가 상례를 하셨다고 한다.

---

157) 「また【又・亦・復】[副]다시. 같이. 달리. 또한. 게다가」.

158) 「が[助詞]」(〈か〉는 無濁点표기)+「ため【為】」+「に[助詞]」(〈~の(が)ために〉의 꼴로 '이익·이유·목적'의 뜻. ~때문에. ~위해).

159) 「の[助詞]」+「ふたり【二人】 두 사람」+「の[助詞]」+「たいし【太子】 태자」.

160) 「も【喪】 상」+「れい【礼】 예」(〈喪礼〉는 〈さうれい→そうれい〉로 읽음)+「を[助詞]」+「いたす【致す】[4]하다. 혼신을 다 바치다. 온힘을 쏟다」의 連用形 「いたし」+「たまふ【給ふ】[助動]존경」의 命令形 「たまへ」+「り[助動]완료·존속」.

161) 「とぞ」는 助詞 「と」와 助詞 「ぞ」가 결합한 형태로 문장 끝에 사용하여 '전해 들었다'는 뜻을 나타낸다. ~라고 한다. ~라는 것이다.

31. 丕(ひ)寧(ねい)突(つく)レ陳(ぢんを)
비녕이 진을 뚫다

❑ 新羅(しんら)國(こく)の善徳(せんとく)女主(ぢよしゆ)[1]、即位(そくい)十五[じゅうご]年(ねん)にあたりて[2]、

➪ 신라국의 선덕여왕 즉위 15년에 즈음하여,

❑ 百濟(はくせい)[3]の将軍(しやうぐん)[4]義直(ぎちよく)といふもの[5]、軍兵(ぐんびやう)をもよほし[6]、をしよせたり[7]。

➪ 백제의 장군 의직이라 하는 사람이 군병을 일으켜 밀어닥쳤다.

❑ 善徳(せんとく)女主(ぢよしゆ)、大[おおい]に、おとろき給[たま]ひて[8]、「甘勿(かんぶつ)、桐岑(とうきん)[9]といふ、ふたつの城(じやう)

---

1) 「ぢよしゆ→じょしゅ【女主】 여주. 여자 군주」. 참고로 〈한문본〉에는 「善德女王」, 〈언해본〉에는 「善德王」이다. 이하 '여왕'으로 해석하겠다.

2) 「そくい【即位】 즉위」+「じふご→じゅうご【十五】 15」+「ねん【年】 년」+「に[助詞]」+「あたる【当たる·中る】 [4]닿다. 해당하다. 딱 그 시기다」의 連用形 「あたり」+「て」.

3) 「百済」는 일본에서는 일반적으로 「くだら」로 읽으며 音으로는 「ひゃくさい」다. 참고로 「百」은 呉音으로는 「ひやく」, 漢音으로는 「はく」로 읽으며, 「済」는 呉音으로는 「さい」, 漢音으로는 「せい」로 읽는다.

4) 「の[助詞]」+「しやうぐん→しょうぐん【将軍】 장군」.

5) 「と[助詞~라고]」+「いふ【言ふ·云ふ】 [4]말하다」의 連体形 「いふ」+「もの【者】 사람」.

6) 「ぐんびやう→ぐんびょう【軍兵】 군병」+「を[助詞]」+「もよほす[4]→もよおす【催す】 [5]재촉하다. 불러일으키다. 준비하다. 소집하다. 부과하다」의 連用形 「もよほし」.

7) 「おしよす[下2]→おしよせる【押し寄せる】 [下1]거세게 밀려들다. 밀어붙이다」의 連用形 「おしよせ」(〈を-〉는 정서법에 어긋남)+「たり[助動]완료·존속」.

8) 「おおいに【大いに】 [副]매우. 몹시. 많이」+「おどろく【驚く·愕く·駭く】 [4]놀라다」의 連用形 「おどろき」(〈-と-〉는 無濁点표기)+「たまふ【給ふ】 [助動]존경」의 連用形 「たまひ」

ハ[10]、

➪ 선덕여왕이 크게 놀라셔서 "감물, 동잠이라 하는 두 성은,

❑ きわめて[11]、これ大[だい]事(じ)のせめぐちなれば[12]、いるかせに、すべからず[13]。」とて[14]、

➪ 매우 이는 중요한 공략처이므로 소홀히 해서는 안 된다."고 하여,

❑ 金庾信(きんゆうしん)と、いふものに[15]、つハものを、あひそへて[16]、つかハし給[たま]ひ[17]、爰[ここ]にして[18]、ふせがしむ[19]。

➪ 김유신이라 하는 사람에게 병사를 딸려 보내셔서 여기에서 지키게 하신다.

+「て」.

9) 「岑」은 일본어에서 「しん」(漢音)으로 읽는다. 본문의 「きん」은 미상.

10) 「と[助詞]~라고」+「いふ【言ふ・云ふ】[4]말하다」의 連体形 「いふ」+「ふたつ【二つ】두 개」+「の[助詞]」+「じやう→じょう【城】성」+「は[助詞]」.

11) 「きはめて→きわめて【極めて】[副]더할 나위 없이. 몹시」(〈-わ-〉는 歷史的仮名遣에 어긋남).

12) 「これ【此・是】[代]이것. 이사람」+「だいじ【大事】중요. 간요」+「の[助詞]」+「せめくち【攻め口】(〈せめぐち〉로도 씀)공격하는 곳. 쳐들어오는 곳」+「なり[助動]단정・지정」의 已然形 「なれ」+「ば[助詞]확정조건. 원인・이유」.

13) 「いるかせ【忽】[形動ナリ]적당히 넘기는 것. 소홀히 하는 것. 등한시하는 것」의 連用形 「いるかせに」+「す[サ変]하다」의 終止形 「す」+「べかり[助動]추량・가능 등」의 未然形 「べから」+「ず[助動]부정」.

14) 「とて[助詞]인용. ~라 해서. ~라는 것으로. ~라는 이름으로」.

15) 「と[助詞]~라고」+「いふ【言ふ・云ふ】[4]말하다」의 連体形 「いふ」+「もの【者】사람」+「に[助詞]」.

16) 「つはもの→つわもの【兵】무기. 병사. 용사」+「を[助詞]」+「あひ→あい【相】[接頭]동사의 앞에 쓰여서 어조를 갖추거나 격식을 차리는 뜻을 보태는 말」+「そふ[下2]→そえる【添える・副える】[下1]덧붙이다. 따르게 하다」의 連用形 「そへ」+「て」.

17) 「つかはす[4]→つかわす【使わす・遣わす】[5]심부름 보내시다. 파견하시다. 하사하시다. 주시다」의 連用形 「つかはし」+「たまふ【給ふ】[助動]존경」의 連用形 「たまひ」.

18) 「ここ【此処・此所・此・是・爰】[代]여기. 이것」+「に[助詞]」+「して[助詞]」(〈~にして[連語]〉는 장소나 때를 나타냄. ~에서. ~에).

19) 「ふせぐ【防ぐ・禦ぐ・拒ぐ】[4]막다. 방어하다」의 未然形 「ふせが」+「しむ[助動]사역. ~시키다」.

❑ 敵軍(てきぐん)大[おお]勢(ぜい)[20]つめよせ[21]、あら手[て]を、いれかへ＼／[22]せめかけければ[23]、

➪ 적군이 수많이 밀어닥쳐서 새로운 병력을 번갈아가며 공격했으므로.

❑ 庾信(ゆうしん)しば＼／[24]、ふせぎたゝかふ、と、いへども[25]、ちからをとろへ[26]、気[き]つかれたり[27]。

➪ 유신이 줄곧 지켜 싸운다고 해도 힘이 빠지고 기운이 지쳤다.

❑ 副将(ふくしやう)の[28]丕寧子(ひねいし)に、かたりて、いはく[29]、「すでに事[こと]急(きう)なり[30]、しかるを[31]、我(われ)、いま[32]、たゝ

---

20) 「てきぐん【敵軍】 적군」＋「おほぜい→おおぜい【大勢】 많은 사람」. 참고로 「大勢」는 「おほぜい」 외에 「たいぜい」로 읽는 방법이 있으며 역시 '많은 사람(인원)'의 뜻이다.

21) 「つめよす[下2]→つめよせる【詰め寄せる】[下1]밀려들다. 압박해오다」의 連用形「つめよせ」.

22) 「あらて【新手】 아직 싸우지 않은 기운이 넘치는 병력」＋「を[助詞]」＋「いれかふ[下2]→いれかえる【入れ替える·入れ換える】[下1]바꿔 넣다. 교체하다」의 連用形「いれかへ」＋「いれかへ」.

23) 「せめかく[下2]→せめかける【攻め掛ける】[下1]쳐들어오다. 공격하다」의 連用形「せめかけ」＋「けり[助動]회상·과거」의 已然形「けれ」＋「ば[助詞]확정조건. 원인·이유」.

24) 「しばしば【屢·屢屢·数·数数】[副]계속. 자주. 몇 번이고」.

25) 「ふせぐ【防ぐ·拒ぐ】[4]막다. 방어하다」의 連用形「ふせぎ」＋「たたかふ【戦ふ·闘ふ】[4]싸우다」의 終止形「たたかふ」＋「と[助詞]~라고」＋「いへども→いえども【雖も】[連語]~하지만. ~해도」.

26) 「ちから【力】 힘」＋「おとろふ[下2]→おとろえる【衰える】[下1]약한 상태가 되다. 쇠약하다. 수척해지다」의 連用形「おとろへ」(〈を-〉는 정서법에 어긋남).

27) 「き【気】 기운. 정신」＋「つかる[下2]→つかれる【疲れる】[下1]지치다. 약해지다. 피폐하다. 굶다」의 連用形「つかれ」＋「たり[助動]완료·존속」.

28) 「ふくしやう→ふくしょう【副将】 부장」＋「の[助詞]~인」.

29) 「に[助詞]」＋「かたる【語る】[4]상대에게 전하다. 이야기하다」의 連用形「かたり」＋「て」＋「いはく【曰く】 말하길. 이르길」.

30) 「すでに【既に·已に】[副]이미. 모두. 이제」＋「こと【事】 것. 일」＋「きふ[形動ナリ]→きゅう【急】[形動]절박하다. 급박하다」의 終止形「きふなり」(〈-う-〉는 歴史的仮名遣에 어긋남).

かひつかれたり33)。

➪ 부장군인 비녕자에게 밝혀 이르길 "이제 일이 다급하다. 그런데 나는 이제 싸우다 지쳤다.

❑ 汝(なんぢ)よく、かけいでゝ34)、目(め)をおどろかすほどの35)一[ひと]いくさを、いたして36)、ミかたのつハものゝ心[こころ]を37)、はげますべきや38)。」と。

➪ 너는 힘차게 나아가서 눈을 휘둥그레지게 할 정도의 한판 싸움을 벌여서 우리 편 병사의 마음을 북돋울 수 있었으면 한다."라고.

❑ 丕寧子(ひねいし)かしこまりて、申[もう]すやう39)、「我(われ)、家(いへ)を、いでしよりこのかた40)、いのちをバ41)君[きみ]に、たてまつ

---

31) 「しかるを【然るを・而るを】[接続]그렇지만. 그럼에도 불구하고」.

32) 「われ【我・吾】[代]나」+「いま【今】현재. 지금. 이 국면에. 이제」.

33) 「たたかふ【戦ふ・闘ふ】[4]싸우다」의 連用形 「たたかひ」+「つかる【疲る】[下2]지치다. 약해지다」의 連用形「つかれ」+「たり[助動]완료・존속」.

34) 「なんぢ→なんじ【汝・爾】[代]아랫사람을 가리키는 말」+「よく【善く・良く・能く】[副]충분히. 상세히. 능숙하게. 잘. 매우. 흔히. 종종」+「かけいづ【駆け出づ】[下2]말을 달려서 나가다. 달려 나가다」의 連用形「かけいで」+「て」.

35) 「め【目】눈」+「を[助詞]」+「おどろかす【驚かす】[4]놀라게 하다. 눈을 뜨게 하다」의 連体形「おどろかす」+「ほど【程】시간・공간・사항의 정도. 모습」+「の[助詞]」.

36) 「ひと【一】하나」+「いくさ【軍・戦】전쟁. 싸움」+「を[助詞]」+「いたす【致す】[4]하다. 혼신을 다 바치다. 온힘을 쏟다」의 連用形「いたし」+「て」.

37) 「みかた【味方・御方・身方】관군(官軍). 자기편」+「の[助詞]」+「つはもの【兵】병사」+「の[助詞]」+「こころ【心】마음」+「を[助詞]」.

38) 「はげます【励ます】[4]북돋우다」의 終止形 「はげます」+「べし[助動]의무・당연・추량・가능 등」의 連体形「べき」+「や[終助詞]희망・명령・권유 등」.

39) 「かしこまる【畏まる】[4]외경하다. 황송해하다. 우러러 받잡다」의 連用形「かしこまり」+「て」+「まうす[4]→もうす【申す】[5]'말하다・고하다'의 겸양어. 부탁드리다」의 連体形「まうす」+「やう→よう【様】모습. 형상. 꼴」.

40) 「われ【我・吾】[代]나」+「いへ→いえ【家】집」+「を[助詞]」+「いづ【出づ】[下2]나오다」의 連用形「いで」+「き[助動]회상・과거」의 連体形「し」+「より[助詞]기점. ~부터」+「このかた【此の方・以来】[連語]이쪽. 이래」.

41) 「いのち【命】목숨」+「をば：〈を〉의 뜻을 강하게 함」(본문에는 〈いのちををバ〉로

りをきたり42)。

➩ 비녕자가 삼가 받자와 아뢰길 “나는 집을 나서서부터 이제까지 목숨을 주군에게 바쳐 두었다.

❑ たゞいま、うちじにして43)、みかたのつはものゝ心[こころ]を44)、はげまし侍べらん45)。」とて46)、

➩ 지금 전사하여 우리 편 병사의 마음을 북돋우겠습니다.”라며,

❑ わがめしつれたる郎等(らうどう)に47)、合節(がつせつ)といふものを48)近付(ちかづけ)て、いはく49)、

➩ 자기가 데리고 다니는 종자 가운데 합절이라는 자를 가까이 오게 하여 이르길,

❑「われ、今日[きょう]50)、君[きみ]のために51)、うちじにすべし52)。

되어 있는데 여기에 ‘ママ’가 붙어있어서 바로잡아 제시한다).

42) 「きみ【君】 주군. 임금」+「に[助詞]」+「たてまつる【奉る】 [4]드리다. 바치다」의 連用形 「たてまつり」+「おく【置く·措く·擱く】 [4]두다」의 連用形 「おき」(〈を-〉는 정서법에 어긋남)+「たり[助動]완료·존속」.

43) 「ただいま【只今·唯今】 지금」+「うちじに【討死】 전사」+「す[サ変]하다」의 連用形 「し」+「て」.

44) 「みかた【味方·御方·身方】 자기 편」+「の[助詞]」+「つはもの【兵】 병사」+「の[助詞]」+「こころ【心】 마음」+「を[助詞]」.

45) 「はげます【励ます】 [4]북돋우다」의 連用形 「はげまし」+「侍(はべ)り[助動]격식·정중」의 未然形 「はべら」+「む[助動]추량·의지」→「ん」.

46) 「とて[助詞]인용. ~라 해서. ~라는 것으로. ~라는 이름으로」.

47) 「わが【我が·吾が】 [連体]나의. 자신의」+「めしつる[下2]→めしつれる【召し連れる】 [下1]아랫사람을 데리고 가다. 이끌고 가다」의 連用形 「めしつれ」+「たり[助動]완료·존속」의 連体形 「たる」+「らうどう→ろうどう【郎等】 하인. 종자. 무사의 가신」+「に[助詞]」.

48) 「と[助詞]~라고」+「いふ【言ふ·云ふ】 [4]말하다」의 連体形 「いふ」+「もの【者】 사람」+「を[助詞]」.

49) 「ちかづく[下2]→ちかづける【近付ける】 [下1]가까이 오게 하다. 가까이하다」의 連用形 「ちかづけ」+「て」+「いはく【曰く】 말하길. 이르길」.

50) 「われ【我·吾】 [代]나」+「けふ→きょう【今日】 오늘」.

51) 「きみ【君】 주군. 임금」+「の[助詞]」+「ため【為】」+「に[助詞]」(〈~の(が)ために〉의 꼴

➪ "나는 오늘 주군을 위해 전사할 것이다.

❑ わが子[こ]の53)挙眞(きよしん)も又[また]54)、きミのために忠(ちう)あるものなれば55)、又[また]、出[いで]て、うちしにすべし56)。

➪ 내 아들인 거진도 또한 주군을 위해 충이 있는 사람이므로 역시 나가서 전사할 것이다.

❑ 親子(おやこ)ながら57)、むなしくならば58)、家(いへ)にのこれるともがら59)、たよりを、うしなふて60)、又[また]、たのむかた、なかるべし61)。

➪ 부자가 모두 죽으면 집에 남은 식솔이 기댈 곳을 잃어서 달리 맡길 곳이 없을 것이다.

로 '이익·이유·목적'의 뜻. ~때문에. ~위해).

52) 「うちじに【討死】 전사」+「す[サ変]하다」의 終止形 「す」+「べし[助動]의무·당연·추량·가능·의지 등」.

53) 「わが【我が·吾が】[連体]나의. 자신의」+「こ【子】 아이. 자식」+「の[助詞]~인」.

54) 「も[助詞]」+「また【又·亦·復】[副]다시. 같이. 달리. 또한. 게다가」.

55) 「きみ【君】 주군. 임금」+「の[助詞]」+「ため【為】 ~위해」+「に[助詞]」+「ちう→ちゅう【忠】 충」+「あり【有り】[ラ変]있다」의 連体形 「ある」+「もの【者】 자. 사람」+「なり[助動]단정·지정」의 已然形 「なれ」+「ば[助詞]확정조건. 원인·이유」.

56) 「また【又·亦·復】[副]다시. 같이. 또한」+「いづ【出づ】[下2]나가다」의 連用形 「いで」+「て」+「うちじに【討死】 전사」(〈-し-〉는 無濁点표기)+「す[サ変]하다」의 終止形 「す」+「べし[助動]의무·당연·추량·가능·의지 등」.

57) 「おやこ【親子】 부모와 자식」+「ながら【乍ら】[助詞]전부가 모두. 완전히 그대로」.

58) 「むなし【空し·虚し】[形シク]덧없다. 무상하다. 죽었다」의 連用形 「むなしく」+「なる【成る·為る】[4]되다」의 未然形 「なら」+「ば[助詞]가정조건」.

59) 「いへ【家】 집. 가문」+「に[助詞]」+「のこる【残る】[4]남다」의 命令形 「のこれ」+「り[助動]완료·존속」의 連体形 「る」+「ともがら【輩·儕】 동료. 한패」.

60) 「たより【便り·頼り】 기대는 것. 의지하는 사람이나 물건」+「を[助詞]」+「うしなふ【失ふ】[4]잃다」+「て」.

61) 「また【又·亦·復】[副]다시. 달리. 또한」+「たのむ【頼む·恃む·憑む】[4]상대에게 기대다. 기대하다. 신용하다. 맡기다」의 連体形 「たのむ」+「かた【方】 방향. 쪽」+「なし【無し】[形ク]없다」의 連体形 「なかる」+「べし[助動]의무·당연·추량·가능 등」.

❏ 汝(なんぢ)かならず[62]、わがうちしにせバ[63]、挙眞(きよしん)ともろともに[64]、我(わが)かバねを、おさめて[65]、

➪ 너는 반드시 내가 전사하면 거진과 함께 내 주검을 수습하여,

❏ 故郷[こきょう]にかへり[66]、老(おひ)たる母[はは]のこゝろをも[67]、なぐさめたてまつるべし[68]。

➪ 고향으로 돌아가서 늙은 어머니의 마음까지도 달래드려야 할 것이다.

❏ かまへて[69]、挙眞(きよしん)に、うちじに、せさすな[70]。」と、いひをきて[71]、すなハち、むまにうちのり[72]、鋒(ほこ)をさがして[73]、

---

62) 「なんぢ→なんじ【汝·爾】[代]너」+「かならず【必ず】[副]꼭. 반드시. 필시」.

63) 「わ【我·吾】[代]나」+「が[助詞]」+「うちじに【討死】 전사」(〈-し-〉는 無濁点표기)+「す[サ変]하다」의 未然形「せ」+「ば[助詞]가정조건」.

64) 「と[助詞]~와」+「もろとも【諸共】[形動ナリ]함께 하는 모양. 같이. 동시」의 連用形「もろともに」.

65) 「わが【我が·吾が】[連体]나의. 자신의」+「かばね【屍·尸】 시체. 주검」+「を[助詞]」+「をさむ【納む·収む】[下2]담다. 넣다. 수납하다. 매장하다」의 連用形「をさめ」(〈お-〉는 歴史的仮名遣에 어긋남)+「て」.

66) 「こきやう→こきょう【故郷】 고향」+「に[助詞]」+「かへる【帰る·還る】[4]돌아가다(오다)」의 連用形「かへり」.

67) 「おゆ[上2]→おいる【老いる】[上1]늙다」의 連用形「おい」(〈-ひ〉는 정서법에 어긋남)+「たり[助動]완료·존속」의 連体形「たる」+「はは【母】 어머니」+「の[助詞]」+「こころ【心】 마음」+「を[助詞]」+「も[助詞]」(〈をも〉는 '~까지도·~조차도'의 뜻).

68) 「なぐさむ[下2]→なぐさめる【慰める】[下1]위로하다. 달래다. 상대의 슬픔이나 고통을 가라앉히다」의 連用形「なぐさめ」+「たてまつる[助動]겸양. ~해드리다. ~해 올리다」의 終止形「たてまつる」+「べし[助動]의무·당연·추량·가능 등」.

69) 「かまへて→かまえて【構へて】[副]①준비하여 ②필시. 분명 ③(뒤에 금지)결코. 절대로」.

70) 「に[助詞]」+「うちじに【討死】 전사」+「す[サ変]하다」의 未然形「せ」+「さす[助動]사역·방임. ~시키다. ~하게 내버려두다」의 終止形「さす」+「な[終助詞]금지」.

71) 「と[助詞]~라고」+「いふ【言ふ·云ふ】[4]말하다」의 連用形「いひ」+「おく【置く】[4]놓다」의 連用形「おき」(〈を-〉는 정서법에 어긋남)+「て」.

72) 「すなはち【即ち·則ち】[副]곧바로. 즉시」+「むま【馬】 말」+「に[助詞]」+「うち【打ち】[接頭]동사 앞에 써서 뜻을 강하게 함」+「のる【乗る】[4]타다」의 連用形「のり」.

うつて出[いで]つゝ74)、

➪ 절대로 거진에게 전사하게 두지 마라."라고 말해 두고서 곧 말에 올라타 창을 찾아 치고 나가면서,

❑ 敵(てき)のむらがり、ひかへたるところへ75)、一[いち]文字(もんじ)に、かけいりて76)、四[し]はう八[はち]めんに、かけやぶり77)、敵(てき)大[おお]勢(ぜい)をころしつゝ78)、

➪ 적이 무리지어 기다리고 있는 곳으로 일직선으로 달려 들어가 사방팔방으로 쳐부수어 적 다수를 죽이면서,

❑ 我[われ]も、あまた手[て]ををふて79)、かたきのために80)、うたれにけり81)。

---

73) 「ほこ【矛・戈・鉾・鋒・戟】창」+「を[助詞]」+「さがす【探す・捜す】[4]찾다」의 連用形「さがし」+「て」.

74) 「うつ【打つ・討つ・撃つ】[4]치다. 적을 쓰러뜨리다. 죽이다」+「て」+「いづ【出づ】[下2]나가다」의 連用形「いで」+「つつ[助詞]같은 동작의 반복・계속 등. ~하면서. ~해 두고 나서」.

75) 「てき【敵】적」+「の[助詞]현대일본어 〈が〉의 쓰임」+「むらがる【群がる】[4]한 곳에 모이다. 무리를 이루다」의 連用形「むらがり」+「ひかふ[下2]→ひかえる【控える・扣える】[下1]기다리다. 대기하다」의 連用形「ひかへ」+「たり[助動]완료・존속」의 連体形「たる」+「ところ【所・処】곳. 상황. 찰나」+「へ[助詞]」.

76) 「いちもんじ【一文字】일직선으로, 곁눈 팔지 않는 모양」+「に[助詞]」+「かけいる【駆け入る】[4]말을 질주시켜 들어가다. 힘차게 내달려 들어가다」의 連用形「かけいり」+「て」.

77) 「しはう→しほう【四方】사방」+「はちめん【八面】팔면」+「に[助詞]」+「かけやぶる【駆け破る】[4]말을 달려 들어가 적진을 부수다」의 連用形「かけやぶり」.

78) 「てき【敵】적」+「おほぜい【大勢】많은 사람」+「を[助詞]」+「ころす【殺す】[4]죽이다」의 連用形「ころし」+「つつ[助詞]~하면서」.

79) 「われ【我・吾】[代]나. 자신」+「も[助詞]」+「あまた【数多】[名・副]많이. 대단히」+「て【手】손. 부상」+「を[助詞]」+「おふ【負ふ】[4]지다. 받다. 입다」(〈を-〉는 정서법에 어긋남)+「て」.

80) 「かたき【敵】적. 상대」+「の[助詞]」+「ため【為】~때문」+「に[助詞]」.

81) 「うつ【打つ・討つ・撃つ】[4]치다. 죽이다」의 未然形「うた」+「る[助動]수동」의 連用形「れ」+「ぬ[助動]완료・존속」의 連用形「に」+「けり[助動]회상・과거」.

➪ 자신도 수많은 부상을 입어서 적으로 인해 죽임 당하고 말았다.

❑ 挙眞(きよしん)、これを見[み]て82)、馬[うま]にのりて83)、かけ出[いで]んとす84)。

➪ 거진이 이를 보고서 말에 올라타 달려 나가려 한다.

❑ 合節(がつせつ)、すなハち、馬[うま]のくちに、とりつきて85)、涙[なみだ]ををさへて申[もう]すやう86)、

➪ 합절이 곧 말머리에 매달려서 눈물을 억누르며 아뢰길,

❑「御[お]父(ちゝ)87)丕寧子(ひねいし)、われに、おほせをかれしハ88)、

➪ 아버님인 비녕자가 나에게 말씀해 두신 것은,

❑『挙眞(きよしん)をバ家(いへ)に、つれてかへり89)、御[お]はゝ夫人(ぶにん)をも90)、なぐさめたてまつるべし91)、

---

82) 「これ【此·是】[代]이것. 이사람」+「を[助詞]」+「みる【見る】[上1]보다」의 連用形「み」+「て」.

83) 「うま【馬】말」+「に[助詞]」+「のる【乗る】[4]타다」의 連用形「のり」+「て」.

84) 「かけいづ【駆け出づ】[下2]말을 달려서 나가다」의 未然形「かけいで」+「む[助動]추량·의지」→「ん」+「と[助詞]」+「す[サ変]하다」.

85) 「すなはち【即ち·則ち】[副]곧바로. 즉시」+「うま【馬】말」+「の[助詞]」+「くち【口】입」+「に[助詞]」+「とりつく【取り付く】[4]매달리다. 붙들다」의 連用形「とりつき」+「て」.

86) 「なみだ【涙】눈물」+「を[助詞]」+「おさふ[下2]→おさえる【押さえる·抑える·圧さえる】[下1]억누르다. 참다」의 連用形「おさへ」(〈を-〉는 정서법에 어긋남)+「て」+「まうす[4]→もうす【申す】[5]아뢰다. 부탁드리다」의 連体形「まうす」+「やう→よう【様】모습. 형상. 꼴」.

87) 「お【御】[接頭]존경·겸양의 뜻을 보탬」+「ちち【父】아버지」.

88) 「われ【我·吾】[代]나」+「に[助詞]」+「おほす【負す·課す·仰す】[下2]짊어지게 하다. 명령하다. 말씀하시다」의 連用形「おほせ」+「おく【置く】[4]놓다」의 未然形「おか」(〈を-〉는 정서법에 어긋남)+「る[助動]수동·존경」의 連用形「れ」+「き[助動]회상·과거」의 連体形「し」+「は[助詞]」.

89) 「をば : 〈を〉의 뜻을 강하게 함」+「いへ【家】집」+「に[助詞]」+「つる【連る】[下2]동행하다」의 連用形「つれ」+「て」+「かへる【帰る·還る】[4]돌아가다(오다)」의 連用形「かへり」.

90) 「お【御】[接頭]존경·겸양의 뜻을 보탬」+「はは【母】어머니」+「ぶにん【夫人】부

⇨ '거진을 집으로 데리고 돌아가서 어머니와 아내까지도 달래드려야 할 것이다.

❑ かまへて、うち死(じに)せさすな92)。』と、かたく遺言(ゆゐげん)し給[たま]ふぞや93)。

⇨ 절대로 전사하게 두지 마라.'라고 굳게 유언하셨던 것이다.

❑ 只[ただ]今[いま]打(うち)じにし給[たま]ハゝ94)、父[ちち]の命(めい)に、そむくのミならず95)、母(はゝ)の歎(なげき)を、そへ給[たま]ハんや96)。」と、

⇨ 지금 전사하시면 아버지의 명에 거스를 뿐만 아니라, 어머니의 슬픔을 더하시렵니까?"라고,

❑ かきくどきて、とゞめければ97)、挙眞(きよしん)が、いはく98)、「い

인. 옛날 중국에서 천자의 비 또는 제후의 아내를 칭하는 말」+「を[助詞]」+「も[助詞]」(〈をも〉는 '~까지도·~조차도'의 뜻).

91) 「なぐさむ【慰む】[下2]위로하다」의 連用形「なぐさめ」+「たてまつる[助動]~해드리다」의 終止形「たてまつる」+「べし[助動]의무·당연·추량·가능 등」.

92) 「かまへて【構へて】[副](뒤에 금지)결코. 절대로」+「うちじに【討死】 전사」+「す[サ変]하다」의 未然形「せ」+「さす[助動]사역·방임. ~시키다. ~하게 내버려두다」의 終止形「さす」+「な[終助詞]금지」.

93) 「と[助詞]~라고」+「かたし【堅い·固い·硬い】[形ク]굳다. 확실하다」의 連用形「かたく」+「ゆいげん【遺言】 유언」(〈-ゐ-〉는 정서법에 어긋남)+「す[サ変]하다」의 連用形「し」+「たまふ【給ふ】[助動]존경」의 連体形「たまふ」+「ぞや[助詞](지정의 〈ぞ〉에 영탄의 〈や〉를 붙인 말)~인 것이다」.

94) 「ただいま【只今·唯今】 지금」+「うちじに【討死】 전사」+「す[サ変]하다」의 連用形「し」+「たまふ【給ふ】[助動]존경」의 未然形「たまは」+「ば[助詞]가정조건」(〈は〉는 無濁点표기).

95) 「ちち【父】 아버지」+「の[助詞]」+「めい【命】 명」+「に[助詞]」+「そむく【背く·叛く】[4]등지다」의 連体形「そむく」+「のみならず[連語]~뿐만 아니라」.

96) 「はは【母】 어머니」+「の[助詞]」+「なげき【嘆き·歎き】[名]탄식. 비탄」+「を[助詞]」+「そふ[下2]→そえる【添える·副える】[下1]더하다. 보태다」의 連用形「そへ」+「たまふ【給ふ】[助動]존경」의 未然形「たまは」+「む[助動]추량·의지」→「ん」+「や[係助詞]의문·질문」.

97) 「かきくどく【掻き口説く】[4]자신의 마음속을 상대방에게 확실히 알도록 하거나, 상대방을 설득하기 위해 구구하게 이야기하다」의 連用形「かきくどき」+「て」+「とど

かに遺言(ゆゐげん)ありとても99)、目[め]のまへに、父[ちち]をうたせて100)、

➪ 구구절절 설득하여 막으니 거진이 말하길, "어찌 유언이 있다 해도 눈앞에서 아버지를 죽이게 두고서,

❑ 我[わが]いのちを、ながらへ侍[は]べらん事[こと]101)、これ、おやに孝(かう)あるものならんや102)。」といふて103)、

➪ 내 목숨을 잇는 것은, 이는 부모에게 효 있는 사람이겠는가?"라고 하고서,

❑ 劍(けん)をぬきて104)、合節(がつせつ)が臂(ひじ)をきりて105)、つゐに敵陣(てきぢん)に、かけいりて106)、うちじにし侍[は]へりけ

む[下2]→とどめる【止める·留める·停める】[下1]멈추게 하다」의 連用形「とどめ」+「けり[助動]회상·과거」의 已然形「けれ」+「ば[助詞]확정조건. 원인·이유」.

98) 「が[助詞]」+「いはく【曰く】 말하길. 이르길」.

99) 「いかに【如何に】[副]어떻게. 어찌. 어째서. 얼마나」+「ゆいげん【遺言】 유언」(〈-ゐ-〉는 정서법에 어긋남)+「あり【有り】[ラ変]있다」의 終止形「あり」+「とて[助詞]인용. ~라해서. ~라는 것으로」+「も[助詞]」.

100) 「め【目】 눈」+「の[助詞]」+「まへ→まえ【前】 앞」+「に[助詞]」+「ちち【父】 아버지」+「を[助詞]」+「うつ【打つ·討つ·撃つ】[4]치다. 죽이다」의 未然形「うた」+「す[助動]사역·방임」의 連用形「せ」+「て」.

101) 「わが【我が·吾が】[連体]나의. 자신의」+「いのち【命】 목숨」+「を[助詞]」+「ながらふ[下2]→ながらえる【存える·永らえる】[下1]같은 상태가 이어지다. 오래 살다」의 連用形「ながらへ」+「侍(はべ)り[助動]격식·정중」의 未然形「はべら」+「む[助動]추량·의지」의 連体形「む」→「ん」+「こと【事】 것. 일」.

102) 「これ【此·是】[代]이것. 이사람」+「おや【親】 부모」+「に[助詞]」+「かう→こう【孝】 효」+「あり【有り】[ラ変]있다」의 連体形「ある」+「もの【者】 자. 사람」+「なり[助動]단정·지정」의 未然形「なら」+「む[助動]추량·의지」→「ん」+「や[係助詞]의문·질문」.

103) 「と[助詞]~라고」+「いふ【言ふ·云ふ】[4]말하다」+「て」.

104) 「けん【剣】 검. 칼」+「を[助詞]」+「ぬく【抜く】[4]뽑다」의 連用形「ぬき」+「て」.

105) 「が[助詞]현대일본어 〈の〉의 쓰임」+「ひぢ→ひじ【肘·肱·臂】 팔꿈치」(〈-じ〉는 歷史的仮名遣에 어긋남)+「を[助詞]」+「きる【切る·斬る】[4]베다」의 連用形「きり」+「て」.

106) 「つひに→ついに【終に·遂に】[副]결국. 마침내」(〈-ゐ-〉는 정서법에 어긋남」+「てきぢん→てきじん【敵陣】 적진」+「に[助詞]」+「かけいる【駆け入る】[4]말을 내달려

り[107]。

➪ 칼을 빼서 합절의 팔꿈치를 베고 마침내 적진으로 내달려 들어가 전사했습니다.

❑ 合節(がつせつ)、是(これ)を見[み]て、いはく[108]、「まことに天[てん]命(めい)なり[109]、われ又[また]、死(し)なずして[110]

➪ 합절이 이를 보고 말하길 "진정 천명이다. 내가 또한 죽지 아니하고서,

❑ 故郷[こきょう]にかへりて[111]、何[なに]をかせん[112]、君[きみ]のためにこそ[113]、いのちを、おしかりけれ[114]。

➪ 고향에 돌아가서 무엇 하겠는가, 주군을 위하여 목숨을 아꼈었다.

❑ 今[いま]ハ、たがためにか、ながらへん[115]。」と、いふて[116]、こぼ

들어가다」의 連用形「かけいり」+「て」.

107) 「うちじに【討死】 전사」+「す[サ変]하다」의 連用形 「し」+「侍(はべ)り[助動]겸식·정중」의 連用形「はべり」(く-へ->는 無濁点표기)+「けり[助動]회상·과거」.

108) 「これ【此·是】[代]이것. 이사람」+「を[助詞]」+「みる【見る】[上1]보다」의 連用形「み」+「て」+「いはく【曰く】 말하길. 이르길」.

109) 「まことに【真に·実に·誠に】[副]정말로. 거짓 없이」+「てんめい【天命】 천명」+「なり[助動]단정·지정」.

110) 「われ【我·吾】[代]나」+「また【又·亦·復】[副]다시. 같이. 달리. 또한. 게다가」+「しぬ【死ぬ】[ナ変]죽다」의 未然形 「しな」+「ず[助動]부정」의 連用形 「ず」+「して[助詞](連用形에 접속)~인 상태로」.

111) 「こきやう→こきょう【故郷】 고향」+「に[助詞]」+「かへる【帰る·還る】[4]돌아가다(오다)」의 連用形「かへり」+「て」.

112) 「なに【何】[代]어떤」+「を[助詞]」+「か[係助詞]의문·질문」(문말은 連体形)+「す[サ変]하다」의 未然形「せ」+「む[助動]추량·의지」의 連体形「む」(앞의 〈か〉에 호응)→「ん」.

113) 「きみ【君】 주군. 임금」+「の[助詞]」+「ため【為】~위해」+「に[助詞]」+「こそ[係助詞]뜻을 세게 함」(문말은 已然形).

114) 「いのち【命】 목숨」+「を[助詞]」+「をし[形シク]→おしい【惜しい·愛しい】[形]사랑스러워하다. 아끼다. 아깝다」의 連用形「をしかり」+「けり[助動]회상·과거」의 已然形「けれ」(앞의 〈こそ〉에 호응).

115) 「いま【今】 지금. 이제」+「は[助詞]」+「た【誰】[代](부정칭)누구」+「が[助詞]」+「ため【為】~때문. ~위해」+「に[助詞]」+「か[係助詞]의문·질문」(문말은 連体形)+「な

る ゝ涙[なみだ]を、をしぬぐひて117)、鋒(ほこ)をうちふり118)、

➪ 이제는 누구를 위해 연명하겠는가?"라고 하고서 흘러내리는 눈물을 훔치고 창을 휘두르며,

❑ 敵(てき)にむかふて119)、火(ひ)いつるほど、たゝかひつゝ120)、つゐに、うちじにしたりけり121)。

➪ 적을 향해 불이 날 정도로 싸우다가 마침내 전사했다.

❑ みかたの、つハもの共[ども]122)、これに、はげまされて123)、我[われ]も＼／と124)、あらそひすゝみて125)、

がらふ【存ふ·永らふ】[下2]같은 상태가 이어지다. 오래 살다」의 未然形「ながらへ」+「む[助動]추량·의지」의 連体形「む」(앞의 〈か〉에 호응)→「ん」.

116) 「と[助詞]~라고」+「いふ【言ふ·云ふ】[4]말하다」+「て」.

117) 「こぼる[下2]→こぼれる【零れる·溢れる】[下1]물이나 눈물 따위가 넘쳐 나오다」의 連体形「こぼるる」+「なみだ【涙】눈물」+「を[助詞]」+「おしぬぐふ【押し拭ふ】[4]누르듯 힘껏 훔치다. 닦아내다」의 連用形「おしぬぐひ」(〈を-〉는 정서법에 어긋남)+「て」.

118) 「ほこ【矛·戈·鉾·鋒·戟】창」+「を[助詞]」+「うちふる【打ち振る】[4]내두르다. 휘두르다」의 連用形「うちふり」.

119) 「てき【敵】적」+「に[助詞]」+「むかふ【向かふ·対ふ】[4]향하다」+「て」.

120) 「ひ【火】불」+「いづ【出づ】[下2」나오다」의 連体形「いづる」(〈-つ-〉는 無濁点표기)+「ほど【程】시간·공간·사항의 정도. 모습」+「たたかふ【戦ふ·闘ふ】[4]싸우다」의 連用形「たたかひ」+「つつ[助詞]같은 동작의 반복·계속 등. ~하면서. ~해 두고 나서」(連用形에 접속함).

121) 「つひに【終に·遂に】[副]결국. 마침내」(〈-ゐ-〉는 정서법에 어긋남」+「うちじに【討死】전사」+「す[サ変]하다」의 連用形「し」+「たり[助動]완료·존속」의 連用形「たり」+「けり[助動]회상·과거」.

122) 「みかた【味方·御方·身方】관군(官軍). 자기 편」+「の[助詞]」+「つはもの【兵】병사」+「ども【共】[接尾]~들」.

123) 「これ【此·是】[代]이것. 이사람」+「に[助詞]」+「はげます【励ます】[4]북돋우다」의 未然形「はげまさ」+「る[助動]수동」의 連用形「れ」+「て」.

124) 「われ【我·吾】[代]나」+「も[助詞]」+「われ【我·吾】[代]나」+「も[助詞]」+「と[助詞]」.

125) 「あらそふ【争ふ】[4]다투다. 경쟁하다」의 連用形「あらそひ」+「すすむ【進む】[4]앞에 나가다. 전진하다」의 連用形「すすみ」+「て」.

➪ 우리 편 병사들이 이에 힘입어서 나도 나도 하며 앞 다투어 나아가서,

❑ 首(くび)をとる事[こと][126]、すべて三千[さんぜん]にあまり[127]、其[その]外[ほか][128]、手(て)をひハ、数[かず]をしらず[129]。

➪ 목을 베는 것이 모두 3천 남짓이며, 그밖에 부상자는 수도 없다.

❑ 敵(てき)かなハじとや、おもいけん[130]、すてむちをうつて[131]、にげうせたり[132]。

➪ 적이 당할 수 없겠다고 생각한 것인지 꽁무니를 빼고 도망쳐 숨었다.

❑ 善徳(ぜんとく)女主(ぢよしゆ)、この事[こと]を聞[きこ]しめして[133]、涙[なみだ]をおとして[134]、あはれみ給[たま]ふ[135]。

➪ 선덕여왕이 이 일을 들으시고 눈물을 떨구며 가엾이 여기신다.

---

126) 「くび【首】 목」+「を[助詞]」+「とる【取る】[4]잡다. 취하다」의 連体形 「とる」+「こと【事】 것. 일」.

127) 「すべて【総て・全て・凡て・渾て】[副]모두. 전부」+「さんぜん【三千】 3천」+「に[助詞]」+「あまる【余る】[4]남다」의 連用形 「あまり」.

128) 「その【其の】[連体]그」+「ほか【外・他】 외. 밖」.

129) 「ておひ【手負】 부상당하는 것. 부상자」(〈-を-〉는 정서법에 어긋남)+「は[助詞]」+「かず【数】 수」+「を[助詞]」+「しる【知る】[4]알다」의 未然形 「しら」+「ず[助動]부정」.

130) 「てき【敵】 적」+「かなふ【適ふ・叶ふ】[4]필적하다. 감당하다. 견뎌내다」의 未然形 「かなは」+「じ[助動]추량・의지의 부정. ~아닐 것이다」+「と[助詞]~라고」+「や[係助詞]의문・질문」(문말은 連体形)+「おもふ【思ふ】[4]생각하다」의 連用形 「おもひ」+「けむ[助動]과거추량. ~했을 것이다. ~였을 것이다」의 連体形 「けむ」(앞의 〈や〉에 호응)→「けん」.

131) 「すてむち【捨鞭】 말을 빨리 달리게 할 때 말 엉덩이를 세게 치는 것」+「を[助詞]」+「うつ【打つ】[4]치다」+「て」.

132) 「にげうす【逃げ失す】[下2]도망쳐 자취를 감추다」의 連用形 「にげうせ」+「たり[助動]완료・존속」.

133) 「この【此の・斯の】[連体]이」+「こと【事】 것. 일」+「を[助詞]」+「きこしめす【聞し召す】[4]들으시다」의 連用形 「きこしめし」+「て」.

134) 「なみだ【涙】 눈물」+「を[助詞]」+「おとす【落とす】[4]떨어뜨리다」의 連用形 「おとし」.

135) 「あはれむ【哀れむ・憐れむ】[4]동정하다. 불쌍히 여기다」의 連用形 「あはれみ」+「たまふ【給ふ】[助動]존경」.

❑ すなハち[136]、丕寧子(ひねいし)、挙眞(きよしん)、合節(がつせつ)三人[さんにん]のかばねを[137]、さうれいあつく、せさせ給[たま]ひけり[138]。

➪ 곧 비녕자, 거진, 합절 세 사람의 주검을 장례 후하게 치르도록 하셨다.

136) 「すなはち【即ち·則ち】[副]곧바로. 즉시」.

137) 「さんにん【三人】 세 사람」+「の[助詞]」+「かばね【屍·尸】 시체. 주검」+「を[助詞]」.

138) 「さうれい→そうれい【葬礼】 장례」+「あつし【厚し·篤し】[形ク]두껍다. 두텁다. 후하다. 깊다」의 連用形 「あつく」+「す[サ変]하다」의 未然形 「せ」+「さす[助動]사역·존경. ~시키다. ~하시다」의 連用形 「させ」+「たまふ【給ふ】[助動]존경」의 連用形 「たまひ」+「けり[助動]회상·과거」.

32. 鄭(てい)李(り)上(しやう)疏(しよ)[1]
정이상소

❏ 高麗(かうらい)國(こく)の恭愍王(けうびんわう)、その臣下(しんか)に[2]辛肫[3](しんじゆん)と、いふものを[4]、てうあいし給[たま]ふ事[こと]、はなハたし[5]。

➪ 고려국의 공민왕이 그 신하 신돈이라 하는 자를 총애하시는 것이 도를 넘는다.

❏ 司議(しぎ)鄭樞(ていすう)、正言(せいげん)李存吾(りぞんご)の二人[ふたり]ハ[6]、諫官(かんくわん)[7]にあづかりて[8]、まつりごとを、た

---

1) 〈한문본〉에는 「䟽」인데 이는 「疏」의 異體字다. 한편 「疏」는 「しよ」로 읽으면 '경전(經典) 등의 의의를 해설하는 것. 주석하는 것'의 뜻이고, 이를 「そ」로 읽으면 '궁이나 천자에게 바치는 글. 상서(上書)'의 뜻이다.

2) 「その【其の】[連体]그」+「しんか【臣下】신하」+「に[助詞]」.

3) 본문에는 「辛肫(신순)」이며 이를 「しんじゅん」으로 읽고 있는데, 〈한문본〉에는 「辛旽(신돈)」이며 이쪽이 역사적 사실에 부합한다. 따라서 이를 한자 사용의 오류로 보고 이하 '신돈'으로 바꿔 풀이하겠다.

4) 「と[助詞]~라고」+「いふ【言ふ·云ふ】[4]말하다」의 連体形 「いふ」+「もの【者】사람」+「を[助詞]」.

5) 「ちょうあい【寵愛】총애」+「す[サ変]하다」의 連用形 「し」+「たまふ【給ふ】[助動]존경」의 連体形 「たまふ」+「こと【事】것. 일」+「はなはだし【甚だし】[形シク]보통 정도를 넘다. 심하다」.

6) 「の[助詞]」+「ふたり【二人】두 사람」+「は[助詞]」.

7) 「諫官」은 일본 사전에 등재되지 않은 말이다. 〈표준국어대사전〉에는 「간관(諫官)」이 '조선 시대에, 사간원과 사헌부에 속하여 임금의 잘못을 간(諫)하고 백관(百官)의 비행을 규탄하던 벼슬아치'로 풀이되어 있다.

8) 「に[助詞]」+「あづかる[4]→あずかる【預かる·与る·関る】[5]관계하다. 참여하다. 맡다. 받다. 보관하다」의 連用形 「あづかり」+「て」.

すけ9)、天子[てんし]を、いさめたてまつる10)。

➡ 사의 정추, 정언 이존오 두 사람은 간관에 참여하여 정사를 돕고 천자를 간언하여 올린다.

❑ 辛旽(しんじゆん)、あまりに寵(てう)に、ほこりければ11)、二人[ふたり]の諫官(かんくわん)より12)、疏(しよ)をたてまつりて、いはく13)、

➡ 신돈이 너무나 총애에 으스대므로 두 간관으로부터 상소를 올려 이르길,

❑「辛旽(しんじゆん)、国[くに]のまつりことを14)、ほしゐまゝにし15)、君[きみ]をないがしろに、する心[こころ]あり16)。

➡ "신돈이 나라의 정사를 제멋대로 하고 주군을 넘보는 마음이 있다.

❑ つねに八馬[うま]にのりながら17)、禁中(きんちう)の門(もん)に出[で]

---

9) 「まつりごと【政】 제사(祭祀). 정치. 통치. 정사」+「を[助詞]」+「たすく[下2]→たすける【助ける·輔ける·扶ける】[下1]돕다. 힘을 보태다」의 連用形 「たすけ」.

10) 「てんし【天子】 천자」+「を[助詞]」+「いさむ[下2]→いさめる【禁める·諫める】[下1]억지하다. 금지하다. 충고하다. 간언하다」의 連用形 「いさめ」+「たてまつる[助動]겸양. ~해드리다. ~해 올리다」.

11) 「あまりに【余りに】[副]과도하게. 터무니없이」+「ちょう【寵】 총. 사랑하는 것. 마음에 드는 것. 귀여워하는 것」+「に[助詞]」+「ほこる【誇る】[4]잘난 척하다. 자랑스러워하다. 자랑하다. 풍요롭게 지내다」의 連用形 「ほこり」+「けり[助動]회상·과거」의 已然形 「けれ」+「ば[助詞]확정조건. 원인·이유」.

12) 「ふたり【二人】 두 사람」+「の[助詞]」+「諫官(간관)」+「より[助詞]기점. ~부터」.

13) 「そ【疏】 소. 상소(上疏)」(이를 〈しょ〉로 읽은 것은 문맥상 맞지 않다)+「を[助詞]」+「たてまつる【奉る】[4]드리다. 바치다」의 連用形 「たてまつり」+「て」+「いはく【曰く】 말하길. 이르길」.

14) 「くに【国】 나라」+「の[助詞]」「まつりごと【政】 제사(祭祀). 정치. 통치. 정사」(〈-こ-〉는 無濁点표기)+「を[助詞]」.

15) 「ほしいまま【擅·恣·縦】[形動ナリ]자신의 생각대로 행동하는 모양」의 連用形 「ほしいままに」(〈-ゐ-〉는 정서법에 어긋남)+「す[サ変]하다」의 連用形 「し」.

16) 「きみ【君】 주군. 임금」+「を[助詞]」+「ないがしろ【蔑ろ】[形動ナリ]다른 사람이나 사물을, 있어도 없는 것처럼 얕잡아보는 모양. 업신여기다」의 連用形 「ないがしろに」+「す[サ変]하다」의 連体形 「する」+「こころ【心】 마음. 바람. 뜻. 마음가짐」+「あり【有り】[ラ変]있다」.

いりし18)、殿下(てんが)と床(ゆか)をならべて19)、同[おな]じ座(ざ)せり20)。

➪ 평소에는 말에 탄 채로 궁중 문에 드나들고, 전하와 평상을 나란히 하여 같은 자리 했다.

❑ これ、まことに21)、人臣(じんしん)のうへにしてハ22)あるへき事[こと]にも、あらず23)。

➪ 이는 참으로 신하인 이상에서는 있을 수 있는 일도 아니다.

❑ 王威(わうゐ)を、かろしめたてまつる事[こと]24)、ひとへに25)君[きみ]の徳(とく)を、おさめ給[たま]ハざるゆへなり26)。

---

17) 「つね【常】변함없는 것. 평소. 보통」+「に[助詞]」+「は[助詞]」+「うま【馬】말」+「に[助詞]」+「のる【乗る】[4]타다」의 連用形 「のり」+「ながら【乍ら】[助詞]앞선 상태가 이어지는 모습」.

18) 「きんちゅう【禁中】금중. 궁중」+「の[助詞]」+「もん【門】문」+「に[助詞]」+「でいり【出入り】출입」+「す[サ変]하다」의 連用形 「し」.

19) 「でんか【殿下】(옛날에는 〈てんが〉라고도 함)전하」+「と[助詞]~와」+「ゆか【床】마루. 평상」+「を[助詞]」+「ならぶ[下2]→ならべる【並べる】[下1]같은 줄에 늘어서다. 늘어놓다」의 連用形 「ならべ」+「て」.

20) 「おなじ【同じ】[連体]동일한. 같은」+「ざ【座】자리」+「す[サ変]하다」의 命令形 「せ」+「り[助動]완료·존속」.

21) 「これ【此·是】[代]이것. 이사람」+「まことに【真に·実に·誠に】[副]정말로. 거짓 없이. 매우」.

22) 「じんしん【人臣】인신. 신하」+「の[助詞]」+「うへ→うえ【上】위」+「なり[助動]단정」의 連用形 「に」+「して[助詞](連用形에 접속)상태를 나타냄. ~으로. ~의 상태로」(〈~にして[連語]〉는 현대일본어 〈~で〉의 쓰임)+「は[助詞]」.

23) 「あり【有り】[ラ変]있다」의 連体形 「ある」+「べし[助動]의무·당연·추량·가능 등」의 連体形 「べき」+「こと【事】것. 일」+「に[助詞]」+「も[助詞]」+「あり【有り】[ラ変]있다」(〈-にもあり〉는 현대일본어 〈-でもある〉의 쓰임)의 未然形 「あら」+「ず[助動]부정」(〈あらず〉는 현대일본어의 〈ない〉에 해당).

24) 「わうゐ→おうい【王威】왕위」+「を[助詞]」+「かろしむ[下2]→かろしめる【軽しめる】[下1]얕잡아보다. 가벼이 여기다. 업신여기다」의 連用形 「かろしめ」+「たてまつる[助動]겸양. ~해드리다. ~해 올리다」의 連体形 「たてまつる」+「こと【事】것. 일」.

25) 「ひとへに→ひとえに【偏に】[副]오로지. 한결같이」.

➪ 왕위를 업신여겨 올리는 것은 오직 주군이 덕을 닦으시지 아니하기 때문이다.

□ ねがハくハ[27]、辛腆(しんじゆん)を、しりぞけられは[28]、まさに、よろしかるへし[29]。」と申[もうし]けれは[30]、

➪ 바라옵건대 신돈을 멀리하시면 참으로 좋을 것이다."라고 아뢰었더니,

□ 大[だい]わう、いかり給[たま]ひて[31]、鄭樞(ていすう)、李存吾(りぞんご)二人[ふたり]を、御前(ごぜん)にめされて[32]、大[おおい]に、いかりせめ給[たま]ふ[33]。

➪ 대왕이 노여워하셔서 정추와 이존오 두 사람을 어전에 불러들이셔서 크게 노하여

---

26) 「きみ【君】주군. 임금」+「の[助詞]현대일본어 〈が〉의 쓰임」+「とく【徳】덕」+「を[助詞]」+「をさむ[下2]→おさめる【治める·修める·納める·収める】①통치하다 ②바로잡다. 언동을 바르게 하다. 몸에 익히다 ③넣다」의 連用形「をさめ」(〈お-〉는 歷史的仮名遣에 어긋남)+「たまふ【給ふ】[助動]존경」의 未然形「たまは」+「ざり[助動]부정」의 連体形「ざる」+「ゆゑ→ゆえ【故】~때문」(〈-へ〉는 정서법에 어긋남)+「なり[助動]단정·지정」.

27) 「ねがはくは→ねがわくは【願わくは】[副]바라기는. 원하기는」.

28) 「を[助詞]」+「しりぞく[下2]→しりぞける【退ける·斥ける】[下1]물리치다. 멀리하다. 격퇴하다. 거절하다」의 連用形「しりぞけ」+「らる[助動]수동·존경」의 未然形「られ」+「ば[助詞]가정조건」(〈は〉는 無濁点표기).

29) 「まさに【正に】[副]①틀림없이. 분명 ②바로 지금. 이제라도」+「よろし[形シク]→よろしい【宜しい】[形]좋다. 바람직하다. 적당하다. 알맞다」의 連体形「よろしかる」+「べし[助動]의무·당연·추량·가능 등」(〈へ-〉는 無濁点표기).

30) 「と[助詞]~라고」+「まうす[4]→もうす【申す】[5]'말하다·고하다'의 겸양어. 부탁드리다」의 連用形「まうし」+「けり[助動]회상·과거」의 已然形「けれ」+「ば[助詞]확정조건. 원인·이유」.

31) 「だいわう→だいおう【大王】대왕」+「いかる【怒る】[4]화내다. 노하다」의 連用形「いかり」+「たまふ【給ふ】[助動]존경」의 連用形「たまひ」+「て」.

32) 「ふたり【二人】두 사람」+「を[助詞]」+「ごぜん【御前】어전. 귀인의 자리 앞 또는 면전의 존경어」+「に[助詞]」+「めす【召す·見す·看す】[4]보시다. 불러들이시다. 불러내서 자리에 앉히다. 명(命)하시다」의 未然形「めさ」+「る[助動]수동·존경」의 連用形「れ」+「て」.

33) 「おおいに【大いに】[副]매우. 몹시. 많이」+「いかる【怒る】[4]화내다. 노하다」의 連用形「いかり」+「せむ[下2]→せめる【責める】[下1]비난하다. 꾸짖다. 고문하다」의 連用形「せめ」+「たまふ【給ふ】[助動]존경」.

꾸짖으신다.

□ 其[その]時[とき]も、なを34)辛肫(しんじゆん)と大[だい]わうと35)、床(ゆか)をならべて居(ゐ)たりけるを36)、

➪ 그때에도 여전히 신돈과 대왕이 평상을 나란히 머물고 있었는데,

□ 存吾(ぞんご)、これを見[み]て37)、目(め)をいからかして38)、大[おおい]に、いかりけれバ39)、

➪ 존오가 이를 보고 눈을 부릅뜨고 크게 성내니,

□ この有[あり]さまにや、おそれけん40)、辛肫(しんじゆん)おぼえず41)床(ゆか)より、をり立(たち)たり42)。

➪ 이 모습에 두려웠던 것인지 신돈이 어느 틈엔가 평상에서 내려와 섰다.

---

34) 「その【其の】[連体]그」+「とき【時】때」+「も[助詞]」+「なほ→なお【猶·尚】[副]아직. 여전히. 그래도 역시. 더욱」(〈-を〉는 정서법에 어긋남).

35) 「と[助詞]~와」+「だいわう→だいおう【大王】대왕」+「と[助詞]~와」.

36) 「ゆか【床】마루. 평상」+「を[助詞]」+「ならぶ【並ぶ】[下2]같은 줄에 늘어서다」의 連用形「ならべ」+「て」+「ゐる【居る】[上1]있다. 머물다」의 連用形「ゐ」+「たり[助動]완료·존속」의 連用形「たり」+「けり[助動]회상·과거」의 連体形「ける」+「を[助詞]~한 것을. ~하는데」.

37) 「これ【此·是】[代]이것. 이사람」+「を[助詞]」+「みる【見る】[上1]보다」의 連用形「み」+「て」.

38) 「め【目】눈」+「を[助詞]」+「いからかす【怒らかす】[4]거칠게 하다. 부라리다」의 連用形「いからかし」+「て」.

39) 「おおいに【大いに】[副]매우. 몹시. 많이」+「いかる【怒る】[4]성내다」의 連用形「いかり」+「けり[助動]회상·과거」의 已然形「けれ」+「ば[助詞]확정조건. 원인·이유」.

40) 「この【此の·斯の】[連体]이」+「ありさま【有様】일의 모습. 상태. 처지」+「に[助詞]」+「や[係助詞]의문·질문」(문말은 連体形)+「おそる[下2]→おそれる【恐れる·畏れる·怖れる·懼れる】[下1]두려워하다. 무서워하다. 우려하다」의 連用形「おそれ」+「けむ[助動]과거추량. ~했을 것이다. ~였을 것이다」의 連体形「けむ」(앞의 〈や〉에 호응)→「けん」.

41) 「おぼえず【覚えず】[副]저도 모르게. 어느 틈엔가. 갑자기」.

42) 「ゆか【床】마루. 평상」+「より[助詞]기점. ~부터」+「おりたつ【下り立つ·降り立つ】[4]내려와 바닥에 서다」의 連用形「おりたち」(〈を-〉는 정서법에 어긋남)+「たり[助動]완료·존속」.

❑ みかど、増〻(ます╲╱)いかり給[たま]ひて43)、二人[ふたり]の諫臣(かんしん)を44)獄(ごく)に、いましめて45)、の給(たま)ハく46)、

➩ 천자가 더욱 노여워하셔서 두 간신을 옥에 가두시고 말씀하시길.

❑「存吾(ぞんご)、われを目(ぼく)するに47)故(ゆへ)あるべし48)。」と。

➩ "존오가 나를 평가하는 데에 까닭이 있을 것이다."라고.

❑ すなハち49)、李春(りしゆん)、富李穡(ふりしよく)二人[ふたり]に命(めい)じて50)、此[この]事[こと]を申[もう]すものを51)、とゞめしめん、とす52)。

➩ 곧 이춘과 부이색 두 사람에게 명하여서 이 일을 아뢰는 자를 가로막게 시키고자

---

43)「みかど【御門·帝】황제. 천자」+「ますます【益】[副]더욱」+「いかる【怒る】[4]노하다」의 連用形「いかり」+「たまふ【給ふ】[助動]존경」의 連用形「たまひ」+「て」.

44)「ふたり【二人】두 사람」+「の[助詞]」+「かんしん【諫臣】간신. 주군의 잘못을 깨우치는 가신」+「を[助詞]」.

45)「ごく【獄】옥」+「に[助詞]」+「いましむ[下2]→いましめる【戒める·誡める·警める·縛める】[下1]훈계하다. 행동을 금지하다. 자유롭지 않게 묶거나 가두거나 하다. 벌하다」의 連用形「いましめ」+「て」.

46)「のたまはく【宣はく·曰はく】말씀하시길」.「の給はく」로 표기하는 경우도 많다.

47)「われ【我·吾】[代]나」+「を[助詞]」+「もくす【目す】[サ変]보다. 쳐다보다. 주목하다. 평가하다. 간주하다」의 連体形「もくする」+「に[助詞]~하니. ~하는데」.「目」은 呉音으로「もく」漢音으로는「ぼく」인데「目(ぼく)す」는 없으므로 원문의 읽기 오류로 봐야겠다. 다만「卜(ぼく)す」가 '점치다. 판단하다. 정하다'의 뜻이므로 문맥이 통한다고 하면 원문의 한자사용의 오류로 볼 수도 있겠다.

48)「ゆゑ→ゆえ【故】이유. 까닭」(〈-へ〉는 정서법에 어긋남)+「あり【有り】[ラ変]있다」의 連体形「ある」+「べし[助動]의무·당연·추량·가능 등」.

49)「すなはち【即ち·則ち】[副]곧바로. 즉시. 그래서」.

50)「ふたり【二人】두 사람」+「に[助詞]」+「めいず【命ず】[サ変]명하다. 명령하다」의 連用形「めいじ」+「て」.

51)「この【此の·斯の】[連体]이」+「こと【事】것. 일」+「を[助詞]」+「まうす[4]→もうす【申す】[5]아뢰다」의 連体形「まうす」+「もの【者】자. 사람」+「を[助詞]」.

52)「とどむ[下2]→とどめる【止める·留める·停める】[下1]가로막다. 막아 세우다. 제지하다. 멈추게 하다」의 連用形「とどめ」+「しむ[助動]사역. ~시키다」의 未然形「しめ」+「む[助動]추량·의지」→「ん」+「と[助詞]」+「す[サ変]하다」.

한다.

❑ 鄭樞(ていすう)が、いはく53)、「君[きみ]すでに54)、まつりごとを55)辛肫(しんじゆん)に、まかせ給[たま]ふ56)、これがために57)、天下[てんか]あやうからん、とす58)。

➪ 정추가 말하길 "주군은 이미 정사를 신돈에게 맡기신다. 이로 인해 천하가 위태로워지려 한다.

❑ この故[ゆえ]に59)、もたしかたくして60)、疏(しよ)を、たてまつりて61)、いさめたてまつる62)。」と。

➪ 이런고로 가만히 있기 어려워서 소를 올려서 간해 올린다."라고.

❑ しかるに63)、世[よ]の人[ひと]ミないふ64)。「辛肫(しんじゆん)まつり

---

53) 「が[助詞]」+「いはく【曰く】 말하길. 이르길」.

54) 「きみ【君】 주군. 임금」+「すでに【既に·已に】[副]이미. 모두. 이제. 틀림없이」.

55) 「まつりごと【政】 제사(祭祀). 정치. 통치. 정사」+「を[助詞]」.

56) 「に[助詞]」+「まかす[下2]→まかせる【任せる·委せる】[下1]맡기다. 따르다」의 連用形「まかせ」+「たまふ【給ふ】[助動]존경」.

57) 「これ【此·是】[代]이것. 이사람」+「が[助詞]」+「ため【為】(助詞인 〈の·が〉 또는 用言의 連体形에 접속하여)'이익·이유·목적'의 뜻. ~때문에. ~위해」+「に」.

58) 「てんか【天下】 천하」+「あやふし[形ク]→あやうい【危うい】[形]격정이다. 위험하다」의 未然形 「あやふから」(〈-う-〉는 歴史的仮名遣에 어긋남)+「む[助動]추량·의지」→「ん」+「と[助詞]」+「す[サ変]하다」.

59) 「この【此の·斯の】[連体]이」+「ゆゑ→ゆえ【故】~때문」+「に[助詞]」.

60) 「もだす【黙す·黙止す】[サ変]잠자코 있다. 내버려두다」의 連用形「もだし」(〈-た-〉는 無濁点표기)+「かたし【難し】[形ク]어렵다」(접미어로서 쓰일 때는 〈がたし〉와 같이 濁音化함. 동사의 連用形에 접속하여 그 동작을 하거나 그 상태에 있는 것이 곤란하다는 뜻을 나타냄)의 連用形 「かたく」+「して[助詞](連用形에 접속)~인 상태로. ~때문에」.

61) 「そ【疏】 소. 상소(上疏)」(이를 〈しよ〉로 읽으면 '해설·주석'의 뜻으로 문맥상 맞지 않다)+「を[助詞]」+「たてまつる【奉る】[4]드리다. 바치다」의 連用形 「たてまつり」+「て」.

62) 「いさむ【諫む】[下2]충고하다. 간언하다」의 連用形 「いさめ」+「たてまつる[助動]겸양. ~해드리다. ~해 올리다」.

ごとを、みだりにす65)、これを、いさめし66)李存吾(りぞんご)をば籠者(ろうしや)せしむ67)。

➪ 그런데 세상 사람들이 모두 말한다. "신돈이 정사를 어지럽힌다. 이를 간언한 이존오를 죄수 만든다.

❑ さらに68)、天下[てんか]よろしかるべからず69)。」と、いふによりて70)、辛旽(しんじゆん)めいわくに、おもひて71)、

➪ 절대로 천하가 좋지 않을 것이다."라고 하므로 신돈이 곤란하게 생각하여,

❑ ひそかに、人[ひと]をかたらひ72)、李存吾(りぞんご)に、いわせけるやうハ73)、

---

63) 「しかるに【然るに】[接続]그런데. 하지만. 그건 그렇고」.

64) 「よ【世】세상」+「の[助詞]」+「ひと【人】사람」+「みな【皆】①[名]모든 사람. 전부 ②[副]남김없이. 모두」+「いふ【言ふ·云ふ】[4]말하다」.

65) 「まつりごと【政】정사」+「を[助詞]」+「みだりに【妄りに·濫りに·猥りに】[副]질서를 어지럽혀서. 쓸데없이. 이유 없이. 버릇없이」+「す[サ変]하다」.

66) 「これ【此·是】[代]이것. 이사람」+「を[助詞]」+「いさむ【諫む】[下2]충고하다. 간언하다」의 連用形「いさめ」+「き[助動]회상·과거」의 連体形「し」.

67) 「をば:(格助詞〈を〉에 係助詞〈は〉가 붙어 濁音化한 것)〈を〉의 뜻을 강하게 함」+「らうしや→ろうしゃ【牢者·籠者】옥에 갇힌 사람. 죄수」(〈ろ-〉는 歷史的仮名遣에 어긋남)+「す[サ変]하다」의 未然形「せ」+「しむ[助動]사역. ~시키다」.

68) 「さらに【更に】[副]①또한. 거듭. 더욱 ②새로이 ③강한 부정. 절대로 ~가 아니다. 전혀 ~지 않다」.

69) 「てんか【天下】천하」+「よろし【宜し】[形シク]좋다. 바람직하다. 적당하다. 알맞다」의 連体形「よろしかる」+「べかり[助動]추량·가능 등」의 未然形「べから」+「ず[助動]부정」.

70) 「と[助詞]~라고」+「いふ【言ふ·云ふ】[4]말하다」의 連体形「いふ」+「に[助詞]」+「よる【因る·由る·拠る·依る】[4]기인하다. 의거하다. ~에 따르다」의 連用形「より」+「て」.

71) 「めいわく【迷惑】[形動ナリ]곤란해 하는 것. 어려워하는 것」의 連用形「めいわくに」+「おもふ【思ふ】[4]생각하다」의 連用形「おもひ」+「て」.

72) 「ひそか【密か】[形動ナリ]남이 모르게 숨어서 하는 모양」의 連用形「ひそかに」+「ひと【人】사람. 남」+「を[助詞]」+「かたらふ【語らふ】[4]서로 이야기 나누다. 친교하다. 설득하여 한패에 끌어들이다」의 連用形「かたらひ」.

73) 「に[助詞]」+「いふ【言ふ·云ふ】[4]말하다」의 未然形「いは」(〈-わ〉는 歷史的仮名遣에

➩ 남몰래 사람을 끌어들여서 이존오에게 말하게 했던 것은,

❑「慶復春(けいふくしゆん)、元松壽(げんせうじゆ)なとを賴[たの]ミて74)、わびことせば75)、籠者(ろうしや)を、ゆるさるべし76)。」と。

➩ "경복춘, 원송수 등을 기대어서 탄원하면 죄수를 사함 받을 것이다."라고.

❑ 存吾(ぞんご)、これを聞[きき]て77)、いかりて、いはく78)、「われら諫官(かんくわん)に居(ゐ)て79)、その職(しよく)をつとめ80)、

➩ 존오가 이를 듣고서 노하여 말하길 "우리들은 간관으로 있어서 그 임무를 힘써서,

❑ 天子(てんし)、政(まつり)ごとを81)、国賊(こくぞく)にまかせ給[たま]ふを82)、いさめたてまつるものなり83)。

어긋남)+「す[助動]사역. ~시키다」의 連用形「せ」+「けり[助動]회상·과거」의 連体形「ける」+「やう→よう【様】모습. 형상. 꼴. 이유. 방법」+「は[助詞]」.

74) 「など【等·抔】[助詞]등. 따위」+「を[助詞]」+「たのむ【頼む·恃む·憑む】[4]상대에게 기대다. 기대하다. 신용하다. 맡기다」의 連用形「たのみ」+「て」.

75) 「わびごと【侘事·侘言·詫言】(옛날에는 〈わびこと〉)괴로워 탄식하는 것(말). 거절하는 것(말). 탄원(청원)하는 것(말). 사죄하는 것(말)」+「す[サ変]하다」의 未然形「せ」+「ば[助詞]가정조건」.

76) 「らうしや→ろうしゃ【牢者·籠者】죄수」(〈ろ-〉는 歴史的仮名遣에 어긋남)+「を[助詞]」+「ゆるす【許す·赦す】[4]풀어주다. 사면하다」의 未然形「ゆるさ」+「る[助動]수동·존경」의 終止形「る」+「べし[助動]의무·당연·추량·가능 등」.

77) 「これ【此·是】[代]이것. 이사람」+「を[助詞]」+「きく【聞く·聴く】[4]듣다」의 連用形「きき」+「て」.

78) 「いかる【怒る】[4]화내다. 노하다」의 連用形「いかり」+「て」+「いはく【曰く】말하길. 이르길」.

79) 「われら【我等】[代]우리들. 나」+「かん【諫】간」+「くわん→かん【官】관」+「に[助詞]」+「ゐる【居る】[上1]있다. 머물다」의 連用形「ゐ」+「て」.

80) 「その【其の】[連体]그」+「しよく【職】직. 자리. 역할. 직무」+「を[助詞]」+「つとむ[下2]→つとめる【勤める·努める·務める·力める·勉める】[下1]힘쓰다. 노력하다. 섬기다. 근행하다」의 連用形「つとめ」.

81) 「てんし【天子】천자」+「まつりごと【政】정사」+「を[助詞]」.

82) 「こくぞく【国賊】국적」+「に[助詞]」+「まかす【任す·委す】[下2]맡기다」의 連用形「まかせ」+「たまふ【給ふ】[助動]존경」의 連体形「たまふ」+「を[助詞]」.

➪ 천자가 정사를 국적에게 맡기시는 것을 간언해 올리는 사람이다.

❑ 人[ひと]をたのミて84)、わびことするミちや、あるべき85)。」と、いふ。

➪ 남을 기대어 탄원하는 길이 있겠는가?"라고 한다.

❑ 辛肫(しんじゆん)これを聞[きき]て86)、鄭樞(ていすう)、李存吾(りぞんご)を、ころさんことを、はかる87)。

➪ 신돈이 이를 듣고서 정추와 이존오를 죽이려는 일을 꾀한다.

❑ 李穡(りしよく)、このとき88)、李春富(りしゆんふ)に、かたりて、いはく89)、「むかしよりこのかた90)、つゐに、諫官(かんくわん)の臣下(しんか)を91)、ころしたる、ためしなし92)。

---

83) 「いさむ【諫む】[下2]간언하다」의 連用形「いさめ」+「たてまつる[助動]겸양. ~해드리다. ~해 올리다」의 連体形「たてまつる」+「もの【者】자. 사람」+「なり[助動]단정·지정」.

84) 「ひと【人】사람. 남」+「を[助詞]」+「たのむ【頼む·恃む·憑む】[4]기대다」의 連用形「たのみ」+「て」.

85) 「わびごと【侘事·侘言·詫言】(옛날에는〈わびこと〉)탄원(청원)하는 것(말)」+「す[サ変]하다」의 連体形「する」+「みち【道】길. 도리. 수단」+「や[係助詞]의문·질문」(문말은 連体形)+「あり【有り】[ラ変]있다」의 連体形「ある」+「べし[助動]의무·당연·추량·가능 등」의 連体形「べき」(앞의〈や〉에 호응).

86) 「これ【此·是】[代]이것. 이사람」+「を[助詞]」+「きく【聞く·聴く】[4]듣다」의 連用形「きき」+「て」.

87) 「を[助詞]」+「ころす【殺す】[4]죽이다」의 未然形「ころさ」+「む[助動]추량·의지」의 連体形「む」→「ん」+「こと【事】것. 일」+「を[助詞]」+「はかる【計る·測る·量る·図る·謀る·諮る】[4]재다. 생각하다. 기회를 엿보다. 기도하다. 꾀하다」.

88) 「この【此の·斯の】[連体]이」+「とき【時】때」.

89) 「に[助詞]」+「かたる【語る】[4]상대에게 전하다. 이야기하다」의 連用形「かたり」+「て」+「いはく【曰く】말하길. 이르길」.

90) 「むかし【昔】옛날」+「より[助詞]기점. ~부터」+「このかた【此の方·以来】[連語]이쪽. 이래」.

91) 「つひに→ついに【終に·遂に】[副]결국. 마침내」(〈-ゐ-〉는 정서법에 어긋남」+「かん【諫】간」+「くわん→かん【官】관」+「の[助詞]」+「しんか【臣下】신하」+「を[助詞]」.

92) 「ころす【殺す】[4]죽이다」의 連用形「ころし」+「たり[助動]완료·존속」의 連体形「たる」

➪ 이색이 이때 이춘부에게 밝혀 말하길 "예로부터 이제까지 끝내 간관인 신하를 죽인 전례가 없다.

❑ 今[いま]もし93)、これを、ころさば94)、後(のち)の代(よ)までも95)、そしりを、もとむへし96)。いかにもして97)、たすけバや98)。」と云[いう]。

➪ 이제 만일 이를 죽이면 후대에까지도 비난을 부를 것이다. 어떻게든 돕고 싶구나."라고 한다.

❑ すなハち99)、春富(しゆんふ)、辛旽(しんじゆん)に申[もうし]て100)、「李存吾(りぞんご)が死罪(しざい)を、なだめて101)、流刑(るけい)に処(しよ)すへし102)。」と、いふ。

+「ためし【例·様】[名]예. 전례. 증거」+「なし【無し】[形ク]없다」.

93) 「いま【今】현재. 지금. 이 국면에」+「もし【若し】[副]만일. 어쩌면」.

94) 「これ【此·是】[代]이것. 이사람」+「を[助詞]」+「ころす【殺す】[4]죽이다」의 未然形「ころさ」+「ば[助詞]가정조건」.

95) 「のち【後】후. 나중」+「の[助詞]」+「よ【世·代】세상. 대. 시대」+「まで【迄】[助詞]~까지」+「も[助詞]」.

96) 「そしり【謗り·譏り·誹り】[名]비난. 비방」+「を[助詞]」+「もとむ【求む】[下2]찾다. 구하다. 부르다」의 終止形「もとむ」+「べし[助動]의무·당연·추량·가능 등」(〈へ-〉는 無濁点표기).

97) 「いかにもして【如何にもして】[連語]어떻게든 해서」.

98) 「たすく[下2]→たすける【助ける·輔ける·扶ける】[下1]돕다. 힘을 보태다. 구조하다」의 未然形「たすけ」+「ばや[助詞]①자신의 행동 등에 대한 바람을 나타냄. ~하고 싶구나 ②본인의 의지를 완곡하게 표현함. ~해야지」.

99) 「すなはち→すなわち【即ち·則ち】[副]곧바로. 즉시. 그래서」.

100) 「に[助詞]」+「まうす[4]→もうす【申す】[5]'말하다·고하다'의 겸양어. 부탁드리다」의 連用形「まうし」+「て」.

101) 「が[助詞]현대일본어 〈の〉의 쓰임」+「しざい【死罪】사죄. 사형」+「を[助詞]」+「なだむ[下2]→なだめる【宥める】[下1]관대하게 처리하다. 부드럽게 하다」의 連用形「なだめ」+「て」.

102) 「るけい【流刑】유형. 유배형」+「に[助詞]」+「しょす【処す】[サ変]처하다. 처치하다. 형벌을 부과하다」의 終止形「しょす」+「べし[助動]의무·당연·추량·가능 등」(〈へ-〉는 無濁点표기).

➪ 곧 춘부가 신돈에게 아뢰어 "이존오의 죽을죄를 낮춰서 유배형에 처해야 마땅하다."고 한다.

❑ 李存吾(りぞんご)ハ、このうれへに[103]心[こころ]なやミ[104]、籠者(ろうしや)のつかれに[105]、やまひを、うけて[106]、今[いま]を、かぎりなりけるとき[107]、人[ひと]に、たすけおこされて[108]、

➪ 이존오는 이 근심에 마음이 괴롭고 죄수의 고달픔에 병을 얻어서 이제 마지막이었을 때 다른 이에게 도움 받아 일어나서,

❑ さしも、いかれる、かほばせにて[109]、身[み]ふるひ[110]、こゑ、わなゝきて、いはく[111]、

➪ 그렇게도 노여워하는 낯빛으로 몸서리치고 목소리 떨며 말하길,

❑「辛旽(しんじゆん)、いまだ、まつりことを、つとむるや[112]、かれ、

---

103) 「この【此の・斯の】[連体]이」+「うれへ→うれえ【憂え・愁え】[名]슬픔. 우려. 근심」+「に[助詞]」.

104) 「こころ【心】마음」+「なやむ【悩む】[4]괴로워하다. 아프다」의 連用形「なやみ」.

105) 「らうしや→ろうしゃ【牢者・籠者】죄수」(〈ろ-〉는 歴史的仮名遣에 어긋남)+「の[助詞]」+「つかれ【疲れ】[名]피로. 피폐. 곤궁」+「に[助詞]」.

106) 「やまひ【病】병」+「を[助詞]」+「うく【受く】[下2]받다」의 連用形「うけ」+「て」.

107) 「いま【今】현재. 지금. 이 국면」+「を[助詞]」+「かぎり【限り】한도. 끝. 마지막. 극한. 임종」+「なり[助動]단정・지정」의 連用形「なり」+「けり[助動]회상・과거」의 連体形「ける」+「とき【時】때」. '이제 임종에 가까워졌을 때'를 뜻하는 것으로 볼 수 있겠다.

108) 「ひと【人】사람. 남」+「に[助詞]」+「たすく【助く・輔く・扶く】[下2]돕다」의 連用形「たすけ」+「おこす【起こす】[4]일으키다」의 未然形「おこさ」+「る[助動]수동」의 連用形「れ」+「て」.

109) 「さしも[副]그렇게. 이렇게도. 그 정도까지도」+「いかる【怒る】[4]화내다」의 命令形「いかれ」+「り[助動]완료・존속」의 連体形「る」+「かほばせ→かおばせ【顔ばせ】생김새. 표정」+「にて[助詞]현대일본어의 〈で〉와 같은 쓰임」.

110) 「み【身】몸」+「ふるふ【震ふ】[4]떨리다. 흔들리다」의 連用形「ふるひ」.

111) 「こゑ→こえ【声】목소리」+「わななく【戦慄く】[4]공포나 분노 때문에 몸(목소리)이 떨리다」의 連用形「わななき」+「て」+「いはく【曰く】말하길. 이르길」.

112) 「いまだ【未だ】[副]아직. 여전히」+「まつりごと【政】정사」+「を[助詞]」+「つとむ

ほろびなば113)、われも、ほろひん114)。」と、いふて115)、

➪ "신돈이 아직까지 정사를 돌보는가? 그가 무너진다면 나도 무너지겠다."라고 하고서,

❑ いかれるおもてを116)、そのまゝにて117)、やがて、たえいりて118)、むなしく成[なり]けるこそ、あはれなれ119)。

➪ 노한 얼굴을 그대로 하고 이내 숨이 끊어져 죽은 것이야말로 애처롭다.

❑ わか身[み]を、かへりミず120)、君[きみ]のために命(めい)をすてゝ121)、いさめを、いたせし事[こと]122)、まことに忠臣(ちゆうしん)

【勤む・務む】[下2]근무하다」의 連体形「つとむる」+「や[係助詞]의문・질문」.

113) 「かれ【彼】[代]그 남자」+「ほろぶ[上2]→ほろびる【滅びる・亡びる】[上1]죽다. 멸망하다. 소멸하다」의 連用形「ほろび」+「ぬ[助動]완료・존속」의 未然形「な」+「ば[助詞]가정조건」.

114) 「われ【我・吾】[代]나」+「も[助詞]」+「ほろぶ【滅ぶ・亡ぶ】[上2]죽다」의 未然形「ほろび」+「む[助動]추량・의지」→「ん」.

115) 「と[助詞]~라고」+「いふ【言ふ・云ふ】[4]말하다」+「て」.

116) 「いかる【怒る】[4]화내다」의 命令形「いかれ」+「り[助動]완료・존속」의 連体形「る」+「おもて【面】얼굴」+「を[助詞]」.

117) 「その【其の】[連体]그」+「まま【儘・任・随】그대로」+「にて[助詞]현대일본어의 〈で〉와 같은 쓰임」.

118) 「やがて【軈て】[副]곧. 그대로. 금세. 언젠가」+「たえいる【絶え入る】[4]숨이 끊어지다. 기절하다」의 連用形「たえいり」+「て」.

119) 「むなし【空し・虚し】[形シク]덧없다. 무상하다. 죽었다」의 連用形「むなしく」+「なる【成る・為る】[4]되다」의 連用形「なり」+「けり[助動]회상・과거」의 連体形「ける」+「こそ[係助詞]뜻을 강하게 함」(문말은 已然形)+「あはれ【哀れ】[形動ナリ]마음속에서 끓어오르는 절절한 감동이나 감정을 일컫는 말. 친애・정취・감격・애련・비애 등」의 已然形「あはれなれ」(앞의 〈こそ〉에 호응).

120) 「わが【我が・吾が】[連体]나의. 자신의」(〈-か〉는 無濁点표기)+「み【身】몸. 처지」+「を[助詞]」+「かへりみる【顧みる・省みる】[上1]회상하다. 반성하다. 걱정하다. 돌아보다」의 未然形「かへりみ」+「ず[助動]부정」.

121) 「きみ【君】주군. 임금」+「の[助詞]」+「ため【為】~위해」+「に[助詞]」+「めい【命】①명령 ②목숨 ③천명」+「を[助詞]」+「すつ【捨つ・棄つ】[下2]버리다」의 連用形「すて」+「て」.

の道[みち]なり[123)]、

➪ 자기 몸을 돌보지 않고 주군을 위해 목숨을 버려 간언을 힘썼던 것은 참으로 충신의 도리다.

❑ 君[きみ]これを、いれ給[たま]ハずして[124)]、かへつて刑(けい)をほどこし給[たま]ひし事[こと]ハ[125)]、ひとへに[126)]夏(か)桀(けつ)が[127)]龍逢(れうほう)[128)]をころし[129)]、

➪ 주군이 이를 받아들이시지 아니하고 오히려 형을 내리신 것은, 오로지 하나라 걸왕이 용봉을 죽이고,

❑ 殷(いん)紂(ちう)が[130)]比干(ひかん)[131)]を割(さき)けるに減(げん)ぜ

---

122) 「いさめ【禁め・諫め】[名]금제. 간언. 충고」+「を[助詞]」+「いたす【致す】[4]하다. 혼신을 다 바치다. 온힘을 쏟다」의 連用形「いたし」(본문에 〈いたせ〉로 되어 있는 것은 문법적 오류로 봐야겠다)+「き[助動]회상・과거」의 連体形「し」+「こと【事】것. 일」.

123) 「まことに【真に・実に・誠に】[副]정말로. 거짓 없이. 매우」+「ちゅうしん【忠臣】충신」+「の[助詞]」+「みち【道】길. 도리. 수단」+「なり[助動]단정・지정」.

124) 「きみ【君】주군. 임금」+「これ【此・是】[代]이것. 이사람」+「を[助詞]」+「いる[下2]→いれる【入れる・容れる】[下1]넣다. 받아들이다」의 連用形「いれ」+「たまふ【給ふ】[助動]존경」의 未然形「たまは」+「ず[助動]부정」의 連用形「ず」+「して[助詞](連用形에 접속)~인 상태로」.

125) 「かへつて【却って・反って】[副]오히려. 반대로」+「けい【刑】형」+「を[助詞]」+「ほどこす【施す】[4]널리 펼치다. 베풀다. 행하다」의 連用形「ほどこし」(〈-と-〉는 無濁点 표기)+「たまふ【給ふ】[助動]존경」의 連用形「たまひ」+「き[助動]회상・과거」의 連体形「し」+「こと【事】것. 일」.

126) 「ひとへに【偏に】[副]오로지. 한결같이」.

127) 「か【夏】하나라」+「けつ【桀】걸(왕)」+「が[助詞]」.

128) 「龍逢」은 본서 1장「龍逢諫死」에 등장한 인물로서, 하(夏)나라 걸왕(桀王)에게 간언하다가 죽임을 당한다. 앞에서는 이를「りうほう」로 읽는다.

129) 「を[助詞]」+「ころす【殺す】[4]죽이다」의 連用形「ころし」.

130) 「いん【殷】은나라」+「ちう→ちゅう【紂】주(왕). 은나라 왕조의 마지막 왕」+「が[助詞]」.

131) 「비간(比干)」에 대해『広辞苑』에서는 다음과 같이 기술한다.「은(殷)나라 주왕(紂王)의 제부(諸父;아버지의 형제). 주왕의 학정을 강하게 간(諫)했기 때문에 노여움을 사서, 주왕이 성인(聖人)의 가슴에는 칠규(七竅[しちきょう]사람의 얼굴에 있는 일곱 개의 구멍)가 있다 하는데 이를 시험한다며 비간을 죽여서 그 가슴

ず、と[132]、心[こころ]ある、ともがらハ[133]、まゆをひそめて[134]、そしりをいたしけるとぞ[135]。

➪ 은나라 주왕이 비간을 갈랐던 것에 못 미치지 않는다고, 뜻 있는 무리들은 눈살을 찌푸리며 비난을 했다고 한다.

을 갈랐다고 한다.」

132) 「を[助詞]」+「さく【裂く·割く】[4]떼다. 가르다. 부수다」의 連用形「さき」+「けり[助動]회상·과거」의 連体形「ける」+「に[助詞]」+「げんず【減ず】[サ変]적어지다. 감소하다. 줄이다. 가볍게 하다」의 未然形「げんぜ」+「ず[助動]부정」+「と[助詞]~라고」.

133) 「こころ【心】마음. 뜻」+「あり【有り】[ラ変]있다」의 連体形「ある」+「ともがら【輩·儕】동료. 한패. 무리」+「は[助詞]」.

134) 「まゆ【眉】눈썹」+「を[助詞]」+「ひそむ[下2]→ひそめる【顰める·嚬める】[下1]찌푸리다」의 連用形「ひそめ」+「て」.

135) 「そしり【謗り·譏り·誹り】[名]비난. 비방」+「を[助詞]」+「いたす【致す】[4]하다. 혼신을 다 바치다. 온힘을 쏟다」의 連用形「いたし」+「けり[助動]회상·과거」의 連体形「ける」+「とぞ : (助詞〈と〉와 助詞〈ぞ〉가 결합한 형태)문장 끝에 사용하여 '전해 들었다'는 뜻을 나타냄. ~라고 한다. ~라는 것이다」.

33. 夢(む)周(しう)隕(おとす)レ命(めいを)
몽주가 목숨을 잃다

❑ はしめ[1)]、高麗(かうらい)國(こく)の崔瑩(さいえい)と、いふもの[2)]、辛禑(しんぐう)と云[いう]ものを、すゝめて[3)]、つハものを、もよほして[4)]、南遼(なんりやう)[5)]をせめしむ[6)]。

➪ 애초 고려국의 최영이라 하는 사람이 신우라고 하는 사람을 권하여 병사를 일으켜서 남요를 치게 한다.

❑ 我(わが)太祖(たいそ)[7)]、義(ぎ)をあげ[8)]、軍(いくさ)をかへして[9)]、又[また]、王氏(わうし)を、たて給[たま]ふ[10)]。

---

1) 「はじめ【始・初】 애초. 처음. 초기」.

2) 「と[助詞]~라고」+「いふ【言ふ・云ふ】[4]말하다」의 連体形「いふ」+「もの【者】 사람」.

3) 「すすむ[下2]→すすめる【勧める・奨める・薦める】[下1]권유하다. 장려하다. 추천하다」의 連用形「すすめ」+「て」.

4) 「つはもの→つわもの【兵】 무기. 병사」+「を[助詞]」+「もよほす【催す】[4]재촉하다. 불러일으키다. 준비하다. 소집하다. 부과하다」의 連用形「もよほし」+「て」.

5) 〈한문본〉에는「遼」만 쓰였는데 이를〈언해본〉에서는「遼東」으로 기술하고 있다. 참고로『広辞苑』에도「遼東(れうとう→りょうとう)」이 등재되어 있으며 '중국 요령성(遼寧省) 남동부 일대의 땅'으로 풀이되어 있다.「南遼」는 등재되지 않은 말이다.

6) 「を[助詞]」+「せむ[下2]→せめる【攻める】[下1]다가와 압박하다. 공격하다」의 未然形「せめ」+「しむ[助動]사역. ~시키다」.

7) 「わが【我が・吾が】[連体]나의. 자신의」+「たいそ【太祖・大祖】 태조」.

8) 「ぎ【義】 의. 도리」+「を[助詞]」+「あぐ[下2]→あげる【上げる・挙げる・揚げる】[下1]올리다. 높이다」의 連用形「あげ」.

9) 「いくさ【軍・戦】 병사. 군대. 전쟁」+「を[助詞]」+「かへす【帰す・還す】[4]돌려보내다. 되돌려놓다」의 連用形「かへし」+「て」.

10) 「また【又・亦・復】[副]다시. 같이. 달리. 또한」+「わう→おう【王】 왕」+「し【氏】 씨」

⇨ 우리 태조가 의를 들어서 군대를 되돌려서 다시 왕 씨를 세우신다.

❑ 左使(さし)[11]趙浚(でうしゆん)、政堂(せいだう)鄭道傳(ていだうてん)、密直使(ミつちよくし)南誾(なんぎん)等(ら)[12]、天命(てんめい)人心(じんしん)の所在(しよざい)をしりて[13]、太祖(たいそ)を、をしいたゞかん、とす[14]。

⇨ 좌사 조준, 정당 정도전, 밀직사 남은 등이 천명과 인심의 소재를 알아서 태조를 추대하고자 한다.

❑ 洪武(こうぶ)[15]ミつのえ申(さる)のとし三月[さんがつ]に[16]、太祖(たいそ)、馬[うま]より落(おち)給[たま]ふ[17]。

⇨ 홍무 임신년 3월에 태조가 말에서 떨어지신다.

❑ 守侍中(しゆちちう)[18]鄭夢周(ていぼうしう)と、いふ人[ひと]ハ[19]、

+「を[助詞]」+「たつ[下2]→たてる【立てる·建てる】[下1]세우다」의 連用形「たて」+「たまふ【給ふ】[助動]존경」.

11) 「左使」는『広辞苑』등에는 등재되지 않은 말인데, 〈표준국어대사전〉에는「좌사(左使)」가 '고려 시대에, 삼사(三司)에 속한 정삼품 벼슬. 충렬왕 때에 사(使)를 나누어 둔 것으로, 공민왕 5년(1356)에 없앴다가 11년(1362)에 정이품으로 다시 두었다.'고 풀이되어 있다.

12) 「ら【等】[接尾]복수(複數)를 나타냄. ~들」.

13) 「てんめい【天命】천명」+「じんしん【人心】인심. 민심」+「の[助詞]」+「しょざい【所在】소재」+「を[助詞]」+「しる【知る】[4]알다」의 連用形「しり」+「て」.

14) 「たいそ【太祖·大祖】태조」+「を[助詞]」+「おしいただく【押し戴く】[4]물건을 공손히 머리 위로 올리다. 추대하다」의 未然形「おしいただか」(〈を-〉는 정서법에 어긋남)+「む[助動]추량·의지」→「ん」+「と[助詞]」+「す[サ変]하다」.

15) 「こうぶ【洪武】홍무. 명(明)나라 태조 때 연호(1368~1398)」.

16) 「みづのえ【壬】임. 십간(十干;じっかん)의 아홉 번째」(〈-つ-〉는 無濁点표기)+「さる【申】신. 십이지(十二支;じゅうにし)의 아홉 번째」+「の[助詞]」+「とし【年】해. 년」+「さんがつ【三月】3월」+「に[助詞]」.

17) 「たいそ【太祖】태조」+「うま【馬】말」+「より[助詞]기점. ~부터」+「おつ【落つ】[上2]떨어지다」의 連用形「おち」+「たまふ【給ふ】[助動]존경」.

18) 「守侍中」은『広辞苑』등에는 등재되지 않은 말인데, 〈표준국어대사전〉에는「수시중(守侍中)」을 '고려 시대에 둔 문하부의 으뜸 벼슬. 공민왕 5년(1356)에 우의

忠[ちゅう]ありて、わたくしなし[20]。

➪ 수시중 정몽주라 하는 사람은 충이 있고 사사로움이 없다.

❑ 趙浚(でうしゆん)、鄭道傳(ていだうてん)、南誾(なんぎん)等(ら)と、心[こころ]を、おなじくして[21]、輔翼(ふよく)せり[22]。

➪ 조준, 정도전, 남은 등과 뜻을 한가지로 해서 보익했다.

❑ 太祖(たいそ)すでに[23]、台諫(たいかん)[24]に令(れい)して[25]、これを流(なが)し給[たま]ふ[26]。

➪ 태조는 이미 대간에 명령하여 이를 귀양 보내신다[27].

❑ 又[また][28]、金亀聯(きんきれん)、李蟠(りばん)など、いふものに、

정을 고친 것으로, 11년에 우정승, 12년에 우시중으로 고치고 창왕 때 다시 이 이름으로 고쳤다.'라고 풀이하고 있다.

19) 「と[助詞]~라고」+「いふ【言ふ·云ふ】[4]말하다」의 連体形「いふ」+「ひと【人】사람」+「は[助詞]」.

20) 「ちゅう【忠】충」+「あり【有り】[ラ変]있다」의 連用形「あり」+「て」+「わたくし【私】[名]공(公)에 대한 사(私)」+「なし【無し】[形ク]없다」.

21) 「ら【等】[接尾]~들」+「と[助詞]~와」+「こころ【心】마음. 뜻」+「を[助詞]」+「おなじ【同じ】[形シク]같다」의 連用形「おなじく」+「して[助詞](連用形에 접속)~인 상태로」.

22) 「ほよく【輔翼】보익. 돕는 것. 보좌」(〈輔〉를 〈ほ〉로 읽는 것은 慣用音이고 〈ふ〉는 呉音·漢音인데, 사전에는 〈ほよく〉만이 등재되어 있다)+「す[サ変]하다」의 命令形「せ」+「り[助動]완료·존속」.

23) 「たいそ【太祖】태조」+「すでに【既に·已に】[副]이미. 모두. 이제」.

24) 「台諫」은 『広辞苑』 등에는 등재되지 않았다. 〈표준국어대사전〉에는 「대간(臺諫)」을 '조선 시대에, 대관과 간관을 아울러 이르던 말.'로 풀이하고 있다.

25) 「に[助詞]」+「れいす【令す】[サ変]명령하다」의 連用形「れいし」+「て」.

26) 「これ【此·是】[代]이것. 이사람」+「を[助詞]」+「ながす【流す】[4]흘리다. 유배형에 처하다」의 連用形「ながし」+「たまふ【給ふ】[助動]존경」.

27) 이 문장을 전후하여 〈한문본〉에 「守侍中鄭夢周. 以浚. 道傳. 誾等. 同心輔翼. 令臺諫劾流之. 遣金龜聯. 李蟠. 就貶所將殺之」인데, 이를 〈언해본〉에서는 「守侍中 鄭夢周ㅣ 臺諫ᄒᆞ야 趙俊 鄭道傳 南誾 等을 트ᄉᆞ와 귀향 보내시긔 ᄒᆞ고 사ᄅᆞᆷ 브려 미조차 가아 주규려 커늘」로 풀이하고 있어서 유배 보내려는 주체와 죽이려 하는 주체가 모두 정몽주로 되어 있다.

おほせつけて29)、配所(はいしよ)におひて30)、これを、ころさん、と、し給[たま]ふ31)。

➩ 또한 김귀련, 이반 등이라 하는 자에게 하명하셔서 귀양지에서 이를 죽이려고 하신다.

❑ 義(ぎ)安(あん)大(たい)君(くん)、和(くわ)興(けう)安(あん)君(くん)等[ら]、そのほか32)李濟(りせい)33)なといふ人＼／[ひとびと]34)、太祖(たいそ)に申[もうし]て、いはく35)、

➩ 의안대군, 화흥안군 등 그밖에 이제 등이라고 하는 사람들이 태조에게 아뢰어 이르길,

❑「勢(せい)すでに急(きう)なり36)、まさに、いかゞすべき37)。」と。

---

28) 「また【又・亦・復】[副]다시. 같이. 달리. 또한. 게다가」.

29) 「など【等・抔】[助詞]등. 따위」+「いふ【言ふ・云ふ】[4]말하다」의 連体形「いふ」+「もの【者】사람」+「に[助詞]」+「おほせつく[下2]→おおせつける【仰せ付ける】[下1]하명하다. 명령하시다」의 連用形「おほせつけ」+「て」.

30) 「はいしよ【配所】배소. 유배당한 장소」+「に[助詞]」+「おいて【於て】장소를 나타냄. ~에서」(〈-ひ-〉는 정서법에 어긋남).

31) 「これ【此・是】[代]이것. 이사람」+「を[助詞]」+「ころす【殺す】[4]죽이다」의 未然形「ころさ」+「む[助動]추량・의지」→「ん」+「と[助詞]」+「す[サ変]하다」의 連用形「し」+「たまふ【給ふ】[助動]존경」.

32) 「ら【等】[接尾]~들」+「その【其の】[連体]그」+「ほか【外・他】외. 밖」.

33) 이 부분은 〈한문본〉에「義安大君和. 興安君李濟等. 白太祖. 曰.」인데 이를 〈언해본〉에서는「義安大君과 興安君괘 太祖ᄭᅴ 숣바시ᄂᆞᆯ」로 기술하고 있다. 그리고 료이(了意)는 이를「義安大君」과「和興安君」과「李濟」세 사람으로 풀이하고 있는 것이다. 그런데 한국학중앙연구원에서 제공하고 있는 〈한국민족문화대백과〉에는「이제(李濟)」에 관해「이성계(李成桂)의 셋째 딸 경순공주(慶順公主)와 결혼하였으며, 1392년(공양왕 4) 전법판서(典法判書)로 있으면서 정몽주(鄭夢周)의 살해에 가담하고, 이성계를 추대하여 개국공신 1등에 책록되고, 흥안군(興安君)에 봉해졌다」는 설명이 있다. 이를 볼 때 료이(了意)의 풀이는 오독인 것으로 봐야겠다.

34) 「など【等・抔】[助詞]등. 따위」(〈-と〉는 無濁点표기)+「いふ【言ふ・云ふ】[4]말하다」의 連体形「いふ」+「ひとびと【人人】사람들」.

35) 「たいそ【太祖】태조」+「に[助詞]」+「まうす【申す】[4]아뢰다」의 連用形「まうし」+「て」+「いはく【曰く】말하길. 이르길」.

36) 「せい【勢】세. 기세. 정세」+「すでに【既に・已に】[副]이미. 모두. 이제」+「きふ[形

➪ "정세가 이미 위급하다. 마땅히 어찌 해야겠는가?"라고.

❑ 太祖(たいそ)、の給[たま]ハく[38]、「死生(ししやう)命(めい)あり[39]、只[ただ]まさに[40]、うけあひたてまつるへし[41]。」と。

➪ 태조가 말씀하시길 "죽음과 삶에 명이 있다. 그저 마땅히 받아들여야 할 것이다." 라고,

❑ 太(たい)君(くん)和(くわ)李濟(りせい)、かしこまりて[42]、将軍(しやうぐん)[43]趙英珪(でうえいけい)に、かたりて、いはく[44]、

➪ 태군화이제가 받잡아서 장군 조영규에게 밝혀 이르길,

❑「李(り)氏(し)の[45]王室(わうしつ)に功(こう)ある事[こと][46]、人[ひと]

動ナリ] → きゆう【急】[形動]절박하다. 급박하다」의 終止形「きふなり」(〈-う-〉는 歴史的仮名遣에 어긋남).

37) 「まさに【正に】[副]①틀림없이. 분명 ②바로 지금. 이제라도 ③(뒤에 〈べし〉를 수반하여)당연히. 마땅히」+「いかが【如何】[副]어떻게」+「す[サ変]하다」의 終止形「す」+「べし[助動]의무・당연・추량・가능 등」의 連体形「べき」.

38) 「たいそ【太祖】 태조」+「のたまはく【宣はく・曰はく】 말씀하시길」(〈の給はく〉로 표기하는 경우도 많다).

39) 「ししやう→ししょう【死生】 사생. 죽음과 삶」+「めい【命】 명. 천명. 운명」+「あり【有り】[ラ変]있다」.

40) 「ただ【只・唯】[副]단지. 오직. 그저」+「まさに【正に】[副](뒤에 〈べし〉를 수반하여) 당연히. 마땅히」.

41) 「うけあふ【請け合ふ・受け合ふ】[4]약속하다. 보증하다. 받아들이다」의 連用形「うけあひ」+「たてまつる[助動]겸양. ~해드리다. ~해 올리다」의 終止形「たてまつる」+「べし[助動]의무・당연・추량・가능 등」(〈へ-〉는 無濁点표기).

42) 「かしこまる【畏まる】[4]외경하다. 황송해하다. 우러러 받잡다」의 連用形「かしこまり」+「て」.

43) 「しやうぐん→しょうぐん【将軍】 장군」.

44) 「に[助詞]」+「かたる【語る】[4]상대에게 전하다. 이야기하다」의 連用形「かたり」+「て」+「いはく【曰く】 말하길. 이르길」.

45) 「り【李】 이」+「し【氏】 씨」+「の[助詞]현대일본어 〈が〉의 쓰임」.

46) 「わうしつ→おうしつ【王室】 왕실」+「に[助詞]」+「こう【功】 공」+「あり【有り】[ラ変]있다」의 連体形「ある」+「こと【事】 것. 일」.

ミな47)、これをしり侍[は]へり48)、

➪ "이 씨가 왕실에 공이 있는 것은 사람들이 모두 이를 압니다.

❏ いま人[ひと]のために49)、おちいれらる50)、後[のち]の世[よ]にいたりて51)、誰(たれ)かしるべき52)。

➪ 지금 다른 사람 때문에 무너진다. 후대에 이르러서 누가 알겠는가?

❏ 将軍(しやうぐん)、ねがハくは53)、ちからを、あらハし給[たま]ふべし54)。」と。

➪ 장군, 원컨대 힘을 드러내셔야 합니다."라고.

❏ 趙英珪(てうえいけい)か、いはく55)、「あへて、命[めい]にしたがハじ56)。」と。

---

47) 「ひと【人】 사람. 남」+「みな【皆】 ①[名]모든 사람. 전부 ②[副]남김없이. 모두」.

48) 「これ【此·是】[代]이것. 이사람」+「を[助詞]」+「しる【知る】[4]알다」의 連用形「しり」+「侍(はべ)り[助動]격식·정중」(〈-へ-〉는 無濁点표기).

49) 「いま【今】 지금. 이제」+「ひと【人】 사람. 남」+「の[助詞]」+「ため【為】」+「に[助詞]」(〈~の(が)ために〉의 꼴로 '이익·이유·목적'의 뜻. ~때문에. ~위해).

50) 이는「おちいる【陥る·落ち入る】[4]떨어지다. 낮아지다. 함락되다. 함몰하다. 죽다. 빠지다」를 쓰고자 한 것으로 보인다. 여기에「る[助動]수동」를 잇는다면「おちいらる」가 문법적으로 맞다.「おちいれる」는 사전에 등재되지 않은 말이다.

51) 「のち【後】 후. 나중」+「の[助詞]」+「よ【世·代】 세상. 대. 시대」+「に[助詞]」+「いたる【至る·到る】[4]도착하다. 도달하다」의 連用形「いたり」+「て」.

52) 「たれ【誰】[代]누구」+「か[係助詞]의문·질문」(문말은 連体形)+「しる【知る】[4]알다」의 終止形「しる」+「べし[助動]의무·당연·추량·가능 등」의 連体形「べき」(앞의 〈か〉에 호응).

53) 「しやうぐん→しょうぐん【将軍】 장군」+「ねがはくは【願わくは】[副]바라기는. 원하기는」.

54) 「ちから【力】 힘」+「を[助詞]」+「あらはす【表す·現す·顕す·著す】[4]드러내다. 보이다. 표현하다」의 連用形「あらはし」+「たまふ【給ふ】[助動]존경」의 終止形「たまふ」+「べし[助動]의무·당연·추량·가능 등」.

55) 「が[助詞]」+「いはく【曰く】 말하길. 이르길」.

56) 「あへて→あえて【敢えて】[副]굳이. 감히. 조금도」+「めい【命】 명」+「に[助詞]」+「したがふ【従ふ·随ふ·順ふ】[4]따르다. 거스르지 않다. 맡기다」의 未然形「したがは」

⇨ 조영규가 말하길 "감히 명에 따르지 않겠다."라고.

❑ 趙英珪(てうえいけい)、道[みち]に待[まち]うけて57)、鄭夢周(ていぼうしう)を、うちころし侍[はべ]りけり58)。

⇨ 조영규가 길에서 오기를 기다렸다가 정몽주를 때려죽였습니다.

❑ 太祖(たいそ)、これを聞[きこ]しめして59)、大[おおい]に、いかり給[たま]ふ、と、いへども60)、御[お]やまひ、おもくして61)、ものいふ事[こと]かなハせ給[たま]ハす62)。

⇨ 태조가 이를 들으시고 크게 노여워하신다고 해도 병환이 중하여 말하는 것이 뜻대로 되지 않으신다.

❑ 後[のち]に63)、恭定(けうてい)大王[だいおう]64)、くらゐに、つき給[たま]ひて65)、

+「じ[助動]추량·의지의 부정. ~아닐 것이다. ~않겠다」.

57) 「みち【道】 길」+「に[助詞]」+「まちうく[下2]→まちうける【待ち受ける】[下1]오는 것을 기다리다. 준비하고 기다리다」의 連用形「まちうけ」+「て」.

58) 「を[助詞]」+「うちころす【打ち殺す】[4]죽이다. 쳐서 죽이다」의 連用形「うちころし」+「侍(はべ)り[助動]격식·정중」의 連用形「はべり」+「けり[助動]회상·과거」.

59) 「たいそ【太祖】 태조」+「これ【此·是】[代]이것. 이사람」+「を[助詞]」+「きこしめす【聞し召す】[4]들으시다」의 連用形「きこしめし」+「て」.

60) 「おおいに【大いに】[副]매우. 몹시. 많이」+「いかる【怒る】[4]화내다」의 連用形「いかり」+「たまふ【給ふ】[助動]존경」+「と[助詞]~라고」+「いへども→いえども【雖も】[連語]~하지만. ~해도」.

61) 「お【御】[接頭]존경·겸양의 뜻을 보탬」+「やまひ【病】 병」+「おもし【重し】[形ク]무겁다. 중하다」의 連用形「おもく」+「して[助詞](連用形에 접속)~인 상태로. ~때문에」.

62) 「ものいふ【物言ふ】[4]말을 내뱉다. 말하다. 중재하다. 잔소리하다」의 連体形「ものいふ」+「こと【事】 것. 일」+「かなふ[4]→かなう【適う·叶う】[5]생각대로 되다. 할 수 있다」의 未然形「かなは」+「す[助動]사역·존경」의 連用形「せ」+「たまふ【給ふ】[助動]존경」의 未然形「たまは」+「ず[助動]부정」(〈す〉는 無濁点표기).

63) 「のち【後】 후. 나중」+「に[助詞]」.

64) 「恭定(공정)」(조선 태종〈太宗〉의 시호〈諡號〉)+「だいわう→だいおう【大王】 대왕」.

65) 「くらゐ→くらい【位】 자리. 지위. 왕위」+「に[助詞]」+「つく【付く·附く·着く·就く·即く】[4]붙다. 오르다. 즉위하다」의 連用形「つき」+「たまふ【給ふ】[助動]존경」의 連用形

➩ 후에 공정대왕(태종)이 왕위에 오르셔서,

❑ 鄭夢周(ていぼうしう)が、その二心[ふたごころ]なく[66]、つかへしことを、しろしめし[67]、文忠公(ぶんちうこう)と、をくり名[な]を給[たま]ハりけり[68]。

➩ 정몽주가 그 두 마음 없이 섬겼던 것을 헤아려 문충공이라고 시호를 내리셨다.

「たまひ」+「て」.

66) 「が[助詞]」+「その【其の】[連体]그」+「ふたごころ【二心】두 마음. 배반하려는 마음. 역심(逆心)」+「なし【無し】[形ク]없다」의 連用形「なく」.

67) 「つかふ[下2]→つかえる【仕える】[下1]①윗사람 가까이에서 섬기다. 모시다 ②관직을 수행하다」의 連用形「つかへ」+「き[助動]회상·과거」의 連体形「し」+「こと【事】것. 일」+「を[助詞]」+「しろしめす【知ろしめす】[4]아시다. 다스리시다. 돌보시다」의 連用形「しろしめし」.

68) 「と[助詞]~라고」+「おくりな【贈名·諡】시호」(〈を-〉는 정서법에 어긋남)+「を[助詞]」+「たまはる[4]→たまわる【賜る·給わる】[5]①받다(겸양어) ②주시다(존경어)」의 連用形「たまはり」+「けり[助動]회상·과거」.

34. 吉(きつ)再(さい)抗(がう)節(せつ)
길재항절

□ 洪武(こうぶ)[1]つちのとの己[2](ミ)のとし[3]冬(ふゆ)つがた[4]、吉再(きつさい)と云[いう]、臣下(しんか)[5]、注書(ちうしよ)[6]の官(くわん)をすてゝ[7]、家[いえ]にかへりけり[8]。

⇨ 홍무 기사년 겨울 무렵 길재라고 하는 신하가 주서 벼슬을 버리고 집으로 돌아갔다.

□ すでに年(とし)をへて後[のち][9]、恭定(けうてい)大[だい]わう[10]、い

---

1) 「こうぶ【洪武】 홍무. 명(明)나라 태조 때 연호(1368~1398)」.

2) 〈한문본〉에 「巳」이고 료이(了意)도 「み」로 읽으므로 「巳」를 잘못 쓴 것으로 봐야겠다. 「己」는 「こ」(呉音)나 「き」(漢音)으로 읽는다.

3) 「つちのと【己】 기. 십간(十干;じっかん)의 여섯 번째」+「の[助詞]」+「み【巳】 사. 십이지(十二支;じゅうにし)의 여섯 번째」+「の[助詞]」+「とし【年】 해. 년」.

4) 「ふゆ【冬】 겨울」+「つ[助詞]체언과 체언을 〈の〉의 관계로 연결하는 역할을 하는 말」+「かた【方】 방향. 쪽. 때. 무렵」(〈が〉는 連濁).

5) 「と[助詞]~라고」+「いふ【言ふ·云ふ】[4]말하다」의 連体形 「いふ」+「しんか【臣下】 신하」.

6) 「注書」는 일본 사전에 등재되지 않은 말이다. 〈표준국어대사전〉에는 「주서(注書)」가 '조선 전기에, 문하부에 속한 정칠품 벼슬. 당후관을 고친 것이다.'라고 풀이되어 있다.

7) 「の[助詞]」+「くわん→かん【官】 관. 벼슬」+「を[助詞]」+「すつ【捨つ·棄つ】[下2]버리다」의 連用形 「すて」+「て」.

8) 「いへ→いえ【家】 집. 집안. 가문」+「に[助詞]」+「かへる【帰る·還る】[4]돌아가다(오다)」의 連用形 「かへり」+「けり[助動]회상·과거」.

9) 「すでに【既に·已に】[副]이미. 이제」+「とし【年】 해」+「を[助詞]」+「ふ[下2]→へる【経る·歴る】[下1]지나다. 경과하다」의 連用形 「へ」+「て」+「のち【後】 후. 나중」.

まだ東宮(とうぐう)におはしまして11)、吉再(きつさい)をめしけり12)。

➪ 이미 여러 해를 지난 후에 공정대왕(태종)이 아직 동궁에 계시면서 길재를 불러들이셨다.

❑ 吉再(きつさい)、めしに応(おう)じて13)、まいりけれは14)、すなハち15)恭靖(けうせい)大[だい]わうに申[もうし]給[たま]ひて16)、奉常(ほうじやう)博士(はくじ)の官[かん]を給[たま]ハる17)。

➪ 길재가 부르심에 응하여 오자 곧 공정대왕(정종)에게 아뢰셔서 봉상박사의 벼슬을 내리신다.

❑ 吉再(きつさい)、おもひよらずに18)、又[また]、官職(くわんしよく)

---

10) 「恭定(공정)」(조선 3대 태종[太宗]의 시호〈諡號〉)+「だいわう→だいおう【大王】 대왕」.

11) 「いまだ【未だ】[副]아직. 여전히」+「とうぐう【東宮・春宮】 동궁. 황태자의 궁전」+「に[助詞]」+「おはします【御座します】[4](〈おはす【御座す・在す】[サ変]'있다・가다・오다'의 尊敬語〉에 〈ます〉를 덧붙여서 존경의 뜻을 더욱 강하게 한 말)계시다」의 連用形「おはしまし」+「て」.

12) 「を[助詞]」+「めす【召す・見す・看す】[4]보시다. 불러들이시다. 불러내서 자리에 앉히다. 명(命)하시다」의 連用形「めし」+「けり[助動]회상・과거」.

13) 『假名草子集成』에는 이 부분이 「応(おう)しで」로 되어 있으나 이는 문맥상 맞지 않으며, 일본 〈国文学研究資料館〉에 공개되어 있는 「三綱行實圖」에 「応(おう)じて」로 되어 있으므로 이를 번각 과정에서의 오류로 보고 바로잡는다.

14) 「めし【召し・徵】[名]부르심. 초대」+「に[助詞]」+「おうず【応ず】[サ変]응하다. 따르다. 대답하다」의 連用形「おうじ」+「て」+「まゐる→まいる【参る】[4]궁중이나 신분이 높은 사람이 있는 곳으로 가다. 궁중에 출사하다」의 連用形「まゐり」(〈-い-〉는 歷史的仮名遣에 어긋남)+「けり[助動]회상・과거」의 已然形「けれ」+「ば[助詞]확정조건. 원인・이유」(〈は〉는 無濁点표기).

15) 「すなはち→すなわち【即ち・則ち】[副]곧바로. 즉시」.

16) 「恭靖(공정)」(조선 2대 정종[定宗]의 시호)+「だいわう→だいおう【大王】 대왕」+「に[助詞]」+「まうす【申す】[4]아뢰다. 부탁드리다」의 連用形「まうし」+「たまふ【給ふ】[助動]존경」의 連用形「たまひ」+「て」.

17) 「の[助詞]」+「くわん→かん【官】 관. 벼슬」+「を[助詞]」+「たまはる[4]→たまわる【賜る・給わる】[5]①받다(겸양어) ②주시다(존경어)」.

18) 「おもひよる【思い寄る】[4]어떤 생각을 품게 되다. 생각이 미치다」의 未然形「おもひよら」+「ず[助動]부정」+「に[助詞]」(〈ずに〉는 〈ないで〉와 같음).

にあづかる事[こと]を、いとひて19)、東宮(とうぐう)に、まいりて20) 辞退(したい)つかうまつる21)。

➪ 길재는 뜻하지 않게 다시 관직에 참여하는 것을 꺼려서 동궁으로 찾아뵙고 사양하여 올린다.

❑ 恭定(けうてい)大[だい]わう、のたまハく22)、「汝(なんぢ)の申[もう]すところ23)、まことに、ことハりあり、と、いへども24)、

➪ 공정대왕(태종)이 말씀하시길 "네가 아뢰는 것이 참으로 일리 있다고 해도,

❑ たゞし25)、汝(なんぢ)をめすものハ26)、われなり27)、汝[なんじ]に官[かん]を給[たま]ハるハ28)、これ恭靖(けうせい)大[だい]わうなり29)。

---

19) 「また【又・亦・復】[副]다시. 같이. 또한」+「くわんしょく→かんしょく【官職】관직」+「に[助詞]」+「あづかる【預かる・与る・関る】[4]관계하다. 참여하다. 맡다. 받다. 보관하다」의 連体形 「あづかる」+「こと【事】것. 일」+「を[助詞]」+「いとふ【厭ふ】[4]피하다. 싫어하다」의 連用形 「いとひ」+「て」.

20) 「とうぐう【東宮・春宮】동궁. 황태자의 궁전」+「に[助詞]」+「まゐる【参る】[4]궁중이나 신분이 높은 사람이 있는 곳으로 가다」의 連用形 「まゐり」(〈-い-〉는 歴史的仮名遣에 어긋남)+「て」.

21) 「じたい【辞退】사퇴. 물러서는 것. 임명이나 권유 따위를 거절하는 것. 사양」(〈し-〉는 無濁点표기)+「つかうまつる【仕う奉る】[4](〈つかえまつる(仕奉)〉가 변한 말)'하다·만들다'의 겸양어. ~해드리다」.

22) 「恭定(공정)」(태종)+「だいわう【大王】대왕」+「のたまはく【宣はく・曰はく】말씀하시길」(〈の給はく〉로 표기하는 경우도 많다).

23) 「なんぢ→なんじ【汝・爾】[代]아랫사람을 가리키는 말. 너」+「の[助詞]현대일본어 〈が〉의 쓰임」+「まうす【申す】[4]아뢰다」의 連体形 「まうす」+「ところ【所・処】곳. 바. 상황. 찰나」.

24) 「まことに【真に・実に・誠に】[副]정말로. 거짓 없이. 매우」+「ことはり【理】도리. 조리. 이치. 이유. 까닭. 당연한 것」+「あり【有り】[ラ変]있다」+「と[助詞]~라고」+「いへども→いえども【雖も】[連語]~하지만. ~해도」.

25) 「ただし【但し】[接続]다만. 그런데」.

26) 「なんぢ【汝・爾】[代]너」+「を[助詞]」+「めす【召す・見す・看す】[4]불러들이시다」의 連体形 「めす」+「もの【者】자. 사람」+「は[助詞]」.

27) 「われ【我・吾】[代]나」+「なり[助動]단정・지정」.

28) 「なんぢ【汝・爾】[代]너」+「に[助詞]」+「くわん→かん【官】관. 벼슬」+「を[助詞]」+「た

➪ 그런데 너를 불러들인 것은 나다. 너에게 벼슬을 내리시는 것은 이는 공정대왕(정종)이다.

❑ 官(くわん)を辞退(じたい)せん、と思[おも]ハゞ30)、けうせい大[だい]わうに申[もう]すべし31)。」と。

➪ 벼슬을 사양하고자 생각하면 공정대왕(정종)에게 아뢰어야 할 것이다."라고.

❑ 吉再(きつさい)すなハち、書(しよ)をたてまつりて、いはく32)、「再弟(さいてい)33)に、辛朝(しんてう)に擢(てき)せられて34)、門下(もんか)注書(ちうしよ)35)たり36)、

➪ 길재가 곧 글을 올려서 이르길 "나는 신조에 발탁되어서 문하주서다.

まはる【賜る・給はる】[4]주시다」의 連体形「たまはる」+「は[助詞]」.

29) 「これ【此・是】[代]앞에 제시한 말을 다시 언급할 때 사용하는 말」+「恭靖(공정)」(정종)+「だいわう【大王】대왕」+「なり[助動]단정・지정」.

30) 「くわん→かん【官】관. 벼슬」+「を[助詞]」+「じたい【辞退】사퇴. 거절. 사양」+「す[サ変]하다」의 未然形「せ」+「む[助動]추량・의지」→「ん」+「と[助詞]」+「おもふ【思ふ】[4]생각하다」의 未然形「おもは」+「ば[助詞]가정조건」.

31) 「恭靖(공정)」(정종)+「だいわう【大王】대왕」+「に[助詞]」+「まうす[4]→もうす【申す】[5]아뢰다. 부탁드리다」의 終止形「まうす」+「べし[助動]의무・당연・추량・가능 등」.

32) 「すなはち【即ち・則ち】[副]곧바로. 즉시」+「しよ【書】글」+「を[助詞]」+「たてまつる【奉る】[4]드리다. 바치다」의 連用形「たてまつり」+「て」+「いはく【曰く】말하길. 이르길」.

33) 이 부분은 〈한문본〉에 「再擢第辛朝」로서 〈언해본〉에서는「내 辛朝에 及第ᄒᆞ야《辛朝ᄂᆞᆫ 辛氏ㅅ 朝廷이라》」로 기술하고 있다. 한편 본문에는「再弟」로 되어 있는데 여기에서「再」는 〈길재〉를 가리키고「弟(てい)」는 일본어에서 '남동생'이라는 뜻 이외에 '자기의 겸칭'으로서의 용법도 있으므로 '길재 자신' 즉 '나'의 뜻으로 풀이할 수 있겠다. 다만「第」에 '급제하다'의 뜻이 있는데 료이(了意)가 이를 반영하지 않은 것으로 봐야겠다.

34) 「に[助詞]」+「擢(てき)탁」(〈てき〉는 慣用音이고 〈たく〉는 漢音)+「す[サ変]하다」의 未然形「せ」+「らる[助動]수동・존경」의 連用形「られ」+「て」.

35) 〈표준국어대사전〉에는「문하주서(門下注書)」가 '①고려 시대에, 문하부에 속하여 문서 또는 기록을 맡아보던 종칠품 벼슬. 공민왕 5년(1356)에 도첨의주서를 고친 것이다. ②조선 전기에, 문하부에 둔 정칠품 벼슬'로 풀이되어 있다.

36) 「たり[助動](체언에 접속하여)단정・지정. ~이다」.

❑ 臣(しん)に二(ふたり)の主(しゆ)なし[37]。

➪ 신에게 두 주군이 없다.

❑ 乞(こふ)[38]、ゆるされて[39]田里(でんり)[40]に帰[かえ]り[41]、老母(らうぼ)をやしなふ事[こと]を終(をへ)ん[42]。

➪ 청한다, 사함 받아서 시골로 돌아가서 노모를 봉양하는 일을 끝내겠다.

❑ 以(もつ)て[43]、臣(しん)が二(じ)姓(せい)に[44]、つかへざるの心[こころ]ざしを[45]、とげしめ給[たま]へ[46]。」と、かきたり[47]。

➪ 이로써 신이 두 성에 섬기지 않는 뜻을 이루게 하십시오."라고 썼다.

❑ 明日(みやうじち)[48]、けいせい大[だい]わう[49]、経筵(けいゑん)に[50]

---

37) 「しん【臣】 신」+「に[助詞]」+「ふたり【二人】 두 사람」(본문에는 〈二〉만 쓰고 이를 〈ふたり〉로 읽고 있다)+「の[助詞]」+「しゅ【主】 주」+「なし【無し】[形ク]없다」.

38) 「こふ[4]→こう【乞う·請う】[5]구하다. 부탁하다. 바라다」.

39) 「ゆるす【許す·赦す】[4]느슨하게 하다. 풀어주다. 사면하다. 면제하다」의 未然形 「ゆるさ」+「る[助動]수동·존경」의 連用形 「れ」+「て」.

40) 「田里」는 일본 사전에 등재되지 않은 말이다. 그런데 〈표준국어대사전〉에는 「전리(田里)」가 '고향(故鄕)'과 같은 말로 풀이되어 있다. 참고로 일본어에서 「田」은 「でん」(呉音)이고 「里」는 「り」(呉·漢音)이므로 읽기에는 문제가 없다.

41) 「に[助詞]」+「かへる[4]→かえる【帰る·還る】[5]돌아가다(오다)」의 連用形 「かへり」.

42) 「らうぼ→ろうぼ【老母】 노모」+「を[助詞]」+「やしなふ【養ふ】[4]부양하다」의 連体形 「やしなふ」+「こと【事】 것. 일」+「を[助詞]」+「をふ[下2]→おえる【終える】[下1]끝내다」의 未然形 「をへ」+「む[助動]추량·의지」→「ん」.

43) 「もって【以て】[接続]이로써. 그에 따라서. 그리고」.

44) 「しん【臣】 신」+「が[助詞]」+「じ【二】 2」(〈二〉는 呉音으로 〈に〉 漢音으로는 〈じ〉로 읽는다)+「せい【姓】 성. 씨」(〈せい〉로 읽는 것은 漢音)+「に[助詞]」.

45) 「つかふ[下2]→つかえる【仕える】[下1]①윗사람 가까이에서 섬기다. 모시다 ②관직을 수행하다」의 未然形 「つかへ」+「ざり[助動]부정」의 連体形 「ざる」+「の[助詞]」+「こころざし【志】 마음이 향하는 바. 뜻. 마음가짐」+「を[助詞]」.

46) 「とぐ[下2]→とげる【遂げる】[下1]이루다. 끝내다. 성취시키다」의 未然形 「とげ」+「しむ[助動]사역. ~시키다」의 連用形 「しめ」+「たまふ【給ふ】[助動]존경」의 命令形 「たまへ」.

47) 「と[助詞]~라고」+「かく【書く】[4]쓰다」의 連用形 「かき」+「たり[助動]완료·존속」.

出御(しゆつぎよ)なりて[51]、知経筵事(ちけいえんじ)[52]権近(けんきん)と、いふ人[ひと]に、とふて、の給[たま]ハく[53]、

➪ 이튿날 공정대왕(정종)이 경연에 나가셔서 지경연사 권근이라 하는 사람에게 물어서 말씀하시길,

❑「吉再(きつさい)、節(せつ)にたかぶりて、つかへず[54]、いかゞすべき[55]。」と。

➪ "길재는 절개에 떨쳐서 섬기지 않는다. 어찌 해야 마땅한가?"라고.

❑ 権近(けんきん)、こたへて、いはく[56]、「むかし[57]、嚴子陵(げんしれう)したがハざりしかば[58]、光武(くわうぶ)皇帝(くわうてい)[59]、こ

---

48) 「みやうにち→みょうにち【明日】 명일. 이튿날」. 이를 「みやうじち」로 읽은 것은 미상. 참고로 「明」은 漢音으로 「めい」, 呉音이 「みやう→みょう」이며, 「日」은 呉音이 「にち」, 漢音은 「じつ」다.

49) 문맥상 「恭靖(공정)」(정종)+「だいわう【大王】 대왕」을 가리키는 것으로 보이는데, 앞에서는 이를 「けうせい」로 읽고 있어서, 여기에서 「けいせい」로 읽은 것은 미상.

50) 「けいえん【経筵】 경연. 천자가 경서(經書) 강의를 듣는 자리」+「に[助詞]」.

51) 「しゅつぎょ【出御】 天皇(てんのう)·三后(さんこう : 太皇太后·皇太后·皇后의 총칭)가 외출하는 것. 막부(幕府)의 将軍(しょうぐん)도 포함」(〈표준국어대사전〉에는 〈출어(出御)〉를 '임금이 내전(內殿)에서 외전(外殿)으로 나오거나 대궐 밖으로 나가던 일'로 풀이한다)+「なる【成る·為る】[4]되다. 하시다」의 連用形「なり」+「て」.

52) 〈표준국어대사전〉에 「지경연사(知經筵事)」가 '조선 시대에 둔, 경연청의 정이품 벼슬. 동지경연사의 위, 영경연사의 아래이다.'로 풀이되어 있다.

53) 「と[助詞]~라고」+「いふ【言ふ·云ふ】[4]말하다」의 連体形「いふ」+「ひと【人】 사람」+「に[助詞]」+「とふ【問ふ】[4]묻다」+「て」+「のたまはく【宣はく·曰はく】 말씀하시길」(〈いはく(曰く)〉의 존경어).

54) 「せつ【節】 절. 절개」+「に[助詞]」+「たかぶる【高ぶる·昂る】[4]높아지다. 들뜨다. 자랑하다. 으스대다」의 連用形「たかぶり」+「て」+「つかふ【仕ふ】[下2]섬기다. 관직을 수행하다」의 未然形「つかへ」+「ず[助動]부정」.

55) 「いかが【如何】[副]어떻게」+「す[サ変]하다」의 終止形「す」+「べし[助動]의무·당연·추량·가능 등」의 連体形「べき」.

56) 「こたふ【答ふ·応ふ】[下2]대답하다. 반응하다」의 連用形 「こたへ」+「て」+「いはく【曰く】 말하길. 이르길」.

57) 「むかし【昔】 옛날」.

れに、したがひ給[たま]へり60)。

⇨ 권근이 대답하여 말하길 "옛날 엄자릉이 따르지 않으므로 광무황제가 이에 따르셨다.

❑ 今[いま]もし61)、吉再(きつさい)かへらんことを、もとめば62)、したがひて帰[かえ]らしめ給[たま]へ63)。」と。

⇨ 이제 만일 길재가 돌아갈 것을 구하면 따라서 돌아가게 하십시오."라고.

❑ けうせい大[だい]わう、すなハち、ゆるして64)、かへらしめ給[たま]ふ65)。

⇨ 공정대왕(정종)이 곧 사하여 돌아가게 하신다.

❑ そのゝち66)、永楽(えいらく)年中(ねんぢう)に67)、けうせい大[だい]

---

58) 「したがふ【従ふ·随ふ·順ふ】[4]따르다. 거스르지 않다. 맡기다」의 未然形「したがは」+「ざり[助動]부정」의 連用形「ざり」+「き[助動]회상·과거」의 已然形「しか」+「ば[助詞]확정조건. 원인·이유」.

59) 참고로「くわうぶてい→こうぶてい【光武帝】광무제. 중국 후한(後漢)의 초대 황제」.

60) 「これ【此·是】[代]이것. 이사람」+「に[助詞]」+「したがふ【従ふ·随ふ·順ふ】[4]따르다」의 連用形「したがひ」+「たまふ【給ふ】[助動]존경」의 命令形「たまへ」+「り[助動]완료·존속」.

61) 「いま【今】현재. 지금. 이 국면에」+「もし【若し】[副]만일. 어쩌면」.

62) 「かへる【帰る·還る】[4]돌아가다(오다)」의 未然形「かへら」+「む[助動]추량·의지」의 連体形「む」→「ん」+「こと【事】것. 일」+「を[助詞]」+「もとむ【求む】[下2]찾다. 구하다」의 未然形「もとめ」+「ば[助詞]가정조건」.

63) 「したがふ【従ふ·随ふ·順ふ】[4]따르다. 맡기다」의 連用形「したがひ」+「て」+「かへる【帰る·還る】[4]돌아가다(오다)」의 未然形「かへら」+「しむ[助動]사역. ~시키다」의 連用形「しめ」+「たまふ【給ふ】[助動]존경」의 命令形「たまへ」.

64) 「恭靖(공정)」(정종)+「だいわう【大王】대왕」+「すなはち【即ち·則ち】[副]곧바로. 즉시」+「ゆるす【許す·赦す】[4]풀어주다. 사면하다」의 連用形「ゆるし」+「て」.

65) 「かへる【帰る·還る】[4]돌아가다(오다)」의 未然形「かへら」+「しむ[助動]사역. ~시키다」의 連用形「しめ」+「たまふ【給ふ】[助動]존경」.

66) 「その【其の】[連体]그」+「のち【後】후. 나중」.

67) 「えいらく【永楽】영락. 중국 명(明)나라 성조(成祖) 때 연호(1403~1424)」+「ねんじゅう【年中】연중. 1년 사이. 어떤 연대(年代)의 사이」+「に[助詞]」.

わう、くらゐにつきて68)、恭定(けうてい)大[だい]わうの命(めい)を、うけて69)、

⇨ 그 후에 영락 연중에 공정대왕(정종)이 왕위에 올라서 공정대왕(태종)의 명을 받아서70),

❑ 吉再(きつさい)が子[こ]を、めして71)、宣徳(せんとく)ひのえむまのとし72)左司諫大夫(さしかんたいふ)に、なし下(くだ)さる73)。

⇨ 길재의 자식을 불러들이셔서 선덕 병오년에 좌사간대부로 삼아주신다.

---

68) 「恭靖(공정)」(정종)+「だいわう【大王】 대왕」+「くらゐ→くらい【位】 자리. 지위. 왕위」+「に[助詞]」+「つく【付く·附く·着く·就く·即く】[4]붙다. 오르다. 즉위하다」의 連用形「つき」+「て」.

69) 「恭定(공정)」(태종)+「だいわう【大王】 대왕」+「の[助詞]」+「めい【命】 명」+「を[助詞]」+「うく【受く】[下2]받다」의 連用形「うけ」+「て」.

70) 본문으로는 내용을 파악하기 어렵다. 〈한문본〉을 보면 이를 전후해서 「永樂戊戌. 殿下卽位. 承恭定大王命. 官其子. 宣德丙午. 贈左司諫大夫」와 같이 기술되어 있다. 그리고 〈언해본〉은 「永樂 戊戌에 殿下ㅣ 卽位ᄒᆞ샤 恭定大王 命 받ᄌᆞᄫᆞ샤 아ᄃᆞᆯ 벼슬 ᄒᆡ시고 後에 左司諫大夫ᄅᆞᆯ 贈ᄒᆞ시니라」다. 한편 세종대왕기념사업회 『역주 삼강행실도』의 현대말 풀이는 「태종 18년(1418)에 전하(조선 4대 세종)가 즉위하시자 공정대왕(恭定大王)의 명을 받잡으셔서 아들을 벼슬 시키시고 나중에 좌사간대부를 추증하시었다」(pp.127-128)로 되어 있다.

71) 「が[助詞]현대일본어 〈の〉의 쓰임」+「こ【子】 아이. 자식」+「を[助詞]」+「めす【召す】[4]'불러들이다'의 존경어. 명(命)하시다」의 連用形「めし」+「て」.

72) 「せんとく【宣德】 선덕. 명(明)나라 선종(宣宗) 때 연호(1426~1435)」+「ひのえ【丙】 병. 십간(十干;じっかん)의 세 번째」+「むま【午】 오. 십이지(十二支;じゅうにし)의 일곱 번째」+「の[助詞]」+「とし【年】 해. 년」.

73) 「に[助詞]」+「なす【生す·成す·為す】[4]만들어내다. 낳다. 행하다. 임명하다」의 連用形「なし」+「くださる【下さる】[4]주시다. 하사하시다」.

35. 原(げん)桂(けい)陥(おちいる)[1]レ陣[2](ぢんを)
원계가 진을 떨어뜨리다

❏ 洪武(こうぶ)ひのとの丑(うし)五月[ごがつ]に[3]、倭国(わこく)の軍兵(ぐんびやう)[4]、宣州(せんじう)にをしよせて[5]城(じやう)を、かこむ事[こと][6]十重(とえ)二十重(はたえ)なり[7]。

⇨ 홍무 5월에 왜국의 군병이 선주에 밀어닥쳐서 성을 에워싸는 것이 여러 겹이다.

❏ 泥城(でいじやう)の大将軍(しやうぐん)[8]萬戸(ばんこ)侯(こう)[9]、金原桂(きんげんけい)、つハものを率(そつ)して[10]、爰[ここ]に、おも

---

1) 「おちいる【陥る·落ち入る】[4]」는 '떨어지다. 함락되다. 죽다'의 뜻으로 사전적으로는 자동사로서의 쓰임만 있다. 그런데 여기에서는 타동사적 용법이므로 특이하다.

2) 〈한문본〉에는 「陳」으로 되어 있다.

3) 「こうぶ【洪武】 홍무. 명(明)나라 태조 때 연호(1368~1398)」+「ひのと【丁】 정. 십간(十干;じっかん)의 네 번째」+「の[助詞]」+「うし【丑】 축. 십이지(十二支;じゅうにし)의 두 번째」+「ごがつ【五月】 5월」+「に[助詞]」.

4) 「わこく【倭国·和国】 왜국. 한(漢)나라 이래 중국에서 일본을 부르는 말」+「の[助詞]」+「ぐんびやう→ぐんびょう【軍兵】 군병」.

5) 「に[助詞]」+「おしよす[下2]→おしよせる【押し寄せる】[下1]거세게 밀려들다. 밀어붙이다」의 連用形 「おしよせ」(〈を-〉는 정서법에 어긋남)+「て」.

6) 「じやう→じょう【城】 성」+「を[助詞]」+「かこむ【囲む】[4]둘러싸다. 포위하다」의 連体形 「かこむ」+「こと【事】 것. 일」.

7) 「とへはたへ→とえはたえ【十重二十重】 몇 겹이나 겹쳐진 것. 몇 겹으로 포위한 모습」(〈-え-え-〉는 歴史的仮名遣에 어긋남)+「なり[助動]단정·지정」.

8) 「の[助詞]」+「たいしやうぐん→たいしょうぐん【大将軍】 대장군」.

9) 〈한문본〉과 〈언해본〉에는 「萬戸」만 쓰이고 있는데, 「만호(萬戸)」는 〈표준국어대사전〉에 '조선 시대에, 각 도(道)의 여러 진(鎭)에 배치한 종사품의 무관 벼슬'로 풀이되어 있다. 「侯(こう)」는 '봉건시대 지역 지배자'(『広辞苑』)의 뜻이다.

むきけり11)。

➪ 이성의 대장군 만호후 김원계가 병사를 이끌고 여기로 향했다.

❑ 倭国(わこく)のつハものども12)、いくさに、うちまけて13)引(ひき)しりぞきけるところに14)、

➪ 왜국의 병사들이 싸움에 져서 물러나는 차에,

❑ 原桂(げんけい)、勝(かつ)にのりて15)、これを追(をひ)かくること16)、はなハだ急(きう)なり17)。

➪ 원계가 승기를 타고 이를 쫓아가는 것이 매우 급하다.

❑ しかれども18)、跡[あと]19)より、つゞく、つハものもなく20)、原桂

---

10) 「つはもの → つわもの【兵】무기. 병사. 용사」+「を[助詞]」+「そっす【率す】[サ変]이끌다. 인솔하다」의 連用形「そつし」+「て」.『假名草子集成』에는 이 부분이「卒(そつ)して」로 되어있으나「卒(そっ)す」는 '죽다'의 뜻이므로 문맥상 맞지 않는다. 일본 〈国文学研究資料館〉에 공개되어 있는「三綱行實圖」를 보면「卒」인지「率」인지 명확하지 않으므로 문맥에 맞춰「率」로 바꾸어 제시하고 풀이한다.

11) 「ここ【此処·此所·此·是·爰】[代]여기. 이것」+「に[助詞]」+「おもむく【赴く·趣く】[4]그 방향으로 가다. 향해 가다」의 連用形「おもむき」+「けり[助動]회상·과거」.

12) 「わこく【倭国·和国】왜국」+「の[助詞]」+「つはもの【兵】병사」+「ども【共】[接尾]~들」.

13) 「いくさ【軍·戦】병사. 군대. 전쟁」+「に[助詞]」+「うちまく[下2] → うちまける【打ち負ける】[下1]지다. 패하다」의 連用形「うちまけ」+「て」.

14) 「ひきしりぞく【引き退く】[4]물러나다. 퇴각하다」의 連用形「ひきしりぞき」+「けり[助動]회상·과거」의 連体形「ける」+「ところ【所·処】곳. 바. 상황. 찰나」+「に[助詞]」.

15) 「勝(か)つに乗(の)る」는 '이겨서 으스대다. 승리에 도취되다. 승리의 기세에 편승하다'의 뜻이다.

16) 「これ【此·是】[代]이것. 이사람」+「を[助詞]」+「おひかく[下2] → おいかける【追い掛ける】[下1]뒤쫓다. 추적하다」(〈を-〉는 정서법에 어긋남)의 連体形「おひかくる」+「こと【事】것. 일」.

17) 「はなはだ【甚だ】[副]매우. 몹시. 대단히. 현저히」+「きふ[形動ナリ] → きゅう【急】[形動]빠르다. 절박하다. 급박하다」의 終止形「きふなり」(〈-う-〉는 歴史的仮名遣에 어긋남).

18) 「しかれども【然れども】[接続]역접의 확정조건. 그렇지만. 하지만」.

19) 「あと」는「後」나「跡」을 읽은 것인데,「後」는「시간적·공간적인 뒤」,「跡」는「발자

(げんけい)たゞ一[いっ]騎(き)[21]、敵軍(てきぐん)にをふて、かゝりけるほどに[22]、

➪ 하지만 뒤에서 잇는 병사도 없고 원계 단지 홀로 적군에 뒤쫒아서 매달렸기 때문에,

❑ 倭国(わこく)のつハものども、かへしあはせ[23]、原桂(げんけい)を真中(まんなか)にとりこめて[24]、つゐに首(くひ)をとり去(さり)けり[25]。

➪ 왜국의 병사들이 되받아쳐서 원계를 한가운데 에워싸고 끝내 목을 가져갔다.

❑ され共[ども][26]、かさねて又[また][27]、をしよせんともせず[28]、倭国[わこく]を、さして引(ひき)かへしけり[29]。

취. 흔적」의 뜻이다. 따라서 문맥상 「後」가 기대되는 부분이다.

20) 「より[助詞]기점. ~로부터」+「つづく【続く】[4]뒤에 따르다. 이어지다」의 連体形「つづく」+「つはもの【兵】병사」+「も[助詞]」+「なし【無し】[形ク]없다」의 連用形「なく」.

21) 「ただ【只・唯】[副]단지. 오직. 그저」+「いっき【一騎】일기. 말에 탄 한 사람의 장병」.

22) 「てきぐん【敵軍】적군」+「に[助詞]」+「おふ【追ふ・逐ふ】[4]쫓다」('を-'는 정서법에 어긋남)+「て」+「かかる【掛かる・懸かる・架かる・繋かる】[4]걸리다. 매달리다」의 連用形「かかり」+「けり[助動]회상・과거」의 連体形「ける」+「ほどに【程に】①~하면. ~하는 사이에 ②원인・이유. ~이므로」.

23) 「わこく【倭国・和国】왜국」+「の[助詞]」+「つはもの【兵】병사」+「ども【共】[接尾]~들」+「かへしあはす【返し合す】[下2]되돌려서 적과 마주하다. 되돌려서 막아 싸우다」의 連用形「かへしあはせ」.

24) 「を[助詞]」+「まんなか【真ん中】중심. 중앙」+「に[助詞]」+「とりこむ[下2]→とりこめる【取り籠める】[下1]안에 넣다. 처넣다. 포위하다」의 連用形「とりこめ」+「て」.

25) 「つひに→ついに【終に・遂に】[副]결국. 마침내」(〈-ゐ-〉는 정서법에 어긋남)+「くび【首】목」+「を[助詞]」+「とる【取る】[4]잡다. 취하다」의 連用形「とり」+「さる【去る】[4]가다. 떠나다」의 連用形「さり」+「けり[助動]회상・과거」.

26) 「されども【然れども】[接続]그렇지만. 그러나」.

27) 「かさねて【重ねて】[副]다시. 재차」+「また【又・亦・復】[副]다시. 같이. 달리. 또한. 게다가」.

28) 「おしよす【押し寄す】[下2]밀려들다」의 未然形「おしよせ」(〈を-〉는 정서법에 어긋남)+「む[助動]추량・의지」→「ん」+「と[助詞]」+「も[助詞]」+「す[サ変]하다」의 未然形「せ」+「ず[助動]부정」의 連用形「ず」.

➪ 하지만 거듭 다시 밀어닥치려고도 하지 않고 왜국을 향해 되돌아갔다.

❑ これ、ひとへに30)、原桂(けんげい)が31)忠戦(ちうせん)32)のちから也[なり]33)。

➪ 이는 오직 원계의 충전의 힘이다.

❑ 六月[ろくがつ]にいたりて34)、諫官(かんくわん)より35)、みかどに申[もう]す事[こと]あり36)。

➪ 6월에 들어서 간관으로부터 천자에게 아뢰는 것이 있다.

❑「いはゆる37)金原桂(きんげんけい)ハ、もとより38)驍勇(ぜうよう)の才(さい)あり39)、倭賊(わぞく)40)宣州(せんじう)をかこむ、と聞[きき]

---

29) 「わこく【倭国·和国】 왜국」+「を[助詞]」+「さす【差す·指す】[4]그 방향을 가리키다. 그쪽으로 향하다」의 連用形「さし」+「て」+「ひきかへす【引き返す】[4]되돌아가다」의 連用形「ひきかへし」+「けり[助動]회상·과거」.

30) 「これ【此·是】[代]이것. 이사람」+「ひとへに→ひとえに【偏に】[副]오로지. 한결같이」.

31) 「が[助詞]현대일본어 〈の〉의 쓰임」.

32) 「忠戦」은『広辞苑』에 등재되지 않은 말인데, 〈표준국어대사전〉에는「충전(忠戦)」을 '충의를 위하여 싸움'으로 풀이하고 있다. 그런데「忠戦」은 〈한문본〉에 언급되어 있지 않다.

33) 「の[助詞]」+「ちから【力】 힘」+「なり[助動]단정·지정」.

34) 「ろくがつ【六月】 6월」+「に[助詞]」+「いたる【至る·到る】[4]도착하다. 도달하다」의 連用形「いたり」+「て」.

35) 「かん【諫】 간」+「くわん→かん【官】 관」+「より[助詞]기점. ~로부터」.「諫官」은『広辞苑』에 등재되지 않은 말이다. 〈표준국어대사전〉에는「간관(諫官)」이 '조선 시대에, 사간원과 사헌부에 속하여 임금의 잘못을 간(諫)하고 백관(百官)의 비행을 규탄하던 벼슬아치'로 풀이되어 있다.

36) 「みかど【御門·帝】 황제. 천자」+「に[助詞]」+「まうす[4]→もうす【申す】[5]'말하다·고하다'의 겸양어. 부탁드리다」의 連体形「まうす」+「こと【事】 것. 일」+「あり【有り】[ラ変]있다」.

37) 「いはゆる→いわゆる【所謂】[連体]세상이 말하는. 소위」.

38) 「もとより【元より·固より·素より】[副]처음부터. 이전부터. 원래. 본래」.

39) 「げうゆう→ぎょうゆう【驍勇】 효용. 용맹하고 강한 것(사람)」+「の[助詞]」+「さい【才】 재. 천부적인 자질이나 능력」+「あり【有り】[ラ変]있다」. 그런데「驍勇」을「ぜうよう」

て41)、

➪ "세상이 말하는 김원계는 본디 효용의 재주가 있다. 왜적이 선주를 에워싼다고 듣고서,

❑ 身[み]をかへりミずして42)、つハものを、もよほし43)、ふせぎたゝかふて44)、囲(かこ)ミをとき45)、

➪ 몸을 돌아보지 않고 군사를 일으켜 막아 싸워서 포위를 풀고,

❑ 陥(おち)いらん、とする城(じやう)をたすけ46)、にぐるを、をふて47)、敵陣(てきぢん)をやぶり48)、

➪ 떨어지려 하는 성을 구하고, 도망치는 것을 쫓아서 적진을 부수고,

로 읽는 것은 문제가 있는데, 「驍」는 「げう→ぎょう」(慣用音) 「けう→きょう」(呉·漢音)이고, 「勇」은 「ゆう」(呉音) 「よう」(漢音)이다.

40) 「倭賊」은 『広辞苑』 등에 등재되지 않았다.

41) 「を[助詞]」+「かこむ【囲む】[4]둘러싸다. 포위하다」+「と[助詞]~라고」+「きく【聞く】[4]듣다」의 連用形「きき」+「て」.

42) 「み【身】몸. 처지」+「を[助詞]」+「かへりみる【顧みる·省みる】[上1]회상하다. 반성하다. 걱정하다. 돌아보다」의 未然形「かへりみ」+「ず[助動]부정」의 連用形「ず」+「して[助詞](連用形에 접속)~인 상태로」.

43) 「つはもの【兵】병사」+「を[助詞]」+「もよほす【催す】[4]불러일으키다. 준비하다. 소집하다」의 連用形「もよほし」.

44) 「ふせぐ【防ぐ·拒ぐ】[4]막다. 방어하다」의 連用形「ふせぎ」+「たたかふ【戦ふ·闘ふ】[4]싸우다」+「て」.

45) 「かこみ【囲】[名]포위」+「を[助詞]」+「とく【解く】[4]풀다. 태세를 무너뜨리다」의 連用形「とき」.

46) 「おちいる【陥る·落ち入る】[4]떨어지다. 낮아지다. 함락되다. 함몰하다. 죽다. 빠지다」의 未然形「おちいら」+「む[助動]추량·의지」→「ん」+「と[助詞]」+「す[サ変]하다」의 連体形 「する」+「じやう→じょう【城】성」+「を[助詞]」+「たすく[下2]→たすける【助ける·輔ける·扶ける】[下1]돕다. 힘을 보태다. 구조하다」의 連用形「たすけ」.

47) 「にぐ[下2]→にげる【逃げる】[下1]도망치다」의 連体形 「にぐる」+「を[助詞]」+「おふ【追ふ·逐ふ】[4]쫓다」('を-'는 정서법에 어긋남)+「て」.

48) 「てきぢん→てきじん【敵陣】적진」+「を[助詞]」+「やぶる【破る·敗る】[4]부수다. 이기다 뭉개다」의 連用形「やぶり」.

❑ 矢(や)だねつき49)、力(ちから)をとろへ50)、つゐに敵(てき)のために51)、うたれたり52)。

➪ 화살이 떨어지고 힘이 빠져서 끝내 적으로 인해 죽임 당했다.

❑ 我(わが)身(ミ)ひとつの死(し)をもつて53)、万民(ばんミん)の命(めい)にかハる事[こと]54)、その功(こう)まことに、たぐひなし55)。

➪ 자기 몸 하나의 죽음으로써 만민의 목숨에 대신하는 것, 그 공이 참으로 비할 바 없다.

❑ ねがハくは56)、死(し)せりとも57)、地下(ぢげ)の灵魂(れいこん)に58)

---

49) 「やだね【矢種】준비한 화살의 전부. 화살」+「つく【尽く·竭く】[上2]떨어지다. 끝나다」의 連用形「つき」.

50) 「ちから【力】힘」+「おとろふ[下2]→おとろえる【衰える】[下1]약한 상태가 되다. 쇠약하다. 수척해지다」의 連用形「おとろへ」(〈を-〉는 정서법에 어긋남).

51) 「つひに→ついに【終に·遂に】[副]결국. 마침내」(〈-ゐ-〉는 정서법에 어긋남)+「てき【敵】적」+「の[助詞]」+「ため【為】」+「に[助詞]」(〈~の(が)ために〉의 꼴로 '이익·이유·목적'의 뜻. ~때문에. ~위해).

52) 「うつ【打つ·討つ·撃つ】[4]치다. 죽이다」의 未然形「うた」+「る[助動]수동」의 連用形「れ」+「たり[助動]완료·존속」.

53) 「わが【我が·吾が】[連体]나의. 자신의」+「み【身】몸. 처지」+「ひとつ【一つ】하나」+「の[助詞]」+「し【死】죽음」+「を[助詞]」+「もって【以て】(〈を[助詞]〉에 이어져서)수단이나 원인 등을 나타냄. ~로써. ~때문에」.

54) 「ばんみん【万民】만민」+「の[助詞]」+「めい【命】명. 목숨」+「に[助詞]」+「かはる【替わる·代わる·換わる·変わる】[4]바꾸다. 대신하다」의 連体形「かはる」+「こと【事】것. 일」.

55) 「その【其の】[連体]그」+「こう【功】공」+「まことに【真に·実に·誠に】[副]정말로. 거짓 없이. 매우」+「たぐひなし【類無し】[形ク]비교할 것이 없다. 매우 빼어나다. 현저하다」.

56) 「ねがはくは→ねがわくは【願わくは】[副]바라기는. 원하기는」.

57) 「しす【死す】[サ変]죽다」의 命令形「しせ」+「り[助動]완료·존속」의 終止形「り」+「とも[助詞]역접의 가정조건. ~해도」.

58) 「ぢげ→じげ【地下】위계나 관직 등 공적인 지위를 갖지 않은 사람. 서민」(〈地下〉를 〈ちか〉로 읽으면 '땅속'이나 '사후 세계'의 뜻)+「の[助詞]」+「れいこん【霊魂】영혼」(〈灵〉은 〈霊〉의 異體字)+「に[助詞]」.

官(くわん)を給[たま]ハるべし59)。」と。

⇨ 바라옵건대 죽었지만 벼슬 없는 영혼에게 벼슬을 내리셔야 마땅합니다."라고.

❑ みかど、不敏(ふびん)におぼしめして60)、贈官(ぞうくわん)をもつて61)、忠魂(ちうこん)にすゝめ62)、爵禄(じやくろく)をもつて63)、其[その]家[いえ]を64)おこし給[たま]ひけりとぞ65)。

⇨ 천자가 가엾게 여기셔서 증관으로써 충혼에 권하고 작록으로써 그 집안을 일으키셨다고 한다.

---

59) 「くわん→かん【官】관. 벼슬」+「を[助詞]」+「たまはる[4]→たまわる【賜る·給わる】[5] ①받다(겸양어) ②주시다(존경어)」의 終止形 「たまはる」+「べし[助動]의무·당연·추량·가능 등」.

60) 「みかど【御門·帝】황제. 천자」+「ふびん【不便·不憫·不愍】[形動ナリ]불편한 것. 불쌍한 것. 귀엽다고 생각하는 것」(본문의 〈不敏(ふびん)〉은 '민첩하지 않은 것. 재능이 떨어지는 것'의 뜻으로 문맥상 맞지 않는다)의 連用形 「ふびんに」+「おぼしめす【思し召す】[4]생각하시다. 총애하시다」의 連用形 「おぼしめし」+「て」.

61) 「ぞうかん【贈官】증관. 생전에 훈공이 있던 사람에게 사후에 벼슬을 내리는 것」+「を[助詞]」+「もって【以て】(〈を[助詞]〉에 이어져서)수단이나 원인 등을 나타냄. ~로써. ~때문에」.

62) 「ちゅうこん【忠魂】충혼」+「に[助詞]」+「すすむ[下2]→すすめる【勧める·奨める·薦める】[下1]권유하다. 장려하다. 추천하다」의 連用形 「すすめ」.

63) 「しゃくろく【爵禄】작록. 작위와 봉록」」+「を[助詞]」+「もって【以て】~로써」.

64) 「その【其の】[連体]그」+「いへ→いえ【家】집. 집안. 가문」+「を[助詞]」.

65) 「おこす【起こす·興す·熾す】[4]일으키다」의 連用形 「おこし」+「たまふ【給ふ】[助動]존경」의 連用形 「たまひ」+「けり[助動]회상·과거」+「とぞ:(助詞 〈と〉와 助詞 〈ぞ〉가 결합한 형태)문장 끝에 사용하여 '전해 들었다'는 뜻을 나타냄. ~라고 한다. ~라는 것이다」.

♣ 참고문헌

김정수 역주(2010), 『역주 삼강행실도』(세종대왕기념사업회)

민병찬(2017), 『역주 일본판 삼강행실도 1 －효자』(시간의물레)

成百曉(2013), 『개정증보판 懸吐完譯 論語集註』(傳統文化研究會)

朝倉治彦編(1980), 『假名草子集成』 第32巻(東京堂出版)

小学館国語辞典編集部(2003), 『日本国語大辞典』(小学館)

新村出編(2008), 『広辞苑』第六版(岩波書店)

山口明穂編(2001), 『日本語文法大辞典』(明治書院)

■ 저자 민병찬

인하대학교 일본언어문화학과 교수

■ 저서

『역주 일본판 삼강행실도 1(효자)』, 시간의물레, 2017
『고지엔 제6판 일한사전』(제1-2권), 어문학사, 2012
『일본인의 국어인식과 神代文字』, 제이앤씨, 2012
『일본어 경어의 제문제』, 불이문화, 2006
『일본어 옛글 연구』, 불이문화, 2005
『일본어 수동문 용례 연구3』, 불이문화, 2005
『日本韻學과 韓語』, 불이문화』, 2004
『일본어고전문법개설』, 불이문화, 2003
『일본어수동문용례연구』, 불이문화, 2003
『現代日本語敬語の研究』, 不二文化社, 1999

■논문

『小公子』와 『쇼영웅(小英雄)』에 관한 일고찰 -언어연구 자료로서의 활용 가치를 중심으로-, 『일본학보』, 2018
『捷解新語』의 〈'못' 부정〉과 그 改修에 관한 일고찰, 『비교일본학』 40, 2017
가능표현의 일한번역에 관한 통시적 일고찰, 『일본학보』, 2016
『보감(寶鑑)』과 20세기 초 일한번역의 양상, 『비교일본학』 35, 2015
〈べし〉의 대역어 〈可하다〉에 대하여 -『조선총독부관보』를 중심으로-, 『비교일본학』 32, 2014
〈べし〉의 한국어 번역에 관한 일고찰 -〈べから-〉에 대한 대역어를 중심으로-, 『일본학보』, 2014
『朝鮮總督府官報』의 언어자료로서의 활용 가능성에 대하여-〈努む〉에 대한 대역어를 중심으로-, 『일본학보』, 2014
『日文譯法』의 일한번역 양상에 대하여, 『일본학보』, 2013
조선총독부관보의 '조선역문'에 대하여, 『일본학보』, 2012
ヘボン·ブラウン譯 『馬可傳』における「べし」について, 『일본학보』, 2012
伴信友와 神代文字: 平田篤胤와의 비교를 중심으로, 『일본학보』, 2012
落合直澄와 韓語 -『日本古代文字考』를 중심으로-, 『일본학보』, 2011

역주 일본판 삼강행실도 2(충신)

초판인쇄 2018년 10월 25일
초판발행 2018년 10월 31일
저　　자 민병찬
발 행 인 권호순
발 행 처 시간의물레
주　　소 서울시 마포구 마포대로 4다길 3, 1층
전　　화 02-3273-3867
팩　　스 02-3273-3868
전자우편 timeofr@naver.com
홈페이지 http://www.mulretime.com
블 로 그 http://blog.naver.com/mulretime
I S B N 978-89-6511-247-1 (93730)
정　　가 25,000원

이 도서의 국립중앙도서관 출판예정도서목록(CIP)은 서지정보유통지원시스템 홈페이지(http://seoji.nl.go.kr)와 국가자료공동목록시스템(http://www.nl.go.kr/kolisnet)에서 이용하실 수 있습니다.(CIP제어번호: CIP2018031762)